王宏钧 著

国博名家丛书

王春法 主编

王宏钧卷 上

北京时代华文书局

国博名家丛书

王宏钧卷

编辑委员会

主　　编：王春法

副主编：杨　帆　陈成军

执行主编：丁鹏勃

编　　委：王春法　杨　帆　陈成军　冯靖英
　　　　　刘万鸣　丁鹏勃　陈　莉　张伟明

统　　筹：王志强　王云鹏

分卷主编：李守义

编　　辑：李守义

编　　务：王洪敏　李岱函　张琪

总　序

王春法
中国国家博物馆馆长

2022年是中国国家博物馆创建110周年。7月8日，习近平总书记给国家博物馆老专家回信，充分肯定国家博物馆的发展成就和重要贡献，对国家博物馆在新时代担负的使命任务提出明确要求，希望坚持正确政治方向，坚定文化自信，深化学术研究，创新展览展示，推动文物活化利用，推进文明交流互鉴，守护好、传承好、展示好中华文明优秀成果，为发展文博事业、为建设社会主义文化强国不断作出新贡献。编纂一套体现国家博物馆不同发展时期学术研究贡献的《国博名家丛书》，整理出版国家博物馆110年来学术名家的著作，传承弘扬国家博物馆老一辈专家学者的为人风范、治学精神、道德文章，彰显一代代国博人的坚守奉献、情怀担当，正是贯彻落实习近平总书记给国家博物馆老专家回信精神，坚持守正创新，推动新时代国家博物馆事业高质量发展的一项重要举措。

中国国家博物馆是近现代中华民族奋斗史的见证者和亲历者。无论是筚路蓝缕的初创时期，还是新中国成立后激情澎湃的建设岁月，无论是春潮涌动的改革年代，还是恢弘壮丽的新时代，都有一大批淡泊名利、严谨担当、甘于奉献、守正创新的国博人，立于时代潮头，回应时代呼唤，以满腔热忱和满腹学识为国博发展倾尽心血，成就了国家博物馆的百十辉煌。韩寿萱、沈从文、傅振伦、王振铎、史树青、俞伟超、苏东海、王宏钧、孙机、夏燕月等国博前贤，就是其中的杰出代表。他们都长期在国家博物馆工作，或者在相关研究领域锲而不舍地钻研、精耕细作，学术精湛、成就卓著、影响广泛、形成优势；或者掌握某一领域专门学识，具有丰富的实践经验，擅于文物保护与修复、展览策划等并有大量实践案例；或者精于某一门类文物藏品的鉴定，掌握古文字的破译等冷门绝学。他们对内能做领军人物，对外能做文化使者，堪称国博大先生。在他们身上，凝结着我们这个时代、我们这个领域顶尖学者的共同特征。

一是爱祖国爱人民。爱国必自爱史始，知史方能真爱国，一个人是不是真爱国，是不是真正站在人民的立场上，首先要看他对待历史的态度。历史不是过去，历史昭示未来。真正的治史者决不可一头钻进故纸堆，自得其乐、故步自封，而应自觉屹立时代潮头，走在时代前列，坚持学术研究的正确政治方向，始终用历史唯物主义的立场、观点和方法来指导学术研究与实践工作，用扎实的文物藏品研究成果回答历史之问、时代之问、人民之问。国博的前贤们一向坚守高度的社会责任感与历史使命感，以深邃的学术眼光洞察文物博物馆发展进程中的时代之需，突破"小我"，拥抱"大我"，时刻以祖国人民为念，开辟研究新领域，勇做时代担当者，舍一己而成天下，服务和支撑国家文化建设。正是这样的情怀、格局与担当，成就了他们的学术地位和社会影响！

二是择一事终一生。治学务求精专，精深方能大成。深研细琢国博前贤们的学术成长史，他们无一不是精心找准研究领域，选定学术问题，安于平凡生活，志存高远，潜心学术，以"咬定青山不放松"的钻研精神，几十年如一日长期持续深耕学术花园，努力追求学术上的精进与精神情操的高尚，把毕生的热情和精力都投入到博物馆的工作实践与学术研究之中，直到花园里"学术之花"满庭芳，真正做到了奉献终身。沈从文先生、孙机先生数十年持续在中国古代物质文化领域，尤其是中国古代服饰文化、汉代物质文化等方面的深耕，从开创性粗略研究到精度研究，再到深度研究，从问题表征到内涵逻辑，从知识到思想，不断将本领域研究推向纵深。俞伟超先生在秦汉考古学领域，韩寿萱、苏东海先生在博物馆学领域，王宏钧先生在明清史研究领域，史树青先生在文物鉴藏领域，王振铎先生在古代科技史领域，夏燕月先生在党史研究领域，都坚持发大心、下大力，精耕细作，追求研究的高度、深度、广度和精度，为后辈学人提供了研究范式。他们的物质生活或许并不富裕，但他们的精神世界是丰富多彩、快乐高尚的！

　　三是立其言成其说。博物馆是知识的海洋，是一部立体的百科全书，所涉及学科之多、历史之久、问题之多是少有其他公共文化机构所能比拟的。正是在这里，国博前贤们取得了卓著的建树，留下了《中国古代服饰研究》《科技考古论丛》《考古类型学的理论与实践》《博物馆的沉思》《中国博物馆学基础》《汉代物质文化资料图说》等彰显非凡学术之光的名篇佳作。傅振伦先生积极引介西方档案学理论，并将之与我国传统的档案汇编整理模式进行对比，构建中国现代档案学，成为中国现代档案学的拓荒者。沈从文先生专心致志开展中国古代物质文化研究，开创了中国古代服饰研究的先河，学术上精益求精，工作上家国情怀，实为后学楷模；俞伟超先生以亲身实践为基础，推动引进水下考古、航空考古、古代遗存DNA研究等，从学科角度持续探索中国考古学的基本理论，提出考古学"大文化"的概念，确立了中国田野考古学的体系与范式，极大推动了中国考古学的发展。苏东海先生始终站在学术前沿，不断求索、思考、阐释"什么是博物馆，怎样认识博物馆，怎样发展博物馆"这一时代命题，旗帜鲜明地提出中国的文博事业应走现代化发展之路，为构建中国本土化博物馆理论艰辛探索，被誉为"中国生态博物馆之父"。立一家之言、成一门之说，既能满足学者的精神追求，又能符合国家之需、人民之需，两全其美，岂不乐哉！

一个时代有一个时代的学者，一代人有一代人的学问。《国博名家丛书》涵盖文物、考古、历史、博物馆学等诸多研究领域，以向读者尽可能系统完整呈现名家学术思想脉络、提供尽可能多学术信息为原则，选取名家学术生涯中具有典型性的、在其学术贡献中成体系的文章重新编排出版。丛书以名家设卷，卷下分册，各卷按学术研究方向划分主题板块，每个板块基本按文章发表时间顺序编排。这既是对过往的总结，也是对未来的期许：一是旌表和褒扬前辈名家们一生志在一事，躬耕职守、潜心钻研的人生选择；二是嘉惠学林，为文博界全面了解每位国博名家的学术研究历程及其学术研究对我国文博事业发展所做出的贡献等提供便利；三是弘扬和传承国博名家严谨求真的治学态度、扎实的学术功底，重光国家博物馆深厚的学术底蕴和良好的学风文风；四是述往而开新，厘清百十年来国博学术思想的演进谱系，重构国博独有的学术精神与传统，赓续国博文脉；五是引发思考和启迪，激励国博中青年研究人员奋发有为，在文物博物馆研究领域不断奋进，早日成长为新一代国博名家。

中国国家博物馆是具有深厚历史底蕴和光荣革命传统的国家最高历史文化艺术殿堂，肩负珍藏民族集体记忆、传承国家文化基因、促进文明交流互鉴的重要职责。国博人将牢记总书记嘱托，踔厉奋发，奋力开创各项工作新局面。在党的二十大胜利召开，吹响第二个百年奋斗目标号角的新征程中，国家博物馆将站在新的发展起点，发挥自身优势，紧扣时代脉搏，坚定历史自信、筑牢历史记忆，打造引领文博事业发展的人才高地，用文物和展陈记录新时代党和人民的伟大创造、伟大实践，为不断谱写马克思主义中国化时代化新篇章，为全面建设社会主义现代化强国，以中国式现代化全面推进中华民族伟大复兴作出自己应有的贡献。

王宏钧

　　王宏钧（1926.1—），北京人，清华大学法学院政治学系毕业，原中国历史博物馆党委书记、副馆长，中国国家博物馆学术委员会顾问，中国国家博物馆终身研究馆员，长期从事历史文物和博物馆学研究。主要论著有《中国从先进到落后的三百年》《〈乾隆南巡图〉研究》《中国博物馆学基础》《秋海棠叶集》等。

历史从来是为了明天和后天而总结过去；博物馆从来是为社会和社会发展而服务于公众。

王宏钧

历史文物与博物馆学读研偶存

——王宏钧先生学术小传

　　王宏钧，1926年1月出生，安徽泾县人。读高小、初中时，在学校课程以外，曾随姑母读《古文释义》中的唐宋文和唐诗，后又随老举人陈先生读《论语》和《左传》。高中就读于北京四中，1944年毕业后，考入北京大学政治学系。1945年抗战胜利后，改在北平临时大学读书，他在这时参加了中国共产党地下组织领导的学生旬刊社。1945年12月8日，被国民党平津警备司令部北平稽查处逮捕，关押在炮局陆军监狱，经组织发动同学迫使校方领导陈雪屏出面交涉、营救，12月30日出狱。

　　1946年4月，王宏钧先生去了晋察冀边区首府张家口。在张家口，听了党政军学等领导同志的报告，参观访问了市议会、晋察冀日报社、华北联大、工业大、监狱、合作社和八路军的一个连队，阅读了《新民主主义论》和《论联合政府》。回北平后，他曾说"十几天的参观学习，使他看见了中国的前途，也找到了自己人生应走的道路。"

　　1946年10月，"反甄审"运动胜利后，王宏钧先生转到清华大学政治系学习。1947年4月参加中国共产党领导的"民主青年同盟"，同时参加革命工作。5月参与"反内战、反饥饿"大游行活动。1948年毕业后和同学刘清海一起去中国人民解放军晋察冀野战军第十七旅和第六纵队政治部工作。

　　新中国成立后，王宏钧先生于1949年11月初转到中央文化部文物局工作。

　　1958年，中央决定筹建中国历史博物馆和中国革命博物馆。1959年1月，王宏钧先生调到中国历史博物馆，先在保管部文物组，主要从事文物征集和管理。同年10月发表了《李自成永昌元年"工政府屯田清史司契"的发现与初步考证》。

1960 年，到陈列部担任内容研究设计组组长，为了使陈列水平不断提高，边干边学，学习了明清时期的历史、文物知识，发表了《反映明代社会生活的〈皇都积胜图〉》等文章。1962 年冬至 1965 年到北京密云县和陕西长安县进行农村社会主义教育。"文化大革命"期间下放到湖北咸宁干校劳动。1973 年回馆，继续在陈列部工作。1978 年，担任研究室主任，在其建议下，1979 年创办了《中国历史博物馆馆刊》（今《中国国家博物馆馆刊》）。1983 年，任中国历史博物馆副馆长、党委书记，主持中国历史博物馆工作，一直到 1987 年离休。此后，中国历史博物馆延聘其作为陈列总体组的顾问，继续参与陈列修改工作。同时，还聘为学术委员会委员，继续从事学术研究工作。2019 年，聘为终身研究馆员。

在历史研究上，王宏钧先生把明清时期作为主要研究范围。重点在四个方面：一是研究中国封建社会的阶级关系、农民起义、农民战争及对整个社会的影响，完成了《在中国封建社会中"生产力怎样和阶级对抗同时发展"——兼论封建统治者的让步政策》等文章。二是探索在世界历史上居于前列的中国在近几百年中为什么落后下来的原因，发表了《中国从先进到落后的三百年》《从先进到落后的转变及其原因》《11 到 19 世纪中叶的中国与世界——三论中国从先进到落后的三百年》。这些文章主要是探讨中国在世界历史上从先进到落后的转变和原因。在中西历史发展比较研究中，着重论述了中国传统社会机制的辩证发展是这一转变的基本内在原因；自然经济的牢固，对工商业的抑制，禁海闭关、对人民思想的禁锢，以及战争与动乱、自然环境制约下的民族问题和盲目自大保守的心理状态，是这一基本内因的外在表现。这些内外原因，使中国失去了维新变革的历史机遇。三是探究明清时期商品经济的发展和资本主义萌芽，通过文献与实地调查相结合，写了《广东佛山资本主义萌芽的几点探讨》等文章。四是关注明清西北边疆和准噶尔汗国的兴亡，明清东北边疆与后金汗国的演进，著述出版了《准噶尔的历史与文物》《清朝开国皇帝皇太极》等。

在文物研究领域，王宏钧先生的研究重点是明清时期的绘画。他认为："如果能够物色到一件古画，从中得以窥见某一历史人物的真实容貌神态、某一历史事件生动的真实情景、或某一时代社会生活的面貌，这是博物馆多年追求的理想。"他对《皇都积胜图》《南都繁会图卷》和《盛世滋生图》进行过深入研究，通过绘画来解读明清经济的发展与社会风貌的变化。他主编的《〈乾隆南巡图〉研究》，首次以大幅图版全图发表这一珍贵国家文化遗产，高度评价了图卷的历史价值和艺术特色，并以多项考释揭示出画面的历史文化内涵，以有助于读者的鉴赏和研究。

在博物馆学方面，王宏钧先生的研究重点主要有两个方面：一是注重总结中国博物馆发展的经验，二是吸取国外博物馆最新成果。比如在研究中，他提出中国博物馆的起源问题，西方认为最早的博物馆产生于公元前3世纪，他通过文献与实地考察认为中国博物馆的渊源可以追溯到公元前5世纪。又如社区博物馆，1994年国际博协博物馆学专业委员会在北京开年会，讨论博物馆实物资料、社区博物馆的建设等问题，他发表《博物馆与社区历史文化——兼论世界最早的博物馆和博物馆起源》，提出了孔庙是中国社区博物馆的渊源。王宏钧先生主编的《中国博物馆学基础》已成为中国博物馆学领域最重要的著作之一，俞伟超先生曾说"宏钧同志和其他几位同行"编写的《中国博物馆学基础》，共同创建了"我国的博物馆学理论"。

1998年，王宏钧先生《秋海棠叶集》一书出版，俞伟超先生在该书序言中写道："宏钧同志从学生时代起，就为破碎的祖国山河而心绪万端。全国解放后，他又投身于新中国文物、博物馆事业的建设，奋斗了近半个世纪。"《秋海棠叶集》出版之后，这位耄耋老人，仍然满怀学术热情，笔耕不辍，又陆续发表和出版了许多文章与著作。王宏钧先生的学术热情，正像他在1997年重阳日所写那首"七律"所曰："莫道书生一卷老，从来治史为经今。夕阳何须计长短，且再奋蹄耕复耘。"

本文由李守义根据王宏钧《大动荡中的求学与思考》一文整理完成

中 国 国 家 博 物 馆
NATIONAL MUSEUM OF CHINA

编辑说明

1. 本书共分为三部分，即史学研究、文物研究、博物馆学。全书文章按照发表时间为序编排，以见每一时期学术研究的发展脉络。

2. 每篇文章由题目、正文、注释、出处等组成。

文章的题目以作者文章初期发表时的题目为准。

正文，以反映文章原貌为准则，采用通用标准简化汉字录入，人名、地名适当保留异体字。原材料漫漶不清难以辨认的文字，用"□"代替。原文章疑有误字，则在疑误文字后加"[ ]"标明正字，一些显见的编校错误则径改，不另加标注。疑有衍字或脱字，则在"〔 〕"内将脱字补入，或将衍字标出。

注释为脚注，不同时期、不同刊物文章注释标准不一，文章收录时尊重原文，保持原貌。

出处，包括图书的出版者、出版年份，报刊的刊名、出版日期及卷、期、版号等。

3. 关于作者，独著文章不再署名，合著文章则在文末注明。

4. 关于标点。原文无标点，或仅有句读者，一律根据《标点符号用法》加以标点。

目　录

上

一　史学研究

三 博物馆学

一　史学研究

李自成"均田"的实质和历史意义

爆发在17世纪中叶，以李自成为首的明末农民大起义，是我国封建社会中规模最大的农民起义之一；其主要特点，笔者认为，是在我国农民战争史上，开始直接向封建地主土地所有制进行了冲击，第一次明确地提出了"均田"的斗争口号。

关于这一问题，目前还有不少争论，本文试图提出一些看法，以求教于注意这方面问题的同志。

一、均田史实的考察

自明崇祯十三年（1640）李自成再度进入河南，尤其是李严参加起义以后，"均田"的口号就明确地提出了，所谓"李岩起自成以虚誉来群望，伪为均田免粮之说相煽诱"[1]，正是这一情况的反映。此后实行情况如何？保存下来的史料很少。乾隆时山西长治县志所载："自明季闯贼煽乱，……纲常法纪，扫地无余，贫儿陡成富室，贱隶远冒华宗，衣裳车马，饰都雅之容；甲第田园，肆并兼之策。"这只说明：在农民革命的大风暴中，旧的社会秩序、财产关系被打破了。但是，均田的情况仍很模糊。

比较能够明确反映这一问题的是当时山东诸城大地主丁耀亢的一篇纪事——《保全残业示后人存纪》[2]。为了便于说明，引用一段如下：

> 崇祯壬午邂乱时，积谷各千余石。乱后焚毁如洗，粮犹半存。至甲申

---

[1] 查继佐：《罪惟录·李自成传》。

[2] 丁耀亢：《出劫纪略》。

入海，而闯官莅任，则土贼豪恶，投为胥役，虎借豹蓁，鹰假鹯翼，以割富济贫之说，明示通衢，产不论久近，许业主认耕。故有百年之宅，千金之产，忽有一二穷棍，认为祖产者。……一邑纷如沸釜，大家茫无恒业。时亡弟在垅，余远逃海中，巨室膏田一无主人，任其侵占而谁何？故前此所积不可问矣。于是有娄子庄之占，草桥庄之占，草泊庄之占，东潘旺之占，石阜庄之占，北余留之占，石桥后齐沟之占。其不为占据者，惟焚掠后荒田耳。

在地主阶级的笔下，对当时的真实情况，可谓极尽污蔑。然而，基本史实，笔者认为还是反映了出来。可以看出：

崇祯十五年（1642）农民起义的力量已经到达诸城，因为当时没有巩固下来，所以没有做到可以进行的社会变革。

崇祯十七年（1644），大顺地方政权在诸城建立（所谓"闯官莅任"）以后，很快地和当地群众结合起来（所谓"土贼豪恶投为胥役，虎借豹蓁，鹰假鹯翼"）。于是，声势浩大的斗争展开了，其指导思想是"割富济贫"；实施办法是"明示通衢，产不论久近，许业主认耕"；其结果："大家茫无恒业"，"百年之宅，千金之产"以至娄子庄、北余留等村庄的土地都被"一二穷棍认为祖产"，"其不为占者，惟焚掠后荒田"而已。

这就是"均田"的基本情况。但是，所谓"业主"究竟是些什么人？"许业主认耕"的产又是指哪些产？到底"均田"的实质究竟如何？这些仍是需要进一步探讨的问题。

二、均田实质的探讨

试从明代土地和农村阶级的主要状况来考察。由于元末的长期战争，民户大量流散，土地大量荒芜，所以明初曾大力推行移民垦荒政策，自洪武元年（1368）八月"令州郡人民，先因兵燹遗下田土，他人垦成熟者，听为己业。"[3]接着又陆

---

[3] 《万历会典》。

续把苏、松、杭、嘉、湖的大量农民移到淮北；把山西泽潞的农民移到河南、河北和山东。此后经永乐、洪熙直到宣德的明初半个多世纪，这种政策一直在继续。虽然，这是明朝皇帝为了巩固自己的统治，不得不采取的恢复社会经济、缓和阶级矛盾的措施；然而，众多的农民多少得到一些土地，出现了大批的小土地所有者，则是客观事实。

明中叶以后，情况不同了，土地兼并又逐渐加剧。到了万历以后更达到空前剧烈的程度：皇庄、官庄到处皆是，藩王、公主动辄占田一两万顷；皇族以外的地主，如礼部尚书董其昌、太监谷大用占田也各达万顷；至于占田几百顷、几十顷的就更多了。正如顾炎武所说"一府之地无虑皆官田，民田不过十五分之一也"[4]，"吴中之民，有田者什一，为人佃作者什九"[5]。虽然，这指的是苏州一府，其实也是全国的缩影。这样大量的为地主阶级占有的土地从何而来？不难看出主要是夺自小土地所有者。（关于这一点不但有许多文献记载，而且有大量明代的农民卖田契、地主置产簿和租谷簿可以说明。）由此可见：上述"准许认耕"的"业主"就是农民中的小土地所有者，"准许认耕"的"不论久近"之产就是他们的小块土地。因而，在均田的浪潮中，大多数农民都会有一些祖业可认，有一些土地可得；而地主阶级也必然"茫无恒业"了。

至于那些世代靠租种地主土地为生的佃农，除了可以把已经耕种着的土地继续耕种下去以外，到了明末，还有"久佃成业"[6]之说（如漳州府志所载："田入佃手，其狡黠者逋租负税，莫可谁何。业经转移，佃仍虎踞，故有久佃成业之说"）。事实上，"久佃成业"可以理解是农民在"产去税存"的苦境里所被迫进行的自发地夺取土地的斗争。所以在均田的怒涛中，佃农们把自己用血汗哺育着的土地收取回来，这应该是很可能的事。

此外，当时农村中被压迫的群众还有"子孙累世不许脱籍"的属于富室的"家奴"。其中大部分人看来无祖业可认；但是他们最迫切的问题，首先是解脱人身奴役，获得人身自由。所以，在农民革命势力到达和影响所及的地区，这些家

---

[4]　顾炎武：《日知录》。

[5]　顾炎武：《日知录》。

[6]　顾炎武：《天下郡国利病书》。

奴就"倡为索契说，……一呼千应，各至主人门，立逼身契"[7]。可见他们首先要求的还不是土地，而是人身自由。当然，在人身获得解放以后，他们为了生存，还是会要求土地的。然而，事实如何，史料所限，这就不便妄测了。

至于在当时，那些流氓无产者以及破落地主分子会不会从中混水摸鱼，冒认一些土地呢？看来，很难避免，不过，这终归是很少数。

综上所述，在明中叶以后，进入封建末期的社会物质生产力的发展和地主阶级空前剧烈的土地兼并形成了尖锐的矛盾；处于这种矛盾之中的农民们循着前代的斗争足迹，经过比较长期的斗争，逐渐认识到：要摆脱饥饿和死亡，除了拒绝缴纳租赋以外，还必须把地主阶级剥夺去的土地夺取回来。以李自成为代表的农民起义领袖们正是集中了这种要求，形成为革命斗争的口号；然后，又以此去号召更广大的农民向地主阶级宣战，没收他们剥夺去的土地，归还原来的小土地所有者耕种。实际上，这是一种企图恢复和巩固小农经济、维持小土地私有、反对地主阶级土地兼并的政治纲领，它完全代表着农民小生产者的愿望。然而，它并不是绝对平均，因为并没有发现按人按户或按其他标准"平分土地"的迹象。当然，更谈不上反对土地私有。至于和当时统治阶级中钱士升、孔尚钺等人所提出的"均土田""括富户"以及以往历史上地主阶级为了巩固他们的阶级统治而提出的所谓"均田""限田"，在本质上截然不同，就勿庸赘述了。

这就是以李自成为代表的明末农民起义军所提出的"均田"的实质。

三、均田的历史意义

试从"均田"在我国农民反封建斗争过程中的历史意义来考察。如果说，从秦到唐中叶以前的农民战争以反人身奴役、反封建依附为主要内容，这当然是和我国封建初期的生产方式相适应，并为其所制约的，我们不能超越历史条件去苛求古人。然而，这种人身依附，在封建生产方式下毕竟不是最基本的东西，虽然，非经济的强制在巩固农奴制地主经济权力方面起过主要作用，但封建社会的基础并不是非经济强制，而是封建土地所有制。所以，东汉末年黄巾奉行的《太平经》

---

[7] 《研堂见闻杂记》。

中所提出的"各令平均""尊卑大小皆如一""积财亿万，不肯救穷施急，其罪不除"[8]，就值得重视了。因为它已显示出当时农民对于平均财产的要求，笔者认为其中已经包括对土地的要求，从董仲舒所说"富者田连阡陌，贫者无立锥之地"，可以想见。同时，也可以看出：农民早期朦胧的平均主义思想，已经开始萌芽了。

唐中叶以后直到两宋，随着生产力的发展和生产关系的相应变化，特别是唐代均田制的推行，过去"农民在土地上主要仅有使用权"的情况，已经发生了新的变化[9]；人身依附关系相对地松弛了；所以，反对兼并，要求财产平均就成为农民反封建斗争的主要内容。这是一步重要的发展，农民的平均主义思想明朗化了，并且开始见诸行动，唐末黄巢的"均平"斗争，宋代王小波、李顺和钟相、杨么在四川及洞庭湖"均贫富、等贵贱"的实践，事实上已经开始接触到土地问题，然而，终究还是比较模糊和笼统。

元代，由于民族矛盾和阶级矛盾纠缠在一起，或者说民族矛盾掩盖了阶级矛盾的实质，所以在这方面没有什么显著的发展。进入明代中叶以后，不断爆发农民的垦荒斗争和抗租夺田斗争；如前所述，直到明代农民的斗争形成全国规模的大起义以后，这才出现了均田，封建制度的基石开始被农民列为主要的攻击目标了。

就其指导思想而论，李自成的均田仍然是唐、宋以来农民平均主义思想的继续；不过，已经从"均贫富、等贵贱"的水平上向前迈进了一大步。这一步的迈出，对于封建社会中的农民说来，绝不是偶然的、轻易的。尽管中国的封建土地所有制在其发展过程中有许多特点，然而，无论如何，这总是使农民受压迫、被奴役的主要根源；可是从陈胜、吴广开始，直到明末农民大起义以前，中间经历了将近两千年之久，历代举行反封建起义的农民英雄们却一直没有明确地提出土地要求，足见农民对于土地要求的提出，的确是历尽千辛万苦并经多年压迫才激发出来的要求。因此，李自成的均田，应该看作是我国历史上农民阶级反封建斗争过程中的重要里程碑，是唐、宋以来农民平均主义思想和围绕土地问题斗争的

---

[8]　《太平经合校》第 148、151、579 等页。

[9]　参见侯外庐《中国封建社会前后期的农民战争及其纲领口号的发展》，《历史研究》1959 第 4 期。

历史必然发展；它标志着一个新的斗争时期的开始。

虽然由于农民的阶级局限性和当时的历史局限性，"均田"还不可能真正实现；但是，均田免粮一经提出以后，就产生了重大的号召和动员的作用，处于水深火热之中的群众到处唱起了发自内心的歌声："吃他娘，着他娘，吃着不尽有闯王，不当差，不纳粮。"于是，起义迅速地走向胜利的高潮，在三百一十七年前的暮春三月，李自成领导着起义的农民终于打进了北京，明王朝灭亡了。

四、从"均田"到"土地改革"的历史轨迹

纵观我国封建地主土地所有制的废除过程，在旧式的农民反封建斗争的历史时代，如果说明末以前，基本上还没有超出笼统地要求财产平均的范畴，那么，应该说这一任务的提出是由李自成为代表的明末农民起义军开其端，而太平天国的天朝田亩制度可以算殿其后。自然，两者是有所不同的，前者是直接要求恢复和巩固小农经济；而后者，已经在前者的基础上，进一步形成了一种农业社会主义的理想（或幻想），勾绘出了一幅小农"天国"的图画。然而农业小生产者的地位和农民的平均主义的指导思想是相同的。这是中国历史上农民阶级的土地纲领。

到了资产阶级旧民主主义革命的时代，孙中山提出了"平均地权"，以农民出资赎买的办法，废除封建地主土地所有制，实现"耕者有其田"。其实质是为资本主义的发展开辟道路。这是中国民族资产阶级的土地纲领。

中国工人阶级登上历史的舞台、领导中国革命以后，我国农民才在中国共产党的领导下，进行了伟大的土地改革，彻底消灭了几千年来的封建土地所有制。土地改革的目的不是单纯地救济穷苦农民，而是为实现社会主义开辟道路。这是中国工人阶级在民主革命时期的土地纲领。

原文刊于《北京日报·学术版》1961 年 6 月 8 日。选自《秋海棠叶集》，中国社会科学出版社 1998 年

在中国封建社会中"生产力怎样和阶级对抗同时发展"

——兼论封建统治者的让步政策

中国是世界上历史最悠久的国家之一。长达两千多年的封建社会是其中一个重要的发展阶段。中国的封建社会有着自己发生、发展和衰落的进程。在这一历史进程中形成了灿烂的中国古代文明与光荣的革命传统。

什么是中国封建社会发展的直接动力呢？以往的历史学家曾经做过种种解答。但所有这一切，归根结底，不外是英雄人物的伟大意志和卓越才能创造了历史。自从马克思主义传入中国以后，这种种历史唯心主义的武断与偏见，才开始为一种严密完整的科学理论所代替。这种历史唯物主义的核心就是：

人民群众是历史的创造者。

阶级斗争是历史发展的动力。

从此，历史变成了科学，以往"人们一直用迷信来说明历史，而我们现在是用历史来说明迷信。"（《马克思恩格斯全集》第1卷第425页）

四十年以前，毛泽东同志运用历史唯物主义的基本原理，结合中国的历史实际，曾经指出："中国历史上的农民起义和农民战争的规模之大，是世界历史上所仅见的。在中国的封建社会里，只有这种农民的阶级斗争、农民的起义和农民的战争，才是历史发展的真正动力。因为每一次较大的农民起义和农民战争的结果，都打击了当时的封建统治，因而也就多少推动了社会生产力的发展。"（《毛泽东选集》1966年一卷本916页）

毛泽东同志的这一论断，为我国封建社会史的研究开辟了新的道路，提供了指导性的基本理论。

但是，指导研究的理论，毕竟不能代替理论指导下的研究。如何从历史发展的实际过程中进一步考察农民的阶级斗争、农民起义和农民战争的结果，究竟怎样多少推动了社会生产力的发展，并如何从中找出某些带有客观规律性的东西，以进一步阐明马克思主义历史科学的基本理论？这仍然是我国历史研究工作者继续探讨着的重要课题。

本文试图提出些粗浅的看法，以就教于广大读者。

一

在中国的封建社会里，农民阶级和地主阶级的矛盾是社会的主要矛盾。在地主阶级残酷的经济剥削和政治压迫下，迫使无法生活下去的农民阶级掀起了几百次反抗封建统治的农民起义战争。但是，历次农民战争所处的历史条件是各不相同的。因为在这两千多年之中，封建社会本身已经历了从发生、发展到衰落的漫长过程，封建的经济制度、政治制度也在不断变化之中。同时，每次农民阶级反抗地主阶级的起义战争都不是孤立进行的。这中间往往交错着封建统治阶级内部不同集团、不同阶层的斗争与联合，也交错着农民阶级内部各支起义力量的联合与斗争。在某种情况下，居住在边疆或内地的某些少数民族的统治集团也曾作为一支或几支逐鹿中原的力量参加到这场大搏斗中来。因此就演变成十分复杂多变的发展进程，出现了各种不同的历史结局。

以秦末农民战争为例。当"与人佣耕"的陈涉等人在大泽乡"揭竿为旗"以后，"天下云集响应，赢粮景从"，各种反秦的势力相继蜂拥而起。项梁、项羽起事于会稽，刘邦发难于淮海。经钜鹿一战，项羽摧毁了秦军的主力。刘邦首先进入关中，捣毁了秦朝的统治中心。此后转变成几年的楚汉之争，最后刘邦取得了胜利，建立了汉朝。由农民军某一支的领袖夺取了政权，建立了新的封建王朝，这是一种结局。元末农民战争，最后由贫农出身的朱元璋取得胜利，建立了明朝，大体与这种结局类似。

以隋末农民战争为例。在"知世郎"王薄起义于山东长白山以后，各地农民相继起义，逐渐汇合成以李密为首的瓦岗军、窦建德为首的河北义军和杜伏威为首的江南义军三支主要力量。瓦岗军歼灭隋军的精锐于荥阳，窦建德击溃隋军三万于河间，隋朝的统治已趋于崩溃。这时，地主官僚刘武周、李渊、王世充等，也乘机割据一方，形成复杂的局面。最后北周的旧贵族、隋朝的太原留守李渊和他的儿子李世民镇压了农民起义力量，削平了群雄，夺取了政权，建立了唐朝。在农民战争中，由地主阶级另一集团的代表人物夺取了胜利果实，代替了旧的封建王朝，这是又一种结局。西汉末年，王莽改制，王匡、王凤起义于新市，陈牧起义号称"平林"，赤眉、铜马也相继起义。这时南阳的豪强地主、汉朝的宗室刘縯、刘秀也起兵反对王莽。最后刘秀胜利，重建了汉朝，是为东汉，大体属于这种结局。

以东汉末年为例，当张角兄弟领导的黄巾军起义，旬日之间，天下响应。沉重打击了封建统治，东汉政权事实上已经瓦解。各地的豪强势力和大官僚、军阀联合起来共同镇压了黄巾军以后，他们之间就展开了火并，搞了几十年的混战。最后在地方割据的基础上，形成了三国鼎立，使全国在相当长的时间内陷于分裂割据的局面。这是另一种结局。唐朝末年的黄巢起义瓦解了唐朝的统治。起义军失败以后，不久，朱温篡夺了政权，唐朝灭亡。这时旧有的地方势力和在镇压农民起义过程中出现新的藩镇，各据一方，互相争夺。北方一些少数民族的统治者也参加到争夺中来。在半个世纪之中形成了五代十国，大体也属于这种结局。

以明末为例，王嘉胤、王自用、高迎祥等在陕北燃起起义的烽火以后，全国实际已进行着明朝封建统治、农民革命力量和关外满州贵族三种势力之间的交错斗争。李自成进京推翻明朝以后，汉族地主阶级发生了分化。降清派引清军入关，夺取了农民起义的胜利果实，建立了清朝对关内的封建统治。农民军余部与南明联合，又坚持了二十年的抗清斗争，最后清朝统一了全国。在农民与地主的阶级搏斗中，边疆少数民族统治者乘机夺取政权，这也是一种结局。

再如东晋的孙恩、卢循起义，两宋的王小波、李顺、宋江、方腊、钟相、杨么起义，明朝的唐赛儿、邓茂七、李源、刘通、刘六、刘七起义，清代台湾的朱一贵、林爽文起义，川楚陕的白莲教起义……等等中等规模的农民起义都曾经不同程度地打击了当时的封建统治，可是一般都限于局部地区，没有发展成震动全国的起义形势，都没有能够推翻或基本瓦解当时的封建王朝。所以在他们失败以后，原来的封建统治又逐渐稳定和持续下来。这是所有中小规模的农民起义的共同结局。

至于鸦片战争以后的农民革命，如太平天国，由于帝国主义的侵入，其性质已经不同，这里就不再论及了。

从以上所述，不难看出历次农民战争的进程是千差万别的，其结果也是多种多样的。但有两点却是共同的结果：第一、从推翻一个封建王朝、瓦解一个封建王朝直到"殴官毁衙""抢田夺地"、抗租抗税等等，都曾经在不同程度上打击了当时的封建统治。这是肯定无疑的。第二、无论出现了怎样的进程和结局，每一次农民的反封建斗争最后都终归陷于失败。这也是不可避免的。

那么，在这种结果下，农民战争又怎样推动了社会生产力的发展呢？

二

每次农民战争的失败，也就是地主阶级恢复和巩固封建统治的开始。这时，新建立的或重新稳定下来的地主阶级国家，首先必然要尽其全力把可能实现的沉重的封建剥削和压迫的枷锁重新强加到农民阶级的头上，进行反攻倒算。这是主要的方面。

另一方面，农民起义的力量，虽然被镇压下去了，但地主阶级的统治力量也被削弱了，或大大削弱了，许多官吏、地主死亡或逃走，许多官府衙门或者已被摧毁、或者已陷入瘫痪，许多地区的亭、乡、里、甲等基层封建政权更是荡然无存。所以，农民战争虽然失败了，农民和地主之间的对抗性矛盾并没有就此消失，而是依然尖锐地对立着。在这种形势下，再想把被农民起义摧毁了的封建剥削制度和压迫制度，照过去的样子很快地恢复起来，这决不是单凭胜利者的主观愿望所能轻易办到的。它的每一步进展依然充满着各种尖锐复杂的斗争。同时，摆在封建统治者面前的经济现实往往是：人民流散，田土荒芜，生产凋蔽，民困国穷。地主、贵族和皇室要靠榨取地租来过活，封建国家的大批官吏和军队，更靠榨取贡税来维持。可是在广大农民已经无法生活、无法生产的情况下，又哪里有东西可供他们榨取？封建国家如果聚敛不到足够养活大批官吏和军队的财富，又用什么去恢复和巩固自己的统治？

马克思曾经指出："历史过程中的决定性因素归根到底是现实生活的生产和再生产。"（《马克思恩格斯通信选集》人民出版社1962年版第466页）又指出："生产力就是由于这种阶级对抗的规律而发展起来的。"（《马克思恩格斯全集》第4卷第104页）为了恢复和巩固自己的封建统治，地主阶级的国家往往不得不采取各种办法，使阶级矛盾有所缓和，使农民能够生活下去，从事生产。这种缓和既是削弱农民阶级反抗的一种统治方式，也是加强自己的统治力量、以恢复封建秩序的一种必要的斗争手段。

试对几次较大的农民战争前后做一些简略的考察，也可以看到这种阶级矛盾得到某种程度缓和的历史现象及其对社会生产力发展的影响。

在封建制的初期，秦始皇统一了中国以后，其发展余地本来是很广阔的。由于"内兴功作，外攘夷狄，收泰半之赋，发闾左之戍，男子力耕不足粮饷，女子纺绩不足衣服"，老百姓已经"衣牛马之衣，而食犬彘之食"，可是"竭天下之财以奉其政犹未足以澹其欲也"（《汉书·食货志》）。于是，仅仅十多年，强大的秦朝在农民起义中灭亡了。所以，"汉兴之初"，就不能不"反秦之弊，与民休息，凡事简易、禁罔疏阔"（《汉书·循吏传》），"什伍税一""三十税一"，甚至曾一度"除田之租税"。这样几十年后出现了"百姓无内外之徭，得息肩于田亩。天下殷富，粟至十余钱，鸣鸡吠狗，烟火万里。"（《史记·律书》）

西汉末年，"苛吏徭役，失农桑时"，"县官重责，更赋租税"，"贪吏并公，受取不已"，"豪强大姓，蚕食亡厌"，……（《汉书·鲍宣传》），广大农民又挣扎于这种"七亡""七死"之中。王莽企图"讬古改制"，但结果却是"天下户口减半"（《汉书·食货志》）。于是"百姓饥穷，故为盗贼"，绿林英雄造反了。所以，东汉王朝建立以后，就不能不"务用安静，解王莽之繁密，还汉世之轻法"（《后汉书·循吏列传》）。"民有嫁妻卖子欲归父母者，恣听之。敢拘执，论如律"，"杀奴婢者不得减罪"（《后汉书·光武帝纪》）。不久，又下令"郡国以公田赐贫人""假民公田"，"滨渠下田，赋与贫人，无令豪右得固其利"。这样，几十年后出现了"岁比登稔，百姓殷富，粟斛三十，牛羊被野。"（《后汉书·明帝纪》）

在封建制发展的时期，隋朝结束了几百年的南北分裂，使统一的多民族国家得到了发展。杨坚的时候，社会经济的繁荣程度超过了两汉。可是杨广当政这十几年，却把老百姓逼到了无法生存下去的地步。修建东都，"每月役丁二百万人"，"役使促迫，僵而毙者十四五焉"（《隋书·食货志》）。巡游江都，"各色船只，总计五千二百余艘"（《大业杂记》），"舳舻相接，二百余里，……所过州县，五百里内皆令献食"，"所役工十余万人，用金银钱帛钜亿计"（《资治通鉴·隋纪》）。再加上筑长城、开运河、修驰道，结果，"举国就役"，"丁男不供，始役妇人"，财力不够，竟"逆折十年之租"（《旧唐书·李密传》）。于是造成了"百姓失业，屯集城垒，无以自给"，开始吃树皮，"其后人乃相食"。在这种情况下，封建王朝怎么能够还照样统治下去？老百姓怎么能够不豁出性命去造反？所以，唐朝在

史学研究

029

农民起义的烽火中建立以后，就不能不"去奢省费，轻徭薄赋，选用廉吏，使民衣食有余"（《资治通鉴·唐纪·武德九年》）。而流传了上千年的统治阶级古训："水能载舟，亦能覆舟"，尽管过去对于汉顺帝、魏明帝等人全如耳边清风[1]，可是对于在剧烈的阶级搏斗中，夺取了胜利果实的唐太宗却不能不闻而生畏，心有余悸，而且在他执政的过程中这句古训曾经产生一定的影响。恩格斯曾经说过："这些实际斗争在参加者头脑中的反映"也是"对历史斗争的进程发生影响"的因素之一（见《马克思恩格斯书信选集》人民出版社1962年版466页），所以李世民曾"制驭王公妃主之家，大姓豪猾之伍，皆畏威屏迹，无敢侵欺细人"（《贞观政要》卷二）。这样，在贞观年间就出现了"天下大稔，流散者咸归乡里，米斗不过三四钱，终岁断死刑才二十九人。东至于海，南极五岭，皆外户不闭，行旅不赍粮，取给于道路焉。"（《资治通鉴》卷193）

到了封建制逐渐衰落的时期，经过元末农民战争，农民军的一个领袖朱元璋建立了明朝，转化为封建皇帝。洪武初年面临的社会状况又是："百姓稀少，田野荒芜""骨肉离散，生业荡尽。"由于他遭受过元末封建统治的那种残酷的剥削与压迫，逼得他走投无路，才去投奔红巾军，这一亲身经历使他深深懂得："夫步急则蹶，弦急则绝，民急则乱"（《明洪武实录》卷三十六），所以主张："天下初定，百姓财力俱困，譬犹初飞之鸟不可拔其羽，新植之木不可摇其根，要在安养生息之"（《明洪武实录》卷二五）。这当然对明朝政府的政策不能不产生影响。

于是，"令州郡人民，先因兵燹遗下田土，他人垦成熟者，听为己业"（《万历会典》），并且"免徭役三年"。流散各地的农民归回田里，准许各州县在"附近荒田内，官为验其丁力，给其耕种"（《明实录》卷七十三）。又下令"诸遭乱为人奴隶者，复为民"（《明律集解》），"凡商税三十而取一，过者以违令论"，解放手工业奴隶为良民，分"匠户二等：曰住坐，曰轮班"（《明史·食货志》）。所以，几十年后，"宇内富庶，赋入盈美"，促进了封建经济的高度发展和资本主义萌芽的孕育。

这种为了恢复和稳定封建统治，而使阶级矛盾有所缓和的历史现象，就是在农民战争以后出现了分裂割据的局面下，也可以看到。例如三国时期，曹操采纳

---

[1] 这句话见于《荀子·王制篇》，东汉梁冀当权时，有人曾用来规谏汉顺帝，曹魏时也有人用以规谏魏明帝，全被置若罔闻。

了枣祗、韩浩的建议，"募民屯田许下"，其目的虽然是："所在积谷，征伐四方，无运粮之劳，遂灭群贼，克平天下"（《三国志·魏书·武帝纪及注》），但是，为了实现这个目的也还必须"相土处民，计民置吏，明功课之法"，使"百姓竞劝乐业"（同上《国渊传》）。诸葛亮治蜀，也首先是"闭关息民，劝农殖谷"，不久"田畴辟、仓廪实、法度修立，军旅整理"（《三国志·蜀书·诸葛亮传》）。这才为他北伐中原准备了条件。

马克思在《政治经济学的形而上学》中指出："为了正确地判断封建的生产，必须把它当做以对抗为基础的生产方式来考察，必须指出：财富怎样在这种对抗中间形成，生产力怎样和阶级对抗同时发展。"（《马克思恩格斯选集》1972年版第一卷119页）

中国的历史上，封建社会的财富怎样在农民和地主的阶级斗争中形成？生产力怎样和这种阶级对抗同时发展？

从以上列举的农民战争前后的许多史实中，可以看出如下一些带有规律性的历史现象。

在中国的封建社会中，作为社会财富主要创造者的历代农民阶级，总是在地主阶级及其封建国家的剥削压迫下，使用着自己简单的工具，在地主、贵族和皇室的土地上进行极其艰苦的劳动，生产着微少的产品。而这点产品又被迫把大部分作为地租奉献给地主和作为贡税缴纳给封建国家。世世代代的农民只能在极端贫穷困苦的生活中继续从事那种简单的、艰苦的、落后的生产，创造着封建社会的主要财富。

在这种情况下，农民和地主的阶级矛盾始终是尖锐的，并以各种方式存在着。

每当地主阶级及其封建国家的剥削、压迫已经残酷到迫使广大农民无法继续维持生活和从事生产的时候，也就到了地主阶级及其封建国家无法继续统治下去的时候。这时广大农民就不能不起来反抗，反对封建剥削压迫的农民起义和农民战争也就到来。

这就是农民和地主的阶级矛盾已经发展到了外部对抗的形式。如果从封建生产方式本身的矛盾去观察，这就是封建的生产关系严重阻碍了生产力发展的结果。如果从经济基础和上层建筑的关系去观察，这就是封建的政治权力不但集中地表现和维护了这种现有生产关系的总和，而且由于它本身的倒行逆施（违背了封建经济发展的规律）又进一步加重了对生产力发展的破坏。

农民战争对封建统治的沉重打击，就是生产力对阻碍了自己发展的生产关系的严重抗议，也是社会经济发展的要求对破坏了自己发展的上层政治建筑的严重抗议。这些抗议的最集中、最直接、最强有力的体现，就是农民起义的武器批判。

这种武器批判的结果，往往使农民和地主的阶级矛盾得到某种程度的缓和，也就是对封建统治的一种改造。因而封建的生产关系就出现了比较适应生产力发展的调整，封建的上层政治建筑就出现了多少有利于经济基础稳固和发展的调整。这时农民阶级的生活和生产的条件也就多少有所改善，社会的生产力也就逐步得到恢复和发展。历史也就有所前进。

在中国封建社会漫长的发展过程中，封建社会基本经济规律的主要特点是：地主阶级在占有土地和不完全占有直接生产者（农奴或佃农）的基础上，用经济和超经济强制的手段剥削依附农民，榨取最大限度的剩余劳动和产品，有时甚至榨取到必要劳动和产品，以满足自己寄生性生活的需要。同时，封建王朝的政治权力，"可以按照两个方向行动。"有时按照合乎经济发展规律的方向去行动，经济就会发展，有时又违反经济发展规律的方向而行动，经济发展就要受到破坏，"这时除了少数例外，政治权力照例总是在经济的压力之下陷于崩溃"（见恩格斯《反杜林论》人民出版社1961年版189页）。所以以上分析的这些矛盾总是过了一定时期就发展到外部对抗的形式。因此，农民的起义战争也总是过了一定时期就要爆发，周期似的爆发。而中国封建社会的生产力也就呈现出螺旋式的发展，缓慢的发展。

到了明代中期，虽然在封建社会的母体中孕育出了新的生产方式——资本主义的萌芽，但是由于这种萌芽还十分微弱，所以直到鸦片战争以前，这种历史状况并没有发生根本性的变化。

在中国封建社会中"财富怎样在这种对抗中间形成，生产力怎样和阶级对抗同时发展"，这就是我们探讨的中心问题。

三

使阶级矛盾有所缓和是不是阶级调和？我们认为使阶级矛盾得到缓和与阶级调和断然不同。

农民和地主阶级的阶级矛盾，是封建社会的主要矛盾。而矛盾的斗争性是无条件的、绝对的（参见《毛泽东选集》1966年一卷本321页）。中国封建社会的历史也就是一部农民阶级和地主阶级之间的阶级斗争史。

但是，各种矛盾的斗争都不是一种形式，阶级矛盾的斗争也不只是一种形式。阶级矛盾激化到外部对抗的形式就发展成为武装斗争。这就是农民起义和农民战争。所谓阶级矛盾的缓和，也只不过是阶级斗争在另一种形式下的继续进行，决不是阶级调和。列宁在《国家与革命》一书中曾经指出："在马克思主义看来，国家是阶级统治机关，是一个阶级压迫另一个阶级的机关，是建立一种'秩序'，来使这种压迫合法化、固定化，使阶级冲突得到缓和。"并进一步指出："在小资产阶级政治家看来，秩序正是阶级调和，而不是一个阶级压迫另一个阶级，抑制冲突就是调和，而不是剥夺被压迫阶级用来推翻压迫者的一定的斗争手段和斗争方式。"

那么，若干年来争论着的"让步""让步措施""让步政策"，应该怎样看待？这是不是使阶级矛盾得到缓和？

首先，我们认为马克思主义从来并不否认在敌对阶级的斗争过程中，出现过让步。例如，在太平天国革命运动中，一八五二年十二月初太平军攻克了军事重镇岳州，接着水路大军直指武汉。十二月二十二日攻克了汉阳，二十九日又夺取了汉口。武汉三镇只剩下的一个武昌，也已经指日可下。正在这时，一八五三年一月五日，咸丰皇帝急忙下了一道上谕，指示武昌、汉阳和南方各省的督抚："减轻税捐，允许缓交，首先是绝对不要额外再征"。十分明白，他的目的是妄图削弱一些农民革命的锋芒。可是在咸丰写这道上谕的一周以后，太平军已经轰塌了文昌门的城墙，胜利地进驻武昌。

对这件事，马克思在《中国革命和欧洲革命》一文中，曾经做过评论，他说："记得在一八四八年，在奥地利这个日耳曼式的中国，我们也听到过同样的话，看到过同样的让步"（《马克思恩格斯选集》第二卷3页）。这里不但明确地谈到了中国封建统治阶级对农民的让步，也还谈到了欧洲统治阶级对被压迫阶级的让步。

再如，一九三七年抗日战争爆发的前夕，中国共产党"为了和平、民主和抗战，为了建立抗日民族统一战线"，曾致电国民党三中全会，向他们提出了四项保证。对此毛泽东同志向全党和全国人民作了这样的说明："这是一种有原则有条件的让步，实行这种让步是为了去换得全民族所需要的和平、民主和抗战。""让步是两党的让步：国民党抛弃内战、独裁和对外不抵抗政策，共产党抛弃两个政权敌对的政策。"最后毛泽东同志严肃地指出："如果说这是共产党的投降，那只是阿Q主义和恶意的诬蔑"（《毛泽东选集》1966年一卷本249—250页）。

从以上的例证，可以看出，让步无论在历史上或当代的敌对阶级的斗争中是时常出现的，而让步归根到底是为了实现自己阶级的长远利益和根本利益的一种斗争方式或手段。

第二，我们认为封建统治阶级所采取的让步，就是为了使阶级矛盾有所缓和，决不是阶级调和。五十年代初，翦伯赞同志曾在《论中国古代的农民战争》一文中写道："在每一次大暴动之后，新的封建统治者，为了恢复封建秩序，必须对农民作某种程度的让步，这就是说必须或多或少减缓对农民的剥削和压迫，这样就减轻了封建生产关系对生产力的拘束，使得封建社会的生产又有继续发展的可能，这样就推动了中国历史的前进……"（翦伯赞：《历史问题论丛》，三联书店1956年版第76页）。这里所说的让步，我们认为就是实现以上列宁所论证的"使阶级冲突得到缓和"的对策。既要实现这种"使阶级冲突得到缓和"，就必须有一定的办法、措施和政策。而所有这一切，都不过是地主阶级国家为了恢复和巩固封建秩序，使压迫、剥削合法化、固定化的一种斗争手段，为了削弱农民阶级反抗的一种斗争方式。所以，封建统治者的让步总是局部的、暂时的和带有欺骗性的。

列宁在《国家与革命》中还曾指出："在马克思主义看来，如果阶级调和是可能的话，国家就不会产生，也不会保持下去。在市侩的庸俗的教授和政论家们看来，国家正是用来调和阶级的。"请看，马列主义经典作家的论断是何等的肯定、明确和精辟！

第三，为了探讨农民战争怎样推动了社会生产力的发展，我们认为应当着重研究马克思和毛泽东同志的这样两处论断。

《共产党宣言》开始就明确地指出："自由民和奴隶，贵族和平民，领主和农奴，行会师傅和帮工，一句话，压迫者和被压迫者，始终处于互相对立的地位，进行不断的、有时隐蔽有时公开的斗争，而每次斗争的结局都是整个社会受到革命改造或者斗争的各阶级同归于尽。"毛泽东同志也曾指出："以汉族的历史为例，可以证明中国人民是不能忍受黑暗势力的统治的，他们每次都用革命的手段达到

推翻与改造这种统治的目的。"(《毛泽东选集》1966年一卷本617页）

因此，为了阐明农民战争怎样推动了封建社会生产力的发展和历史的前进，我们认为，农民战争停息以后出现的阶级矛盾有所缓和、封建生产关系和封建政治建筑的某些调整都是农民战争使社会受到的"革命改造"，封建统治者的让步也是农民阶级用起义手段对封建统治的一种改造的结果。在一切以剥削制度为基础的社会中，阶级斗争推动了历史的前进，这是不以人们意志为转移的客观历史规律。封建统治者之所以有时做出让步、有时不让步、有时让多些、有时让少些，这是在当时错综复杂的历史条件下由阶级斗争的形势所决定的。封建统治者中的个别历史人物在这中间也起了一定的作用。而这一切又都不过是上述历史必然规律的某些表现形式和补充。

"没有对抗就没有进步。这是文明直到今天所遵循的规律。到目前为止，生产力就是由于这种阶级对抗的规律而发展起来的"(《马克思恩格斯全集》第4卷第104页）。中国封建社会的财富就是在农民和地主的阶级对抗中间逐步形成，社会生产力就是在这种农民和地主的阶级对抗中不断发展。

原文刊于《中国历史博物馆馆刊》1979年第1期

广东佛山资本主义萌芽的几点探讨

佛山在广州西南五十里，是我国古代的四大名镇之一。这里也是较早的对外贸易商埠。宋代在广州设立市舶提举司，在佛山也设立了市舶务，管理对外贸易。十五世纪中叶，佛山已"民庐栉比，屋瓦鳞次，几万余家。……四远商贩，恒辐辏焉"。[1]清代前期，佛山成为"岭南一大都会"。[2]康熙时，"四方商贾之至粤者，率以佛山为归，河面广踰十寻，而轲舶之停泊者鳞砌而蚁附，中流行舟之道至不盈数武，桡楫交击，争沸喧腾，声越四五里，有为郡会之所不及者。""闤阓群列，百货山积，凡希觏之物，会城所未备者，无不取给于此。往来绎络，骈踵摩肩，廛肆居民，楹踰十万"。[3]到了乾隆时期，"佛山全镇，有烟火十余万家。当时四方商贾萃于斯，四方之贫民亦萃于斯，挟资以贾者什一，徒手而求食者则什九也"。[4]清初刘献廷在《广阳杂记》中说："天下有大四聚，北则京师，南则佛山，东则苏州，西则汉口"。[5]这时的佛山已是店铺作坊如林，街巷六百多条[6]的全国著名工商业市镇了。

在商品经济的发展过程中，佛山的手工业不断发展，铁器制造和陶瓷等行业

---

[1]　道光帝：《佛山忠义乡志》，卷十二，《金石》。

[2]　乾隆帝：《佛山忠义乡志》，卷一，《佛山镇论》。

[3]　道光帝：《佛山忠义乡志》，卷十二，《金石》。

[4]　道光帝：《佛山忠义乡志》，卷五，《乡俗志》。

[5]　刘献廷：《广阳杂记》，卷四。

[6]　道光帝：《佛山忠义乡志》，卷一《疆域志》。

中出现了资本主义萌芽的迹象。但是，明清时期这两种行业的发展和资本主义萌芽的状况究竟如何？由于史料不足，仍有待进一步研究。几年以前，我们曾两次到佛山调查了解，蒙佛山市博物馆和广州市博物馆同志的热情支持，找到了一些珍贵的原始资料。这些资料主要有：明崇祯八年（公元1635年）《广州府南海县饬禁横敛以便公务事碑》，清康熙三十二年（公元1693年）《饬禁私抽设牙碑记》，清乾隆六年（公元1741年）《花盆行历例工价列》，清光绪二十五年（公元1899年）重修《陶艺花盘行规》和民国甲寅（公元1914年）重修《乾隆六年花盆行历例工价列》。本文即根据这些资料，试对明清时期佛山铁器制造业和陶瓷业中有关资本主义萌芽的问题，做一些探讨，并将上述资料附录于后，以供大家研究。

一、明代万历末年至天启初年资本主义萌芽已在"炒铸七行"中出现

广东冶铁业，北宋时期已见于记载。[7]明朝初年，在广州设置铁厂，官府控制铁矿的开采，但民间的冶铁业也在不断发展。十五世纪中叶，佛山已成为广东铁器制造业的中心。景泰二年（公元1451年）的《祖庙灵应祠碑记》中记载："南海县佛山堡，东距广城仅五十里，……工擅炉冶之巧，四远商贩恒辐辏焉。"[8]由于铁器制造业的发达，商品经济的活跃，佛山堡逐渐形成为一个繁荣的市镇。

佛山铁器制造业所用的原料，并非都来自外地，当地也产铁。明朝中叶屠应坤的一件奏议中说："广州府南海县地方有西樵、石冈、松子冈、大阮、禾仓冈、吉水、黄借冈等处，新会县铁齿屏山等处，先因乡民在此凿石，后遂凿得铁矿。"[9]本县和邻县多处产铁，这是佛山铁器制造业发展起来的一个先决条件。佛山铁器制造业的发展，又反过来促进了铁矿的开采。所以这件奏议中又说："今因山开矿，则利愈大；积之岁久，则人愈多。利愈大则争趋者愈不可遏，……。始只三五十人而已，近年则三五千矣。始者惟近山顽民窃小利而已，近则四方有罪亡命者多归之矣。"[10]佛山铁器制造业不断发展，当地所产的铁在数量和质量上逐渐不能

---

[7] 李心传：《建炎以来朝野杂记》，甲集，卷十六，"铜铁铅锡坑冶，闽蜀湖广江淮诸路皆有之。"

[8] 此碑现存佛山祖庙，碑文可见道光《佛山忠义乡志》，卷十二，《金石》。

[9] 崇祯帝：《南海县志》，卷十二，《艺文志·奏议》。

[10] 崇祯帝：《南海县志》，卷十二，《艺文志·奏议》。

满足生产的需要，因而广东各地"诸炉之铁冶既成，皆输佛山之埠。"[11]广东的铁以罗定大塘基炉所产的质量最好，所谓"悉是锴铁，光润而柔，可拔之为线，铸镬亦好"，因而"价贵于诸炉一等。"明朝中叶，佛山的铁器已经远销海外，在吕宋"凡华人寸铁厚鬻之。"[12]佛山的铁锅运到日本，"铁锅重大者，一锅价至一两钱。"[13]至于运销江楚应该更早些。佛山的铁器之所以四方驰名，除了制造工艺精巧以外，当时已经能够不断得到罗定等地的优质原料，应该也是一个重要原因。

国内外市场需要的不断增加，必然促进佛山铁器制造业的发展。这种发展的一个重要标志就是行业的内部分工。到了明天启二年（公元1622年），文献记载中已经有了"炒铸七行"的说法。但究竟是哪七行？却语焉不详。[14]上述明崇祯八年广东布政使司有关佛山铁器制造业的一块告示碑[15]对这个问题做了解答。碑文中写道："本堡食力贫民皆□□□各依打造铁器，各有各行。""佛山于炉冶分别班行遵应公务，但铸锅炉户答应铁锅，铸造铁灶答应铁灶，炒炼熟铁炉户答应打造军器熟铁，打拔铁线之家答应铁线、御用扭丝、灶鍊，打造铁锁胚炉答应御用灶鍊、担头、圈钩、罐耳，打造笼较农具杂器之炉答应御用煎盆镬、抽水罐□□□，□铁钉答应铁钉。"这段碑文中列举了：铸锅、铸造铁灶、炒炼熟铁打造军器、打拔铁线、打造铁锁、打造农具杂器和打造铁钉，正是七行。我们认为这就是明代晚期佛山的"炒铸七行"。从这段记载中可以看出，当时佛山铁器制造业的行业分工已相当细密，产品品种很多，制造工艺已相当复杂。清代前期虽然继续在这个基础上发展，但并没有显著的"突破"。到了鸦片战争以后，由于外国铁器的大量输入，佛山的铁器制造除铸锅、铁钉等个别行业外，其他各行大都衰落了下来。

明代晚期佛山炒铸各行的生产规模和制造工艺，从《广东新语》中可以看到其基本状况。该书的作者是广州明末的遗民，《广东新语》成书的最后年代（大

[11] 屈大均：《广东新语》，卷十五，《货语》。

[12] 茅瑞征：《皇明象胥录》，卷五，《吕宋》。

[13] 胡宗宪：《筹海图编》，卷二，《倭好》；谢杰《虔台倭纂》，卷上，《倭利》。

[14] 道光帝：《佛山忠义乡志》，卷六，《乡事》。

[15] 明崇祯八年《广州府南海县饬禁横敛以便公务事碑》。

约康熙二十六年），上距清军入粤（顺治八年）不过三十多年。在这三十多年中，战乱频仍，海禁严厉，佛山的铁器制造业即或有所发展，其变化也不可能很大。

天启二年的"炒铸七行"，其中铁锅、铁灶是浇铸而成，这二行是"铸"，其余"打造军器熟铁""打拔铁线""打造铁锁""打造农具杂器"和"铁钉"五行全是锻造，也就是"炒"。当时"炒铁"的工艺过程大致是这样："以生铁团之入炉，火烧透红乃出而置砧上，一人钳之，二三人锤之，旁十余童子扇之。童子必歌不辍，然后可炼熟而为鑢也"。[16]如果打造军器或带刃的农具杂器，还须经过淬火使之增强硬度。"其钢之健，贵于淬，未淬则柔性犹存也。"经过锻造，"方出火即入于水，大火以柔之，必清水以健之，乃成纯钢。"[17]这就是传统的淬钢办法。这种经营各行炒铁的"炉户""铺行""炉冶铺户"，就是"炒铁之肆"。当时的佛山，"计炒铁之肆有数十，人有数千。一肆数十砧，一砧有十余人。"[18]从这样的生产组织和规模看来，每一个"炒铁之肆"即使只有一二十砧，也已经是具有相当规模的手工工场了。当然，初期的手工工场，从表面看来只不过是行会师傅作坊的扩大。其主要区别就在于马克思说的"同一资本同时雇用的工人较多，"——"较多的工人在同一时间，同一空间（或者说同一劳动场所），为了生产同种商品，在同一资本家的指挥下工作，这在历史上和逻辑上都是资本主义生产的起点。"[19]资本主义生产实际上就从这个时候开始了。

随着带有资本主义性质经营的出现，也就发生了早期无产者反对封建统治和资产者的斗争。天启二年（公元1622年）九月九日，因为"灵应祠地"被侵占，佛山爆发了"炒铸七行工匠纠众狂噪"[20]的事件。明朝南海县衙门"计擒为首者重惩"，这次事件才被镇压下去。崇祯六年（公元1633年），佛山又发生了"耳锅匠并锯柴工与诸炉户阋争"，并且"毁陈达逵房屋"[21]的事件。这一事件进一步说

---

[16] 屈大均：《广东新语》，卷十五，《货语》。

[17] 屈大均：《广东新语》，卷十五，《货语》。

[18] 屈大均：《广东新语》，卷十五，《货语》。

[19] 马克思：《资本论》，第一卷，第358页，1975年6月人民出版社第一版。

[20] 道光帝：《佛山忠义乡志》，卷六，《乡事》。

[21] 道光帝：《佛山忠义乡志》，卷六，《乡事》。

明，"耳锅匠""锯木工"与"诸炉户阋争"，已经是"雇佣劳动"与"资本"的斗争了。

根据以上的史料和分析，我们认为在明朝万历末年，至迟不晚于天启初年佛山地区的资本主义萌芽已经在铁器制造业中出现了。

二、明清官府的"取办""行蠹"和"牙棍"对资本主义萌芽的摧残

产业资本在它的形成和发展过程中必然会遭到封建制度的种种阻碍。这种阻碍，在不同的条件下和不同的行业中，其表现形式和严重程度也各不相同。在佛山铁器制造业的资本主义萌芽时期，官府的"取办"与由此产生的"行蠹"和"私抽设牙"是值得注意的严重阻碍。

明朝的制度规定："上供之物，任土作贡，曰岁办"。"官出钱以市曰采办。"[22]在有些地方又统称之曰"取办"。宫廷、官府所需所用的许多物品大都依据这种制度取之于各行各业的商民。商民依法供应"取办"，叫做"答应上务"或"答应公务"。佛山的铁器制造业"各照各行""答应上务""从来已久"。明代中期以后，佛山"答应"的铁器种类繁多，举凡宫廷和各衙门需用的铁锅、铁灶、各种军器、铁钉、铁线、扭丝、灶镰、煎盆镬等等，经常"取办"不断。

官府在"取办"某种铁器时，大都责成该行的"炉户帮办"。"帮办"的炉户领取官府的"示票"，然后凭票向本行"取办"。"岁办"是封建的贡赋。"采办"名曰"照民价收买"，实际所给往往不足所值的一半，甚至"十不给一，无异空取"。这就造成了对炒铸各行的严重掠夺。"帮办"的炉户在取办过程中，往往凭借官府的示票，勾通官府的差人，从中上下其手，借机会向本行业以至不该"答应"的行业强行"取办"。这就出现了"借票串差，纵横沿诈"的"行蠹"。

明朝末年，因官府屡次"取办"大量铁钉，造成崇祯年间连续发生"铁钉行蠹""敛害"炒铁各行的事件，其中以崇祯五年那次最为严重。

广东珠江海口是我国历史悠久的重要造船基地。秦汉时代已有规模很大的造船厂。崇祯五年十月，明朝政府在广东"装造五大战船"，需要大量的铁钉。于

---

[22] 《明史·食货志》

是，"铁钉行蠹""李以仪、伦九贤等复踵前辙，纵横敛害"。这些"行蠹""借票取钉，带差沿村诈索，不问打造铁线、铁锁、农具、杂货之家，混行概敛，鱼肉小民"。而且"稍有不遵，曲禀委官，百般捉勒，诈害多端。"闹得炒铸各行"鸡犬不宁"。[23]

摧残佛山铁器制造业的"行蠹"，是由于明朝政府的"取办"而产生的。这些"行蠹"之凶恶已经和万历年间充当"矿监""税使"的宦官相差不多了。以后，清朝宫廷、官府责令佛山"承办"的"贡镬"和"乡试镬"，也都带有这种"取办"的性质。

牙行由来已久。明清时期的牙商有官牙、私牙的分别。凡是"身家殷实之人"愿意充当牙商者，必须先呈明官府批准，然后才能领取"牙帖"承充。明清时期的牙行不仅是市场上买卖的说合人，而且都负有代替官府征税的责任，这叫官牙。那些没经官府批准而自行充当的牙商，就是"私设牙行"，也叫做"私抽设牙"。在明代，这种"私设牙行"已经造成了"商民不胜其苦"。入清以后，对私设牙行的禁令不断。康熙时，曾以皇帝的名义，颁旨严禁，但仍然不能禁绝。其原因就是这种私设的牙行，大都在地方官吏的支持下，彼此互相勾结，对工商民户进行法外的压榨。佛山铁器制造业所遭到的这种"私抽设牙"的掠夺和摧残相当严重。

据康熙三十二年五月广州府南海县告示碑[24]中的记载，康熙二十七年四月，佛山、石湾发生了"奸棍"霍子宾等人"背旨私设牙行"盘剥铸锅工匠的事件。其盘剥的办法，并不是一般的私自抽税。这个"奸棍""投藩借势"（投靠"藩台"，倚仗布政使衙门的势力），竟然想出了"辖匠入牙"的新花样。所谓"辖匠入牙"就是："凡佣工匠人每人辖入牙银五两，名曰有牙工匠"，那些"工精贫乏者，无银入牙，名曰无牙工匠"。在这些"奸棍"的辖持下，炉户只能雇用"有牙工匠"，不准雇用"无牙工匠"。这就造成了那些"工精贫乏"的工匠"靠食无依"。这些"私设牙行"的"棍犯"已不仅仅是从商品买卖的过程中谋取非法的暴利，而是从作为"特殊商品"的劳动力市场上进行非法的剥夺了。康熙二十七

---

[23] 明崇祯八年《广州府南海县饬禁横敛以便公务事碑》。

[24] 清康熙三十二年《饬禁私抽设牙碑记》，

年出现的"辖匠入牙"，不仅直接向铸锅工人强行榨取五两银子的"巨款"，而且使铸锅行业不能雇到"工精"但"贫乏"的技术工人，因而铸锅业的正常生产就不能不受到意外的打击。

这次"私抽设牙"的横暴剥夺，激起了铸锅工人和炉户的强烈反抗，由铸锅工人陈伯梓等人控告到官府。因为"私设牙行"是违背皇帝圣旨的严重不法行为，所以清朝官府不能置若罔闻。后来经广东巡抚都察院的审理，才"奉旨禁革"，"给示永禁"。

前任巡抚离任以后，到了康熙三十二年二月，已算是"日久法弛"。那批"奸棍"又"图踵前恶，造意复萌"，公然再次"私设牙行，狡谋垄断。"这次不仅"辖匠入牙"，而且"辖商归并"。这就不仅直接剥夺铸锅工人，而且直接损害到铸锅炉户。这时"牙棍"已使佛山的全部铸锅行业遭到严重的威胁。工人和炉户共同感到"就地工商，尚可赡命；入牙、归并，势必命绝。"在这种危急的情况下，工人和炉户不得不再次闹到官府。最后新任巡抚"依据前情""给示饬禁"，"碑谕炉户、工人"："照常开炉铸锅，各安生理，工匠听从炉户雇觅。如有牙棍复踵前辙，私设牙行名色，压剥工匠，把持行市，许炉户、工人立刻据实指名呈告，定拿重处"。

从上所述可以看出崇祯时期的"行蠹"和康熙时期的"牙棍"，对佛山铁器制造业中资本主义萌芽的摧残是相当严重的。但"铁钉行蠹"的产生是由于明朝政府的"取办"，而清代"牙棍"之所以屡禁不绝又是因为"投藩借势"，背后有清朝地方官员做后台。所以，这些阻碍资本主义萌芽发展的旧势力，归根到底来自明清两代封建统治。

三、石湾陶瓷业中带有资本主义性质的经营开始于乾隆以前

自古范土铸金，陶冶并立。陶瓷和冶金的关系十分密切。在佛山冶铁业发展的同时，陶瓷业也发展起来。佛山陶瓷业的历史也很久，到了明代中期，窑业集中的石湾已形成著名的乡镇。所以当地流传着这样的谚语："先有缸瓦，后有石湾。"十五世纪末十六世纪初（成化、正德时期），石湾陶瓷器已与佛山铁器并列为商人乐于经营的畅销商品。正德二年（公元1507年）成书的《霍渭厓家训》中写道："凡石湾窑冶，佛山炭铁，登州木植，可以便民同利者，司货者掌之。年一

人司窑冶，一人司炭铁，一人司木植，岁入利市，报于司货者"。[25]嘉靖七年（公元1528年），陶业行捐资在石湾莲子岗建立了一座祖师庙，以崇祀他们的祖师。因为古史中传说"虞舜陶于河滨"，所以舜一向被认为是制陶的祖师。祖师庙的修建说明石湾陶业行当时已具有了相当的规模，并且在此以前已经有了自己的行业组织。这个行业的内部分工，保留下来的记载，最早只反映了天启年间（公元1621—1628年）的状况，记载说当时陶业已分为八行。[26]南明永历时期（公元1646—1662年）在石湾立下了禁挖岗沙告示碑。制陶用沙之多，已经引起官府的立碑示禁，这又说明石湾陶瓷业的不断发展。到了十八世纪末叶，"石湾六、七千户，业陶者十居五、六。"[27]这时石湾从事陶瓷业的每户以一人计算，至少已不下三、四千人，而实际人数应该更多些，生产规模已相当可观了。

"商品流通是资本的起点"。[28]"手工工场产生于凡是发生对外市场出口大宗生产的地方"。[29]石湾距离我国最大的对外贸易港口广州不过五十里。十七世纪的著作《广东新语》中已经记载："石湾多陶业，其陶遍两广，旁及海外之国。"那么，石湾陶瓷业中的资本主义萌芽究竟开始于何时呢？由于有关史料的缺乏，至今还很难做出比较明确的判断。近年发现的《花盆行历例工价列》（以下简称《历例工价列》）和《陶艺花盘行规》（图一、图二）为我们提供了新的研究依据。从这些原始资料看来，我们认为：到了乾隆初年，石湾陶瓷业中的资本主义萌芽至少已经有几十年的历史了。

石湾陶业行的内部分工，到乾隆以前已有了一个"花盆（盘）行"。这是一个专门从事生产花盆、金鱼缸、花垌、陶瓷建筑装饰部件（如栏杆、人兽瓦脊、花塔、宝珠……）等陶瓷制品的行业。这一行业组织的名称是"陶艺"，即"陶艺堂"或"陶艺会"。所以其行规叫做《陶艺花盘行规》（以下简称《行规》）。

[25] 《霍渭厓家训》，一卷第五，见《函芬楼秘笈》，第二集。

[26] 张维持：《广东石湾陶器》，第12页，第22页，广东人民出版社1957年第一版。

[27] 道光帝：《南海县志》，卷七，又见同治重版《南海县志》，《舆图略》三，第33—34页。

[28] 马克思：《资本论》，第一卷，第167页，1975年6月人民出版社第一版。

[29] 《资本主义产生以前各形态》，第55页，人民出版社。

《历例工价列》中首先写明："大清[30]乾隆六年八月吉日，联行东西家会同面议各款工价实银，不折不扣，永垂不朽，胪列于左"。以下便分上、中、下三等列出了三百四十多项不同的产品名称，每项名称的后面，根据各项产品的简单、复杂、规格大小，技术要求的难易，总之花费劳动时间的多少，逐项列出了不同的工价。例如：

上等价列

大花塔每只银贰钱壹分五厘贰

二号花塔每只银壹钱四分七厘

三号花塔每只银九分四厘五

珠象古每对银壹两零贰分九厘

光象古每对银九钱四分五厘

……

收尺鱼矼每个银贰钱六分贰厘五

弍贰尺鱼矼每个银贰钱四分壹厘五

贰尺鱼矼每个银贰钱壹分五厘贰

……

中等价列

双栏杆每枝银壹钱四分叁厘

大栏杆每枝银九分零贰

中栏杆每枝银六分零五

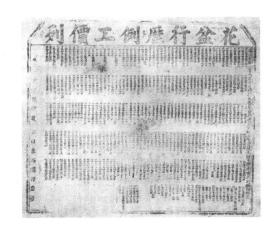

图一　花盆行历例工价列

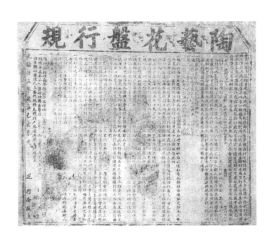

图二　陶艺花盘行规

---

[30] 辛亥革命后，该行规将原雕板的"大"字改做"满"字。

凵尺栏杆每枝银叁分七厘四

冈尺栏杆每枝银叁分壹厘九

丨贰尺栏杆每枝银贰分七厘五

……

丄角吼面古每只银壹钱五分八厘四

亖主角吼面古每只银壹钱五分八厘四

三稔吼面古每只银壹钱五分八厘四

……

下等价列

𠃊尺矼盆每个银九分贰厘四

凵尺矼盆每个银六分六厘

中矼盆每个银叁分九厘六

贰矼盆每个银贰分六厘四

三矼盆每个银壹分九厘贰

四矼盆每个银壹分五厘六

五矼盆每个银壹分四厘四

六矼盆每个银壹分贰厘

七矼盆每个银壹分贰厘

……

亖寸烟通每碌银叁分

丄寸烟通每碌银贰分七厘六

8寸烟通每碌银贰分零四

川寸烟通每碌银壹分五厘六

……

在列出的项目中也有一些没有规定工价的具体银额，仅注明临时面议。如：

大狮盆　面议

中狮盆　面议

凵𠃊川尺鱼缸墩　面议

堆凸龙蹲　俱面议

古蹲每只 俱面议

茶机 面议

各款茶盆 面议

大小神相每座 面议

以上所列各项都是制坯的工价。坯胎还需要入窑烧制，所以上述项目中还有一些并不按件规定工价，而是按烧窑、装窑和开窑的不同工种和工作量规定工价。例如：

燀一截至一燔工银贰钱八分八厘

装灶照上 工银照上

开灶照上 工银照上

如燀三截工银四钱三分三厘

装照上 工银照上

开照上 工银照上

如燀四截工银五钱七分贰厘

装照上 工银照上

开照上 工银照上

《历例工价列》中，对于技术熟练、经验丰富的老工人到窑内进行高温操作，还特别规定了工价加倍。即：

"大师傅入灶肚作双计。"

因为市场上对于产品不时提出各种新的或特殊的要求，所以《历例工价列》的最后还规定了这样一条：

"以上各款不能尽录，如有另新款各货，另载后加添。"

上述《历例工价列》的主要内容，清楚地告诉我们，这就是一张根据以往惯例规定下来的计件工资表。

马克思在《资本论》中写道："计件工资是最适合于资本主义生产方式的工资形式。""只是在真正的工场手工业时期，它才得到比较广阔的活动场所。"[31]那

---

[31] 马克思：《资本论》，第一卷，第 609 页，1975 年 6 月人民出版社第一版。

么，根据这些计件工资的规定，我们是不是就可以认为当时的石湾"花盆行"已经存在着资本主义性质的经营方式了呢？看来，仅仅依据这一点，还不容许我们做出这样的判断。因为计件工资并不是什么新的东西。"计件工资无非是计时工资的转化形式，正如计时工资是劳动力的价值或价格的转化形式一样。"[32]西欧早在十四世纪，计件工资已经和计时工资一起正式列入了英法两国的劳动法之中。在我国古代的记载中也可找到按件付值的事例。因此，为了回答这个问题，还必须首先回答当时"花盆行"的基本生产关系是一种什么样的性质。十分可喜的是，这件《历例工价列》本身已经为我们做了虽然简略，但却十分重要的说明。这就是这件《历例工价列》是在"联行东西家会同面议"下共同制定的。所谓东家行大致就是代表业主、作坊主或手工工场主的组织。所谓西家行基本上就是手工工人自己的组织。到清代前期，佛山的熟铁业、绫帽业，广州的丝织业和打石业中都已先后出现了东家和西家两行。既然当时石湾"花盆行"中，已经并存着东家行和西家行，这就证明：带有某种程度资本主义性质的经营方式已经作为一种新的因素存在于往日行会手工业之中了。而且在这种条件下，东西两家在不断的矛盾斗争中，已经通过共同的协议制定了相当完备的计件工资制度。这一切就可以说明：清代乾隆初年，石湾陶瓷业中的资本主义萌芽已经出现，并且已经走过了自己最初的一段历程。这段历程估计至少需要几十年。至于准确地说这段历程究竟有多长？那就有待新的资料去进一步说明了。

四、东西两行的出现和行会性质职能的变化

行会是封建制度下手工业者行业同盟性的组织。它以小业主（师傅）的联合为主体，加上帮工和学徒，共包容着三个不同的封建等级。由于当时市场窄狭、生产条件简单、各行手艺学来不易等原因，行会的主要职能是限制行内和来自行外的竞争。封建性行会的这种性质和职能是小商品生产者的社会地位决定的。因此列宁说："小商品生产者感到，与其他的社会利益相反，他的利益要求维持这种垄断地位，因此他害怕竞争。小手工业者不论是个人或集体，都千方百计地阻止竞争、'不让'竞争者进入本地区、巩固自己的拥有一定数量的购买者的小业主的殷实地

---

[32]　马克思：《资本论》，第一卷，第60页，1975年6月人民出版社第一版。

位。这种对竞争的恐惧，十分明显地说明了小商品生产者的真正的社会本性。"[33]

中国的行会，最早出现于唐初的西、东两京和范阳等地。但这主要是封建性商业的联合组织。作为封建行会制度中手工业者的行会，则明显地出现于北宋。石湾陶瓷业的行会建立于明代嘉靖七年（公元1528年）以前，但直到本世纪三十年代，石湾还存在着"花盆""缸塔""横耳""边钵"等二十四行，"陶艺""陶明""陶熙""陶本"等二十六个行会，所属成员有六、七千人。[34]

在这样漫长的年代里，行会是不是以原有的性质继续存在下来？当资本主义萌芽出现在某个行业以后，这个行业行会的性质是不是并没有发生较大的变化？这应该是一个值得研究的问题。

当然，中国很大，各地手工业的发展很不平衡，即使资本主义萌芽已经在某个行业出现，但是由于各种条件因地因行而异，所以并不可一概而论。可是，如果我们从石湾陶瓷业去考察就可以看出，在东家行和西家行出现的时候，原来的封建性行会已经开始解体，行会的性质已经发生了重要变化。前文已引用的乾隆六年（公元1741年）《花盆行历例工价列》和光绪二十五年（公元1899年）重修的《陶艺花盘行规》以及民国甲寅（民国三年，公元1914年）重修的《花盆行历例工价列》，一再说明这时的行会已经有了如下一些特点。

1. 本行业条规的制定和修改，已不是业主们可以决定的事，而必须东家行和西家行共同决定。乾隆六年三百多项的计件工资表中，首先说明，这是"联行东西家会同面议"的结果。光绪二十五年重修的《行规》在《前言》中也首先说明："我行之规条，设立已久。自乾隆六年，我行内各物工价，经东西允议，历年以来，一向无异。……惟至于今，百有余年，而东（行）生意日隆，而西行众齿日盛，故物件款式多增，或有随做随议，所有实规实价，具载于内，庶免一物价有低昂之弊，例出于规条之虞。缘旧原板字迹晦废，今会同众议，做随旧章，再重修建公议规条，开列于左"。民国甲寅重修的《历例工价列》也最后申明："甲寅岁仲夏吉日东西阖行重修。"

---

[33] 《列宁全集》，第三卷，第297页。

[34] 张维持：《广东石湾陶器》，第12页，第22页，广东人民出版社1957年第一版。

2. 解决东西两家的纠纷已成为行会的重要职责，而这些纠纷的解决又必须两家达成共同协议。因为当时雇佣的形式主要分为"按伴""长年"和"散插"三种，许多劳资纠纷也就从这几方面产生。因此，光绪二十五年的《行规》分别做出了如下的规定：

> 一议、行内物件工价，历依行例，我行友不得私自求加增，不得私自减价。如有此弊，报信确证，定将此人传行，东西均同议罚，将此银壹半归行内传费，壹半归谢报信花红。
>
> 一议、长年自正月十贰三开工，至十贰月廿四五岁底完工。年内不得私往别店散插，或有私请别店长年散插，每名罚银贰大元。倘经明行内暂请替转，照料灶上二三燔，不在此例。

在手工业生产中工人手艺的高低占有突出重要的地位，因为它决定着产品质量的优劣，产品的质量又决定着商品价格的高低和利润的多少。所以在佛山的冶铁业中，"冶者必候其工而求之，极其尊奉"，石湾的陶瓷业同样是"亦必候其工而求之，其尊奉之一如冶"。东家为了争取雇到手艺高的工人，实行着一种先付"定银"的办法。因而围绕"定银"发生的纠纷也经常不断，于是《行规》中又做出这方面的规定：

> 一议、长年、按伴如有收过东家定银者……或东家半途推辞，定银不得扣除。倘西行收定之后，或不做，或半途退缩，定银还双倍。

以往行会的帮工在业主家干活，伙食由业主供给。这时伙食费问题，在旧的习惯和新的制度之间也出现了矛盾。所以也列入了《行规》。

> 一议、我行到某号要先交粮银每位……以做米价……。

3. 当时资本主义性质的经营虽然已出现，但造成小商品生产者害怕竞争的种种因素并没有明显的改变，因此限制竞争，特别是行外的竞争仍是这时东西两家的共同利益，所以许多陈规继续保留，重新列入《行规》之内。

> 一议、四方君子到店学师，以□年为满。每季入行银壹拾贰元五毫，斗兑其行银。以□年分□季交清。……以每店六年教一徒，此人未满六年，该店不准另入新人，……投行学艺。倘有外人投师学艺，年方有三十余岁者，虽现有东额，一概不准其入行学艺。倘该店有未入行之人在此雇工，我行人不得与其同伴。
>
> 一议、父教子九大元、兄教弟十八大元，分三年为满。
>
> 一议、该店管栈房、执缸瓦与及店中伙头，例应用我行内之人。

4. 借重"祖师爷"的灵威，用以加强行会在行业内威权的传统习惯没有改变，因此有关封建迷信的规条依然很多。这里就不列举了。

以上四点，前两项说明新的东西已经出现，后两项说明旧的东西继续大量存在。新旧交替，方生未死，这就是当时行会性质变化的实质。这种变化发生的原因则是资本主义萌芽时期东家行和西家行的出现。

石湾陶业行会中的东家行和西家行是从小生产者的分化中形成的。当时从这些小生产者当中分化出一批靠雇佣工人、经营陶瓷业以谋取利润的作坊主和手工工场主，同时分化出人数更多的靠出卖劳动力为生的制陶工人。小生产者的分化导致了原有行会的分解和重新组合。这时，前者组成了东家行，后者组成了西家行。事实上，这时的东家行已经具有了工商业者"同业公会"的性质，而西家行已经具有了"劳动组合"或工会的性质。原有的封建性的行会已开始解体。

由于当时资本主义萌芽远没有发展成为完备的资本主义生产方式，封建行会也只能是开始解体，而不可能完全解体。在这种历史条件下，新出现的东家西家两行既只能互相对立于原有的行会组织之中，又必须互相依存于同一个"陶艺花盘行"的名义之下。行会的组织形式，连同大量（不是全部）传统的陈规旧条继续保存着。但是，往日行会中的三个封建等级，除了学徒以外，师傅和帮工变成了东家和西家。行会成员中，过去封建等级的关系，基本上变成了雇佣劳动与资本的关系。这时，行会的性质，事实上已从小生产者封建性的行业同盟，开始变成为早期资产者和无产者彼此对立又互相依存的联合组织。在他们自己的说法中，这就叫做"联行"。

行会性质的变化，决定了行会职能的变化。这时行会的首要职能已成为解决东西之间的矛盾、调整东西之间关系和维系东西之间的互相依存。过去限制行内行外竞争的职能继续存在，不过已被挤到第二位去了。

乾隆前后，在佛山的陶瓷业、绫帽业，广州的丝织业、打石业和苏州的踹染业中，这种行会性质的变化先后发生。这种变化就石湾陶瓷业以及发生同样变化的行业而论，不能不认为是十分重要的。然而，从当时全国的基本状况来估量，因为仅仅发生于个别地区的个别行业，所以变化还是微小的。在那个历史时期，新生的东西毕竟还太微弱，而陈旧的东西还很强大。因而行会对于手工业发展的阻碍作用，继续严重地存在。这种阻碍仍然是资本主义萌芽发展缓慢的一个重要原因。

原文刊于《中国历史博物馆馆刊》1980 年总 2 期

王宏钧 / 刘如仲

中国从先进到落后的三百年

一

中国是世界上有着悠久历史和灿烂文化的国家，早在公元前5世纪，已经由奴隶制社会进入到封建社会。而同样的社会变革，到了公元5世纪罗马帝国崩溃的时候，才在欧洲开始。从秦汉到唐宋，中国以具有发达的物质文明和精神文明长期居于世界的先进之列。宋代的三大发明（火药、指南针和印刷术），正如马克思在谈到16世纪到18世纪欧洲工业发展情况时所说："这些都是资产阶级发展的必要前提。"[1]元代的中国也是富庶的东方大国。公元14世纪，一位到过广州的欧洲旅行者说："全意大利的货物也没有这座城市货物多。"[2]他认为广州一城抵得上三个威尼斯。《马可波罗行纪》在欧洲广泛传播以后，中国和东方的财富，好像神话一样使欧洲的商人和封建主醉心向往，说这是"远方契丹的诱惑"。直到公元15世纪末16世纪初，对于中国和东方财富的向往，仍然是导致欧洲探险家发现环球航线和美洲大陆的一个重要原因。然而，在这些被誉为"伟大的地理发见"的半个多世纪以前，明朝的"三保太监"郑和早已多次往返在印度洋上，成为东方航行到达赤道以南非洲东岸的先行者。郑和的七下西洋，每次大都有"巨舶百余艘"。最大的宝船长四十八丈、宽十八丈。航队的舵工、班碇工、铁锚木艌搭材等匠、水手、办事、书算手、医师、通事（翻译）和防

---

[1]　《马克思恩格斯全集》第30卷，第318页。

[2]　苏联科学院主编《世界通史》第4卷，上册，第102页。

御海盗的兵士等总数多达两万七千多人。不难看出，如果当时的中国没有发达的造船业，没有相当精密的航海罗盘，没有相当丰富的航海知识，总之，如果没有相当发达的社会生产力和科学技术知识作为凭借，这样大规模的多次远航是不大可能的。此后六十年，当哥伦布驶往美洲的时候，他所带领的是载着八十八个人的三只小船，最大的"圣玛丽亚号"才六十三呎长、二十呎宽。[3]以这两次著名的远航为例，如果认为直到公元15世纪中国仍然在世界先进行列之中，这大概不会与史实有多少出入。

然而，中国社会的发展行将落后于西方的趋势，已经在15世纪的远航中露出了端倪。明成祖派郑和奉使远航的主要目的是"通四夷""示中国富强"，以扩大封建王朝的政治影响。而葡萄牙的亨利亲王、马努尔国王和西班牙伊萨伯拉王后支持航海的历史动因，却是商品经济发展的要求和资本主义原始积累的需要。正如恩格斯所说："因为14世纪和15世纪的蓬勃发展的欧洲工业以及与之相适应的贸易，都要求有更多的交换手段。"[4]因而，明成祖一死，郑和下西洋就被认为是一种"弊政"，遭到"费钱粮数千万，军民死且万计。纵得奇宝回国，于国何益"的指责。[5]明仁宗即位之日便下诏："下西洋诸番国宝船悉皆停止。"[6]宣德年间，虽然因为"帝践祚岁久，而诸番国远者未贡"，又派郑和"历忽鲁模斯等十七国而还"。但此后，不仅远洋巨舶不再建造，连下西洋的档案也已不知下落了。中国在世界航海史上的壮举成了绝响。与此相反，哥伦布等人的地理发现却成了促进西方社会迅速发展的重要条件。"美洲的发见，绕过非洲的航行，给新兴的资产阶级开辟了新的活动场所"。西欧"商业革命"和"价值革命"相继发生。"因而使正在崩溃的封建社会内部的革命因素迅速发展"[7]。

16世纪，随着新市场出现而日益增加的商品需求，冲破了西欧封建行会的手工业经营方式，进入到工场手工业时代。世界商业与世界市场开始了资本的近代

---

[3]　[美]海斯·穆恩·韦兰《世界史》中册，第629—631页。

[4]　《马克思恩格斯文选》第4卷，第464页。

[5]　《殊域周咨录》。

[6]　《明仁宗实录》。

[7]　《马克思恩格斯选集》第1卷，第256页。

生活史。16世纪中叶，随着西欧资本主义经济关系的逐渐形成，爆发了世界上第一次成功的尼德兰资产阶级革命。公元1640年，正当李自成领导的农民军艰苦奋战的时候，英国资产阶级革命爆发了。从此，世界历史进入了资本主义在先进国家取得胜利和资产阶级在这些国家确立专政的时期。

如果我们把16世纪初到17世纪中叶作为一个历史阶段来考察，那么，在这一个半世纪中，西欧的历史，已从封建时代进入了资本主义兴起的时代；而在中国，虽然资本主义的萌芽已经在苏州的丝织业、松江的棉纺织业、江西景德镇的制瓷业、广州佛山的铁器制造业等不同地区和行业中出现，但它还是微弱的、稀疏的，其发展是十分困难和缓慢的。在这一重要历史阶段的末期，中国正处于大规模农民起义和清王朝取代明王朝的战乱频仍之际，这时，中国在世界上从先进退居到落后的局面，已经开始形成了。

17世纪中叶以后，在西欧先进国家中，由于市场不断扩大，需求日益增加，首先在棉纺织业中开始用机械劳动代替手工劳动。到了公元1784年，由于蒸汽机的发明和采用，引起了工业革命，从此工场手工业时代开始过渡到现代大工业时代。

在这一历史过程中，生产不断地变革，社会关系不停地动荡，以往那些固定的古老关系以及与之相适应的陈旧观念已被基本消除，封建社会中遗留下来的一切阶级均遭排斥。"资产阶级在历史上曾经起过非常革命的作用。"新兴的资本主义生产方式，"仿佛用法术创造了如此庞大的生产资料和交换手段"，[8]从而使资本主义确立为一个独立的社会形态。

如果把17世纪中叶到19世纪初叶作为第二个阶段来考察，那么，在这一个半略多的世纪中，西欧发生了重大历史变革，此时，中国正值从顺治入关到乾嘉之际，在这一百五六十年中，中国资本主义萌芽在清初遭到严重破坏以后虽然又多少有些回升，但还是微弱的、稀疏的，发展仍是困难重重，十分缓慢的。古老的封建主义继续统治着中国。中国在世界上已经陷于落后的境地。落后，就要挨打，这已是不可避免的趋势了。

---

[8]　《马克思恩格斯选集》第1卷，第256页。

进入19世纪40年代以后，列强的侵略纷至沓来，打乱了中国社会发展的正常秩序。中国封建社会并没有发展到资本主义社会，而变成了半殖民地半封建社会。

直到1949年，经过一百多年前赴后继的革命斗争，中国人民才终于站了起来。中华人民共和国的诞生，从根本上扭转了政治上的落后局面。但是直到今天，我国在经济上和科学文化上的落后还没有得到翻身。

从16世纪初到19世纪初，中国和西方历史发展的对比中，我们可否这样认为：这段时期就是中国在世界历史上由先进到落后的三百年。在这关键性的三百年里，中心问题是中国商品经济和资本主义萌芽发展迟缓，因而传统的封建主义得以长期延续下来。

二

中国封建社会长期延续达两千多年之久，原因十分复杂。首先值得深入探讨的有如下三方面：一、中国封建生产方式的特点，即封建地主制之下的农业和家庭手工业紧密结合的自然经济形态；二、中国封建社会政治结构的特点，即建立在上述经济基础之上的封建专制主义的政治体制；三、中国统一的多民族封建国家中的民族问题，即由于后进民族的占领和统治，对先进地区经济文化发展的消极影响。此外，人口因素、地理条件、外来影响等也都是值得进一步深入探讨的问题。

中国封建社会的发展虽然缓慢，但是到宋元时期商品经济已经活跃起来。在北宋的汴京、南宋的临安、东南的海外贸易和各地出现的集镇中，这种历史现象都可以大量看到。到了元代，江浙的许多富户中已有一些是以机杼和"通番"贸易起家的。公元14世纪，当欧洲的资本主义萌芽在意大利的纺织业中开始出现的时候，中国的这种萌芽也已在钱塘（杭州）相安里的纺织业中出现了，而且这一史实，并不是偶然的孤立现象，它完全符合北宋以来商品经济发展的必然规律。然而，此后这种萌芽的发展为什么首先使欧洲进入了资本主义兴起的时代、现代大工业时代，而在中国却始终得不到充分发展呢？当然上述种种使中国封建社会长期延续的原因，在不同程度上造成了资本主义萌芽发展缓慢，但是，我们认为，这种萌芽在元明之际从封建的母体中孕育出来后，明清两代封建专制主义对它的压制和摧残，则是其中一个十分值得注意的重要原因。

"商品流通是资本的起点。商品生产和发达的商品流通，即贸易，是资本产生的历史前提。"[9]

明清两代封建专制主义对资本主义萌芽发展的阻碍，主要就表现在对商业、手工制造业的掠夺、摧残和对海外贸易的压制、垄断三个方面。

明朝建立以后，加强了"重本抑末"的传统封建国策。所谓"重本"，其实质并不是真正重视农业发展，而是极力维护封建的剥削制度，加强对农民的压榨；所谓"抑末"，却是对商品经济发展的压制与打击。

洪武二十四年（1391）命令浙江等九布政司、应天十八府州的富户四千三百余户迁到南京，"以实京师"。永乐元年（1403）又迁徙应天、浙江富户三千户"附籍北京"。两次大迁徙使其中经营海运、通番贸易和机杼的富户离开了原有的生业，这对于商业和手工业的发展，是个打击。明初的商税本来很轻，洪武初年规定三十税一。洪熙元年（1425）开始征收"门摊课钞"。宣德年间把这项课税增加五倍，同时在长江和运河的沿岸各地设立了钞关三十二处，增加商业的征课。到了成化、弘治时期，一些钞关"以增课为能事"，"筹算至骨，不遗锱铢。常法之外，又行巧立名色，肆意诛求"。他们随便捏造罪名，强行罚款；借口"修理公廨、打造坐船"，硬行敲诈，美其名曰"劝借"。如果"少有不从，轻则痛行笞责，重则坐以他事，连船拆毁"。结果闹得"客商狼藉，哭号水次"。因为害怕这种掠夺、敲诈，商人们纷纷"卖船弃业"[10]。到正德年间，虽明文仍然规定"天下司府州县抽分税课衙门具有定额"，而事实上，"凡桥梁、道路、关津有利处所"，那种私自添设的"无名抽取"更多了。这就给各地的商民造成了更大的危害。到万历时期，大批宦官到各地充当税使，其残暴程度就更加严重了。

明朝宫廷、官府的"岁办"和"采办"是又一种封建专制主义对商品经济发展的摧残。明朝政府规定："上供之物，任土作贡，曰岁办"。"官出钱以市曰采

---

[9]　马克思：《资本论》第 1 卷，第 167 页。

[10]　《古今图书集成》卷二百三十，《食货典·杂税部》。

办"。后来，"采买愈繁"，于是又"召商置买"。"岁办""采办""召商置买"的愈多，"物价多亏，商贾匿迹"的后果就愈严重。例如：成化时，"天下常贡不足于用，乃置买于京师铺户"。但是官府拿走了货物，却不知什么时候给钱。这就造成"市井负累"。嘉靖时，官府的采办，"物价贱则减，而贵则不敢增"，东西买去以后，遇到管事的人更替调动，这笔货款就被长年搁置起来。幸而把钱给了，却又"官司折阅于上，番役龋龁于下"，名为照市价收买，其实商人所得不够本钱的一半。甚至"十不给一，无异空取"。

万历时期，宦官们公开索取贿赂，叫作"铺垫钱"。造成了"所支不足相抵，民不堪命，相率避匿"。官府又强派"京师富户为商"，以致"被佥派者如赴死，重贿营免"。对逃避的人"官司密钩，若缉奸盗"。官府的这种采办、置买，简直和土匪"绑票"没有多大区别。

丝绸、瓷器和茶叶是中国历史悠久、驰名世界的主要商品。很久以来，在国内外就有着广阔的市场。这几项制造业应该是最有可能更早出现生产方式变革的领域，而正是这几种商品的生产，遭到了封建宫廷和官府最严重的控制、垄断和掠夺。

江南的苏杭一带，从宋元以来已经成为丝绸生产的主要地区。明朝在南北两京设有内外织染局。"内局以应上供，外局以备公用"。苏杭等府也都设有织染局或织造局。永乐时又设立了歙县织染局。正统时增设了泉州织造局。其中最重要的苏州织造局，设立于洪武元年，永乐时开始派宦官"督理"。正统时，太监王振专权，派宦官韦义督理苏杭织造，闹得"民力告匮，杼轴皆空"。天顺时派宦官去苏、松、杭、嘉、湖五府，监督增加织造采缎七千匹，这是一项"常额"之外的压榨和掠夺。当时工部侍郎翁世资请求减少一些，结果竟被降级，下到锦衣卫。这种封建专制的淫威是屡见不鲜的。此后，各主要地区的丝绸生产都被置于宦官控制之下，"增造坐派"也从此开始。正德年间又在常额之外增造七千匹，地方官"供给繁苦"，商民们更是困扰不堪。这种"增造坐派"嘉靖时期也没有停止。到了万历中期，"增造"愈益增多。除了苏、松、杭、嘉、湖五府以外，又令浙江、福建、常州、镇江、徽州、宁国、扬州、广德等地增造。还令山西潞州织造的"潞绸"要比原来规定增长丈尺。万历年间频繁的"增造坐派"，每年达到十五万匹。但是这样大量的高级纺织品聚敛到封建宫廷以后，大多积压库房，并没有多少实际的用场，徒然加重了人民的负担。所以万历二十五年（1597）刑部侍郎吕坤上疏说："洮兰之绒，山西之绅，浙直之缎、绢，积于无用。若服有定期，岁用千匹，而江南、山、陕之人心服。"可是封建统治者的贪得无厌并不会自行克制，反而日益膨胀起来。

苏州是明代纺织业的中心，也是资本主义萌芽发展最明显的地方。"吴民生齿最烦，恒产绝少，家杼轴而户纂组，机户出资，机工出力，相依为命久矣。"这是大家都熟悉的史料。万历二十九年（1601）织造太监孙隆来到苏州检查"五关漏税"，把征税当成了发财的"奇货"，税网的设置，"密如秋荼"。结果，"吴中之转贩日稀，织户之机张日减"。孙隆又擅自加征，"妄议每机一张，税银三钱"。于是"人情汹汹，讹言四起"。"机户皆杜门罢织，而织工皆自分饿死"。"染坊罢而染工散者数千人，机房罢而机工散者又数千人"。这是封建王朝强加给苏州丝织业的一场灾难。

江西景德镇宋代以来已逐渐成为中国制瓷业的主要中心。"工匠来八方，器成天下走"。明朝沿袭前代的办法，洪武时期就在这里设立了"御窑厂"。凡内廷官府所需要的瓷器，都派官员到这里督造。明初景德镇的御窑厂只有官窑两座，宣德时增加到五十八座，同时开始派宦官去监督生产。除了烧造"御用"瓷器以外，还要烧造赏赉品。前者叫"钦限瓷"，后者叫"部限瓷"。英宗正统元年（1436），除了命令浮梁窑户进造瓷器五万件以外，竟然下令："禁私造黄、紫、红、绿、青、蓝、白地青花诸瓷器，违者论死！"在封建专制主义如此横暴的摧残下，可以想见，制瓷业的发展是多么困难。以后下令烧造的"钦限瓷""部限瓷"不断增加。嘉靖三十七年（1558），一次就要"醮坛"瓷器三万件。隆庆时下诏烧造十余万件。万历十九年（1591）下令烧造十万九千件，不久又增加八万件。这样不断增加大量派造，景德镇的官窑生产不出来，从民窑也榨取不了这么多。所以，直到明末，"烧造未完者"还有三十余万件。

在烧造质量上，"御用"瓷的要求是很苛刻的，必须做成"龙凤花草，各肖其形容；五彩玲珑，各极其华丽"。官办的窑厂不能完成，于是就分派给民窑，叫作"官搭民烧"。嘉靖时大部分"钦限瓷"已散搭民窑烧造了。"官搭民烧"就是官方的烧造任务分派给民窑承制，工价由官方规定。例如官窑自烧的"部限瓷"大鱼缸，估价五十五两，民窑承制只给二十两。"钦限瓷"对花纹釉色的要求都很苛刻，许多种器皿的瓷胎又要求必须细腻轻薄。这样就必然出现大量的废品、次品，"最为难成"。官方又订立了"定烧赔造"的制度，"不能成器者，责以必办；不能办，则官窑悬高价以市之"。所以，不仅"官府之制造，往往疲于供应"，而且，历年亏损，习以为常，"民以陶利，亦以陶病久矣"。在制瓷业的中心，民间最有利可图的生产事业，同时也是民间受害最沉重的行业。

明朝政府为了用茶叶换取边疆游牧民族的战马，对茶叶贸易的控制十分严酷。商人贩茶和贩盐类似，必须先向官府交钱领取"茶引"，然后凭"茶引"到产地去买茶。买茶的时候还要由茶局批验所检查"茶引"。凡是买到茶叶而没有"茶引"，或所买茶叶的数量与"茶引"不相符合，就要以私茶论。贩私茶与贩私盐同罪，这就是杀头。私茶出境或关隘官员没有认真检查，致使私茶出境，两者同样论死。明朝所谓私茶出境，其实就是贩运到边疆民族地区去。到了嘉靖年间，《大明律》的附例中甚至规定了"私茶出境与关隘失察者并凌迟处死"。封建统治者对茶叶贸易控制之专横残酷，竟然达到这样的程度。

明朝的制度规定："有官茶、有私茶。"官茶、私茶都要按规定运到边境去换马，有时茶商运去的茶叶交换不出去就要腐烂，结果茶商就要蒙受严重的损失。

种茶的人要交纳茶课。万历年间茶课征收的茶叶积压过多，改令折钱交纳。种茶的园户交不出钱，只得不种茶或少种茶。于是茶叶产量大减，造成了"商人绝迹，五司（茶马司）茶空"。明朝富阳人有首谈到茶的诗，其中有这样的诗句："富阳山之茶"，"茶名破我家"，"官府拷掠无完肤"，"茶何不产别都"。在封建主义的统治下，有利于社会的生产事业，却成了招来人民苦难的根由。

开采地下资源对社会生产的发展从来是有利的事。可是明朝建立以后，除了官府需要的以外，一律严行禁止。洪武十五年（1382），有个小官吏上疏说："磁州产铁，元时置官，岁收百万斤"，请求继续开采。朱元璋不但不采纳，竟把建议人"杖而流之海外"。景泰时又有人建议恢复山西宁远的铁矿，工部认为这是违背"祖训"，把建议人下了监牢。明朝封建统治者所以严禁开矿，理由很简单，就是害怕大批劳动力在山林中啸聚为"盗"。

在封建专制主义的统治下，对地下资源即便进行开采，也往往变成祸国殃民的事。例如：弘治三年（1490）在浙江温、处二州开银矿，每年课税银二万二千二百四十余两，督理太监又要从中取"耗银"三千两，而开采出来的白银不够定额的十分之一。结果"百姓卖子鬻妻以充其数"。在官府逼迫下，甚至"有因而自尽及散为盗贼者"。

万历二十四年（1596），明朝改变了过去的政策，同意各地开矿，派出大批宦官去做"矿监"。随后又派出大批宦官充当"税使"。一时间，"大珰杂出，诸道纷然"，中官遍天下。这帮邪恶的丑类到处横征暴敛，残害百姓。"求矿不必穴，而税不必商"。指着人家的房子说，这里有矿，"则家立破"；指着某人说，他漏税，"则橐立尽"。"凿四海之山，榷三家之市，操弓挟矢，戕及良民，毁家逾垣，祸延鸡犬"。万历三十年（1602），户部尚书赵世卿奏报中说："税使科敛，以致商少"。河西务关先年布店一百六十多家，现在只剩下三十多家。临清关原来缎店三十二座，现在倒闭了二十一家；布店七十三座，现在闭门四十五家。"伙商三十八人，皆为沿途税使抽罚折本，独存两人"。淮安关报告："河南一带货物多为仪真、徐州税监差人挽提"，商人不敢来了。"其他各关告苦告急之人无日不至"。至于苏州、景德镇、江夏、新会、常镇、陕西、云南和辽东受害更深，以至接连激起了人民的暴动。此外，"天津有店租，广州有珠榷，两淮有余盐，京口有供用，浙江有市舶，成都有盐茶，重庆有名木，湖口有船税，荆州有店税"。宦官们无不"横肆诛求"。全国许多重要的工商业城市都闹成"公私骚然，脂膏殚尽"。

从万历二十四年到三十三年（1596—1605），明神宗朱翊钧派出的大批宦官凭借封建专制主义的淫威，掠夺了三百万两白银，各地的工商业者和百姓却遭到了一场少有的浩劫。这是明代封建专制主义对资本主义萌芽一次最严重的摧残，其后果"经数十年而不休"。

在资本主义萌芽时期，外贸的发展可以加速手工制造业的发展，促进这种萌芽成长。中国的对外贸易很早就开始了。希腊古代记载中有赛里斯国，后人考订，这个丝国就是中国。到了隋唐，尤其是宋元时对外贸易有很大发展。丝绸之路就是陆上的对外贸易之路。市舶司就是专门管理海上对外贸易的机关。可是到了明朝，洪武初年就下令"禁濒海民不得私出海"，以后又三令五申"无得擅出海与外国互市"。"敢有私下诸蕃互市者，必置重法"。自从"明初定制，片板不准下海"，有明一代可以说始终实行"海禁"，不过有时严厉，有时宽弛。洪武、建文时期，由于不少土豪逃到沿海岛屿或海外某些地方伺机反明，所以"海禁"最严。永乐、宣德时期"海禁"宽弛，出现了大规模远航。从正德直到嘉靖末年，由于"佛朗机"（葡萄牙殖民势力）的骚扰和"倭寇之患"严重，"海禁"又严厉执行起来。《明实录》中记载，嘉靖四年（1525）八月，浙江巡按御史潘傲报告，"漳泉等府黠滑军民，私造双桅大船下海，名为商贩，时出剽劫，请一切捕获治之"。这个报告经兵部审议以后，明朝政府下令，"行浙、福二省巡按官，查海船但双桅者，即捕之。所载即非番物，以番物论，俱发戍边卫。官吏军民，知而故纵者，俱调发烟瘴。"[11]明代封建专制主义对海外贸易摧残之横暴，由此可见一斑。隆庆以前虽然也有对外贸易，但都是"朝贡贸易"或"勘合贸易"。到隆庆、万历时期"海禁"基本开放，私人出海贸易才得到了默许，也正是在这一时期商品经济和资本主义萌芽有了比较显著的发展。可是仍有种种限制，直到明末"海禁"也没有完全解除。

明代封建专制主义对商业、手工制造业和海外贸易的掠夺和摧残，严重压制了商业资本的发展和向手工制造业资本的转化，微弱的手工制造业资本也不可能较快地大量地积累起来。因此在明代，资本主义萌芽只能曲折地缓慢滋长。

从17世纪20年代末开始的五十年左右，中国烽火连绵，动乱不已，农业、手工业和商业几乎全面遭到了不同程度的破坏，尤其是经济最发达的江南地区最为严重。中国的资本主义萌芽，虽然不能说被摧残殆尽，但已不绝如缕。清朝的统治稳定以后，商业和手工制造业遭到的压制与掠夺并没有比明朝时有多少减轻。海外贸易，由于清朝的闭关政策，更遭到了比明朝时还要严厉的限制。因此，在18世纪中国封建的社会经济虽然又恢复和发展起来，但是资本主义萌芽，远远没有成长为足以冲破和取代封建主义的新的社会生产方式。因而中国古老的封建社会继续长期延续了下来。

三

封建专制主义对商业、手工制造业的摧残和对海外贸易的垄断与限制，为什么是阻碍中国资本主义萌芽发展的一个重要原因，我们可以从以下三点进行考察。

---

[11]　《明世宗实录》卷五。

第一，封建专制主义作为一种君主专制的政治体制，其形成的历史条件在中国与西欧有很大不同，因而它对资本主义萌芽发展的影响各不相同。

第二，作为封建经济的上层政治建筑，它对于自己借以建立的封建经济基础和对于作为促使封建经济解体的革命因素（资本主义萌芽）的作用也很不同。

西欧的君主专制产生于这样一个时期："那时旧封建等级趋于衰亡，中世纪市民等级正在形成现代资产阶级，斗争的任何一方尚未压倒另一方。"[12]在这个过渡时期中，王权要实现君主专制就必须首先战胜封建领主，资产阶级要发展也必须首先战胜封建领主。因此王权与资产阶级曾经结成反对封建等级的联盟。资产阶级帮助王权取得了君主专制的胜利，王权也曾经支持过资产阶级的发展（如贷款给工商业主、实行有利于工商业发展的政策等）。但是资本主义因素的发展终归要使封建主义日益走近自己的末日。当资产阶级发展到能够提出夺取政权问题的时候，王权就以奴役和掠夺来压制资产阶级了。所以马克思写道："如果说君主专制从前保护过工商业，以此鼓励过资产阶级上升，……那么现在君主专制到处都成了工商业（它们正在成为已经很强大的资产阶级手中日益可怕的武器）发展道路上的障碍。"[13]

中国的封建专制主义早在秦统一六国、废分封、设郡县的时候就已经建立了起来。当时是封建制确立的初期，也是地主制代替领主制成为封建经济形态基础的初期。地主制下农业和家庭手工业相结合的自然经济是中国封建专制主义借以建立的基础。而政治建筑总是要积极地维护自己经济基础的。保护地主制下的自然经济形态，压制不利于这种自然经济巩固的商品经济的发展，几乎始终是封建专制主义的一种基本职能。其具体表现就是"重本抑末"的传统封建国策。因此历代的封建国家，除了对于盐、铁、丝绸、瓷器和茶叶、酒、矿山等重要的手工业生产和贸易进行不同程度的垄断以外，对于民间手工业和商业的发展从来都是给予种种限制和打击。至于宫廷和官府所需要的各种手工业品的生产，当然他们不遗余力地精益求精，但这都是官手工业的性质，并不是商品性的生产。

---

[12] 《马克思恩格斯全集》第 4 卷，第 340 页。

[13] 《马克思恩格斯全集》，第 341—342 页。

明清时期，随着商品经济的发展，资本主义萌芽作为促使封建经济解体的"革命因素"出现以后，这种传统的"重本抑末"政策，进一步加强起来。封建专制主义为了巩固自己赖以存在的基础，因而越来越加强自己的统治，以从各方面压制这种"革命因素"的成长，顽固地阻挠封建自然经济走向解体的历史趋势，极力使中国的封建制度长期延续下来。

第三，相当长的时期以来，我们一向认为：地主阶级残酷的剥削和压迫所造成的农民极端穷苦和落后，这就是中国封建社会长期发展迟缓的基本原因。因而，这也就是中国资本主义萌芽发展缓慢的基本原因。现在看来，这是值得进一步探讨的。

首先，如果我们把这个"基本原因"，放到世界历史范围去考察，正如有些同志所曾指出，在世界上不残酷剥削和压迫农民的封建地主阶级是找不到的。在我们所考察的时期中，所不同的是：在西欧的历史条件下，农民的贫困破产，正是资本主义原始积累的条件之一。因为它给资本家提供了"自由的"劳动力。在中国由于资本主义萌芽发展缓慢，破产的农民绝大多数并没有可能成为这种劳动后备军，而沦为游民。

其次，如果我们认为上述理由是中国封建社会长期发展迟缓和资本主义萌芽得不到充分发展的基本原因，那么，我们认为还应当同时指出：地主阶级之所以能够残酷地剥削和压迫农民，这又是以封建剥削制度（即地主土地所有制为基础的封建经济形态）的长期存在为基本前提的。因为没有封建剥削制度的长期存在，也就没有封建地主阶级和封建的农民阶级，更没有封建剥削、压迫的存在。那么这种"基本原因"和基本前提之间，二者的因果关系又应该如何理解呢？

再次，如果我们认为地主阶级残酷的剥削和压迫所造成的农民的极端穷苦和落后，就是以上问题的基本原因，那么这种封建剥削制度的集中体现者和长期维护者，就是封建专制主义的统治。因此这正可以进一步说明，封建专制主义是造成中国封建社会长期延续和资本主义萌芽发展迟缓的一个重要原因。

原文刊于《中国史研究》1980年第1期。选自《秋海棠叶集》，中国社会科学出版社1998年

"但愿苍生俱饱暖，不辞辛苦出山林"

——于谦的诗篇和为人

"江山代有才人出，各领风骚数百年。"我国历史上的著名诗人，可谓"灿若繁星""照耀千古"，但是吟咏煤炭、石灰之类的诗篇，却很罕见。如有，似自明人始。请看：

> 凿开混沌得乌金，藏蓄阳和意最深。
>
> 爝火燃回春浩浩，洪炉照破夜沉沉。
>
> 鼎彝元赖生成力，铁石犹存死后心。
>
> 但愿苍生俱饱暖，不辞辛苦出山林。
>
> 《于肃愍公集·咏煤炭》
>
> 千锤万击出深山，烈火焚烧若等闲。
>
> 粉身碎骨浑不怕，要留清白在人间。
>
> 《于肃愍公集拾遗·石灰吟》

"诗言志"，这是我国写诗的优良传统。因此，论其诗，还须知其人。

作者于谦，生于洪武三十一年（1398年），浙江钱塘人，字廷益。他能诗，但并不以诗名。大约还在少年时代，他就曾以这样的诗句抒发过自己的襟怀：

> 拔剑舞中庭，浩歌振林峦。
>
> 丈夫意如此，不学腐儒酸。

当时，这个少年已被器重为"他日救时宰相"。

他于永乐十九年（1421年）举进士，被任命为监察御史。宣德元年（1426年），汉王朱高煦发动叛乱，宣宗御驾亲征。于谦在扈从中，以胆识过人，初露头角。次年，以巡按御史出按江西。三年后，升授兵部右侍郎兼都御史。这一年（宣德五年），明朝设立"巡抚"，作为最高地方行政长官，其职权在都指挥使司、布政使司和按察使司三司之上。三十三岁的于谦首批膺选，此后，巡抚河南、山西达十九年。

在巡抚任上，于谦先后平反冤狱数百起，倡建尚义仓和平准仓多处，并督率官民增筑黄河堤障，以防水患。正统十年（1445年），山东、山西、陕西的饥民成批流入河南，多达二十余万。根据当时明朝的法令，地方官应当把没有"路引（通行证）"的饥民，按照"逃户周知册"遣返回乡，以追索税粮。可是，对于流民，于谦竟然甘冒"有违国法"的罪名，奏请拨发河南官仓的存粮八十余万石进行赈济。同时，他又在附近州县予以安置，或新编里甲，或散插乡都，新编民户共七万有余，并且拨给一批境内荒田及黄河退滩地，酌量散发种籽、耕牛，使灾民得以生产自救。

于谦虽然在河南、山西地方任职，但当他得知"陕西诸处官校为民害"，就上疏参奏，使这些害民的官校受到了法律的制裁。当他了解到大同沿边的镇将把大批"军屯"田地据为私产，就依法夺回，作为官田，"以资边用"。

由于于谦办了这样一些事情，老百姓把他视为当代的"包公"，称他为"于龙图"。有的州县还建立了"生祠"，为他祝福。

当时，正值有名的贤相三杨（杨士奇、杨荣、杨溥）执政内阁，雅重于谦，不断给予支持。可是那些惯于受贿的"诸权贵人"，对于谦这位"封疆大吏"，却另有"期待"。谁知道，于谦每次议事京师，总是"空囊以入"，使人大失所望。也有好心人劝告于谦说："你虽然不愿送金宝，攀附权贵，至少总得带上点土特产，如合芗（线香）、于菌（蘑菇）、裹头（丝帕）这样的东西才好。"于谦哈哈一笑，举起两袖说："带有清风！"事后，他戏作一绝，诗曰：

手帕蘑菇与线香，本资民用反为殃。

清风两袖朝天去，免得闾阎话短长。

一时远近传诵，成为佳话。

正统元年（1436年），朱祁镇即位，是为明英宗。这个少年皇帝"童騃骄纵，荒嬉无度"，宦官近侍投其所好，恩宠日深。正统七年以后，军国大权就落到王振的手里。

王振是个粗通文墨的奸佞无耻之徒，他早年科场落第，曾充任某县教官，后犯罪应当充军，适逢内宫需要阉人，就自宫献身，当了太监。因为他有些文化，在宫里教过太子朱祁镇认字，朱祁镇继位以后，他就掌握了司礼监。明朝的司礼监非同等闲，它是宦官二十四衙门之首，既统管仪礼、刑名、提督东厂（特务机关），又掌管内外奏章、御前勘合。更重要的还代替皇帝"朱批"内阁大学士（相当宰相）的"票拟"。这样的制度自然会给宦官弄权大开方便之门。因此，王振得以"恃宠挟恩，夺主上之威福；怀奸行诈，紊祖宗之典章；每事不由于朝廷，出语自称为圣旨"。"卖官鬻爵，诛杀无忌"。一时形成宦官专权的局面。

朝廷如此，身为地方官的于谦自揣缺乏"回天之力"，曾不禁拊膺叹曰："此一腔热血，竟洒何地！"

不久，于谦入朝，推荐参政王来等接替自己的职务。王振得知以后，竟以"久未升迁，心怀不满"的罪名，把于谦下到三法司，判处死刑。关押了三个月，幸被释放，降为大理寺少卿。这时"山西、河南吏民伏阙上书，请留谦者以千数"，周、晋诸王也为他讲了些好话。这样，于谦才官复原职。

正统十三年（1448年），于谦调任兵部左侍郎。第二年秋天，瓦剌首领也先大兵南侵。

瓦剌（也称斡亦剌、厄鲁特）是我国蒙古族的一支。永乐初年，也先的祖父马哈木被明朝封为顾宁王以后，瓦剌与中原往来不断。正统年间，瓦剌势力逐渐强大，而明朝国政日非，边防废弛，瓦剌就成了明朝北方的严重威胁。

正统十四年（1449年）春，也先派使者二千人到北京贡马，虚报为三千以图冒领些"廪饩（供应）"。王振发现后，大发雷霆，除不准冒领之外，又把马价削减去五分之四。也先听到以后，十分忿怒。七月，兵分四路，向辽东、宣府、大同和甘州大举进攻。边报传来，王振根本提不出妥善的对策，却希图侥幸取胜，冒滥边功，以乘机加重自己的威福。因此，极力怂恿明英宗御驾亲征。此议既定，朝野震惊。事出仓促，危如垒卵。于谦和兵部尚书王直等人伏阙谏止，遭到驳斥。

七月十六日，朱祁镇和王振率领大军从北京出发。八月初一，进入大同城。当时明军的处境十分险恶，朱祁镇又仓促回师。八月十五，当撤退到土木堡狼山一带（今河北省怀来县境），瓦剌铁骑四面袭来，明朝的五十万兵马全军覆没，朱祁镇作了俘虏。王振被护卫将军樊忠一锤砸死在乱军之中。这就是历史上的"土木之变"。

明朝建国八十多年以来的空前危机，使朝野大震，不知所措。已经把妻、子送回南方的徐珵，借口"星象有变，天命已去"，倡言南迁。于谦挺身而出，厉声怒叱："言南迁者，可斩也。京师，天下根本，一动则大事去矣，独不见宋南渡之事乎？！"经过这番争论，坚守北京的决策才确定下来。接着，两京、河南、山东等地的军队陆续调到，防御的部署也大体就绪，人心稍微安定下来。这时，于谦升任兵部尚书。九月，监国的郕王（朱祁镇的弟弟朱祁钰）即位，是为景帝。

十月，也先挟明英宗破紫荆关，直捣北京。主将石亨主张尽闭九门，以避其锋。于谦以为不可。他分派诸将，率二十二万军队，列阵于九门之外，自己"率先士卒，躬擐甲胄"，设营德胜门外迎敌。也先连续向德胜门、西直门、彰义门猛攻，全未得逞，撤到土城（元大都残留城址）。这时，"居民弃屋，号呼投石，哗声震天"，也先败走。这次也先兵临城下，本以为北京旦夕可破，及至见到明军严阵以待，连续攻击，一再受挫，就打算以送还朱祁镇为条件，约于谦、王直等出城"议和"，以期"索金帛以万万计"。于谦看清了也先这种"议和"的图谋，不加理睬。

景泰元年（1450年）正月开始，也先不断进攻宁夏、大同、万全等地，都未取胜，屡次提出"议和"，也未如愿。但是也先不断扬言的送回"上皇"，在明朝大臣中却引起了反响。许多人主张赶快讲和。当时只有于谦力排众议，认为"社稷为重，君为轻"。三月，参将许贵又报告，北边来了三个人，要求朝廷讲和，并建议多送些金帛给也先。于谦说："前遣指挥季铎、岳谦往，而也先随入寇；继遣通政王复、少卿赵荣，不见上皇而还，和不足恃，明矣。"他继续指出："万一和，而彼肆无厌之求，从之则坐敝，不从则生变，势不可和。（许）贵为介胄臣，而惧怯如此，何以敌忾！法当诛。"从此边将人人主战守，无人敢再侈谈议和，士气为之大振。

七月，也先看到明朝边防日渐强固，愈发难以兵戎取胜，同时在瓦剌内部，也先和脱脱不花、阿剌知院的矛盾也日渐尖锐，而他手中的"上皇"不仅不再是可居的奇货，实际上已变成累赘。所以，决意罢兵，送回朱祁镇。随即派使者五人到北京，与明朝讲和。这时，大臣们一再奏请迎接上皇。景帝朱祁钰却很不高兴，他满面怒容地说："朝廷因通和坏事，欲与寇绝。""我非贪此位，而卿等强树焉。今复作纷纭何！"一时群臣惶恐，不知所对。于谦从容说道："天位已定，宁复有他！顾理当速奉迎耳。万一彼果怀诈，我有辞矣。"景帝的面色才平和下来，说："从汝，从汝。"这年八月十五，明英宗回到北京，正好是"土木之变"一周年。随后，明朝与瓦剌的关系又"化干戈为玉帛"，贡使络绎，贸易不绝。《明史》作者评论道："卒奉上皇以归，（于）谦之力也。"

在"土木之变"爆发的危急关头，于谦身系朝野安危，爱国忘身，但他"至性过人"，从来"口不言功"，"自奉俭约，所居仅蔽风雨"。皇帝在西华门附近赐他一所大宅第，他说："国家多难，臣子何敢自安。"坚决辞让不受。保卫北京的胜利，石亨功劳次于于谦而得了世侯，有些内愧，因此上书推荐于谦的儿子于冕。皇帝诏于冕到京的诏书已下，而于冕辞谢不来。于谦说："国家多事，臣子义不得顾私恩，且（石）亨位大将，不闻举一幽隐，拔一行伍微贱，以裨军国，而独荐臣子，于公议得乎？"坚决表示："决不敢以子滥功。"

景泰八年（1457年）正月初，明景帝重病不起。当时太子未立，朝廷内外惶惶不安。十六日夜，在石亨、徐有贞等人的策划下，发生了"夺门之变"。十七日破晓，上皇朱祁镇重登宝座。正午，传旨逮捕于谦、王文下狱。次日，明英宗朱祁镇、石亨、徐有贞等进行"廷审"，诬陷于谦、王文谋逆。但是，"所司勘之无验（没有证据）"，石、徐异口同声说："虽无显迹，其意则有。"于是以"意欲"二字定了案。王文愤怒已极，双目圆睁如炬，争辩不已。于谦笑着对他说："辩，生耶？无用。彼不论事有无，直死我耳！"

天顺元年（1457年）正月二十二日，白发苍苍的于谦，在北京的东市，被杀头"就义"，时年六十。同时，妻、子被发配边疆。抄家时，发现于谦"家无余资，萧然仅书籍而已"。史书记载："公被刑之日，阴霾翳天，京郊妇孺，无不洒泣"，"行路嗟叹，天下冤之。"

天顺三年（1459年），于谦的遗骸被运回家乡。西子湖头，三台山麓，筑起了一座新坟，这座坟墓犹如一座壮丽的纪念碑，和岳飞墓遥相对应，为如画的湖山，又添了几分悲壮豪迈的英雄气魄。清人袁子才有诗道：

> 江山也要伟人扶，神化丹青即画图。
> 赖有岳于双少保，人间始觉重西湖。

于谦的一生，诚实地实践了自己诗中的誓言：

> "但愿苍生俱饱暖，不辞辛苦出山林。"
> "粉身碎骨全不惜，要留清白在人间。"

他毕生的心力、年华化作了熊熊炭火，发散着光和热。骨气、灵魂经受了烈火的考验，在天地间留下一片清白。

于谦的诗，汲取了历史对于自己时代的要求。时代的要求，蕴藏在万千百姓的愿望里。

原文刊于《文史知识》1982 年第 3 期

从若干历史档案看《红楼梦》的历史背景

　　杰出的古代作家曹雪芹生于十八世纪。《红楼梦》产生于这个世纪的中叶。这一时期表面上"赫赫扬扬"已近百年，实质上危机四伏，已开始走向"无可奈何花落去"的"末世"。可以说，这一时期是清王朝由盛而衰的转折时期，也是漫长的中国封建社会走向崩溃的前夜。

　　马克思曾指出："为了正确地判断封建的生产，必须把它当做以对抗为基础的生产方式来考察。必须指出，财富怎样在这种对抗中间形成，生产力怎样和阶级对抗同时发展"[1]。"封建社会的主要矛盾是农民阶级和地主阶级的矛盾。"[2]事实上，所谓"乾隆盛世"，实际上充满了广大农民抗租抗粮、抢米罢市、争田夺地、殴官毁署的斗争。

　　我们从当时各省督抚和文武官员给军机处的奏折中，就可以看清这一历史真象。

　　乾隆六年十月二十八日《署两江总督杨超曾奏报》："查崇明一县，孤悬海中。民风素称刁悍。本年七月十九等日猝被风潮。……该县七滧地方土棍柴人张二等成群结党，捏灾为名，蛊惑乡愚不许还租。有业户黄申差人到乡，议取租息，被地棍施四等行凶擒殴。迨经报县差拘，复将已获之犯恃强抢去；并将黄申及保正

---

[1]　《马克思恩格斯全集》，第四卷，154—155 页。
[2]　《毛泽东选集》，619 页。一九六六年（合订本）。

房屋拆倒焚烧。……"[3]

乾隆七年正月《广东潮州镇总兵官武绳谟奏报》："惟是该地人民于五月二十四日即在河下拦阻，……采买稻谷，路至嘉河被阻。……饬该管守备张焕前往会同文员弹压，原任知县李匡胜出示晓谕，被陈烈等扯碎州示、率众罢市。"

乾隆八年六月十九日《江西布政使彭家屏奏报》："六月雨水过勤，又七八月偶生苗虫，以致收成偶歉。……有向富户强买者，即有向富户强借者，随有向富户白取不遂而强抢者。永丰县民则更有甚焉。知县平粜照市价减一钱，百姓嫌贵又减一钱。……知县谕以造册非为平粜，白散势所不能。伊等即公然肆横，将知县黄文莫拥正堂下，凌辱难堪。又遍令街坊闭户罢市"。

以上都发生在曹雪芹的青年时代。到了曹雪芹逝世的次年，在京畿之内也爆发了"崔四等借粮闹堂"的事件。

乾隆二十八年三月三十日《直隶总督方观承巡抚观音保奏报》："三月二十一日有乡民二三百人挝鼓哄闹，将大堂公案摔碎。聚观者众，头门栅栏亦被挤倒。……闹堂人内崔四、崔三、刘万斗、刘万松……等供称，系听从新塞密户朱庄头家人翟姓率领本村六十余人，同行赴州借粮，沿路村庄随行者有二百余人。"

这一事件发生在清朝"皇陵"（东陵）所在地的遵化县，当然不能不使清朝皇帝震惊和奴才惶恐。结果遵化县游击伊桑阿在"奉旨革职拿办"之前就"畏罪自缢身死"。

形成这种矛盾的原因主要是地主、贵族和皇帝占有大量的土地和基于这种所有制之上的地租剥削、人身奴役以及封建国家的贡税和力役。

雍正在《大义觉迷录》中已经不得不承认"土田尽为富户所收，富者日富，贫者日贫。"到了乾隆时期，浙江奉化黄姓地主"腴田数千顷""怀柔郝氏，膏腴万顷"。"旧日有田之人，今日俱为佃耕之户"。这都说明土地兼并已相当严重。《红楼梦》第五十三回所说贾家虽已败落，宁国府还"剩有八、九个庄子"，荣国府也还剩有"八处庄地"，正是地主阶级疯狂兼并土地的真实写照。在这种情况下，浙江余姚"每年业六佃四分租"，福建宁化地主"坐享七成之利"。因此广大贫苦农民

---

[3] 以下所引档案资料，均为中国第一历史档案馆所藏。

终年辛辛苦苦，却只落得"日给之外，已无余粒"。"一遭旱潦，尽所有以供富农之租，犹不能足。既无立锥之地以自存，又鬻妻子、为乞丐，以偿丁负"。[4] 由此可以想见黑山庄庄头乌进孝向贾珍缴送的那张包括二千两银子、一千石米和五光十色山珍海味的租单，该是在怎样的残酷之中榨取来的，它浸透了无数农民的血和汗。

《红楼梦》中的贾家是八旗贵族。农民租种"旗地"，把"瘠田耕成熟田"，地主就要增租，往往还须预缴明年后年的田租。如果农民交不出来，就要"夺地另佃"。《红楼梦》中说："东省地亩早已寅年吃了卯年的租。"这从贾府说来，虽然是对自己败落的哀叹，但对农民来说，这"寅年吃了卯年的租"又是多少篇地主阶级残酷剥削的血泪账。

诚然，由于曹雪芹阶级和生活的局限，《红楼梦》中直接描写农民反抗地主的阶级斗争并不多。但是开头第一回，在甄士隐家遭火灾以后，所说"偏值近年水旱不收，鼠盗蜂起，无非抢田夺地，田庄上又难以安身"（庚辰本《石头记》），虽是寥寥几笔，却也点出了当时阶级矛盾的尖锐状况。

所谓"抢田夺地"，大体看来就是农民抗租和争取永佃权的斗争，也就是史料中所说的"赖租抗赎""永佃成业"和"一田二主"。但在北京附近几百里内，由于清初"圈地"的结果，情况又有所不同。宗人府有这样的档案：乾隆二十年七月《为正黄旗宗室本泰等呈控吴士杰霸占地亩牌行三河县事》："……本泰、普玉……等有老圈地八顷三十亩，坐落三河县方家屯地方，曾交与吴世杰、吴良相指地借过银六百八十两，言明银无利息，地无租价。今年本泰等备足原价与吴世杰等回赎，……吴世杰等串通民人隐瞒地亩，霸占显然。"

曹雪芹是在右翼宗学做过事情的。同年十月还有这样一件事："右翼宗学副管八品官宗室内亨图谨呈……该县（固安）……董学诗白种地亩四年，并未亏其租本……等语，相应牌仰该县饬令董学诗将所种地亩及本年地租作速交还宗室内亨图家人"。

这类事例不少，虽然内中情况比较复杂，但归根到底说明农民阶级围绕土地问题向贵族地主的斗争在不断进行。

---

[4]　《皇朝经世文编》，卷三十，《户政》。

在清代，高利贷本是合法的剥削活动。从皇帝到各级衙门、文武官员大都依此榨取巨敛，以饱私囊，还美其名曰"生息银子"。乾隆十七年内务府就有报告皇帝所开十七处当铺的奏折。当时北京城内就有当铺六、七百处。从现存的乾隆年间的民间借约看，一般月息写明从一分八到二分不等。从档案看实际有的高达四分、五分，还有加一利，利上加利。例如乾隆二十五年的一件借约明文规定月息二分，但结果是"俱以五分结清"。贪婪狠毒的王熙凤所以能够拿奴仆的月钱每年可以翻出上千的银子，就是这样高利盘剥的结果。薛家在北京鼓楼大街等地的当铺也有好几处。乾隆二十三年四月，北京城内曾出过一张"步军统领衙门"和"五城御史"的布告，内容是：奉旨严禁"月选各官借贷赴任，放债之人乘隙居奇，创立短票名色，七扣八扣辗转盘剥"[5]。受盘剥的是谁？最终必然转嫁到贫苦人民的头上。《红楼梦》第九十九回《守官箴恶奴同破例》中，描写那帮子跟随贾政赴任的清客家人"好容易盼到主人放了外任，便在京中指着在外发财为名，向人借贷做衣裳，装体面，心想到了任，银钱是容易的了"，便揭出了此中的真象。同时，这也反映了官僚、地主、高利贷和大商人的互相勾结。到了贾家被查抄，王熙凤那箱借票所以成了严重罪证，原因很简单，这就是贾家的失势。否则盘剥再苛重也是无人敢于过问的。

在残酷经济剥削的同时，自然还有残酷的政治压迫。贵族地主倚财仗势，为非做歹，随便欺压群众、打杀人命的事是屡见不鲜的。

宗人府档案中有这样一件奏折："镶蓝旗忠禄佐领下闲散觉罗恒克，……曾在山西民人武三杂货铺内赊买酒物，陆续欠京钱六十四文未偿。嗣恒克又与正白旗满洲马甲永龄、大兴县民李仓儿赴武三铺内沽酒，该钱一百三十八文，仍欲赊欠，武三不允致相争角。恒克掌批其颊，又用碗将武三头颅殴伤。……今据报……武三于二月十三日身死。随票饬西城正指挥邓谦芳验得已死武三头上有磁物破伤三处，实系因伤身死。……"

这一案件发生在北京西城，时间是乾隆五十五年正月二十七日。《红楼梦》中愚蠢的恶霸薛蟠打死堂官张三就是对这类事件的有力的揭露和批判。

---

[5]　《清高宗实录》，卷五百六十一，4—5页。

贵族地主家中的奴婢遭遇更为悲惨。贾府四五十个"主子"任意役使蹂躏四百多个奴婢。其中除了世代为奴的"家生子"，大都是买来的或典来的。她（他）们每个人的身世都是篇对封建地主阶级的血泪控诉书。

请看在安徽徽州发现的乾隆年间的两张卖身契：

> 二十一都五图立卖契文书人叶张氏因身患重病又无食用，今央媒将生女叶巧仍年十五岁，五月二十四日辰时生，卖与　汪府名下为婢，任凭改姓换名，听从使唤。今三面言定当身变九七色银叁拾两。如内外人言归身承值，以后若果逃走隐匿包寻找回。风烛不常各安天命，决无异言。恐口无凭，立此文书永存照。
>
> 乾隆二十六年十月十二日
>
> 立卖契文书人　叶张氏
>
> 媒人　程子霞
>
> 依口代书人　程连升

> 立杜卖亲身男人汪顺魁，今因急用情愿将亲生男一名，名唤连喜，年十二岁，凭媒出卖与　汪名下为仆。当日得变身价"文土"色银叁两正。其□即收乞，其男连喜即听从更名使用。自卖之后，倘有逃走无踪拐窃等事，尽是身承值，不干变主之事；倘有风烛不常，各安天命。今恐无凭，立此杜卖亲生男契存照。
>
> 乾隆四十六年九月　日
>
> 立杜卖亲生男人　汪顺魁
>
> 凭媒　汪云章
>
> 时六嫂
>
> 代书人　叶于挺[6]

---

[6] 原件藏中国历史博物馆。

大观园里的丫头们，不要说她们的身价不值贵族小姐的一顿螃蟹钱，就是她们的生命随便被主子残杀了，根据清朝法律也是不须偿命的。但是，如果奴婢们稍有反抗，马上就会遭到残酷的镇压。

乾隆二十五年七月——这正是曹雪芹增删《红楼梦》原稿的时候，议政大臣、协办大学士鄂弥达有一件奏折，报告"镶红旗兵部员外郎书宁扭禀家人德儿之妻王姐将伊抓伤"。文中说："审得德儿同妻王姐于上年六月得身价八两，白契卖与书宁为奴。本年四月，……书宁忿怒欲殴德儿，王姐趋出拦住，……书宁迁怒即欲转打王姐，王姐乘隙手抓书宁之面，书宁用手推拒复被咬伤手指。"可是同一奏折中又反映出王姐反告书宁"图奸"，因王姐"不从"致被抓伤咬伤。事实真象究竟如何？矛盾重重。结果是"葫芦僧判断葫芦案"，"查律载奴婢殴家长者斩，……应照红契家奴一例科断，王姐合依奴婢殴伤家长者，斩立决。德儿……照例发往黑龙江给披甲人为奴"，当天"奉旨王姐著即处斩，余依议。"德儿、王姐夫妇二人，八两银子双双卖身为奴，不到一年，只因稍事反抗，竟落得一个杀头，一个发配为奴。

《红楼梦》中所写的几十条人命，正是深刻地批判了这种贵族、地主官官相护，上通朝廷，下结督抚州县，任意欺压人民，随便打杀人命的极其残酷的阶级压迫。

历史的辩证法毕竟是无情的。"哪里有压迫，哪里就有反抗"。在曹雪芹逝世之后，有乌什人民起义、兰州苏四十三起义、山东王伦起义、台湾林爽文起义……相继爆发。到了乾隆刚刚退居"太上皇"的时候，以劳动妇女王聪儿为首的川楚陕白莲教起义终于爆发，严重地动摇了清朝的封建统治。清王朝往日的"盛世"从此一去不复返了。

《红楼梦》以贾氏为中心，描写了贾、史、王、薛四个封建贵族家族从兴盛到衰败的历史。它深刻地反映了封建社会残酷的经济剥削、政治压迫和激烈的阶级斗争，揭露了封建地主阶级丑恶腐朽的本质，也预示了封建社会的必将灭亡，因而是一部政治性很强、艺术性很高的古典小说。

原文刊于《红楼梦研究集刊》第十二辑1985年

王宏钧／刘如仲

从先进到落后的转变及其原因

中国古代曾以发达的物质文明和精神文明长期居于世界的前列。国际上许多著名的科学家和历史学家都高度地评价了中国古代文明对人类的贡献。但从进入明中叶以后就渐渐在世界进步潮流中落后了。中国一代又一代的学者探讨了这个问题。本文试图以马克思主义历史唯物主义观点研究这一转折的原因，从中吸取历史的教训。

中国古代文明和中国社会的发展行将落后于西方的历史趋势从15世纪明朝船队的远航中已露出了端倪。明成祖派郑和远航的主要目的是"宣德化而柔远人"，"通四夷"以"示中国富强"，"招徕远人""慕义入贡"，不是为了发展海外贸易。因而明成祖一死，郑和下西洋的壮举就被评价为一种"弊政"。明仁宗即位之日便下诏："下西洋诸番国宝船悉皆停止。"宣德年间，因"帝践祚虽久，而诸番国远者未贡"，再次派郑和"历忽鲁模斯等十七国而还"。但从此以后，不仅远洋巨舶不再建造，连下西洋的档案也被隐匿不知下落了。中国在世界航海史上的壮举成了绝响。

对此，美国的历史学家E.M.伯恩斯和Ph.L.拉尔夫也不无惋惜地评论说："鼎盛时期的明代海军强于当时任何欧洲国家的海军。可是明朝却在1424年左右停止了远洋航行活动。此后，明政府限制中国人只能在沿海水域航行，并且不赞成百姓出国旅行。结果，不但减少了国家的商业税收，而且恰恰在西方各国人民开始摆脱偏狭的乡土观念之时，使中国不幸地与世隔绝。"[1]

---

[1] 〔美〕E.M.伯恩斯、Ph.L.拉夫尔：《世界文明史》第2册，第93—94页，1988年商务印书馆中译本。

西欧航海家远航的目的和命运与郑和下西洋完全不同。"东方的财富"和"黄金的渴望"驱使他们从事冒险的航行。当绕过好望角的瓦斯科·达·伽马 1498 年从印度返航的时候，带回的香料、丝绸、宝石等货物，所获纯利竟达航行费用的 60 倍！葡萄牙的亨利亲王、马努尔国王和西班牙伊萨伯拉王后考虑的不是政治上的声威，而是获得财富。他们支持航海的历史动因，是当时商品经济发展的要求和资本主义原始积累的需要。

一、从先进到落后的历史转折

（一）落后趋势的形成

15 世纪郑和与西欧探险家先后征服海洋的壮举，出于两种不同的历史动因，也预示着两种不同的历史前景。

新航路发现以后，首先对西欧的商业和整个经济领域产生了巨大影响。欧洲的贸易扩大了，新的商品在欧洲市场上出现了。美洲的烟草、可可，中国的茶叶、丝绸，都成了国际贸易中的重要商品。印度和南洋群岛的咖啡、香料、大米、白糖也大量增加。以前威尼斯商人从地中海东岸一带收购的胡椒，每年约 2000 吨，这时，每年运往里斯本的香料激增到 7000 吨。世界各个遥远地区之间的经济联系开始建立或扩大了。

欧洲的贸易中心，由于新航路的发现，从地中海沿岸转移到大西洋沿岸。意大利城市的商业地位衰落了，葡萄牙的里斯本、西班牙的塞维利亚、比利时的安特卫普和英国的伦敦逐渐兴起，成为东西方国际贸易的中心。欧洲各地的商人纷纷在安特卫普设立了办事处，以进行各种批发贸易和商业金融活动。

黄金驱使西欧航海家冒险远航，葡萄牙人到达非洲海岸、印度和远东地区，到处搜寻黄金。白种人刚刚踏上新大陆时，首先搜寻的是黄金。美洲墨西哥和秘鲁金银矿的发现，使西班牙人惊喜若狂。为了获得金银，土著印地安人和从非洲运去的黑种人，都变成了开矿的奴隶。1521 年至 1544 年间，西班牙人平均每年运回黄金 2900 公斤，白银 30700 公斤。1545 年至 1560 年间，平均每年运回的数量激增，黄金达 5500 公斤，白银达 246000 公斤。而葡萄牙人在 15 世纪末到 16 世纪末的 100 年中，从非洲掠夺的黄金达 276000 公斤。

哥伦布、达·伽马和麦哲伦的探险远航，美洲和环球航线的发现为正在兴起的西欧资产者开辟了前所未有的广阔的天地，同时也给美洲、非洲和亚洲带来了殖民奴役的皮鞭和枷锁。美洲土著居民被剿灭和奴隶化，东印度被征服和劫夺，非洲黑色人种被"猎获"为商品。欧洲人的殖民掠夺，却使财富大量流回母国，转化为资本。"资本主义生产时代的曙光"在血与火中闪耀。

16世纪，随着新市场的出现而日益增加的商品需求，冲破了西欧封建行会束缚的手工业经营方式，进入手工工场时代。新的组织形式和生产技术的应用，更刺激了这些事业的发展。

1600年，英国东印度公司建立。1602年，荷兰东印度公司建立。1604年，法国在印度建立贸易公司。1621年，荷兰西印度公司建立。贸易变成了世界性的贸易。

"货币产生贸易，贸易增多货币"，这是重商主义最著名的代表人物英国东印度公司董事托马斯·孟的名言。

东印度和中国的市场，美洲的殖民化，各地殖民地的贸易，使商业、海上运输业和制造业空前高涨，因而使正在崩溃的封建社会内部的革命因素迅速发展。

如果我们把16世纪到17世纪中叶作为一个历史阶段来考察，不难看出，这一时期正是世界历史的转折时期。其特点是：

1.在人类社会发展的历史进程中，封建制社会形态开始向资本主义社会形态过渡。这是最具有重大历史意义的特点。

欧洲西部的荷兰、英国，由于那时具备了资本主义发展的有利条件，首先向资本主义社会形态过渡。在这些有利条件中，地理上邻近世界海上商路就是"得天独厚"的重要有利条件。

欧洲、亚洲和北非的大多数国家和民族处在封建制度的不同发展阶段，封建关系开始解体，资本主义生产成分萌芽，在欧洲已较普遍，亚洲也已出现。美洲、大洋洲、非洲除地中海沿岸和尼罗河流域以外的大部地区，亚洲一些地区的各部落、各民族，有的处在原始社会阶段，有的处在阶级社会形成的阶段，有的处在奴隶占有制阶段。

2.这一时期，在思想文化和科学方面，发生了一次人类有史以来最伟大的变革：欧洲文艺复兴及其新的人文主义思想、宗教改革和自然科学的跃进。

文艺复兴，早在14世纪萌芽于意大利，到16世纪已流行于整个欧洲，这是人的"个性"和智慧的解放这是人类思想摆脱中世纪停滞状态的最重要前提。

宗教改革，在其形式上是对教会组织和中世纪天主教体系的抗议，在其思想内容上是对现存的社会和政治秩序的抗议。

十五六世纪间，新的海路、大洋和大片陆地的接连发现，证明了以往的知识、见解和概念的不足和错误。人文主义的流行，使人们的智慧得到解放，促进了西欧科学的发展。天文学是自然科学中最先取得重大突破的一个部门。

天文学、地理学、物理学、数学和医学大踏步地前进了。化学、生物学、矿物学也取得了成就。17世纪中叶，建立了以实验和利用数学进行研究的新的科学方法，"它和古希腊人的天才的猜想及阿拉伯人片断的无联系的研究不同"[2]，为新的自然科学打下了基础。其进一步发展，促进了现代科学、技术时代的到来。

3. 由于地理大发现，世界性贸易的扩展和殖民势力的扩张，正在兴起的西欧资本主义浪潮冲击着各大洲的海岸。

1492年，哥伦布远航成功，葡萄牙和西班牙为争夺新土地发生了纠纷。1494年，两国在教皇的仲裁下，以佛得角群岛以西处划界，此线以东"新发现"的土地归葡萄牙，以西属西班牙。这条线被称为"教皇子午线"。1500年，葡萄牙人到达巴西。1501年侵占印度的果阿。1511年侵占马六甲。1516年（明正德十一年），葡萄牙已派人来到中国。1519年至1521年，侵入墨西哥。西班牙人1536年侵入智利。1555年（明嘉靖三十四年），葡萄牙侵占中国澳门。1622年（明天启二年），荷兰人侵占中国澎湖，1624年侵占台湾。在这种形势下，1639年，日本颁布了最后的"锁国令"。这一时期，非洲、亚洲、美洲许多民族陷入被劫夺、被奴役的殖民地地位。西方殖民主义的前哨也已试探性地袭击中国的沿海，并侵占了中国的几个海岛。

在16世纪末到17世纪中叶的世界历史转折时期中，中国明代社会带着固有的各种矛盾，沿着自己的轨道继续向前发展。

进入16世纪，明朝建立已有130多年，国势逐渐衰弱，社会动荡不安。到17世纪中叶，从明武宗、世宗，中经穆宗、神宗、光宗、熹宗，直到崇祯帝十七年

---

[2] 恩格斯：《自然辩证法》，人民出版社1961年版，第158页。

明朝灭亡，前后近 140 年。前 60 多年，武宗、世宗相继在位。武宗沉溺于放荡淫乐中，先后宠信宦官刘瑾、江彬。宦官擅权贪财，利用"厂卫"，实行恐怖统治。刘瑾获罪被杀，查抄出的黄金竟达 24 万锭又 57800 多两，银元宝 500 万锭又 158 万多两，其他珍宝难以胜数。宦官的擅权暴露了君主专制政体的腐败，"天下纷纷，民不堪命"。世宗醉心于道教的丹鼎符箓，多年不问朝政。专会迎合他的爱好、善撰祭仙表文的严嵩受到宠信。严嵩位居内阁首辅达 20 年，联朋结党，把持朝政。严嵩事败，抄没的家产又胜过刘瑾。一部《天水冰山录》可以为证。皇帝摆道场、兴土木、大肆挥霍；权臣田连州县，鲸贪不已。加以军费不断增加，明朝财政的危机日益加深。这时，北边鞑靼南下，围困了北京。东南防务废弛，"倭寇"猖獗于沿海。"南倭北虏"更加剧了全国的动荡不安。

穆宗即位到神宗初年，出现了首辅张居正的改革。张居正主张"务农讲武，足兵足食，乃今日最急者，余皆迂谈也"。改革中加强了长城一线的防务，开设了多处马市，改善了明朝与蒙古各部的关系。裁减冗员，严行考核，整顿了吏治。抑制豪强，清丈田亩。改革赋役制度，实行一条鞭法，相对减轻了农民的负担。他提出的"省征发，以厚农而资商""轻关市，以厚商而利农"的施政思想，有利于商品经济的发展。嘉靖末年，倭寇之患平定后，隆庆改革开放海禁，"准贩东西二洋"，增加了财政收入，私人海外贸易也逐渐活跃起来。生丝、茶叶、丝绸、棉布、瓷器、铁器、漆器等产品，运销欧洲，并经马尼拉用大帆船运往美洲。这时，大量白银开始流入中国。

商人资本的显著发展，出现了安徽、山西、陕西、福建等商邦，还有从事海外贸易的海商。

万历二十九年（1601）前后，苏州丝绸业织工、染工已各有数千人。"机户出资，机工出力"，"计日受值"，"相依为命"。萌芽状态的资本主义生产关系，明确地出现了。松江的棉布业、江西景德镇的制瓷业、广东佛山的冶铁业中这种不同程度的"萌芽"也出现了。

张居正的改革，前后 20 年，取得了可喜的成效。但在他死后，腐朽势力重新抬头，朝廷派出大批宦官充当"矿监税使"，横征暴敛，"吸血饮髓，天下咸被其害"，激起了苏州织工、景德镇瓷工、北京西山矿工和临清、荆州、武昌、昆明的商民人等连续的反抗。

1616年，建州女真的首领努尔哈赤兴起于东北，自称大汗，建立了与明朝敌对的后金汗国。20年后，皇太极继汗位，改国号为大清。明清战争连年。1641年，满洲八旗的铁骑已兵临山海关前。

明神宗之后，光宗嗣位一月而亡。继立的熹宗年少无知，游嬉终日。朝政又被宦官魏忠贤所专擅。魏的残暴邪恶更甚于刘瑾，黑暗的恐怖统治笼罩着全国。

万历中期以后，土地兼并加剧，造成"有田者什一，为人佃作者什九"的局面。私租不断提高，官赋连续"加派"，陕西、河南又连年灾荒。难以存活的农民，终于揭竿起义，于1644年初推翻了明朝黑暗的封建统治。一个多月后，满洲八旗进入北京，清朝入主中国。

明代中叶到明清更替之际的中国社会，可谓矛盾重重，危机四伏。但是，这一时期的社会经济、文化仍在发展，不过发展缓慢。此时，萌芽状态的资本主义生产关系出现了，城市商民人等反封建统治的斗争出现了。反对"以孔子之是非为是非"，认为"穿衣吃饭是人伦物理"的"异端"在儒家思想的营垒中出现了。歌颂爱情和婚姻自由的戏剧《牡丹亭》，反映市民生活、海外贸易的文学作品《三言》《二拍》，以及风格清新的徐渭水墨画，在文学艺术领域中都已出现。在古典科学技术名著《本草纲目》《农政全书》《天工开物》问世的同时，徐光启又和意大利人利玛窦合作译出了《几何原本》《测量法义》，和熊三拔合作译出了《泰西水法》。这一时期，葡萄牙、西班牙、荷兰、英国的殖民势力虽然连续袭扰沿海，但因慑于东方大国的声威，只是几次小小的接触，他们还不敢像对待土著部落那样肆无忌惮，横冲直入。他们占据的几个岛屿，在明朝君臣看来，不过是"孤悬海外"的不毛荒岛。

1644年的明清更替，曾被当时人看作"天崩地解"，是中国历史的转折。不过，这种转折主要是封建多民族国家中民族统治关系的历史转折，而不是旧社会形态向新社会形态过渡的历史转折。中国在世界上从先进退居落后的趋势，已开始形成了。

（二）古老文明的衰落

17世纪中叶，中国明清的王朝更替与英国的资产阶级革命同时发生。

英国的资产阶级革命的胜利，标志着世界资本主义时代的开始。它首先为英国资本主义的迅速发展开辟了道路，并且对以后的法国、西班牙和意大利的资产阶级革命运动产生积极的影响。资本主义的发展，并不是一帆风顺的，曾经遇到封建势力的重大阻碍，进行过长期反复的较量。

欧洲资本主义发展过程中，原始积累的重要来源是对亚洲、非洲和美洲的强暴掠夺和对这些殖民地劳动群众的残酷剥削。掠夺和剥削来的大量财富，在欧洲形成了建立资本主义大工业的资本。但是，直到19世纪初叶，中国、日本、伊朗、土耳其等东方国家尚未被卷入殖民地体系之中。这些国家仍然保持着自己的独立和封建统治。

1776年，英国在北美洲的13个殖民地爆发了独立战争。这是一次民族独立的战争，也是一次资产阶级革命。它对18世纪欧洲反封建革命运动给予了有力的支持，也对当时整个美洲反殖民主义的民族独立运动发生了重大影响。

这一时期西欧的特点是生产力的迅速发展，工场手工业在社会生产中占着主要地位。随着市场的不断扩大，需求的不断增加，手工业生产已经不能满足需要，提出了技术改造的迫切要求。

18世纪60年代，英国首先在棉纺织业中开始用机械劳动代替手工劳动。1785年，蒸汽机的应用，引起了工业革命。从此，资本主义生产从手工工场时代开始过渡到近代大工业时代。

1789年，巴黎人民攻占巴士底狱，爆发了法国资产阶级革命。法国革命开始了资本主义更广泛发展的时期，沉重打击了欧洲封建体系，也推动了拉丁美洲反殖民主义民族独立运动。法国革命产生了深远的影响，"以至整个十九世纪，即给予人类以文明和文化的世纪，都是在法国革命的标志下度过的"[3]。

进入19世纪，欧洲法、德、意、俄等国以及后起的美国相继完成产业革命。产业革命大大促进了资本主义生产力的发展，为资本主义最后战胜封建势力居于统治地位奠定了物质基础。同时，随着资本主义经济的发展，人文主义被赋予新的内容作为资产阶级意识形态得到发扬。平等、自由、民主、人权等新概念成为资本主义制度政治、法律等上层建筑的神圣原则。思想大解放使近代科学技术飞速发展，新的理论、新的发现、新的发明创造层出不穷，并转化为新的生产力。

---

[3]　《列宁全集》第29卷，第334页。

这使资本主义制度更为巩固，为资本主义各国进一步向外侵略扩张，进入帝国主义阶段创造了条件。

与西方资本主义世界生气勃勃的上升发展形成鲜明对照，这一时期，有着古老文明的中华帝国正在尖锐的民族矛盾和封建桎梏中衰落下去。

满洲贵族在建立自己统治的过程中，遇到了汉族人民的抵抗，抵抗最强烈的是江南地区和整个长江以南的半个中国。

南方的明朝宗室臣民建立了弘光、隆武、永历等几个反清政权，被称为南明。南明这几支力量，大都不久便被消灭。永历政权由于和农民军联合，坚持最久，直到顺治十八年（1661）吴三桂率领清军大举进攻，才宣告灭亡。这一年，曾经率战船打到南京城外的郑成功，从厦门渡海，驱逐荷兰人，收复了台湾。直到康熙三年（1664），各地的抵抗运动才基本停息。康熙十二年又爆发了"三藩之乱"，立足未稳的清朝一度岌岌可危。从云贵川到湖广，从闽浙赣到陕甘的大半个中国，战乱又持续了8年。康熙二十二年，清军渡海，统一了台湾；二十四年，开放海禁，设江海、浙海、闽海、粤海四榷关，海上中外贸易又逐渐活跃起来。

这时东北边疆的形势日益紧张。正当西欧葡、西、荷、英诸国相继侵扰我国东南沿海的时候，俄国向东扩张，越过乌拉尔山，占据西伯利亚，接近了中国边境。明崇祯十六年（1643），俄国派一批哥萨克越过外兴安岭，开始侵入中国黑龙江以北精奇里江地区。顺治八年（1651），占据了我国达斡尔族首领阿尔巴西的村寨。哥萨克沿黑龙江而下，制造了惨绝人寰的暴行。顺治十二年，又从贝加尔湖一带侵入中国尼布楚一带。东北地区是清朝的"龙兴之地"，俄国人的侵入，清廷早已密切注视。"三藩"、台湾相继平定之后，经过充分准备，康熙二十四年（1685），清军把盘据在雅克萨的俄国侵略者驱逐出境。清朝撤军两个月后，俄国人又卷土重来，再次占据雅克萨。清军再次进攻并进行围困。俄军弹尽粮绝，俄国接受了清廷提出的通过谈判解决两国边界争端的要求。康熙二十八年七月（1689年9月）签订了《中俄尼布楚条约》。这个条约是中国历史上与外国正式缔结的第一个条约，它明确地划定了两国的边界。东北边疆恢复安定。中俄两国的边境贸易也在这时开始。

中原腹里地区安定以后，从17世纪80年代到18世纪60年代，从黑龙江、外蒙古直到新疆、西藏、青海和云贵的广大边疆地区，在康雍乾时期，又经过了近百年的国内统一和反对外国侵略的长期战争。统一的多民族封建国家得到了巩固与发展。

明末清初，长城内外、大江南北战乱连年，长达半个多世纪。农业、手工业、商业和海外贸易的发展，遭到严重破坏，尤其经济最发达的江南地区破坏最为严重。康熙二十年（1681）以后，腹里各省才逐渐恢复，到康雍之际，才恢复到明万历时期的水平。乾隆中叶得到显著发展，超过前代。

清朝初年，"名家大族，倾圮消灭，十不存一"。明朝藩王、宗室从直隶、鲁、晋直到湖广的藩田已业失其主。顺治六年（1649）颁布"垦荒令"，垦荒的人，不论原籍别籍，均编入保甲，开垦荒地，给以印信执照，永准为业。同时，在社会大动荡中，封建人身依附关系得到松弛。雍正年间，法令中已把佃户规定为"良民"，没有主仆名分的雇工，按"凡人"看待。山西的"乐户"、浙江的"惰民"、皖南无文契可凭的"世仆""伴当"，广东水上的"疍户"、江苏常熟的"丐籍"等"贱民"等级，全部"开豁为良"，"与齐民一同编列户甲"。工匠的匠籍也已废除。

赋役制度进行了改革。清朝入关后，首先宣布免除明末的三饷加派，按万历年间则例征收田赋和丁银。康熙帝亲自调查后，于五十二年（1713）宣布以后征收丁银，固定在康熙五十年的数额，此后人口增长，丁银不再增加，称作"盛世滋生人丁永不加赋"。雍正七年（1729），全国绝大部分地区把丁银按亩分摊到田赋中征收，称为"地丁合一"或"摊丁入亩"。这时，数千年的人头税名存实亡，变成了土地附加税。

明末以来，黄河年久失修，夺淮入海，河水不断泛滥。康熙帝十分重视治河，经过近50年的努力，取得了显著的成效。先后完成了黄、淮、运三河交汇地区的高家堰等许多险要工程，使黄河、淮河的水患逐步得到治理。

这一时期，垦荒成绩显著，农业生产发展，人口猛增。关于全国耕地、人口和粮食产量，在历史档案和文献中都没有留下完整可靠的数字，中外学者多年研究，目前仍莫衷一是。但从《清实录》中还可以看出大体的趋势，顺治十八年（1661），田地、山荡，共五百二十六万五千二十八顷有奇。推算起来，大约5.5亿亩左右。到雍正二年（1724），田地、山荡、畦地已达890多万顷，推算已达7亿多亩。这比顺治十八年已增加三分之一左右。不过，这也仅恢复到明万历时的水平。这时，粮食产量也不断提高。从清朝征收钱粮的数字中，也可以看出大体趋势。例如，顺治十八年，全国征收米麦豆617万石，康熙六十年（1721）为690万石。到乾隆六年（1741），"各省通共存仓米谷"3172万石，乾隆五十九年已达4500多万石。这时出现了一些新的水稻高产区。宋代"苏湖熟，天下足"的谚语，明代由于江南苏松等五府地区大量改种桑棉油料等经济作物，已变成"湖广熟，天下足"。这时，湖广而外，四川、江西的大米已源源输往江南。明末引进的美洲高产耐寒的作物，乾隆时大力推广。四川和北方许多州县已"遍山漫谷皆苞谷"。南方善种红薯的老农，曾被召到北方传播经验，乾隆皇帝特赏官品顶戴，以示奖励。棉花、烟草、落花生、甘蔗的推广，出现了许多著名的经济作物区。乾隆《御制棉花图》就是提倡种棉的宣传画。

这一时期，全国人口的增长比耕地和粮食增长更快。根据康熙五十年（1711）全国人丁数额推算，约在1亿左右。乾隆六年（1741），初次通过保甲制度编查户口，当年人口为1.43亿。乾隆二十七年已超过2亿。乾隆五十九年达3.1亿多。到了道光十六年（1836）已突破了4亿大关。在100多年中，人口猛增了3—4倍。耕地面积，雍正二年（1724）达到7亿多亩以后，增加就很困难了。直到光绪十三年（1887），才达到9亿多亩。不难看出，人口增长速度，远远超过了耕地和粮食的增长速度。耐旱耐寒的高产作物玉米和红薯的广泛种植，在人口急剧增长的过程中发挥了巨大作用[4]。

清代经济的发展中，边疆山区和台湾海岛的开发卓有成效。这是清代的突出成就。17世纪末叶以来，在加强东北边防的过程中，黑龙江流域修筑了黑龙江（瑷珲）城、莫尔根（嫩江）城、卜魁（齐齐哈尔）等城；建立了一系列驿站，驻防各地的官兵率先开垦耕种，兴起了军屯。到19世纪初，这些城市"流人日至，商贾云集，竟为内地，其街市喧阗，仿佛北省中上州县"[5]。

蒙古族历来以畜牧为业。康熙帝在三十七年（1698）平定噶尔丹以后，专门派内阁学士黄茂等"前往教养蒙古"，并从宁夏派去"能引水者数人"，"教之引河（黄河）水灌田"，促进了内蒙古河套地区的开发，以后才有"黄河百害，惟富一套"之说。

西北新疆地区，在准部、回部平定以后，驻防的满汉官兵大兴屯田，其后

---

[4]　王戎笙：《清代前期历史中的几个问题》，载《中国史研究》1988年第3期。

[5]　西清：《黑龙江外记》卷六。

史学研究

又有维吾尔族的回屯、商民的商屯，"皆携眷移戍""人口日繁"。在伊犁九城附近的伊犁河岸，修建数十里的长渠。乾隆末年，乌鲁木齐已是"字号店铺，栉比鳞次"。这时，康藏交通枢纽的打箭炉，也已"商旅满关，茶船遍河"。台湾的农业和制糖等手工业也发展起来。

这时，边疆兴起一批新的中小商业城镇，从东北的黑龙江城（瑷珲）、嫩江、齐齐哈尔、多伦诺尔、张家口、归化城、乌鲁木齐、伊犁、哈密、阿克苏、叶尔羌、克什噶尔、西宁，直到西南的打箭炉等，都是边疆各地的贸易中心。国内市场空前扩大了。

清代的手工业到18世纪有显著发展。棉织、丝织、制瓷、制茶、制糖、造纸、矿冶、造船等行业，无论生产技术、生产规模、产品的质量、数量都有显著提高。这时，丝织业中心苏州"比户习织，专其业者不啻万家"。南京发展更快，江宁一城仅缎机就有3万张以上，仅宝聚门内就"不下数千家"。松江棉布花色品种增多，远销海内外，"一岁交易，不下数十百万"。当时"南北商贩青蓝布匹，俱于苏郡染造，踹房多至四百余处，踹匠不下万人"。乾隆时，景德镇已有民间瓷窑二三百区，"终岁烟火相望，工匠人夫不下数十万人"。广东佛山一镇，"炒铁之炉数十，铸铁之炉百余，昼夜烹炼，火光烛天"，"凡一炉场，环而居者三百家"。造船业也有发展。康熙南巡到苏州曾了解到，每年有上千只新造的大船出洋，一半都不再回航，而销售于海外。

在商业手工业的发展中，工商业公所和会馆陆续建立，以北京、苏州、上海、佛山为最多。乾隆时，广州的丝织业、南海石湾的陶瓷业和佛山的绫帽业中的手工业工人已建立起西家行，这是相对于资方东家行的初期工会组织。清代初年遭到严重摧残的资本主义萌芽，这时又逐渐滋长起来，但仍然是稀疏微弱的。

在康熙二十四年（1685）开放海禁，四口通商，茶叶、生丝、丝绸、瓷器等大量出口，海外贸易相当活跃。康熙五十六年，海禁又严格起来，对南洋贸易，只许外人来华，不准中国商人出洋。到乾隆二十四年（1759），因英商"洪仁辉事件"，不但只限广州一口通商，广州也制定了《防范外夷规条》，闭关政策又严厉执行起来。

这时正是中国封建社会晚期的"康雍乾盛世"，乾隆中叶可说是"盛世"的顶峰。如果仅从制造技术水平来比较，中国并不落后于西欧，因为西方的工场手工业，和同时代的中国手工业一样，都是以手工技术为生产基础。

日本学者太田英藏在研究了《天工开物》以后说："从古代继续发展到明代，并不比西洋的技术落后。中国制造技术落后于世界的水平，那是产业革命以后的事。"[6]英国研究中英通商史的学者格林堡，也持有同样的看法，他说："自16世纪至19世纪，在将近三百年的中西交往中，最显著的事实是西方人希求东方的货物，而又提不出多少商品来交换。在机器生产时代之前，在技术上的优势使西方能够把世界变成一个单一经济之前，在大多数工业技艺方面比较先进的还是东方。"[7]

可是，在"盛世"的后期，乾隆五十年即公元1785年，第一个蒸汽机制造厂在英国建立了起来。法、德、美、俄各国也相继进行了产业革命。

乾隆五十一年（1786），台湾的天地会，贵州、湖南的苗民相继起来反抗清朝统治。五十八年（1793）又爆发了历时9年、波及5省的白莲教起义。"盛世"已经过去，清朝封建统治已经由兴盛转向衰败。有着古老文明传统的中国社会，由于没有孕育出新的生机与活力，也衰落了。

在中国封建社会晚期出现的"康雍乾盛世"，的确可以与汉唐的"文景之治""贞观之治"等量齐观。但是，如果把这"盛世"的成就放到世界历史发展中去考察，就不难看到：从16世纪到19世纪初，中国社会虽然仍旧沿着自己的道路在继续往前走，但是已经大大落后了。这种落后，不是落后于哪一个国家，而是落后于人类历史前进的步伐和时代的潮流。

二、落后于西方的原因初探

中国以光辉的古代文明曾长期居于世界的前列，可是，进入19世纪却堕入了落后境地。

这究竟是什么原因所造成？

从那个时候起，人们不断地思考着。许多中外政治家和学者们都试图给以解答。但是，见仁见智，莫衷一是。对于这样一个十分重要而复杂的问题，我们只能提出一些粗浅的看法，进行商讨。

---

[6]　〔日〕太田英藏：《〈天工开物〉中的机织技术》，见《〈天工开物〉研究论文集》。

[7]　〔英〕格林堡：《鸦片战争前中英通商史》，第2页。

（一）自然经济的牢固

中国封建生产方式的特点，是地主土地所有制下小农业和家庭手工业的牢固结合。它与商品经济相对而言，可以叫作自然经济。

中国很早就有了发达的农业。谷物和桑麻是人们衣食之源。秦朝建立以前，已经从封建领主制过渡到封建地主制，土地"民得买卖"。秦汉以来，"男耕女织"一家一户的小农经济，是我国地主制经济的基本生产单位。因为地主的土地，大都是分租给佃户，由一家一户耕种的，而自耕农也是"男耕女织"的家庭生产结构。

中国的封建地主制之下，以佃农为主的小农经济，与欧洲领主下的农奴制相比，农民（佃农）有较多的人身自由和生产的相对独立性。实行实物地租，农民有较大的活动余地。所以，在传统农业中，中国这种小农经济，比欧洲农奴制生产积极性高，劳动效率高。正是在这种经济基础上创造了中国古代文明。

到了明清两代，分成租制不少转化为定额租制，小农经济（农民自有经济）的相对独立性增强，农民支配自己生产品的余地扩大，他们就把一部分剩余粮食和家庭手工业产品，投入市场。明代中叶以后，苏州府盛泽镇的丝绸市场、震泽和湖州南浔的生丝市场和松江的棉布市场，就是这样形成和发展起来的。

清代前期经济作物扩大，农民家庭生产的少量丝、绸、茶、棉、棉布和烟叶、甘蔗、蔗糖、豆油、豆饼等也转化为小商品，进入市场。小农经济对商品经济发展的适应性，远强于欧洲的农奴制经济。

但是，中国的小农经济并没有从自给自足中走出来。农民的家庭手工业没有在与小农业的紧密结合中分离出来。其中重要原因之一，应是进入18世纪前后，中国人口猛增，而土地开垦已经饱和。

康熙四十八年（1709）十一月，康熙帝说："本朝自统一区宇以来，于今六十七八年矣。百姓俱安享太平，生育日以繁庶。户口虽增，而土田并无所增。分一人之产，供数家之用，其谋生焉能给足？"[8] 按中国清代人口增殖的通常估算，25年左右，一户之家至少可分为三四户。再一个25年左右，由三四户至少可以分成10—15户。如果没有其他条件，一户100亩之家分下来，每户已不过10亩或不

---

[8] 《清圣祖实录》卷二百四十。

足 10 亩。在这样情形下，户数越来越多，耕地越来越小。农民租佃土地条件势必逐渐苛重，农民之间租佃土地的竞争也会出现。地主增租夺佃也就不断发生。农民要生存下去，只有忍受更沉重的剥削。剥削加重，农夫只有拼命地起早贪黑，精耕细作，农妇只有日以继夜，拼命纺织，使"一月可得四十五日（劳动日）之功"。这样，小农业和家庭手工业二者相依为命，一家人才能勉强度日。再加上地主、商人、高利贷三者一体的剥削压在农民头上，小农业和家庭手工业也就更加相依为命，不可分离了。

这种牢固结合着的一个个小农家庭是孤立的、分散的。血缘的宗族纽带又把他们联结起来，形成宗法家族的社会结构。这种社会结构使小农业和家庭手工业的经济结构更加牢固，更难分解。

欧洲领主制与中国不同。公元 10 世纪以后，欧洲封建社会后期，中世纪的城市由商人、手工业者和逃亡的农奴在封建领主的土地上建立。大量农奴逃入城市。城市手工业和商业的发展，形成了与农村封建领主对立的市民等级。领主依靠土地权力要求统治城市和征收赋税。城市的商人、高利贷者以手中握有的货币权力，以赎买或武装反抗，争取城市自治。这种城乡对立，削弱了领主的封建统治，也促进了城乡交流和工农业产品交换。这对于资本主义萌芽的产生和发展，是有力的推动。

小农业和家庭手工业牢固结合，是中国封建生产方式的特点。这一特点，使中国封建生产方式具有深厚的自我调节机制和再生机制，推动着封建社会自身不断发展。到了封建社会晚期，这种调节机制和再生机制已转化为巨大的历史惰性，使封建地主制经济结构难以解体而长期延续下来；新的生产方式的因素，难以滋生成长。这是西方资本主义兴起以后，中国从先进到落后的一个根本原因。

（二）"重本抑末"的基本国策

秦汉以来，中国已形成了统一的多民族封建国家。中国古代文明，主要就是在这样的历史条件下创造出来的。意大利学者翁贝托在比较中西历史以后写道："中国拥有许多世纪之久的统一局面和悠久的中央集权化的官僚机构，这是它优于欧洲之处。"[9]到了封建社会的晚期，明清两朝封建君主专制政体空前加强，它

---

[9]　〔意〕翁贝托·梅洛蒂《马克思与第三世界》，商务印书馆 1981 年 1 月第 1 版，第 125 页。

的积极历史作用也大部向消极转化。

中国古代重农轻商，以农为本，以商为末。在历代王朝的初期，统治者都采取过许多有力措施促进农业的恢复和发展。他们的期望是"家给人足""民丰国富"。因为只有如此，封建统治才能稳固，国家岁入才可增加。而一个不可避免的共同后果，就是小农业与家庭手工业结合的更加牢固。

维护传统封建制度的延续，阻碍资本主义萌芽的滋生、发展，在明清两代最明显的原因是"重本抑末"的基本国策。

对商品经济发展的压抑，虽然时紧时松，但总体上却是一直坚持的。这主要表现在对商业、手工业的掠夺、摧残和对海外贸易的压制与垄断。前一方面，明朝比清朝更为严厉；后一方面，则清朝更甚于明朝。

丝绸、瓷器是中国驰名世界的主要商品。很早以来在国外就有着广阔的市场。16世纪中叶，"马尼剌大帆船"贸易开展以后，中国的丝绸更远销到美洲。在美洲市场上，从墨西哥、巴拿马到智利、秘鲁，到处都有出售中国绸缎和穿着中国绸缎的人。西班牙教士的法衣也不例外。中国还织出了物美价廉的西班牙式的天鹅绒、丝带、锦缎和丝袜，使西班牙丝织业为之衰落。中国瓷器，嘉靖、万历年间已接受欧洲订货制造成套西式餐具和带有纹章的器皿。1612年运销荷兰3万多件，1636年25万多件，到17世纪末叶，经巴达维亚运往欧洲的竟达300万件之多[10]。茶叶是刚进入欧洲市场的新商品，欧洲商人从中获利最大。开发铁铜等矿产资源更是关乎社会经济发展的大事。仅从这几个行业中，就可以看出民间工商业遭受的严重压制[11]。

江南苏杭一带，宋元以来已经成为丝绸生产的主要地区。苏州已是丝织业的主要中心，也是资本主义萌芽发展最明显的地方。"吴民生齿最烦，恒产绝少，家杼轴而户纂组，机户出资，机工出力，相依为命久矣。"明万历二十九年（1601），织造太监孙隆到苏州检查"五关漏税"，税卡的设置"密如秋荼"。结果，"吴中之转贩日稀，织户之机张日减"。孙隆又擅自加征，"妄议每机一张，

---

[10]　《荷兰东印度公司与瓷器》，转引自中国硅酸盐学会编《中国陶瓷史》，第412页。

[11]　关于明清时期工商业遭受严重压制，请参看《中国从先进到落后的三百年》。

税银三钱"。于是"机户皆杜门罢织，而织工皆自分饿死"。"染房罢，而染工散者数千人；机房罢，而机工散者又数千人"[12]。这是明代封建统治强加给丝织业的一场大灾难。

宋元以后，景德镇已居全国制瓷中心之首，这也是制瓷业中最先出现资本主义萌芽的地方。"工匠来八方，器成天下走"。明朝沿袭前代的办法，洪武时，设"御窑厂"，有官窑两座。宣德时已增加到58座，实际上是挑选水平最高的瓷窑由御窑厂垄断起来。正统元年（1436），竟然下令"禁私造黄、紫、红、绿、青、蓝、白地青花诸瓷器，违者论死！"这样压制瓷器生产，其荒唐横暴，可谓已极！除了这些色釉，瓷器还有多少可以烧造？

官窑烧造不及，于是任务分派给民窑，工价由官方规定，叫作"官搭民烧"。嘉靖时，官窑自烧的"部限瓷"大鱼缸，估价银50两，民窑承制只给20两。"钦限瓷"对花纹、釉色、轻重、厚薄要求苛刻，"最为难成"。官方又有"定烧赔造"的规定，"不能成器者，责以必办；不能办，则官窑悬高价以市之"。这笔钱，当然由民间窑户出。所以，民间瓷窑不仅"疲于供应"，而且"历年亏损，习以为常。"这就造成了"民以陶利，亦以陶病久矣"。

16世纪以后，中国茶叶的大量运销，使欧洲商人获得高于成本数十倍的惊人暴利。但是，明朝政府对茶叶的控制，其严厉程度也是惊人的。明代为了用茶叶换取边疆草原民族的战马，嘉靖《大明律》的附例中甚至规定了"私茶出境与关隘失察者并凌迟处死"！商人贩茶和贩盐类似，必须先向政府交钱领取"茶引"，然后凭"茶引"到产地去买茶。凡是商人买到的茶叶没有"茶引"或与"茶引"不符者，被检查出来就要以"私茶"论。犯私茶与犯私盐同罪，重者要杀头。

明朝规定，"有官茶，有私茶"。官茶和合法的私茶都按规定运到边境去换马，所谓"茶马贸易"。有时商人运去的茶叶交换不出去，就要因茶叶腐烂变质而蒙受严重损失。

对开矿、冶炼，除官方需要外，一律严行禁止。洪武十五年（1382），有个小官吏上疏："磁州产铁，元时置官，岁收百万斤。"请求继续开采。朱元璋不但

---

[12] 《明万历实录》卷三百六十一。

不采纳，竟把提出建议的人"杖而流之海外"。景泰时又有人建议恢复山西宁远的铁矿，工部认为这是违背"祖训"，把建议者又下了监牢。明清两朝严禁开矿，理由是害怕大批劳动者集中于山林之中，容易"啸聚为盗"。弘治三年（1490），在浙江温、处二州开银矿，每年税银和督理太监另外要的"耗银"共需25000多两。而开采出来的白银不足定额的十分之一。结果，在官府逼迫下，"百姓卖子鬻妻以充其数"，甚至"有因而自尽及散为盗贼者"。

明万历二十四年（1596），明朝改变了过去的政策，同意各地开矿。但随后派出了一批宦官充当"矿监""税使"。一时间，中官遍天下。他们到处肆意妄为，横征暴敛。指着人家的房子说，这里有矿，"则家立破"；指着某人说，他漏税，"则橐立尽"。"操弓挟矢，戕及良民，毁家逾垣，祸延鸡犬。"

万历三十年（1602），根据运河沿线城镇的报告，京东河西务关原来布店160多家，现在只剩下30多家；临清关原来缎店32家，现在倒闭了20家；布店72家，现在倒闭45家。淮安关报告，河南一带货物多为仪真、徐州税监差人截获征税，商人已视为畏途。

万历二十四年至三十三年（1596—1605），封建统治对工商业这样横暴的掠夺和摧残，实属历史上罕见。这期间，各地工商业和正在滋生的资本主义萌芽，都经历了一次严重的灾难。

康熙时期，经多年战乱之后，社会经济凋敝。这使康熙帝注意到"利商便民"，工商业有了恢复和发展。但是"重本抑末"并未放弃。雍正帝曾说："市肆之中，多一工作之人，即田亩之中少一耕稼之人；且愚民见工匠之利多于利田，必群而为工，必至壅滞而价贱。是逐末之人多，不但有害于农，而并有害于工也。"他在商品经济发展条件下，对"重本抑本"又补充了新的理由。但是，他也看到"苟遽然绳之以法，必非其情之所愿，而势所难行"。所以只叫各地官员"平日留心劝导"，而未采取严厉措施。故清代的抑商除海禁以外，比明代较为宽松。

（三）闭关政策

宋元时期海外贸易发达，虽然也有时控制海上交通，但没有海禁政策。"明初定制，片板不许下海。"这是中国禁海闭关的开始。但是更严格的闭关政策的推行，应是从18世纪初、康熙末年开始的。

明初，朱元璋实行禁海，有当时"海疆不靖"的客观形势，也有主观上的原因。洪武四年（1371）九月，朱元璋的一篇谈话可以说明。他说："海外蛮夷之国，有为患中国者不可不讨，不为中国患者，不可辄自兴兵。古人有言：地广非久安之计，民劳乃易乱之源。……得其地不足以供给，得其民不足以使令，徒慕虚名，自弊中土，载诸史册，为后世讥。"[13]可见这位农民出身的皇帝，"开创"闭关政策，自有其传统的思想根源。而这种思想正是自给自足的小农经济的反映。

明成祖夺得皇位后，国势日强，经济发展，海外诸国不断入贡。于是他采取了主动出访，宣扬中国富强，以招徕远方诸国的积极对外政策。于是有郑和七下西洋。明成祖死后，明朝廷臣提出责难：虽然郑和带回来不少奇珍异宝，招来了不少远方客人，但是劳民伤财，于国何益？所以，远航壮举，昙花一现，明朝又关上了大门。至嘉靖中期，商品经济发展，倭寇已经平定。隆庆时，"开海禁，准贩东西两洋"。"于是五方之贾，熙熙水国"，分市东西两路，"所贸金钱，岁无虑数十万，公私并赖"[14]。所以终明之世未再禁海。而这一时期，中国的丝绸、瓷器、茶叶等许多产品大量出现在南洋、欧洲和美洲的市场。资本主义萌芽也明显地滋生出来。

清顺治元年到康熙二十三年（1644—1684）的40年中，为对付东南沿海抗清势力，曾有"片板不许下海""片帆不准入口"的禁令。康熙二十三年台湾统一后，设江浙闽粤四海关，开海贸易。到了康熙五十六年（1717）正月，根据康熙帝的旨意，兵部等衙门会同闽浙总督、两广总督商议后，清廷作出了新的规定：

1.中国商船只许往东洋贸易，不准前往南洋。广东、福建水师负责巡查，违者严拿治罪。外国夹板船仍许前来贸易，各地方官严加防范。

2.今后海船初造时，应报明海关监督，地方官亲验烙印，取船户甘结，并将船只丈尺、客商姓名，货物往某处贸易填写船单，沿海口岸文武官照单严查。按月册报督抚存案。

3.将船卖与外国人者，造船与卖船之人皆立斩。留外不回者，将知情者枷

---

[13]　《明太祖宝训》卷六。

[14]　《东西洋考》周起元序。

号3月。该省总督行文外国，令其将留下之人解回，立斩。出海时，每日每人准带米一升及余米一升，如有超额之米，查出入官。船户、商人一并治罪。以小船偷载米粮驳运至大船者，严拿问罪。

4.沿海文武官如遇私卖船只、多带粮米、偷越禁地等事隐匿不报，从重治罪。

这时，清朝开海贸易的政策，已转变为闭关政策。

雍正五年（1727），根据福建总督高其倬"请复开洋禁，以惠商民"的请求，雍正帝考虑了另一个方面，即工商业的发展会使沿海人民不致因饥饿而作乱，大清江山可以得到稳定。因此，清廷解除了南洋贸易的禁令。到了乾隆二十四年（1759）西洋人洪仁辉等从遥远的东南海口，闹到了天津。于是决定：闭江浙闽三关，归广州一口。清朝的闭关政策发展到高峰。直到资本主义的炮舰到来，才轰开了封建中国的大门。

康熙二十三年开海禁，设四关，可以说是大为开放。康熙五十六年却又转向加强海禁，闭关自守。这是什么原因？康熙五十五年（1716）十月二十六日，康熙帝对大学士九卿的谈话中透露出来。这篇谈话很长，要点如下。

天下事未有不由小而至大者，大者宜留心，小者犹不可忽。即如海防，乃今日之要务，朕时加访问，深思远虑，故具知原委。

我南巡苏州，去船厂访问，众人都说：每年造船出海贸易者多至千余艘，回来者不过十之五六，其余全卖在海外，携银而归。官造船数十艘尚需数万金，民间造船何如许之多？

海外有吕宋、噶喇吧等处，常留汉人，自明代以来有之，此即海贼之薮也。官兵出哨或遇贼船四五只，官兵船止一二只，势不能拒敌，舵工又不奋力向前，将领亦无可如何，何能剿灭？

张伯行曾奏，米多出海贩卖，斯言未可尽信，但不可不为预防。出洋贸易所带之米适用而止，不应令其多带。（按：这时各地粮价不断上涨，粮食缺乏。）

东洋可使贸易。若南洋，商船不可令往。红毛等船，听其自来。

出南洋必从海坛经过，此处截留不放，岂能飞渡？沿海炮台，足资防守，明代即有之，应令各地方设立。

往年由福建运米广东，所雇民船三四百只，每只约用三四十人，通计即数千人，聚集海上，不可不加意防范。台湾之人时与吕宋等地人互相往来，亦须预为措置。

海外如西洋等国，千百年后，中国恐受其累。此朕逆料之言。汉人心不齐，如满洲蒙古，数十万人皆一心。朕临御多年，每以汉人为难治，其不能一心之故。国家承平日久，务须安不忘危[15]。

康熙看到了：西洋等国将来必使中国受其累；他担心汉人最为难治，不与清朝一心；他更担心海外贸易的发展，使内地汉人与海外汉人联合起来，甚至西洋人也可能乘机插手，而清朝又无力"剿灭"。正如马克思所指出的，"它害怕外国人会支持很多的中国人在中国被鞑靼人征服以后大约最初半个世纪里所怀抱的不满情绪"[16]。这就是清代闭关政策的核心。

这里，康熙帝在新的历史条件下，把明太祖的海禁政策赋了显明的时代内容。远在西欧的德国人，大概还不知道清朝皇帝有这样一篇政策谈话。但是，马克思的洞察力，却使他在评论中，给康熙帝的政策谈话作了最准确的提炼和归结。

清代的闭关政策，归根到底是封建统治下自给自足的自然经济的产物。这一点，从康熙皇帝禁止海船和大米出口，以及屡次对丝绸、铁锅等的出口加以限制中已反映出来。不过，更明确的阐述还是那条乾隆皇帝答复英国特使马戛尔尼要求建立正式通商关系的敕谕："天朝物产丰盈，无所不有，原不藉外夷货物以通有无。"这是从一家一户的自给自足，扩大为一个国家的自给自足。但是值得注意的是，乾隆皇帝的答复并不完全是虚骄的浮夸，从当时中英贸易的分析中，可以看出这正反映了当时中国的国情。因此，清代的闭关政策是一个以自然经济为基础的封建帝国，在面对着席卷世界的资本主义狂潮巨浪时，所能做出的无可奈何的选择。

清代的闭关政策，不仅是对外贸易方面的严格限制，而且是为了避免被一种陌生的巨浪所冲垮，从政治、经济、思想文化、科学技术各方面所作出的自发的反应。这样的事例很多，无庸列举。

---

[15] 《清圣祖实录》卷二百七十。

[16] 《马克思恩格斯选集》第2卷，第6页。引文中的中国人指汉人，鞑靼人指满人。

清代闭关政策的后果是造成了中国各个方面的更加落后。

（四）思想的禁锢

在我们所考察的历史年代，封建专制主义大大加强，儒学、理学成为封建思想统治的主要工具。明初，朱元璋一当上皇帝之后，就召见了孔子的后裔。在培养、选拔封建官员的科举制度中，规定应试的文章必须"代圣贤立言"。对经义的阐述，必须以朱熹和宋元理学家的注释为依据，不允许联系当代现实，也不允许发挥自己的见解。这就严重束缚了人们独立思考的个性和创造发明的才智。中国与文艺复兴、宗教改革时期的欧洲状况恰恰相反。科举出身、掌握国家大政的大臣和直接接触百姓的地方官员大都是这样一种头脑，社会的活力、生机也就逐渐消失，整个社会思想日趋沉闷、凝固。

清朝带着奴隶制的锐气和固有文化入主中原，高度发展的汉人封建文化吸引了他们，很快地接受了儒家思想和宋明理学。康熙皇帝尊孔崇儒，推崇朱熹。他在16岁时就制定了《圣谕十六条》，以儒家思想教育臣民。曾被称为"理学皇帝"。以后的皇帝代代相承，清朝的封建思想统治更甚于明朝。

这时，西方的科学技术曾通过传教士传播进来，康熙很认真地学习，更重视历算和火炮技术的应用。如果这时大力引进西洋科学，改变国家落后面貌，不是没有可能。但是，他毕竟不是欧洲的彼得大帝，在这方面，他没有多少作为。儒家思想视科学技术为"奇技淫巧"，这样的道德规范，开明的皇帝也不敢逾越。康熙帝曾命法国传教士白晋和巴多明给他讲解西洋解剖学，并写成讲义，附有图像，翻译成满汉文，准备刊印。但考虑再三，终以"此乃特异之书"，将稿本藏于内府文渊阁。这就是鲜明的例证[17]。对一般臣民禁锢之严峻，更可想见。到了1793年，英国特使把西洋枪炮、船样（模型）、望远镜等29种工业革命后的科技产品，作为礼品送到乾隆皇帝面前，并未引起他的惊奇和兴趣，只是看作进贡的"玩好"。当马戛尔尼邀请福康安检阅英国使团的卫队演习新式武器操法时，福大人竟说："看亦可，不看亦可。这火器操法，谅来没有什么稀罕。"[18]这两个18世

---

[17]　潘吉星：《康熙与西洋科学》，载《自然科学史研究》1984年4月。

[18]　刘复译：《乾隆英使觐见记》下卷。

纪末的中国皇帝和大将军的思想境界，比17世纪初翻译《几何原本》的明朝礼部尚书徐光启该有多少差距？封建思想的禁锢把人们的头脑弄得如此愚昧，想不落后，不可得也。

16—18世纪，不是没有出现过儒学的"异端"。如万历年间有慨叹"天不生仲尼万古长如夜"的李贽；乾隆年间的戴震更疾愤抨击过理学，他说："以法杀人犹可救，以理杀人无可活。"但是，清代骇人听闻的文字狱，乾嘉时期已把学者们逼入繁琐考据的治学道路。直到19世纪上半叶，文字狱的淫威仍使龚自珍"避席畏闻""谈虎色变"。这时的中国社会已是"万马齐喑"，生气殆尽，人们的思想在僵化，社会也在僵化，与弥漫欧美的自由、平等、人权，已不可同日而语。封建的思想统治不能不是造成中国落后下来的一个重要原因。

（五）过剩人口的压力

清朝从顺治入关就大力推行开垦荒地和招徕百姓的政策。到康熙四十八年（1709）二月，康熙帝已开始察觉，生育日繁，户口日增，而土田未增[19]。康熙五十年十一月，他又说："前者云南、贵州、广西、四川等省遭叛逆之变，地方残坏、田亩抛荒，不堪见闻。自平定以来，人民渐增，开垦无遗。或砂石堆积，难于耕种者，亦间有之，而山谷崎岖之地，已无弃土，尽皆耕种矣。由此观之，民之生齿实繁。"[20]康熙五十三年，又有人建议垦荒，康熙帝批评说："条奏官每以垦田积谷为言，伊等俱不识时务。今人民蓄庶，食众田寡，山地尽行耕种，此外更有何应垦之田，为积谷之计耶？"[21]到这时人口和耕地的矛盾已相当尖锐了。

雍正乾隆时期，人口继续迅速增加。他们别无良策，只得违背祖训，不顾"时务"，叫人民继续开垦。乾隆五年（1740），乾隆皇帝特谕："各省生齿日繁，地不加广，穷民资生无策，亦当筹画变通之计。向闻边省山多田少之区，其山头地角，闲土尚多，或宜禾稼，或宜杂植，……即内地各省，似此未耕之地，不成丘段者，亦颇有之，皆听其闲弃，殊为可惜。用是特降谕旨，凡边省、内地零星

---

[19]　《清圣祖实录》卷二百四十。

[20]　《清圣祖实录》卷二百四十九。

[21]　《清圣祖实录》卷二百五十九。

地土可以开垦者，嗣后悉听该地民夷垦种，免其升科。"[22]其实，早在雍正年间，南北各省的村头、屋角、沟尾、道左、坟旁、庙基、沙岗和水滨已经开垦了。

大量人口无地可种，破坏生态平衡的开垦不断发生。乾隆三十七年（1772），直隶永定河边蓄水防洪的淀泊，"水退一尺，则占耕地一尺"，"每遇潦涨，水无所容，甚至漫溢为患"[23]。乾隆四十六年，黄河"河滩地亩，尽皆耕种麦苗，并多居民村落……筑围打坝、填塞日多"。[24]这时，山东的独山、微山、昭阳、马场等湖泊，吴淞的淀山、庞山、大斜港等湖泊，浙江余杭的南湖、会稽的鉴湖、上虞的夏湖和湖南的洞庭湖等，南北各地都出现了"与水争地之势"。

乾隆五十三年（1788），长江终于咆哮了。六月下旬宜昌府长阳县，平地水深一丈多，城墙倒塌，衙署、监狱、仓库倒塌。六月二十日酉刻，荆州长江决口二三十处，每处十几丈到几十丈不等，江水直逼城下，冲开了西门、北门，又冲开了小北门和东门。荆州城内水深一丈有余，满汉两城，文武衙署、兵民房屋、监狱、仓库纷纷淹没、倒塌。逃出来的人爬上城墙、屋顶和树上。逃不出来的多被淹毙。

这次长江决口，上起宜昌府长阳、宜都、松滋，直达江陵；荆州以下沿江的华容、澧州、岳州、蒲圻、沔阳、汉川、汉阳、武昌、黄冈、黄石、九江，直到太平府的芜湖、当涂，全都江水横流，汪洋一片。皖南的休宁、祁门、黟县，江西的南昌府、饶州府，连浙江的淳安都被水成灾。

在巨大人口的压力下，盲目开垦的结果，发生了百年不遇的水患。巨大的灾难，使乾隆帝和他的臣民知道了"与水争地"的严重后果。可是，他们还不知道，对黄河、长江和各个水系，所造成的水土流失、生态平衡破坏，导致了怎样严重而深远的隐患。至于造成这种严重后果的根本原因，他们更想不到就是庞大的过剩人口。

（六）自然环境的制约与外来影响

自然环境无疑是人类社会发展的必要条件。

---

[22]　《清高宗实录》卷一百二十三。

[23]　《清高宗实录》卷九百一十。

[24]　《清高宗实录》卷一千一百四十七。

在亚洲东部，以黄河流域、长江流域为中心的广大土地，孕育了中华民族，中华民族也开发了这片土地。在这片广大土地上，平原、河谷、草原和山地的差异，曾经又形成了农耕民族和游牧民族。

南边、西边的高山，北边的大沙漠和东边的大海形成了四周的天然界限，使这片广大土地成为地球上一个相对独立的地理单元。界限以内的不同民族，由经济条件的差异，出现了产品的交换，例如马匹和食盐、布帛以及粮食、铁器的交换。接触中不同的文化互相影响、交流，促进了各族的发展。接触中也出现了矛盾和冲突。冲突的扩大就成为战争。大规模的长期战争，在中原民族和北方民族之间曾不断发生，例如，汉与匈奴，唐与突厥、吐蕃，宋与西夏、辽、金、元，明与鞑靼、瓦剌、满洲，清与准噶尔，等等。既然大家都生活在一个"大院"里，这种碰撞是难以避免的。然而，长期的大规模战争，不能不使社会生产遭到严重破坏，成为历史发展的消极因素。这种不断的互相影响与交流、互相融合与碰撞，终于形成了包括50多个民族的中华民族。中国古代文明也呈现出丰富多彩。然而，在统一多民族封建国家的形成过程中，也一次又一次地付出了巨大的代价。

在长期相对封闭的自然环境中生活，中国人认为，这片土地就是"天下"。对外交通有了发展以后，中国人又认为，这里是文教礼义之邦的"中国"（中央王国），而天然界限以外的国家、民族是未开化的"四夷"。中国历史长期在这种自然环境中发展，与外界很少往来，所以中国古代文明也就呈现出独特性。

自从进入16世纪，世界地图不断改变原来的面貌。中国四周天然界限也暗漠下去。当时的中国人不知道世界形势的巨大变化，依然抱着陈旧的世界观念。所以当时西方人来到中国仍然被视为"四夷"，叫作"荷夷""英夷"以至"红毛夷"。而自己是"无所不有"的"天朝"。但是，这些"夷人"，居然从难以猜测的万里之外，来到东方，霸占了一些岛屿，出没海上，又有那么多"奇技淫巧"，可以想见，若干年后，必是"中国之累"——潜在威胁，所以，清朝又关上了"天朝"的大门。这时盲目自大和内心恐惧并存，保守和落后也同时表现出来。

16世纪至19世纪初，封建地主土地所有制下小农业和家庭手工业的牢固结合，明清两代封建统治的重农抑商，闭关自守和对思想文化的禁锢，过剩人口的庞大压力以及自古以来自然环境的制约与外部影响，造成了中国从先进到落后的历史转折。

因为落后，就要挨打。因为不断挨打，也就更加贫穷、落后。古老文明的中国从此在这种恶性循环中进入了它被侵略、被掠夺、被压迫的近代时期。

19世纪40年代以后，外来资本主义、帝国主义势力，强加给中国无限屈辱和重重苦难，但也加速了中国传统社会的解体。中国人民经过109年的斗争与探索、失败与成功，终于在中国共产党的领导下，取得了民族独立，恢复了国家主权，重新昂首屹立于世界的东方。悠久的中华文明也正从苦难和挫折中振兴，在现代化进程中振兴。

原文刊于汝信总主编《中国马克思主义研究丛书》之一，王戎笙主编《马克思主义历史观与中华文明》，重庆出版社1991年版。选自《秋海棠叶集》，中国社会科学出版社1998年

康熙皇帝的晚年

清圣祖爱新觉罗·玄烨是清代最有作为的皇帝，也是中国历史上几个最杰出的封建君主之一。他八岁继位，立志"为治天下而学"，终身好学不倦，同时勤习骑射，弓马娴熟，体格健壮。十四岁亲政，十六岁清除专权擅政的辅政大臣鳌拜，在位六十一年，一生勤政不懈，奋勉治国。在他统治时期，先后平定"三藩之乱"；统一台湾；抗击沙俄入侵，维护了东北边疆；三次亲征朔漠，粉碎了准噶尔部贵族噶尔丹勾结外国制造分裂的图谋，统一的多民族国家得到巩固。同时，他努力调节满族与汉、蒙、藏等族的关系，注意缓和阶级矛盾，与民休养生息；关切治理黄淮水患，恢复发展生产；重视有用人才、笼络学者士人，使中国社会出现相对稳定的局面，封建晚期的经济文化得到进一步发展。

但是，他和不少英明的封建专制君主一样，在"立储"（选立太子）的问题上，晚年陷入了难以解脱的苦恼与困惑。这使他心身交瘁，重病频发，衰老提前了到来。可是他壮心未已，勉力从事，继续作出了一些业绩，直到与世长辞。

爱新觉罗·玄烨生当公元十七八世纪之际，作为世界东方古国的皇帝，基本上做到了审时度势，顺应历史潮流，乘风破浪，度过了半个多世纪的漫长岁月，然后随着江海的波涛归去。

一、继承人问题的悲剧

康熙四十七年（1708）玄烨已五十五岁。秋天他到塞外行围狩猎，途中爆发了一件令玄烨痛心疾首、朝野震惊的事。

九月八日，康熙帝到达布尔哈苏台驻地，召集随行诸王大臣、侍卫及文武官员齐集行宫门前。他命皇太子胤礽下跪，一边流泪，一边训谕："朕承太祖、太宗、世祖弘业，四十八年于兹，兢兢业业，轸恤臣工，惠养百姓，惟以治安天下为务。今观胤礽，不法祖德，不遵朕训，惟肆虐众，暴戾淫乱，难出诸口。朕包容二十年矣，乃其恶愈张。僇辱在廷诸王贝勒官员，专擅威权，鸠聚党羽。窥伺朕躬，起居动作，无不探听。朕思国惟一主，允礽何得将诸王贝勒、大臣、官员任意凌虐、恣行捶挞耶！""朕出巡各地未曾一事扰民……乃胤礽同伊属下人恣行乖戾，无所不致，令朕赧于启齿。又遣使邀截外藩入贡之人，将进御马匹任意攘取，以致蒙古俱不信服。种种恶端，不可枚举。朕尚冀其悔过自新，故隐忍至于今日。"康熙一面哭泣，一面继续说："今更滋甚，有将朕诸子不遗噍类之势"。"更可异者，伊每夜逼近布城（行幄周围的布幛）裂缝向内窥视。从前索额图助伊潜谋大事，朕悉知其情，将索额图处死（事在康熙四十二年）。今胤礽欲为索额图报仇，结成党羽，令朕未卜今日被鸩，明日遇害，昼夜戒慎不宁。似此之人，岂可付以祖宗弘业！""朕即位以来，诸事节俭，身御敝褥，足用布袜。胤礽所用，一切远过于朕。伊犹以为不足，恣取国帑，干预政事，必致败坏我国家，戕贼我万民而后已。若以此不孝不仁之人为君，其如祖业何？"说到这里，康熙帝痛哭，扑倒于地，诸大臣赶紧扶起来。

康熙帝又继续说："太祖、太宗、世祖之缔造勤劳，与朕治平之天下，断不可以付此人。俟回京昭告于天地宗庙，将胤礽废斥。"他又问诸王、大臣、官兵人等，"胤礽所行之事，为虚为实，各秉公陈奏！"众人叩头流涕。

五天以后，康熙帝对领侍卫内大臣说："今太子所行若此，朕实不胜愤懑，至今六日未曾安寝。"说着话，又涕泣不已。大臣们也一齐鸣咽，奏请"颐养圣躬"。

九月十六日，康熙帝回到北京，当天召集诸王、贝勒、满汉文武大臣于午门之内，宣布废斥太子。康熙帝口谕："当胤礽幼时，朕亲教以读书，继而，令大学士张英教之，又令熊赐履教以性理诸书，又令老成翰林官随从，朝夕纳诲，彼不可谓不知义理矣。而且，其骑射、言词、文学无不及人之处。今忽为鬼魅所凭，蔽其本性，忽起忽坐，言动失常，时见鬼魅，不安寝处，屡迁其居，啖饭七八碗尚不知饱，饮酒二三十觥亦不见醉。非特此也，细加讯问，更有种种骇异之事。"当即祭告天地、太庙、社稷、废斥太子胤礽，令幽禁于咸安宫。

胤礽是康熙帝第二子，康熙十三年（1674）为孝诚仁皇后所生，第二年被立为皇太子。当时康熙帝二十二岁。这年，康熙帝五十五岁，已有二十个皇子，其中二十岁以上的有十四个，早已分群结党。胤礽被废斥以后，他们纷纷加紧活动，谋取皇储之位。

九月二十九日，康熙帝召集众皇子到乾清宫，告诫他们说："朕已有旨，诸阿哥中，如有钻营谋为太子者，即国之贼，法断不容。废太子后，胤禔（皇长子，因庶生不宜立为太子）曾奏称胤禩（皇八子）好。《春秋》之义，'从臣无将，将则必诛。'大宝岂人可妄行窥伺者耶？（胤）禩柔奸性成，妄蓄大志，朕素所深知，其党羽早相要结，谋害胤礽，今其事已败露，著将胤禩锁拿，交与议政审处。"这时，皇九子胤禟对皇十四子胤禵说："你我这时不讲，还等什么？"于是，胤禵奏："八阿哥无此心，臣等愿保之。"康熙帝斥责，胤禵又发誓，言语冲撞。康熙帝大怒，拔出佩刀，要杀胤禵。皇五子胤祺跪抱劝止，诸皇子叩头恳求。皇上怒气稍解，命诸皇子打胤禵，把胤禟、胤禵逐了出去。两天后，十月初一，康熙帝谕诸皇子、大臣、侍从等人："八阿哥胤禩向来奸诈，尔等如以八阿哥系朕之子，徇情出脱，罪坐旁人，朕断不允。"

十月二十三日，康熙帝患病，从南苑回宫，谕诸大臣："自有废太子一事，朕无日不流涕，顷幸南苑，忆昔皇太子及诸阿哥随行之时，不禁伤怀。因是今日回宫召见八阿哥，并将废皇太子召见。……以后不再复提往事，废皇太子现在安养咸安宫中。朕念之复可召见，胸亦不更有郁结矣。"随后，有人为胤礽条陈保奏。康熙帝又谕："果蒙天佑，（胤礽）狂疾顿除，不违朕命，不报旧仇，尽去其奢费虐众种种悖谬之事，改而为善，朕自另有定夺。"

十一月十四日，康熙帝召集满汉文武大臣于畅春园。他说："朕躬渐觉虚弱，人生难料，付托无人，倘有不虞，关系甚大，遂至心气不宁，精神恍惚。"接着，命满汉大臣会同详议，在诸阿哥（皇子）中举奏一人；但指出："大阿哥（胤禔）所行甚谬，虐戾不堪，此外诸阿哥中，众议谁属，朕即从之。若议时互相瞻顾，别有探听，则属不可。"于是，诸大臣分班列坐，都说："此事关系重大，非人臣所当言。"随后，阿灵阿、揆叙、王鸿绪私相计议，各在手心写一"八"字，与诸大臣暗通消息，因而写"八阿哥（胤禩）"三字，交内侍梁九功等转奏。随后，梁等传谕："立太子之事关系甚大，尔等宜尽心详议。八阿哥未曾更事，近又罹罪，且其母家亦甚微贱（其母良妃，由罪籍入侍宫中），尔等其再思之。"诸大臣不敢议。再传谕："尔等各出所见，各书一纸，尾署姓名。"又传谕大学士李光地："前召尔入内，曾有陈奏，今日何无一言？"（事前康熙帝问废太子病，唯独李光地说："徐徐调治，天下之福。"）众大臣仍不敢议，于是又传谕："今日已暮，尔等且退，可再熟思之。明日早来，面有谕旨。"

第二天，康熙帝对大臣们说："皇太子前同魇魅以致本性汩没耳，因召至左右，加意调治，今已痊矣。"接着宣读朱笔谕旨："前执胤礽时，朕初未曾谋之于人。……今一一细加体察，有相符合者，有全无风影者。况所感心疾，已有渐愈之象。朕之福也，亦诸臣之福也。""今朕且不遽立胤礽为太子，但令尔诸大臣知之而已。胤礽断不致报复仇怨，朕可以力保之。"

四个月之后，康熙四十八年（1709）三月初十，复立胤礽为皇太子。十一日，诏告全国。

胤礽复立以后，并无悔改，乖戾如故，有时还说："古今天下岂有四十岁太子乎？"康熙五十一年（1712年）十月初一，康熙帝以朱笔谕旨，再次废黜胤礽。谕者说："（胤礽）自释放之日，乖戾之心，即行显露，数年以来，狂易之疾，仍然未除，是非莫辨，大失人心。朕久隐忍，不即发露者，因向有望其悛改之耳。今观其行事，即每日教训断非能改者。朕年已六旬，知后日有几？况天下乃太祖、太宗、世祖所创之业，传至朕躬，守成五十余载，朝乾夕惕，耗尽心血，竭蹶从事，尚不能详尽，如此狂易成疾，不得众心之人，岂可付托？故将胤礽仍行废黜禁锢。为此特谕。"

自从康熙四十七年九月胤礽被幽禁于咸安宫，十月又释放以后，众人都感不安。如果，倾心向皇帝，不肯顺从太子，将来更遭诛戮；如果，一些人逢迎胤礽，结为党羽，一旦被发现，皇上立刻杀头。所以当时有"两处总是一死"之说。康熙帝知道臣下这种不安。他说：对此，朕无不知，嗣后众等各当绝念，共享太平。如果，以后有奏请皇太子已经改过从善，应当释放者，朕即诛之！

此后，康熙帝不再谈建储之事。群臣有请立皇太子的，往往得罪。可是诸皇子，为争谋储位，朋比为奸，明争暗斗，有增无已。

第一次废皇太子后，康熙帝得了一场大病，经常寝食不安，精神恍惚。第二次废皇太子之前，他又患病，出入"需人扶掖而行。"康熙五十二年（1713）二月，他曾对大臣们说："太子为国之本，朕岂不知，立非其人，关系非浅！"康熙常无可奈何，内心更加郁闷。到了五十三年（1714）十一月，他突然发病，"心悸几危。"这时他六十一岁。

这年十一月二十三日，康熙帝去热河行宫，过了密云，到达古长川地方。皇八子胤禩为祭奠他生母去世两周年，没有随行。事毕即应赶去，胤禩没有去，却让亲随两名，送上两架将死的鹰，给皇上请安，并说他在汤泉等候，一同回京。康熙帝勃然大怒，心悸发作，几乎命危。三天以后，他对众皇子讲了这件事，说："胤禩自幼心高阴险，大背为臣之道，找人谋杀二阿哥（胤礽），举国皆知。他杀害二阿哥，未必想到朕。朕前患病，众大臣保奏八阿哥（胤禩），朕甚无奈，将不可册立之胤礽放出，数年之内，极其郁闷。胤禩仍望遂其念，与乱臣贼子结成党羽，密行险奸。谓朕年已老迈，岁月无多，及至不讳，他曾为人所保，谁敢争执？遂自以为可保无虞。"他又说："朕恐日后，必有行同猪狗之阿哥，仰赖其恩，为之兴兵作乱，逼朕逊位而立胤禩者。若果如此，朕惟有含笑而死。朕深为愤怒，故特谕尔等。众阿哥都应念朕慈恩，遵朕之旨，始合子臣之理。不然，朕日后临终时，必有将朕身置于乾清宫，而尔等执刀争夺之事"！

此后，康熙帝病情逐渐加重，到五十四年十月，右手已不能写字，用左手执笔朱批奏章，仍然"断不假手于人"。这年他六十二岁，后来，又添了腿肿，"手颤头摇，观瞻不雅"，甚至"心跳之时，容颜顿改。"

康熙帝自幼勤习弓马，身体强健，由于太子不成器，其他皇子谋夺储位，彼此视若仇敌，甚至威胁及于皇帝本人的皇位和安全，因而严重损坏了他的身心健康，使得他的衰老提前到来。但是，康熙帝依然勤政不懈，振作精神，尽力而为。

二、普免钱粮、"永不加赋"和人口问题的最初觉察

1. 普免全国一年钱粮

早在康熙四十一年（1702），诸王大臣以明年为皇上五十寿辰，请上封号，康熙帝不许，他说："朕以实心为民，天视天听，视于民生，后人自有公论，夸耀一时功德，取一时之虚名，大非朕意。"四十四年（1705）十一月，大学士马齐奏报，自四十二年（1703）以来，蠲免钱粮总计一千六百余万。康熙常问，自元年以来所免共计多少？答：共九千万有奇。他说："自吴三桂变乱之后，民甚艰苦，故朕累年蠲免钱粮。民生优裕，则国家太平矣。"康熙四十八年（1709），又决定

普免全国钱粮一年。

这年十一月十四日，康熙帝谕大学士等大臣：本朝自统一区宇以来，至今六十七、八年了。百姓俱享太平，生育日以繁庶。户口虽增，而土田并无所增，分一人之产，供数家之用，其谋生焉能足给？孟子曰："无恒产则无恒心"，不可不加以筹划。于是，康熙帝提出："至五十年（1711）将天下应徵钱粮一概蠲免。如近省有支用之事，则以户部库银给发应用。"户部尚书希福纳奏："每年所积存不过一、二百万两，如果将全国钱粮全免，似乎国用不足。"康熙帝问张鹏翮："尔意云何？"张奏："皇上加惠于民，实出非常。但普免天下钱粮，其事甚大，容臣等与大学士九卿核审议奏。"四天以后，康熙帝决定：自康熙五十年起，视各省之大小斟酌搭配，分三年普免全国钱粮。

2. "盛世滋生人丁永不加赋"

康熙帝多次出巡，东到盛京、吉林，西到山西、陕西、宁夏，北到大漠南北，南到江浙。所到之处，他时常询问百姓的人口和生活，也很关心人丁数目和钱粮负担。康熙五十一年（1712）二月二十九日，他对大学士等说："凡朕巡幸地方，所至询问，一户或有五六丁，只一人交纳钱粮，或有九丁、十丁，亦只二三人交纳钱粮。问以余丁做何事？皆云：蒙皇上弘恩，并无差徭，共享安乐，优游闲居而已。此朕之访问甚晰者。"他又说："以前云南、贵州、广西、四川等省遭叛逆之变，地方残破，田亩抛荒，不堪见闻。自平定以来，人民渐增，开垦无遗。或沙石堆积，难于耕种者，亦间有之。而山谷崎岖之地，已无弃土，皆耕种矣。由此观之，民之生齿实繁。"他谕命大臣们："朕览各省督抚奏编审人丁数目，并未将加增之数尽行开报。今海宇承平日久，户口日繁，若按现在人丁加征钱粮，实有不可。人丁虽加，地亩并未加广。应令各直省督抚，将现今钱粮册内，有名丁数勿增勿减，永为定额。其自后所生人丁，不必征以钱粮，只将增（人口）实数察明，另造清册题报。"最后，他说："朕故欲知人丁之实数，不在加征钱粮。""岂特有益于民，亦一盛事也。"

从此，自古以来的人口税（口赋、丁赋）就固定在康熙五十年的数额，不再增加。到雍正元年（1723年）又将丁税摊入田赋一并征解，这就是"摊丁入亩"或"地丁合一"，从此人口税才在中国名存实亡，永远绝迹。

3．对中国人口问题的最初觉察

康熙五十年（1711），在决定固定人口税数额的同时，康熙帝已开始觉察到一个十分重要的社会问题。当时各地粮价高涨，久持不下。早在五年以前，苏州米价高涨，后经查明主要原因是福建商人大量贩米出洋，已经查禁。这时粮价高涨又是什么原因呢？有的大臣说是制酒用粮过多；有的人说是富户屯积粮食。康熙帝反复考虑，认为：从来米价腾贵，由于收成薄歉。现在"属岁丰登，米价并未平减。"如果说，蒸烧酒用粮太多，故粮价腾贵，可是，"蒸烧酒多用高粱，则高粱宜贵，其他米价宜贱。而高粱价值并未增于别种米谷，别种米谷价值也未减于高粱。"如果说，殷实人家多屯米粮谋利，但是年成丰歉，并不能预知，多屯之后，若遇丰年，则粮价必减。"屯粮粜卖之人，预筹及此，必不敢多屯也。"

他经过多年调查、访问，深知几年来"人民渐增，开垦无遗"。不但腹里地区，就是云、贵、川、桂的崎岖山谷也"已无弃土，皆耕种矣。"而且，"今地少人稠，各处人民往边外（长城口外）居住耕种者甚多。比年又皆丰收，附近京师之人俱赖此谷，大有裨益。"而粮价也没有下降。康熙帝认为：其主要原因是"生齿日繁，闲人众多之故也"。

这就是说：人口迅速增加，土地几乎开垦无遗，能够容纳的农业劳力已经饱和，在当时条件下，无地可种，无活可干的闲人——"剩余人口"太多了。

三、《康熙字典》和《古今图书集成》

康熙帝博学多才，在倡导儒学治国，推崇理学之外，又编定群书，以团结各地学者，鼓励后学。他在派人编修《实录》《全典》《一统志》等"官书"之外，仅康熙四十年以后，组织人编纂的经、史、诗、文以及数理之书近三十种，他对每部书的选题、内容、编纂的宗旨和体例，都曾详加斟酌，有时还亲自动手。当时，他在宫内和畅春园设有几处书斋，分别编纂诸书。佩文斋和渊鉴斋，专修经、史、文学之书；畅春园内蒙养斋设有算学馆，专修天文、数理之书；清文经馆专门从事满、蒙等民族文字的翻译，修书的事均统领于武英殿总管。在他所编写的几十种书中，至今仍有很大影响的是《康熙字典》和《古今图书集成》。

《康熙字典》编成于康熙四十二年（1703）。这部书融会总合了前代字书，加以补充改进，收集汉字五万余字，至今在各家字典中未收的许多异休，在其中均可查到。本书对每个字的辨形、注音、释义和例证，都比以前的字书完备合用。康熙帝曾在该书《序言》中写道："古今形体之辨，方言声气之殊，部分班列，开卷了然。"今天看来，也可以说这部《字典》达到了古代字书的最高水平。

康熙三十九年（1700），康熙帝命陈梦雷协助皇三子诚亲王胤祉编纂《文献汇编》。四十五年（1706）四月编成进呈。全书分六编，共分六千多部，康熙帝赐名为《古今图书集成》。又命儒臣重加校订，尚未完成而康熙帝逝世。雍正帝又命蒋廷锡等继续修订。到雍正六年（1728）完成，刷印六十四部。修订成的《古今图书集成》，全书分六编，三十二典，六千一百零九部。部以下又分汇考、总论、图表、列传、艺文、造句、纪事、杂录、外编等项，共一万卷，分订五千册，装为五百二十二函。这部类书，取材极丰富，分门别类，查阅检索方便。陈梦雷在《进"汇编"启》中说："凡在六合之内，巨细毕举。其在《十三经》《二十一史》者，只字不遗；其在稗史子集者，十亦只删一二。"雍正帝也称赞这部书："能贯穿古今，汇合经史，天文地理，皆有图记，下至山川草木，百工制造，海西秘法，靡不具备，洵为典籍之大观。"这部类书，也可以说是十八世纪初的"中国百科全书"。

四、戴名世《南山集》文字狱

康熙帝亲政以来，虽然一向主张"为政宽仁""崇儒重文"，反对"好事""苛求"，有点事就惩罚、弹劾。但他毕竟是满族出身的封建专制君主，到晚年还是发生了戴名世文字狱。

戴名世，桐城人，早年好读《左传》和《史记》，尤其留心明朝的史事。同邑人方孝标曾任吴三桂的翰林承旨，著有《钝斋文集》，其中有《滇黔纪闻》一种，记有明清之际的事，内写有永历年号。戴名世买了一部，进行研究。康熙四十一年（1702），戴的门人为戴刊行文集，名曰《南山集》，其中多采用方孝标所记的史料。四十四年（1705），戴名世中顺天乡试；四十八年（1709）会试又中，殿试得一甲二名，提翰林院编修。这时名世已五十七岁。五十一年（1912），擢升不久的左都御史赵申乔根据《南山集》参奏戴名世"前为诸生时，私刻史集，肆口游谈，倒置是非，语多狂悖。""民不举，官不纠。"参奏呈上，康熙帝遂命"该部严查，审明具奏。"

经九卿会议："方孝标丧心狂逆，倡作《滇黔纪闻》，以致戴名世撼饰其间，刊书流布，多属悖乱之语，罔视君亲大义，国法之所不宥。"交刑部审问后，五十一年正月奏报："审查戴名世所著《南山集·孑遗录》内，有大逆等语，应即行凌迟。已故方孝标所著《滇黔纪闻》内亦有大逆语，应剉其尸骸。汪灏、方苞为戴名世逆书作序，俱应立斩。……"其余戴、方二人的妻子、亲族人等罪及数百人，而尚书韩菼及侍郎、御史等三十二人，因平日与戴讨论诗文，也坐罪议处。

康熙帝览奏以"牵连过多，不禁恻然"，谕：戴名世从宽免凌迟，著即处斩。此案牵连人犯俱从宽免罪。

五、西洋文明的取舍与西洋为患的预感

1．西洋科学的学习和利用

康熙帝自幼好学，在学习中国传统的经史艺文之外，对西方的天文、数学、地理、测量学、造炮术等自然科学和技术，也很热情认真地学习，并加以利用。

历法之争，引起了康熙帝学习的兴趣。历书的颁行，从来是各朝的大事。这显示着"天命之所归"，也关系每年农事节气的预测。顺治二年（1645）决定颁行西洋传教士汤若望制造的《时宪历》（新历），康熙初，新安人杨光先反对汤若望及新历，在辅政大臣支持下，出任钦天监正，废新历法，恢复旧历法。随后，杨光先和钦天监副吴明恒编制了康熙八年历书。西洋传教士南怀仁指出：其中"康熙八年闰十二月，应是九年正月，又有一年两春分、两秋分种种差误。"因而引起争论，康熙帝和诸大臣无法判断是非，命一同到观星台测验，结果，"南怀仁所指，逐款皆符；吴明恒所称，逐款不合。"于是，康熙帝将杨光先革职，命南怀仁为钦天监副，又命他督造观象台仪器。康熙十二年（1673），南怀仁新造仪器制成后，进呈《新制灵台仪象志》。康熙帝命他进讲了这批仪器的构造、原理和用法。据法国传教士白晋的记载，康熙帝由此开始学习几何学、静力学、天文学和观测、运算仪器的用法。这些进讲的讲义，后来整理成书，康熙帝亲自审定、作序，是为《历象考成》和《数理精蕴》。《数理精蕴》是一部数理丛书，全书五十三卷，其中包括：《算法纂要总纲》《勾股析术之法》《借根方算法节要》《测量等远仪器用法》等。

三藩之乱开始，康熙帝命南怀仁"竭尽心力"制造可以用骡马驮运的轻便大炮。炮制成，康熙帝亲自到芦沟桥观看演射，看到威力很大，命中率高，十分赞

赏，并命大量制造。这时，他又学习了大炮、火药的制造、使用技术和有关的化学、物理知识。在几次亲征和历次视察河工中，康熙帝时常亲自测量地势远近高低和水平高度，就是他学习有关科学知识的实际运用。

康熙二十九年（1690）左右，康熙帝一度健康欠佳，因而又命法国传教士白晋等用西洋医学讲述病因和医治方法。此后，他又在宫里建立了化学实验室，置备了各式炉灶和银制的制药工具和器皿，制成了多种丸散膏丹，康熙帝亲自观看制作过程，并把试制成功的药剂留作御用和赏赐臣下。这时康熙帝又学习了一些西洋解剖学和医药学。

康熙帝自幼留心地理，对中国以外的地理尤感兴趣，常从传教士那里了解外国情况。《尼布楚条约》签订后，他要随行翻译法国传教士张诚谈谈俄国使团来华所经路线。张诚展开了一幅亚洲地图，康熙帝发现其中中国部分简略，标绘粗漏。这时，他已掌握了实用几何学和测量学知识，开始考虑筹画用西洋科学方法对中国版图进行一次实地测绘。康熙四十六年（1707），康熙帝派耶苏会士雷思孝、白晋和中国学者何国栋、明安图等，进行大规模实测，由他亲自组织领导。从蒙古开始，依次对山东、山西、陕西、甘肃、河南、江南、福建、台湾、江西、两广、四川、云、贵、湘、鄂和西藏进行测绘。康熙五十七年（1718），测绘成比例为一比一百四十万的《康熙皇舆全览图》，图稿经康熙帝审定后，由传教士马国贤以铜版印刷。这部地图集前有总图，后有分省图。除新疆外，内地十五省和关外蒙满地区，都经过实地测量绘制，详细注记了"关口门塞，海汛江防，村堡戍台，驿亭津镇，扼冲险要，环卫交通，荒远不遗，纤细毕载。"地图制成后，第二年（五十八年），康熙帝对大学士蒋廷锡说："《皇舆全览图》，朕费三十余年心力，始得告成。"

康熙帝主持的这次大规模的测绘工作，是世界地图测绘史上的创举。当代英国著名学者李约瑟教授，评价这部地图集："不但是亚洲当时所有地图中最好的一幅，而且比当时所有的欧洲地图都更好。"

2．天主教的包容与禁止

西洋传教士到中国的目的是传布天主教，介绍西洋科学是他们取得中国人好感和信任的手段。

中国人对外来文明曾不断学习，吸取其精华，对其中的宗教，历来也并不一概排斥，佛教和伊斯兰教于汉、唐传入中国，任人皆知。天主教于明万历中传入，耶稣会士利玛窦以其教义附会中国传统教化伦常，允许教徒祭天、祭祖和祭孔。他身着中国士人衣冠，介绍西洋数理科学，被称为"西儒"。所以，到明末，教徒曾发展到数万人。清初，汤若望、南怀仁、白晋等遵行的利玛窦方式，被称为"利玛窦规矩"。天主教徒日渐增多。康熙八年（1669）曾下令禁止立堂传教。到康熙三十一年（1692），康熙帝经过长期观察，认为天主教无非修道，并未触犯中国法度，对中国并无危害，可以与佛教一视同仁，遂取消禁令。到四十年（1701），各直省教徒已达三十万人，这时，来华传教的不同教会之间早已存在的纷歧逐渐尖锐，多明我会和圣方济会反对"利玛窦规矩"，攻击耶稣会允许中国教徒祭天、祭祖、祭孔是对教义的背叛。双方各上书罗马教皇，互相指责，教皇久而未决。康熙四十三年（1704），新任罗马教皇史罗门十世裁决：中国教徒祭天、祭祖、祭孔，实属异端，应予禁止，并责备传教士修订历法是玩弄星象的行为，并派铎罗来中国传达密旨。这样一来，教皇的密旨就与中国的传统教化、习俗和民族感情发生了严重的冲突。铎罗到北京后，谒见了康熙皇帝。他恐怕激起清廷的反感，教皇密旨始终没有发布。这时，康熙帝已听到了一些说法，他说："中国之神与基督之神，原无二致，故皆可呼之为天；即祀典仪式，亦非不合于天主教义。如果有提倡违背此说、不遵守利玛窦规矩之外国传教士，一概驱逐。"铎罗回国时，行抵南京，公布了教皇的密旨，要求传教士和中国教徒一体遵行。康熙帝怒其抗旨，将铎罗押送澳门。康熙四十六年（1707）传谕各国教士，"自今以后，若不遵守利玛窦规矩，断不准在中国住，必逐回去。"

康熙五十七年（1718），罗马教皇正式公布了禁止异端的禁令。六十一年（1722），罗马教廷派嘉乐带着"禁令"来中国，谒见康熙皇帝。"禁令"规定：中国教徒不许称耶稣为天；不许祭孔子、祭祖宗；不许按中国习俗留牌位在家，如不遵守，按天主教规惩处。康熙帝斥之为悖戾。他说："尔教王条约与中国道理大相悖戾。""只可禁得西洋人，中国人非尔教王所可禁也。"随即明确谕令：此后禁止天主教在中国传教，传教士中除会技艺之人留用外，其余均离中国。

3．西洋为患之预感与禁海

康熙二十三年（1684）开海禁之后，中国与日本和南洋、西洋的贸易不断增加，东南沿海的经济也日渐活跃。不久，在沿海不断出现海寇，有些"奸徒"杂入商人中，出洋劫掠。康熙四十二年（1703）以后，内地无业游民大批逃入海岛，从广东到山东，沿海之省海寇渐多。康熙五十年（1711）左右，海寇竟出现于辽东锦州等沿海地区。由于海寇的骚扰，康熙帝曾欲加严海禁，后来考虑这些海寇不过是些"游魂"，"何难扫涤，禁洋反张其声势，是以中止。"后来，康熙五十六年（1717），终于实行禁海，其主要原因是康熙帝有了进一步的考虑。

早在康熙四十四年（1705），罗马教皇的使者铎罗来中国以后，康熙帝曾对李光地等大臣说："汝等知西洋人渐渐作怪乎？将孔夫子亦骂了。朕所以好待他者，不过是用其技艺耳。"十年以后，康熙五十五年十二月二十六日，康熙帝对大学士等谕："天下事未有不由小而大，小者犹不可忽，大者益宜留心。即如海防乃今日之要务，朕时加访问，故具知原委。朕南巡过苏州时，见船厂问及，咸云每年造船出海贸易者多至千余，回来者不过十之五六，其余悉卖在海外，赍银而归。官造海船数十只，尚需数万金，民间造船何如许之多？……海外有吕宋（今菲律宾吕宋岛）、噶喇吧（今印度尼西亚雅加达）等处常留汉人，自明代以来有之，此即海贼之薮也。"又说："噶罗巴乃红毛国（荷兰）泊船之所，吕宋乃西洋（西班牙）泊船之所，彼处藏盗贼甚多。"康熙帝还得广东碣石总兵陈昂的奏报："粤东红毛有英圭黎（英吉利）诸国，最为奸宄。"因此，根据这种种迹象，康熙帝预见到："海外如西洋等国，千百年后，中国恐受其累"。他告诫大臣们："国家承平日久，务须安不忘危，尔等俟管源忠等到京后，会同详议具奏。"

康熙五十六年（1717），清廷下禁海之令，其内容主要是：一、吕宋、噶罗巴等处，不许中国商船前往贸易。东洋（日本）可照常贸易。二、严禁出卖船只到海外。三、禁止贩卖粮食出口。出洋船只只准带往返食用之米，超额带米者严拿治罪。四、百姓外出谋生加以限制，禁止留居海外，否则治罪。

在十八世纪初，正当清朝国势强盛之时，康熙帝预见到西洋诸国将来要成为中国的祸患，其"见微知著"的政治敏感实为同时代朝野人士所不及。他的禁海令实质是面对西方资本主义殖民浪潮，一个封建古国所能作出的最初的自卫反应。这一禁海令成为后来清代重新推行闭关政策的开始，其深远的历史消极影响，却远非康熙帝始料所及。

六、壮心未已，进兵安藏

1. 达赖转世之争和西藏局势的动荡

西藏古称吐蕃、图伯特、乌斯藏或唐古特。元太祖忽必烈封西藏佛教萨迦派创始人八思巴为"大宝法王"。明朝初年，宗喀巴创立新教派，名为格鲁派，后世称为黄教。宗喀巴的两大著名弟子，一名克珠节，即班禅一世；一名根敦朱巴，即达赖一世。黄教不许娶妻，此后，达赖、班禅均由"灵童转世"，代代相承。明朝末年，达赖五世罗卜藏嘉穆错继续掌领黄教。这时，驻牧青海的喀尔喀蒙古却图汗（藏巴汗）联合反对黄教的西藏地方势力，企图一举消灭黄教。达赖五世请求信奉黄教的厄鲁特蒙古和硕特部固始汗救援。明崇祯九年（1636），固始汗从天山南麓进兵青海，杀却图汗，进兵康藏。在固始汗支持下，黄教势力大盛，达赖、班禅成为西藏最高的教主。西藏政务由达赖和固始汗共同任命的"第巴"掌管，而实权在固始汗手中。固始汗死后，其子达延汗、达赖汗相继掌握西藏实权。达赖五世的亲信桑结嘉措被任命为"第巴"。康熙二十一年（1682），达赖五世逝世，第巴桑结嘉措匿不报丧，假称达赖喇嘛"居高阁不见人"，凡事由第巴桑结嘉措转达达赖五世之命。康熙三十五年（1696）。清军大败噶尔丹于克鲁伦河，从俘获的人众中，得知达赖五世已死。康熙帝对第巴桑结严加责问。第巴桑结派代表入京请罪，并报告达赖五世已死。达赖六世仓央嘉措已转世十五年；又辩解说："恐唐古特人生变，故未发丧。"清廷承认了此一既成事实。第巴桑结宣布他选定的灵童为达赖六世，此事关系重大，和硕特部汗王等人，认为这是第巴桑结扶植傀儡，阴谋擅权。双方敌对情绪日渐尖锐。而新立的达赖六世仓央嘉措并不是虔诚的佛教徒，厌倦禁欲生活。

康熙四十二年（1703）和硕特部达赖汗之子拉藏汗继续掌管西藏实权，上报清廷：仓央嘉措是假喇嘛，"行为不端"。四十四年（1705），第巴桑结嘉措准备暗害拉藏汗，事情败露，被拉藏汗捕杀。拉藏汗废仓央嘉措，另立意希嘉措为第六世达赖喇嘛，并奏报清廷。康熙帝认为，第巴桑结嘉措一贯勾结准噶尔作乱，对清廷怀有二心，实属罪有应得，并封拉藏汗为"翊法恭顺汗"，仓央嘉措在解送北京途中，病死在青海湖附近。

但是，拉藏汗所立的新达赖喇嘛意希嘉措，没有得到黄教上层的认可。于是，西藏人心浮动，局势不安。康熙帝感到"西藏事务不便由拉藏汗独理。"随后，派侍即赫等到西藏，协同拉藏汗处理藏务。五十二年（1713），又派大臣到西藏，册封班禅五世罗桑意希为"班禅额尔德尼"，借以安定人心。"班禅"是藏语大学者之意，"额尔德尼"是满语珍宝之意。达赖五世的封名是"西天大善自在佛所领天下释教普通瓦赤喇怛喇达赖喇嘛"，"普通"为普遍通晓之意，"瓦赤喇怛喇"是梵文执金刚之意，"达赖"是藏文上人之意。这个封号是顺治帝所封。

康熙四十九年（1710）前后，拉萨三个大寺院的喇嘛已在里塘找了仓央嘉措的转世灵童，而且，在五十五年（1716）送到青海塔尔寺出家。这样就先后出现了三个达赖六世。清廷认为：第巴桑结嘉措所立的第一个达赖六世已废去，拉藏汗所立的第二个达赖六世又不孚众望，于是，承认了黄教寺院集团认可的格桑嘉措，称为达赖六世。由于格桑嘉措是仓央嘉措的转世灵童，后来，又称为达赖七世。

2. 策妄阿拉布坦侵掠西藏

策妄阿拉布坦是准噶尔部首领僧格的长子，噶尔丹之侄。噶尔丹夺取准部统治权以后，策妄阿拉布坦进到吐鲁番，噶尔丹攻入喀尔喀，策妄阿拉布坦乘机返回伊犁。收集其父旧属，复成部落，向清廷"请安纳贡"，表示效忠。噶尔丹兵败自杀，策妄阿拉布坦成为准部首领。十多年后，他的实力增强，向西占领了哈萨克的大玉兹、中玉兹（楚河、塔拉斯河和锡尔河一带），小玉兹西逃。撒马尔罕、塔什干等名城都在他的控制之下。他又向东扩大牧场，康熙五十三年（1714）二月，以兵二千。抢掠哈密村寨、兵临哈密城下。这时，康熙帝为防止准噶尔部向东犯扰，派安西将军席柱带兵迅速救援，又派吏部尚书富宁安去哈密与席柱共同处理军务，派将军费扬古率大批部队驻扎推河，命青海加强戒备，这就加强了喀尔喀西北部和青海一带的防务。

康熙五十五年（1716）十一月，策妄阿拉布坦派大策凌敦多布以送拉藏汗的儿子（策妄阿拉布坦的女婿）丹衷夫妇回西藏为名。率兵六千，走过戈壁滩。越过和阗南大雪山，昼伏夜行，于第二年（康熙五十六年）七月到达西藏北部，突入西藏，到了达木（今西藏当雄）。拉藏汗嗜酒，事先毫无察觉，抵抗失利，仓促退守布达拉宫，派人向清廷求援。大策凌敦多布诱开宫门，声称为策巴桑结嘉措报仇，执杀拉藏汗，拘禁了拉藏汗的妻子和官员，劫掠了寺院的金器送回伊犁，毁坏寺院，抢劫残杀藏族百姓，西藏陷入混乱。

3．壮心未已，进兵安藏。

半年多以后，康熙五十七年（1718）初，西藏变乱消息传到北京，康熙帝命西宁、松潘、打箭炉、噶斯口分头准备兵马，命将军额伦特自穆鲁乌苏（通天河）急速前进，七月，清军粮尽矢竭，将军额伦特和副都统、提督、总兵等阵亡，全军覆没。

消息传来，青海的蒙古王、公、台吉情绪动摇，害怕进藏，奏称：达赖喇嘛可随地安禅，免王师远涉之劳。清廷王公大臣也以"藏地遥远，路途险恶，不能遽至。"对于是否进兵西藏，迟疑不决。这时，康熙已六十五岁，从去年十二月犯病，足背浮肿，卧床近五十天，行动困难，心悸不安，容颜憔悴。但是他壮心未已，仍以国家安危为重，他认为："西藏屏蔽青海、滇、蜀，苟准夷盗据，将边无宁日。"如果，准噶尔再侵占了吐鲁番，又煽动西藏人民犯青海，到那时将难于应援，更无法安定西藏。于是，康熙帝毅然决定进兵西藏。派护军统领噶尔弼领川兵、滇兵，由打箭炉向理塘、巴塘前进；派都统延信领兵由青海前进；命皇十四子允禵为抚远大将军，进驻青海。同时，又派将军富宁安、傅尔丹等分别出兵巴里坤、阿尔泰，防备准噶尔向东向北进犯。

康熙五十九年（1720），噶尔弼所率清军，以岳钟琪为先锋，自理塘、巴塘进兵察木多（昌都），八月二十三日进入拉萨。准噶尔兵约二千人被俘。这时将军延信领兵由青海入藏，八月二十二日大策凌敦多布大败于札绰马喇地方，逃回伊犁。九月八日，将军延信护送达赖六世入藏。两路清军在拉萨会师。九月十五日，达赖喇嘛在拉萨举行了"坐床"（修禅之意）典礼。至此，西藏局势恢复安定。

西藏局势安定以后，康熙六十年（1721）三月，抚远大将军允禵提出了乘策妄阿拉布坦人心惶惑，三路进兵伊犁，以彻底平定准噶尔的建议。当时西征的各路清军，马驼粮饷、武器装备都很充足，官兵士气很高。康熙帝决定："俟策妄阿拉布坦内变起衅，得有确信，三路将军即引大兵前进，据其巢穴。"同年五月，康熙帝改变了处理准噶尔问题的决策，下令"今年大兵暂停进剿。"康熙六十一年（1722）初，命哲布尊丹巴呼图克图选派喇嘛，带着康熙帝的诏书去宣谕策妄阿拉布坦，叫他克制自己，善于自处。雍正三年，策妄阿拉布坦"遣使入朝"，而且"甚属恭顺"。这时，康熙帝已逝世两年多了。

七、准备十年的"遗诏"与告别群臣的"千叟宴"

1. 准备十年的"遗诏"

康熙帝逝世前五年（康熙五十六年，1717），十一月二十日，召集诸皇子和满汉大臣到乾清宫。他说：近来因皇太后违和，心神忧悴，头晕频发，有朕平日所欲言者，特召尔等面谕。接着，他就治国之道、自己的生平事业以及立储问题下了长篇谕旨。其要点如下。

从来帝王治天下，未尝不以敬天法祖为首务。敬天法祖之实，在柔远能迩，休养苍生。公四海之利为利，一天下之心为心，体群臣，子庶民，保邦于未危，致治于未乱，夙夜孜孜，寤寐不遑，宽严相济，经权互用，以图国家久远之计而已。

今朕年将七旬，在位五十余年者，实赖天地宗社之默佑，非予凉德之所致也。朕自幼读书，于古今道理粗能通晓。自秦汉以下，在位久者朕为之首。朕已老矣，在位久矣，未卜后人之议论如何，而且以目前之事，不得不痛哭流涕，预先随笔自记，而犹恐天下不知吾之苦衷也。自昔帝王多以死为忌讳，每观其遗诏，殊非帝王语气，并非中心之所欲言，此皆昏瞀之际，觅文臣任意撰拟者，朕则不然，今豫使尔等知朕之血诚耳。

当日临御至二十年，不敢逆料至三十年；三十年，不敢逆料至四十年；今已五十七年矣。今朕年将七十，子、孙、曾孙百五十余人，天下粗安，四海承平，虽不能移风易俗，家给人足，但孜孜汲汲，小心敬慎，夙夜不遑，未尝少懈。数十年来，殚心竭力有如一日，此岂仅劳苦二字所能该括耶。

昔人每云帝王当举大纲，不必兼总细务，朕心窃不谓然。一事不谨，即贻四海之忧，一时不谨，即贻千百世之患。不矜细行，终累大德。故朕每事必加详慎，即今日留一二事未理，明日即多一二事矣。若明日再务安闲，则后日愈多壅积，万几至重，诚难稽延。故朕莅位，无论巨细，即奏章内有一字之讹，必为改定后发出，盖事不敢忽，天性也。

朕自幼强健，筋力颇佳，能挽十五力弓，发十三握箭，用兵临戎之事，皆所优为，然朕平生未尝妄杀一人。平定三藩，扫清漠北，皆出一心运筹。户部帑金，非用师赈济，未敢妄费，谓此皆小民脂膏故也。所有巡狩行宫，不施彩绘，每处所费，不过一二万金，较之河工岁费三百余万，尚不及百分之一。幼龄读书，即知酒色之可戒，小人之宜防，所以至老无恙。自康熙四十七年大病之后，过伤心神，渐不及往时。况日有万几，皆由裁夺，每觉精神日逐于外，心血时耗于内，恐前途倘有一时不讳，不能一言，则吾之衷曲未吐，岂不可惜。故预于明爽之际一一言之，可以尽一生之事，岂不快哉！

人之有生必有死，何足惧乎？当年立心以天下为己任，许死而后已之志，今朕抱病，怔忡健忘，故深慎颠倒是非，万几错乱。

昔梁武帝亦创业英雄，后至耄年为侯景所逼，遂有台城之祸。隋文帝亦开创之主，不能预知其子炀帝之恶，卒致不克善终。皆由辨之不早，而且无益于国计民生。汉高祖传遗命于吕后，唐太宗定储位于长孙无忌，朕每览此，深为耻之。或有小人，希图伦促之际废立可以自专，推戴一人以期后福，朕一息尚存，岂肯容此辈乎。

朕之生也，并无灵异，及其长也，亦无非常。八龄践祚，迄今五十七年，从不许人言祯符瑞应。惟日用平常，以实心行实政而已。今臣邻奏请立储分理，此乃虑朕有卒然之变耳。死生常理，朕所不讳。惟是天下大权当统于一。十年以来，朕将所行之事，所存之心，俱书封固，仍未告峻，立储大事，朕岂忘耶？天下神器至重，倘得释此负荷，便可望加增年岁，诸臣受朕深恩，何道俾朕得此息肩之日也？朕今气血减耗，勉强支持，脱有误万几，则从前五十七年之忧勤，岂不可惜。朕之苦衷血诚一至如此。愿尔等大小臣邻，念朕五十余年太平天子倦倦丁宁反复之苦衷，则吾之有生考终之事毕矣。

此谕已备十年，若有遗诏，无非此言。披肝露胆，罄尽五内，朕言不再。

2. 告别满汉群臣的"千叟宴"

康熙六十一年（1722）的春节是康熙帝的最后一个春节。

正月初一，他按照惯例，先到堂子行礼，回宫，拜神，然后，登太和殿，诸王以下文武各官、外藩蒙古以及外国使臣等上表朝贺。

回到内廷后，康熙帝写了一首诗。

> 性理参天地，经书辅国朝。勿劳民力尽，莫使俗氛嚣。不误农桑事，须轻内外徭。风高林鸟静，雨足路尘消。视察焉能隐，行藏岂可摇。桑榆虽日暮，松柏后霜凋。长养春容盛，宽严君德调。倦勤应不免，对越愧明昭。

这首诗，可以说是他当皇帝六十一年，"以诚敬持身，以宽仁治国"的总结。

正月初一，通常举行的筵宴停止，初二、初五，康熙帝连续举行了两次宴会。初二，召集八旗满洲、蒙古、汉军文武大臣官员及致仕、退斥人员年六十五岁以上者，共六百八十人，宴于乾清宫前。命诸王、贝子、公及闲散宗室等授爵（酒杯）劝饮，分颁食品。初五，又召集汉文武大臣官员及致仕、退斥人员年六十五岁以上者，共三百四十人，宴于乾清宫前。仍命诸王、贝勒、贝子、公及闲散宗室授爵、劝饮、分颁食品，如前次礼。康熙帝在宴会上即兴写了一首七言律诗，并命与宴的满汉大臣官员各作诗记其盛况，名为《千叟宴诗》。

这两次宴会，事实上也就是他向诸王、宗室和满汉蒙古群臣的告别宴会。

3. 大江东去

这年十一月初七，康熙帝病发，从南苑回到畅春园。十三日，皇上病危。日落以后，畅春园外面的街道上，在一片低沉的嘈杂声中，无数骑马的官员和士兵，各个沉默，往来奔驰。夜间戌刻，康熙皇帝与世长辞，终年六十九，在位六十一年。

第二天（十四日）到十九日，北京城九门皆闭。十六日，向全国颁行康熙皇帝的遗诏。遗诏的主要内容是对五十六年十一月的谕旨加以铺叙、润色，最后增加了："雍亲王皇四子胤禛，人品贵重，深肖朕躬，必能克承大统，著继朕登基，即皇帝位。"

十一月二十日，胤禛继皇帝位，是年四十四岁，以明年（1723）为雍正元年。二十四日，尊谥康熙皇帝为："合天弘运，文武睿哲，恭俭宽裕，孝敬诚信，中和功德大成仁皇帝"，庙号圣祖，通称清圣祖仁皇帝。康熙帝一生几次反对给他上尊号，死后却无法拒绝如此繁缛累赘的尊号了。雍正元年九月，葬康熙帝于京东遵化县马兰峪景陵。

[注] 文中引文主要出自《清实录·圣祖仁皇帝实录》，不一一注明。

原文刊于《中国历史博物馆馆刊》1993 年第 1 期

满族的兴起与清太祖努尔哈赤十议（摘选）

满族的形成与努尔哈赤的家世

一、满族的形成和历史渊源

满族是金朝女真人的后裔。但是，满族作为一个新的民族共同体，是16世纪末至17世纪初，以女真人为主体，吸收汉、蒙等族人员参加，逐渐形成的。努尔哈赤之子皇太极继承汗位以后，天聪九年（1636）才正式颁布谕旨：停止使用"诸申"（即女真）的族称，定族名为满洲。1911年辛亥革命后，建立汉满蒙回藏等各族共和政体后，改称为满族。

满族最后形成的历史虽然比较晚，却有着悠久的历史渊源。

满族的直系先人为明代女真，往上可追溯到隋唐时期的靺鞨、北朝的勿吉、汉代的挹娄和周代的肃慎。唐末五代已出现女真的名称，当时契丹人称黑水靺鞨为女真。在辽代，因辽兴宗名耶律宗真，为了避讳，女真又称女直。12世纪初，以完颜部为核心的女真人，在首领阿骨打领导下，起兵反抗辽朝的奴役，建立了金国，不久灭辽和北宋，成为与南宋对峙的北方王朝。金代女真人大量迁入中原地区，接受汉族先进的经济文化，大多数已逐渐融入汉族之中。元代，迁入中原各地和散居辽东的女真人、契丹人与华北汉人同被视为汉人。其留居东北边疆的女真人，则仍以狩猎或渔猎为生，社会发展缓慢，有的仍处在原始氏族社会阶段。元朝政府"设官牧民"，在辽阳行省水达达等路，即以今黑龙江省依兰县为中心的松花江流域和黑龙江中下游一带直到东海岸，开始设置了桃温、胡里改、脱斡怜、斡朵怜、孛苦江五个军民万户府，以后又在黑龙江入海处设置征东元帅府，在黑龙江下游、乌苏里江流域和滨海地区增设了兀者野人、乞列迷等处军民万户府、阿速古儿千户所、鲸海千户所，通过当地本民族上层人物"随俗而治"。这些女真人"各仍旧俗，无市井城廓，逐水草为居，以射猎为业。"[1]

明初至明中叶，东北广大地区的女真人分为建州、海西和东海（野人）三部。最初，建州女真分布于今牡丹江、绥芬河及长白山一带；海西女真因居住于当时的海西江一带而得名，海西江即今松花江下游的一段；东海女真指松花江以北和黑龙江下游及库页岛的女真人。在明代被称为野人女真。

明朝政府在女真人各部居住的地方设置了许多军事管理机构卫、所，分别授予各部大小首领以都督、都指挥、指挥使、千户、百户、镇抚等官职，进行管理。这种卫所不同于明初在各地所设的军事防区性的卫所，而被叫作"羁縻"卫所。最初，在辽东先设定辽都卫指挥使司，后改为辽东都指挥使司，下设定辽、广宁、东宁等二十五卫，辖境东至鸭绿江，西达山海关，南临旅顺口，北迄开原。永乐元年（1403）至七年（1409），在松花江、嫩江、黑龙江中下游及其以北以东的广大地区，陆续设置一百三十多个卫所。同时，在黑龙江下游与阿姆贡河汇合处对岸的特林地方，即元代奴尔哥征东元帅府故地，设立了奴尔干都指挥使司，加强了明政府对东北广大女真地区的行政管辖。此后这些地区的卫所又不断增设和改制。明成化十七年（1481），仅海西部的卫所已达二百多个。到万历年间，奴尔干所属卫所，包括兀良哈三卫在内，共有卫三百八十四，所二十四，地面七，站七，寨一，通称三百八十四卫。

为了加强辽东地区的警备和绥靖，正统七年（1442）修筑了自宁远北境，经义州、广宁、白土厂关南折至牛庄驿，再折至开原的边墙。成化三年（1467）起，又兴修了南起凤凰城，经抚顺以东，北至昌图与西段边墙联成一线的对女真及兀良哈蒙古的区域防线。

明朝政府对于已经封授官职的女真首领，全都颁发印信，赐予敕书和明朝的官服，要求他们谨守朝廷法度，按时朝贡，为皇帝效劳，听从差遣，立功者奖，违法者罚。凡是女真各部首领朝贡到北京时，每次均以敕书为凭，可以带来一些人马。建州卫、毛怜卫等各给敕书五百道，海西各卫给敕书一千道。每道敕书可

---

[1] 《元史》卷十三，卷十六，卷三十三。

携带马一匹入京。朝贡时间，一般在每年十月，由边关官吏验放进京。永乐年间，明廷在京城长安右门设立了四夷馆，共分八馆，其中有女直（真）馆，专为接待女真的来京人员。凡是女真首领带领部众到北京朝贡，明廷都给予丰厚的赏赐，通常每人赏彩缎一表里，纻丝衣两件。彩缎一表里包括彩缎、素绢各若干匹。官职越高，赏赐越多，分别赐六表里、五表里、四表里多少不等。入京贡使每餐宴赏也很丰盛，由光禄寺派专人办理此事。每次朝贡之外，允许贡使在京城街市贸易五天。每次女真首领入京朝贡，随同前来的部众经常有数百人，多达千人，各部众通过首领进行交易。这是一种每年进行的朝贡贸易。因此，女真各部都乐意来京，争先朝贡。努尔哈赤在自称金国汗以前就曾八次进北京朝贡。

为了推进汉族地区与女真各部的互市贸易，永乐三年（1405）开始在辽东开设"马市"。最先开设的马市有广宁和开原，以后又陆续开设了抚顺、宽奠、叆阳、清河等处的马市。在马市上，女真人用人参、貂皮、狐皮、蘑菇、木耳、松子、榛子、蜂蜜、珍珠等土特产品，换取铧子、锅等铁器、耕牛、食盐、粮食、布匹、绢等生产用品和生活用品。贸易最活跃的马市是开原和抚顺。开原东南的"南关"（广顺关）和开原以北的北关（镇北关）是当时控扼明与女真地区贸易大道的重要关口，长期分别从南关或北关入贡的哈达部和叶赫部，因而被称为"南关"或"北关"。开原以西的关口叫新安关。南关、北关和新安关，合称开原三关。明代中叶在女真各部中，社会发展状况很不平衡。东海女真渔猎经济还占主要地位，农业尚处于萌芽状态。建州和海西两部的女真人已以农业为主。当时女真人的农业生产劳动主要由奴隶担负。使用的铧子、锄、镈、斧等铁工具，均由汉人地区和朝鲜地区贸易得来。

女真各部的贵族，称为贝勒、额真、谙班。他们也是受明政府封授官职的大小首领。贵族占有奴隶。奴隶被叫作"阿哈"、"包衣"、"包衣阿哈"。女真贵族的奴隶大多是掠夺来的汉人和朝鲜人。《朝鲜李朝实录》卷1477记载"剽掠上国（明朝）边氓，做奴使唤，乃其俗也"。朝鲜人也常被女真人掠夺为奴。女真贵族还把被掠夺的人"转相买卖，辄得厚利"。

女真贵族的奴隶一般十几人，多至几十人，有的被安置在庄田上从事农业生产，也从事放牧、打猎、伐木等项；更多的是在奴隶主家中"为奴作妾"，从事家务劳动。

女真各部首领（贵族）的"管下百姓"，称为诸申或伊尔根。诸申、伊尔根有自己的经济，从事劳动生产。有人以从事农耕为主，有人以采猎为主。他们身受贵族的统治和役使、当兵服役，也承担不固定的摊派、勒索。有些富有的诸申、伊尔根也占有少数奴隶。

女真部落虽然原来由许多姓氏构成，但这时其基层单位已是"嘎山"，即村或乡。"嘎山"由来自不同的家庭组成。小的村或乡只有几户，大的村或乡有二三十户，或更多些，有的户是父子分居，有的户是奴隶主和奴隶共同住在一起。

明代万历以前（16世纪中叶），在女真地区，贵族占有奴隶是普遍的社会现象。

二、努尔哈赤的祖先和家世

《满洲实录》中记载了一个美丽的神话。这部用满汉蒙三种文字写成的满族早期文献，是皇太极天聪九年（1635）编纂成书的。

满洲原起于长白山东北布库里山。山下有一泊，名布勒瑚里。相传很久以前，天降三个仙女来泊中洗浴。长名恩古伦，次名正古伦，三名佛库伦。浴毕上岸，有神鹊衔一朱红的果子放在佛库伦的衣服上。果子颜色鲜艳，佛库伦爱不释手，于是含在口中。她刚穿好衣服，忽然果子已入腹中，即感而成孕。她告诉两个姐姐说：我觉得腹重，不能和你们一同飞升上天，怎么办？两个姐姐说：我们曾服仙丹神药，谅无死理。这乃是天意，等你身子轻了，飞升上天也未为晚，言罢遂别去。佛库伦不久生下一个男孩。这男孩生而能言，体貌奇异。很快孩子长大，母亲告诉他说："上天生你，是要你去安定乱国，你可去那里，将你出生的缘由一一详说。给你一只小舟，顺水去，就是那个地方。"母亲说完忽然不见。这个孩子乘小舟顺流而下，到了有人居住的地方登岸。他折柳条为坐具，形状像个椅子，独踞其上。那时在长白山东南鄂谟辉地方，有个鄂多理城，城内住有三姓的人。他们互争雄长，终日杀伤。那天，正巧有一个人到河边取水，看见了这个举止奇异、相貌不凡的外来人，取水人回到争斗之处，告诉众人说：你们不要争斗了，我在取水处遇到一个奇男子。这是一个非凡之人，想来上天不会虚生此人，大家何不去看看。三姓的人听说，停止争斗，一同去看。果然是个非凡的人。大家感到奇怪，就盘问他的来历。来人回答说：我乃天女佛库伦所生，是爱新（汉语"金"）觉罗（"姓"），名叫布库里雍顺。天降我定汝等之乱。因而将母亲所嘱咐的话详细地告诉了他们。众人都很惊异地说，这样的人不可让他徒步行走，于是互相插手作为轿子，拥捧而回。从此三姓的人不再争斗，共同推举布库里雍顺为国主，给他娶了百里的女子为妻，定国号为满洲，布库里雍顺就是这个国家的始祖。

《满洲实录》原文写到这里特意加以注解："（满洲）南朝误名建州。"其实考察起来，当时尚无满洲之族名，按当时建州地名称之，并非南朝之误。

经过数世以后，布库里雍顺的子孙暴虐，部属叛乱，在六月间将鄂多里城攻破，杀了其阖族子孙，其中有一个幼儿名叫樊察，他脱身走到旷野，后边追兵将至。这时正巧一只神鹊落到这孩子的头顶上。追兵们说鹊没有栖止于人头顶上的道理，怀疑鹊是落在枯木桩上。这样追兵就回去了。于是樊察得以隐藏起来，直到终身。后世子孙都以鹊为神，故不加害。

据说满族立杆祭天的风俗与神鹊救樊察有关。《宁古塔志》中说：寻常人家的庭院中必有一杆，杆上系片布，说是"祖宗所凭依，动之如掘其祖墓。"宰猪时割些肉放在杆上。群鸟下来，吃了这些肉，人们就说："祖先高兴了。"没吃这些肉，就愀然说："祖先恫吓我们了，要倒霉了！"乾隆时官修的《满洲源流考》中也说："我朝自发祥肇始，即恭设堂子，立杆以祀天。"以后定鼎中原，而旧俗未改。至今沈阳故宫和北京故宫都还保留着祀天的杆子。

以上仙女产子的传说反映了满族远古"知母不知父"的母系氏族历史时期，而从仙女佛库伦到布库里雍顺，再到樊察，则反映了满族先世从原始母系氏族社会向父系氏族社会的过渡。

如果要问：发祥于长白山的满族始祖其绝对年代是什么时间？据清嘉庆道光时的著名史学家魏源在《圣武记》中考证："当在辽金末造矣。"辽金末年大约就是公元12世纪30年代至13世纪30年代的百年之间。

樊察之后又传了几代，到元末明初，建州女真有一个部落的头人叫猛哥帖木尔。此人驻牧在斡朵里，是元朝封授的斡朵里军民万户府的万户，此人就是有姓名可查的满族的祖先，也就是《满洲实录》记载中努尔哈赤的五世祖都督孟特木。后来被追尊为"肇祖原皇帝"。

明洪武元年（1368），明军攻取大都（北平），元亡。东北地区的故元旧将各据一方，互相争战，掳掠人畜，"野人"女真也劫掠不已，东北大乱。猛哥帖木耳遂率众从松花江与牡丹江合流处的依兰南迁，移居到图们江下游训春江（珲春江）流域，依附高丽国东北面朔方江陵道都统使李成桂。洪武二十五年（1392），李成桂取代高丽恭让王，自立为君，改国号为朝鲜。猛哥帖木耳成为朝鲜的吾都里万户。

永乐元年（1403）设立建州卫。第一任建州卫军民指挥使司的指挥使是阿哈出。阿哈出与猛哥帖木耳都是建州女真中的头面人物。元朝合兰府水达达等路五个军民万户府中，阿哈出是胡里改军民万户府的万户，猛哥帖木耳是斡朵怜军民万户府的万户。明成祖永乐皇帝从阿哈出那里得知猛哥帖木耳聪明练达，识时务，有归明之意。在永乐三年（1405）三月特派使臣王教化的专程前往朝鲜招抚，并且谕知朝鲜王协助办理，敕谕说："皇帝敕谕朝鲜国王：东开原毛怜等处地面万户猛哥帖木耳能敬恭朕命，归心朝廷，今遣千户王教化的等赍敕劳之。道经王之国中，可遣一使与之同行，故敕。"王教化的等到了猛哥帖木耳的居住地方，宣读了永乐皇帝的敕谕，并进行劝抚。敕谕说："前者阿哈出来朝，言尔聪明，识达天道，已遣使赍敕谕尔。使者回复，言尔能恭敬朕命，归心朝廷，朕甚嘉之。今再遣千户王教化的等，赐尔彩缎表里，尔可亲自来朝，与尔名分赏赐，令尔抚安军民，打围牧放，从便生理。其余头目人等，合与名分者，可与同来。若有合与名分，在彼管事不能来者，可明白开写来奏，一体给与名分赏赐。故敕。"[2]

猛哥帖木耳接到永乐皇帝的敕谕，又经王教化的等劝说，决定率领部众，归顺明朝。九月，猛哥帖木耳随王教化的前往南京朝贡。永乐皇帝授予他建州卫指挥使，赐给印信、银花金带，并赐其妻衣服、金银、绮帛等物。永乐十年（1412）明朝设立建州左卫，任命猛哥帖木耳为第一任建州左卫指挥使。从永乐十一年至宣德八年（1413—1433）的二十一年中，猛哥帖木耳亲自入京朝贡七次，每次都受到明廷的款待和赏赐。永乐二十年（1422）三月，明成祖朱棣统帅大军亲征鞑靼和宁王阿鲁台，猛哥帖木耳随军出征。宣德元年（1426）晋升为都督佥事，宣德八年（1433）二月晋升为建州左卫右都督。他的弟弟指挥佥事凡察奉乃兄之命，于宣德七年二月入京贡献马匹等方物，三月以"招谕远夷归附"，晋升为都指挥

---

[2] 《朝鲜太宗实录》卷九。

金事。

宣德八年（1433），明廷命猛哥帖木耳协助派往朝鲜的使者裴俊等将鞑靼杨木答机掳掠到斡木河流域的辽东兵民召回复业。这年闰八月十五日杨木答机勾引"野人"（女真）阿答兀、弗答哈等三百余人前来抢杀裴俊一行，护送的凡察和猛哥帖木耳之子阿谷等，负伤力战，十分危急。猛哥帖木耳带领部众前来救援，接应裴俊一行到斡木河本部驻地。十月十九日杨木答机又纠合各处"野人"八百多名，包围猛哥帖木耳、凡察等人的家和裴俊的营寨，杀掠纵火，猛哥帖木耳及其在家的男子大都死难，其子董山和妇女及牲畜被劫掠而去。建州左卫的女真人遭到一次巨大的灾难，流离四散，存者无几，惟有凡察幸免于难。

凡察逃出来以后，尽力招收余部，并上报明廷，请速派兵征剿阿速江卫"野人"头目弗答哈等。明廷两次遣使赍敕，谕命弗答哈归还所掠人口马匹资财，并以凡察救援辽东都指挥金事裴俊有功，升为都督金事，掌理建州左卫。不久，猛哥帖木耳之子董山回到阿木河旧地。这时凡察和董山叔侄处境十分困难，仇敌"野人"威胁仍在，朝鲜兵马也往来骚扰，因此二人一再上奏，请求迁往灶突山苏子河畔，与建州卫李满柱同住。李满柱是阿哈出之孙，在当时是建州卫最强盛的著名首领。直到正统五年（1440），凡察、董山才终于率领属民，逃离朝鲜，来到李满柱居住的苏子河畔灶突山下。灶突山就是烟筒山，满语叫呼兰哈达，在今辽宁省新宾县境。

正统五年（1440），凡察、董山迁到苏子河南岸以后，因为凡察已授为建州左卫的都督金事，董山虽已袭封建州左卫指挥使，"协同署事"，但仍望继承父业，掌管建州左卫，叔侄两人矛盾难以解决。明廷命辽东总兵官曹义遣人往察二人不和的原因，并提出处理办法。正统六年（1441）八月，曹义召见凡察、董山，询问部众后，上报明廷："部落意向，颇在董山，而凡察怏怏，终难安靖。"建议增设建州右卫，安置凡察。正统七年（1442）二月，明廷分建州左卫一部，另设建州右卫，升都督金事董山为都督同知，掌左卫事，都督金事凡察为都督同知，掌右卫事，并敕谕董山："尔与凡察，旧本一家，今既分两卫，特遣敕谕尔处大小头目人民，听从所愿分属。自今宜严饬下人，毋相侵害，以保尔禄位，延及子孙。"给凡察的敕谕，意思相同。

此后，建州有三卫。三卫之中，建州卫最强，从阿哈出到李满柱祖孙三代经营，人丁众多，家赀富有，在女真各部中实力最为雄厚。右卫凡察曾独掌一卫之事，也积蓄了一定实力。左卫董山劫余归来，祖业尽失，初掌卫印，年轻资浅，因而对明廷十分恭顺，多次入京朝贡，率导部众效劳边疆。明廷又念其父死于国事，乃从其所请，袭其父职，由都督同知晋升为右都督，势力逐渐强大。这时发生了"土木之变"，蒙古瓦剌部首领也先竟俘获正统皇帝，使董山等轻视明朝，乘机作乱，多次伙同李满柱、凡察，入境寇边，劫掠人畜，杀害官民，一岁之中入寇九十多次，杀掳人口十多万，至使"自开原以及辽阳六百余里，数万余家率被残破"。

明廷对此十分震惊，随即派使者前往女真各部进行招抚、训诫。成化三年（1467）四月，董山带领家属十余人和建州左、右两卫大小头人，入朝听抚，贡马匹、貂皮。明廷召集董山一行女真头人于阙下，降敕训诫：

> 尔等俱系朝廷属卫，世受爵赏，容尔在边住牧，朝廷何负于尔？今却纵容下人，纠合毛怜等处夷人，侵犯边境，虏掠人畜，忘恩背义！论祖宗之法，本难容恕，但尔等既服罪而来，朕体天地好生之德，姑从宽宥。今尔回还，务各改过自新，戒饬部落，敬顺天道，尊事朝廷，不许仍前为非，所掠人口，搜访送还，不许藏匿。若再不悛，必调动大军问罪，悔将何及，其省之戒之。[3]

当时董山等女真大小头人跪在皇宫午门城楼下，校尉武士环列，戒备森严，只得"顿首输服"，但内心个个气愤不平。一出阙门，有人就出语谩骂。回到宾馆，有人还夺下厨役的铜腰牌，以发泄怒火。这种情况反映上去以后，明宪宗很快又降诏痛责。董山等人更加愤怒，竟"扬言此还即纠合海西、野人抢掠边境"。明宪宗再次下敕谕严厉训斥，并令礼部派遣行人司官员押送出关。敕谕说：

> 尔之先世，僻居荒落，后为部落所逼，远来投顺，我祖宗怜尔失

---

[3] 《明宪宗实录》卷四十一。

所，赐与近边地方，使尔住牧，设立卫所，除授官职，父死子代，世世不绝。自尔祖父以来，或边方效劳，或岁时进贡，朝廷升赏宴劳，俱有定例。我之所以加恩于尔者不为不厚，而尔之所以享有家室之乐，官爵之荣，数十年间部落莫不听尔约束，邻封不敢辄加以兵，是谁之赐欤？尔等正宜尽心竭力，为我藩屏，以报大恩，乃敢悖逆天道，纠率外夷，寇我边境，掠我人畜……如或执迷不悛，如前寇扰边方，朝廷必调大军征剿，悔无及矣。尔等其省之戒之。[4]

明廷一次一次的抚慰、训诫，董山等并不接受，反而愤怒谩骂，扬言纠合海西、野人抢掠边境，矛盾更加尖锐。礼部官员押送董山等出山海关到达辽东广宁，明朝靖虏将军总兵官武靖伯赵辅等宣读皇帝谕旨，随即将董山等拿下拘留，并派其家属数人回去转告本部落：朝廷责令你归还所掳掠人口，不许再犯边境！七月二十七日，董山等一百一十五人被带到帅府，听了圣旨以后，"逞凶肆詈，袖出小刀，刺杀通事（翻译）"。在驿站的女贞哈喏哈等一百零一人，也持刀乱刺驿馆的伴当和兵卒。这样一来，事情闹大了，形成了一起暴乱。总兵官赵辅当即派兵弹压，杀死董山等二十六人，其余被押于狱中。有的记载说，董山当时没死，后来被斩于广宁。

由于李满柱、董山等建州奴隶主为了掠夺人口和财富，不断到汉族地区和邻近的朝鲜地区作乱，这年九月二十四日，明军联合朝鲜对建州女真进行大规模征伐。提督辽东军务都御史李秉、靖虏将军总兵官赵辅、都督王英统帅大军五万，太监黄顺监督军务，兵分三路向建州进发。朝鲜国王派出中枢府知事康纯等统兵一万，从东路进剿。经过一个月的围剿杀戮，李满柱及其长子李古纳哈等建州女真人死者一千多口，破村寨四五百处，释放奴隶（阿哈）一千多人，牛马家赀荡然一空。明朝称这次军事行动为"成化丁亥之役"。建州女真人又一次遭到大灾难，几十年后才恢复过来。

成化五年（1469）七月，因为两年来建州大首领没有人袭职，由建州左卫都

---

[4]　《明宪宗实录》卷四十二。

指挥佟那和刽等保奏，明宪宗朱见深授与董山的儿子脱罗（或作妥罗）为建州左卫都指挥同知，李满柱的孙子完者秃为建州卫都指挥佥事。脱罗和完者秃都是降袭父职。

脱罗降袭父职以后，建州三卫十分凋敝，他率领部众从朝鲜和汉人地区换取农具和耕牛，努力恢复农业生产。女真部众更积极入山，从事狩猎和采集。他们将狩猎和采集所得的貂皮、鼠皮、人参、东珠、木耳、蘑菇、松子、榛子、蜂蜜等土特产通过入京朝贡和边境马市换取自己需要的生活资料和生产资料。据《明实录》记载，从成化五年（1469）七月到弘治十五年（1502）三月，三十三年之中脱罗入京朝贡达十二次。脱罗与明廷保持了良好的关系。成化十四年（1478）九月，都指挥脱罗以"在边有传报擒送之功"升二级，晋升为建州左卫都督。弘治十八年（1505）脱罗病故，其子脱原保于正德元年（1506）袭父职为都督。

脱原保承袭父、祖，继续以时朝贡，效忠明廷。从正德元年到嘉靖二年（1506—1523）十七年中入京朝贡达十次。正德十三年（1518），建州的一些女真部落多次劫掠辽阳，逐月不断。镇守官员张贯等准备调集兵马，前去征讨。左卫都督脱原保等得知以后，率领有官职的大小头人和部众，叩关调解，避免了明廷又一次出兵征伐，使边境得到安定。脱原保任建州左卫都督十八年，直到嘉靖二年以后才不见史籍记载。

脱罗（妥罗）兄弟三人，他是老大，妥义谟是老二，锡宝齐篇古是老三。老三生一子就是都督福满。努尔哈赤的直系祖先就出自都督福满这一支。所以清朝追尊福满为兴祖。福满生有六子：长名德世库，老二名刘阐，老三名索长安，老四名觉昌安，老五名包朗安阿，老六名宝实。老四觉昌安（也作叫场）是努尔哈赤的祖父，后来被追尊为清朝的景祖。这六个兄弟被称为"宁古塔贝勒"，意思是六王，清朝称为六祖。这六大贝勒各自筑城堡分居。觉昌安居住在祖传的基业赫图阿拉，其他五人的住地距离赫图阿拉近者五里，远者二十里，环卫而居。

觉昌安生有五子，依次为礼敦巴图鲁、额尔衮、界堪、塔克世、塔察篇古。其中老四塔克世（又作他失、塔石）就是努尔哈赤的祖父，后来被清朝尊为显祖。

觉昌安（叫场）和塔克世（他失）父子二人曾相继为明建州左卫都指挥。

关于觉昌安和塔克世的身份官职各种历史记载其说不一。有的记载说，觉昌安是建州卫左都督；有的说，塔克世是建州左卫指挥；也有的说，觉昌安、塔克世父子二人相继是建州左卫指挥使；还有些记载全未载明觉昌安父子的官职。根据万历六年（1578）辽东抚顺马市的一份"抽收夷税"清册的记录，觉昌安（叫场）经常带领女真部众到马市，卖出土特产，买进牛、铧、盐、布等生产、生活资料。他勤于理财，同时，他与嘉靖、隆庆间称雄建州的著名头人王杲，结为姻亲，把长子礼敦的女儿嫁给王杲的儿子阿台，又娶王杲的女儿为四子塔克世之妻，借以增强自己的势力。

王杲是建州右卫都指挥使，努尔哈赤的外祖父。他控制着建州各部通往清河、抚顺各马市的货源，贩卖人参、貂皮、蘑菇等物产，生意兴隆，获取厚利，车马相连，炫耀于道，俗称阿古都督，大有兼并建州三卫之势。建州左卫的觉昌安和他的儿子塔克世等全族归附了王杲，塔克世本人是王杲的部将。王杲剽悍好斗，桀骜不驯。嘉靖三十六年（1557）掠抚顺，杀备御彭文洙，又屡次掠东州、惠安和一堵墙等堡。嘉靖四十一年（1562）设埋伏，生擒明朝副总兵黑春，十分残忍地"磔之"，又深入辽阳，掠孤山，杀了指挥王国柱。万历二年（1574）王杲入关市，大肆索要赏赐。他自恃称雄各部，坐骂关市，用箭刺人。正逢备御官贾汝翼在验马的时候，索取了王杲的银钱，却找借口把马匹退回不收。这引起了几十名部众的强烈不满。王杲与众首领乘机煽惑，要求明廷撤换备御，又联合邻近各部蒙古骚扰边境。此外王杲部下有三十多人，逃离建州，奔往边内，为边吏收留。王杲多次向边吏要人，未果。这年七月，王杲部下来力红向边吏索取人口，抚顺游击裴承祖出来拒绝，双方发生冲突。裴承祖率领三百骑兵追到来力红寨，被王杲、来力红率众包围，把总刘承奕前来营救，也陷入重围。结果，官兵多数战死，裴游击、刘把总及百户刘仲文被俘。王杲亲手斩杀多人，甚至剖胸剜心，残酷异常。

同年十月，明辽东巡抚张学鉴协同总兵官李成梁，率六万大军讨伐王杲。王杲与蒙古速把亥、歹青、委正等拒战。王杲等不支，望风奔溃，退入寨中。李成梁挥军纵火，城寨攻破，王杲乘乱脱逃，部众死者一千多人。

在这次明军讨伐中，觉昌安、塔克世当了向导。王杲逃脱没有踪迹，边官扣押"市夷头目"觉昌安，并责令其子塔克世寻查王杲归案。王杲辗转逃匿，无处躲藏，抚顺关追捕甚急，最后投奔了海西王台。王台一向对明廷忠顺，边关又宣谕甚严，于是将王杲及其家属拿下，槛车押往边关，转送京师。最后王杲被枭首于北京柴市。

王杲死后，宁远伯李成梁把王杲的属地拨给努尔哈赤的父亲塔克世，明廷并授给塔克世以建州左卫指挥的官职。

＊本文中的引文，除随文注明者外，未注明者均出自《清实录·太祖高皇帝实录》，其中个别字句，为了行文连贯易懂，字面略有变通。

原文选自《秋海棠叶集》，中国社会科学出版社 1998 年

满族的兴起与清太祖努尔哈赤十议（摘选）

征服建州、战败九部、统一女真

一、辽东边外女真各部自为雄长，互相征伐

明朝中叶以来，辽东抚顺以东、开原以北、边墙以外的广大地区，居住着女真各部。当时，明朝对辽东的管辖远弱于永乐、宣德时代，边墙以外已鞭长莫及，难以为力，出现了十分混乱的状态。当时的历史记载说：

> 时各地之国为乱，满洲国之苏克素（苏）护部、浑河部、完颜部、栋鄂部、哲陈部、长白山（之）纳殷部、鸭绿江部，东海（之）窝集部、瓦尔喀部、库尔喀部，呼伦国之乌拉部、哈达部、叶赫部、辉发部，各地盗贼蜂起，各自僭称汗、贝勒、大人，每村每寨为主，各族为长，互相征伐，兄弟相杀，族众力强之人，欺凌抢掠懦弱者，甚乱。[1]

上述满洲国和长白山部二部，是建州女真，皆在明建州卫地方，位于辽阳、沈阳以东。建州女真已逐渐演变为苏克苏护部、浑河部、完颜部、栋鄂部、哲陈部、纳殷部、鸭绿江部、朱舍里部等等。各部又分成若干小部，如苏克苏护部，有图伦、萨尔浒（撒尔湖）、嘉木湖、沾河、安图瓜尔传等城寨。

海西女真已由明初近百个卫演变成呼伦国的哈达、辉发、乌拉、叶赫四大部。哈达以居于哈达河（今清河）流域而得名。万历初年哈达酋长姓纳喇氏，名万，

---

[1] 《满洲实录》卷五。

被尊称为万汗，汉名王台，袭塔山前卫都督之职，经常进京朝贡，贡道经开原南边广顺关，因而哈达被称为南关。万历三年以缚送王杲有功，加封龙虎将军。

叶赫部，以居住叶赫河（今通河）流域而得名，贡市在开原北镇北关，因而叶赫部又称北关。

辉发部，酋长王机努，姓纳喇氏。万历时征服邻近部落，在松花江支流辉发河畔扈尔奇山上筑城，故名辉发部。

乌拉部，因居乌拉河（今松花江上游）流域而得名。万历初年，酋长名满泰，姓纳喇氏，与哈达万汗同为纳奇卜绿之后，所居乌拉城，在乌拉河东岸。

东海女真，是野人女真的一支，居住在松花江流域和乌苏里江以东至海边的各部。东海女真分为窝集、瓦尔喀、库尔喀三部，其下又分为安楚拉库、内河、斐优、赫席赫、鄂谟和苏噜、札库塔、佛纳赫、瑚叶、那木都噜、绥纷、宁古塔、尼马察等村寨。

野人女真的另一支，是以居住黑龙江流域得名的黑龙江女真，主要分为虎尔哈部、萨哈连部、使犬部、使鹿部、索伦部，其中又分为若干小部，如使犬部有奇雅克喇部、赫哲喀喇部、额登喀喇部，即赫哲人、鄂伦春人、鄂温克人等，使鹿部有费雅喀部、奇勒尔部、吉烈迷部等。

到万历十年前后，建州女真由于称雄一时的首领王杲、阿台、阿海相继败亡；海西女真的哈达部在名酋王台死后，子孙争夺产业，内乱不止；叶赫部连续在万历十一年、十六年遭到明军进剿，实力衰落。其余各部更分散零落，势孤力弱，而又争斗不已。

努尔哈赤生逢这种强凌弱，众暴寡，群雄蜂起，争为雄长的年代，在他起兵为祖、父报仇时，已蓄意"收集旧部、生聚教训，阴有并吞诸部之志。"因此，努尔哈赤一方面注意取得明廷的信任，继续保持与明朝的臣属关系；一方面拉拢蒙古，团结朝鲜，同时集中精力先从邻近部落开始，"顺者以德服，逆者以兵临"，凭十三副遗甲，渐次削平群雄，兼并各部，先后统一了女真各部，进而夺取了明朝的辽东的十之八九，创建了后金汗国。

二、征服建州诸部，建费阿拉

萨尔浒　　万历十一年（1583）八月，努尔哈赤追尼堪外兰于甲版，萨尔浒城主诺米纳兄弟派人通风报信，致使尼堪外兰逃脱。努尔哈赤等用计擒杀诺米纳兄弟，遂取萨尔浒城。

兆佳城　过去同族康嘉等三人曾纠合哈达万汗兵，以浑河部兆佳城长李岱为向导，劫努尔哈赤所属瑚济寨而去。在途中分所劫掠的财物时，努尔哈赤部将硕翁科罗巴图鲁安费扬古等率十数人追上了他们，奋勇击败哈达兵，杀四十人，夺回被劫之物。万历十二年（1584）正月，努尔哈赤率兵去征讨兆佳城。途遇大雪，至噶哈岭路险难登。诸叔兄弟劝他回兵，他说："李岱，我同姓兄弟，竟自相伤害，反为哈达向导，岂可宽恕？"随即凿山为蹬，以绳曳马过岭。至兆佳城下。李岱集众据守。城被攻破，李岱被俘。努尔哈赤宽恕了他，豢养起来。

栋鄂部　万历十二年（1584）九月攻栋鄂部。事先该部阿海巴颜等贝勒鉴于努尔哈赤与哈达互相为仇，于是商议乘机攻击努尔哈赤。并且要"用蟒毒淬箭为攻具"，恰逢其部内乱，没有来进攻。努尔哈赤听说后，与众人商议说："栋鄂部内乱，应该去攻伐。"众人谏议说："兵未可轻入其境，幸而胜，很好；倘若败了，怎么办？"努尔哈赤说："等他们内部平和下来，加兵于我，何如乘此机会先发制人？"随后于九月率兵五百攻其城，城将破，遇上大雪，乃罢攻。这时完颜部向努尔哈赤借兵去攻击仇家翁鄂洛。努尔哈赤考虑，既已兴兵到此，可乘机先定一方，遂率兵星夜驰往。翁鄂洛城得到消息，收其众入城。努尔哈赤登上屋顶向城中射箭，城中有个叫鄂尔果尼的人在暗处发箭，射中努尔哈赤，伤骨贯胄、血流至足。努尔哈赤随即拔箭还射，射穿其股，应弦而倒。此时，有一名叫洛科者，又突发一箭，射穿努尔哈赤的锁子甲护项。努尔哈赤立即拔出，镞卷如钩，血肉迸落，项下血流如注。他一手捂伤口，一手拄弓而下，昏迷复苏者数四，乃撤还。伤好以后，又去进攻，才把翁鄂洛城攻下，并俘获了鄂尔果尼和洛科，众人请杀掉这两人，努尔哈赤说："两敌交锋，志在取胜。彼为其主，乃射我，今为我用，不又为我射敌耶？如此勇敢之人，若临阵死于锋镝，犹将惜之；奈何以射我而杀之乎？"随即提拔二人为牛录额真（佐领），各统辖三百人。

界藩城　此城属浑河部。万历十三年（1585）二月，努尔哈赤率甲士二十五、步兵五十，掠界藩城寨。寨内有准备，无所获而还。界藩与萨尔浒城、栋佳城、巴尔城共四城，合兵四百追击至界藩南太兰岗之野。玛尔墩寨主讷申、界藩寨长把穆尼疾驰而至。努尔哈赤单骑回击，讷申先削断努尔哈赤马鞭，努尔哈赤挥刀斩讷申肩背，坠马而死；又射把穆尼于马下。敌众逡巡却立，不敢进前。甲士们报告努尔哈赤，马疲劳已甚，怎么办？努尔哈赤说："你们下马步行，假作用弓弰拂地上的雪，好像拾取箭支的样子，慢慢引马过山岭；饮以盐水，喂些炒面，让马休息。我留在此地为缓兵之计。"于是，退军先行，努尔哈赤驻马讷申尸旁。敌兵喊叫："杀了其人，还要吃他的肉么？为什么不走，好叫我们收其骸骨！"努尔哈赤看着敌众说："讷申与我为难，今得杀之，即食其肉也应该。"又考虑自己兵马退走不远，随即留下所率领的七个人为埋伏，全都露着盔顶而立。敌众看见，呼道，"你有埋伏，我们已经知道了"，且呼且退。努尔哈赤引兵慢慢撤回，没丢一兵一骑。

哲陈　同年四月，努尔哈赤率步骑五百人，征哲陈部，正遇大水，命部下撤回。留八十人，被绵甲者五十，被铁甲者三十，继续前进。对方得到消息，于是托漠河、章甲、巴尔达、萨尔浒、界藩五城合兵防御。努尔哈赤引兵深入，遥见敌兵八百，列阵界藩之浑河直到南山。这时族弟札亲、桑古里见敌人众多，大惧，解下铠甲给与旁人。努尔哈赤怒道："你们平日自己称雄于兄弟乡党之间，今天临阵为什么害怕，反而把铠甲给旁人？"随即亲举纛旗，先进敌阵，下马步战，把马驱回，率领其弟穆尔哈赤和近侍二人直前冲击，奋勇射敌，杀二十多人，敌兵争渡浑河。后队兵到，都说应乘胜追击，努尔哈赤不应，卸去头盔，不及解甲，在那里休息。等敌兵已渡河登岸，他突然立起，扣上头盔进攻，大败其众。这一仗以四人败敌八百。

万历十五年（1587）六月，努尔哈赤再征哲陈部，克山寨，俘其主阿尔泰。

巴尔达　八月，命巴图鲁额亦都率兵取巴尔达城。额亦都前进至浑河，河水上涨不能涉水而过，用绳索联结军士，鱼贯而渡。额亦都率精锐数人，乘夜进攻，梯城而上。城中人迎战拒敌，额亦都跨城墙垛口而战，身上负伤五十处，殊死奋战不退。巴尔达城溃，额亦都遂乘胜攻克其城。

努尔哈赤又率兵攻下洞城，城主札海降。

苏完诸部　努尔哈赤恩威并用，"顺者以德服，逆者以兵临"，渐次以武力戡定许多部落，于是畏威怀德之部落，均先后臣服。

万历十六年（1588）四月，哈达国万汗之子贝勒扈尔干以女许配努尔哈赤。努尔哈赤接纳此女，设宴成礼。出迎时走到洞城之野，有个乘马佩弓矢的人经过。

努尔哈赤问左右："这人是谁？"左右说："这是董鄂部人，善射。部中没有比他更精于射箭的，所以被称为善射钮翁金的就是他。"努尔哈赤请他过来，指着百步之外的柳树，让钮翁金射。钮翁金发了五矢，中其三，中的处上下相错。努尔哈赤也发了五矢，五矢皆中。众人细看，五矢所中处聚在一块，相距不出五寸。众人皆叹服为神技。

万历十六年（1588）九月，努尔哈赤率兵征完颜部，斩其城主戴度墨尔根。第二年正月，再征兆佳城，斩其城主宁古亲。至此，基本削平建州各部，转向北面与海西女真各部争雄。

这时苏完部主索尔果率本部军民来归。努尔哈赤以其子费英东佐理政务。后来，费英东成为一等大臣世袭信勇公。

栋鄂部主克辙巴颜之孙何和里，也率本部万余军民来归。努尔哈赤将长女嫁给他为妻。何和里是一员英勇善战的大将，后来成为一等大臣世袭勇勤公。

雅尔古寨长扈喇虎因杀其族人，率众归来，努尔哈赤以其子扈尔汉为养子，赐姓觉罗，给努尔哈赤当侍卫，后来也成为一等大臣袭子爵。

这时努尔哈赤招徕各路部落，归附日众，周边各部抗拒者皆已削平，国势日盛。

建费阿拉 万历十五年（1587）正月，在虎拦哈达东南的平岗，努尔哈赤命筑城三层，建成了费阿拉（旧老城）。此处群山环抱，首里河与夹哈河流向苏子河。城建于两河之间的山坡上，山的东南西三面为断崖绝壁，仅北面平坦。这个不大的山城成了努尔哈赤崛起的根据地。

六月，努尔哈赤始定国政，要点有二：一、禁止悖乱；二、缉捕盗贼。法制开始建立。

这时，明廷遣使前来通好，每年给八百两白银"聘问"。努尔哈赤又以所产东珠、人参、紫貂、玄狐、猞狸狲等珍异之物，互市于抚顺、清河、宽甸、瑷阳四关，以通商贸易。从此国势日强。

三、战败九部联军

努尔哈赤既统一建州，又在万历十九年（1591）收服鸭绿江部，疆土不断扩大。于是远近侧目，知道努尔哈赤其志不小，遂联合起来与努尔哈赤为敌。

这时海西女真四部中，叶赫最强，为塞外诸部的盟主。叶赫贝勒纳林布禄见努尔哈赤日渐强大，恐对自己不利，于是派人来对努尔哈赤说："乌拉、哈达、叶赫、辉发、建州言语相通，势同一国，岂有五主分建之理？今所有国土，尔多我寡，何不把额勒敏、札库穆二地，分其一给我！"努尔哈赤听后怒斥说："我是满洲，你是扈伦。你国虽大，我岂能取？我国即广，你岂得分？而且，土地不是牛马，岂可割裂分给？"不久，叶赫、哈达、辉发三国贝勒，又派来使者，努尔哈赤设宴招待。叶赫使者图尔德站起来说："我主想分你的土地，你不给；想让你归附，你又不听从。倘若两国兴兵，我方能进入你的境界，你焉能蹈入我方土地？"努尔哈赤闻言大怒，拔刀断案，说："你主兄弟，何尝亲临阵前，马首相交，破胄裂甲，经过一次大战？你方土地岂尽设关隘？我看踏你们土地，如入无人之境，白天不来，夜间也能来，你们能奈我何？"纳林布禄听说努尔哈赤态度强硬，衅端已起。

万历二十一年（1593）六月，扈伦四部联合出兵侵入，努尔哈赤击败了他们。九月，叶赫贝勒布寨、纳林布禄又纠合哈达、乌拉、辉发和蒙古科尔沁、锡伯部、卦尔察部及满洲长白山所属朱舍里、讷殷，九姓之国，合兵三万，分三路来侵。努尔哈赤遣人侦察，报告说：见敌兵在浑河北岸设营，正烧夜饭，火密如星，欲饭毕夜度沙济岭。时夜已过半，努尔哈赤说："白天听说叶赫兵来，今果然来了。只是我军夜出，恐惊国人，传语诸将，明天白天起程。"夜里，叶赫营有一人来降，并说：叶赫兵万人，哈达、乌拉、辉发共万人，蒙古科尔沁、锡伯、卦尔察共万人，总共三万人。满兵听了色为之变。努尔哈赤说："你们不要担忧，我一定不让你们苦战。只是立于险隘，引诱他们过来。若来，我们就迎击；否则，四面列阵，以步兵慢慢前进。他们来的头领很多，都是乌合之众，势将观望不前，其争先督战者，必是其贝勒；我们以逸待劳，伤其贝勒一二人，他们大队自己就要溃散。我兵虽少，奋力一战，可以必胜！"遂在清晨进兵。最初，叶赫兵攻赫济格城，未下，这天又攻。努尔哈赤登古勒（呀）山，面对赫济格城，据险结阵；命令各部严阵以待，派额亦都率领百人前去挑战。叶赫兵停止攻城，引兵来战，满兵迎击，斩九人，敌稍退。叶赫贝勒布寨先于众人突在前边，所乘马撞木桩而倒，满兵趋前，将他刺死，敌兵遂乱。科尔沁贝勒明安的马被陷，弃鞍裸身而逃。努尔哈赤纵兵掩杀，积尸满沟壑。追到哈达柴河寨之南，俘获乌拉贝勒满泰之弟布占泰，赦免未杀，赐以裘袍赡养。这一战，斩首级四千，获马三千四，铠胄千副，以逸待劳，破九部三万之众，自此军威大震，远近慑服。

万历二十一年（1593）十月，努尔哈赤因为朱舍里路酋长纡楞格曾出兵加入九国之师入侵，派兵征服朱舍里路，擒纡楞格，宽释其罪。

讷殷路搜稳塞克什，聚七寨人众，盘踞佛多和山。十一月，努尔哈赤命额亦都、噶盖、安费扬古督兵千人，围攻佛多和山寨，三个月才攻下，斩搜稳塞克什。于是长白二部尽臣服。

万历二十二年（1594），科尔沁蒙古贝勒明安、喀尔喀五部贝勒老萨始遣使通好，此后蒙古诸贝勒通使不绝。

万历二十五年（1597）正月，叶赫、哈达、乌拉、辉发四部一同派使者来通好，向努尔哈赤说："吾等不道，兵败名辱。自今以后，愿复缔前好。"叶赫贝勒布扬古愿以其妹嫁努尔哈赤，纳林布禄之弟金台石愿以女儿嫁努尔哈赤次子代善。努尔哈赤同意了，并准备鞍马铠胄为聘礼，又椎牛、杀白马祭天，设卮酒、块土及肉、血、骨各一盆，四国相继发誓说："既盟以后，若弃婚姻，背盟好，其如此土，如此骨，如此血，永坠厥命。若始终不渝，饮此酒，食此肉，福禄永昌。"他们立誓之后，努尔哈赤也立誓说："尔等践盟则已，有背盟者，三年还不悔改，我才去征讨。"

四、海西四部征服其三

哈达 扈伦即海西女真，四部之中，其初以哈达万汗（王台）最为强盛，对明忠顺，以执送王杲之功，封龙虎将军，为叶赫、辉发、乌拉三部的盟主。自哈达万汗死后，内争不止，叶赫乘机进攻，后经明朝派人调停，而兵戎暂息。万历二十一年（1593），九部联军被努尔哈赤击败，扈伦四部派使者与满洲通好，叶赫又乘哈达内乱，派兵进攻。哈达抵抗不住，向明求援，明不准；请救进入边墙，又不许。这时哈达请以三子武尔古岱为人质，向满洲告急求援。万历二十七年（1599），努尔哈赤派费英东、噶盖率兵二千，驻防其地。叶赫贝勒纳林布禄得知，投书哈达，诱骗说：你若抓住满洲来援的二将，赎回你送去为质的三子，尽歼其兵二千，我把你所求婚的女儿嫁给你，修复以前的和好。哈达贝勒孟格布禄迷惑于他的谎言，相约在开原城商议。努尔哈赤听到这个消息，随即率兵征哈达，贝勒舒尔哈齐请为先锋，命他统兵一千为前队。到达哈达后，哈达兵出阵，舒尔哈齐按兵不动，并报告说："他们的兵出来了。"努尔哈赤说："难道说对方无兵才来么？"遂亲自督战，攻克其城，俘孟格布禄。努尔哈赤命令勿杀，召之近前，孟格布禄匍匐进见。努尔哈赤宽恕了他，赐给裘帽。尽招服哈达所属诸城，器械财物，一无所取，家家子女，完聚如故，将人众全部编入户籍。这时明朝派使者来质问："你们因何故伐哈达，而取其国？"努尔哈赤遂让当人质的武尔古岱回哈达，统率他的人民。不久，哈达年荒，国人缺乏食物，乞籴于开原，边吏不许。纷纷卖妻、子、奴仆、牛马，换粮食用。努尔哈赤恻然说："这都是我所抚养的赤子呵，何忍听任他们流离失所！"于是，收纳哈达部人众，予以赡养。武尔古岱也来投奔，于是哈达部灭亡，而明朝边塞也失去了南关。

辉发 辉发贝勒拜音达哩以所部多叛归叶赫，而部众也有人谋叛，以其臣下七人之子为人质，向建州求援，努尔哈赤发兵千人援助。叶赫贝勒纳林布禄骗拜音达哩说："如果你收回人质，我就归还你叛逃来的部众。"拜音达哩信了他的谎言，想中立于建州叶赫之间，于是索还送建州的人质，把自己儿子为质于叶赫。纳林布禄竟不放归其叛逃部众。拜音达哩又派使者来说："我前者误信纳林布禄而受骗，现在想归诚，请求赐一女为婚。"努尔哈赤应允了。过后，拜音达哩竟背约不来娶。努尔哈赤派人责问，拜音达哩说等在叶赫为质的儿子回来。随后筑城三层以加固防守。叶赫为质的儿子回来以后，仍不来娶聘定之女，想靠城墙坚固以拒守。万历三十五年（1607）九月，努尔哈赤率兵征讨，攻克辉发的坚城，杀了拜音达哩和其子，于是辉发灭亡。

乌拉 乌拉贝勒布占泰，在九部联军失败时被擒，万历二十四年（1596），努尔哈赤送还其部，后来立为乌拉之主。万历三十五年（1607），瓦尔喀部斐优城（珲春北二十里）酋长策木特赫苦于乌拉之虐待，向建州请求移家归附。努尔哈赤命令其弟舒尔哈齐、长子褚英、次子代善、大将费英东率兵三千前去接应。布占泰发兵万人在中途拦截。褚英、代善分两路奋击，乌拉大败。第二年，努尔哈赤命褚英、阿敏（舒尔哈齐之长子）率兵五千，征乌拉宜罕山城，城被攻克，布占泰派使求和，努尔哈赤以亲女嫁他。万历四十年（1612），布占泰又背盟侵犯呼尔哈路，并且谋划夺代善所聘叶赫贝勒之女，又以鸣镝射其妻（努尔哈赤之女）。努尔哈赤得知后大怒，亲自统兵征伐，沿乌拉河而进。努尔哈赤张黄盖，鸣钲鼓，先声夺人。布占泰率兵迎战，至河滨，见满军甲胄鲜明，士马精壮，军势甚盛，乌拉兵人人恐慌，无斗志。努尔哈赤遂沿河而下，克其临水五城，又取金州驻营。其城在布占泰所居大城河岸之西，距城西门二里左右。满兵尽焚乌拉所积糗粮。布占泰白天率兵出城，相持于河岸，夜则入城休息。贝勒莽古尔泰（努尔哈赤二子）等力请渡河出击。努尔哈赤说："汝等毋作此浮面取水之议，当为探源之论。譬伐大木，岂能遽摧，必以斧斤斫而小之，然后可折。今以势均力敌之大国，欲一举而取之，能尽灭乎？我且削其所属之外城，独留所居之大城，外城尽下，则无仆何以为主，无民何以为君？"随即下令毁其六城，并焚其庐舍粮食，移驻到富勒哈河渡口。布占泰势穷谢过，努尔哈赤责备他说："我过去在两军阵前捉住你，饶你不死，还赡养你，让你作乌拉之主，以三女嫁你为妻，许你盟誓七次。你藐视天地，屡次违背誓言，侵略我所属的呼尔哈路，要夺我所聘的叶赫之女，又用响箭射我女儿，何以凌辱残暴至此？我事事顺天命，循天理，远近钦服，从不被辱于人，……无故被辱，他国尚且不受，何况我国？古人云：'宁损其骨，勿损其名。'我不是乐意有此一举，因你负恩悖乱，所以才声罪致讨！"努尔哈赤遂撤兵。不久，布占泰以其子绰启鼐等，送到叶赫为人质，要娶代善所聘之女，于是争端又起。万历四十一年（1613）正月，努尔哈赤率军征乌拉，布占泰以三万兵在富勒哈城列营迎战。两军相距约百步，满洲兵下马步战，发矢如雨，呼声震天，乌拉大败，百损六七十。满洲兵乘势夺城门，努尔哈赤登西城楼，立旗帜。布占泰率领残兵败将不足百人，急回城下，看见城上满军旗帜，大惊失色，逃往叶赫。乌拉遂亡。

叶赫　　布占泰逃往叶赫以后，努尔哈赤派使者通知其贝勒锦台什、布扬古，让他逮住布占泰送来，使者去了三次，叶赫都不答应。万历四十年（1612）九月，努尔哈赤率兵四万去征讨。有个逃兵泄露了行军日期，叶赫得知把所有散居的部众全收容起来；只有乌苏城因痘疫未收，满洲兵包围了乌苏城。该城投降，城长谈扈石木受到了优待。这次出兵，焚毁城池屯寨十九处及屋舍粮储，带着乌苏城降众三百户而归。叶赫派使者报告明朝边境官员说："扈伦四国，哈达、辉发、乌拉，努尔哈赤已尽取之。今复侵我叶赫，其意欲削平诸国，即侵明，取辽东以建国都，而开原、铁岭为牧马之场矣。"明朝官员信其言，派使者对努尔哈赤说："自今以后，不要再侵叶赫。若听从我的话，是推我之爱而罢兵；若不听从吾言而侵略叶赫，看来势将轮到我们了。"随即派游击马时楠、周大岐，率领练习火器的士兵一千人，守卫叶赫两个城。

努尔哈赤听到后，打算致书明廷，遂亲自去抚顺所城，游击李永芳出城三里以礼迎接，引导入教场。努尔哈赤将书信交给李永芳，其词说：

> 昔叶赫、哈达、乌拉、辉发、蒙古、席北（锡伯）、卦尔察等九姓之国，于癸巳（万历二十一年）合兵侵我，我是以兴师御之。天厌其辜，我师大捷，斩叶赫布寨，获乌拉布占泰以归。至丁酉岁（万历二十五年）刑马歃血，以相寻盟，通婚媾，无忘旧好。讵意叶赫渝弃前盟。将已字之女，悔而不予。至乌拉国布占泰，吾所恩育者也，反以德为仇，故伐之而歼其兵，取其国。今布占泰孑然一身，奔于叶赫。叶赫又留之，不吾与。此吾所以征叶赫也。我与汝国何嫌何怨，欲相侵耶！

努尔哈赤把书信交给李永芳以后，随即率大军撤还。这时已征服叶赫七城十九寨。

五、东海三部之降服

东海诸部在吉林宁古塔以东，与建州女真中间隔有乌拉，以往因与乌拉相连，为了交换贸易之利，故一向附属于乌拉。自努尔哈赤削平乌拉以后，建州通往东海地区之道路遂通。

东海诸部远处东北边疆荒寒之地。以瓦尔喀、虎尔哈、窝集三部及黑龙江索伦为较大，还有使犬、使鹿、库页（岛）、锡伯、达瑚尔、鄂伦春、卦勒察等部。南沿鸭绿江、图们江之间及诸海岛为东海瓦尔喀部；北沿乌拉河、松花江至混同江南岸为虎（呼）尔哈部；东抵长白山阴则是窝集部。再东北则为使犬之赫哲、使鹿部之奇勒尔、费雅喀。在库页海岛之近混同江海口处，岛上还杂居有赫哲、费雅喀、鄂伦春。

瓦尔喀　　沿瓦尔喀河入鸭绿江，濒海两岸都是这个部落的人。这里在兴京之南，临近朝鲜。万历二十六年（1598），努尔哈赤派长子褚英率兵千人前去征讨，取其安楚库路屯寨二十余处，招降部众一万多人。万历三十六年（1608），瓦尔喀部斐优城长率五百户穿越乌拉境归附，派费英东等以兵三千护行，中途打败了乌拉兵的要截。三十七年（1609），请明廷向朝鲜交涉，索还流寓朝鲜的瓦尔喀人。明朝为此谕命朝鲜，察还一千余户。

虎尔哈　居虎尔哈河流域。此河出吉林乌拉界，经宁古塔城北，流经七百里至三姓城入混同江。自宁古塔东北行四百余里居住在虎尔哈河、松花江两岸的就是虎尔哈部。万历三十九年（1611），努尔哈赤命额亦都率兵三千攻东海虎尔哈部之札库塔人，三天攻克其城，俘斩三千，并招降其附近的五百户。

窝集部　在虎尔哈部的东边。"窝集"，汉语即老林之意。窝集部是居住在深山老林之中的打牲部落。这些地方山多林密，绿海数千里，盛产人参、貂鹿，不事游牧而比较富裕。万历三十八年（1610），努尔哈赤派兵千人征东海窝集部，取其三路屯寨，俘二千人而还。又有自愿归附的绥芬路、宁古塔路，努尔哈赤命额亦都率兵千人去护行迁移，中途被窝集之雅兰路人劫掠，遂击败之，并收服其部众一万多人而回。万历三十九年（1611）又派兵千人，征窝集部之乌尔固辰、穆林二部，俘获一千余人。万历四十二年（1614）招服窝集部的雅兰、西临二路。万历四十三年（1615）征服窝集部的东额库伦城。随后东海诸部大多相继归附。

努尔哈赤用兵于东海诸部，其目的正如后来皇太极再次远征呼尔哈时所说："人民语言与我国同，携之而来，用为攻略。"意思是说："目的在收服同族属、同语言的人，以补充可靠的兵力。"所谓"得朝鲜人十，不若得蒙古人一；得蒙古人十，不若得满洲部落人一"。所以每次出兵，对俘获的人，都加以优待。对归附的部落酋长，更郊迎、设宴、赐以土地房舍，其用意即在于此。

自万历十一年（1583），努尔哈赤二十五岁以"遗甲十三副"起兵，经过三十多年，发展到"自东海至辽边，北自蒙古、嫩江，南至朝鲜、鸭绿江，同一语音俱征服"，结束了女真各部诸国纷乱，盗贼蜂起，各自僭称汗、称王，每村每寨为主、为长，互相征伐，兄弟相杀的长期混乱局面，统一了建州女真全部和海西、东海（野人）女真大部，从而加速了女真社会的发展和新的民族共同体——满族的形成。

原文选自《秋海棠叶集》，中国社会科学出版社1998年

满族的兴起与清太祖努尔哈赤十议（摘选）

制满文、创八旗、建立后金汗国

从万历十五年（1587），筑费阿拉城，"定国政"，努尔哈赤已经开始建立建州女真独立政权的雏形。那时虽然也叫"国"，这个国不过是一个地区部族政权的称谓。随着征服的部落越来越多，兼并的领地不断扩大，统治的人口不断增加，努尔哈赤陆续采取了一些社会改革、政权建设的重要措施，直到万历四十四年正月，努尔哈赤称汗，建元天命，国号曰金，史称后金。

一、以蒙古字制为国语颁行

文字是记录和传达语言的书写符号，对推动人类社会进步起着重要作用。民族是人们在历史上形成的具有共同语言、共同地域等条件的稳定的共同体。在建州、海西和东海女真众多部落统一以后，制定通行的文字是政令通行、社会交往的迫切需要，客观上也是促进新的民族共同体形成的重要条件。

满族原是金代女真族的后裔，金代女真族已有女真文。1234年金朝灭亡以后，女真文仍在东北地区使用。直到明初失传，女真各部逐渐改用蒙文。努尔哈赤自己虽然粗通汉文、蒙文，但是统一女真大部以后，颇感不便。万历二十七年（1599）二月，他想用蒙古字制成一种新的文字，在女真地区颁行。他找来文臣额尔德尼和噶盖商量。二人辞谢说："蒙古文字臣等习而知之，相传久矣，未能更制也。"努尔哈赤说："汉人读汉文，凡习汉字与未习汉字者，皆知之。蒙古人读蒙古文，虽未习蒙古字者亦皆知之。今我国之语，必译为蒙古语读之，则未习蒙古语者不能知也。如何以我国之语制字为难，反以他国之语为易耶？"额尔德尼、噶盖对曰："以我国语制字最善，但更制之法，臣等未明，故难耳。"努尔哈赤说：

"无难也。但以蒙古字，合我国之语音，联缀成句，即可因文见义矣。吾筹此已悉，尔等试书之，何为不可？"于是，努尔哈赤"独断将蒙古字制为国（满）语，创立满文，颁行国中，满文传布自此始"。

二、八旗制度之确立

很久以来，女真出兵围猎时，有一种习惯：凡出兵校猎，不计人数之多少，各随族党村寨而行动。行猎时，每人出箭一枝，十人之中找出一个人领头，称为"牛录额真"。牛录即大箭之意，额真即主之意。努尔哈赤初起兵时，不过是一个小部落的头人带领一伙人去砍杀战斗，无所谓军伍组织。以后归降日众，万历二十九年（1601），努尔哈赤决定：每三百人编为一牛录，每牛录设额真一人。牛录额真后改称牛录章京，又称佐领。当时只有四牛录，分别以黄、红、蓝、白四色旗相区分。满洲的八旗制度即由此奠基。

万历四十三年（1615）十一月，女真各部基本统一以后，努尔哈赤决定：仍以每三百人设一牛录额真，规定五牛录设一甲喇额真，又改称甲喇章京，就是后来之参领。五甲喇额真设一固山额真，即后来之都统。每固山额真设左、右两梅勒额真，又改称梅勒章京，即后来的副都统。八旗制度，即以旗的不同颜色区分所属之建制。万历三十四年（1606）只有四旗。万历四十三年（1615）在原有黄、白、红、蓝四旗之外，增设四旗，即黄、白、蓝旗，镶以红边；红旗镶以白边，共为八旗，即正黄、镶黄、正白、镶白、正红、镶红、正蓝、镶蓝。这时征服、招纳的部落很多，牛录已增加到四百多个，已百倍于起兵初期。每旗设固山额真一人，即总管大臣，梅勒额真二人，即佐管大臣。八旗各旗总管之上，各有旗主，即和硕贝勒，称为八固山王。旗下人全是旗主的奴仆、奴才。行军时，地广则八旗并列，分八路；地狭则八旗合一路而行，队伍整肃，节制严明。军士禁喧嚣，行伍禁挨越。当兵刃相接时，被坚甲、执长矛大刀者为先锋，被轻甲、善射者从后冲击；又命精兵立别处，不下马，相机接应。每战预筹方略，了如指掌，战则必胜。克敌破城之后，察核将士战功，必求确实。有罪者，虽是亲近之人也不宽恕，必处之以法；有功者，虽有仇恨也不遗漏，必给奖赏。将士都愿建功立名，每闻征伐，无不欢欣效命。攻则争先，战则奋勇。

八旗制度的特点是以旗统人，也是以旗统兵。全民皆兵，兵民合一，是八旗制度的基础。凡满洲成员全隶属于八旗之下。

牛录是八旗制度的基层单位，牛录额真下设带子二人为副职，并设四名章京。每三百人组成的牛录，分编为四个塔坦（原意是村或聚落），每一章京分管一个塔坦的各种事务。可以说，牛录是以地缘为主，结合血缘关系组成的社会基层单位。它具有军事、行政和组织生产等多方面功能。八旗的旗下人，平时从事生产劳动，战时荷戈出征，军械粮草自备。

八旗制度不仅仅是军事制度，也是特有的社会制度。正如后来皇太极所说："我国出则为兵，入则为民，耕战二事，未尝偏废。"八旗制度的特点反映了当时满族社会从氏族奴隶制向封建农奴制过渡的特点。

三、扩建赫图阿拉城作为政治中心

万历十五年（1587）努尔哈赤统一建州女真以后，开始"定国政"，筑费阿拉城作为政治中心。万历三十一年，从虎拦（呼兰）哈达南冈的费阿拉城，迁移到祖居苏克苏浒河加哈河之间赫图阿喇地方，筑城居住，并以牛羊犒赏筑城夫役。万历三十三年（1605），环绕赫图阿喇城又扩建了一圈外城。后来即以此城，作为后金国都。

此外，在这一年努尔哈赤还改进了人参的炮制方法。人参是女真地区的贵重土特产，十分重要的经济来源。过去女真人刨采人参，不知炮制方法，仅用水泡，明人故作不想买，女真人恐怕人参腐坏，急于出售，结果售价很低，获利很少。努尔哈赤教给部众以炮制法，使人参"熟而干之"，可以经久不坏，不必急于出售。炮制后，仍然可以通市于明，使女真部众收益日富。

四、置理政听讼大臣和札尔固齐佐理国事

万历四十三年（1615）十一月，制定八旗之制后，又置理政听讼大臣五人，参与决定军国大政、审决重大案件。这五大臣是：费英东、何和理、额亦都、扈尔汉、安费扬古。又设札尔固齐（理事官、都堂）十人担任行政、司法事务。努尔哈赤五日一视朝，焚香告天，宣读嘉言懿行及古来成败之书。

凡有诉讼之事，先由札尔固齐十人审问，然后报告五大臣；五大臣再加审问，然后报告众贝勒。众议既定，然后奏明三审的情况，犹恐有冤抑错判，命令诉讼

的人跪在努尔哈赤面前，再详细审问，以明核是非。所以臣下不敢欺隐，民情皆得上闻。史称"明德祥刑，礼老尊贤，举用忠直，斥远谗佞，怜恤孤寡，赈养贫乏，勤劳国政，靡间昼夜，上合天心，下洽民意，国内大治，奸宄不生。遗物于道，无隐匿者，必归其主；求其主不得，则悬之公署，俾识而取之。刈获既毕，始纵牲畜于山野，毋敢窃害者"。

以上记载反映了一定程度的历史真实，也有不少夸大、溢美之词。这时女真贵族们认为"帝业已成"，因此，众贝勒大臣集议："恭上尊号，奉表劝进。"

五、努尔哈赤称汗，定国号曰金

天命元年（明万历四十四年，1616）正月初一，在赫图阿拉城努尔哈赤的宫室前，四大贝勒及八旗贝勒、大臣率群臣集殿前，分八旗序立。努尔哈赤升殿、登御座。众贝勒、大臣率群臣跪。八大臣出班跪进表章。近侍侍卫阿敦巴克什额尔德尼接表，额尔德尼跪御座前宣读表文，尊努尔哈赤为"天任命的抚育诸国英明汗"。努尔哈赤乃降御座焚香告天，率贝勒诸臣行三跪九叩首礼。努尔哈赤再升御座，众贝勒大臣各率本旗，行庆贺礼。建元天命，以这年为天命元年，定国号曰金。这一年，努尔哈赤五十八岁。命次子代善为大贝勒，其弟舒尔哈齐之子阿敏为二贝勒，五子莽古尔泰为三贝勒，八子皇太极为四贝勒，共称四大贝勒。又命额亦都、费英东、何和里、扈尔汉、安费扬古为五大臣，共听国政。谕以秉志公诚，励精图治。

这时后金国虽已建立，但对明朝仍保持一定的从属地位，对外仍以建州国、女真国自称。

在正式建立后金国前后，努尔哈赤关于如何秉志公诚，励精图治，曾多次面谕诸贝勒及群臣。兹举数则如下：

> 尝闻古训，心贵正大。予思心之所贵，诚莫过于正大也。卿等荐人，勿曰，吾何为舍亲而举疏也。当不论家世，择其心术正大者为之；不拘门第，视其才德优长者举之。凡为政，即一才一艺之士，犹为难得，若有其人堪辅弼大业者，急宜显陟之耳。
>
> 凡有贤才可任国政者，知之勿隐，国务殷繁，必得贤才众多，量能授

职。倘治国治兵，经理乏才，何以济事。故勇能攻战者，宜令治军；才优经济者，宜令治国；博通典故者，宜咨得失；娴习仪文者，宜襄典礼。

天下全才无几，一人之身，有所知即有所不知。有所能，即有所不能。故临阵勇敢者，平时未必见长，而平时练习庶务者，战阵又未必奏功也。自后用人，务各随其材焉。

又谕诸贝勒曰：

君德明，则贤臣悦；君德暗，则贤臣忧。故人君智虑未周，必博闻广览，勤于咨询，然后称睿哲之主焉。若贤臣遭逢盛世，翊赞皇猷，俾朝廷声教，施当时，傅后世，皆以忠诚之心为之……。盖忠诚而慈惠，则利济必公；忠诚而敏达，则庶务就理；忠诚而武勇，则戡定祸乱，克奏肤功；忠诚自靖，凡事皆可胜任也。若慈惠而无忠诚，施与必不公平；敏达而无忠诚，更张适滋纷扰；武勇而无忠诚，轻敌寡谋，益取败而致乱。才具虽优，每以内鲜忠诚，动辄获咎，故明君治国，务先求忠诚之人而倚任之也。

原文选自《秋海棠叶集》，中国社会科学出版社 1998 年

康熙皇帝十议（摘选）

康熙初年的严峻政局

一、在祖母扶掖下八岁即位

康熙皇帝，姓爱新觉罗，名玄烨，清朝入关后第一个皇帝清世祖福临的第三子。

顺治十一年（1654）三月十八日巳时，玄烨诞生在北京皇宫内景仁宫。当时顺治帝年十七，玄烨的生母孝康章皇后佟氏年十五。佟氏是清初开国功臣辽东汉人佟养真的孙女，八旗汉军都统、礼部侍郎佟图赖之女。佟氏被选入宫后，很受顺治帝的母亲孝庄皇太后的喜爱。佟氏怀孕时，皇太后认为有祥瑞的征兆，异日生子，必享大福。

玄烨的幼年因未经出痘，顺治皇帝认为不宜住在宫内，令保姆护视于紫禁城外。这处康熙幼年的住所，在今北京北长街路东，后来改为喇嘛庙崇福寺，门前"泽流九有"牌坊至今犹存。在护视玄烨的嬷嬷们之中，和玄烨感情最深的是正白旗包衣曹玺之妻孙氏。在伺候、陪伴他玩耍的小奴仆之中，和他最要好的是孙氏的儿子，即后来久任江宁织造的曹寅。

玄烨的幼年主要是在祖母孝庄皇太后的抚育教诲下成长。玄烨之能够继承皇位，与这位老祖母的扶持提携大有关系。康熙回忆说："朕自幼龄学步、能言时，即奉圣母慈训，凡饮食、动履、言语，皆有矩度。虽平居独处，亦教以罔敢越轶，少不然即加督过，赖是以克有成"。皇太后还命一名侍女苏麻喇姑协助她照看玄烨。据传苏麻喇姑很有才华，清初衣冠饰样就是她手制的。玄烨的幼年曾"赖其训迪，手教国书（满文）"。

按清朝的制度，玄烨从五岁起，每到朝参时，黎明前由太监引领从乾清门入宫，身着冠服和小靴，站立在父皇御座之前，随众文武学习"站班当差"。五岁以后，玄烨开始入书房读书。据传康熙幼年读书的地方在乾清宫西庑懋勤殿。康熙自幼好读书、好书法，留心典籍，"间有一字未明，必加寻究，务至明快于心而后已"。他自幼勤学好问，经常向人虚心请教。曾说："人多强不知以为知，乃大非善事，是故孔子云：'知之为知之，不知为不知'，朕自幼即如此，每见高年人，必问其以往经历之事而切记于心，决不自以为知，而不访于人也。"他还回忆说，自幼习射，自幼喜观稼穑，自幼不喜饮酒。

顺治十六年（1659）玄烨六岁时，曾和皇二子福全、皇五子常宁一同到宫中问安。顺治皇帝问他们各人的志向，常宁刚三岁，没有回答，福全回答："愿为贤王。"玄烨则回答说："待长而效法皇父，黾勉尽力。"顺治皇帝于是开始属意立玄烨为太子。

清顺治十八年（1661）正月初一正是举国上下欢度新春佳节的日子。按照满族的习俗，皇帝首先要去堂子行礼，然后回宫拜神，再去慈宁宫给皇太后拜年，最后登上太和殿宝座，接受诸王、文武群臣以及外藩蒙古上表行庆贺礼。接着皇帝赐宴、赏赉。可是，这一年的元旦，顺治皇帝没有视朝，诸王、文武群臣的行贺礼也免了。第二天，宫里传出皇上"圣躬不豫"。到了正月初六丙辰，原学士麻勒吉、学士王熙被召进皇宫。这时已经病危的顺治皇帝，降下谕旨，对亲政十来年的过错一一自责；命立第三子玄烨为皇太子；并特命索尼、苏克萨哈、遏必隆、鳌拜为辅政大臣，命起草遗诏。麻勒吉和王熙遵旨在乾清门撰拟好遗诏以后，交给了侍卫贾卜嘉进奏，随即奉顺治帝上谕：诏书著麻勒吉怀收，待朕更衣毕，麻勒吉、贾卜嘉二人可即捧诏奏知皇太后，再宣示王、贝勒、大臣。正月初七凌晨子刻，清朝入关后的第一位皇帝病逝于北京皇宫养心殿，时年二十四岁。

麻勒吉、贾卜嘉捧诏奏知皇太后，然后宣示诸王、大臣等人，众人痛哭失声。这时，索尼等四人跪告诸王、贝勒等：主上遗诏，命我四人辅佐幼主，可是从来国家政务，惟有宗室协理，索尼等都是异姓臣子，怎能综理？而今应当与诸王、贝勒等共同担任。诸王、贝勒等说：大行皇帝深知你们四大臣的心，所以委以国家重务。诏旨甚明，谁敢干预？四位大臣不必谦让。索尼等随即把诸王、贝勒等的话奏知了皇太后，于是在皇天上帝和大行皇帝灵位前宣誓。四人的誓词说：先皇帝不以索尼、苏克萨哈、遏必隆和鳌拜为庸劣，遗诏寄托，保辅幼主，索尼等誓协忠诚，共生死，辅佐政务，不私亲戚，不记怨仇，不听旁人及兄弟子侄教唆之言，不求无义之富贵，不私往来诸王贝勒等府，不受其馈赠，不结党羽，不受贿赂，惟以忠心仰报先皇帝大恩。若再各为身谋，有违此誓，上天殛罚。四人宣誓完毕，开始履行辅政大臣的职务。

正月初九黎明，辅国公、都统穆琛奉派祭告昊天上帝于城南的圜丘（天坛），祝文曰：顺治十八年（1661）正月初九日己未，皇太子玄烨昭告于昊天上帝之前曰："皇考大行皇帝上宾，臣恪遵遗诏，俯徇舆情，于正月初九日即皇帝位，伏祈昭鉴。谨奏。"同时分别派都统、理藩院尚书等官员，祭告地祇于城北的方泽（地坛）、祭告太庙和社稷于天安门左右。这一天，八岁的孩子爱新觉罗·玄烨先穿上孝服到顺治皇帝灵位前祭告完毕；换上礼服，到皇太后宫中行礼，然后登太和殿，升宝座。这时钟鼓齐鸣，中和乐设而不作，皇帝的全套仪仗（卤簿大驾）摆列整齐。王以下文武各官朝服序立。太和殿内外，以至整个皇宫一片庄严肃穆。赞礼官上表庆贺，文武百官行礼完毕，玄烨颁诏大赦，即皇帝位，以明年为康熙元年，布告天下。

四天以后，皇太后谕告诸王、贝勒、贝子、公、大臣、侍卫、大学士、都统、尚书及文武官员：你们想报我儿子顺治皇帝的大恩，就要偕同四大臣同心协力，辅佐幼主，这样就可名垂万世了。皇太后这道谕旨一下，第二天，诸王、贝勒以下及大臣官员一起集合到大光明殿设誓。亲王岳乐、杰书率领贝勒、贝子、公、内大臣、侍卫、大学士、都统、尚书及在廷的文武诸臣，誓告于皇天上帝和大行皇帝神位之前，誓词说：幼主登极，臣等若不竭忠效力，萌起逆心，妄作非为，互相结党及对乱政之人知而不举，私自隐匿，挟仇诬陷，徇庇亲族者，皇天明鉴，减寿加诛。

玄烨的皇位就这样确立了。这就是17—18世纪之际，统治中国达六十一年的大清圣祖仁皇帝。康熙本是玄烨的年号，在清朝，民间称他为康熙爷，后世称之为康熙帝，或简称康熙。

二、四大臣辅政

顺治十八年（1661）正月初七，年仅二十四岁的清世祖福临患病逝世。两天以后，八岁的儿童玄烨当了皇帝。在这皇位更替之际，清朝的皇权事实上是在康熙的祖母、顺治的母亲孝庄皇太后的监护之下。皇太后是清太宗皇太极的妻子、蒙古科尔沁贝勒斋桑的女儿博尔济吉特氏。

康熙即位后，根据顺治帝的遗诏由四大臣辅政。遗诏中说："特命内大臣索尼、苏克萨哈、遏必隆、鳌拜为辅臣"，"伊等皆勋旧重臣，朕以腹心寄托。其勉矢忠荩，保翊冲主，佐理政务。"这四人在多尔衮摄政时，多曾遭到贬斥，有的曾论死罪，后被降爵；有的被贬；有的被革职。顺治八年（1651）多尔衮死后，顺治帝亲政，郑亲王济尔哈朗与巽亲王满达海、端重亲王博洛、敬谨亲王尼堪等上疏追议多尔衮之罪。济尔哈朗曾与多尔衮共同辅政，后遭多尔衮排挤罢去辅政。"皇父摄政王"多尔衮被议罪削爵后，济尔哈朗加封为"叔和硕郑亲王"。这时，正黄旗昂帮章京（总管）索尼从贬守昭陵召还，晋爵一等伯。镶黄旗昂帮章京鳌拜平反，晋爵二等公。镶黄旗甲喇章京（参领）遏必隆晋爵一等公。正白旗甲喇章京苏克萨哈，因为揭发多尔衮有功，晋二等子。索尼等四人都被授予领侍卫内大臣，率领皇帝的侍卫亲军，翊卫扈从，掌握着上三旗的实权，并任议政大臣，参与军国大政。顺治十二年（1655）五月济尔哈朗死后，索尼等时常传达皇太后懿旨，得以接近皇太后。皇太后有病，鳌拜等"近侍护卫，昼夜勤劳，食不暇给"，得到皇帝的奖励，也逐渐得到皇太后的信任。

以顺治名义颁布的遗诏，实际是出于皇太后的意旨。皇太后鉴于顺治帝六岁即位，摄政诸王都是宗室近支、皇帝的父辈，同时各为一旗之主，手握重兵，很容易侵犯皇权，因此孙子继位改用异姓大臣辅政，而由宗室亲王、贝勒进行监督。这样，以遗诏为依据，在皇太后监护之下，由四位异姓大臣辅政的政治体制便确立下来。

《遗诏》还以顺治帝的名义，检讨了他亲政时期的过错，共开列了罪己十四条。

一是：自亲政以来，纪纲法度、用人行政，不能仰法太祖、太宗谟烈。且渐习汉俗，于淳朴旧制日有更张，以致国治未臻，民生未遂。

一是：宗室贝勒，皆系太祖、太宗子孙，为国藩翰，理宜优遇，以示展亲。朕于诸王、贝勒等晋接既疏，恩惠复鲜，以致情谊暌隔，友爱之道未周。

一是：满州诸臣或历世竭忠，或累年效力，宜加倚托，尽厥献为。朕不能信任，有才莫展。且明季失国，多由偏用文臣，朕不以为戒，而委任汉官，即部院印信，间亦令汉官掌管，以致满臣无心任事，精力懈弛。

一是：朕凤性好高，不能虚己延纳，于用人之际，务求其德与己相侔，未能随材器使，以致每叹乏人。若舍短录长，则人有微技亦获见用，岂遂至于举世无材。

一是：祖宗创业，未尝任用中官。且明朝亡国，亦因委用宦寺。朕明知其弊，不以为戒。且设立内十三衙门，委用任使，与明无异，以致营私作弊，更逾往时。

一是：国用浩繁，兵饷不足，而金花钱粮，尽给宫中之费，未尝节省。及度支告匮，每令会议，诸王大臣未能别有奇策，只议裁减俸禄，以赡军饷。厚己薄人，益上损下。

此外，还有对皇太后子道不终，对董鄂妃丧礼过于优厚，朝政不能虚心纳谏，以及见贤不能举，见不肖而不能退，经营殿宇靡费过多等等。

这个《遗诏》中的罪己十四条，也就是康熙即位之初，四大臣辅政的施政方针，其实质是皇太后为了稳住孙子的皇位，针对满州宗室、贵族对多尔衮摄政和顺治亲政时期的不满，宣布在政策上将要作重要的妥协和调整，以换取诸亲王、贵族和八旗部众的支持，稳定清朝朝野的局势。这一施政方针的中心是强调纲纪法度，用人行政要仰法太祖、太宗的旧制，重用满员，抵制汉俗。

自顺治十八年（1661）正月至康熙六年（1667）七月康熙帝亲政以前，年幼的皇帝与辅臣共同听政，但朝廷大事由四大臣共同商议后，奏请皇太后定夺。这一时期，恢复和改革了一些旧制，基本上消灭了抗清力量，初步实现了全国的统一，同时对江南地区的士大夫和文人进行了严厉的打击与控制。

三、旧制的恢复与改革

革除内官十三衙门：清太祖、太宗时，鉴于历代的教训，不设阉人。顺治十年（1653）清世祖福临一面重申"历观覆辙，可为鉴戒！"一面又认为"宫禁役使，此辈势难尽革。"因而"酌古因时，量为设置"。十一年，裁内务府，设内监十三衙门，计有八监、三司、二局。八监为司礼、御用、御马、内官、尚衣、尚膳、司设、尚宝；三司为尚方、钟鼓、惜薪；二局为兵杖、织染。顺治十二年又在宫中设立了严禁宦官干政窃权的敕谕铁牌。但弊病仍有发生。顺治十八年（1661）二月，四大臣辅政之始，康熙帝谕旨首先宣布十三衙门尽行革去，凡事皆遵太祖、太宗定制，内官俱永不用。同时恢复了内务府。此后，以上三旗包衣，充内府之役，由王公贵族兼管内务府事务，对仅留的少数内监也加强了管束。

恢复内三院：清太祖、太宗时，辅佐汗（王）的秘书机构是文馆，又称书房。崇德元年太宗称帝，改文馆为秘书院、国史院、弘文院。每院各设大学士一人，分别管理诏令、文书等事，不参与军国政务。清朝定都北京后，依仿明制，于顺治十五年（1658）改内三院为内阁。内阁"赞理机务，表率百僚"，内阁大学士兼领六部尚书衔。顺治十八年六月，废除内阁和翰林院，恢复内三院，各设满汉大学士。内阁制度的废立，反映着当时清廷内部维护满族旧制和援用汉族制度的斗争。

重定满汉官员品级：清太宗时，满官的品级高于汉官。顺治时，满汉官员品级划一。四大臣辅政时，恢复清太宗时的旧制，满员高于汉员。满大学士为正一品，汉大学士为正二品。满尚书为正一品，汉尚书为正二品。以下各级官员，满官品级均高于汉官。

重设理藩院：清太宗崇德元年（1636），初设蒙古衙门，崇德三年（1638）更名理藩院。这是清朝创设的管理蒙古等少数民族地区事务的中央机构。顺治十六年（1659）理藩院改属礼部管辖，以礼部尚书衔掌理理藩院事。顺治十八年，四大臣辅政后，恢复理藩院为独立的中央机构，其体制与六部相同。理藩院尚书参与议政，其衔名列于工部之后。

此外，康熙三年（1664）决定"民间土地，不许再圈"，停止了圈地；康熙四年（1665）修改《逃人法》，定例严禁借端讹诈，减轻对窝主的处罚，以使奸棍不得肆恶，小民不受诈害，而逃人可以捕获。

四、消灭抗清势力

南明的覆灭　　清兵入关后，各地抗清的义军此伏彼起。顺治朝十八年中，南明旗帜下的抗清义军已大部被消灭。康熙即位时，还有逃往缅甸的永历帝（桂王）和金门岛上的鲁王两支残余势力。

南明永历帝朱由榔，崇祯帝的堂弟，受明末抗清大臣瞿式耜等人的拥戴，在广东肇庆即位，联合农民军各部抗清，据有两广、云、贵、江西、湖南、四川等地，声势很大。后因朝臣之间派系纷争，南明将领与农民军首领之间又不能真诚合作，最后为清军击败。顺治十六年（1659），清军会攻云南省城，永历帝逃往缅甸。顺治十七年（1660），清平西王吴三桂上疏清廷，请发兵入缅。次年，清军入缅，缅甸王执永历帝献清军。康熙元年（1662）四月，吴三桂杀南明永历帝及皇子皇孙于昆明。李定国闻讯，愤恨填膺，呕血而死。

南明监国朱以海，明崇祯十七年（1644）继承鲁王位。次年，清军攻陷南京，南明弘光帝（福王）朱由崧在芜湖被俘，死于北京。这时，张煌言、张国维等在浙东起兵抗清，拥明鲁王朱以海监国。顺治十六年（1659），张煌言与郑成功联合北伐，进入长江，围攻南京。张煌言另率一军攻到芜湖，一时大江南北纷纷响应。后郑成功战败撤退。张煌言孤军难支，随后退兵。顺治十八年（1661），郑成功进驻台湾，次年五月在台湾病逝。其子郑经继续率兵抗清。张煌言曾企图与郑经联系，再奉鲁王监国，未能实现。康熙元年（1662），鲁王死在金门。次年，清靖南王耿继茂等率大兵进攻厦门，并有荷兰国夹板船助攻。郑经败退台湾、澎湖，清军攻占厦门、金门。康熙三年（1664）三月，张煌言孤军奋战，联合东蚶岛上旧部，集结百余艘战舰，驻三都岛。清军来袭，张煌言等损失惨重，率残部退至舟山。六月，张煌言势败，逃往海岛。七月，张煌言被清军所捕，解往杭州。据说船行到钱塘江畔，有一僧人向船内投入一纸条，上书："此行莫作皇冠想，静听文山（文天祥）正气歌。"张煌言含笑作诗相答："生比鸿毛犹负国，死留碧血欲支天。"张煌言到杭州后，严词拒绝清军的劝降，被杀于杭州。

夔东十三家的败亡　顺治七年（1650），李自成大顺农民军的余部，由郝摇旗、高一功、刘体纯、袁宗第、李锦和李来亨率领，先后转战到荆襄和巴东地区，与郧西抗清的南明军王光兴、王光昌联合，合称夔东十三家。从顺治八年（1651），十三家义军经常进攻襄阳、彝陵、归州、宜昌等地，与清军作战。

顺治十八年（1661），清廷以辅政大臣鳌拜之弟穆里玛为靖西将军、图海为定西将军，和川陕总督李国英围攻夔东十三家。康熙元年（1662）秋天，清军集中进攻郧襄西山。李来亨等据山寨阻击清军。十月，李来亨、郝摇旗出击四川巫山。十二月，清军集中八旗兵力进攻西山。刘体纯、郝摇旗等相继牺牲。李来亨率众三万余人被围困在兴山县西的茅麓山上。最后，李来亨粮尽援绝，清军攻破山寨。李来亨全家举火自焚，壮烈牺牲。全军除百余人被俘外，无一投降。自清军入关以来，各地义军坚持抗清斗争二十余年，至此，除海上郑经所部外，全被消灭。

五、残酷的江南三案

自晚明以来，江南地区的文人士子集会结社、讲学议政的风气甚盛。清军入关后，鼓吹民族思想，投身抗清复明的文人士子很多，斗争也最激烈。另一方面，江南的官僚、绅衿，左右官府隐匿田亩、拖欠钱粮已成惯例。四大臣辅政之始，时值顺治十六年（1659）郑成功、张煌言等逆江而上，兵临南京之后不久，清廷斩了降清的郑芝龙及其氏族七十余人，以"通海"罪名株连甚广，但清廷仍积怒于南方人心未尽顺服，特借重大案件以威慑，对江南的文人绅衿进行残酷的打击。

苏州哭庙案　顺治晚年，江苏吴县知县任维初贪贿浮征，滥用非刑，百姓十分不满。顺治十八年（1661）正月，清世祖的"遗诏"到达苏州，江苏巡抚朱国治率领属下官员举行哭临大典。这一天，秀才金人瑞、倪用宾等十八人，率领一千多百姓，也聚哭于文庙，并且到苏州府堂呈送揭帖（公开启事）。秀才们还印发了卷堂文（生员罢学公告）。这份卷堂文是由金人瑞所作，并在他家开雕刷印的。巡抚朱国治祖护知县任维初，竟指责金人瑞等是"震惊先帝之灵""聚众倡乱，动摇人心""大逆不道"，奏报北京，请严加诘处。这样，事情就闹大了。清廷命侍郎叶尼等到苏州审勘。这年五月，金人瑞等十八个秀才，不分首从，一律处斩。金人瑞就是评《水浒传》、《西厢记》的金圣叹。当时人们爱读他批的小说，几乎每家有一部。金圣叹等青年士子的惨死，引起民间的愤恨与同情。当时苏州有民谣："天呀天！圣叹杀头真是冤！今日圣叹国治杀，他年国治定被国贼奸！"后来，朱国治调任云南。康熙十二年（1673）十一月，吴三桂起事反清，首先就杀了朱国治。

江南奏销案　顺治十八年正月初九康熙帝即位，二十九日，辅政四大臣就以康熙名义谕户部："近览章奏，见直隶各省钱粮，拖欠甚多，完解甚少。或系前官积逋，贻累后官；或系官役侵挪，借口民欠。……今后经营钱粮各官，不论大小，凡有拖欠参罚，俱一体停其升转，必待钱粮无欠，方许题请开复升转。尔等即会同各部寺，酌立年限，勒立完解。如限内拖欠钱粮不完，或应革职，或应降级处分，确议具奏。"三月，清廷又制定了直隶各省巡抚以下、州县以上，征催钱粮未完的处分例。并且再谕户部："今观直隶各省钱粮逋欠甚多，征比难完，率由绅衿蔑法，抗粮不纳。地方官瞻徇情面，不尽法征比。嗣后著该督抚责令通府州县各官立行禁饬，严加缉察。如仍前抗粮，从重治罪。地方官不行察报，该督抚严察，一并题参重处。"六月，江苏巡抚朱国治上疏奏报："苏（州）、松（江）、常（州）、镇（江）四府抗欠者多，因分别造册，绅士一万三千五百余人，衙役二百四十人。"经刑部审议，现任官降二级调用，衿士褫革，衙役照贪赃治罪。褫革的绅士都交本地枷责鞭打。逮捕了其中三千人，械送刑部议处。直到第二年五月才奉旨释放还乡。江南绅衿地主拖欠钱粮，虽早成惯例，但江南赋役大大重于其他省，苏、松二府尤甚。而且，清军南下后，额外之征甚多，如水夫、牛税、马草、马豆、铁箭、铅弹、火药、麻油等等。致使民间旧赋未清，新饷已至。这次四大臣辅政之始，就严加追查惩处，逼完钱粮。巡抚朱国治将拖欠改报抗欠，一时名士显宦如吴伟业、徐元文、徐乾学、翁叔元、韩菼等都被降调或革除了学籍。从江苏开始，安徽、浙江相继察议，江南的大批官员、绅衿、文人遭到沉重打击。

《明史》案　　其始，明故大学士湖州归安人朱国祯，著有《明史》，书稿未刊，而明朝亡。朱国祯家道中落，以书稿质千金于湖州富户庄廷鑨，庄改为自己所著而刊行，并补入天启、崇祯两朝的史事。其中对满州多有指斥。康熙二年（1663），归安知县吴之荣因故罢官，想以告密立功，谋求恢复官职，因而以此事告发于将军松魁，松魁将此案移交巡抚朱昌祚（汉军镶白旗人），朱移交督学胡尚衡查办。庄廷鑨以重金行贿，得以免究，又修改了书中指斥满州的文字重刊。吴之荣怀恨其谋未成，又特购得初刊本，上告到三法司。于是，造成了一场残酷的文字狱。康熙二年（1663）五月，清廷诏令将已去世的浙江湖州府民人庄廷鑨戮尸，其父庄胤城、弟庄廷钺均立斩。经刑部侍郎审理后，致仕的礼部侍郎李令哲曾为此书作序，也被处死，其四子均斩首。令哲的幼子年方十六岁，法司命他少供认一岁，以便按清朝律令得以免死充军。李的幼子回答，我见父兄均死，不忍独生。终于不改供而死。这部《明史》序中写有"旧史朱氏"，而没有写名，原系指朱国祯。吴之荣素怨湖州南浔富人朱佑明，诬告朱佑明即序中的"旧史朱氏"。朱佑明连同其五子，都被杀。将军松魁和幕宾程维藩被押解北京。松魁是满州八旗大员，属《大清律·八议》之例，得以免死充军，程维藩被斩。巡抚朱昌祚贿赂定案的官员，推托责任于最初查报案情的归安、乌程两县学官。这两个学官也当斩，后得以幸免。湖州府知府谭希闵到任刚半月，与推官李焕均以隐匿罪被绞。苏州浒墅关榷货（税务）主事李尚白听说阊门书坊有这部书，派衙役去买。案发时，李尚白已入京，以购逆书罪立斩。书商和买书的衙役也都被斩于杭州。此案牵连被处死者七十余人，发边地充军者数百人。吴之荣竟因此起用、升官，并得到了被没收的朱佑明的财产。后世史家评论说，这时玄烨刚即位，鳌拜专政，想借大狱以立威。如果事情发生在康熙亲政以后，也许不会这样株连。

六、鳌拜欺主擅政

辅政四大臣之中，鳌拜是清初开国功臣费英东之侄，因骁勇善战，屡立军功，而升至内大臣，封一等公，赐号巴图鲁（满语勇士）。他虽居班次之末，但此人居功自傲，骄横跋扈。索尼乃四朝元老，居四辅臣之首，但已年老，遇事不持己见。遏必隆系开国功臣额亦都之子，也封公爵，与鳌拜同属镶黄旗，遇事随声附合。惟有苏克萨哈，属正白旗，爵位仅一等男，班次却仅亚于索尼，遇事屡与鳌拜不合，二人虽为姻戚，已积怨成仇。鳌拜为了扩大自己的势力，"相好者荐拔之，不相好者陷害之"，于是，党羽广树，"文武各官，尽出伊门"。鳌拜之弟穆里玛受命为靖西将军，其子那虏佛也做了领侍卫内大臣。当时内秘书院大学士班布尔善、吏部尚书阿思哈、侍郎泰必图、兵部尚书噶褚哈、工部尚书济世以及鳌拜兄弟子侄等，与鳌拜结为一党。恣意妄为，把持朝政。鳌拜办事不求合理，部院大臣稍有违背他的意愿，就呵斥，甚至治罪。

康熙三年（1664）四月，鳌拜与大臣费扬古有嫌隙，挟私报复。矫旨诬坐费扬古之子倭赫等擅乘御马而处死，又诬坐费扬古为先帝守陵有怨言，连同其子尼侃萨哈连一并绞杀。

康熙五年（1666）正月，鳌拜提出：顺治初年清军跑马圈地时，多尔衮偏袒自己所属的正白旗，将正白旗安置在蓟州、遵化、迁安诸州。而鳌拜所属的镶黄旗改在保定、涿州、河间一带。鳌拜以这样办与"八旗自有定序"的祖制不合，提出镶黄和正白两旗对换土地，如果土地不够，"别圈民地补之"。

圈地，是清军入关之初，在近京各州县跑马圈地，以安置"东来诸王、勋臣、兵丁等人"的一项暴政。清廷表面上说圈占"无主荒田"，实际上侵占的多是有主的民田。户部尚书、正白旗大臣苏纳海上奏："土地分拨已久，且康熙三年奉有民间地土不许再圈之旨，不便更换。"三月，鳌拜以皇帝谕旨名义支持镶黄旗圈换土地，并引用顺治《遗诏》："凡事俱遵太祖太宗例行"，立即圈换土地，户部尚书苏纳海、直隶总督朱昌祚、巡抚王登联等奉命经理。四月，户部提出两种圈换土地方案，辅臣等命秋收后派员勘查丈量，取具实数，酌议分拨。这年秋天，户部尚书苏纳海、侍郎雷虎等率许多人去丈量准备圈换的土地，旗人民人都十分惶恐，"哭诉失业者殆无虚日"。

直隶巡抚王登联奏："旗民皆不愿圈换。自闻命后，旗地待换，民地待圈，皆抛弃不耕，荒凉极目，亟请停止。"

这时，圈换土地造成的种种纷扰，传闻到宫中。康熙帝在问安的时候奏报给皇太后，太后切责四辅臣圈地扰民。

鳌拜感到圈换势将被迫停止，十分恼怒，竟命吏、兵二部将苏纳海、朱昌祚、王登联等"拿来禁守"，革职交刑部议处；又诬陷三人结党抗旨，违背祖制，要将三人处死。刑部以"查律无正条"，所以处罚不重。年仅十三岁的康熙帝看到刑部的奏疏后，知道鳌拜痛恨苏纳海等三人阻挠其意，必欲置之死地，便特召辅臣，赐坐询问。鳌拜、索尼、遏必隆坚奏苏纳海等三人应置重典，只有苏克萨哈没有说话。康熙帝坚持不同意处死这三人。十二月，鳌拜竟一意孤行，假传圣旨，悍然将苏纳海等人绞死，家产没收。

这一事件，使年幼的康熙皇帝对鳌拜的恣意妄为、欺君擅权，有了深刻的感受，也使太皇太后有所警觉。

七、苏克萨哈之死

康熙六年（1667），康熙帝下诏书说："今闻直隶各省人民，疾苦困穷，深可悯念。或因官吏胶削；或因法制未便。"命臣下进言。六月初一，内弘文院侍读学士熊赐履应诏上书，指出国家大政，本原之地在乎朝廷。并条陈四事：一、"政事纷更而法制未定"。"急功喜事之人又从而意为变更。但知目前尺寸之利以便其私，而不知无穷之患，已潜滋暗伏于其中"。请求"详慎会议国家制度，勒成会典，颁示天下"。二、"职业堕废而士气日靡"。"各衙门大小臣工，大率缄默依阿，绝少实心任事之人。甚至托老成慎重之名，以行尸位素餐之计"。请求"申饬满汉诸臣，虔衷酌理，实意任事。是则曰是，非则曰非。汉官勿以阿附满官为工"。三、"学校废弛而文教日衰"。请求"隆重师儒，兴起学校"。"非六经语孟之书不读，非濂洛关闽之学不讲"。四、"风俗僭侈而礼制日废"。请求"皇上躬行节俭为天下先。自王公以及士庶，凡宫室车马衣服仆从，一切器用之属，俱立经制，限以成数，颁示天下"。熊赐履奏疏呈上，鳌拜大怒说："是弹劾我也。"请康熙帝治以妄言之罪。并请申禁言官，不得上书奏事。康熙帝驳斥鳌拜说："他自陈国事，何以牵涉到你？"

早在康熙五年（1666）八月，刑科给事中张维赤已上疏请康熙帝亲政，奏疏说："伏念世祖章皇帝于顺治八年亲政，年登一十四岁。今皇上即位六年，齿正相符，乞择吉亲政。"这年十二月，鳌拜以圈换土地事件，一举矫旨杀了苏纳海三大臣，朝廷内外惴惴不安，请求康熙帝亲政的呼声日益增高。康熙六年（1667）三月，辅政四大臣之首索尼见鳌拜势力日张，心中不安。他又与苏克萨哈一向不和，想到自己年老多病，于是与其他辅臣奏请皇帝亲政。理由与张维赤所提相同。这年六月，索尼去世。七月，康熙帝率鳌拜等三辅臣将亲政问题往奏太皇太后。太皇太后谕："皇帝尚年幼，如果你们辅政大臣全谢政，天下事皇帝怎能独自处理？缓一二年再奏。"鳌拜等复奏："主上躬亲万几，臣等仍行佐理。"于是，康熙帝下旨择吉亲政。七月初七日，举行了亲政大典。十四岁的康熙帝，登太和殿，躬亲大政，王以下文武官员行庆贺礼，宣诏天下。这一天，康熙帝开始御乾清门听政。

苏克萨哈见皇上虽已亲政，但鳌拜继续"佐理"，骄横日甚，对自己又仇恨日深，故有引退之意。在亲政大典后第七天，苏克萨哈以身患重疾，不能效力，逢皇上已躬亲大政，请求"往守先皇帝陵寝，如线余生得以生全"。少年皇帝康熙刚亲政几天，览奏以后，对苏克萨哈的苦心"不解所谓"，派人去询问。鳌拜得知，矫旨指责："苏克萨哈奏请守陵，如线余生得以生全。不识有何逼迫之处，在此何以不得生？守陵何以得生？朕所不解。著议王贝勒大臣会议其奏。"

鳌拜与苏克萨哈久结怨仇，这时借机陷害。七月十七日，鳌拜操纵议政王大臣会议，捏造诬陷，列苏克萨哈"欺藐幼主，不愿归政"等二十四条罪状。论如大逆，应坐《大逆律》，议定：苏克萨哈与其长子内大臣查克旦皆凌迟处死，余子六人、孙一人，兄弟之子二人，皆斩决籍没。族人前锋统领白尔赫图、侍卫额尔等皆斩决。议定之后向皇帝奏报。康熙帝这时才明白鳌拜等怨恨苏克萨哈不顺从他，积怨成仇，构成罪款，必欲置之极刑。因而谕以"核议未当，不允所请"。

鳌拜竟"攘臂上前，强奏累日"，逼迫康熙帝允准。最后，康熙帝勉强同意改处苏克萨哈以绞刑，其余如议。

鳌拜前以圈地事，一日之内杀三名大臣，现在又以"如线余生，得以生全"一句话，而诬杀同为辅政大臣之苏克萨哈，并株连多人。甚至在皇帝面前攘臂强奏，不依他，不罢休，其专横跋扈，欺藐幼主，已达极点。这时，康熙帝名义上虽已亲政，但实同傀儡。

八、清除鳌拜，夺回政柄

鳌拜杀死苏克萨哈之后，更加肆无忌惮。这时，辅政四大臣中只剩下鳌拜和遏必隆二人。遏必隆凡事依附鳌拜，不敢有异议，朝廷大权全操纵于鳌拜之手。朝廷政务，鳌拜先在家中议定，然后施行。部院启奏官员如不事先向他汇报，而自行启奏皇帝，就怒加申斥，怀恨在心。鳌拜在皇帝面前，凡事不以理进奏，多以旧时书稿呈览，逼勒皇帝同意允许。甚至康熙帝朱批过的红本，鳌拜竟取回改批。在他的影响下，其党大学士班布尔善奏事时，谕旨稍有不合其意，竟"忿然而出"，给皇帝颜色看。康熙帝逐渐看清了鳌拜结党乱政，欺君擅权，已对康熙帝本身和爱新觉罗氏的皇权构成了严重威胁。

康熙七年（1668）九月，内秘书院侍读学士熊赐履又上奏疏："朝政积习未祛，国计隐忧可虑。"并引用宋儒程颐的话，强调"天下治乱系宰相"。熊赐履的奏疏，反映了朝野望治和反对鳌拜结党擅政之迫切。奏疏呈上，鳌拜传旨责问：朝政积习未除，国计隐忧可虑，设置措施不符众人之望等语，何所指？著据实逐一明白具奏。随即以所陈无据，妄奏沽名，降二级调用。康熙帝深明其意，从宽免予议处。鳌拜曾托病不朝，要皇帝亲自去问疾。据说，康熙帝到了他家，进入他的寝室，御前侍卫和托看到鳌拜色变，急忙到床前揭开席子，席揭刀见。康熙帝笑着说："刀不离身，满洲故俗，不足异也。"随即回宫，以下棋为名，召索额图入宫，密商清除鳌拜的对策。索额图是康熙帝皇后的叔父、辅政大臣索尼的第二子。他原任一等侍卫，康熙七年（1668）六月，改任吏部侍郎。康熙八年（1669）五月，他自请解任，效力皇帝左右，仍任一等侍卫。当时康熙帝年仅十六岁，深知鳌拜势力很大，难以制服。他深居宫中，从侍卫和拜唐阿（执事人）中挑选了十几个满洲少年，日以练习撩跤（摔跤）为戏，叫作善扑营，鳌拜入内奏事也不回避。他以为皇帝童心好耍，越发轻侮，毫不介意。

康熙八年（1669）五月十六日，康熙帝召集善扑营的少年问道："你们都是朕的股肱老臣，你们怕我，还是怕鳌拜？"这群半大小伙子齐声回答："我们只怕皇上！"于是康熙帝向他们宣布了鳌拜的罪过，立即召鳌拜进宫。鳌拜刚进宫，就被这群少年摔倒擒获。

事先，鳌拜的亲信已被一个个以各种名义先后派出京去。鳌拜之弟内大臣巴哈已差往察哈尔，他的侄子侍卫苏尔马已差往科尔沁，其党羽理藩院左侍郎绰克托已差往苏尼特，工部尚书都统济世已派往福建巡海。与鳌拜同时被捕的还有辅政大臣遏必隆和一等侍卫阿南达等人。

康熙帝立即命议政王大臣等拿问鳌拜及其党羽。他揭露鳌拜的罪行说：鳌拜在朕前办事，不求理当，稍有拂意之处，即将部臣喝叱；引见官员时，鳌拜在朕前，理宜声气和平，乃施威震众，高声喝问；科道官员条奏，鳌拜屡请禁止，恐身于物议，闭塞言路；凡用人行政，鳌拜欺朕专权，恣意妄为；文武各官尽出伊门下，内外用伊奸党，大失天下之望；穆里玛、阿思哈、噶褚哈、济世、班布尔善等与他结成同党；而且将部院衙门各官，于启奏后，常带往他家商议。这是人所共知。鳌拜等倚仗凶恶，弃毁国典。与他们相好者荐拔之，不相好者陷害之……种种罪行难以枚举。遏必隆知而缄口，未尝露奏一言，是何意见？阿南达负朕恩宠，每进奏时，称赞鳌拜为圣人，著一并严拿勘审。

这道谕旨一下，朝野震动，人心大快。和硕康亲王杰书等奉旨勘问。五月二十八日，共议定鳌拜罪状三十条，其中主要有：背负先帝重托，任意横行，欺君擅权；引用内外奸党；将苏克萨哈无罪灭族，将白尔里图等无罪妄杀；原尚书苏纳海、总督朱昌祚、巡抚王登联以八旗更换地亩事，不顺其意，擅加杀害；禁止科道陈言，阻塞言路；熊赐履条奏之事，鳌拜以为劾己，意图倾害。在皇帝前，凡事不依理进奏，多以旧时疏稿呈览，逼勒依允等等。议定鳌拜立斩，亲子兄弟俱斩首，妻及孙为奴，家产籍没。遏必隆依附鳌拜，罪状十二条，议革职立绞。大学士班布尔善附和鳌拜，结党营私，罪状二十一条，议革职立斩。奏上以后，康熙帝诏谕，念鳌拜累朝效力年久，朕不忍加诛，从宽免死（后来鳌拜死于狱中）。遏必隆削职免死。鳌拜重要党羽班布尔善、穆里玛、塞本得、阿思哈等均处死。其余阿南达、佛伦、刘光、阿林、希福等俱从宽免死。

定案之后，康熙帝传谕内外文武官员，公布鳌拜及其一党的罪状始末和判决。同时宣布："至于内外文武官员，或有畏其权势而依附者，或有身图幸进而依附者，本当察处，姑从宽免。自后务须洗心涤虑，痛改前非，遵守法度，恪供职业，以副朕整饬纪纲、爱养百姓至意。"

十六岁的康熙帝，在太皇太后的支持下，依靠一等侍卫索额图和身边的几个少年侍卫，一举铲除了鳌拜及其党羽，夺回了大清国的政柄。

清除鳌拜后，康熙帝诏谕吏、兵二部："鳌拜等与苏克萨哈不和，挟仇灭其子孙后嗣，深为可悯。其白尔黑图等并无罪，因系族人连坐诛戮，殊属冤枉。"七月初六，恢复苏克萨哈原有一等精奇尼哈番世职，命其子苏常淑世袭，并给还所没收的家产。此案内受株连的文武官员，已革职的复其原官，已死的赐荫生、监生给其后嗣。

七月，康熙帝谕吏部：户部尚书苏纳海、总督朱昌祚、巡抚王登联系被鳌拜等多端诬陷，无辜处死，理应昭雪。八月二十四日，各予追谥，祭葬，荫其子。

原任尚书梁清标、祁微白、叶成额，侍郎石图、图尔特、勒德洪、杭爱、左都御史硕博会等，因为鳌拜所嫉，无故解职的，都恢复原官或补用。

同时，对顺治十八年以后宗室犯罪被革除宗室者，康熙帝也命查明情节，分别处理。

索额图是铲除鳌拜的首要功臣。康熙八年（1669）八月，任命他为内国史院大学士。原弘文院学士正黄旗人明珠曾奉康熙帝之命，查阅淮阳河工，九月，明珠从工部尚书改任都察院左都御史。内秘书院侍读学士熊赐履擢升为内国史院大学士。

康熙帝八岁即位，十四岁亲政，但直到这时才"乾纲独握"，在索额图、熊赐履等人的辅佐下，勤政好学，建立起自己的统治。清朝的政局也进入新的发展阶段。

*本文十议中的引文，除注明者外，未注明者均出自《清实录·圣祖仁皇帝实录》。其中个别字句，为了行文联贯易懂，字面略有变通。

原文选自《秋海棠叶集》，中国社会科学出版社 1998 年

康熙皇帝十议（摘选）

年轻皇帝和年轻皇朝的存亡考验
——三藩之乱

一、三藩势成割据，不可不撤

康熙帝亲政以来，有三件大事，使他日夜惦念，并曾写出来挂在宫柱上。这三件大事是三藩、河务和漕运。

三藩之由来　三藩是清廷驻镇云南、广东和福建的平西王吴三桂、平南王尚可喜、靖南王耿继茂（后由其子精忠袭爵）。这三个藩王合称三藩。

吴三桂原是明朝镇守山海关的总兵官。崇祯十七年（1644）三月，李自成兵进北京。据传，吴三桂听说爱妾陈圆圆被李自成的大将刘宗敏抢去，冲冠一怒，引清兵入关，与多尔衮联合大败李自成。清廷封吴三桂为平西王。随同清军入关的明朝降将还有孔有德、耿仲明、尚可喜，都已被皇太极封为王。

清朝定都北京后，顺治元年（1644）十月，命孔有德、耿仲明随豫亲王多铎，吴三桂、尚可喜随英亲王阿济格，分南北两路进兵西安，追击李自成。第二年，孔有德、耿仲明随多铎移师南下，攻扬州，下南京，消灭了南明福王政权。吴三桂、尚可喜随阿济格继续追击李自成，由襄阳下武昌，到九江。李自成死于九宫山后，班师。顺治六年（1649）五月，清廷命大学士洪承畴经略东南五省，改封孔有德为定南王，命征广西；改封耿仲明为靖南王、尚可喜为平南王，命征广东。命吴三桂进兵四川、云南。耿仲明卒于途中，其子继茂袭封。孔有德兵败自杀于桂林。顺治十六年（1659），东南、西南皆定，顺治帝命平西王吴三桂留镇云南，平南王尚可喜、靖南王耿继茂留镇广东。不久，调耿继茂驻镇福建。继茂卒，其子精忠袭封王爵，继续驻镇福建。

　　三藩久据东南数省，各握重兵。平南王、靖南王所属，各有十五佐领，绿旗兵各六七千，丁口各二万；平西王则藩属五十三佐领，绿旗兵一万二千，丁口数万。吴三桂兵力最强，功也最高。三藩势力几乎近全国之半。清朝全国的财赋一半耗费于三藩的俸饷。三藩势焰日张，尤以吴三桂为甚。顺治帝逝世时，吴三桂拥兵北上致祭，吴本人未到，其前驱在北京已人马塞途，居民走匿。清廷恐吴三桂生变，命他在京城外搭棚设奠，礼成即去。

　　清初借助吴、孔、尚、耿等降将，打败李自成，夺取中原，消灭南明诸王。但事隔十几年，三藩却成了清廷的严重隐患。康熙帝从亲政后就日夜思虑，"以三藩势焰日炽，不可不撤"。

　　吴三桂倡乱云南　　康熙十二年（1673）三月，尚可喜上疏请归老辽东，留其子尚之信继续镇守广东。经议政王大臣等集议，认为如果同意尚之信拥兵留镇，恐跋扈难制。康熙帝诏令："尽撤全藩回辽东。"吴三桂和耿精忠闻讯，不能自安，七月先后疏请"准撤全藩"，以试探朝廷意旨。康熙帝命议政王大臣，会同户、兵两部确议。廷议结果，意见不一，以大学士索额图、图海为首，多以为应仍令吴三桂守云南。惟有刑部尚书莫洛、户部尚书米恩翰、兵部尚书明珠等认为应当迁移。康熙帝命议政王大臣及九卿科道会同再行确议，划一具奏。诸王以下所见不同，仍持两议。

　　康熙帝久已考虑，藩镇势成尾大，非国家之利；又以为吴三桂之子、耿精忠诸弟都宿卫京师，谅吴、耿二人不敢叛乱，于是降旨："吴三桂请撤安插，所奏情辞恳切，著率所属官兵家口，俱行搬移。"随后，也批准了耿精忠撤藩的奏疏。

　　康熙十二年（1673）三至七月，康熙帝下令三藩俱撤还山海关外。八月，康熙帝派礼部右侍郎折尔肯、翰林院学士傅达礼去云南，户部尚书梁清标去广东，吏部侍郎陈一炳去福建，各持敕谕，会同该藩及当地总督、巡抚，经理各藩撤兵起行事宜。九月，康熙帝命陕西总督鄂善总督云南军务，宁夏总兵官桑额提督云南军务，准备接替吴三桂戍守云南。

　　吴三桂、耿精忠疏请移藩，实际是迫于形势，故作姿态，期待朝廷慰留。及至撤藩命下，吴三桂大失所望，遂与其心腹日夜聚谋。暗中部署兵马，禁遏邮传，只许入境，不许出境。并且与耿精忠联络，约结各地旧部。

　　折而肯、傅达礼到达云南后，催促起行。吴三桂表面拜诏，而屡次推迟行期。

反谋益急，而举措未定。首先难于举兵之名。吴部亲信刘茂遐认为，明亡未久，人心思归。如果扶立明室后裔，老臣宿将必愿为前驱。方光琛则以为，若立明朝后裔为号召，以前向清乞师，还可自解，但缅甸之役和杀明永历帝难以自解。吴三桂又考虑，如果就地起事，则滇蜀非举兵之地；如果行至中原而后发动，又怕日久谋泄。这时，巡抚朱治国、学士傅达礼三日一次催问何日起程。十一月十五日又同去见吴三桂。朱国治说："三大人（指折尔肯、傅达礼等）候久，王若不搬，三大人自去回旨了。"吴三桂大骂："咄咄！朱国治，汝贪污小奴，不容吾住耶？"朱国治说："巡抚贪污在何处？"吴三桂说："汝还强口？汝前索大理知府冯甦银三千两，是向我所借。"傅达礼说："请王息怒，此事与巡抚无干。"吴三桂感到形势急迫，遂仓促起事，杀巡抚朱国治于市，扣留清廷使臣折尔肯、傅达礼，自称天下都招讨兵马大元帅，冒称拥立崇祯帝三太子，号召反清复明。蓄发易冠，旗帜皆白，传檄远近。又致书平南、靖南二藩和台湾郑经以及各地故将旧吏，邀约响应。其檄文曰：

> 原镇守山海关总兵官，今奉旨总统天下水陆大师兴明讨虏大将军吴，檄告天下文武官吏军民人等知悉：本镇深叨大明世爵，统镇山海关。惟时李逆倡乱，聚贼百万，横行天下，旋寇京师。……本镇独居关外，矢尽兵穷，泪干有血，心痛无声。不得已，歃血订盟，许虏封藩，暂借夷兵十万，身为前驱，斩将入关，李贼遁逃。……幸而渠魁授首，方欲择立嗣君，继承大统，封藩割地，以谢满酋。不意狡虏逆天背盟，乘我内虚，雄踞燕京；窃我先朝神器，变我中国衣冠；方知拒虎引狼之非，莫挽抱薪救火之误！本镇刺心呕血，追悔靡及，将欲返戈北逐，扫荡腥膻，适值周、田二皇亲，密令太监王奉，抱先皇三太子，年甫三岁，刺股为记，寄命托孤，宗社是赖。姑饮泣隐忍，未敢轻举，以故避居穷壤，养晦待时，选将练兵，密图恢复。枕戈听漏，束马瞻星，磨砺竟惕者三十年矣。……本镇仰观俯察，正当伐暴救民，顺天应人之日也，爰率文武臣工，共襄义举，卜取甲寅年（康熙十三年，1674年）正月元旦寅刻，恭奉三太子，郊天郊地，恭登大宝，建元周启，檄示布闻，告庙兴师，刻期并发。

吴三桂起兵云南，反清战乱爆发。

康熙帝仓促应变　康熙十二年（1673）十二月二十一日，吴三桂反讯传到京师，事出康熙帝和诸王大臣意料之外，举朝震动。康熙帝立即召集议政王大臣会议。大学士索额图以为吴三桂之反，全由撤藩激起，请处死建议撤藩之人，以谢吴三桂。康熙帝说：此出自朕意，他人何罪？不准所请。当天谕令：今吴三桂已叛，荆州乃咽喉要地，著前锋统领硕岱，带兵兼程往守荆州，以固军民之心；并进据常德，以遏贼势。

二十二日，康熙帝驰诏停撤平南、靖南二藩。因广西境邻贵州，授孙延龄为抚蛮大将军、线国安为都统，命固守广西。命西安将军瓦尔喀率部星夜进四川，坚守由滇入川险隘。这天，京师民人杨起隆冒称朱三太子，准备聚众起事，事泄，其徒众被杀者二百零三人。北京白昼关闭城门，入夜数处起火，人心惶惶，四方骚动。

二十四日，康熙帝以多罗顺承郡王勒尔锦为宁南靖寇大将军，率大兵到荆州讨伐吴三桂。这天，拘禁吴三桂之子额驸吴应熊及其随从官员。

二十五日，康熙帝命副都统马尔喀率部驻衮州，扩尔坤率部驻太原，以备从东西两路及时策应前方。

二十七日，诏削吴三桂爵，谕云贵文武官员军民人等。诏书说："吴三桂本为流寇所迫，势穷归来之人，世祖章皇帝念其输款投诚，授之军旅，赐封王爵。……迨及朕躬，晋爵亲王，重寄干城，殊恩优礼，振古所无。讵料吴三桂，性类穷奇，中怀狙诈，宠极生骄，阴谋不轨。近览川湖总督蔡毓荣等疏称，吴三桂径行反叛，背累朝之恩，横行凶逆，涂炭生灵，理法难容，神人共愤。今削其爵，特遣宁南靖寇大将军，统领禁旅，前往扑灭，兵威所至，刻期荡平。但念地方官民人等，身在贼境或心存忠义，不能自拔；或被贼驱迫，怀疑畏罪，大兵一到，玉石莫分。朕心甚为不忍。爰颁敕旨，通行晓谕，尔等各宜安分自保，无听诱胁。即或误从贼党，但能悔罪归诚，悉赦已往。"

这一天，以都统赫业为安西将军，率同将军瓦尔喀等由汉中入四川。随后，命大学士莫洛赴西安，经略陕西军事。

二十八日，康熙帝谕出征官兵严明纪律，主要有：掠民财物、拆人庐舍、污人妇女、扰害百姓、拆坏运河闸板桩木者，从重治罪。

吴三桂仓促起兵，康熙帝急忙应战，八年之久的战争，于是开始。

二、战乱不断扩大，康熙帝首谕亲征

云贵川湘四省相继失陷　清军入关之初，利用明朝降将征服全国。随着南方的统一和三藩势力的日见增长，三藩以及汉族将官与清廷的矛盾日益尖锐。吴三桂起兵后，各地汉人将军纷纷响应，战火迅速扩大。

吴三桂起兵云南以后，贵州提督李本深首先响应，巡抚曹吉申、总兵王永清相继反清。康熙十三年（1674）正月，四川巡抚罗森、提督郑蛟麟、总兵吴之茂、谭宏响应吴三桂。云贵川三省不战而失。

吴三桂据有西南后，主力迅速进入湖南。康熙十二年（1673）除夕占领沅州。清军提督桑额自沣州退夷陵，偏远巡抚卢震弃长沙奔岳阳。驻守常德的原广东提督杨遇明作内应，吴三桂攻占常德。夏国相攻澧州，守城清军起兵响应。吴应麟攻岳州，守将迎降。长沙守将开城迎吴三桂军入城。吴三桂亲到常德督战。二三月间，湖南长沙、常德、沣州、岳州、衡州，全为吴三桂占领。这时，湖北襄阳总兵杨来嘉也起兵响应。清军云集荆州、武昌，而统帅勒尔锦以南方酷暑多雨、马瘦弓湿为借口，不敢渡江作战，坐失湖南。

耿精忠叛变于福建　康熙十三年（1674）三月，耿精忠响应吴三桂，起兵福建。随即进攻浙江和江西。总兵曾养性由东路进攻温州、台州。总兵白显忠由西路进攻江西广信、建昌、饶州，中路都统马九五兵出仙霞关，进攻金华和衢州，又与吴三桂合兵下江西三十余城。

孙延龄起兵　康熙帝虽封孙延龄为抚蛮大将军，命他统领原属定南王孔有德的官兵，固守广西。但康熙十三年（1674）二月，孙延龄起兵响应吴三桂。清军柳州提督马雄随之起兵反清，广西全省皆失。

台湾郑经进军闽粤　郑成功死后，其子郑经继承王位。吴三桂起兵后，曾与郑经联络，耿精忠也许以漳、泉二府之地，请郑经出兵助战。康熙十三年（1674）四月一日，郑经以南明永历二十八年，发布檄文。檄文说："今者，虏乱日甚，行事乖方，积恶已稔，天夺其魂，以致吴王倡义于滇南，耿王反正于闽中，平南、定南各怀观望，秦蜀楚越莫不骚动，人望恢复之心，家思执篲之遂。"宣称将率兵百万，楼船数千，"上雪国家之仇，下救生民之祸"。郑经与部将冯锡范、刘国轩等随即领兵渡海，入思明州，占同安，攻取泉州。耿精忠失悔前约，不愿交出泉州，双方冲突，耿部退走。郑经兵入泉州，进攻漳州、潮州。潮州总兵刘进忠归降郑经。康熙十四年（1675），郑经攻陷漳州、兴化、汀州，十二月进攻温州。

面对这种严峻形势，康熙帝不断调兵遣将，指授机宜。康熙帝命贝勒尚善为安远靖寇大将军，协助顺承郡王攻取岳州；命安亲王岳乐为定远平寇大将军，兵出江西；命简亲王喇布为扬威大将军，统镇江南；以贝勒洞鄂为定西大将军，与经略莫洛由陕西攻四川；康亲王杰书为奉命大将军；贝子傅喇塔为宁海将军，由浙江征讨福建；命尚可喜和总督金光祖由广东进兵征讨孙延龄。康熙帝虽然始终处于被动地位，但力争从被动中争取主动，指出战略重点首要是进攻湖南，消灭吴三桂，谕勒尔锦："康亲王进剿闽贼，虽屡奏捷，朕不以为喜。吴三桂乃贼渠，惟破岳州、澧州方可喜耳。"又谕兵部："今日事势先灭吴逆为要。"

王辅臣叛变于陕甘　　陕西提督王辅臣原是姜瓖的部下，清兵入关之初降清，后归英亲王阿济格部下，入正白旗，为总兵官。吴三桂起兵反清后致书联络，王辅臣将吴三桂信札呈送，表示忠于清廷。康熙十三年（1674）八月，王辅臣率兵二千，随莫洛向四川进军。十一月清军饷道被截断，大兵粮饷阻绝。十二月途经宁羌，王辅臣袭杀经略莫洛，起兵叛清。随即北走平凉，攻占兰州，陕甘各地多处府州响应。秦州、巩昌、固原、定边、靖边、绥德、延安、临洮、庆阳等地都为王辅臣控制。惟有甘肃提督张勇，总兵孙思克、王进保、陈福忠于清廷。河西及陕西才未全部失陷。

战局危急和首次亲征之议　　王辅臣叛变，经略莫洛阵亡，川陕清军败退西安，形势空前严重，四方震动。康熙帝首议亲征，谕大学士索额图、尚书明珠："今报王辅臣兵叛，恐人心震动，丑类窃发。前者各将军、大臣不遵指授，互相观望，迁延不进，以致逆贼得据大江之南。贼渠未灭，故又有此变。朕欲亲至荆州，相机调遣，速灭贼渠吴三桂。若吴三桂即灭，则所在贼党，自当瓦解。"经索额图、明珠与议政内大臣密议，劝阻，未发。

这时清廷兵力不足，在江南财赋重地，将军华善驻守江宁之兵仅四百，所统率之兵不满一千。急调发盛京、吉林乌拉、宁古塔兵入援。又调鄂尔多斯、归化城等蒙古兵赴西安，派兵迎接广元、保宁清兵回汉中。

王辅臣据平凉，陷汉中，吴三桂急送银二十万，犒王辅臣兵。又令四川王屏藩、吴之茂由汉中出陇西增援，遍行煽动，所在响应。土民、羌、番蜂起。

康熙帝诏令张勇为靖逆将军，便宜行事。调天津总兵赵良栋驰援宁夏。又拨调南怀仁新造红衣炮四十尊于西安，以备攻取秦州、平凉。

康熙十四年（1675）三月，康熙帝又调察哈尔骁骑入驻宣化、大同。察哈尔蒙古亲王布尔尼叛，康熙帝命信郡王鄂札、大学士图海进讨。布尔尼败逃，中箭死。驻镇大同的察哈尔蒙兵哗变，毁边墙逃散。

康熙十四年（1675）四月，达赖喇嘛上奏："若吴三桂力穷，乞免其一死；万一鸱张，莫若裂土罢兵。"康熙帝斥谕达赖："朕乃天下臣民共主，岂容裂土罢兵。但果尔悔罪来归，亦当待以不死。"

王辅臣与陕甘清军相持一年不下，十月，吴之茂等进攻秦州、商州，又自陕南洋县进攻商州大峪口。潼关危急。清廷调河南兵二百、蒙古兵六百驰赴潼关。

康熙十五年（1676）正月，康熙帝命洞鄂等速取平凉，诏责大将军顺承郡王勒尔锦："统领大兵进剿逆贼，二载有余，未获尺土，以致师老饷匮，坐失机宜。"申饬大将军简亲王喇布："粤东需兵甚急，前调江西大兵，远赴广东，乃至今未全发，殊误军机。"

二月，康熙帝以洞鄂等屯兵平凉，旷日持久，命都统大学士图海为抚远大将军，率师赴陕西，统辖全省满汉大兵，贝勒洞鄂以下悉听节制。又谕兵部："康亲王杰书大兵驻浙江，旷日持久，致师老饷匮，福建一定，则江西可以全力以办贼，而吴逆亦可指日定矣，王等速议进兵；贝勒尚善统领大兵将及二载，并未移师前进，因循坐守，致师老财匮，今大将军安亲王岳乐由袁州进取长沙，尚善等以文到日即作攻取岳州、发兵长沙之势，以牵制逆贼。"

尚之信起兵广东　　康熙十五年（1676）二月二十一日，尚之信响应吴三桂，易服改帜，派兵守其父尚可喜住所，炮击清军兵营。舒恕引清军向北撤退。总督金光祖、巡抚佟养钜、陈洪明皆叛。

康熙帝谕：广东变乱，江南、江西俱属可虑。倘粤闽诸贼合力来犯京口诸处，江南兵单，难于防御。命增兵两江。调蒙古喀尔沁、土默特、翁牛特等十旗兵马援江南。

自康熙十二年（1673）十一月，至十五年（1676）四月的两年半中，吴三桂兵出云贵，进据湖南，清军云集荆州、武昌、宜昌而不敢渡江南下。孙延龄叛于广西，罗森、郑蛟麟等叛于四川，耿精忠叛于福建，台湾郑经进兵闽广，王辅臣叛于甘肃，击杀经略莫洛。尚之信、金光祖等又叛于广东，四方骚动，人心动摇。清军东征西调，顾此失彼；将帅因循不进，坐失机宜。战争波及云、贵、川、湘、鄂、皖、浙、赣、闽、粤、桂和陕、甘十几省，清朝丧失了南中国的半壁江山。撤藩之举导致如此局面，事出康熙帝意料之外。年轻的康熙皇帝经受着严重的考验。

三、陕甘平定，耿尚败降

吴三桂仓促起兵，只是愤于藩王地位被夺，及至四方响应，战争迅猛扩大，也为他始料所不及。起兵之初，诸将建议迅速渡江，全师北进；或主张直下金陵，扼守江、淮，断绝南北饷道；或言宜出巴蜀，据关中，以进取中原。但是，吴三桂既没有夺取天下的雄心，更没有推翻满清统治的壮志，他不肯放弃云贵的根本之地，以为事虽不成，亦可划江而国，裂土称王，所以用兵数年，未曾长驱东下北进；加以反清势力缺乏统一指挥，人各一心，各自为战，致使清廷获得反攻的机会。

陕甘的平定　康熙十五年（1676）五月，抚远大将军图海兵至平凉，十九日大败王辅臣于城北，夺虎山墩，俯瞰城中，以炮轰击。六月十五日王辅臣孤城难支，率众至图海军前投降。原固原巡抚陈彭、庆阳总兵周扬名等相继率众投降。

陕甘既平，战局出现了重大转折。康熙帝诏谕图海留陕，命征南将军穆占率满洲兵及平凉降兵移征湖南。

耿精忠败降　康熙十五年（1676）六月，耿精忠部将耿继美自焚营垒和建昌、新城等城撤退。浙、闽战局也陡然一变。康熙帝谕："耿精忠撤回建昌诸城，必闽中有变，其为海寇（郑经）所逼无疑。乘此机会，大兵即宜前进，以靖闽逆，勿得坐失事机。"八月，康亲王杰书遣都统赖塔攻衢州，马九玉败走。九月，清军入仙霞关。耿部金应虎降。十月，康亲王杰书抵延平。耿精忠势穷，向清军请降。清廷命他随清军进攻郑经。曾养性也降于温州。

郑经兵退厦门　郑经遣部将许辉攻福州，在乌龙江设营，清军渡江激战，郑经败走。康熙十六年（1677）二月，郑经战败，弃漳州返厦门。清军复泉州、漳州、海城等十州县。福建略定。康亲王杰书进兵潮州，原总兵刘进忠、苗之秀投降。

尚之信投降　康熙十五年（1676）十二月，尚之信派人向移驻南昌的简亲王喇布军前请降。康熙帝敕谕尚之信，特降旨免以往之罪。这时尚可喜已病故。康熙十六年（1677）五月，康熙帝命尚之信袭平南亲王。原两广总督金光祖降于肇清。尚之信传檄全粤，高、雷、兼三州皆定。郑经部刘国轩弃惠州，退走。琼州总兵佟国卿剃发归降，粤东悉平。

广西战局　孙延龄起兵后，聚兵万人，设五镇，据广西，分兵进湖南、江西。孙延龄部将傅宏烈原是庆阳知府，前因告发吴三桂不轨于清廷，遭诬陷谪戍广西苍梧。吴三桂起兵反清后，佯受吴三桂官职，入思州、广南等土司和交趾境，聚众五千人后，移檄讨吴三桂。后随尚可喜军复肇庆，通款于江西清军，劝说孙延龄降清，孙妻孔四贞也向孙劝降。孔四贞是孔有德的女儿。孔有德死后，顺治帝收养宫中，封为公主。康熙十六年（1677）五月，康熙帝命傅宏烈为广西巡抚，接应大军入广西。十七年（1678）二月，莽依图率清军围广西乐平，吴三桂派吴世琮攻陷桂林，杀孙延龄，莽依图退梧州。驻守柳州的马雄，降清不久，再度起兵攻南康。马雄病死，子马成荫降清。

陕甘平定，耿尚败降，清廷转危为安。

四、湖南久攻不下，康熙帝再谕亲征

湖南及其外围的反复争夺　湖南始终是两军对峙、争夺的主战场。吴三桂攻占湖南后，主力一直驻守湖南。而康熙帝一向认为吴三桂是罪魁祸首，擒贼擒王，攻取湖南是战略重点。因此，从战争开始以来，多次诏令荆州的勒尔锦渡江进攻，命令复江西的岳乐"稍有就绪，进兵湖南"。康熙十四年（1675），两军各有胜负。岳乐屡攻萍乡、长沙，都未攻下。康熙十五年（1676），吴三桂兵入广东，另派部将韩大任攻下江西吉安。清军岳乐攻下萍乡，再攻长沙。吴三桂婿胡国柱以重兵固守长沙，吴三桂自松滋移驻岳麓山坐镇。江西吴部韩大任夺回萍乡，截断清军后路。康熙帝命喇布自江西出兵援岳乐军，进至吉安，战败撤退。

王辅臣降清后，康熙帝命图海固守陕西，暂停进取四川，命穆占率满兵及平凉降兵南下荆州，与勒尔锦所部合力攻湖南。康熙十六年（1677）初，康熙帝以吴三桂并力守长沙，命荆州大兵渡江攻岳州。勒尔锦战败于公安之虎渡口，尚善舟师入洞庭，克君山。如诸路清军长驱奋进，则可下澧州、常德，夹攻长沙。但诸军迁延不进，诸路险要又为吴三桂占据。

吴三桂移驻衡州，命胡国柱、马宝攻广东韶州，命吴世琮进攻广西，以固守湖南外围，打通西撤通道。由于孔四贞降清，傅宏烈力战，吴三桂西退通道受阻。

康熙十七年（1678），康熙帝命诸将专力于湖南，岳乐复浏阳、平江，又招水师将军林兴珠于湘潭。穆占克永兴、茶陵、攸县、郴州、桂东等十二城。

吴三桂称帝衡州　这年吴三桂已六十七岁，作战已六年，既失去陕西、福建、广东三路支援，清军又云集长沙、岳州、衡州周围，形势窘迫，兵饷不足，部下劝他称帝封臣，以振作士气。康熙十七年（1678）三月，吴三桂称帝于衡州，改元昭武，国号曰周。封部下诸将为国公、郡公、侯伯。在云、贵、川和湖南举行乡试，考选士人。吴三桂在军事失利之下称帝，放弃了"兴明"的旗帜，向往复明的将士臣民不再支持响应，政治上也更加孤立。

"旷日持久，兵缺饷匮"，再谕亲征　两军在湖南外围的江西吉安、袁州，广东的韶关、永兴和广西的桂林、柳州、梧州等地反复争夺，相峙日久。清军主力进逼长沙、岳州，屡攻不下。康熙十七年（1678）八月，康熙帝鉴于将帅彼此观望，迁延如故，兵缺饷匮，力图及早击灭吴三桂，结束战争，再次下亲征之令，谕议政王大臣："今日之事，岳州最要，不可不速行攻取。乘此民心仇贼，群相内向之时，朕欲亲统六帅，躬行伐罪。若逾此机，恐满兵不耐水土而挫锐，所遣诸将破贼无期，后虽勉图，终成掣肘。"王大臣以"贼势日蹙，无劳远出"极力劝阻，暂留未发。

五、围攻云南省城，三藩之乱平定

吴三桂病死衡州　康熙十七年（1678）八月初二至二十日，吴三桂以重兵猛攻永兴，城毁于炮，清军以筐盛土为垒，日夜坚守，战斗十分激烈。二十一日夜，吴兵突然焚营退走。这时吴三桂因突患中风、噎嗝，十七日已病死衡州，但密而不发。暗调胡国柱、马宝等自永兴退守衡州。吴三桂孙吴世璠自云南奔丧。继续称帝，改年号洪化。吴三桂余部的败亡已不可免。

十月，康熙帝谕："逆渠已毙，贼势溃乱之际，大兵亟宜前进，剿抚并行，机不可失。"急命各路大兵分道出击，展开大规模反攻。

清军攻取湖南   贝勒察尼授安远靖寇大将军，猛攻岳州，吴应麒战败。吴部总兵陈华、李超投降。康熙十八年（1679）正月，清军克岳州。勒尔锦率荆州清军渡江进攻澧州、夷陵、常德。吴部守将纷纷弃城逃走。清军克复长沙，安亲王岳东由长沙进衡州，穆占兵至永州。吴国贵、马宝、胡国柱分踞湘黔之间的天险辰州辰龙关和武冈枫木岭，顽强抵抗。两军相持一年多，清军才攻下辰州、沅州。

广西的争夺   傅宏烈先后收复浔州、梧州等地，准备进军云南，请清廷派兵支援。将军莽依图畏缩不前，退兵梧州、德庆。康熙十七年（1678）十二月，将军额楚、傅宏烈失利，藤县失守，退守梧州。

康熙十八年（1679），莽依图、舒恕、额楚等分路进攻，吴世琮自南宁败走。清军攻克桂林、南宁，收复广西。康熙十九年（1680）正月，马承荫又反于柳州，诱杀傅宏烈。六月，简亲王喇布兵复柳州，马承荫降。十月，贝子赖塔自广西向云南进发，二十年（1681）二月进入云南。

清军进入川贵   康熙十八年（1679）十月，康熙帝命提督赵良栋、张勇、王进宝分路进兵四川。十九年（1680）正月，王进保攻克保宁。吴部大将王屏藩战败自杀。清军乘胜占领顺庆。赵良栋由略阳克阳平关，正月攻下成都。吴部将军以下百余文武官员投降。随后，赵良栋又大败胡国柱于建昌。图海所部清军攻占兴安，湖广提督徐治都在巫山败杨来嘉，攻占夔州、重庆。清军夺回四川。

清军既收复湖南、四川，康熙帝命令：贝子彰泰代替安亲王岳乐为定远平寇大将军，率军进攻云贵。总督蔡毓荣率绿旗兵从沅州出发先进贵州。王进保留守四川。赵良栋为勇略将军兼云贵总督，从四川进云南。赖塔为平南将军，从广西进军云南。康熙帝又颁诏招抚吴部将军胡国柱、马宝等人，许以"不特保全家口，亦可建立功名"。

会攻昆明，三藩平定   康熙十九年（1680），湖南清军先后攻克贵州镇远、贵阳，吴世璠退守云南。康熙二十年（1681）初，清军攻永宁州，吴世璠派兵两万，在北盘江西列象阵抵御，为清兵所败，退走。广西清军从田州攻西隆州、安笼所，在黄草坝大破吴军象阵，攻克曲靖，与湖南清军会师。二月，清军进攻云南省城昆明。吴世璠派兵进攻四川泸州、叙永，牵制清军。吴世璠困守昆明。九月，赵良栋领兵自四川抵云南。这时，清军已围困省城数月而未下。赵良栋率兵连逾三层壕，夺取三重桥，直薄城下。各路清军，围城数重。十月，云南省城食尽，彰泰、赖塔、赵良栋等统率满汉清军并力环攻。二十八日夜，吴世璠自杀，余众出城投降。历时八年的三藩之乱至此平定。

六、康熙帝的反思

三藩之乱彻底平定，举朝欢庆。御史何嘉祐上疏，"天下荡平，皆赖皇上一人功德所致"，请上封号。康熙帝谕曰："奏称天下荡平，皆朕一人功德所致，则彷徨靡宁耳。前议撤藩时，令议政王大臣等会议，言不撤者甚多，言宜撤者甚少。朕决意撤藩，乃吴三桂背叛，各处骚乱，兵民困苦。今蒙天地鸿庥，祖宗福庇，数年之内，幸得歼灭贼寇，若再延数年，兵损民困，则朕决意迁撤之举，何以自解耶？此奏无益。"

裕亲王福全奏："吴逆叛乱以来，臣忝列议政，常见一切调度将士，剪除逆寇，非臣意见所能及，皆遵行上谕所至。"康亲王杰书、安亲王岳东又奏："臣等前在行间，凡恢复城池，剿御贼寇，尽出自皇上庙算，筹划周详。"三人都请"理应崇上封号"。康熙帝再召大学士勒德洪、左都御史徐文元等谕曰："逆贼吴三桂一倡变乱，遂至涂炭八年。当吴三桂初叛时，散布伪劄，煽惑人心，各省兵民，相率背叛，此皆德泽素未孚洽，吏治不能剔厘所致。……独念数年之中，水旱频仍，灾异迭见。师旅疲于征调，被创者未起。闾阎敝于转运，困苦未苏。且因军兴不给，裁减官员俸禄，及各项钱粮，并增加各项银两，仍未复旧。每一轸念，甚歉于怀。若大小臣工，人人廉洁，俾生命得所，风俗淳厚，教化振兴，天下共享太平之福，虽不上封号，令名实多。如一切政治不能修举，则上尊号何益？朕断不受此虚名也。"

于是，颁诏大赦，恤兵养民，与天下休息。事后，康熙帝自省说："前者，凡事视之以为易；自逆贼变乱之后，觉事多难处，每遇事必慎重图维，详细商榷而后定。"八年的战乱，使人民付出了巨大的牺牲，使清廷遭受沉重的打击，也使年轻的皇帝从中得到磨炼，渐趋成熟。

原文选自《秋海棠叶集》，中国社会科学出版社1998年

康熙皇帝十议（摘选）

两次雅克萨之战与《中俄尼布楚议界条约》

一、俄国侵入黑龙江流域

黑龙江、乌苏里江流域，自古是中国的领土。满族的祖先肃慎是这里远古的居民。清朝兴起时期，努尔哈赤和皇太极统一了东北各部。17世纪30年代末，西起贝加尔湖，北到外兴安岭，东起鄂霍次克海，南到日本海的广大地区，都在清朝管辖之内。

这一时期，西方早期殖民主义正向东方扩张。葡萄牙、西班牙、荷兰以及英国相继侵犯中国东南沿海。从另一个方向，沙皇俄国不断侵犯我东北边疆。从清朝一建立，中国已面临前所未有的外部威胁。不过当时中国还没有充分觉察。

中国与俄国本来并不接壤，16世纪末俄国越过乌拉尔山向东扩张，才接近我国边境。明崇祯十六年（1643），俄国雅库次克督军戈洛文派波雅克夫率一百三十二名哥萨克，越过外兴安岭，开始侵入我国黑龙江以北精奇里江地区。顺治六年（1649），俄国派哈巴罗夫率领哥萨克七十名，再次入侵。顺治八年（1651），哈巴罗夫占领黑龙江北岸我国达斡尔族首领阿尔巴西的村寨雅克萨，沿黑龙江而下，到处烧杀抢掠。在古伊古达尔村，杀死我达斡尔族六百六十一人，抢走妇女、小孩三百六十一人。在乌苏里江边乌扎拉村，遭到各族居民的痛击，狼狈逃窜。顺治十一年（1654），俄国派别克托夫率侵略军从贝加尔湖侵入我尼布楚一带，又东窜黑龙江地区，与这里的俄国侵略军头目斯捷潘诺夫汇合，顺治十二年（1655），清廷"命固山额真（都统）明安达理率兵往征罗刹（俄罗斯）于黑龙江"。十二月明安达理率清军在松花江和黑龙江边呼玛城堡，痛击俄国侵略者，因粮饷缺乏，撤兵。顺治十四年（1657）七月，清军宁古塔昂邦章京（总管）沙尔虎达在尚坚乌黑"击败罗刹兵，获其人口、甲杖等物"。顺治十六年（1659），沙尔虎达卒，其子巴海继任宁古塔将军，巴海大败俄国侵略军于古法坛村。顺治十七年（1660）七月，巴海率兵到达黑龙江和牡丹江汇合的地方，侦闻罗刹贼众在费牙喀部西界，领兵前进，至使犬（部）地方，埋伏兵船于两岸，敌船一到，伏兵齐发。这一伏，打死俄军六十多人，俄军头领斯捷潘诺夫也被击毙，残兵逃走。到顺治十七年（1660），入侵黑龙江中下游流域的俄国人，已全部被肃清。

康熙元年（1662），俄国政府在新占领的尼布楚地区，任命托尔布津为尼布楚总管。康熙四年（1665），俄国推进新的扩张，一路南下，侵占我喀尔喀蒙古土谢图汗管辖的楚库柏兴（俄国改称色楞格斯克），一路东窜黑龙江流域，重占雅克萨。于是，俄国以尼布楚、楚库柏兴和雅克萨为据点，逐步推进。他们四出抢掠我国索伦、赫哲、费牙喀、奇勒尔等族的财物和人口，"子女参（人参）貂（貂皮）抢掠殆尽"。虽然清朝军民奋力抗击，并未能制止俄国的侵略活动。俄国侵略者在中国的领土上，从贝加尔湖到黑龙江流域，公然初步建立了它的殖民统治。

二、康熙帝三次提出边界谈判与尼果赖使团来华

康熙四年（1665），清廷派索伦族人切普切乌尔到尼布楚，为边界问题要求与俄谈判。俄国人蛮横地拘禁了中国使者三个月，毫无结果。

康熙六年（1667），发生了逃人根特木儿问题。根特木儿是清朝索伦族某部的头人，一向游牧在石勒克河和音果达河一带。顺治十一年（1654），俄国人侵占尼布楚时，许多索伦族人渡过额尔古纳河向东逃避。根特木儿率领部众也内迁到根河和海拉尔一带。不久，他随清军参加了呼玛战斗。清廷封他为四品官，将所部编为三佐领。后来，在俄国人的引诱下，根特木儿率众逃奔尼布楚，组成了三百多人的武装，成为俄国侵略者的帮凶。

根据清朝的"逃人法"规定，逃人并不因逃亡而改变隶属关系，国家有权追捕，并对窝逃者给予严重惩罚。于是，除了俄军侵犯边境，窝藏逃人根特木儿又成了中俄冲突中的另一个突出问题。

康熙八年（1669）冬，康熙帝派沙拉岱等四人去尼布楚，与俄国殖民当局谈判停

止侵犯边境和归还逃人根特木儿问题。第二年（1670）清廷又倡议中俄双方在北京首次会谈。俄国尼布楚总管首派米洛瓦诺夫随同沙拉岱到达北京，并带来一份俄国文件。俄方要求准许在中国境内自由经商，对中国索要逃人问题，却托辞须待沙皇批准，更荒谬的是要求中国臣服俄国沙皇。由于清廷缺少俄文译员，不了解其意，还是以礼相待。康熙帝明确要求归还逃人，停止边衅，并以此作为改善两国关系、发展双方贸易的先决条件。俄使回尼布楚时，清廷派索伦总管孟格德等护送，并带去了康熙皇帝致俄国沙皇的一封书信。信中申明："从前，我捕貂头目曾奏报：黑龙江一带有罗刹国之宵小劫扰我捕貂之朱舍里（即呼文哈）、达呼尔（达斡尔）等，并有我根特木儿已叛逃，投靠罗刹等情，正欲派兵征讨，又闻罗刹者乃察罕汗（沙皇）属民，随派人详察以明其真相。尼布楚长官达尼拉（即阿尔申斯基）派英那蒂（即米洛瓦诺夫）等十人为使，按尔旨意前来奏闻后，方知确系尔之属民。原尔使臣也曾前往，如今若按尔所奏，愿求永远和好，则应归还叛逃之根特木儿。此后勿起边衅，以求安宁。"

尼布楚俄国当局立即译成俄文，转送莫斯科，但以路途遥远，信使往返需要几年为词，不能短期内答复。

康熙十四年（1675），俄国派尼果赖·加夫利洛维奇·米列斯库使团来中国，第二年五月到达北京。康熙帝先后在太和殿和保和殿两次接见使团。俄国在照会中仅提出：要求中国开放贸易，释放俄国俘虏，每年以四万两银子及价值数万两的丝绸运往俄国，俄国以等价货物相送，及借用两名造桥工人等十二项。但是对俄国入侵中国边境只字不提，对中国勿起边衅、归还逃人的要求避而不答。

康熙帝为两国和平相处，以诚意谈判，对所提十二项认真研究后，或同意，或不能同意，一一作答。俄方却拒绝承认两国存在边界争端，把向中国边疆地区进行侵略扩张视为自己的当然权利。尼果赖曾亲自接见过根特木儿，他却抵赖不知道有根特木儿其人。康熙帝对俄使的蛮不讲理，阻挠谈判，很不满意，斥之为"行止悖戾"。他谕令理藩院通知俄使："尔主欲通和好，应将本朝逋逃的根特木儿遣还，另简使臣遵中国礼，方许照常贸易。"康熙十五年（1676）七月，尼果赖使团离北京回国。康熙二十年（1681），清廷派明爱至嫩江，要求就雅克萨俄军撤出中国，进行谈判，为俄国当局所拒绝。

康熙帝在十余年间，派遣使臣向俄国交涉，停止边衅，归还逃人，毫无结果。平定三藩之乱后，即准备以武力把俄国侵略者驱逐出去。

三、两次东巡与东北边防的加强

召见宁古塔将军于盛京　康熙帝亲政以后，对罗刹（俄罗斯）的侵犯开始注意。他曾说："朕十三岁亲政以后，即留意于此，细访其土地形胜、道路远近及人物性情。"康熙十年（1671）东巡盛京，十月初三和十四日，他曾两次召见宁古塔将军巴海，询问边疆情况，指示他：要抚绥边疆各族，加意防范罗刹，操练兵马，整备器械。对其奋勇抗击罗刹，战功卓著，十分赞赏。对巴海的两次召见，说明了康熙帝对东北边疆的关切，并已经考虑必要时以武力击退俄国的侵犯。

东巡吉林乌拉　康熙二十一年（1682）二月十一日，康熙帝特谕乌拉将军巴海："今以云南等处底定，朕诣盛京告祭三陵，意欲于扈从人等喂养马匹之暇，观乌拉（今吉林市）地方。"二月十五日，康熙帝从北京出发。三月初四到达盛京，先祭福陵、照陵、永陵完毕，三月十二日从兴京（辽宁新宾）经哈达城（辽宁西丰），出柳条边，巡视吉林。他写信报告祖母太皇太后说："兹因大典完毕，敬想祖宗开疆非易，臣至此甚难，故欲躬率诸王、贝勒、大臣、蒙古等周行巡边，亲加抚绥，兼以畋猎讲武。"将军巴海到中途迎接，一路行围射猎，至三月二十五日到达吉林乌拉地方。康熙帝在松花江岸，率诸皇子及扈从王公文武，遥向东南长白山满族兴起之地，行三跪九叩大礼。在吉林休息两天以后，二十七日泛舟松花江上，驶往大乌拉（今吉林乌拉街）。

吉林，旧名船厂，从明朝初年就是东北的重要造船基地。清初以来，为抗击俄国入侵，更成了训练水师的基地。顺治十八年（1661）开始设立吉林水师营。康熙十三年（1674），水师营总管移到黑龙江，吉林仍保留一部分水师，继续造船、训练水军。康熙十五年（1676），康熙帝以吉林地处水陆要冲，命宁古塔将军移驻乌拉（吉林）。"建木为城，倚江而居。所统新旧满州兵二千，并徙直隶各省流人（犯人）数千户居此，修造战舰四十余艘，双帆楼船与京口（今镇江）战船类似，又有江船数十，亦具帆樯，日习水战，以备老羌（指俄国侵略者）。"吉林西北七十里的大乌拉，亦称打牲乌拉，设有打牲总管衙门，隶属内务府，原是为皇帝采捕东珠、蜂蜜、松子、鲟鳇鱼而设立。其下也有船四百多只，一向由吉林水师营管领。吉林乌拉和大乌拉两城及两城间的松花江七十里水域，便成了重要的水师战略基地。

康熙帝到达以后，将军巴海将数百艘大小舰船和武装官兵排列阵式，康熙帝巡阅了这雄壮精锐的队伍，十分高兴。在他的《松花江放船歌》中写道：

> 浮云耀日何晶晶，
> 乘流直下蛟龙惊，
> 连樯接舰屯江城。
> 貔貅健甲皆锐精，
> 旌旄映水翻朱缨，
> 我来问俗非观兵。

康熙帝这次到吉林乌拉巡视，赦免罪犯，蠲免钱粮，严禁诬拿无辜之人，也一再谕命将军巴海、副都统萨布素等人，兵丁的差役繁重，劳苦至极，寻捕山鸡、鲟鳇等徒劳人力，均应停止；围猎讲武应于冬季举行，勿违农时；对采木、侦巡兵丁及其家属，应"时加怜悯"。他还告诫："吉林乌拉田地米粮甚为要紧。农事有误，关系非细。"

康熙帝这次东巡吉林，所关切的是鼓励将士，团结各族，了解地形，准备军需。

副都统敌前"捕鹿"　　康熙帝视察边防后，五月初四回京。同年九月，康熙帝派副都统郎谈、公彭春，率领数百人往黑龙江"捕鹿"，他们从墨尔根北行，经十六天到俄军占领的雅克萨周围，侦察了敌军情况、地理形势和水陆交通。又从雅克萨沿江而下，经十五天到瑷珲。十二月二十七日返京，将情况奏报，并建议：等明春冰解，水陆齐发，以武力驱逐罗刹。当天，康熙帝谕议政王大臣等说："据郎谈等奏，攻取罗刹甚易，发兵三千足矣。朕意亦以为然。"并指示："兵非善事，宜暂停攻取。调乌拉宁古塔兵一千五百，拨红衣炮、鸟枪及发射之人，并制造战舰。于黑龙江、呼玛尔二处建立木城与之对垒，相机举行。"

保卫边疆的战前准备　　为了彻底解除边患，永保东北边疆安全，根据康熙帝的部署，清廷采取了一系列措施：

康熙二十二年（1683）夏，派副都统萨布素等率领第一批乌拉、宁古塔官兵一千人，进驻黑龙江边额苏里。第二年秋天，又派乌拉、宁古塔和达斡尔兵一千人，携带家属进驻瑷珲，在黑龙江屯田，永远驻守。这两批军队是守卫边疆、对俄作战的主力。

大兵一到驻地，就开始就地耕种。由于索伦、达斡尔等士兵不会种地，康熙帝曾特派部员教其耕种，郎中博奇因课教有法，禾稼大收，康熙帝曾予褒奖。到康熙二十四年（1685），新垦土地一千五百余晌。清廷又从内蒙古科尔沁十旗、锡伯、乌拉官屯征集粮食一万二千石，足供三年的需要。

康熙二十二年（1683）十月，清廷设黑龙江将军。康熙帝任命萨布素为首任黑龙江将军，溢岱、雅齐纳为副都统，下设协领、佐领等建制。萨布素立即开始重新扩建黑龙江（瑷珲）城。第二年，康熙命副都统穆泰率盛京兵六百，前往协助。扩建后，城周为九百四十步。因该城僻处江东，又在下游托尔加城旧址建瑷珲新城，城方十里，驻兵屯粮，成为黑龙江上的重镇。

康熙二十二年（1683）三月开始，组成一条从盛京到黑龙江（瑷珲）纵贯东三省的水陆联合运输线。从南到北共分四段：第一段，从巨流河渡口（今辽宁新民县附近），溯辽河船运到等色屯（今吉林榆林县邓子村）；第二段，由等色屯车运至伊屯门（今吉林伊通县）；第三段，由伊屯门船运经伊屯河，沿松花江至与黑龙江汇合处；第四段，溯黑龙江到瑷珲城。全线共长四千多里，沿途设兵驻防，建造粮仓，保证军需。

康熙二十二年底（1683）开始建设驿站。康熙帝指示："户部郎中博奇、兵部郎中能特等说，此乃创立驿站之地，关系紧要。尔等会同彼处将军、副都统，询明熟识地方之人，详加确议安设。……宜从长计议，使其久远可行，毋得狃于目前之见草率完事。"于是，自吉林乌拉至黑龙江城的一千三百四十里中，设了十处驿站，每驿设壮丁等三十名，马二十四，牛三十头。康熙帝又考虑，奏报军机，自雅克萨至额苏里，经黑龙江前来，恐绕道迟延，命"酌自墨尔根（嫩江）至雅克萨设驿奏报军机"。经反复勘测，确定两条路线：一路从瑷珲至墨尔根（今黑龙江嫩江县），沿嫩江至齐齐哈尔，直达松花江北岸之茂兴，然后接上吉林到北京之驿站。另一路，遇紧急军情，可从茂兴转向西南，由蒙古驿马驰入喜峰口直达北京。

四、雅克萨之战

第一次雅克萨之战　　雅克萨是满语，意思是河流冲刷的河湾。当时是我国达斡尔头人阿尔巴西的村寨。雅克萨位于今漠河以东呼玛西北黑龙江北岸，与额木尔村隔江相望。这里是黑龙江上的交通枢纽，无论从贝加尔湖方向或者从雅库次克方向进入黑龙江地区，都必须经过这个地方。顺治七年（1650）俄国侵略者头目哈巴罗夫占领后，雅克萨建立城堡，称之为阿尔巴金。后被清军击退。康熙四年（1665）俄军再次占领，作为黑龙江上的侵略据点。

康熙帝亲政后，经多次书信交涉，使者往还，要求俄军撤走，归还逃人，全无结果。直到康熙二十三年（1684），康熙帝还致书雅克萨俄军首领，以满、蒙、俄三种文字书写，进行交涉。俄国入侵者置若罔闻，反而逐步深入。康熙二十四年（1685），以武力收复雅克萨的时机已经成熟。正月二十三日，康熙帝决定出兵，谕议政王大臣说："兵非善事，不得已而用之。向者，罗刹无故犯边，收我逋逃，后渐越界而来，扰害索伦、赫哲、飞牙喀、奇勒尔，诸地不遑宁处，剿劫人口，抢掳村庄，攘夺貂皮，肆恶多端，是以屡遣人宣谕，复移文来使，罗刹竟不答复，反深入赫哲、飞牙喀一带，扰害尤甚。故发兵至黑龙江，扼其往来之路。罗刹又窃据如故，不送还逋逃，即应剪灭。"议政王大臣详议后，一致赞同。于是，命都统公彭春统兵，副都统班达尔善等参赞军务，进兵雅克萨。

三月十七日，康熙帝再次致书俄国察罕汗，交俄国俘虏送往俄国，申明出兵的理由，提出俄军撤退、两国以雅库地方为界的建议。

四月二十八日，清军三千名分批开赴雅克萨。其中有驻瑷珲的乌拉、宁古塔兵一千五百名，索伦、达斡尔兵五百名，京营八旗五百多名，还有从福建安插内地的藤牌兵约五百名。五月中下旬，各路清军陆续到达雅克萨附近，彭春派被俘俄人进城送信两封，一是康熙帝致沙皇的，内容与三月十七日的信相同；一是彭春致雅克萨督军托布尔津的，再次敦促如果俄军撤走、交还逃人，清军即可停止攻击，遣送俄国人回国。俄军自恃城防坚固，不肯撤走。

五月二十四日，清军截击俄军木筏一只，毙三十余人，俘十余人。当晚，清军在城南设档牌、土垒，布置弓弩，佯作攻击之势，暗中把红衣大炮架设在东西两翼。二十五日拂晓，炮火齐发，城内大火熊熊，硝烟迷漫，城内俄军不满千人，被击毙一百多，一片混乱。俄国雅克萨督军托尔布津走投无路，向清军投降。

战争开始前，康熙帝已谕令："以我兵马精壮，器械坚利，罗刹势不能敌，必献地归城，尔时勿杀一人，俾还故土。"彭春遵旨而行，在俄方保证不再侵入的条件下，释放全部俘虏，并允许带走全部武器和财产。清军将俄俘七百多人（包括少数妇女、儿童）送到额尔古纳河口，遣返俄国。另有巴西里等四十五人不愿回国，遵康熙帝谕旨，安插盛京。雅克萨城内被俄军掳去的中国人有一百六十多人，其中大部是索伦和达斡尔人，还有一些喀尔喀蒙古人和厄鲁特人，全被救出送回原地。康熙帝嘉奖彭春等人。

第二次雅克萨之战早在进兵之前，康熙帝在谕旨中对收复雅克萨之后已作了安排："我兵即驻扎于黑龙江，设斥堠于雅克萨。"他明确指出："若不如此周详区划，今纵克取雅克萨城，我进则彼退，我退则彼进，用兵不已，边民不安。"收复雅克萨之后，康熙帝立即指示："防御决不可疏，应于何处永驻官兵弹压，此时即当定议。"但是，彭春等不待命令，竟将雅克萨城烧毁，周围的庄稼也未收割，哨所也未设立，擅自撤回瑷珲、墨尔根等地。以致两个月后，托尔布津带领俄军八百多人，乘隙卷土重来，重新占领了雅克萨，加强城防工事，准备弹药粮秣，企图固守。

康熙二十五年（1686）二月，康熙帝得知俄军重占雅克萨后，降下谕旨："今罗刹复回雅克萨筑城盘踞，若不速行捕剿，势必积粮坚守，图之不易。"立即部署第二次雅克萨之役。改命黑龙江将军萨布索统领清军，郎谈等参赞军务。

五月上旬，萨布素率所部两千人，从黑龙江城出发，月底兵临雅克萨。六月初，清军发起猛攻，激战数日，俄国督军托尔布津和百余名官兵被打死。新修的城墙比较坚固，俄军据城固守。萨布素由于缺乏火器，在周围筑垒掘壕，准备长期围困，而后攻取。到了冬天，八百多俄军大部病死、饿死，还剩六十多人，粮食弹药消耗殆尽，只有坐以待毙。

正当雅克萨旦夕可下，康熙二十五年（1686）九月二十五日，俄国使团先后遣信使到北京，在午门呈递沙皇致康熙皇帝书，书中表示接受清政府建议，举行边界问题谈判，请求清政府停止进攻雅克萨。原来这时俄国政府早已收到康熙帝的几封信，也得到了雅克萨战争的消息，知道困守雅克萨的俄军即将全被消灭。当时，俄国正由彼德一世的姊姊索菲亚公主执政，贵族们争权夺利，统治不稳，在西方连年作战，兵疲财尽，不可能再派大批军队到中国，因而，接受了谈判的建议。

俄国信使到京的第二天，康熙帝命令萨布素"撤回雅克萨之兵，收集一所，近战舰立营。并晓城内罗刹，听其出入，毋得妄行攘夺，俟俄罗斯正使至定议。"

此谕由御前侍卫马武等驰往雅克萨下达。当年冬天，萨布素撤围。

五、《中俄尼布楚议界条约》之签订

康熙帝的谈判方针　　俄使费多尔·阿列克谢维奇·戈洛文（旧译费耀多罗）率庞大使团及两千人军队，于康熙二十五年（1686）正月从莫斯科出发，次年春得到清军从雅克萨撤军的消息，八月到达贝加尔湖东岸的乌的柏兴（即乌丁斯克，今俄罗斯境内乌兰乌德）。在这里，为了镇压蒙古人的反抗，竟停留近两年，没有与清政府联系谈判的事。康熙帝从喀尔喀蒙古土谢图汗奏报中得知俄使已到外蒙，一再派人敦促。康熙二十七年（1688）二月，戈洛文派斯捷潘、科罗文等到北京，双方商定谈判地点在楚库柏兴（即色楞格斯克，今俄罗斯境内）。

清政府组成了以首席代表领侍卫内大臣索额图和都统佟国纲、尚书阿喇尼、左都御史马奇等人的谈判使团。同年五月二日，谈判使团自北京出发，取道蒙古，前往楚库柏兴。临行前，康熙帝发布谕旨，指示索额图等人："环江左右均系我国所属鄂伦春、奇勒尔、毕喇文等人民及赫哲、飞牙喀所居之地，若不尽取之，边民终不获安。""朕以为尼布潮（楚）、雅克萨、黑龙江上下及通此江之一河一溪，皆我所属之地，不可少弃之于俄罗斯。"索额图等行至蒙古地区，正遇噶尔丹向喀尔喀土谢图汗大举进攻，北上道路受阻。康熙帝闻讯，召回使团，与俄方商定谈判地点改在尼布楚。

康熙二十八年（1689）四月二十六日，索额图使团再次出发，使团成员有所变动，成员为：索额图、佟国纲、郎谈、班达尔善、萨布素、马喇等人。其中增加的成员是熟知东北边界情况的将领郎谈和萨布素。耶稣会士徐日升（葡萄牙人）和张诚（法国人）充任译员。

这时，康熙帝根据噶尔丹大举进攻喀尔喀蒙古的新形势，预见到对噶尔丹用兵将在所难免，争取与俄国早日达成协议。因此，指示了新的谈判方针："今以尼布潮（楚）为界，则俄罗斯贸易无栖托之所，势难相通。尔等初议时，仍当以尼布潮（楚）为界，彼使若恳求尼布潮（楚），可即以额尔古纳河为界。"使团分两路行进，率领官兵约三千人和水手、运伏人等于七月中旬先后到达尼布楚。

《中俄尼布楚议界条约》　　1686年初，俄国沙皇给戈洛文的密令中，提出谈判条件：最高要求是占领整个黑龙江北岸，最低也要以雅克萨为界。1687年初，俄国在与土耳其的战争中遭到重大挫折，因而沙皇指示，可以放弃雅克萨，以换取对尼布楚及其周围地区的领土要求。这样一来，中俄双方的谈判目标比较接近了。

八月二十二日，中俄双方使团开始谈判。谈判场所是尼布楚城外新搭的帐棚。进入谈判现场的各有官兵三百人，除刀剑外不得携带火器。

谈判一开始，索额图和戈洛文就展开了激烈的争辩。戈洛文坚持认为黑龙江流域"自古以来即为沙皇陛下所领有"，可是拿不出任何证据。索额图有理有据地驳斥了戈洛文的无稽之谈，指出："黑龙江一带，沙皇陛下的人从未领有过，贝加尔海（即贝加尔湖）这方面的所有土地都隶属中国皇帝方面。"他举出了很多确凿的事实："鄂嫩、尼布楚皆为我茂明安等诸部落原来居住之地，雅克萨为我虞人阿尔巴西等居住之地"，又是"我达斡尔总管倍勒儿故墟"。他指出：这些地方的人民一直向中国政府交税，他们的首领和子孙至今健在，只是由于俄国哥萨克多年来的不断侵扰，才逃到中国内地。索额图还指出：中国忍无可忍，才出兵驱逐入侵者，挑起战端的责任在俄国。中国为了和平相处，只谈判边界的划分，而不向俄国提出"惩凶"和"赔偿"的要求。

在黑龙江流域的归属和谁是侵略者的原则问题上，戈洛文理屈词穷。接着提出了以黑龙江为两国边界的第一个方案。索额图提出了以勒纳河与贝加尔湖为界。双方争议不休，没有结果。

八月二十三日，戈洛文再次提出以黑龙江为界，中国使团坚持不允。最后，戈洛文故作姿态，假装让步，提出以牛满河为界，实际仍企图占有黑龙江中下游北岸的中国领土。中国使团当然不会同意。但索额图等缺乏外交谈判经验，误以为俄方已经让步，立即提出了以尼布楚为界的新方案。戈洛文内心十分高兴，但为了勒索更多的权益，故意拒绝。

索额图等不懂得戈洛文的伎俩，以为谈判已入僵局，准备返回北京。戈洛文则怕谈判破裂，让两位译员从中斡旋，并向中方转达："俄国人准备放弃雅克萨。"戈洛文则不断讨价还价，拖延近两个月。中国使团急切希望谈判有结果，同意暂时将中俄中段边界，即中国喀尔喀蒙古和俄的划界问题搁置不谈。这时，尼布楚附近的大批喀尔喀人起来反对俄国人，戈洛文怕势态扩大，不敢继续拖延，终于在康熙二十八年（1689）七月二十四日（1689年9月7日）双方达成协议，签订了《中俄尼布楚议界条约》。

《条约》首先写明：中国大皇帝钦差分界大臣、领侍卫内大臣、议政大臣索额图、俄罗斯国世袭独裁君主钦差勃良斯克总督、御前大臣戈洛文，于康熙二十八年七月二十四日，两国使臣会于尼布楚城附近，为约束两国猎者越境纵猎、互杀、劫夺，滋生事端，并明定中俄两国边界，以期永久和好起见，特协定条款。

《条约》共六条，主要内容如下：

  一、以格尔必齐河、额尔古纳河、石大兴安岭（即外兴安岭）为两国分界线。分界线以南属中国，以北属俄国。惟兴安岭以北到乌地河之间的土地，留作待议区，以后再行议定。

  二、俄人在雅克萨所建城障，应即进行除毁，俄民之居此者，应悉带其物，尽数迁入俄境。两国猎户人等，今后不得擅越已定之界。

  三、此约订定前所有一切事情永作罢论。自两国永好已定之日起，嗣后有逃亡者，各不收纳，并应械系遣还。

  四、现在俄民之在中国或华民之在俄国者，悉听如旧。

  五、自和约已定之日起，凡两国人民持有护照者，俱得过界来往，并许其互市。

  六、和好已定，两国永敦睦谊，自来边界一切争执永予废除，倘可严守约章，争端无自而起。

照此各将缮定文本盖印互换，又以满文（华文）、俄文、拉丁文刊之于石，置于交界之处，以作永久界碑。

康熙帝主持签订的《尼布楚条约》是中俄两国之间签订的第一个条约。条约的签定，以和平方式制止了俄国向中国境内的扩张，并以国际法律的形式明确了中俄东部国界，保障了我国东北边疆的安全。

原文选自《秋海棠叶集》，中国社会科学出版社1998年

苏州的历史和乾隆时期的"姑苏繁华"

——为纪念苏州建城二千五百年而作

（《盛世滋生图》一书代序）

苏州，是中国的历史名城，也是世界东方的历史名城。

苏州城的兴建和变迁，从一个侧面反映着中国社会经济文化的发展。许多著名历史人物在苏州的活动，许多重要事件在苏州的发生，从不同方面说明了中国历史的进程，也显示着东方文明的光彩。

远在公元前11世纪商周之际，周文王的两个兄长泰伯、仲雍就来到江南，"断发文身"，和这里的人民一起开发这块富饶的土地，建立了最早的水乡之国——句吴。

苏州城最初建立于春秋时期，其规模是泰伯、仲雍的二十一世孙吴王阖闾授命著名的政治家、军事家伍子胥制定的。当时叫作阖闾城，时间约在周敬王六年（公元前514）。今年是苏州建城二千五百周年。至今苏州的城门，如阊门、胥门、盘门、娄门、匠门、平门、齐门等，还都沿用着阖闾城建城时的命名。

吴王阖闾、吴王夫差、越王勾践和古代美女西施等"吴越春秋"的故事，就是以阖闾城为中心展开的。

到了战国末年，楚考烈王封相国春申君黄歇于吴，驻今苏州。汉代著名历史学家司马迁曾南游吴楚，赞叹说："吾适楚，观春申君故城，宫室盛矣哉！"[1]

秦始皇统一中国，设立会稽郡，郡治设于吴（今苏州）。秦二世胡亥元年（公元前209），楚人项梁、项羽在吴举兵反秦。他们率领的江东八千子弟兵，就是反

---

[1]　《史记》卷七十八《春申君列传》。

秦的吴地百姓。

汉高祖五年（公元前202），刘邦灭项羽，定会稽，曾以吴地属楚王韩信。

东汉末年，孙坚、孙策父子割据江东五郡。兴平二年（195）孙策被封为吴侯。建安十六年（211），孙策之弟孙权自吴迁都秣陵，作石头城，改名建业（今南京）。孙吴崛起苏州，终于与魏、蜀形成鼎足并立的"三国"。孙坚墓和孙策墓就在苏州南门外青旸地，而苏州城内南北矗立的著名瑞光塔和北寺塔的寺院，据传都是三国孙吴赤乌年间所始建。

隋文帝开皇九年（589）隋灭陈，结束了南北朝对峙的局面，将吴郡改为州。因城西南有姑苏山定名为苏州。苏州之名，从此诞生。

唐朝是诗人辈出的时代，"苏州刺史例能诗"。著名诗人韦应物、白居易和刘禹锡，曾先后出任苏州刺史。李白、杜牧、李商隐、杜荀鹤、皮日休等，也都访问过苏州。他们在苏州写下的诗篇，不但在中国文学史上增添了绚丽多彩的瑰宝，也为名城苏州留下了后世难忘的历史回忆。

时暇陟云构，晨霁澄景光。始见吴郡大，十里郁苍苍。山川表明丽，湖海吞大荒。合沓臻水陆，骈阗会四方。俗繁节又喧，雨顺物亦康。禽鱼各翔泳，草木遍芬芳。于兹省旷俗，一用劝耕桑。[2]

阊门四望郁苍苍，始觉州雄土俗强。十万夫家供课税，五千子弟守封疆。阊闾城碧铺秋草，乌鹊桥红带夕阳。处处楼前飘管吹，家家门外泊舟航。云埋虎寺山藏色，月耀娃宫水放光。曾赏钱塘嫌茂苑，今来未敢苦夸张。[3]

欲辞南国去，重上北城看。复叠江山壮，平铺邑路宽。人稠过扬府，坊闹半长安。[4]

半酣凭栏起四顾，七堰八门六十坊。远近高低寺间出，东西南北桥

[2] 韦应物：《登重元寺阁》。

[3] 《白氏长庆集》卷二十四，《登阊门闲望》。

[4] 《白氏长庆集》卷五十四，《齐云楼晚望偶题十韵》。

相望。水道脉分棹鳞次，里间棋布城册方，人烟树色无隙罅，十里一片青茫茫。[5]

　　江南春色何处好，燕子双飞故宫道。春城三百七十桥，夹岸朱楼隔柳条。丫头小儿荡画桨，长袂女郎簪翠翘。[6]

这些瑰丽的诗篇，歌咏了水乡名城社会生活的风貌，也反映了唐代苏州经济、文化的繁荣。

"月落乌啼霜满天，江枫渔火对愁眠。姑苏城外寒山寺，夜半钟声到客船。"张继的这首《枫桥夜泊》，更是老媪童子皆能成诵。当人们登上枫桥，凭眺古渡旁边的"小桥、流水、人家"，那古寺的钟声，总会悠扬不绝，铿锵地在耳边环绕。

北宋时期，中国社会经济的重心南移。这时民间出现了"天上天堂，地下苏杭"和"苏湖熟，天下足"[7]的谚语。《吴郡图经续记》卷上也写道："吴中地沃而物夥，……其稼则刘麦种禾，一岁再熟，稻有早晚，其品名甚繁。"同时，以丝织业为主的各种手工业也发达起来。宋人李觏在《富国策第三》论东南地区蚕桑生产说："茧簿山立，缲车之声，连甍相闻。"[8]因此，宋人龚明之在《中吴纪闻》中说，苏州"风物雄丽为东南之冠"。这时，"上有天堂，下有苏杭"的说法，已闻于宇内。

苏州之被称为"天堂"和"苏湖熟，天下足"，固然有得天独厚的自然条件，而更重要的却仍是苏州人们的勤劳和智慧。

　　高田二麦接山青，傍水低田绿未耕。桃杏满村春似锦，踏歌椎敲过清明。
　　昼出耘田夜绩麻，村庄儿女各当家。童孙未解供耕织，也傍桑阴学种瓜。
　　新筑场泥镜面平，家家打稻趁霜晴。笑歌声里轻雷动，一夜连枷响到明。

---

[5]　《白氏长庆集》卷五十一，《九日宴集，醉题郡楼，兼呈周、殷二判官》。

[6]　《刘梦得集·外集》卷二《乐天寄忆旧游，因作报白君以答》。

[7]　范成大：《吴郡志》，卷五十。

[8]　李觏：《直讲李先生文集》，卷十六。

宋代诗人范成大的这些诗篇，正道出了个中缘由。

著名诗人范成大也是一位渊博的地理学家。他晚年在家乡苏州写成的《吴郡志》，是一部包括城市、交通、气候、物产、风俗、民族、名胜古迹等的具有重要价值的苏州史志。

北宋政和三年（1113）改苏州为平江府。南宋绍定二年（1229）刻石的《平江图》碑则是一幅历史上罕见的宋代平江（苏州）城市实测图。图中山脉、河流、湖泊、城垣、官廨、街道、寺观、桥梁、道路、牌坊、商行、书院、宅第、教坊、园林、古迹等等，俱清晰可辨。当时苏州经济文化的高度发展，这幅地图中也可窥见一斑。

中国的历史名城苏州开始闻名于世界，应该归功于13世纪来到元代中国的意大利威尼斯人马可·波罗。他游历过苏州，《马可波罗行记》中写道：苏州"是一颇名贵的大城"。"恃商工为活，产丝甚饶，以织金锦及其他织物。其城甚大，周围有六十里，人烟稠密。"中国的苏州和意大利的威尼斯，同是城内河网密布、舟楫相通的世界水上名城。这两座名城各自代表东方和西方古代文明的精萃。现在她们结成友好的姊妹城市。祝愿她们各自的经济文化和相互的友好关系不断发展。

明朝洪武初年苏州府直隶中书省，永乐后改隶南京。明代的苏州已是全国的重要税收地区，同时也是东南重镇，在全国经济上居于举足轻重的地位。《明会典》记载，洪武二十六年（1393）苏州府秋粮米实征二百七十四万余石，占全国秋粮米实征数的百分之十一强。这个数字已超过当时四川、广东、广西和云南四省实征秋粮米的总和，苏州一府之地何以能够承担如此沉重的田赋？除政治上的原因之外，也由于当时的苏州是全国农作物的高产地区。另外苏州府广大农村的副业生产也发展起来，其中尤以植桑养蚕、缫丝织绸最为普遍。农产品商品化不断扩大，因而也就加速了商品经济的发展。到了明代中叶，不仅苏州府的工商业得到进一步发展，而且许多新兴市镇在苏州府所属的一州（太仓）、七县（吴县、长洲、昆山、常熟、吴江、嘉定、崇明）内也发展较快。嘉靖《常熟县志》记载，"米市之集"的平望镇有居民千余家。至今尚保存着明代风貌的同里镇和黎里镇各有二千余家。明代嘉靖年间，原吴江的青草滩，也已发展成为著名的盛泽镇。明末苏州作家冯梦龙在《醒世恒言》卷十中写道："镇上居民稠广，土俗淳朴，俱以蚕桑为业，男女勤谨，络纬机杼之声，通宵彻夜。那市上两岸绸丝牙行约有千百余家。远近村坊织成绸匹，俱到此上市。四方商贾来收买的蜂攒蚁集，挨挤不开，路途无伫足之隙；乃生产锦绣之乡，积聚绫罗之地。"在这片江南水乡真是"晴翻千层浪，风送万机声"。

商品经济的发展，农副业产品的商品化也促使人们的传统观念发生了变化。早在明朝宣德七年（1432）江南巡抚周忱在《与行在户部诸公》书中就已谈到："天下之民常怀土而重迁，苏松之民则轻其乡而乐于转徙。""天下之民出其乡则无所容其身，苏松之民出其乡则足以售其巧。"不难看出，这时苏、松两府的农民已可以脱离农业，凭借自己手工技巧，依靠出卖劳动力，到外乡城镇去谋生。

明代嘉靖、万历年间，苏州城内的丝织机房已蓬勃发展起来。嘉靖《吴邑志》写道："东北半城，万户机声"，"绫、锦、纻、丝、白纱、罗、绸、绢，皆出郡城机房"，品种达三十多种，产品行销全国，时有"绫布二物，衣被天下"之称。万历二十九年（1601），江苏巡抚曹时聘写道："吴民生齿最繁，恒产绝少，家杼轴而户纂组。机户出资，机工出力，相依为命久矣。"

当时由于税监孙隆的横征暴敛，"染坊罢而染工散者数千人，机房罢而织工散者又数千人，此皆自食其力之良民也。"[9]这些数以千计的"工匠各有专能，匠有常主，计日受值"。无长期雇主的工匠，"黎明立桥以待。织工立花桥，纱工立广化寺桥。以车纺丝者曰车匠，立濂溪坊。什百为群，延颈而望，如流民相聚，粥后散归。若机房工作减，则此辈衣食无所矣"[10]。这些记载，清楚地告诉我们，这里"出力"的机工已是具有专门技术、靠买卖劳动力为生、按日领取工资的雇佣劳动者。这些"出资"的机户，有不少已是拥有较多生产资料、靠剥削雇佣织工致富的早期资产者。工匠"黎明立桥"的地方，就是作为商品买卖的劳动力市场。在这里，机工和机户的关系，已经是雇佣劳动与资本的关系。

公元16世纪，在我们这个有几千年封建历史的东方古国，一种新的社会生产关系——初期资本主义经济因素的萌芽，首先在苏州明显地出现了。这在中国社

[9]　《明神宗万历实录》卷三百六十。

[10]　《古今图书集成》卷六百七十六《职方典·苏州部府》。

会史上是一种具有里程碑意义的重要现象。这也说明当时的苏州在全国是经济发展程度最高的地区之一。这时的苏州府城，"市廛鳞列，商品麇集，集中山海所产之珍奇，外国所通之货贝。四方往来，千里之商贾，骈肩辐辏"[11]。

清朝建立以后，顺治十八年（1661）将江南布政使司分置，右布政使驻苏州。康熙六年（1667）改右布政使为江苏布政使司，仍驻于苏州。明末清初经过几十年的战乱，中国社会重又安定下来。从康熙二十年（1681）以后到乾隆时期，社会经济得到了相当迅速的发展。江南地区更超过了前代的最高水平，苏州一府尤为显著。从苏州保存下来的许多碑刻中，可以看到其发展之盛况。

雍正七年（1729）《岭南会馆广业堂碑记》中记载："姑苏江左名区也。声名文物，为国朝所推。而阊门外商贾鳞集，货贝辐辏，襟带于山塘间，久成都会。"

乾隆二十七年（1762），《新修陕西会馆记》更写道："苏州为东南一大都会，商贾辐辏，百货骈阗，上自帝京，远连交广，以及海外诸洋，梯航毕至。"

乾隆时期，苏州府重要的工商行业不下百种，至于形形色色的行商、摊贩、匠作，尚不在内。根据现存碑刻记载，其中手工业主要有丝织业、刺绣业、金线业、染布业、踹布业、丝经业、冶金业、钢锯业、锡器业、张金业、金银丝抽拔业、包金（首饰）业、造纸业、印刷业、成衣业、粗纸箬叶业、蜡笺纸业、蜡烛业、水木业、漆作业、石作业、红木巧木业、红木梳妆业、硝皮业、牛皮业、织席业、缏绳业、茶食业、寿衣业等等；其中商业铺行主要有绸缎行、布行、皮货行、绒领行、洋货行、米行、珠宝玉器行、金业行、锡器行、金珠行、首饰行、银楼行、颜料行、典当行、线铺行、铁钉行、油麻杂货行、明瓦店行、花行、木行、竹行、香店行、席草行、轿行、估衣行、置器行、猪行、鱼行、肉铺行、酒行、海货行、枣铺行、糖果铺行、粮食行、面铺行、酱坊行、烟号行、药材行、南北杂货行、烛店行、煤炭行、膳食行、酒馆行、炉饼行、剃头行、水灶行、说书行、梨园行等。这些工商行业，同行铺户很多，有的规模很大。例如，康熙年间，苏州城内的布商，已有七十六家，绸缎商铺当不少于此。至于棉布和丝绸的加工染踹业，为数更多。仅踹匠一项，康熙四十年（1701）《苏州府约束踹匠碑》

---

[11]　《经世文编·补卷》。

中说："苏郡出产布货，所用踹匠，盈万成千。"到康熙五十九年（1720），据《长洲吴县踹匠条约碑》载："苏州城内外踹匠，不下万余，均非土著，悉系外来"。这时踹布包头已有三百多户。乾隆年间更有发展，乾隆二年（1737）《永禁虎丘开设染坊污染河道碑》记载：乾隆初年虎丘一带"满河青红黑紫"，污染严重，"各图居民莫不抱愤兴嗟"，当地居民一百二十家曾联名控告，要求染坊"迁移他处开业"。再如，金铺和金珠铺，康熙四十九年（1710）已有七十九家。到同治年间，银楼业已有一百一十九家。"酱坊一业，共有徽、苏、宁、绍四帮共八十六家。"道光初年，苏州仅蜡烛店就有一百多家。

这些工商业，除少数丝织、棉布和造纸等行业以外，其经营性质，大都仍是封建行会的手工业和商业。乾隆中叶，由于全国统一安定已近百年，国内外市场扩大，水陆交通发达，商业资本十分活跃。所以，在号称"东南一大都会"的苏州，"南达浙闽，北接齐豫，渡江而西，走皖鄂，逾彭蠡，行楚、蜀、岭南，凡弹冠捧檄，贸迁有无而来者，类皆设会馆"。从现在尚存的苏州工商会馆石刻粗略计算，其中乾隆时期已经建立的就近三十处。试举例若干，从另一侧面证明苏州工商业之繁盛。

岭南会馆：明万历年间始建，康熙五年（1666）、雍正元年（1723）两次扩建。

三山会馆：明万历年间始建，清道光中洋帮、干果帮、青果帮、丝帮、花帮、紫竹帮捐资重修。

潮州会馆：明朝时创建于南京，清初迁至苏州。

梅园会馆：明朝安徽商人建于苏州府常熟县。

崇德公所：康熙十年（1671）书坊业商人所建。

济宁会馆：康熙十六年（1677）山东兖州府济宁州商人建于苏州府吴江县盛泽镇。

高宝会馆：康熙十七年（1678）海州帮航运商人所建。

东齐会馆：康熙二十年（1681）建立。乾隆年间，山东登州、青州、诸城、胶州商人共二百九十家集资重修。

江西会馆：康熙二十三年（1684）江西商人所建。

汀州会馆：康熙五十七年（1718）福建上杭纸帮所建。

梨园公所：乾隆二年（1737）梨园行共建，亦称"如意会"。

宣州会馆：乾隆初，浙江杭庄所建。

金华会馆：乾隆十七年（1752）浙江金华商人所建。

钱江公会：乾隆二十三年（1758）杭州绸缎商人所建。

陕西会馆：乾隆二十七年（1762）陕西商帮所建。

全晋会馆：乾隆三十年（1765）山西钱业八十一家商人集资所建。

徽郡会馆：乾隆三十五年（1770）徽州捞油帮、蜜枣帮、皮纸帮集资所建。

光裕公所：乾隆四十年（1775）说书业集资所建。

菜业公所：乾隆四十五年（1780）酒馆业所建。

宁绍会馆：乾隆年间浙江宁波、绍兴商人建于苏州府常熟县。

花业公所：乾隆年间花业商人集资所建。

江鲁公所：乾隆年间渔业商人集资所建。

集庆公会：乾隆年间炉饼业所建。

江镇公所：嘉庆十三年（1808）原籍无锡、句容、丹徒等县的剃头业所建。

咏勤公所：嘉庆年间洋货业所建。

从以上这些工商业行会的组织，我们可以对所谓"商贾鳞集"、"百货骈阗"、"中外货市"、"梯航毕至"的姑苏，得到比较具体的了解。

苏州一府，"纵横无过百里，幅员不广"，但工商繁盛，财物殷富，远过他郡。而且，"声名文物"、"人才艺文"，一向为"江左名区"，居于全国之先列。自古苏州有人文荟萃之称。晋人陆机，唐人陆龟蒙，宋人范仲淹、范成大，元人郭麟苏，明人高启、唐寅、祝允明、顾炎武，清人尤侗、沈德潜等等，据史籍所载，历代苏州的著名学者、作家，不下数百人。明代著名的通俗小说，首推"三言"（《醒世恒言》、《警世通言》、《喻世名言》），这是三部内容丰富、生活气息浓郁，具有高度历史价值和艺术价值的文学名著，作者冯梦龙也是苏州人。

明清两代，"苏州画派"蜚声海内。明代的"吴门四家"，文征明、沈周、仇英、唐寅，清初的"四王"，王时敏、王鉴、王翚、王原祁，和以他们为首的"虞山派"、"娄东派"，为我们留下了精湛的绘画艺术遗产。昆曲是我国古典戏曲的著名剧种。明代嘉靖、隆庆间，戏曲家魏良辅，据说正是由于久寓苏郡太仓，凭借他深通律吕的才智，加上提炼了昆山民间旋律，开创了这一优秀的剧种。明清之际，著名剧作家李玉（苏门啸侣）和朱素臣（笙庵），也都是苏州人。他们的传奇名作《一捧雪》和《十五贯》，至今还活跃在舞台上。苏州的园林艺术更是驰名中外。前人已有"江南园林甲天下，苏州园林甲江南"之誉。北京的颐和园和河北承德的避暑山庄，不少景致模仿苏州园林所建。虎丘泥塑人像之惟妙惟肖，技艺惊人，《红楼梦》中的薛蟠早已告诉了我们。桃花坞木刻年画，也早已名声遍于大江南北。至于苏州刺绣和缂丝织锦，其杰出作品，巧夺天工，名闻海外。此外，苏州的玉雕也堪称鬼斧神工。明代宋应星在《天工开物》（第十八卷珠玉）中已经谈到："良玉虽集京师，工巧则推苏郡。"以上略举数端，已可见苏州工艺美术产品种类繁多，技术精湛，在国内外享有盛名。

清朝以边疆民族入主中原，历代皇帝对江南风物久所向往。康熙、乾隆两朝各逾六十年，又值统治比较稳固，社会比较安定，因此，祖孙二人各举六次"南巡"，每次都要来苏州。尤其乾隆皇帝每来苏州，总是到处挥毫赋诗，留连赞叹。

乾隆十六年（1751），乾隆皇帝首次南巡，二月二十一日抵达苏州，"驻跸"织造府行宫，三月二十三日吴县人张宗苍献《吴山十六景画册》。监生徐扬献画册，乾隆皇帝命二人皆充画院供奉[12]。乾隆二十四年（1759）徐扬创作了《盛世滋生图卷》。

徐扬号云亭，苏州府吴县人，家住专诸巷。据《国朝院画录》记载，自乾隆十六年（1751）任清宫画院供奉，后又得钦赐举人，官至内阁中书。《石渠宝笈》著录他的作品有三十五件，其中主要有《南巡图》（十二卷）、《盛世滋生图》（一卷）、《平定回部献俘礼图》（一卷）、《西域舆图》（一卷）、《圣制见新耕者诗意图》（一卷）。

《姑苏繁华图》即《盛世滋生图》，原系清宫所藏，现为国家一级文物，藏辽宁省博物馆，1959年以后，曾长期在中国历史博物馆展出。根据作者自题，《图卷》内容："自灵岩山起，由木渎镇东行，过横山，渡石湖，历上方山，从太湖北岸，介狮和（何）两山间，入姑苏郡城。自葑、盘、胥三门，出阊门外，转山塘桥，至虎丘止。其间城池之峻险，廨署之森罗，山川之秀丽，以及渔樵上下，耕织纷纭，商贾云屯，市廛鳞列，为东南一都会。至若春樽献寿，尚齿为先；嫁娶

---

[12] 同治帝：《苏州府志》。

朱陈，及时成礼。三条烛焰，或抢才于童子之场；万卷书香，或受业于先生之席。耕者歌于野，行者咏于涂，熙皞之风，丹青不能尽写。"

图卷全长1225厘米，宽35.8厘米，纸本、设色，作者运用了我国传统绘画的长卷形式和散点透视技法，以太湖和府城西面诸山为依托，由西而东而北，穿过水乡的村庄、市镇，巡礼了府城西部胥门、阊门内外和万年桥一带最繁华的地段，经过著名的山塘街，至姑苏名胜虎丘山而结束。重点描绘了一村（山前）、一镇（木渎）、一城（苏州）、一街（山塘）的景况。妙笔丹青，写出了江南的湖光山色、流水人家、田园村舍、古渡行舟、沿河市镇和名城苏州形形色色的人情风物。据粗略统计，画中人物约有一万二千余人之众，往来于水上的舟楫排筏约近四百只，分布城乡的各式桥梁五十余座，街道上可以辨认的市招二百三十多家，形象地反映了十八世纪中叶苏州高度文明繁荣的情景。全图构思精妙，重点突出，疏密有致，笔墨精细，规模恢宏。如果我们对照有关的文献记载，或按图索骥，更可相信这是一件写实的杰作。《图卷》犹如一曲"18世纪姑苏春天交响乐"，那么引人入胜，绕梁不绝。《图卷》也是一部形象的"乾隆苏州梦华录"，那么引人探索，耐人寻味。

徐扬《盛世滋生图》卷上承北宋张择端《清明上河图》、明人《皇都积胜图》、《南都繁会图》和清《康熙南巡图》，下启徐扬另一巨作《乾隆南巡图》。在我国古代以都市盛况为题材的现实主义巨作中，占有承前启后的地位。由于徐扬生长于苏州，熟悉自己的家乡，热爱自己的家乡，因此，其创作的激情，描绘的精到、生动，也就更胜一筹。

明代杰出画家唐寅曾有诗形容当时苏州的情况：

> 世间乐土是吴中，内有阊门又擅雄。
>
> 翠袖三千楼上下，黄金百万水西东。
>
> 五更市贾何曾绝，四远方言总不同。
>
> 若使画师描作画，画师应道画难工。[13]

---

[13] 明刊本《袁中郎先生批评唐伯虎汇集》卷二《阊门即事》。

唐寅生活在明代。在他之后，至徐扬作《盛世滋生图》，苏州又经过二百多年的发展。如果唐寅能够目睹二百多年后苏州的繁华，他一定会写出更加美好的诗句。如果唐寅见到了徐扬的这一巨作，也会给予嘉许和鼓励吧！

原文选自《秋海棠叶集》，中国社会科学出版社 1998 年

11 到 19 世纪中叶的中国与世界

——三论中国从先进到落后的三百年

本文主要探讨中国在世界历史上从先进向落后的转变过程和原因。以 11 世纪左右中国出现三大发明、欧洲走出"黑暗时代"为起点，到 1840 年中英鸦片战争前结束。依次论述了三大发明的重大世界意义，东西方征服海洋中的先后贡献和两种历史前景的出现（15 世纪—16 世纪初），西欧资本主义兴起和中国落后趋势的形成（16 世纪—17 世纪中叶），工业革命兴起与古老文明的衰落（17 世纪中叶—19 世纪中叶）。本文在比较研究中，着重论述了中国传统社会机制的辩证发展是这一转变的基本内在原因；自然经济的牢固、对工商业的抑制、禁海闭关、对人民思想的禁锢，以及战争与动乱、过剩人口的压力、自然环境制约下的民族问题和盲目自大保守的心理状态，是这一基本内在原因的外在表现。这些原因，使中国失去了一些维新变革的历史机遇，传统社会继续延续下来，直到本世纪初年。最后对 [英] 亚当·斯密、[意] 翁贝托·梅洛蒂和 [美] 费正清的有关论点，进行了简要的评论。

一、历史对文明的考验

人类社会的各种文明，迄今为止无不经受过历史的考验，或正在考验之中。

人类社会一步步地向前迈进，形成了由低级社会形态向高级社会形态的有规律的逐步发展。但是，自然环境的差异、文化传统的不同和不断出现的各种不同的历史机遇和条件，每个民族社会的发展，并非按照同样的一种固定程序和模式，而是各自有着特殊的形式和不尽相同的道路。

从古以来，尼罗河流域、底格里斯河、幼发拉底河流域、印度河恒河流域、黄河长江流域、古希腊、古罗马、古伊斯兰世界，以及地中海北岸的意大利城市，直到"太阳不落的"大不列颠联合王国，文明一个接一个地兴起，又一个个地衰落下去。而新的文明又在兴起。

世界本来是众多处于发生、发展和衰落过程中的不同文明的集合体。各种文明无不在始终变动之中，此消彼长，经受着历史的考验。文明往往不是直线地发展，而是会有曲折、迂回，甚至倒退。不停变动着的、复杂交错的历史现象，往往使人眼花缭乱。其中似乎充满了历史的偶然性。但是，历史的偶然性始终服从于隐蔽其中的历史必然性。历史的偶然性又为必然性开辟着道路。

当一种文明适应历史前进的潮流而生，尽管它那样微弱，时明时暗，在一定条件下，会成长、壮大，成为历史的主流。当一种文明无视历史前进的潮流，尽管它已那样强大、辉煌，在一定条件下，总会转为衰落，以至终结。

在我们考察的历史年代中，11世纪，当欧洲刚从所谓"黑暗时代"走出来的时候，中国正值世界一些历史学家评论为"近代中国开端"的宋朝。11世纪前后，在汉唐以来高度发展的东方文明中，中国人首先发明了印刷术、火药和指南针。这三种发明后来成为"改变了整个世界面貌的巨大力量"和新社会形态（资本主义）发展的"必要前提"。14世纪开始的文艺复兴推动欧洲从中世纪向近代过渡。15世纪末、16世纪初出现了"伟大的地理发现"。在此之前，中国在人类征服海洋的事业中已经做出了不可磨灭的贡献。"地理大发现"改变了世界的格局和趋势，促使16世纪进入世界历史的转折时期。16—17世纪中叶，西欧封建社会解体，已经萌生的资本主义社会形态开始确立。18世纪后半叶英国发生了工业革命，到19世纪初欧美一些国家已进入近代大工业时代，并开始向中国扩张。与此同时，中国经过13世纪80年代到14世纪60年代蒙古贵族的元朝统治以后，已进入封建社会晚期。中国社会固有的经济政治文化结构和社会机制，使明清两代带着固有的各种社会矛盾，沿着固有的历史轨道，继续向前发展，并取得了一定成就。但是，如果放到整个世界发展形势和人类历史前进潮流中去考察，相形之下，已经大为衰落了。曾经以发达的物质文明和精神文明长期居于世界前列的中国发生了从先进到落后的历史转折。

落后就要挨打；不断挨打，也就更加贫穷落后。19世纪40年代中英鸦片战争以后，文明古老的中国在这种恶性循环中，经受了一百多年被侵略、被掠夺、被压迫的深重苦难。直到1949年，中国人民才在世界上重新站立起来。

这种遗憾的历史性转折，究竟是怎样形成的？其原因究竟是什么？

从那个时候起，一代又一代的中国人不断地探索。许多中外学者和政治家们，也都试图给以解答。但直到今天，依然见仁见智，各是其是。

对于研究这样一个十分重大而又十分复杂的问题，个人深知需要更广博深厚的学力和更高的观察、思维和辨析水平。但是面对变幻莫测的世界风云和我们事业中不断出现的严重挫折，痛定思痛，促使我不揣浅陋，多年来也进行了一些探索[1]。本文拟再提出些进一步的看法，以就教于各方读者和学者。

二、"改变了整个世界面貌"的中国三大发明

17世纪初，被誉为英国唯物主义和整个现代实验科学创始人[2]的佛朗西斯·培根（Francis Bacon 1561—1626）在他的《伟大的复兴》中曾经写道："我们应该观察各种发明的威力、效能和后果，最显著的例子便是印刷术、火药和指南针，这三种发明古人都不知道；它们的起源虽然是近期，但不为人所知，默默无闻。这三种东西曾改变了整个世界事物的面貌。"培根接着指出："第一种在文学（文化——引者）上，第二种在战争上，第三种在航海上，由此又产生了无数的变化。这种变化是这样的大，以至没有一个帝国，没有一个教派，没有一个赫赫有名的人物，能比这三种机械发明在人类的事业中产生更大的力量和影响。"[3]

培根生当16、17世纪之际，他从当时迅速改变着的世界中敏锐地看到了这三种发明的重大世界意义。但他并不知道这都是11世纪前后中国宋代人的发明。

中国的印刷术创始于6世纪左右的隋朝，北宋庆历年间（1041—1048），毕升发明了活字印刷术。中国火药的发明约在9世纪。11世纪时，中国在战争中已有使用爆炸性火药的火炮。

---

[1] 参见拙稿《中国从先进到落后的三百年》，载《中国史研究》1980年第1期，和《从先进到落后的转变及其原因》，载汝信总主编《中国马克思主义研究丛书》之一、王戎笙主编《马克思主义历史观与中华文明》一书第16章，重庆出版社1991年版，第590—621页。

[2] 《马克思恩格斯全集》第2卷，人民出版社1957年版，第163页。

[3] 转引自[英]李约瑟《中国科学技术史》第1卷第1分册，科学出版社，第42—43页。

指南针的发明，在中国更早。前3世纪成书的《吕氏春秋》已有"磁石召铁"之说，公元前1世纪初，王充的《论衡》中说磁勺柄指南，这时已发明了最早的指南针。12世纪初，即宋徽宗时（1101—1125）朱彧《萍洲可谈》和徐竞《宣和奉使高丽图经》都记载了指南针（罗盘针）已使用于航海。

印刷术最先传到朝鲜、日本。13世纪雕版印刷术传到波斯，活字印刷术先传到阿拉伯。14世纪波斯纸币上曾印有中国和阿拉伯文字。14世纪末、15世纪初，威尼斯开始有雕版印刷的圣像。15世纪中叶，德国和英国先后有了印刷术，开始有活字印刷的四十二行本《圣经》。

火药和火器，在蒙古人几次西征中西传。火药成分主要是硝石，在波斯语中叫作"中国盐"，阿剌（拉）伯语中叫"契丹雪"。火器，则被叫作"契丹火铳"。后来传到了欧洲。

指南针（罗盘针），宋代开始使用于航海。宋元时期中国的商船和阿拉伯、波斯的商船同时活跃在南中国海和印度洋上。这时，阿拉伯和波斯的商船也有了指南针。

11—13世纪初的欧洲与当时的宋代中华帝国、拜占庭帝国和阿拉伯帝国比较起来，还是"不发达地区。"从13世纪起，欧洲在文化、技术水平和经济潜力上才逐渐发展起来。因为"第四世纪将近结束之时开始的各蛮族对罗马帝国西方各省的侵略和征服，标志着基督文明史中的一个黑暗时代的开端。这个时代一直继续到11世纪"[4]。

三大发明传入欧洲以后，印刷术成了14世纪开始的欧洲文艺复兴和科学发展的重要手段。火药把欧洲中世纪的骑士炸得粉碎。罗盘针促成了西欧探险家发现美洲新大陆和环球航路，从而空前地改变了世界面貌。三大发明预示着近代工业文明的诞生。因此，19世纪中叶卡尔·马克思更明确地指出：印刷术、火药和罗盘针"这些都是资产阶级发展的必要前提"[5]。

---

[4]　[美]海斯·穆恩韦兰：《世界史》上册，纽约1946年重印版，第282页。

[5]　《马克思恩格斯全集》第30卷，人民出版社1957年版，第318页。

三、西方在征服海洋中两种历史前景的出现（15—16 世纪初）

15 世纪末 16 世纪初环球新航路和新大陆的发现，促成了 16 世纪全世界历史转折时期的到来。但是，远在欧洲人出现于印度洋之前许多世纪，中国人、印度人、阿拉伯人和马来人，在开拓印度洋和太平洋上的航路和航海技术方面已经取得了很大成就。这条航路把从中国东海、南海到中南半岛太平洋西部地区、印度次大陆、波斯湾、阿拉伯半岛，直到非洲东岸联系起来。所以"环球航路"的发现，应该说是西欧人在亚洲人多少世纪以来征服海洋的基础上所做出的新的伟大贡献。

中国位于亚欧大陆的东部，有广阔深袤的国土，也有长达一万八千公里的海岸线和五千多个沿海岛屿。所以，中国是一个大陆国家，同时也是一个海洋国家。

从很遥远的古代起，中国沿海的居民已开始了征服海洋的活动。公元前 5 至前 4 世纪，齐、燕等国君主相继派人多次"入海求蓬莱、方丈、瀛州"（"海上三神山"），到公元前 3 世纪末，秦始皇"东临碣石"，派徐福入海求仙，都是中国人对海洋奥秘的初期探索。公元前 2 至前 1 世纪，汉武帝七次巡海，并派人带着黄金和"杂缯"（丝绸）"入海"换取珍宝，广事招徕海上商人和使者。这时，从日南（越南南部）、徐闻、合浦到黄支（印度半岛东岸）[6]和已程不（斯里兰卡）的航路已经开通。

中国的丝绸辗转到达欧洲，引起了罗马人的极大兴趣。大秦王（罗马皇帝）"常欲通使于汉，而安息（今伊朗呼罗珊地区）人欲以汉彩缯与之交利，故遮不得自达"[7]。原因是"大秦国——与安息、天竺交市海中，利有十倍"[8]。公元 97 年（东汉永元九年）和帝派甘英"使大秦、到条支"[9]。条支即波斯湾的安提阿克城。甘英听信安息人介绍海上的巨大风险而没有渡海。三国时期，孙权派朱应、康泰出使南海，"其所经及传闻，则有百数十国"。[10]以后南方的宋、齐、梁等几

---

[6]　黄支，各家的考证不同，有人认为即今印度半岛东岸之康普契拉姆（Kancipra）有人认为应是维查雅瓦达（Vijayawada）。

[7]　《汉书·地理志》卷二十八。

[8]　《后汉书·西域传》卷八十八。

[9]　《后汉书·西域传》卷八十八。

[10]　《梁书·南海传》卷五十四。

个王朝都很重视南海交通。"海南诸国，大抵在交州南及西南大海州上，相去近者三五千里，远者二三万里，其西与西域诸国接。"宋、齐时，"至者有十余国"，到梁时，"航海岁至，逾于前代"[11]。

隋唐时期，与海外诸国交往频繁，中国人出洋远航的海域扩大了。这时，广州港繁荣起来。《新唐书·地理志》引用了贾耽《广州通夷海道》的详细记载。宰相贾耽曾任鸿胪卿，主持过唐朝与国内各族及海外诸国往来的事务。他熟悉海外的地理交通，所记载的这条海道，从广州开航，到顿门山（今香港顿门岛）"乃帆风西行"，到海峡（今马六甲海峡）。海峡"北岸则罗越国（今马来半岛南端），南岸则佛逝国（今印尼苏门答腊）。由佛逝国东行四五日，至诃陵国（今印尼爪哇）"。再出海峡到狮子国（今斯里兰卡），再经几个小国，"至提飓国（今印度河口以西、卡拉奇东）"。从提飓国西行，"至提罗卢和国，一曰罗和异国（今波斯湾内阿巴丹附近）。国人于海中立华表，夜则置炬其上，使舶人夜行不迷"。再西行，"乃大食国之弗利剌河（即幼发拉底河），南入于海。小舟溯流，二日至末罗国（今伊拉克巴士拉），大食重镇也"。自末罗向西北"陆行千里，至茂门王所都缚达城"[12]。缚达城即阿拉伯帝国全盛时代阿拔斯王朝（黑衣大食）的都城巴格达。

在贾耽记载中，航路最西端是三兰。关于三兰所在地，学者说法不一。或认为在非洲东岸，或认为即红海口外的亚丁[13]。五代时期，东南沿海的吴越、南汉和闽都注重开展海上贸易。吴越与日本往来频繁，闽则积极"招徕海上蛮夷商贾"[14]。

960年宋朝建立时，西北地区已并立着几个民族政权。西夏崛起，与宋朝、甘州回鹘以及藏族的宗歌王国之间不断发生战争，东西陆上交通受阻，因此宋朝更为重视海上的交通和贸易。雍熙四年（987）便"遣内侍八人赍敕书、金、帛，分四纲，各往海南诸蕃国，勾招进奉，博买香药、犀牙、真珠、龙脑"[15]。在一些

---

[11]　《梁书·南海传》卷五十四。

[12]　《新唐书·地理志七下》卷四十三下。

[13]　关于三兰，张星烺认为应在东非沿岸。近人认为，应在今达累斯萨拉姆，或应是索马里的异译，而日本家岛彦一认为古代亚丁（Aden）的别名为Samrən，即三兰。参见陈得芝、陈高华有关论著。

[14]　《新五代史·闽世家》卷六十八。

[15]　《宋会要辑稿》职官四十四之一。

港口设市舶司，制定法令，管理海上贸易。天圣元年（1023），大食国使者由传统的丝绸之路经沙州（敦煌）过西夏"来贡"，宋仁宗"恐为西人（西夏）钞略"，诏命此后由海道至广州，再达京师（开封）[16]。这里所说的大食，系指当时的波斯、阿拉伯以及东非的许多伊斯兰国家。北宋时，这些国家的商人、使者来华者很多，出海贸易，获利巨大。中国东南沿海"以海商为业"的迅速增加，而市舶税也成为宋朝一项很大的财政来源。"南渡之后，经费困乏，一切倚办海泊"[17]。所以，宋高宗一再强调"市舶之利最厚"，"市舶之利，颇助国用"[18]。曾分遣使者出海，招徕蕃商，给予优惠。

海外交通贸易的发展，促进了造船工业和航海技术的进步。当时中国的海船既大且坚，构造和设备都比其他诸国胜过一筹，许多大食商人都喜欢乘中国船[19]。这时，中国人在远洋航行中开始使用航海罗盘（指南针）。中国的海员夜间根据星辰判断航路，昼间则根据太阳。如果密云满天，他们就使用罗盘针。如果说以前波斯人、大食人在航海史上占着优势，到了这时中国人不仅可与之并驾齐驱，而且在航海技术上已有过之。

宋代，中国与海上诸国的往来比以前更加频繁，大食和三佛齐（今印尼苏门答腊岛上的古国）是东西两个海上重镇。东西往来的中国、大食和印度的商船都要在三佛齐"修船转移货物"。有些中国商人去三佛齐"往返不期年，获利百倍"[20]。

从宋代开始，中国已与菲律宾群岛通航。当时来中国的文古老、麻逸、三屿、蒲哩噜、蒲岛等，都是菲律宾群岛中的岛国。到元代，当地居民来中国经商，中国商船前去贸易的日渐增多，这就为后来（16世纪）沟通从中国东南沿海，中经马尼拉，到墨西哥的奥克波尔卡的太平洋贸易航线开了先河。

元朝建立以后，忽必烈采取了积极的海外政策。他不同于以往各王朝在海上只是希望招徕海外诸国"入贡互市"，这位带着新兴游牧贵族特有的奋进气质和

[16] 《宋会要辑稿》蕃夷四之九十一至九十二，《宋史·大食传》卷四百九十。

[17] 清·顾炎武：《天下郡国利病书》卷一百二十。

[18] 《宋会要辑稿》职官四十四之二十三。

[19] 参见王曾瑜：《谈宋代造船业》，见《文物》1975年第10期。

[20] 《福建蒲田祥应庙碑记》，见《文物参考资料》1957年第9期。

征服欲望的大汗，曾在前后二十年中，不惜以十万计的兵力和数千艘舰船，对海外的日本、占城、爪哇等进行多次侵略性的远征。这在中国历史上前所未有。同时，他在至元十七年（1280）入主中原以后的十五年中，不断地遣使"招收海外诸蕃"，从真腊、暹罗斛、南巫里、爪哇，直到马哈答束，前后二十多次[21]。对于海外贸易，他也很开放，曾诏谕："诸蕃……诚能来朝，朕将宠礼之；其往来互市，各从所欲"[22]。在与日本关系紧张期间，也未禁止日本商人来华贸易。元朝对海外贸易之开放，也是以往王朝所未有。

元朝之特别重视海外贸易，首先因为市舶税是巨大的财政来源。不但允许私人经营海外贸易，政府也出船出本钱，交舶商作生意，从中得利，叫作"官本船"。从两宋以来，海外贸易一直是沿海豪富的致富之道。早在入主中原之前，蒙古诸王、后妃、勋戚、贵族已各自把银子交回回商人经商或放高利贷，坐收其利。入元以后，通蕃贸易获利巨大，入海经商者日多，王、后、贵族们凭仗权势，获利更非一般商人可比，因此元朝对海外贸易也更加重视。

在元朝建立和统一全国的过程中，众多的西域阿拉伯人、波斯人进入并居住泉州、扬州等东南沿海和长江沿岸城市。他们信奉伊斯兰教，被称为回回，其政治地位在全国四等人制中被列在第二等色目人中，仅次于蒙古人，而在汉人、南人之上。在中世纪的航海史上，尤其在印度洋中，阿拉伯人、波斯人占着重要的地位。他们具有丰富的航海和海外贸易的经验。元代《秘书监志》中曾记载："至元二十四年二月十六日，奉秘书监台旨：福建道骗（遍）海行船回回每（们），有知道回回文剌那麻，具呈中书省行下合属取索者。奉此。"[23]"剌那麻"（波斯语之译音）即"指路"、"旅行指南"或海道图经之类。仅此一例也可说明回回人对中国航海技术的发展和海外交通贸易曾做出了贡献。

当时的国际形势对元朝海外交通也出现了特别有利的条件。蒙古伊儿汗国统治的波斯湾和黑海之间的广大地区是元朝的"宗藩之国"。因为元朝大汗与伊儿

---

[21]　《元史·世祖本纪》和《马可波罗行纪》。

[22]　《元史·世祖本纪》和《马可波罗行纪》。

[23]　元《秘书监志》卷四，转引自陈得芝《元代海外交通与郑和下西洋》，见《郑和下西洋论文集》第二集，南京大学出版社1985年版，第199页。

汗国的君主同是成吉思汗幼子拖雷的后裔，历代伊儿汗都奉元朝皇帝为宗主，相互关系十分密切。由于元朝与西北诸王的长期战争，以及察汗台汗国与伊儿汗国不时发生的战争，陆上驿站交通受到影响，海上往来势必增多。

以上各种有利条件，促使元代的海外交通空前发展。

元代海外交通的港口，除原有的泉州、广州、庆元（宁波）、杭州、温州之外，新开辟了上海、澉浦二港。至元二十四年（1287）"开（太仓）刘家港导娄江入海"，刘家港地当江海之汇，"可容万斛之舟，海商云集"，被称为"六国码头"[24]，后来明初郑和七下西洋多由此港起航出洋。

元代航行的海域，东自澎湖、琉球（今台湾）、菲律宾群岛，西至阿拉伯半岛，远达东非层拔罗（今桑给巴尔）和刁吉儿（明代称木骨都束，即今索马里首都摩加迪沙）。[25]元人航海活动的频繁和地理范围的扩大，对海上气候、风向、水流的变化和海外各地港口的地形、停泊条件，以及各地的风土人情、物产贸易的了解，也积累了更多的航海知识。罗盘针之使用于航海，最早见于宋人的《萍州可谈》和《宣和奉使高丽图经》。关于航海使用罗盘针的记载，则最先见于元人周达观的《真腊风土记》[26]。关于元代造船工业的发展，两位来华的外国人曾有记载。《马可波罗行记》中写道："中国商人乘载往还印度群岛之船，盖松杉所造者，只一舱面，约五六十个小房间，每商人可占用一小房，在内亦安适。船仅一舵，而有四桅，有时亦加用两桅。……每一大船需二三百水手驾之，此盖巨者，能容五六千筐胡椒。昔日之船较今为尤大也。"另一位来华的非洲摩洛哥人伊本巴图塔（Ibn Battuta）记载说，中国海船有三种，大的有十二帆。每船海员一千人，其中六百人为水手，四百人为护勇。较大的船桨（橹）相当于桅杆，每桨用十五人摇，更大的要增到三十人摇。一船共有三十桨，摇桨人两边对峙，用两条巨缆各系其一端，摇桨的一推一挽，口唱渔歌，以歌的节拍协调摇桨的动作。从

---

[24] 元·杨潩：《昆山郡志》卷一《风俗》，桑悦《太仓州志》卷一《沿革》，并参见陈高华《元代的海外贸易》。

[25] 参见陈得芝：《元代海外交通与郑和下西洋》，见《郑和下西洋论文集》第2集，南京大学出版社1985年版。

[26] 夏鼐：《真腊风土记校注》第15、23页。

这些记载可以了解其发展的状况。

当蒙古人进入中原，统一中国的初期，社会经济文化曾遭到严重破坏。但经过一段时间的恢复，元代的中国仍是东方富庶的大国，《马可波罗行记》中有许多具体生动的记载。14世纪初，一位到过广州的欧洲旅行家曾说：广州一城，抵得上三个当时欧洲最繁荣的商业城市威尼斯，"全意大利的货物也没有这座城市多"[27]。《马可波罗行记》在欧洲传播以后，中国和东方的财富，好像神话一样使欧洲的贵族、商人和冒险家们醉心向往。这被说成是"远方契丹（中国）的诱惑"[28]。

"11世纪是欧洲各国由早期封建社会过渡到成熟的封建制度的主要分界"[29]。欧洲从过去所谓的"黑暗时代"走出来以后，从13世纪起社会经济起了重大变化。社会农牧业迅速发展，促进了手工业技术的迅速提高和各部门的分化。锻造业、武器制造业、采矿业、金属加工业、纺织业（尤其是毛纺织业）、磨粉业和建筑业发展起来。

欧洲中世纪城市最早出现的是意大利的威尼斯、热那亚、比萨和那不勒斯，还有法国南部的马赛、阿尔、那波尔和芒佩利埃。这时地中海东部沿岸的君士坦丁堡、亚历山大里亚、大马士革和巴格达，都是历史悠久的工商业繁荣的城市。意大利这些城市的海上贸易，首先促进了自己的发展。

13世纪，欧洲商业主要集中在地中海，因为这里是西南欧各国与东方各国贸易的主要通道。以往阿拉伯和拜占庭商人在这种贸易中占主导地位，从12到13世纪（特别是由于十字军东征），这种贸易上的优势就转移到热那亚、威尼斯以及马赛和巴塞罗那商人手中，南欧和西欧的这些城市的商业和手工业繁荣起来。

14世纪，意大利的威尼斯和热那亚等几个滨海城市的造船业中，已有上万造船工人。佛罗伦萨城乡的毛纺织作坊约200家，其中手工业工人近三万人。这时，曾经起过进步作用的行会制度，由于极力维护小生产方式，为避免同行业中引起

[27]　苏联社会科学院：《世界通史》第4卷上册，三联书店1962年版，第102页。

[28]　[美]海斯·穆恩韦兰：《世界史》中册，第420页。

[29]　苏联社会科学院：《世界通史》第3卷上册，三联书店1962年版，第430页。

竞争，因而立下各种规约阻止技术的改进和生产的发展，所以越来越变成了进一步提高生产力的阻碍而开始瓦解。这样，商业资本从流通领域开始涌入生产领域。从包买商逐渐发展出手工工场主，封建社会母体中孕育的资本主义生产关系的萌芽开始出现。但这仅限于几个出口贸易城市的纺织业为主的几种行业中。资本主义生产关系的萌芽，使欧洲封建社会内部的文化生活发生了非常重要的变化。文艺复兴时代来临了。

正在这时（14世纪中叶），中国爆发了反抗元朝蒙古贵族统治的历时十八年的大规模农民战争。1368年，明朝建立，元朝灭亡。经过几十年的"休养生息"，社会经济又发展起来。1405—1433年的二十八年中，郑和率领的庞大船队进行七下西洋的远航，中国的航海力量重新活跃在从中国东南沿海、东南亚海域，并横越印度洋直到非洲东岸的辽阔海洋上，与亚非三十余国加强了友好往来，促进了经济文化交流，也为人类征服海洋的事业和世界文明的发展作出了卓越的贡献。

> 从10到15世纪这一时期，中国变成了一个强大的航海强国，它的沿海城市成为世界贸易的中心。[30]

15世纪中叶，地中海与东方的商路出现了严重的障碍，其原因是土耳其奥斯曼帝国的兴起和扩张。同时，蒙古金帐汗国的崩溃，从黑海北岸横穿亚洲大陆直到中国的商路也受到阻隔。经过埃及、红海和波斯湾的东西商路，又为阿拉伯人所垄断。地中海的贸易和意大利繁荣的工商业城市衰落了。这时，欧洲中世纪的经济，已从半停滞的地方状态中开始挣脱出来，向商品经济过渡。15世纪末叶迅速发展的欧洲工业和贸易都要求有更多的交换手段，为了得到东方的货物和财富，西欧国家开始积极寻找通往东方的新航路。这主要是伊伯利亚半岛的葡萄牙人和西班牙人。他们为了避免意大利人控制通往东方的航道，垄断贸易。因此设想向西航行，找另一条通往东方的道路。首先是航海家亨利亲王沿着非洲海岸航行，设想绕过非洲到达东方。其后，探险家哥伦布设想渡过海洋向西直驶，也许可以

---

[30] 苏联社会科学院：《世界通史》第4卷上册，三联书店1962年版，第102页。

更容易地到达东方。1492年，西班牙支持的探险家哥伦布发现了美洲"新大陆"。1497年，葡萄牙人瓦斯科·达·伽马绕过好望角，第二年到达印度的卡利刻特。1519年葡萄牙人斐尔多·麦哲伦继承和发展了从远古以来人类征服海洋的成果，实现了从欧洲到亚洲的环球航行。

15世纪末到16世纪初，"伟大的地理发现"，加速了欧洲封建制度的解体和资本主义生产关系的产生。同时，也揭开了欧洲对非洲和美洲人民进行掠夺和剥削的序幕。

15世纪初郑和船队中最大的宝船长48丈，宽18丈。据日本研究东方科学史的学者薮内清推断："这种船的大小可以和现在八千吨级的大船匹敌。"[31]八十七年后，哥伦布带着伊萨伯拉王后给契丹大汗（中国皇帝）的一封信和八十八个人所乘的横渡大西洋的三艘船中，最大的圣玛丽亚号长63英尺，宽20英尺，[32]其吃水量约为210吨。如果仅从航海技术上看，哥伦布发现美洲大陆时的航海探险，被认为"还完全是探索性的"。"欧洲直到达·伽马时期，在航海技术方面，才终于达到了郑和时代的水平。"[33]但是中国古代文明和社会发展行将落后于西欧的历史趋势，已从15世纪先后的远洋航行中露出了端倪。

明成祖派郑和远航的主要目的是"宣德化而柔远人"，[34]"通四夷"以"示中国富强"，总之，主要是为了扩大大明帝国的政治影响，从而巩固封建统治，以及永乐皇帝本人在国内外的政治地位。郑和的庞大船队，每一次虽然都装载许多各色丝绸、布匹、精美瓷器和大量金银铜钱，但这些主要是用作"赏赐"或礼品，以"招徕远人""慕义向化"和"来朝入贡"；一部分是为了换取庞大船队远航中的给养，并不是为赢利去发展海上贸易。因而明成祖一死，郑和下西洋的壮举就被评价为一种"弊政"。这种评价的根据是："费钱粮数十万，军民死且万计。纵得奇宝回国，于国何益？"[35]因此，明成祖的继承者明仁宗即位之日便下诏："下

---

[31]　[日]薮内清：《中国·科学·文明》，中国社会科学出版社1988年版，第118页。

[32]　[美]海斯·穆恩韦兰：《世界史》中册，第425—426页。

[33]　[日]薮内清：《中国·科学·文明》，中国社会科学出版社1988版，第119页。

[34]　宣德六年《长乐南山寺天山妃之神灵应记》，见《西洋番国志》，中华书局1982年版，第53页。

[35]　严从简：《殊域周咨录》卷八。

西洋诸番国宝船悉皆停止。"[36]宣德年间，虽因"帝践祚岁久，而诸番国远者未贡"，再次派郑和"历忽鲁模斯等十七国而还"，但从此以后，不仅远洋巨舶不再建造，连下西洋的档案也被隐匿而不知下落。中国在世界航海史上的壮举从此成了绝响。

对此，美国历史学家E.M.伯恩斯和Ph.L.拉尔夫也不无惋惜地评论说："鼎盛时期的明代海军强于当时任何欧洲国家的海军。可是明朝却在1424年左右停止了远洋航行活动。此后，明政府限制中国人只能在沿海水域航行，并且不赞成百姓出国旅行。结果，不但减少了国家的商业税收，而且恰恰在西方各国人民开始摆脱偏狭的乡土观念之时，使中国不幸地与世隔绝。"[37]

西欧航海家远航的目的和命运与郑和下西洋完全不同。"东方的财富"和"黄金的渴望"驱使他们从事冒险的航行。哥伦布在他的日记中说："黄金是一个可以令人惊叹的东西，谁有了它，谁就能支配他所欲的一切。有了黄金，就是要把灵魂送到天堂也是可以做到的。"他日夜祈求上帝赐给他产金的土地。"黄金"这个字成了驱使葡萄牙、西班牙等西欧探险家远渡大洋的符咒。当绕过好望角的瓦斯科·达·伽马从印度返航的时候，果然，带回的香料、丝绸、宝石等货物，所获纯利竟达航行费用的60倍！[38]所以，葡萄牙的亨利亲王、马努尔国王和西班牙伊萨伯拉王后考虑的不是政治上的威德与影响，而是获得财富。他们支持航海的历史动因，是当时商品经济发展的要求和资本主义原始积累的需要。

四、西欧资本主义的兴起和中国落后趋势的形成（16 至 17 世纪中叶）

15世纪郑和与西欧探险家先后征服海洋的壮举，出于两种不同的历史动因，也预示着两种不同的历史前景。

新航路发现以后，首先对西欧的商业和整个经济领域产生了巨大影响。欧洲的贸易扩大了，新的商品在欧洲市场上出现了。美洲的烟草、可可、土豆、玉米、

---

[36] 《明仁宗实录》。

[37] [美] E.M.伯恩斯，Ph.L.拉夫尔《世界文明史》第 2 册，商务印书馆 1988 年中译本，第 93—94 页。

[38] [美] 海斯·穆恩韦兰：《世界史》中册，第 423 页。

西红柿和中国的丝绸、瓷器和茶叶都成了国际贸易中的重要商品。印度和南洋群岛的咖啡、香料、大米、白糖也大量增加。以前威尼斯商人从地中海东岸一带收购的胡椒，每年约2000吨，这时，每年运往里斯本的香料激增到7000吨，世界各个遥远地区之间的经济联系开始建立或扩大了。

从美洲输入了大量白银、黄金，这极大地增进了国际间的流通，国际贸易大量增加。造船工业与金属制造工业显著发展。

"尤其是国际贸易及银行与交换的各种手段的发展，可以称得上是一场'商业革命'，至少这个术语适用于1550—1700年间的荷兰与英国。"[39]

欧洲的贸易中心，由于沟通世界的新航路的发现，从地中海沿岸，转移到大西洋沿岸。意大利城市的商业地位进一步衰落了，葡萄牙的里斯本、西班牙的塞维利亚、尼德兰的安特卫普和英国的伦敦逐渐兴起，成为东西国际贸易的中心。欧洲各地的商人纷纷在安特卫普设立了办事处，以进行各种批发贸易和商业金融活动。1531年在安特卫普建筑了一所专用大厦，大厦的三角门楣上的醒目题词是："供各民族的和说各种语言的商人的需要。"[40]这就是最早的交易所。在交易中，买主只看货样就可以签订贸易合同。期票、债券，在交易所可以作为有价证券流通。传统的经营方式逐渐改变。新的买卖形式——交易所的贸易活动出现了。

这种种商业活动中的变化，被称为"商业革命"。

这场商业革命使大量财富积累起来，有助于资产阶级的形成与壮大，刺激了多样化需求的扩大，并且培育了一个与代表传统保守经济思想相对抗的企业家经营学派——重商主义，其思想与价值标准都有利于经济的发展。而这一切后来又成为导致工业革命的火种。

这一时期的另一重大变化是所谓"价格革命"。

黄金既是驱使西欧航海家冒险远航的"符咒"，所以葡萄牙人到达非洲海岸、印度和远东地区以后，到处搜寻的是黄金。美洲墨西哥和秘鲁金银矿的发现，使西班牙人惊喜若狂，为了获得金银，土著印地安人和从非洲运去的黑种人，都变成了开矿的奴隶。1521至1544年间，西班牙人平均每年运回黄金2900公斤，白

---

[39]　[意] 卡洛·M. 奇波拉：《欧洲经济史》第2卷，商务印书馆1988年版，第4页。

[40]　苏联社会科学院主编：《世界通史》第4卷上册，三联书店1962年版，第125页。

银 30700公斤。1545至1560年间，平均每年运回的数量激增，黄金达5500公斤，白银达246000公斤。葡萄牙人在15世纪末到16世纪末的一百年中，从非洲掠夺的黄金达276000公斤。大量低廉的金银不断流入西欧，使货币购买力下降引起了物价上涨。16世纪以前，西欧物价除了因战争或歉收等原因发生暂时的波动外，数百年中一直基本稳定。16世纪30年代起，物价不断上升。西班牙掠夺来的金银最多，物价上涨也最早、最快。开始是农产品价格上涨，随之是手工业品价格上涨。到16世纪末，西班牙谷物涨价五倍，物价平均上涨四倍。法国、英国和德国的物价，平均上涨两倍到两倍半。

物价不断上涨，而城乡雇佣劳动者的工资提高很少、很慢。他们的生活下降了。一般人民日趋贫困，以致破产。贸易商人、制造商人却因一面利用城乡贫民的廉价劳动力；一面按不断上涨的价格出售商品而大发其财。跟着他们的路子进行经营的贵族和富裕农民也因此而迅速致富。新兴资产者的队伍壮大了，一无所有的无产者队伍也壮大了。墨守传统方式收取定额货币地租的贵族封建主，却日益入不敷出，其财富和社会地位逐渐降到新兴资产者之下。

价格革命引起了各个阶级、阶层社会地位的巨大变化。它加速了西欧封建制度的解体和原始积累时期资本主义生产关系的发展。

哥伦布、达·迦马和麦哲伦的探险远航、美洲和环球航线的发现为正在兴起的西欧资产者开辟了前所未有的广阔的天地。同时也给美洲、非洲和亚洲带来了殖民奴役的皮鞭和枷锁。美洲土著居民被剿灭和奴隶化，东印度被征服和劫夺，非洲黑色人种被"猎获"为商品。欧洲人的殖民掠夺，却使财富大量流回母国，转化为资本。"资本主义生产时代的曙光"在血与火中闪耀。

16世纪，随着新市场的出现而日益增加的商品需求，冲破了西欧封建行会束缚的手工业经营方式，进入手工工厂时代。新的组织形式和生产技术的应用，更刺激了这些行业生产的发展。

1600年，英国东印度公司建立。1602年，荷兰东印度公司建立。1604年，法国在印度建立贸易公司。1621年，荷兰西印度公司建立。贸易变成了世界性的贸易。

"货币产生贸易，贸易增多货币。""因此，增进我们财富和宝藏的通常手段应该是对外贸易。在对外贸易中我们必须遵循的原则是，每年我们出售给外国人的东西在价值上必须大于我们消耗他们的东西。"[41]这就是重商主义最著名的代表人物、英国东印度公司董事托马斯·孟（Tomas Mun 1571—1641）的名言。

东印度和中国的市场，美国的殖民地化，各地殖民地的贸易，使商业、海上运输业和制造业空前高涨，"因而使正在崩溃的封建社会内部的革命因素迅速发展"[42]。

如果我们把从16世纪到17世纪中叶作为一个历史阶段来考察，不难看出，这一时期正是世界历史的转折时期。其特点至少有以下几点：

（一）在人类社会发展的历史进程中，封建制社会形态开始向资本主义社会形态过渡。这是最具有重大历史意义的特点和空前的历史机遇。

欧洲西部的荷兰、英国，由于那时具备了资本主义发展的有利条件，首先向资本主义社会形态过渡。在这些有利条件中，地理上邻近世界海上商路应是一个"得天独厚"的重要有利条件。

欧洲、亚洲和北非的大多数国家和民族尚处在封建制度的不同发展阶段，封建关系开始解体，资本主义成分的萌芽，在欧洲已较普遍，在中国也已出现。美洲、大洋洲和非洲，除地中海沿岸尼罗河流域以外的大部地区和亚洲一些地区的各部落、各民族，有的处在原始阶段；有的处在阶级社会形成的阶段；有的处在奴隶占有制阶段。

（二）这一时期，在思想、文化和科学方面，发生了"一次人类从来没有经历过的最伟大的进步的变革"[43]。这种变革，14世纪始于意大利，后来发展到西欧德、法、英、荷等国而各有特点。法国人称之为文艺复兴，德国人称之为宗教改革，而意大利人则称之为"500年时代"（即16世纪）。

在意大利主要表现为诗歌、绘画、雕塑、建筑和音乐方面取得的突出成就，其代表人物有："标志着封建中世纪的终结和现代资本主义纪元的开端"的诗人但丁，被后人称为"人文主义之父"的彼德拉克和《十日谈》作者薄伽丘，举世闻

---

[41]　[英]托马斯·孟：《从对外贸易取得的英国财富》。

[42]　《马克思恩格斯选集》：第1卷，第252页。

[43]　恩格斯：《自然辩证法（摘录）导言》，见《马克思恩格斯选集》第3卷，人民出版社1972年版，第445页。

名的艺术大师达·芬奇、米开朗基罗和拉斐尔。

文艺复兴中出现的人文主义思潮，其核心是反对中世纪神学的和封建制度的思想禁锢，要求人的个性和智慧的解放。这是人类思想摆脱中世纪停滞状态的最重要的前提。

这一伟大的变革，在德国主要表现为：马丁·路德开始倡导的宗教改革和闵采尔领导的德国农民战争。这两种不同的社会运动，都把人文主义思想和人民大众抗议天主教教会和封建制度的统治结合起来，发展成16世纪欧洲反对现存社会和政治秩序的波澜壮阔的社会运动。

15、16世纪之际，新的海路、大洋和大片陆地的接连发现，证明了以往人们的知识、见解和概念的不足和错误。人文主义的流行，使人们的智慧得到解放，促进了西欧科学的发展。天文学是自然科学中最先取得重大突破的一个学科。"自然科学当时也在普遍的革命中发展，而且它本身就是彻底的革命。"[44]哥白尼临终前，以他的不朽名著《天体运行》向教会的权威发出了挑战，从此自然科学便开始从神学中解放出来。

天文学、地理学、物理学、数学和医学大踏步地前进了。化学、生物学、矿物学也取得了成就。17世纪中叶，建立了以实验和利用数学进行研究的新的科学方法，"它和古希腊人的天才的猜想及阿拉伯人片断的无联系的研究不同"[45]。为新的自然科学打下了基础，以后进一步发展，促进了现代科学、技术时代的到来。

西方历史学家曾把文艺复兴的人文主义、文化科学的繁荣和地理大发现等成果，评价为使"'世界的发现和人的发现'成为可能"的重大变革。

17世纪的欧洲，对于意大利、西班牙和德国，意大利经济史学者卡洛·M.奇波拉认为，可以说是"黑暗世纪"。对法国来说是"灰暗世纪"。然而对荷兰却是黄金时代，英国如果不算黄金时代，至少也是白银时代。这一时期整个世界在巨变，欧洲本身也在巨变。

到了17世纪末叶，荷兰和英国成了欧洲文化最发达的国家。文化在社会各阶

---

[44] 恩格斯：《自然辩证法》，人民出版社1961年版，第158页。

[45] 恩格斯：《自然辩证法》，人民出版社1961年版，第158页。

层中得到广泛传播，它所具有的巨大经济意义无法估量。因此，卡洛·M.奇波拉强调指出："我们必须牢记，发达国家与不发达国家的真正区别主要并不在于一小批文化贵族的存在，而在于教育要在全体人民中更广泛地普及。"[46]19世纪最后二十多年直到今天，举世瞩目的日本的高度发展也一再证实了这一论断。

（三）世界各大洲之间，以往很少往来和互相隔绝的状态，由于地理大发现，世界性贸易的扩展和殖民势力的扩张已被冲破。正在兴起的西欧资本主义浪潮冲击着各大洲的海岸。一切民族都被这一巨大的浪潮卷了进去。

1492年，哥伦布远航成功，葡萄牙和西班牙为争夺新土地发生了纠纷。1494年，两国在教皇的仲裁下，以佛得角群岛以西处划界，此线以东"新发现"的土地归葡萄牙，以西属西班牙。这条线被称为"教皇子午线"。1500年，葡萄牙人到达巴西。1501年侵占印度的果阿。1511年侵占马六甲。1516年（明正德十一年），葡萄牙已派人来到中国。1519年至1521年，侵入墨西哥。1536年西班牙人侵入智利。1557年（明嘉靖三十六年），葡萄牙侵占中国澳门。1621年，荷兰人侵占巴达维亚（雅加达），1622年侵占中国澎湖，1624年侵占台湾。在这种形势下，1639年，日本颁布了最后的"锁国令"。这一时期，非洲、亚洲、美洲许多民族陷入被劫夺、被奴役的殖民地地位。西方殖民主义的前哨也已试探性地袭击中国的沿海，并侵占了中国的几个海岛。

在16世纪末到17世纪中叶的世界历史转折时期中，中国明代社会带着固有的各种矛盾，沿着自己的轨道继续向前发展。

在进入16世纪以前，明朝建立已一百三十多年。明朝初年施行"与民休息"的方针，元末凋蔽的农业首先恢复并发展起来，同时采取了降低商税税率、裁减各地课税司局等一些便商措施，商业活动也开始活跃。从洪武到永乐、宣德的最初六七十年，逐渐呈现出国家安定，社会经济迅速发展的局面。与此同时，洪武四年（1371）开始施行"海禁"，不许商民出海贸易。洪武十三年（1380）取消丞相制度，皇帝直接掌管六部，封建君主专制的政治体制空前加强。经过"靖难之变"，燕王朱棣夺取了皇位，是为明成祖永乐皇帝。在这种形势下，出现了郑

[46] ［意］卡洛·M.奇波拉：《欧洲经济史》第2卷，商务印书馆1988年版，第3页。

和七下西洋。可是，就在这时"海禁"仍在继续。

16世纪初，明代中国社会，在国势渐衰、社会动荡、"海内民困财竭"[47]之中，进入了世界历史转折时期的16世纪。从明武宗、世宗，中经穆宗、神宗、光宗、熹宗，直到崇祯帝十七年明朝灭亡，前后近一百四十年。前六十多年，武宗、世宗相继在位。武宗，十五岁登基，就是沉溺于放荡淫乐的正德皇帝。他先后宠信宦官刘瑾、江彬。宦官擅权贪财，继续利用"厂卫"，实行恐怖统治。刘瑾获罪被杀，查抄出的黄金竟达240000锭又57800多两，银元宝5000000锭，又1583600两，其他珍宝难以胜数。皇帝荒唐暴虐和宦官的擅权乱政，暴露了君主专制政体的腐败。皇庄官庄的不断扩大，土地兼并的剧烈，官赋地租的加重，军屯、商屯破坏，闹得"天下纷纷，民不堪命"。四川农民反封建统治的斗争，波及到陕西汉中和贵州。刘六、刘七起义，"势如风雨"，三次兵临北京城下。封建社会的主要矛盾——阶级矛盾激化了。

世宗，就是醉心于道教的丹鼎符箓、多年不问朝政的嘉靖皇帝。专会迎合他的爱好、善撰祭仙表文的严嵩受到宠信。严嵩位居内阁首辅达二十年，联朋结党，把持朝政。"宾客满朝班，姻亲尽朱紫。""诸边军粮百万，强（大）半贿（严）嵩。"君主专制的腐败又以另一种形式表现出来。严嵩事败，抄没的家产又胜过刘瑾。一部《天水冰山录》可以为证。皇帝摆道场、兴土木，大肆挥霍；权臣田连州县，鲸贪不已。加以军费不断增加，明朝财政的危机日益加深。这时，北边鞑靼南下，围困了北京。东南防务废弛，"倭寇"猖獗于沿海。"南倭北虏"更加剧了全国的动荡不安。

穆宗即位到神宗初年，为了挽救封建统治的危机，出现了首辅张居正的改革。张居正主张："务农讲武，足兵足食，乃今日最急者，余皆迂谈也。"改革中加强了长城一线的防务，开设了多处马市，改善了明朝与蒙古各部的关系。裁减冗员，严行考核，整顿了吏治。抑制豪强，清丈田亩。明初税田八亿多亩，弘治时还剩四亿多亩，这时清查出勋戚官僚隐没的税田三亿多亩。改革赋役制度，实行一条鞭法，相对减轻了农民的负担。他曾提出的"省征发，以厚农而资商"、"轻关市，以厚商

---

[47]　《明通鉴》卷三十八。

而利农"的施政思想，有利于商品经济的发展，嘉靖末年，倭寇之患平定后，隆庆改革开放海禁，"准贩东西二洋"，增加了财政收入，私人海外贸易也逐渐活跃起来。生丝、茶叶、丝绸、棉布、瓷器、铁器、漆器等产品，运销欧洲，并经马尼拉用大帆船运往美洲。这时，大量白银开始流入中国。商人资本显著发展，出现了新安（徽州）、山右（山西）、陕西、福建等商邦，还有专门从事海外贸易的海商。

16世纪末、17世纪初（万历二十九年前后），苏州丝绸业织工、染工已各有数千人。"机户出资，机工出力"。"计日受值""相依为命"。萌芽状态的资本主义生产关系，明确地出现了。松江的棉布业、江西景德镇的制瓷业、广东佛山的冶铁业中这种不同程度的"萌芽"也出现了。

张居正的改革，前后近二十年，取得了可喜的成效。但他死后，以万历皇帝为首的腐朽势力重新抬头。朝廷派出大批宦官充当"矿监税使"，到处横征暴敛，"吸血饮髓，天下咸被其害"。对城市商业和手工业的摧残，尤为惨重。从16世纪的最后一年到17世纪的最初两年，苏州的织工、景德镇的瓷工、北京西山煤矿的矿工和临清、荆州、武昌、昆明的商民人等，被激起了连续的反抗。

1616年，建州女真的首领努尔哈赤崛起于东北，自称大汗，建立了与明朝敌对的汗国，国号大金。二十年后，皇太极继汗位，改国号为大清。女真改称满洲（族）。明清战争连年。1641年，满洲八旗的铁骑已兵临山海关前。

明神宗之后，光宗嗣位一月而亡。继立的熹宗年少无知，游嬉终日。朝政又被宦官魏忠贤所专擅。魏的残暴邪恶更甚于刘瑾。监察机关的首脑杨涟等百名大臣参奏魏的罪状。在野的东林党人在书院评议朝政，反对"阉党"。宦官把持的明代特种刑讯机构"厂卫"竟然把杨涟等人以极残酷的手段迫害致死。黑暗的恐怖统治笼罩着全国。

万历中期以后，土地兼并加剧，17世纪初不少地方已造成"有田者什一，为人佃作者什九"的局面。私租不断提高，官赋连续"加派"，陕西、河南又连年灾荒，难以存活的农民，终于揭竿而起，汇成了百万洪流，推翻了明朝黑暗的封建统治。一个多月后，满洲八旗进入北京，清朝入主中国。

明代中叶以后的中国社会，可谓矛盾重重，危机起伏。但是，这一时期的社会经济、文化仍在发展，不过发展缓慢。此时，商品经济最发达地区的一些行业中，已经萌生的资本主义生产关系明显地发展了。城市商民人等反封建统治的斗争出现了。

在思想文化领域，中国与欧洲不同。佛、道、伊斯兰教并存，但是占统治地位的始终不是哪种神学，而是儒家思想。这时以李贽为代表的反对"以孔子之是非为是非"，认为"穿衣吃饭是人伦物理"的"异端"，在儒家思想的营垒中出现了。反对封建礼教歌颂爱情和婚姻自由的《牡丹亭》等戏曲，反映市民生活、海外贸易的文学作品《三言》、《二拍》等小说以及风格清新的徐渭水墨画，在文学艺术领域中都已出现。在古典科学技术名著《本草纲目》、《农政全书》、《天工开物》问世的同时，徐光启又和意大利耶稣会士利玛窦合作译出了《几何原本》、《测量法义》，和熊三拔合作译出了《泰西水法》。西方近代早期的科学技术开始传入中国。

这一时期，葡萄牙、西班牙、荷兰、英国的殖民势力虽然连续袭扰广东沿海，但慑于东方大国的声威和几次小小接触，使他们还不敢像对待土著部落那样肆无忌惮，横冲直入。他们占据的几个岛屿，在明朝君臣看来，不过是"孤悬海外"的不毛荒岛。至于利玛窦等西方传教士到中国，也不过是来了几个"倾心向化"、懂些"奇技淫巧"的西洋"番僧"而已。

这一时期，美洲的玉米、红薯、西红柿和烟草，已开始在中国的原野上播种、收获，并且在市场上买卖。中国人最先发明的火药、火器，这时又以"佛郎机"、"红夷炮"的更新品种"返销"到中国，使用于山海关内外的战场上。

从16世纪到17世纪中叶的历史进程中，不难看出：悠久的中华文明仍在发展，古老的中国社会仍在前进，不过是在固有的社会机制的多重矛盾的交错中缓慢地前进。

1644年的明清更替，曾被当时人看作"天崩地解"，是中国历史的转折。其实，这种转折，不过是封建多民族国家中民族统治关系的历史转折，而不是旧社会形态向新社会形态的过渡。更为重要的历史转折是：中国在世界上从先进退居落后的趋势，已开始形成了。

五、资本主义确立、工业革命兴起与古老文明的衰落（17世纪中叶到19世纪中叶）

17世纪中叶，中国明清王朝的更替与英国的资产阶级革命同时发生。

1646年英国资产阶级革命的胜利，标志着世界资本主义时代的开始。它首先为英国资本主义的迅速发展开辟了道路，并对以后法国和意大利的资产阶级革命运动，产生了积极的影响。资本主义的发展，不是一帆风顺的，曾经遇到封建势力的重重阻碍，并进行过反复的较量。那时，在中欧和东欧封建农奴制还完全保存着。封建专制的君主政体，几乎遍于欧洲。即使在荷兰和英国，贵族和僧侣也分享着政权，保有优越的政治地位。反封建制度的各种形式的斗争，仍然是 18 世纪欧洲的重要历史内容。德国学者于尔根·库钦斯基曾说："如果我们大约在 1630 年从英国来到大陆，那就是另外一个世界，不管我们在法国、俄国，在德国或意大利，我们都会看到，封建主义、封建的战争，对贸易往来、旅行和货币流通的封建障碍，戴在农民、手工业者和工场手工业者身上的是封建枷锁。""在群众受到压制的封建泥坑里只有潜在微小的发展。"[48]

欧洲资本主义发展过程中，原始积累的重要来源是对美洲、非洲和亚洲的强暴掠夺和残酷剥削。掠夺和剥削来的大量财富，在欧洲形成了建立资本主义大工业的资本。但是，直到 19 世纪初叶，中国、日本、伊朗、土耳其等东方国家仍未被卷入殖民地体系之中。这些国家仍然保持着自己的独立和封建统治。

1776 年，英国在北美洲的十三个殖民地爆发了独立战争。这是一次民族独立的战争，也是一次资产阶级革命。"现代的文明的美国历史，是由一次伟大的、真正解放的、真正革命的战争开始的。"[49]它对 18 世纪欧洲反封建革命运动给予了有力的支持，也对当时整个美洲反殖民主义的民族独立运动发生了重大影响。

这一时期西欧的特点是生产力的迅速发展。工场手工业在社会生产中占着主要地位。

英国革命以后，推行了许多有利于本国工商业发展的政策。英国在与葡萄牙、荷兰、法国争夺海上霸权中接连取得胜利，不断扩大自己的殖民地，开辟了广大的原料来源和海外市场。18 世纪中叶，英国已拥有大量的资金和欧洲最先进的手工工场。以手工技术为基础的工场手工业，训练出许多熟练的技术工人和有一定专业知识的技术人员。在工场手工业中，分工更为细密，协作不断加强，工作程序的组织更加合理，工具也更加简单化和专门化。

---

[48] ［德］于尔根·库钦斯基：《生产力的第四次革命理论和对比》第 38 — 39 页，转引自沈定平《从国际市场的商品竞争看明清之际的生产发展水平》，载《中国史研究》1988 年第 3 期。

[49] 列宁：《给美国工人的信》，见《列宁全集》第 28 卷，第 43 页。

市场的不断扩大，需求的不断增加，手工业生产的迅速发展，提出了技术改造的迫切要求。

18世纪60年代，英国首先在棉纺织业中开始用机械劳动代替手工劳动，1785年，蒸汽机开始应用，引起了工业革命。从此，手工工场时代开始过渡到近代大工业时代。

17至18世纪，欧洲经济发展过程中，法国、瑞典、奥地利、普鲁士和俄罗斯等国，也实行重商政策、关税保护政策和奖励工商业和工场手工业政策，用赋税制度、公债、工商业垄断以及商业战争和殖民战争，竭力促进对外贸易的扩展和由小商品生产向资本主义工场手工业过渡。因为实行这样一些政策，国家可以大量增加收入，也可以争取新兴资产者的支持，以便共同反对封建领主。

封建君主专制政体在资本积累过程中，起过积极的作用。这是欧洲大多数国家在经济发展中的共同特点，与同时期中国封建君主专制完全不同。

进入18世纪以后，法国工农业有显著发展，资本主义手工工场日益发达，特别是北部的城市和乡村。冶炼业和煤矿业中出现了大规模生产。当时巴黎的60万居民中，有半数是工人和工人家属。农村中封建关系仍占主要地位。农村人口占全国人口80%左右。但所占土地只有全国耕地的30 — 40%。地租在18世纪中叶增加了一倍。当时法国社会分为三个等级。教士和贵族属第一和第二等级，人口不到全国人口的1%。资产阶级、城市平民、工人和广大农民统称为第三等级，负担全国纳税义务，没有任何政治权利。1789年，巴黎人民攻占巴士底狱，爆发了法国革命。资产阶级和人民结成同盟，反对君主专制。法国革命开始了资本主义更广泛发展的时期，沉重打击了欧洲封建体系，也推动了拉丁美洲反殖民主义的民族独立运动。法国革命产生了深远的影响，"以至整个19世纪，即给予人类以文明和文化的世纪，都是在法国革命的标志下度过的"。[50]

在欧洲资本主义发展的过程中，生产力不断地增长，社会关系不停地变化，封建社会中遗留下来的一切阶级都遭到排斥，以往那些固定的古老关系和与之相适应的陈旧观念，都在被消除。

---

[50] 《列宁全集》第29卷，第334页。

18世纪，文艺复兴时期的人文主义思想也得到很大发展。平等、自由、民主和人权这些崭新的思想概念成为资本主义制度政治、法律的原则。英国洛克的《政府论》，反对"君权神授"，提出了"天赋人权"。法国启蒙思想家伏尔泰提出："一切享有各种天然能力的人，显然都是平等的。""除了法律以外，不依赖任何别的东西，这就是自由人。"孟德斯鸠在《论法的精神》中提出了"政治自由的关键在于人们要安全"。他批判了封建专制政体，论证了政治自由。狄德罗提出了"主权在民"，认为只有人民才是真正的立法者，而国家是以人民的意志为基础。卢梭在他的《社会契约论》、《论人类不平等的起源和基础》中，提出了：人人生而平等、在法律面前人人平等的思想和"人民主权"的学说。他们的自由、平等思想，被写入美国独立的《人权法案》和法国革命的《人权宣言》之中。18世纪的"自由"、"民主"使人们的思想和智慧，从封建的禁锢中进一步解放出来，促成了欧美资产阶级政治体制的建立。后来经过马克思主义的批判扬弃被社会主义赋予了新的内容。

思想大解放使近代科学技术飞跃发展，新的理论、新的发现，新的发明创造层出不穷，并转化为新的生产力。生产力的发展和科学技术的进步是相辅相成、互相促进的。牛顿力学和蒸汽机的发明标志着近代科学的形成。蒸汽机的出现使工业革命释放出人力、畜力时代无法想象的巨大创造力量。1700年，英国年产煤260万吨，蒸汽机使用后，1795年产煤1000万吨。蒸汽机作为炼铁炉的鼓风动力前后，英国年产铁量，1740年为17000吨，1796年增至125000吨。工业革命极大地提高了劳动生产率。正如马克思所说：新兴的资本主义大工业，"仿佛用法术创造了如此庞大的生产资料和交换手段"。[51]

伴随着工业革命的发展，西方的近代科学普遍得到迅速发展。蒸汽机促进了热机理论的创立。这一理论又为能量守恒和转化定律的发现奠定了基础。印染、冶金、制药等工业的发展，为化学研究提出许多的新课题，出现了无机、分析、有机、物理四个化学的分支学科。1803年，英国道尔顿第一次提出了原子学说。1828年，德国维勒第一次从无机物中人工合成了有机物——尿素。采煤、采矿、

---

[51] 《马克思恩格斯选集》第1卷，第256页。

运河、隧道工程推动了地质学的建立和发展。数学领域，在微积分的基础上，又有变分学等新领域的开拓。概率论、非欧几何都有显著成就。德国哲学家康德和法国天文学家拉普拉斯提出的关于太阳系起源的星云说，是哥白尼以来天文学取得的最大的进步。19世纪30年代，细胞学建立。与此同时，达尔文找到了生存竞争、自然选择这个自然界物种进步的谜底。二十年后写成了震撼世界的《物种起源》。1753年，美国《独立宣言》的起草人之一富兰克林，发明了避雷针，这是电学研究的第一次实际应用。1808—1814年间，高压蒸汽机的火车头，开始带动长列车厢，在英国的铁轨上运输货物和旅客。1819年第一艘英国的汽轮渡过大西洋。1837年，美国艺术家莫尔斯发明了用自己名字命名的电报编码。1844年，第一条有线电报路线，在华盛顿和巴尔的摩之间架设起来。

18世纪末至19世纪初，工业革命已从英国扩展到法国、比利时和美国。长期处于封建贵族分散割据状态的德意志和意大利，也在局部地区开始采用机器，发展商业。（这时俄国、波兰等东欧各国的封建农奴制尚未废除，工业革命尚未开始。）工业革命大大促进了资本主义生产力的发展，这使资本主义制度更加巩固，为资本主义各国进一步向外侵略扩张，提供了条件。

如果我们把从17世纪中叶到19世纪40年代，作为一个历史阶段来考察，这一时期，清朝为封建统治的巩固、多民族国家的统一和抵抗外来的侵略，进行了长达百年的不同性质的战争，社会经济、文化，仍然缓慢地继续发展。但是，与西方资本主义世界生气勃勃的上升发展相对照，古老文明的中华帝国正在尖锐的民族矛盾和封建桎梏中衰落下去。

满洲贵族在建立自己统治的过程中，遇到了汉族人民的抵抗，抵抗最强烈的是江南地区和整个长江以南的半个中国。

南方的明朝宗室臣民建立了弘光、隆武、永历等几个反清政权，被称为南明。南明这几支力量，大都不久便被消灭。永历政权由于和农民军联合，坚持最久，直到顺治十八年（1661）吴三桂率领清军大举进攻，才宣告灭亡。这一年，曾经率战船打到南京城外的郑成功，从厦门渡海，驱逐荷兰人，收复了台湾。直到康熙三年（1664），各地的抗清运动才基本停息。康熙十二年（1673）又爆发了"三藩之乱"。立足未稳的清朝一度岌岌可危。从云贵川到湖广，从闽浙赣到陕甘的大半个中国，战乱又持续了八年。康熙二十二年（1683），清军渡海，统一了台湾。二十四年（1685），开放海禁，设江海、浙海、闽海、粤海四榷关，海上中外贸易才又逐渐活跃起来。

这时东北边疆的形势日益紧张。正当西欧葡、西、荷、英诸国相继侵扰我国东南沿海的时候，俄国向东扩张，越过乌拉尔山，占据西伯利亚，17世纪中叶，接近了中国边境。明崇祯十六年（1643），俄国派一批哥萨克越过外兴安岭，开始侵入中国黑龙江以北精奇里江地区。顺治九年（1652）占据了我国达斡尔族首领阿尔巴西的村寨，作为侵略点，被叫作"阿尔巴金"。哥萨克沿黑龙江而下，制造了惨绝人寰的暴行。顺治十二年（1655）又从贝加尔湖一带侵入中国尼布楚一带。东北地区是清朝的"龙兴之地"，俄国人的侵入，清廷早已密切注视。"三藩"、台湾相继平定之后，经过充分准备，康熙二十四年（1685），清军把盘据在雅克萨的俄国侵略者驱逐出境。清朝撤军两个月后，俄国人又卷土重来，再次占据雅克萨。清军再次进攻并将之围困。俄军弹尽粮绝，俄国接受了清廷提出的通过谈判解决两国边界争端的要求。康熙二十八年七月（1689年9月）签订了《中俄尼布楚条约》。这个条约是中国历史上与外国正式缔结的第一个条约，它明确地划定了两国的边界。东北边疆恢复安定。中俄两国的边境贸易也在这里开始。

在中俄正准备谈判的康熙二十七年（1688）夏，厄鲁特蒙古准噶尔部首领噶尔丹，突然率领三万兵马，由杭爱山向喀尔喀蒙古（外蒙古）大举进攻。喀尔喀蒙古抵抗不住，几十万人被迫向内蒙古南迁。

厄鲁特是明代瓦剌的后裔。明中叶以后，在天山以北，额尔齐斯河、巴尔克什湖和伊犁河流域游牧，准噶尔是厄鲁特四部之一，厄鲁特早在清朝入关以前已臣属于清朝。康熙十年（1671），噶尔丹夺得准部首领的地位，先后并吞了青海和天山南路的"回部诸城"，"威令至于藏卫"。噶尔丹为了向东夺取蒙古大草原，竟与向南扩张的俄国达成"谅解"。康熙二十九年（1690），噶尔丹又大举向东进攻内蒙古，前锋到达北京以北的乌珠穆沁，距北京九百里，"京师戒严"。康熙皇帝召见了正在北京的俄国使臣吉里古里和伊法尼齐，指出："噶尔丹迫于内乱，食尽无归，内向行劫。今乃扬言会汝兵，同侵喀尔喀。喀尔喀已归顺本朝，倘误信其言，是负信誓（指《尼布楚条约》）而开兵端也。"[52]康熙一面严正警告俄国，

---

[52] 《清实录·康熙二十九年》。

一面发兵三万北上迎击噶尔丹。这年八月，清军大败噶尔丹于内蒙古克什克腾旗境内的乌兰布通（大红山）。康熙三十年（1691）的"多伦会盟"，康熙帝妥善地解决了喀尔喀三部的长期纷争，建立了盟旗制度，促进了蒙古的重新统一。康熙三十四年（1695）秋，噶尔丹扬言借俄国鸟枪兵六万，沿克鲁伦河东进。康熙三十五年（1696），康熙帝率领大军亲征，分三路深入喀尔喀蒙古。六月，昭莫多（今蒙古人民共和国乌兰巴托之东）之战，噶尔丹几乎全军覆没，众叛亲离，大势已去，"一代枭雄""饮药自尽"。噶尔丹被平定以后，清廷设置了乌里雅苏台将军和科布多参赞大臣，管辖和守卫着北部边疆。

康熙五十五年（1716）继任的准噶尔部首领策妄阿剌布坦派兵攻入西藏，占据拉萨。清廷深感"西藏屏藩青海、滇、蜀"，西藏混乱，则边无宁日。康熙五十七年（1718）派兵从青海和打箭炉（今四川康定县）两路向西藏进军。直到康熙五十九年（1720），清军进入拉萨，驱逐了准噶尔军队，护送六世达赖由青海塔尔寺入拉萨，举行"坐床"典礼，西藏局势才恢复安定。雍正五年（1727）设驻藏大臣，加强了对西藏的管辖。

雍正元年（1723），青海又发生了和硕特部罗布藏丹津的叛乱。第二年，叛乱平定。雍正七年（1729）准噶尔部首领噶尔丹策零继续袭扰喀尔喀。清廷命北路屯兵科布多、西路屯兵巴里坤分进合击。雍正九年（1731），在科布多以西二百里的和通泊之战，清军损失惨重。雍正十年，准噶尔部长驱侵入喀尔喀，袭击塔米尔河清朝额附策零的牧地。在鄂尔浑河畔的光显寺（额尔德尼昭）之战，额驸策零歼灭了准噶尔军大部。此后，几经谈判，至乾隆四年（1739）划定了准噶尔与喀尔喀的牧区界限。西北局势维持了二十年的和平。乾隆十年（1745），准部首领噶尔丹策零死后，准部贵族争夺汗位，"互相残杀，群遭涂炭"达十年之久。最后，统治权落在达瓦齐之手。乾隆十九年（1754），曾经帮助达瓦齐的准部贵族阿睦尔撒纳，与达瓦齐发生了冲突，率所属两万人归顺清朝。这时，乾隆皇帝看到统一大西北的时机已经到来，乾隆二十年（1755），清军由阿睦尔撒纳为前导，进抵伊犁。准部首领达瓦齐被俘。后来，乾隆皇帝赦免达瓦齐，封他为亲王。伊犁平定后，阿睦尔撒纳一心想为"四部总台吉，专制西域"，清廷不允许。于是，他自立为汗，战火又起。乾隆二十二年（1757）清军再入伊犁。阿睦尔撒纳逃往俄国，病死在托波尔斯克。

清军攻占伊犁时，被准部拘留的维吾尔族首领大和卓布那敦和小和卓霍集占逃回南疆，联合各"回城"贵族反对清军，战火又燃烧起来。乾隆二十三年，清军在库车、叶尔羌、黑水营连续失利。而布那敦兄弟因"虐用其民，厚敛淫刑"，也很快失去了各"回城"的支持。乾隆二十四年（1759）清军得到增援，布那敦、霍集占带领妻子奴仆三四百人，"越葱岭而逃"。乾隆二十七年（1762），清廷设总统伊犁等处将军，管辖全疆军政要务。

雍正时期，西南少数民族地区的"改土归流"，继明朝之后，在云贵等省推行。改革中废除了世袭的土司，建立府、州、县地方行政区，由朝廷任命的官员进行管理，结束了小地区的与外隔绝状态。但是也伴随着土司的抵抗和清廷的暴力镇压。

从17世纪80年代到18世纪60年代，从黑龙江、外蒙古，直到新疆、西藏、青海和云贵的广大边疆地区，在康雍乾时期，经过了近百年的对内进行封建统一和反对外来侵略的长期战争，多民族封建国家得到了统一和巩固。在17、18世纪西方殖民势力不断入侵的年代，多民族国家的统一和巩固具有反对西方殖民主义入侵的重要意义。所以，直到19世纪40年代以前，中国并没有被西方殖民扩张的巨大浪潮所吞没。

明末清初，长城内外、大江南北战乱连年达半个多世纪。农业、手工业、商业和海外贸易的发展，遭到不同程度的严重破坏，尤其经济最发达的江南地区最为严重。康熙二十年（1681）以后，腹里各省才逐渐恢复，到康雍之际，才恢复到明万历时期的水平。乾隆中叶得到显著发展，超过前代。

清朝初年，"名家大族，倾圮消灭，十不存一"。明朝藩王、宗室从直隶、鲁、晋直到湖广的藩田已业失其主。顺治六年（1649）颁布"垦荒令"，垦荒的人，不论原籍别籍，均编入保甲，开垦荒地，给以印信执照，永准为业。同时，在社会大动荡中，封建人身依附关系得到松弛。雍正年间，法令中已把佃户规定为"良民"，没有主仆名分的雇工，按"凡人"看待。山西的"乐户"、浙江的"惰民"、皖南无文契可凭的"世仆"、"伴当"，广东水上的"疍户"、江苏常熟的"丐籍"等"贱民"，全都"开豁为良"，"与齐民一同编列户甲"。工匠的匠籍也已废除。

赋役制度进行了改革。清朝入关后，首先宣布免除明末的三饷加派，按万历年间则例征收田赋和丁银。康熙帝亲自调查后，于五十二年（1793）宣布以后征收丁银，固定在康熙五十年的数额，此后人口增长，丁银不再增加，称作"盛世滋生人丁永不加赋"。雍正七年（1729），全国绝大部分地区把丁银按亩分摊到田赋中征收，称为"地丁合一"或"摊丁入亩"。这时，二千多年的人头税名存实亡，变成了土地附加税。

明末以来，黄河年久失修，夺淮入海，河水不断泛滥。康熙帝十分重视治河，经过近五十年的努力，取得了显著的成效，先后完成了黄、淮、运三河交汇地区的高家堰等许多险要工程，使黄河、淮河的水患逐步得到治理。

这一时期，垦荒成绩显著，农业生产迅速发展，人口也猛增。

关于全国耕地、人口和粮食产量，在历史档案和文献中都没有留下完整可靠的数字，中外学者的多年研究，目前仍各是其是。[53]因为计量的价值完全取决于衡量所使用数据准确性的特定标准。目前在这一点上各家还存在着不少差异。我们只好从《清实录》留下的数字中去考察其大体的趋势。顺治十八年（1661），田地、山荡共五百二十六万五千二十八顷有奇。推算起来，大约5亿5千万亩左右。到雍正十二年（1734），田地、山荡、畦地已达890多万顷，推算起来，已达7亿多亩。这比顺治十八年已增加三分之一左右。不过，这也仅恢复到明万历时的水平。这时，粮食产量也不断提高。从清朝征收钱粮的数字中，也可以看出大体趋势。例如，顺治十八年（1661），全国征收米麦豆617万石，康熙六十年（1721）为690万石。到乾隆六年（1741），"各省通共存仓米谷"3172万石，乾隆五十九年（1794）已达4500多万石。这时出现了一些新的水稻高产区。宋代"苏湖熟，天下足"的谚语，明代由于江南苏松等五府地区大量改种桑棉油料等经济作物，已变成"湖广熟，天下足"。这时，湖广而外，四川、江西的大米已源源输往江南。明末引进的美洲高产耐寒的作物，乾隆时大力推广。四川和北方许多州县已"遍山漫谷皆苞谷"。南方善种红薯的老农，曾被召到北方传播经验，乾隆皇帝特赏八品顶戴，以示奖励。棉花、烟草、落花生、甘蔗的推广，出现了许多著名的经济作物区。乾隆《御制棉花图》就是提倡种棉的宣传画。

这一时期，全国人口的增长比耕地和粮食更快。根据康熙五十年（1711）全

---

[53]　参见梁方仲《中国历代户口、田地、田赋统计》，上海人民出版社 1980 年版；[美]何炳棣《1368—1953 中国人口研究》，上海古籍出版社 1989 年版；以及全汉升、王业键等有关论著。

国人丁数额推算，约在1亿左右。乾隆六年（1741），初次通过保甲制度编查户口，当年人口1亿4300余万。乾隆二十七年（1762）已超过2亿。乾隆五十九年（1794）达3亿1千多万。到了道光十六年（1836）已突破了4亿大关。在18世纪初到19世纪30年代的一百多年中，人口猛增了三至四倍。耕地面积，雍正二年（1724）达到7亿多亩以后，增加就很困难了。直到光绪十三年（1887），才达到9亿多亩。不难看出，人口增长速度，远远超过了耕地和粮食的增长速度。耐旱耐寒的高产作物玉米和红薯的广泛种植，在人口急剧增长的过程中发挥了巨大作用。

清代经济的发展中，边疆山区和台湾海岛的开发卓有成效。这是清代的突出成就。17世纪末叶以来，在加强东北边防的过程中，黑龙江流域修筑了黑龙江（瑷珲）城、莫尔根（嫩江）城、卜魁（齐齐哈尔）等城，建立了一系列驿站，驻防各地的官兵率先开垦耕种，兴起了军屯。到19世纪初，这些城市"流人日至，商贾云集，竟为内地，其街市喧阗，仿佛北省中上州县"。[54]

蒙古族历来以畜牧为业。康熙三十七年（1698）噶尔丹平定以后，康熙帝专门派内阁学士黄茂等"前往教养蒙古"，并从宁夏派去"能引水者数人"，"教之引河（黄河）水灌田"，促进了内蒙古河套地区的开发。后来遂有"黄河百害，惟富一套"之说。

西北新疆地区，在准部、回部平定以后，驻防的满汉官兵大兴屯田，其后又有维吾尔族的回屯、商民的商屯，"皆携眷移戍"、"人口日繁"。在伊犁九城附近的伊犁河岸，修建数十里的长渠。乾隆末年，乌鲁木齐已是"字号店铺，栉比鳞次"。这时，康藏交通枢纽的打箭炉，也已"商旅满关，茶船遍河"。台湾的农业和制糖等手工业也发展起来。

这时，边疆兴起一批新的中小商业城镇，从东北的黑龙江城（瑷珲）、嫩江、齐齐哈尔、多伦诺尔、张家口、归化城、乌鲁木齐、伊犁、哈密、阿克苏、叶尔羌、克什噶尔、西宁，直到西南的打箭炉等都是边疆各地的贸易中心。国内市场空前扩大了。

清代的手工业到18世纪有显著发展。棉织、丝织、制瓷、制茶、制糖、造纸、矿冶、造船等行业，无论生产技术、生产规模、产品的质量、数量都有显著提高。

---

[54] 西清：《黑龙江外记》卷六。

这时，丝织业中心苏州"比户习织，专其业者不啻万家"。南京发展更快，江宁一城仅缎机就有3万张以上，仅宝聚门内就"不下数千家"。松江棉布花色品种增多，远销海内外。"一岁交易，不下数十百万。"当时"南北商人所贩青兰布疋，俱于苏郡染造，踹房多至四百余处，踹匠不下万人"。乾隆时，景德镇已有民窑二三百区，"终岁烟火相望，工匠人夫不下数十万人"。广东佛山一镇，"炒铁之炉数十，铸铁之炉百余，昼夜烹炼，火光烛天"。"凡一炉场，环而居者三百家"。造船业也有发展。康熙南巡到苏州曾了解到，每年有上千只新造的大船出洋，一半都不再回航，而销售于海外。

在商业手工业的发展中，工商业公所和会馆陆续建立，以北京、苏州、上海、佛山为最多。乾隆时，广州的丝织业、南海石湾的陶瓷业和佛山的绫帽业中的手工业工人已建立起"西家行"，这是相对于资方"东家行"的初期工会组织。清代初年遭到严重摧残的萌生不久的资本主义性质的手工业行业，这时又逐渐滋长起来，但仍然是稀疏微弱的。

在康熙二十四年（1685）开放海禁后，四口通商，生丝、丝绸、茶叶、瓷器等大量出口，海外贸易相当活跃。康熙五十六年（1717），海禁又严格起来，对南洋贸易，只许外人来华，不准中国商人出洋。到乾隆二十四年（1759），因英商"洪仁辉事件"，不但只限广州一口通商，广州也制定了《防范外夷规条》，闭关政策更严厉地执行起来。

这时正是中国封建社会晚期的"康雍乾盛世"，乾隆中叶可说是"盛世"的顶峰。如果仅从制造技术水平来比较，中国并不落后于西欧，因为西方的工场手工业，和同时代的中国手工业一样，都是以手工技术为生产基础。

日本学者太田英藏在研究了《天工开物》以后说："从古代继续发展到明代，并不比西洋的技术落后。中国制造技术落后于世界的水平，那是产业革命以后的事。"[55]英国研究中英通商史的学者格林堡，也持有同样的看法。他说："自16世纪至19世纪，在将近三百年的中西交往中，最显著的事实是西方人希求东方的货物，而又提不出多少商品来交换。在机器生产时代之前，在技术上的优势

---

[55] ［日］太田英藏：《〈天工开物〉中的机织技术》，见《〈天工开物〉研究论文集》。

使西方能够把世界变成一个单一经济之前，在大多数工业技艺方面比较先进的还是东方。"[56]

可是，在清朝"盛世"的后期，朝隆五十年（1785）第一个蒸汽机制造厂在英国建立起来。法、比、美、德、意各国也相继进行了工业革命。

乾隆五十一年（1786），台湾的天地会，贵州、湖南的苗民相继起来反抗清朝统治。五十八年（1793）又爆发了历时九年、波及五省的白莲教起义。"盛世"已经过去，清朝封建统治已经由兴盛而衰败。古老的传统中国社会，由于没有孕育出新的生机与活力，衰落了。

在中国封建社会的晚期出现的"康雍乾盛世"，可以与汉唐的"文景之治"、"贞观之治"等量齐观，并不逊色。但是如果把这"盛世"的成就放到世界历史发展的洪流中去考察，就不难看到：从16世纪到18世纪末19世纪初，中国社会虽然仍沿着自己的轨道继续往前走，但是已经落后了。这种落后，不是落后于哪一个国家，而是落后于人类历史前进的步伐和时代的潮流。

六、中国从先进转变到落后的主要原因

以上我们考察了从11世纪到19世纪中叶，欧洲从"黑暗时代"走出来以后，西欧新社会形态的萌生、发展到确立和经过工业革命进入近代大工业时代的主要过程；同时也考察了中华文明从高度发展中出现三大发明和逐步衰落的主要过程。我们作这样的历史比较研究，其目的是为了探讨：究竟什么是中国在世界上从先进转变为落后的主要内在原因。以下试作几点论述。

1. 中国传统社会机制的辩证发展

中国自古是一个多民族国家，又是一个以中原汉族地区为主体的国家。秦汉以来，中国封建社会的基础是占主导地位的小农业和家庭手工业相结合的自然经济，建筑在这种基础之上的是君主专制中央集权的官僚政治结构，集中反映并维护这种经济政治结构的是传统的又不断发展变化的儒家思想为主的意识形态。从两汉到唐宋，上述社会结构的机制总体上适应了当时社会生产力的发展，顺应了人类历史前

[56]　[英]格林堡：《鸦片战争前中英通商史》，第2页。

进的潮流。因此，出现了灿烂的中华文明。中国也长期居于世界的前列。

11世纪三大发明在中国出现以后，12世纪上半叶，金朝大兵南下，进驻淮河以北，使淮河流域、黄河流域的社会发展受到严重影响。13世纪80年代，新兴的蒙古贵族统一中国。元朝以统治草原游牧社会经济的方式统治中原的农业经济地区，使社会发展出现逆转。忽必烈虽曾"推行汉法"，社会经济一度恢复，并有所发展。但在四等人制下，不久就陷入停滞和衰退。元朝海陆交通发达，对外开放前所未有，所以在当时的世界上仍是富庶的东方大国。

14世纪中叶，明朝建立，重建了传统的经济、政治结构和儒家思想统治。这时，君主专制政体空前加强，厉行海禁前所未有。虽然郑和七下西洋，但闭关、锁国于此开始。清朝定鼎中原，除保障满族特权地位以外，基本上"清承明制"。传统社会的政治、经济结构和机制又继承下来。而且，大力推行尊孔崇儒、屡兴文字狱，空前严厉地禁锢了人们的思想；海禁政策更变本加厉。

16世纪（明朝中叶）开始，世界历史已进入转折时期。这时，两千多年来曾经推动中华文明取得辉煌成就的社会机制及其各种历史积极因素，已经逐渐转化为社会发展的消极力量。我们认为，这就是延缓中国社会发展和导致中国在世界上从先进转化为落后的基本原因。

中国传统社会的这种固有机制，既扼制了自身孕育出来的新社会经济形态（资本主义）因素的发展。也制约了类似17、18世纪之际俄国彼得一世的改革以及19世纪日本明治维新在中国社会的出现。

如果，进一步探讨中国传统社会内在机制转化为社会发展消极因素的种种外在表现，我们认为主要有：地主土地所有制下自然经济的牢固，"重本抑末"国策对商业手工业的压制，宋明理学和文字狱对人民思想的禁锢，禁海闭关的自我封闭，以及战争与动乱，过剩人口的压力，自然环境制约下的民族问题和盲目自大保守的心理状态。

2. 地主土地所有制下小农业和家庭手工业的牢固结合

秦朝建立以前，"用商鞅之法，改帝王之制，除井田，民得买卖"。[57]已经

---

[57]　《汉书·食货志》。

从封建领主制过渡到封建地主制，秦汉以来，"男耕女织"一家一户的小农经济，是我国地主制经济的基本生产单位。

中国地主制经济与欧洲领主制经济不同。欧洲领主土地是使用农奴集体劳动的大规模经营，农奴屋舍的附近也有自己的少量自用地，剥削形式以劳役地租为主，畜牧业则在公用的草地、休耕地和收割后的全部农地放牧。那里的手工业，除农奴家庭的纺织等项以外，领主庄园内有磨房、面包房、打铁炉和各种专门工匠。农奴自己的粮食，必须送到领主的磨房和烤炉去加工，交纳磨房税和烤炉税。酒，也禁止农奴酿造，农奴若喝酒则必须买领主的酒，违者处罚。所以领主的庄园是农业和手工业结合的整体单位，这种结合主要不是在农奴家庭之内。

中国的封建地主制，以佃农为主的小农经济，与欧洲领主下的农奴制相比，农民有较多的人身自由和生产的相对独立性。实行实物地租制，使农民有较大的活动余地，以获得时间来从事剩余劳动。这种产品，自然归农民所有。所以，在传统农业中，中国这种小农经济，比欧洲领主庄园中劳役地租下的农奴制生产积极性高，劳动生产率高。这就是在古代，中国长期居于世界先进地位的重要原因之一。

但是，中国封建社会毕竟是建立在以地主阶级及其政权剥削、压迫农民为基础的社会。每当土地兼并激烈、剥削、压迫加重，使农民无法继续进行小农业和家庭手工业相结合的生产，以维持一家一户生存的时候，社会危机就出现了。这时农民反抗斗争的风暴就会到来。风暴过后，不论造成什么样的政治结局，为了重新稳定封建统治秩序，恢复封建经济，政府政策、剥削关系总会多少得到一些调整。这时，农民又重新回到小块土地上，一家一户的小农业和家庭手工业又重新结合起来，继续下去。

中国历史上，每当民族矛盾激化和统治阶级内部矛盾激化，也爆发过多次民族之间的战争和统治阶级不同利益集团之间的战争。这些战争也曾造成人民流散、土地荒芜的动乱局面。但动乱过后，总使小农业和家庭手工业的结合恢复起来。否则，社会就无法安定下来，生存下去。

从秦末到明末清初，上述几种社会危机，总是周期性地爆发，从而使剥削关系也不断地周期性得到程度不同的调整，在地主土地所有制下小农业和家庭手工业相结合的社会经济结构，也就继续存在下去。[58]所以，中国封建社会的又一特点，是这种经济结构具有很强的自身调节机制和再生机制。这一特点长期维护了小农业和家庭手工业的牢固结合。

这种牢固结合着的一个个小农家庭是孤立的、分散的。血缘的宗族纽带又把他们联结起来，形成宗法家族的社会结构。这种社会结构，有神权、皇权、族权和夫权四条粗大的绳索捆绑着，这就使小农业和家庭手工业的自然经济结构更加难以分散。

明清时期出现了货币地租，小农经济的相对独立性增强，农民支配自己生产品的余地扩大，他们就把一部分剩余粮食和家庭手工业产品，投入市场。明代中叶以后，苏州府盛泽镇的丝绸市场、震泽镇和湖州南浔镇的生丝市场、松江县的棉布市场，以及桑叶市场和更多地区的粮食、棉花市场，就是这样形成和发展起来。

进入18世纪以后（康熙晚年到乾隆年间），经济作物扩大，农民家庭生产的少量谷物、生丝、丝绸、茶叶、棉花、棉布和烟叶、甘蔗、蔗糖、豆油、豆饼等等也转化为小商品，进入市场。中国小农经济对商品经济发展的适应性，远强于欧洲的农奴制经济。

但是，中国的小农经济并没有从自给自足中走出来。农民的家庭手工业并没有从与小农业的紧密结合中分离出来。其中一个重要的原因是封建王朝的"重本抑末"的传统基本国策。"重本"就是极力维护小农业和家庭手工业相结合的基本经济结构。进入18世纪以后，另一重要原因是这时期中国人口大量猛增，而土地的开垦已经相对饱和。人口的增加固然曾经是社会经济发展的重要因素，但在土地开垦已经在一个国家里达到饱和状态的时候，就全然不同了。

康熙四十八年（1709）十一月，康熙帝说："本朝自统一区宇以来，于今六十七八年矣。百姓俱安享太平，生育日以繁庶。户口虽增，而土田并无所增。分一人之产，供数家之用，其谋生焉能给足？"[59]按中国清代人口增殖的通常估

---

[58] 参见拙稿《在中国封建社会中"生产力怎样和阶级对抗同时发展"》，载《中国历史博物馆馆刊》1979年第1期。

[59] 《清圣祖实录》卷二百四十。

算，二十五年左右，一户之家至少可分为三四户或更多。再一个二十五年左右，由三四户至少可以分成十户到十五户，或更多一些。如果，没有其他条件，一户百亩之家分下来，每户已不足十亩，或更少。在这样情形下，户数越来越多，地块越来越小。农民可租佃的土地势必逐渐减少，而租佃的条件也逐渐苛重，农民之间租佃土地的竞争也会出现。地主增租夺佃也就不断发生。农民要生存下去，只有忍受更沉重的剥削。剥削加重，农夫只有更加精耕细作，农妇只有日以继夜，拼命纺织，使"一月可得四十五日（劳动日）之功"。这样小农业和家庭手工业二者相依为命，一家人才能勉强度日。再加上地主、商人、高利贷三者一体的剥削压在农民头上，小农业和家庭手工业也就更加相依为命，不可分离了。

商品经济的发展，使封建经济结构解体，萌生的资本主义因素才能得到发展，壮大，成长起来。但是，商品经济的发展，"对旧生产方式究竟在多大程度上起解体作用，这首先取决于这些生产方式的坚固性和内部结构"[60]。

小农业和家庭手工业牢固结合，是中国封建经济结构的特点。这种封建经济结构具有深厚的自我调节机制和再生产机制，推动着封建社会自身不断发展。到了封建社会晚期，这种调节机制、再生机制已转化为巨大的历史惰性，使封建地主制下的自然经济结构难以解体，而长期延续下来。明清时期商品经济的发展程度，并不足以改变这种状况；新的生产方式因素，也难以滋生成长。这是西方资本主义兴起以后，中国从先进退到落后的首要原因。

3. 对商业手工业的压制

封建国家对待商业和手工业的基本政策，15—16世纪以来，中国与西欧完全不同。

西欧各国从15世纪末叶的等级代表制君主政体，开始为君主专制政体所代替，到17世纪已达最盛。西欧的君主专制产生于这样一个过渡时期。"那时，旧封建等级趋于衰亡，中世纪市民等级正在形成现代资产阶级，斗争的任何一方尚未压倒另一方。"[61]在这个过渡时期中，王权要实现君主专制，就必须首先战胜旧封建

---

[60]　马克思：《资本论》第3卷，人民出版社1975年版，第371页。

[61]　马克思：《资本论》第1卷，人民出版社1975年版，第167页。

领主。因此，王权与资产阶级曾结成反对封建等级的联盟。资产阶级帮助王权取得了君主专制的胜利，王权也曾支持资产阶级的发展，如前文所述，贷款给工商业主、实行重商主义的有利于工商业发展的税收政策、对外贸易政策等等。所以，西欧君主专制政体支持、保护过工商业的发展，鼓励过资产阶级上升。到十九世纪上半叶，君主专制才到处都成了工商业发展道路上的障碍。

中国从秦汉起直到明清一直坚持"重本抑末"的传统国策。"富国之本，在于农桑。"[62]"重本抑末"、"厚农轻商"是中国封建政治权力维护其社会经济基础的基本政策。在中国封建领主制向封建地主制过渡中，它已与土地"民得买卖"同时开始。最早的倡导者是在西秦变法的商鞅。"富国强兵"是历代封建国家追求的最高目标。富国主要靠田赋增多，强兵主要靠兵源充足，而田赋和兵源都来自农民的力役和赋税，所以必须"重农"。重农就是维护小农业与家庭手工业相结合的社会经济结构。抑商是为重农，因为商业发展过快，中间剥削加重，势必使农民更加困苦，威胁着兵粮的来源，有些农民还会弃农经商，这将使社会基础不稳。所以必须"抑商"。但商可以"通有无"、增殖财赋，所以"抑商"并不是简单地一味压制商业，而是使本末不可倒置，把商业和商品经济的发展控制在不妨碍小农经济牢固的限度之内。这样，在封建王朝看来，才是"士、农、工、商"各安其分，各得其所。

"重农抑末"的实质是根据封建国家的根本利益，摆正农与商（工商）二者主次轻重关系的基本经济政策。只要不本末倒置，历代还是不乏"恤商"措施、放宽政策，以促使工商业得到适度发展，从而繁荣封建经济，增加国库税源。如果工商业发展过快，商人势力膨胀，那就必须加强压制，加强打击，这样，才能巩固封建统治基础。商鞅而后，西汉晁错的《论贵粟疏》，中唐刘晏的"阴笼商贾之利，潜制轻重之权"，直到11世纪王安石变法中所说"盖制商贾者恶其盛，盛则人去本者众；恶其衰，衰则货不通"。[63]以上都是各代政治家针对当时社会经济发展状况和面临的经济危机所作的政策说明或评论。

---

[62]　语见《礼记·郊特牲》。

[63]　《王文成公集》卷七《答韩求仁书》。

经过元末的社会动乱，明朝初年，实行"与民休息"的政策，在大力奖励垦荒的同时，朱元璋也曾采取了一些恤商措施。元朝商税二十取一，降为三十取一，并免除书籍、田器税。当时天下税课司局凡四百余处，他裁撤了三百六十四处。洪武二年（1369）诏令内外军民官司不得以"和买"扰民。这对宋元以来"官不给值，民仍输物"的"和买"，也被禁止。这是一项恤商便民的改革。所以到永乐、宣德年间，明朝社会经济的发展出现了十分活跃的现象。

从正统直到嘉靖（1436—1566）的一百多年中，君主专制政体日益腐败，宦官专权不断，权臣擅政相继，各种社会矛盾日趋尖锐。这段时期，明初的一些"恤商便民"措施也变成了害商扰民的苛政。

对商品经济发展的压抑，虽然时紧时松，总体上却一直坚持不断。更突出地表现在对商业、手工业的掠夺、摧残和对海外贸易的禁止与严格控制。前一方面，明朝比清朝更为严厉；后一方面，则清朝更甚于明朝。

丝绸、瓷器是中国驰名世界的主要商品。很早以来在国外就有着广阔的市场。[64]茶叶是刚进入欧洲市场的新商品。开发铁铜等矿产资源更是关乎社会经济发展的大事。仅从以下几个事例已可以看出民间工商业遭受的压制之严重。

苏州，是明代丝织业的主要中心，也是资本主义萌芽发展最明显的地方，这里遭到封建统治的打击也最重。"吴民生齿最繁，恒产绝少，家杼轴而户纂组，机户出资，机工出力，相依为命久矣。"[65]万历二十九年，织造太监孙隆到苏州检查"五关漏税"，税卡的设置，"密如秋荼"。结果，"吴中之转贩日稀，织户之机张日减"。孙隆又擅自加征，"妄议每机一张，税银三钱"。于是"人情汹汹，讹言四起"。"机户皆杜门罢织，而织工皆自分饿死。""染房罢，而染工散者数千人；机房罢，而机工散者又数千人。"[66]这是明代封建统治强加给丝织业的一场大灾难。

中国著名的制瓷中心很多。宋元以后，景德镇已居全国之首，这也是制瓷业中最先出现资本主义萌芽的地方。"工匠来八方，器成天下走"。明朝沿袭前代的办法，洪武时，设"御窑厂"，有官窑两座，宣德时已增加到五十八座，实际上

---

[64]　《荷兰东印度公司与瓷器》，转引自中国硅酸盐学会编《中国陶瓷史》第412页。

[65]　《苏州织造局志》卷一。

[66]　《苏州织造局志》卷一。

是挑选水平最高的瓷窑由御窑厂垄断起来。正统元年（1436），除了命浮梁窑户进造 5 万件以外，竟然下令"禁私造黄、紫、红、绿、青、蓝、白地青花诸瓷器，违者论死！"这样压制瓷器生产，其荒唐、横暴，可谓已极！

官窑烧造不及，于是任务分派给民窑，工价由官方规定，叫作"官搭民烧"。嘉靖时，官窑自烧的"部限瓷"大鱼缸，估价五十两，民窑承制只给二十两。"钦限瓷"对花纹、釉色、轻重、厚薄要求苛刻，"最为难成"。"不能成器者，责以必办；不能办，则官窑悬高价以市之"。这笔钱，当然由民间窑户出。所以，民间瓷窑不仅"疲于供应"，而且"历年亏损，习以为常"。这就造成了"民以陶利，亦以陶病久矣"。

16 世纪以后，茶叶已成为欧洲人的主要饮料之一。中国茶叶的大量运销，使欧洲商人获得高于成本数十倍的惊人暴利。但是，明朝政府对茶叶的控制，其严厉也是惊人的。明代边患不断，为了用茶叶换取蒙古、西番（康藏青海）的战马，嘉靖中叶《大明律》的附例中甚至规定了："私茶出境与关隘失察者并凌迟处死"！商人贩茶和贩盐类似，必须先向政府交钱领取"茶引"，然后凭"茶引"到产地去买茶。凡是商人买到的茶叶没有"茶引"或与"茶引"不符者，被检查出来就要以"私茶"论。犯私茶与犯私盐同罪，重者直至杀头。

明朝规定，"有官茶，有私茶"。官茶和合法的私茶都按规定运到边境去换马，所谓"茶马贸易"。有时商人运去的茶叶交换不出去，就要因茶叶腐烂变质而蒙受严重损失。

明朝的开矿、冶炼，除官方需要外，一律严行禁止。洪武十五年（1382），有个小官吏上疏："磁州产铁，元时置官，岁收百万斤。"请求继续开采。朱元璋不但不采纳，竟把提出建议的人"杖而流之海外"。景泰时又有人建议恢复山西宁远的铁矿，工部认为这是违背"祖训"，把建议者又下了监牢。明清两朝严禁开矿，是害怕大批劳动者集中于山林之中，容易"啸聚为盗"。

到了嘉靖、隆庆年间，封建统治日益腐败，法度不行，吏治败坏，皇室奢侈日甚，官吏到处贪污不已，豪强兼并，"国匮民穷"。为了挽救封建政治、经济危机。16 世纪 60—80 年代，出现了张居正的政治改革。张居正曾提出："商不得通有无以利农，则农病；农不得力本穑以资商，则商病。故商农之势，常若权衡。"[67]他的这种经济思想已是对传统"重本抑末"的原则性修正。因为这时商品经济已很活跃，已经萌生的资本主义因素已有明显发展。这种经济思想既反映了当时社会经济的发展趋势，也促进着这种历史趋势的发展。张居正的改革取得多方面的成效，但明朝君主专制政体的腐败已积重难返。万历十年（1582）他死以后，以万历皇帝朱翊钧为首的腐朽保守势力重新抬头，既不重农，更非抑商，完全是肆意掠夺。

万历二十四年（1596），明朝改变了过去的政策，同意各地开矿。但随后派出了一批宦官充当"矿监"、"税使"。这帮家伙到处肆意妄为，横征暴敛。指着人家的房子说，这里有矿，"则家立破"；指着某人说，他漏税，"则橐立尽"，"毁家逾垣，祸延鸡犬"。

万历三十年（1602），根据运河沿线城镇的报告，京东河西务关原来布店一百六十多家，现在只剩下三十多家；临清关原来缎店三十二座，现在倒闭了二十家；布店七十二座，现在倒闭四十五家。

从万历二十四年至三十三年（1596—1605），长达十年之久，封建统治对工商业这样横暴的掠夺和摧残，实属历史罕见。各地工商业和正在滋生的资本主义萌芽，却经历了一次长期的严重灾难。

明末清初，从天启七年（1627）陕北农民起义开始，直到康熙二十三年（1684）统一台湾为止。半个多世纪中，战乱频仍，遍及大半个中国。社会经济遭到严重破坏，工商业萎缩，尤以江南为甚。此后，逐渐恢复，到乾隆时期才得到显著发展，超过了历史上的最高水平。

康熙（清圣祖）当政六十一年中，一再强调："阜民之道，端在重本"，"国家要务莫如贵粟重农"。雍正（世宗）继位时，社会经济已有所发展，工商业也渐趋活跃。因此，他说："农为天下之本务，而工商皆其末也"。"市肆多一工作之人，则田亩中少一耕稼之人"。所以，他们虽然也采取了一些"恤商便民"措施，但并没忽视"抑末"。康雍时期的限织、禁矿是抑末的主要政策，从顺治直到嘉道的禁海、闭关更阻碍了整个经济和科学文化的发展。

---

[67]　《张文忠全集·文集·赠水部周汉浦榷竣还朝序》。

江南丝绸织造业，从宋元到明代已有很大发展，也是资本主义萌芽最早出现的行业。入清以后萎缩凋零，清廷为满足宫廷需要，在江宁（南京）苏、杭选拔织造"能手"，建立织造衙门，这就是"江南三织造"。清廷一方面垄断了高级织造人才，同时规定民间机户每户"不得逾百张"，每张机"纳税五十两"[68]。拥有一百张以上的，以违律论，要受到处罚。这就严重阻碍了丝绸织造业、商业，和其他有关行业的发展。清廷还通过采买、领织（织造局预支钱粮、包给机户雇匠织造，织成后送局结算）和加工（分发丝斤给机工织造），垄断和控制了丝绸的一大部分生产，从而更限制了商品经济的发展。

到康熙五十一年（1712），许多机户联合向江宁织造曹寅请求放宽各户织机不准超过百张的限制。曹寅是与康熙有着不同一般关系的亲信。曹寅奏请康熙批准，于当年起，解除了织机数目的限制，并减轻了税额。"自此有力者畅所欲为"。乾隆时，江宁绸缎织机已有三万台。道光时增至五万台，其中缎机三万台。有的大机户拥有织机五六百张。苏州丝绸织机也达一万数千张。这就大大促进了商品经济的发展。

禁矿的原因仍如明代。清廷认为"矿山一开，则无赖奸徒号召云集，诚恐将来滋事"。"今日有利，聚之甚易；他日利绝，则散之甚难"。"人聚众多，为害甚巨"。"若招商开厂、设官征税，传闻远近，以致聚众藏奸，则断不可行也"[69]。

这一时期，唯有铜铅矿和银矿是例外，在官府严格监督控制下，时断时地的允许开采。原因是当时银钱缺乏，造成了通货紧缩，官私不便，从相反的方面与通货膨胀一样造成社会经济的恶果。铜铅可以铸钱，白银本身就是通货。清朝最初的九十年的禁矿政策，大大限制了商业资本投入矿山开采。矿业不发达，矿产品流通贩运、金属加工业和有关商业也就难以发展。

乾隆二年（1737），矿禁开始解除，"凡产铜矿山、实有裨鼓铸，准报开采"。于是，云南、广东的铜、铅、铁矿相继开采。五年（1740）山东章丘、淄川、博山、峄县等二十几县的煤矿批准开采。其后，山西、归化城（今呼和浩特）八十几处煤矿开采。七年（1742）四川铜矿"准其招商"开采。八年（1743）两湖铁

---

[68]　《周治上元江宁两县志》卷七《食货志》。

[69]　《清文献通考·征榷五》（雍正谕旨）。

铜铅矿的开采"听民自便"。此后，甘肃的硫磺矿、浙江温、处两州铁矿、四川江油宜宾的铁矿、贵州铅矿、广西铅矿都相继报准开采。后来贵州、陕西、甘肃、新疆、云南等地的金银矿开采也得到批准。"宝藏之兴，轶于往代"。

广东铁矿的开采，佛山的铸铁业恢复发展起来。"四方商贾萃于斯，四方之贫民亦萃于斯；挟资以贾者什一，徒手而求食者则什九也。"[70]矿业的发展，带来了金属加工冶铸城镇的繁荣，而矿场本身因聚集大量人口，需要大量消费品和生产上需要的物品，也带来了商业的兴起，使矿场向城镇化发展。云南象羊厂矿山一开，"远近来者数千人，……不数月而荒巅成市，即名之曰象羊厂"[71]。乾隆十三年（1748），云贵总督张允之奏报："黔省崇山峻岭……其他幅员日广，加以银、铜、黑白铅厂，上下游十有余处，每厂约聚万人、数万人不等，游民日聚。现今省会及各郡县，铺店稠密，货物堆积，商贾日集"。[72]

由此可见，开禁以后矿业的发展，不仅使矿区商业繁荣，而且也推动了较大范围商品经济的发展。对比之下，不难看出，长期的禁矿对商品经济发展的严重抑制作用。

乾隆晚年，从皇帝到大小官僚日益奢侈腐化，贪污受贿普遍成风，人口急剧增长，土地兼并严重。嘉庆元年（1796）爆发了历时九年、遍及川楚陕甘豫五省的农民起义，不久又爆发曾打进皇宫的天理教起义，康雍乾的盛世过去了。惊魂甫定的嘉庆皇帝，深性"聚集丁夫，恐滋生事端"，禁矿又重新严厉执行，新矿不准开，一些旧矿也以各种借口陆续封闭。

此外，出于同样理由，嘉庆八年（1803）竟下令不准聚集人众打造大船，砍伐树木售卖；十一年（1806）更规定"嗣后大渔船遇有破漏者，即随时报明地方官拆毁，不准修复，亦不许违例添造"。道光四年（1824），在处理"陕省南山匪徒"的"善后事宜"中，对江南、浙江、福建等省各府州县山区种植兰靛、苎麻等经济作物和造纸等的棚户，也按保甲编组户口，严加管理。这些已不是出于什么"重本抑末"，而是"杯弓蛇影"的恐惧心态的过敏反应。但对农产品商品化

[70]　《乾隆佛山忠义乡志》卷六《物产》。

[71]　张泓：《滇南新语》《象羊厂》条。

[72]　《清高宗实录》卷三百一十一。

和山区农业手工业的发展，却又加紧了抑制。

4. 禁海闭关

海关是国家设在沿海口岸，管理进出国境的船舶、货物、人员，征收关税等有关事务的政府机构。我国古代并无海关之名，随着海上交通和贸易的发展，到清代康熙年间才正式以海关之名出现。

自秦汉至初唐海上进出的船舶、货物和人员，一般均由当地的郡太守、州刺史等地方官管理。中唐时期，海上交通和贸易进一步发展，大食、狮子国（斯里兰卡）和日本、高丽的海船逐渐增多。中外使节、商人、僧人、留学生往来频繁。根据这种形势，唐玄宗时期，开始在广州设立市舶使。

10世纪起，宋元两代海上交通和贸易之发达超过唐代。北宋在广州、泉州、杭州、明州和密州板桥镇（今青岛市西南）设立了市舶司，还在秀州华亭县（今上海市内）设置市舶务（务是司的下属机构）。宋室南渡后，两浙路市舶司移置华亭，杭州、明州改司为务。并增设温州、江阴军（今江阴市）、澉浦（今浙江海盐县）等务场。

宋元时期海外贸易发达，虽然也有时控制海上交通，但没有禁海政策。"明初定制，片板不许下海"。这是中国禁海闭关的开始，但是严格意义上的闭关政策的推行，应是从18世纪初康熙末年开始。

明初，以"海疆不靖"，实行海禁，同时实行朝贡贸易制度，与海外诸国进行有限贸易。洪武元年（1368）曾在太仓设市舶司，两年后以离京师（南京）过近而裁撤。后来又在明州（宁波）、泉州、广州设市舶司，洪武七年（1374），又都废置。

明成祖时期，国势日强，经济发展，海外诸国不断入贡，于是他采取了主动出访，宣扬中国富强，以招徕远方诸国的积极对外政策。于是有郑和七下西洋的盛举。明成祖死后，明朝君臣只看到：虽然郑和带回来不少奇珍异宝，招来了不少远方客人，但是劳民伤财，于国无益。所以，远航壮举，昙花一现，明朝又关上了大门。嘉靖中叶，商品经济发展，倭寇已经平定。隆庆时，"开海禁，准贩东西两洋"。"于是五方之贾，熙熙水国"，分市东西两路，"所贸金钱，岁无虑数十万，公私并赖"。[73] 所以终明之世未再禁海。而这一时期，中国的丝绸、瓷器、茶叶等许多产品大量出现在南洋、欧洲和美洲的市场，资本主义因素也明显地滋生出来。不过，这时西方殖民主义者已大举东来，亚非许多地区已成为他们的殖民地。这时中国的海商只能往来于日本、朝鲜、中南半岛、印尼群岛、马来半岛与菲律宾群岛，再不能穿过马六甲海峡进入印度洋了。

从清顺治元年到康熙二十三年（1644—1684）的四十年中，为对付东南沿海抗清势力，防止沿海人民的反抗，顺治十三年（1656）实行严厉的禁海和迁海政策，宣布"片板不许下海"、"片帆不准入口"的禁令。随后又强行命令东南四省沿海居民内迁到距海三十到五十里，筑界封锁，界外房舍全部焚毁，制造了沿海的无人区。康熙二十三年（1684）台湾统一，才"勘界复业"、"招民开垦"，同时设江、浙、闽、粤四海关，开海贸易。到了康熙五十六年（1717）正月，根据康熙帝的旨意，兵部等衙门会同闽浙总督、两广总督商议后，清廷作出了新的规定：

一、中国商船只许往东洋贸易，不准前往南洋，广东、福建水师负责巡查，违者严拿治罪。外国夹板船仍许前来，各地方官严加防范。

二、今后海船初造时，应报明海关监督，地方官亲验烙印，取船户甘结，并将船只丈尺、客商姓名、货物往某处贸易填写船单，沿海口岸文武官照单严查。按月册报督抚存案。

三、将船卖与外国人者，造船与卖船之人皆立斩。留外不回者，将知情者枷号三月。该省总督行文外国，令其将留下之人解回，立斩。出海时，每日每人准带米一升及余米一升，如有超额之米，查出入官。船户、商人一并治罪。以小船偷载米粮驳运至大船者，严拿问罪。

四、沿海文武官如遇私卖船只、多带粮米、偷越禁地等事隐匿不报，从重治罪。

---

[73]　[明] 张燮：《东西洋考》。

这时，清朝开海贸易的政策，已转变为严厉的闭关政策。

雍正五年（1727），根据福建总督高其倬"请复开洋禁，以惠商民"的请求，雍正帝考虑了工商业的发展会使沿海人民不致因饥饿而作乱，大清江山可以得到稳定，因此，清廷解除了南洋贸易的禁令。到了乾隆二十四年（1759）西洋人洪仁辉等因为贸易上的纠纷从遥远的东南海口，闹到了天津。于是乾隆决定，闭江、浙、闽三关，归广州一口。清朝的闭关政策发展到高峰。直到资本主义的炮舰袭来，才轰开了封建中国的大门。

康熙二十三年（1684）开海禁、设四关，可以说是大为开放。五十六年（1717）却又转向加强海禁，闭关自守。这是什么原因？康熙五十五年（1716）十月二十六日，康熙帝对大学士九卿的谈话中透露出来。

他首先说："天下事未有不由小而至大者，大者宜留心，小者犹不可忽。即如海防，乃今日之要务，朕时加访问，深思远虑，故具知原委。"

这篇谈话很长，要点如下：

一、我南巡苏州，去船厂访问，众人都说：每年造船出海贸易者多至千余艘，回来者不过十之五六，其余全卖在海外，携银而归。官造船数十艘尚需数万金，民间造船何如许之多？

一、海外有吕宋、噶喇吧等处，常留汉人，自明代以来有之，此即海贼之薮也。官兵出哨或遇贼船四五只，官兵船止一二只，势不能拒敌，舵工又不奋力向前，将领亦无可如何，何能剿灭？

一、张伯行曾奏，米多出海贩卖，斯言未可尽信，但不可不为预防。出洋贸易所带之米适用而止，不应令其多带。

一、东洋可使贸易。若南洋，商船不可令往。红毛等船，听其自来。

出南洋必从海坛经过，此处截留不放，岂能飞渡？沿海炮台，足资防守，明代即有之，应令各地方设立。

一、往年由福建运米广东，所雇民船三四百只，每只约用三四十人，通计即数千人，聚集海上，不可不加意防范。台湾之人时与吕宋等地人互相往来，亦须预为措置。

一、海外如西洋等国，千百年后，中国恐受其累。此朕逆料之言。

汉人心不齐，如满洲蒙古，数十万人皆一心。朕临御多年，每以汉人为难治，其不能一心（按：即不能与清朝一心）之故。国家承平日久，务须安不忘危。[74]

他看到了：西洋等国将来必使中国受其累；他担心汉人最为难治，不与清朝一心；他更担心海外贸易的发展，使内地汉人与海外汉人联合起来，甚至西洋人也可能乘机插手，而清朝又无力剿灭。一句话，"是它害怕外国人会支持很多的中国人在中国被鞑靼人征服以后大约最初半个世纪里所怀抱的不满情绪"[75]。（引者按：这里的中国人指汉人，鞑靼人指满族人）这就是清代闭关政策的核心。

这里，康熙帝在新的历史条件下，把明太祖的禁海政策增添了显明的时代内容。远在万里之外的德国人，大概还不知道清朝皇帝有这样一篇政策演说。但是，马克思的洞察力，却使他在评论中，事实上给康熙帝的政策谈话作了最准确的提炼和概括。

外交总是内政的延长，清代的闭关政策，归根到底是封建统治下自给自足的自然经济的产物。这一点，从康熙皇帝禁止海船和大米出口，以及屡次对丝绸、铁锅等等出口严加限制中已反映出来。不过，更明确的阐述还是那条乾隆皇帝答复英国特使马戛尔尼（George lord Macartney）要求建立正式通商关系的敕谕："天朝物产丰盈，无所不有，原不藉外夷货物以通有无。"这是从一家一户的自给自足，扩大为一个国家的自给自足。但是值得注意的是，乾隆皇帝的答复并不完全是虚骄的浮夸，从当时中英贸易的分析中，可以看出这正反映了当时中国的国情。因此，清代的闭关政策也是一个以自然经济为基础的封建帝国，面对着席卷世界的资本主义狂潮巨浪时所能做出自我保护性的选择。

清代的闭关政策，不仅是对外贸易方面的严格限制，而且是为了避免被一种陌生的巨浪所冲垮，从政治、经济、思想文化、科学技术各方面所作出的自发的排斥外来新生事物的反应。

---

[74]　《清圣祖实录》卷二百七十。

[75]　《马克思恩格斯选集》第 2 卷，第 6 页。

清代闭关政策造成了中国各个方面的更加落后，导致更加可悲的后果。

5. 人民思想的禁锢

在中国古代文明的发展过程中，产生了高度的思想文化。其中最具有中国民族特色和深远影响的是儒学。孔子创立的儒学是两千多年来中国传统文化的主干。它随着封建制的产生而创立，随着封建制的发展而发展变化，两千多年来一直居于统治思想的地位，对历史产生过巨大作用。但也随着封建制的渐趋衰落而日益僵化，成为社会发展的消极因素。汉代的董仲舒以先秦孔孟学说为主，糅合法家和阴阳五行等学说，形成了一套"天子受命于天"、"天不变，道亦不变"的"天人相感"的思想体系。他的大一统说，强调统一是天地常道，古今通理。推崇君主专制，把君主神化，使儒学成为从汉到清的主导统治思想。对维护中国封建时代的社会秩序、国家统一和增强中华民族的凝聚力有积极作用。但"独尊儒术"，形成以孔子是非为是非的思想观念和思维定式，排斥、压制其他学说，却对人们思想的自由解放、学术的百家争鸣和科学的创造发明，造成了深远的消极影响。他标榜孔孟的"德治"和"仁政"，宣扬"三纲"（君为臣纲，父为子纲，夫为妻纲），"五常"（仁、义、礼、智、信）作为封建的伦礼道德规范。他这套儒学，适应了当时统一多民族封建国家巩固和发展的需要。但是，"天道"加"三纲"就成了束缚人民思想的四条封建统治的绳索。愈到后来，束缚力愈强。

在我们所考察的历史年代，宋代商品经济发展，阶级、民族的矛盾也很尖锐，人们的思想出现了各种新的动向。这时，儒学批判地吸收了一些佛道思想形成了理学。朱熹总理学之大成，以"理在气先"的唯心主义，向人们宣扬"三纲五常"，鼓吹"存天理，灭人欲"，形成了宋以后统治人们思想的封建礼教。理学要求人们放弃提高物质生活水平的愿望和努力，绝对服从封建伦理纲常的教条，宣扬封建禁欲主义，抹煞人们的个体意识、个体生存与发展的欲望。对于广大劳动百姓，特别是妇女，是一副无形的沉重的精神枷锁。"饿死事小，失节事大"的说教，其流毒深远，更使宋以后无数妇女被剥夺了青春、爱情，甚至生命。

明清时期，封建专制主义大大加强，儒学、理学就成了封建思想统治的主要工具。

明清两代在培养、选拔封建官员的科举制度中，规定应试的文章必须"代圣贤立言"。对经义的阐述，必须以朱熹和宋元理学家的注释为依据，不允许联系当代现实，也不允许发挥自己的见解。这就严重束缚了人们独立思考的个性和创造发明的才智的发展。同一时期的中国与文艺复兴、宗教改革时期的欧洲，形成了完全相反的对比。科举出身、掌握国家大政的大臣和直接接触百姓的地方官员大都是这样一种头脑，社会的活力和生机也就逐渐消失，整个社会思想日趋沉闷、凝固。

清朝的满族，带着从奴隶制上升的民族锐气和固有文化入主中原，高度发展的汉人封建文化吸引了他们，很快地接受了儒家思想和宋明理学。康熙皇帝尊孔崇儒，推崇朱熹。他在十六岁就制定了《圣谕十六条》，以儒家思想教育臣民，提倡以"儒学治国"。他把朱熹送入孔庙接受祭祀。在他主持下还编纂了《朱子全书》、《性理精义》等许多理学书籍，广为宣传。所以他曾被称为"理学皇帝"。以后的皇帝代代相承。"霜叶红于二月花"，清朝的封建思想统治更甚于明朝。

这时，西方的科学技术曾通过传教士传播进来，康熙本人很认真地学习，更重视历算和造炮技术的应用。但是，他毕竟不是俄国的彼得一世，在提倡学习西方科学和推广应用方面，他没有多少作为。因为儒家一向视科学技术为"奇技淫巧"，"君子不器"等这样的封建教条，开明的皇帝也不敢逾越。康熙曾命法国传教士白晋和巴多明给他讲解西洋解剖学，并写成讲义，附有图像，翻译成满、汉文，准备刊印。但考虑再三，终以"此乃特异之书"，将稿本藏于内府文渊阁。这就是鲜明的例证。[76]对一般臣民禁锢之严峻，更可想见。到了1793年，英国特使把西方洋枪洋炮、洋船（模型）、望远镜等二十九种工业革命后的科技产品，作为礼品送到乾隆皇帝面前，并未引起他的惊奇和兴趣，只是看作进贡的"玩好"。当马戛尔尼邀请福康安检阅英国使团的卫队演习新式武器操法时，福大人竟说："看亦可，不看亦可。这火器操法，谅来没有什么稀罕。"[77]处在18世纪末的乾隆皇帝和福（康安）大将军的思想境界，比17世纪初翻译《几何原本》的明朝礼部尚书徐光启该有多少差距？

16到18世纪，不是没有出现过儒学的"异端"，如万历年间有慨叹"天不生

---

[76] 潘吉星：《康熙与西洋科学》，载《自然科学史研究》1984年第4期。

[77] 刘复译：《乾隆英使觐见记》下卷。

仲尼万古长如夜"的李贽；乾隆年间的戴震更疾愤地抨击过理学。他说："以法杀人犹可救，以理杀人无可活。"但是，明太祖朱元璋开始制造了文字狱，清代更有过数十次骇人听闻的文字狱的血腥屠杀，影响深远。乾嘉时期已把学者们逼入繁琐考据的治学道路。直到19世纪上半叶，仍使龚自珍"避席畏闻文字狱"，"谈虎色变"，发出"九洲生气恃风雷，万马齐喑究可哀"的慨叹。这时的中国社会已是"噤若寒蝉"，生气殆尽。人们的思想在僵化，社会也在僵化，与弥漫欧美的自由、平等和竞争、进取的精神，已不可同日而语。这种社会精神状态，如果没有剧烈的冲击与震撼，是难以苏醒和奋起了。封建君主专制的严酷思想统治不能不是造成中国落后下来的一个重要原因。

6. 战争与动乱

战争是世界各国不断发生的普遍历史现象。虽然正义战争具有历史进步意义，其他战争有时也会带来一些意想不到的积极的副产品。但是，不论哪种战争总都不可避免地造成人员、物力的损失和社会的动乱，给人民带来苦难，影响社会经济的发展。

在我们考察的历史年代的前一个世纪中，第一个十年，907年曾经强大统一的唐朝为朱温所灭。此后出现了分裂割据的五代十国。北方，梁、唐、晋、汉、周相继，战争频繁。南方各国战祸较轻，生产得以发展。960年，宋朝建立。979年灭北汉，结束了五代十国的局面。但是，契丹族的辽朝和党项族的西夏已于几十年前建立。今河北、山西北部到黄河河套一带是辽的疆土。在河西走廊到河套一带是西夏的范围。这时又形成辽、西夏与宋并立，战争频仍的局面。1115年，女真族崛起，建立金朝。1125年灭辽，1126年金兵攻入开封，北宋灭亡，宋室南渡是为南宋。金朝占据的地区，南到淮河至大散关一线，西接西夏，与南宋、西夏继续对峙。1206年蒙古崛起，成吉思汗建立了蒙古汗国。1234年，金在蒙古和南宋的联合进攻下灭亡。1227年，西夏为成吉思汗所灭。1234年后，蒙古铁骑南下，1279年灭南宋，统一中国，建都大都（北京）。

从10世纪初到13世纪70年代末，在中国广大土地上，从北到南，从东到西，战争连绵，动乱不已。至于蒙古的"西征"，更把战火和灾难带到了中亚、西亚直到欧洲东部。

元朝政府采取了种族歧视的等级制度。蒙古贵族、僧俗大地主、富商和各族上层分子残酷地剥削、压迫各族人民，人民的反抗不断。1351年终于爆发了反元朝统治的人民大起义，1368年，朱元璋的军队攻入大都，结束了九十八年的元朝统治，建立了明朝。

16世纪到17世纪中叶，是世界历史转折时期，也是中国从先进到落后趋势形成的时期。从17世纪中叶到18世纪末、19世纪初，是资本主义制度在西欧、北美一些国家确立和进入近代大工业时代的时期，也是中国古老文明衰落的时期。在这关键性的三百年中，从万历四十四年（1616），努尔哈赤建立后金，明清战争开始，天启七年（1627）陕北澄城又揭开了明末农民战争的序幕，民族冲突、阶级对抗交织在一起，从长城内外到大河上下，战争连年，烽火遍地，直到崇祯十七年（1644），闯王进京，明朝灭亡，清朝入关。随即清兵南下，南明抗清，"扬州十日"、"嘉定三屠"，商品经济最发达的江南地区遭到毁灭性的破坏。从闽浙沿海到云贵四川、从长江中游两岸到粤桂海边，战乱持续直到康熙三年（1664）。九年之后，清朝统治阶级内部不同利益集团的矛盾激化，三藩之乱爆发。南半个中国又遭受了八年战火。直到清军渡海统一台湾，才告一段落。从1616到1684年，17世纪中，前后持续半个多世纪。三次遍及中国大部分地区的战争和动乱，给人民造成的苦难，对社会经济文化造成破坏，史不绝书，难以估算。同时，也不能不加速了中国从先进到落后的转化。

7. 过剩人口的压力

人是第一生产力。历代帝王无不希望自己有更多的领土和人民。因为领土可以变为耕地，而人民多就意味着赋税、力役和兵源增多。这是很简单的道理。

清朝从顺治入关就大力推行开垦荒地和招徕百姓的政策。到康熙四十八年（1709）二月康熙帝已开始察觉，生育日繁，户口日增，而土田未增。[78]康熙五十年（1711）十一月，他又说："前者云南、贵州、广西、四川等省遭叛逆之变，地方残坏、田亩抛荒，不堪见闻。自平定以来，人民渐增，开垦无遗。或砂石堆积，难于耕种者，亦间有之，而山谷崎岖之地，已无弃土，尽皆耕种矣。

---

[78] 《清圣祖实录》卷二百四十。

由此观之，民之生齿实繁。"[79]康熙五十三年（1714），又有人建议垦荒，康熙帝批评说："条奏官每以垦田积谷为言，伊等俱不识时务。今人民蕃庶，食众田寡，山地尽行耕种，此外更有何应垦之田，为积谷之计耶？"[80]到这时人口和耕地的矛盾已相当尖锐了。

雍正乾隆时期，人口继续迅速增加。他们别无良策，只得违背祖训，不顾"时务"，叫人民继续开垦。乾隆五年（1740），乾隆皇帝特谕："各省生齿日繁，地不加广，穷民资生无策，亦当筹划变通之计。向闻边省山多田少之区，其山头地角，闲土尚多，或宜禾稼，或宜杂植，……即内地各省，似此未耕之地，不成丘段者，亦颇有之，皆听其闲弃，殊亦可惜。用是特降谕旨，凡边省、内地零星土地可以开垦者，嗣后悉听该地民夷垦种，免其升科。"[81]其实雍正年间，南北各省的村头、屋角、沟尾、道左、坟旁、庙基、沙冈和水滨已经开垦了。

到乾隆三十八年（1773），乾隆帝开始认识到："若求可垦之地，则惟新疆乌鲁木齐等处地土沃衍，尚可招徕屯垦，至于内地开垦一说，则断无其事。各省督抚亦断不得以此为言。"[82]

可是，大量人口无地可种，破坏生态平衡的盲目开垦不断发生。乾隆三十七年，直隶永定河边蓄水防洪的淀泊，"水退一尺，则占耕地一尺"，"每遇潦涨，水无所容，甚至漫溢为患"[83]。乾隆四十六年（1781），黄河"河滩地亩，尽皆耕种麦苗，并多居民村落……筑围打坝、填塞日多"[84]。这时，山东的独山、微山、昭阳、马场等湖泊，吴淞的淀山、庞山、大斜港等湖泊，浙江余杭的南湖、会稽的鉴湖，上虞的夏湖和湖南的洞庭湖等，南北各地都出现了"与水争地之势"。

从康熙初年以来，黄、淮、运三河，因关系漕运，已花了很大力量进行治理。可是，乾隆五十三年（1788），长江又终于咆哮了。五月下旬宜昌府长阳县，平

---

[79]　《清圣祖实录》卷二百四十九。

[80]　《清圣祖实录》卷二百五十九。

[81]　《清高宗实录》卷一百二十三。

[82]　《清高宗实录》卷九百七十八。

[83]　《清高宗实录》卷九百一十。

[84]　《清高宗实录》卷一千一百四十七。

地水深一丈多，城墙倒塌，衙署、监狱、仓库倒塌。六月二十日酉刻，荆州长江决口二三十处，每处十几丈到几十丈不等，江水直逼城下，冲开了西门、北门，又冲开了小北门和东门。荆州城内水深一丈有余，满汉两城文武衙署、兵民房屋、监狱、仓库纷纷淹没、倒塌。逃出来的人爬上城墙、屋顶和树上。逃不出来的多被淹死。

这次长江决口，上起宜昌府长阳，宜都、松滋，直达江陵；荆州以下沿江的华容、安乡、澧州、岳州、蒲圻、沔阳、汉川、汉阳、武昌、黄岗、黄梅、九江，直到太平府的芜湖、当涂，全都江水横流，汪洋一片。皖南的休宁、祁门、黔县，江西的南昌府、饶州府，连浙江的淳安都被水成灾。

各地灾情的奏报不断送来，乾隆皇帝考虑："荆州古来重镇，城犹是城，江犹是江，何以从古未闻有被淹之事。而本朝百余年来，亦未闻此事。乃十年之间，四十四、四十六年及本年三被淹侵。此次江水竟至冲入城内！？"[85]他怀疑必是长江改道所造成。但是，钦差大学士阿桂查询以后报告说："荆州府对岸一带，向有泄水之路八。近惟虎渡一处，现在尚可泄水，其余七处俱久在湮废。江水分泄之路既少；又沙市对岸，有地名窖金洲，向来只系南岸小滩，近来沙势增长，日渐宽阔，江流为其所逼，渐次北趋，所谓南涨北坍，以致府城濒江堤岸多被冲塌，屡致淹没。"[86]

这个南岸小滩，为什么沙势日渐宽阔，造成这样严重的灾害呢？阿桂提审了窖金洲的地主萧逢盛。根据萧的供认，阿桂弄清了原因。[87]原来从雍正二年（1724），这个江边的沙洲已有人垦种。萧的祖父从雍正七年起到乾隆二十七年止，陆续向本处民人契买新垦种的沙洲土地，种植芦苇。每年向官府纳课。每遇沙洲涨出，芦苇即环洲而生，阻遏江流。洲面日宽，江面就日狭，上流壅高，所以溃决。

乾隆帝这时才明白，这个"窖金"的沙洲原是祸害之洲。在严惩契买沙洲地

[85] 《清高宗实录》卷一千三百〇八。

[86] 《清高宗实录》卷一千三百〇八。

[87] 《清高宗实录》卷一千三百一十二。

的地主和主管官员之后，他想起了与水争地，也不仅荆州一处，"即如黄河之外滩，以及西湖、淀河、山东江南湖陂等处，百姓私占耕种者甚多"。于是，传渝各省督抚，嗣后再有类似窨金洲阻遏水道，造成堤工破坏的，断不准其任意开垦。否则严治其罪。

乾隆五十三年（1788），在巨大人口的压力下，盲目开垦的结果，发生了百年不遇的水患。巨大的灾难，使乾隆帝和他的臣民知道了"与水争地"的严重后果，可是，他们还不知道，对黄河、长江和各个水系，所造成的水土流失、生态平衡破坏，导致了怎样严重的深远的隐患。至于造成这种严重后果的根本原因，他们更没想到就是庞大的过剩人口。

人是第一生产力。在农业为主的历史年代，人力必须和土地结合才是生产力；否则，仅仅在可能性上是生产力，还不能转化成实在的生产力。当一个国家的人口大量猛增，使国家的土地资源容纳不了，承受不起，这时过剩的大量人口就不再是可能性上的生产力，而转化成社会的沉重负担。中国在18世纪人口迅速增加的结果，其中土地容纳不下的过剩人口就形成了庞大的社会负担。它压在全部可耕地上，也压在全部社会生产力上，拖住社会经济使其难以发展，也拖住已经落后的中国更加落后。

8. 自然环境制约下的民族问题

自然环境无疑是人类社会发展的必要条件，同时也制约着社会的发展。

在亚洲东部，以黄河流域、长江流域为中心的广大土地，孕育了中华民族，中华民族也开发这片土地。在这片广大土地上，平原、河谷、草原和山地的差异，曾经形成了农耕民族和游牧民族。

南边、西边的高山，北边的大沙漠和东边的大海形成了四周的天然界限，远古以来使这片广大土地成为地球上一个相对独立的地理单元。界限以内的不同民族，由于经济条件的差异，出现了产品的交换，例如马匹、牛羊和食盐、布帛以及粮食铁器、茶叶、丝绸的交换。接触中不同的文化互相影响、交流，促进了交换的发展。接触中也出现了矛盾和冲突。冲突的扩大就成为战争。大规模的长期战争，在中原民族和北方民族之间曾不断发生，例如：汉与匈奴、唐与突厥、吐蕃，宋与西夏、辽、金、元，明与鞑靼、瓦剌、满洲，清与准噶尔等等。既然大家都生活在一个"大院"里，这种碰撞是难以避免的。然而，长期的大规模战争，不能不使社会生产遭到不同程度的严重破坏，成为历史发展的消极因素。这种不断的互相影响与交流、互相融合与碰撞，终于形成了包括五十多个民族的中华民族。中国古代文明也呈现出特有的丰富多彩。然而，在统一多民族封建国家的形成过程中，也一次又一次地付出了巨大的代价，影响了社会经济文化的发展。

在长期相对封闭的自然环境中生活，中国人认为：这片土地就是"天下"。对外交通有了发展以后，中国人又认为：这里是文教礼义之邦的"中国"（中央王国），而天然界限以外的国家、民族是未开化的"四夷"。中国长期在这种自然环境中发展，与外界很少往来，所以中国古代文明也就呈现出独特性。但同时也造成了中国人，尤其是历代封建统治者的盲目保守、自大、不关心外界事物的自我满足、自我封闭的心理状态。这当然不能不影响社会历史的前进。

自从进入16世纪，世界地图不断改变原来的面貌。中国四周的天然界限也暗淡下去。当时的中国人不知道世界形势的巨大变化，依然抱着陈旧的世界观念。所以当陌生的西方人来到中国时，仍然被视为"外蕃"、"四夷"，叫作"荷夷"、"英夷"以至"红毛夷"。而自己是"文明礼让"、"无所不有"的"天朝"。但是，这些"夷人"，居然从难以猜测的万里之外，来到东方，并霸占了一些岛屿、出没海上。又有那么多"奇技淫巧"，所以康熙帝预测千百年后，必是"中国之累"——潜在威胁。因而，清朝又关上了"天朝"的大门。这时盲目自大和内心恐惧并存，保守与落后也同时表现出来。

七、对于 [英] 亚当·斯密、[意] 翁贝托·梅洛蒂和 [美] 费正清有关论点的评论

对于导致中国衰落的原因，很久以来已不断引起关心中国的外国学者的注意与研究。最早的可举出英国的古典经济学家亚当·斯密（Adam Smith），最近的可举出意大利的马克思主义学派学者翁贝托·梅洛蒂（Melotti Umberto）和美国著名的中国历史学家费正清（John K. Fairbank）。

早在1776年（乾隆四十一年），杰出的英国古典经济学家亚当·斯密（1723—1790），在他的《原富论》中从当时迅速发展的资本主义国家的角度，做了如下

的评论："中国似乎长期处于静止状态，其财富也许在许久以前已完全达到该国法律制度所允许有的限度，但若易以其他法制，那么该国土壤、气候和位置所可允许的限度，可能比上述限度大得多。"[88]

亚当·斯密在二百多年前已经敏锐地指出了中国的停滞和落后，同时也指出中国避免继续落后下去的可能性。这种可能性转化为现实的必要条件就是"易以其他法制"。至于历史悠久的中国为什么不能更早地"易以其他法制"，他没有进一步涉及。人们也不应该苛求这位二百多年前的经济学大师再作进一步解释。

近年来，欧美学者对这个问题作了进一步研究。意大利的翁贝托·梅洛蒂在1972年于米兰出版的《马克思与第三世界》一书中写道："中国拥有许多世纪之久的统一局面和悠久的中央集权化的官僚机构，这是它优于欧洲之处，但中国缺乏成为一个'现代国家'所不可缺少的经济基础。这一经济基础是可以建立的。其条件是：至少使那些在传统体制以及与'亚细亚'农村格局有关的官僚权力影响下加强起来的压力有所减少。但在明朝统治下，多次试图改进赋税制度，补充新的官员，经营国家垄断的事业以及操纵政府的其他传统工具，使它们适应新的条件——但是丝毫没有作出改变国家性质的尝试。"[89]

翁贝托首先指出的是缺乏"现代国家"的经济基础，而要建立这样的经济基础，其条件是"改变国家性质"。

这里翁贝托·梅洛蒂所指出的"改变国家性质"和亚当·斯密指出的"易以其他法制"是同一个含义。历史的遗憾是：这种社会革命性变革，不仅乾隆年间没有可能出现，鸦片战争以后也没有出现。直到1895年《马关条约》签订，以康有为为首的1200名举人才"公车上书"，要求光绪皇帝"拒和"、"变法"。载湉深受启迪，"益明中国致败之故，若不变法图强，社稷难资保守"。1898年6月11日光绪皇帝下"明定国事"诏书，宣布变法开始，此后他连续下达谕旨，从政治、经济、军事、文教等方面进行变革，推行新政。但好景不长，9月21日慈禧太后发动政变，将光绪皇帝囚禁在中南海瀛台，"百日维新"被扼杀在血泊之中。

---

[88]　[英]亚当·斯密：《原富论》即《国民财富的性质和原因的研究》，商务印书馆1979年版，第47页。

[89]　[意]翁贝托·梅洛蒂：《马克思与第三世界》，商务印书馆1981年版，第125页。

在进入 20 世纪以前，传统中国社会最后一次丧失了变革维新的历史机遇。

美国著名的中国历史学家费正清根据他多年对中国历史的研究，在 1978 年做出了新的论断。在他主编的《剑桥中国晚清史 1800—1911》的《导言》中写道："当这种接触（按：指西方扩张势力来到中国——引者）在近代成为事实时，导致中国衰落的一个原因恰恰就是中国文明在近代以前已经取得的成就本身，要理解中国的衰落，就必须懂得中国早先取得的成就，因为这种成就之大竟使得中国的领袖人物对于灾难的降临毫无准备。"[90]

费正清教授的独到见解，发人深省，引人深思。

为什么"导致中国衰落的一个原因恰恰就是中国文明在近代以前已经取得的成就本身"呢？如果说"这种成就之大竟使得中国的领袖人物对于灾难的降临毫无准备"，那么，首先应问：究竟是什么势力，为了什么目的，强行把灾难降临到中国呢？这与中国文明已经取得的成就本身有什么必然的关系呢？看来，答案是不言而喻的。

至于当时中国的领袖人物准备如何，则并不是首要问题了。

我们认为：导致中国衰落的原因，与其向"中国文明在近代以前已经取得的成就本身"去寻找，不如向产生中国文明的社会中去寻找，向中国传统社会机制的发生、发展、衰落的辩证演变中去寻找。而这正是本文所探讨的中心问题。

原文选自《秋海棠叶集》，中国社会科学出版社 1998 年

---

[90]　[美] 费正清主编：《剑桥中国晚清史》（1800 — 1911）上卷，中国社会科学出版社 1985 年版，第 9 页。

《清朝开国皇帝皇太极传》（摘选）

后金汗国四贝勒正白旗主皇太极

一、少年皇太极的成长

明万历二十年十月二十五日（1592年11月28日），正是"十月小阳春"的晴好天气，在明朝辽东都司辖境，建州卫费阿拉城，一个男孩来到人间。这孩子就是后来大清帝国的开国皇帝皇太极。

皇太极的母亲，姓纳拉氏，是叶赫国贝勒杨吉砮的女儿。万历十六年（1588）九月，努尔哈赤基本统一了建州各部以后，与叶赫纳喇氏结婚。那年努尔哈赤三十岁，纳喇氏十四岁。纳喇氏是一个"仪范端淑，器度宽和"，聪明美丽的女子。

在努尔哈赤和皇太极的母亲结婚时，他至少已经有五位妻子。在努尔哈赤的诸子中，皇太极排行第八。他的兄长最大的是褚英，以下按年龄依次是：代善、阿拜、汤古岱、莽古尔泰、塔拜、阿巴泰。皇太极以下还有八个弟弟。努尔哈赤共有16个儿子。皇太极的兄长，最大的比他大十多岁，最小的也比他大三四岁。

皇太极的幼年在建州卫烟筒山东南二道河子的费阿拉城长大。当时他的父亲已是建州女真最有势力的酋长。他的家庭人丁兴旺，资财富有，是这座山城和周围方圆数百里首屈一指的豪强富有之家。他家有瓦房、草屋十余座，三十多间，周围有木栅围成的大院落。家中有客厅、住室、行廊，等等。努尔哈赤在这里处理军国大事，全家也在这里生活，有不少奴婢伺候他们。在他家里还住着一些侍从护卫，还有书写文件书信和教育孩子念书的先生。后来皇太极成为"胡将"中仅有的识字的人，大概是从这时开始学习起的。他的家庭除了城外的许多田庄、牲畜，家中金银珠宝、绸缎皮毛、马匹雕鞍，鸡豕美酒也一应俱有。

皇太极出生在这样的家庭，从小受到父母的钟爱，据传刚三岁，他就"颖悟过人"，"七龄以后太祖委以一切家政，不烦指示，即能赞理，钜细悉当。及长，益加器重。"七岁的孩子，能够把这样一个复杂的大家庭的"一切家政"处理好，不免强孩子之所难。这可能是《清太宗实录》撰写人的夸大之词吧？不过，这孩子自幼聪明能干，可以把一些叫他做的家务事干得很好，则是可信的。

皇太极长到12岁，不幸的事情发生了。这年（万历三十一年，1603）秋九月，他的母亲叶赫纳喇氏病逝，终年29岁，后来被追封为孝慈高皇后。

当时女真各部盛行骑射围猎，这是重要的生产活动，也是人们喜爱的传统军事体育活动。一位朝鲜人李民寏在《建州闻见录》中记载了努尔哈赤的部众喜欢射猎的情景。大约每年七至十月是围猎的最好季节。人们骑着马带着炒面去行军射猎。饿了，用水调和炒面充饥；累了，野处露宿。马也很耐饥苦，不停地驰骋。女子骑射不亚于男人，十几岁的儿童也能骑马射箭，驰逐自如。

皇太极从12岁就时常跟随他的父兄兴致勃勃地去山林里骑射围猎。儿时留下的美好印象直到崇德年间，他当了大清皇帝还时常回忆起来，他回忆说："从前我们小的时候，听说明天要出去打猎，一个个欢腾雀跃起来，事先就调鹰做准备，如果不让去，就哭着向太祖请求。现在的子弟们，只知道到处游逛、玩耍。过去贫困时，无论老少，都争着上进，都把行兵出猎当大喜事。那时随从很少，大家都自己动手牧马备鞍，拾柴做饭，虽然这样艰苦，也都乐意跟着首领效力，国家的兴盛，不是经过这样艰苦奋斗得来的吗？"

皇太极自幼跟随他父亲出去射猎，所以练成了一身骑射的好本领。到了20岁左右他已长成"天表奇伟，面如赤日，严寒不栗"、"言辞明敏，威仪端重，耳目所经，一听不忘"，又"勇力轶伦，步射骑射，矢不虚发""性嗜典籍，披览弗倦"，成为建州女真贵族中能文能武的罕有人才。

万历四十年（1612），乌拉贝勒布占泰背信弃义。九月，努尔哈赤率兵前去征讨，连续攻克五座城。这时年方20周岁的皇太极已能披挂上阵，俨然是一个英俊的年轻将领了。布占泰退守在一座大城里。大城在乌拉河边，布占泰白天率兵出城，两军沿河对峙；入夜，布占泰又带兵回城内休息。三天对峙下来，皇太极和他的二哥莽古尔泰有些不耐烦了。二人力请率兵渡河出击。沉着老练的父亲就此教训他们说："你们不要做浮面取水之议，而应当作探源求本之议。譬如伐大树，岂能一下子砍倒，必须用斧子一下一下的把它砍小，然后可以折断。现在和势均力敌的大国作战，想一举而夺取它，能全部消灭吗？我们先攻取它所属的外城，单独留下布占泰所住的大城，周围的外城全被攻下来了，好比没有奴仆何以成为主人？没有民人怎么成为君主呢？"这次的军事行动和乃父用实战为例所给予皇太极的深刻教育，使他终身不忘。后来皇太极在进攻宁远、进兵中原时，还不只一次运用这种战略思想，他说："取燕京如伐大树，须先从两旁砍削，则大树自仆。"皇太极从年轻时候起，就用心从实践中学习、体会深刻的战略思想和斗争经验，终于煅炼成远远高出满洲同辈的卓越政治军事人才。

二、八旗贵族集团的形成与皇太极的显要地位

努尔哈赤起兵以来，随着势力的逐渐强大，一个以努尔哈赤为首、爱新觉罗家族为主体的贵族集团逐步形成。这个集团主要包括爱新觉罗同姓子弟和八旗异姓功臣、皇亲国戚。在同姓子弟中最重要的有四大贝勒、和硕贝勒和一般贝勒。在异姓功臣中最重要的有开国元勋五大臣：额亦都、费英东、何和礼、扈尔汉、安费扬古。还有八固山额真（都统）、八梅勒额真（副都统）等。在全部八旗贵族集团中最显要的首先是四大贝勒。

八旗制度确立过程中，当时的贝勒，都是努尔哈赤的子弟、侄、孙，他们都有大汗给予的牛录诸申、阿哈（民人、奴隶）。贝勒就是这个牛录中诸申、阿哈的主子。这些贝勒可以参议国政，带兵出征。但是，这些贝勒并不都是和硕贝勒。

和硕贝勒"和硕"是满语的音译，其含义是"四方之方，东南、西南、东北、西北、四角之角。""贝勒"也是满语的音义，其含义即主、主子。和硕贝勒直译为汉语即一方之主。和硕贝勒又作固山贝勒、旗主贝勒。

和硕贝勒都是八旗中一旗或两旗的旗主。八旗类似后世的八个方面军。每旗的和硕贝勒就是该旗的主子，旗主贝勒之下有固山额真（即后来之都统）作为助手，总管本旗一切事务。

和硕贝勒（旗主贝勒）的人选、人数，随着情况的发展，也略有变化。根据记载，八旗制度确立之初，八旗的和硕贝勒如下：努尔哈赤亲领正黄、镶黄二旗，第二子代善领正红、镶红二旗，侄阿敏领镶蓝旗，第五子莽古尔泰领正蓝旗，第八子皇太极领正白旗、孙了杜度领镶白旗。努尔哈赤是八旗的共主，又亲领两黄旗。

和硕贝勒是本旗之主（主子），与旗下人的关系是君与臣，君与民，主子与奴才的关系。和硕贝勒权力很大，按满文含义，可以理解为：八旗人员包括各等爵位、各品官员将校，都是后金汗国大汗努尔哈赤赐给各旗主贝勒，让他"专主"支配的奴仆。

在攻占辽阳沈阳以前，八旗只有代善、阿敏、莽古尔泰、皇太极、杜度是和硕贝勒，各为一旗或二旗之主。其余如努尔哈赤第七子阿巴泰、第十子德格类，舒尔哈齐之子斋桑古、济尔哈朗，代善之子岳托、硕托，都是有权势的贝勒，但都不是和硕贝勒。他们不是一旗之主，不能独立成旗，必须依附在父兄旗下，服从本旗和硕贝勒管辖，仰承其供给，对旗主十分敬畏。

和硕贝勒之中，又有大贝勒四人，合称"四大贝勒"。《清太宗实录》记载："天命元年，太祖以上（皇太极）为大贝勒，与代善、阿敏、莽古尔泰共理机务。"由此可见，皇太极等四人都是和硕贝勒中的"大"贝勒，因而合称"四大贝勒"。

到了"天命六年二月"，又进一步作出规定："太祖命四大贝勒按月分直，国中一切机务，俱令直月贝勒掌理。"

皇太极22岁已是八旗之一正白旗旗主，统帅着八旗劲旅的一个方面军。23岁，已成为大汗一人之下，和三个兄长共同辅佐大汗"共理机务"的大贝勒。按年龄排在第四，被称为四贝勒。有的记载中称为四王、四大王。皇太极在四大贝勒中虽然年龄最轻，序列在后，但在四大贝勒"共理机务"和多次实战中，已能"多所赞画，统军征讨，辄侍太祖偕行，运筹帷幄，奋武戎行"，显露了出众的智慧、勇敢和治国治军的才能，成为八旗贵族领导集团中举足轻重的核心人物了。

三、明廷与建州关系的演变和辽东战事爆发

明朝政府对边疆民族的统治政策，一向是恩威并施，剿抚兼用；分而治之，以弱其势。成化三年（1467），明廷杀害建州首领董山，同时出兵清剿建州卫；万历三年（1575），讨伐建州女真，追捕王杲，枭首京师；万历十一年（1583），李成梁兵伐古勒寨，杀阿台、阿海，努尔哈赤的祖、父同时被杀。这都是示之以威、出兵清剿。觉昌安、塔克世被杀后，明廷批准努尔哈赤袭建州左卫都指挥，并予敕书30道、马30匹，以后每年赐纹银800两、锦缎若干匹。万历二十三年（1595）努尔哈赤打败九国联军后，竟以"保塞有功，"明廷晋封努尔哈赤为"散阶正二品"龙虎将军。万历二十四年（1596）努尔哈赤已经统一建州各部后，明廷派余希元出使建州，努

尔哈赤口称"天朝老爷"说：我管建州事十三年，守护天朝边境九百五十里，希望给予赏赐。为此，明廷加赏蟒缎和白银500两。这些都是施恩、笼络。

从万历十八年（1590），努尔哈赤第一次进京入贡，到努尔哈赤自称覆育列国英明汗，建立与明朝对抗的后金汗国的前一年（万历四十三年），25年之间，先后八次入京朝贡。不断地表示"为天朝看边入贡"，无限忠诚。而就在同时，努尔哈赤已兼并了建州各部，征服海西四部的三部，东海女真也已基本征服。这时明廷有明廷的政策，努尔哈赤自有建州的对策。明廷与建州女真之间，表面虽然还和谐，但是随着努尔哈赤势力的迅速强大，维护既有统治与摆脱、反抗既有统治的潜在矛盾已逐渐尖锐和表化起来。

明廷在努尔哈赤势力的发展壮大过程中，最初是支持他统一建州女真，以结束建州的混乱局面，便于明廷和辽东地方长官的管辖。到了努尔哈赤以武力兼并海西四部时，明廷就不认可了。因为明廷在边疆统治的利益，正如熊廷弼《答友人》书中所说："分其部落以弱之，别其种类以间之，使之人自为雄，而不使之统于一者。"所以，当建州女真强大起来时，明廷就支持叶赫去进攻建州。当努尔哈赤以武力兼并海西的哈达，进攻叶赫，明朝辽东总兵、巡抚就横加干涉，甚至派兵去支援叶赫，压制建州了。

在二三十年的发展过程，双方关系时而缓和，时而紧张，明廷为了维持辽东安稳，"抚慰"建州。万历三十四年（1606），巡抚赵楫、宁远伯李成迁移宽甸等六堡汉民六万至边内，将八百里土地让给努尔哈赤，企图以这种办法去进行安抚。这六万被迁移出来的六堡汉民，仍不断回到原住地去挖人参、采松子、木耳，而建州不许。这就不断出现边境上的摩擦。万历三十六年（1608），努尔哈赤与明朝辽东地方当局会商以后，遂与明辽东副将及抚顺所备御，共同立誓刑白马祭天，双方誓词写着："各守边境，敢有窃逾者，无论满洲汉人，见之杀无赦。若见而不杀，殃及不杀之人。明若渝盟，其广宁巡抚、总兵、辽东道副将、开原道参将等官均受其殃。满洲渝盟，殃亦及之。"立誓之后，遂建碑立于沿边地方，但边界上的纠纷并未结束。

万历三十七年（1609），努尔哈赤派遣使臣进京，闯御道投书，状告有六万汉人进入边外建州境内，表示抗议。与此同时，边界贸易上也出现问题。万历三十七年（1609），御史熊廷弼为控制辽东局势，决定停止女真贡市两年，结果建州各部所挖采的人参无法出售，竟烂掉了三十多万斤，给建州造成了重大损失，引起努尔哈赤强烈的不满。这年五月，努尔哈赤派莽古尔泰率领骑兵万名，修哈达部南关，又派兵窥视开原、辽阳。

这时，明廷的有识之士，对建州女真的隐患已经觉察，万历三十七年，大学士叶向高上万历皇帝的奏疏中明确指出：

> 窃念今日边疆之事，惟以建州夷最为可患，其事势必至叛乱。而今日九边空虚，惟辽左为最甚。李化龙谓臣曰：此酋一动，势必不支，辽阳一镇，将拱手而授之虏，即发兵救援，亦非所及。且该镇粮食罄竭，救援之兵，何所仰给。若非反戈内向，必相率而投于虏。天下之事，将大坏而不可收拾。臣闻其言，寝不安席，食不下咽，伏希讲备御之方为要。

万历三十八年（1610）正月，努尔哈赤设假幕千余所，以防备明军进攻。这时明廷才认为努尔哈赤"逆形已彰"，但并未提出有效的备御之策。辽东事态，果然像李化成、叶向高所预料那样继续发展。五年以后，努尔哈赤自称大英明汗，建元天命，一个与大明并立的辽东割据政权——金国已公然建立起来。明朝与后金之间的武力较量，势难避免了。

万历四十三年（1615）六月，努尔哈赤所聘叶赫贝勒布扬古之妹，又被布扬古改嫁蒙古喀尔喀部贝勒巴哈达尔汉之子莽古尔达。建州诸贝勒大臣得知后皆怒不可遏，齐向努尔哈赤请求："我等既闻其事，安能坐视，宜乘其许而未行，急发兵，往攻其城去抢回来！"努尔哈赤说："征讨国之大事，若以负婚之故，怒而兴师，则不可以。"众贝勒大臣仍坚请发兵，努尔哈赤说："使我因此发怒，兴师征讨，汝等犹当谏止。吾早已洞彻事机，释然于中，置诸度外，以息兵劝汝，汝等何反坚请不已耶？"不久这个叶赫女子嫁到蒙古后，不到一年亡故了。诸贝勒大臣又请求说："这个女子年已三十有三，受我国之聘垂二十年，因明国遣兵卫助叶赫，叶赫台吉金台石、布扬古恃其势，才又嫁此女与蒙古，现在我们去征明国，是应该的。"努尔哈赤说："明以兵越境而护卫叶赫，天鉴不远，我姑且等着瞧。因叶赫和我们自来是满洲之国，明朝既称为君临各国，就是天下共主。自应辨别是非，而后助之，现在明朝竟然恃势横行，违抗天意，你们又何必发急呢？假设我们今日仗义伐明，天必佑我，可以打败明朝，但是我国储积的粮食不充足，纵然得其人民牲畜，何以养之？若养其人民牲畜，恐怕我国人民反致损耗。惟有抓紧现在时机，抚辑我国，巩固疆界，修整边备，重农积谷，这些才是当务之急。"于是，决定不发兵，命令各牛录出10人牛4头，在荒地上开垦屯田积谷，又设官16员、笔帖式8员督促检查。

四、皇太极智取抚顺城

万历四十六年（天命三年，1618）春正月丙子日黎明，月亮将落时，有一道黄气横贯月中，其光广二尺多，月亮之上约长三丈，月亮之下约一丈多。这一罕见的天象出现，在当时的历史条件下，不能不引起众人的疑惧。努尔哈赤看后，对众贝勒大臣说："这是上天意志的表示！天意如此，你们不要疑惧。我已经决定，今年必定要征伐明朝了！"

二月的一天，努尔哈赤对众贝勒大臣说："我与明朝关系的紧张激化，主要有七大恨，其余小忿更难枚举，应该出兵征伐。"众贝勒大臣共同讨论后，议定先伐木制造攻战工具。恐怕被部众发觉，即以诸贝勒缮治马厩为名，派700人伐木，以准备制造攻战器具的材料。

三月，努尔哈赤传谕将士：治甲胄、修军器、养好马匹，并将已经准备做攻城器具的木料，因预防被明朝边吏的通事（翻译）发现，竟先用来搭马厩。

四月初，努尔哈赤对统兵的贝勒大臣颁布练习兵法的书，书中写道："凡安居太平，贵于守正；用兵，则以不劳己，不顿兵，智巧谋略为贵。若我众敌寡，我兵潜伏幽邃之地，毋令敌见，少遣兵诱之。诱之而来，是中吾计也。诱而不来，即详察其城堡远近，远则尽力追击；近则直薄其城，使壅集于门，而掩击之。倘敌众我寡，勿遽近前，宜预退以待大军，俟大军既集，然后求敌所在，此遇敌野战之法也。至于城郭，当视其地之可拔，则进攻之，否则勿攻。倘攻之不克而退，反损名矣。夫不劳兵力而克敌者，乃是称为知巧谋略之良将也。若劳兵力，虽胜何益？"努尔哈赤还对野战和攻城的战略、战术，讲述了他自己的经验。

四月初，抚顺游击李永芳定于四月八日到二十五日，在抚顺大开马市。消息传来，努尔哈赤认为时机已到，召集众贝勒、大臣举行会议，研究敌我态势、出征目标和作战布署。四贝勒皇太极说："抚顺城是我们进出的要路和通向明朝边关的关口，我师征明，必须先夺抚顺城。今天是四月初八，听说李永芳大开马市，

史学研究

259

至二十五日止。这期间边备必然松弛，应该以精兵五千人装扮成贩马商人，赶着马匹分五路进城，开市买卖；随后率五千兵马，夜行到城下，开炮攻城，内外夹击，抚顺可以拿下。"

努尔哈赤同意了皇太极的作战方案，并研究决定了四项措施：第一、用重金收买抚顺城的兵卒，作为进攻的向导；第二、派人煽动西边蒙古宰赛暖兔等24营到抚顺讨赏，以分散李永芳和众官兵的注意力；第三、大汗派遣两个儿子前往广宁，探听明军统帅的动静和战备情况；第四、大谈入市做买卖，制造生意气氛，迷惑明军官兵。发动进攻的计划布署好，努尔哈赤命令众贝勒大臣分头准备。

四月十三日上午，努尔哈赤率步骑兵2万出发攻明。出发前书写"七大恨"告天，其书曰：

> 我祖宗与南朝看边进贡，忠顺已久，忽于万历年间（十一年）将我祖、父无罪加诛。恨一也。九部会兵攻我，南朝休戚不关，袖手坐视。后我国复仇，攻破南关（哈达），南朝责我擅伐，我即遵依上命，复置故地。后北关（叶赫）攻南关，大肆掳掠，南朝毫不加罪。我与北关，同是外番，事一处异，何以怀服？恨二也。明虽启衅，我尚欲修好，设碑勒誓：凡满汉人等，毋越疆围，敢有越者，见即诛之，见而故纵，殃及纵者。后沿边汉人私出境外，挖参采取，念山泽之利，系我过活，不得已，始遵誓行诛。明负前盟，责我擅杀，拘我广宁使臣纳古里、方吉纳，挟取十夷偿命。恨三也。建州与北关，同是属夷，缘何卫彼拒我，畸轻畸重，良可伤心！恨四也。明越境以兵助叶赫，使我已聘之女，改适蒙古。恨五也。柴河、三岔、抚安三路，我累世分守疆土之众，耕田艺谷，明不容刈获，逼令远退三十里，使我部无居无食。恨六也。我国素顺，并不曾稍倪不轨。忽遣备御肖伯芝，蟒衣玉带，大作威福，百般欺辱。恨七也。怀此七恨，莫可告诉，辽东上司，既已尊若神明，万历皇帝，复如隔于天渊，踌躇徘徊，无计可施，于是告天兴师！（这份"七大恨告天"原来用满文写成，后来有几种汉文译本，这是天聪四年皇太极木刻的汉文本）。

誓师已毕，努尔哈赤率诸贝勒和统军诸将，鸣鼓奏乐，拜谒堂子，而后出发。

当晚在古勒地方宿营。第二天，大军分两路行进。命左四旗攻东州、马根单两处；努尔哈赤与诸贝勒率领右四旗及八旗选练的护军，直接攻取抚顺所。

大军出发前，努尔哈赤的二子已到广宁府城，拜望辽东总兵张承荫，宾主相对宴饮，谈笑风生。一子见张总兵已有醉意，便问道：总兵大人，我父亲的志向可不小啊！我们屡次进谏，他总是听不进去。若是一旦他领兵南向，大人你有什么对策？张承荫毫无察觉，只是夸耀朝廷的威德和辽边的守备怎样强固，并没有对应之策。二子见情况已探明，便告辞而去。这一天，在抚顺关卖貂皮、人参的商贾纷纷传说，明天将有三千人的大市。十四日，努尔哈赤派麻承塔扮作马贩子，赶着马群向抚顺关走来，在抚顺大市上装作贩卖马匹，同时又派八百人去抚顺城讨赏。这时候，蒙古宰赛暖兔的部众顶盔掼甲，在辽河两岸设营，也到抚顺城讨赏。一群后金的"商贾"也赶着数十辆装有貂皮、人参的大车，迤逦走来，引诱城内的商人居民出城到东关来做生意。在一片嘈杂混乱之中，皇太极所率领的五千伏兵和麻承塔的商队，在一阵号角响过，一齐拥向抚顺城下，同时炮声轰轰，火光烛天，城内城外顿时大乱。努尔哈赤所率领的大队人马绵延百里也及时赶到。这时努尔哈赤命捉来一个汉人，叫他送一封信给抚顺游击李永芳，信中说："你们大明发兵边外，帮助叶赫防卫，我因此兴师而来，你不过是抚顺一个游击，纵然战也必不能胜。现在通知你投降！你不投降是耽误我深入的行期！你是多才智、识时务的人，我国广揽人才，像你这样的人，有不更加优宠，与我一等大臣并列的吗？你不战而降，让你职守如故，你若战，则我的箭岂能认识你？！必众矢交集而死！死又何益！而且，你出城降，则我兵不入城，你的士卒皆得安全。若我入城，则男妇老弱必致惊溃，也大不利于你了。不要说我虚声恫吓而不相信，以至后悔无及……。"

游击李永芳登城守卫，进行了一阵抵抗，看到书信后，就冠带立南门上，谈纳款投降的问题，同时又命军士准备守城器材。后金兵见后，树云梯登城，很快就上了城。李永芳遂乘马出城，和中军赵一鹤等投降了。千总王命印、把总王学道等率部下搏战，都战死在抚顺城下。还有一些官兵乘乱逃跑了。抚顺城官兵被俘了九百九十多人。军民死伤两万人，近万人被掳掠。与此同时，东州堡和马根丹堡也失守了。东州堡守备李弘祖战死，军士被掠走二百二十多人；马根丹堡守备李大成等官兵被掠去一百六十多人。三处被俘掠官兵近千人。以三城为主旁及台、堡五百余座，绵延一百多里，被后金掳掠去人口约三十万，收编降民约一千多户。

十六日，努尔哈赤留兵四千，拆毁抚顺城，各营官兵齐集出边，驻扎在甲版城，论功行赏、将人、畜分给八旗官兵。所得财物连续分了五天还没分完，到四月二十日，只得将余下的财物运回老寨。在俘掠人口中，有山东、山西、苏州、杭州、河东、河西等在抚顺贸易的商人十六人，都厚给旅费和书写的"七大恨"一纸，遣还家乡。于是，努尔哈赤命令数万兵士押送降民和所获人口返回。努尔哈赤又命诸贝勒大臣率兵四万移至边墙附近驻营。

抚顺、东州、马根丹三城失守以后，辽东巡抚李维翰发红旗催促总兵官出战。广宁镇总兵官张承荫听到抚顺失守，大惊失色，迫于巡抚的一再催促，勉强出兵。抚顺失守后第五天，他才集合边军，增援抚顺。援军到抚顺城南边墙口外时，蒙古宰赛暖兔的兵马仍然在辽河西岸，察哈尔林丹汗的兵马正从西边向东边开来，后金兵向抚顺以东撤退，但并未退走。总兵官张承荫、辽阳副将颇廷相、海州参将蒲世芳等共统兵一万多人向东追来。后金侦察兵向大贝勒代善、四贝勒皇太极报告以后，两贝勒命令军士披甲到边墙一带迎战，然后奏报英明汗。努尔哈赤说："他们的兵不是与我为敌而来，而是要诈称把我军驱逐出边，以诳骗他们的主子而已。"他命令代善、皇太极不必进兵。两贝勒遂驻兵边上，又奏报说："明军若等我军，我们就与他们交战；若不等，是必要退走，这时应当乘势追击。不然，我军寂然不动而退回，明军岂不说我们怯战了么？"努尔哈赤同意了两贝勒的意见，随即率大军前进。

这时，明军据山守险，分三处立营，疏浚壕沟，布列火器，以待后金兵。两军交战以后，明军枪炮交发，八旗军矢射如雨，双方展开激战。后金兵冒死冲杀，将明军三大营一处处团团包围起来。开始时，风自西向东刮来，忽而变了风向，风沙转向明营。八旗兵乘势冲入敌方阵地。这时明军右营游击刘遇节首先临阵脱逃，各营相继大乱，纷纷溃散。八旗兵紧紧追杀，三营明军死者相枕。镇守总兵张承荫、副将颇廷相以及参将、游击等五十多名军官阵亡，后金兵追杀四十里，缴获战马九千多匹、甲七千多副，火器、兵杖、器械不可数计。明军逃回去的十无一二。明朝广宁援军几乎全军覆没。

后金出师伐明，首战抚顺，大获全胜。四月二十六日，将抚顺等地窖藏谷米悉数起出，随大军运回。从誓师出征到得胜回朝，前后14天。

五、血战清河城

万历四十六年（1618）四月，抚顺、东州、马根丹三城及五百多座台堡几天之内失陷，各城堡守军和广宁镇援军几乎全军覆没。这一惨重失败的消息传到北京，明廷大为震惊，朝野一片慌乱。兵部急忙奏报万历皇帝，迅速调兵遣将，建议起用原任宁夏总兵官右都督李如柏，以原官出任镇守辽东。推举兵部侍郎杨镐出任辽东经略。起用原任总兵官杜松，以原官驻扎山海关。调用义州参将贺世贤，以原官主管辽阳副总兵事务。都司佥书杨于谓升任沈阳游击。备御郑国良以都司佥书衔主管铁岭。并召总督蓟辽侍郎汪可受先出山海关统镇全局。命顺天府巡抚移镇山海关。起用原任总兵官王国栋，以原官镇守居庸关、昌平诸地。命总兵官刘𫍷、柴国柱等赴京听调。这时尚书薛三才竟然上奏：昌平是陵寝重地，城濠平浅，请派兵前去挑浚。明廷大臣之惊慌失措于此可见。

明朝边备废弛已久，九边空虚，辽东尤甚。明廷起用、调遣几名、几十名将校并不费难，但是调动几万兵马，却谈何容易！因此，总督蓟辽侍郎汪可受受命出关以后，首先发现将虽有，兵却无。他随即上奏说：征调的兵员一时难以集结，请朝廷允许先训练当地居民，命令他们人自为守，人自备战。凡是辽河东西地区的生员人等，暂时停止科举考试，令他们各自组织义勇，有功的人可以破格赐给科名，原来没有官职的人，凡是带领起家丁人等四五百名的，可以任命为副将、参将、游击等官职，能带起二三百名的，任命为都司。各堡现有军士固守一个月的记大捷一次，固守半个月的记中捷一次，坚守五天的记小捷一次。（《明神宗实录》卷五、六、八）同时，请求皇上速发饷金，凑足白银百万两，以大兴问罪之师。结果，万历皇帝以军饷无措，只发帑银十万两。

正当明廷上下惶惶不安，缺兵缺饷，计无所出的时候，东厂差官张儒绅、张栋等四人，被努尔哈赤从抚顺放了回来。放回的用意，一则让他们传送加有印文的"七大恨"文本，一则在张儒绅等归路的沿途村寨，多设精兵、加强布防，显示后金的兵力强大。果然东厂的几名差官回来以后，当了努尔哈赤的义务宣传员，使明廷大臣更加灰心丧气、丧失斗志。"谈辽事，辄高阁束之"。

努尔哈赤看到明廷反应迟钝，边防无大作为，在稍加休整以后，便试探性的逐步推进，实行蚕食明朝边境的战略。五月十九日发兵三千，攻取抚安堡（今辽宁省铁岭县东南）、花豹冲（今铁岭县催陈堡附近）。又发兵五千攻克三岔儿大小十一堡。二十日，招降和攻克崔三屯及其周围四堡，共计两天攻下十七个堡，把掠夺的人、畜、窖谷、财物运了回去。在明朝边内的田野，纵马放牧。同时，在蒙古乃蛮、炒花二部出兵配合下，进犯长勇堡。

五月二十一日，辽东经略杨镐兼程赴任，刚到山海关，就听到抚安等堡相继失陷的消息。万历皇帝为形势所迫，拨太仆寺金六万两，以购备战马，谕令总兵官杜松、刘綎等星夜出关。又赐给经略杨镐以尚方剑，颁旨："总兵官以下不听从命令者，以尚方剑处斩。"

然而，明廷财政空虚，军饷不能及时筹办，将令不行，士气低落。从四月到七月，所征调的将领迟迟不愿出关。蓟镇的援兵到山海关的仅五千人，又去分散防守。新招募的兵士刚开始操练，因军饷不济，几乎散去。各城堡兵员不足，松山等重要城堡守兵多者尚不过五百。结果，抚顺以东二百多里尽陷后金之手，开原以东的城堡丧失了一半。

六月二十二日，广宁巡抚派通事一人、随从数人到后金说：如要两国修好，可归还所俘虏的人，并派使者去广宁。努尔哈赤说："我征战时所俘获者，就是我的民人，怎么可以归还呢？明廷若以我为是，在我所俘获以外，应增加馈赠之礼，这样则可和好。如果以我所行所说为非，则不必言和，当征伐如故。"遂让来使归去。

这年七月，努尔哈赤深知明廷叫喊讨伐，但一时不可能有更大的行动。因此，开始进攻清河城。

抚顺、清河对建州一向是两个最重要的城镇，一是因为两大市场的贸易之利，一是因这两个城是通往辽沈的门户，离赫图阿拉最近，道路也比较方便易行，便于明军由此出击，直捣后金都城。现在，抚顺已破，清河就成了后金最大的威胁。

七月二十日，努尔哈赤率诸贝勒、大臣，统大兵向清河城进发，当天包围了鸦鹘关。镇守清河的明军副将邹储贤下令闭门拒守，守城军官张旆请求出城迎战，邹不许。守堡军官张云程竭力相劝出战，邹仍不采纳。出城打草的数百军士奔回城下，邹储贤竟不准开城门，一律拒之门外。邹副将率领守军六千多人，凭藉城上列置的一千多座大小火炮火铳和滚木雷石，据城死守。

七月二十一日黎明，努尔哈赤统率大军到达清河城下，立即传令围城。八旗士卒立时将清河城团团围住，竖立云梯，开始攻城。霎时间城上守军铳炮齐轰，滚木雷石齐下，八旗兵冒死登城，城下矢发如雨，双方展开激战。城上守军借助火器，居高临下，后金士卒死伤累累，第一次强攻失利。努尔哈赤改变战术，下令全军后撤，派降将李永芳到城下劝降。守城副将邹储贤见到前来招降的李永芳，怒不可遏，指骂李是不义之人，若不即刻滚走，就要放铳放箭。招降无效，努尔哈赤与众贝勒商议后再次发起强攻，于是八旗士卒又冒死登城猛攻，守军凭险拒敌，炮声震天、硝烟迷漫，八旗士卒死伤枕藉，强攻再次失败。努尔哈赤只得再次下令全军后退、停止攻击。当天，从清晨战到满天星斗，八旗兵八进八退，死伤多达数千人，损失惨重。最后，在夜幕下，努尔哈赤命令士卒，以板车为掩护，挖掘城墙，终于使清河城东北城角塌陷，城上守军一片慌乱。八旗兵乘机叠尸登城，蜂拥而进，势不可挡。守将邹储贤见再守无望，便自行焚毁衙门、屋宇，处置了妻孥，披挂迎敌，战死在清河城内。

七月二十二日清晨，八旗兵与守城明军在城内展开巷战。当时清河城内还有守城官兵六千四百多人，民户五百多家，军民死者逾万，生者被强制驱赶北去。

清河之战，是两军"八进八退"的鏖战。八旗军损失惨重，明军城破将亡，全军覆没，战斗至最后竟无一兵一卒投降，给后金官兵留下深刻印象。后来有记载写道："虏（后金）中言守城之善莫如清河，……虏至今胆寒……虏兵八进八退，死伤极多，……城主力战而死，士卒亦无投降者。"（《朝鲜李朝实录·光海君日记》卷一六九）

战后，努尔哈赤为了防止明军再次占领清河城，下令将城墙全部拆毁。又命令将今抚顺东北三岔儿堡、清河东南的一堵墙、孤山堡等城堡拆除，房屋尽行焚毁，造成从抚顺到清河一带，五六十里不见人烟，凡是田间青苗纵马放牧，使明军无存身之地。

清河城失陷，进一步震惊了明廷，于是调整辽东的部署，命总兵官李如柏、王宣驻守沈阳，麻承恩驻守开原，参将李怀忠驻守铁岭，加快讨伐的准备。努尔哈赤则一面准备进兵，深入辽左，一面稍示和解之意，以麻痹明廷和辽东明军的战备情绪。万历四十六年（天命三年，1618）十一月，将攻占抚顺时俘掠的皇家差办五人，通事一人和李参将家中一人，共七人放还。十二月初二，辽东经略杨镐派遣承差李继学，带同上月放还的二人共五人来到后金，以探听努尔哈赤的意向。一个多月后，李承差和通事等五人带着努尔哈赤的书信，回到广宁。书信中说："皇上若能正辽人之罪，撤出边之兵（系指协助叶赫防守的明军），承认我的所言所行全是对的，解开我的"七大恨"，崇以王位（封我为王），再将抚顺所原有敕书五百通、开原所原有敕书千通仍给我军士，再给我大臣等采缎三千匹、黄金三百两、白银三千两，我才可以罢兵。"

这封书信，明显地表示出毫无和解之意。战事的继续扩大，势所难免。

原文选自《清朝开国皇帝皇太极传》，紫禁城出版社 2008 年

《清朝开国皇帝皇太极传》（摘选）

后金汗国第二代君主天聪汗皇太极

一、继承汗位与君臣互立盟誓

在后金汗国建立过程中，大英明汗努尔哈赤随着自己年岁的增长，五十二岁时就考虑到选拔和培养继承人。第一个选中的是他的长子褚英。褚英生于明隆庆五年（1571），成长以后即随父东征北伐，屡立战功。万历二十八年（1600）赐号洪巴图鲁，封贝勒。万历三十五年褚英、代善以少胜多，大败乌拉贝勒布占泰万人之众，褚英赐号阿尔哈图土门（汉语为智谋之意），被称为"广略"贝勒。此后"上委以政"，努尔哈赤对褚英说："吾非因年老不能征战，不能裁决国事、秉持政务，而委政于尔也。吾意，若使生长于吾身边之诸子执政，部众闻之，以父虽不干预，而诸子能秉国执政，始肯听尔执政矣。"（《满文老档·太祖》卷三）褚英执政不久，因"不恤众，诸弟及群臣诉于上"，万历四十一年（1613）被撤销执政。褚英因此"意不自得，焚表自述"，被判为"诅咒"之罪，幽禁两年后"死于禁所，年三十六。明（朝）人以为谏上毋背明（谏议勿背叛明朝）忤旨被谴。褚英死之明年太祖称尊号。"（《清史稿·列传三》卷二一六）《清实录》记载则为褚英系被诛杀。"太祖长子……置于国法"。（《清世祖章皇帝实录》卷三七）"昔我太祖高皇帝时，因诸贝勒大臣讦告一案，置阿尔哈图土门褚英于法。"（《清圣祖仁皇帝实录》卷二三四）

大英明汗选拔的第二个继承人是代善。代善是努尔哈赤的第二子，也是随父连年征战，战功累累的和硕贝勒。英明汗"嘉代善勇敢克敌，赐号古英巴图鲁。"努尔哈赤称汗以后，立代善为太子。为时不久，代善的重大过失连续发生，其残暴也暴露出来。英明汗训斥他说："欲全杀亲子、诸弟之人，哪有资格当一国之君。""先前（欲使代善）袭父之国，故曾立为太子，现废除太子，将使其专主之僚友部众，尽行取之。"（《旧满洲档·昃字档》）

除代善以外，在四大贝勒中阿敏不是英明汗之子，而且曾有重大过失。莽古尔泰是英明汗第五子，为大贝勒中第三大贝勒，但曾"弒其母以邀宠"，难以入选。大汗诸子中才能出众最有希望中选的当属第八子皇太极，在当时金国最高领导层的矛盾斗争中，他也遭到了英明汗的严厉训斥，曾对他说："尔若贤良，凡事须公正处理，持以宽厚，于诸兄弟皆须均平互敬。独以尔为诚，凌越他人，岂置诸兄不顾，而令尔坐汗位乎？……四贝勒，吾以尔为我之爱妻所生惟一后嗣而不胜眷爱矣，此岂尔之贤明者乎？尔何故如此愚也。"（《满文老档·太祖》卷五四）

大汗努尔哈赤多妻多子女，他先后娶的元妃、庶妃、继妃、侧妃、大妃和别宫小福晋等留下姓名的近二十人。他有16个儿子8个女儿。16个儿子的名字和年龄如下：

努尔哈赤诸子及其年岁

长子	褚英	万历四十三年（1615）卒，时年36岁
二子	代善	44岁（天命十一年）
三子	阿拜	42岁（天命十一年）
四子	汤古岱	42岁（天命十一年）
五子	莽古尔泰	40岁（天命十一年）
六子	塔拜	38岁（天命十一年）
七子	阿巴泰	38岁（天命十一年）
八子	皇太极	35岁（天命十一年）
九子	巴布泰	35岁（天命十一年）
十子	德格类	31岁（天命十一年）
十一子	巴布海	31岁（天命十一年）
十二子	阿济格	22岁（天命十一年）
十三子	赖慕布	16岁（天命十一年）
十四子	多尔衮	15岁（天命十一年）

十五子　多铎　　　13岁（天命十一年）

十六子　费扬古　　6岁（天命十一年）

英明汗虽然多子，但在诸子中无法选定适当的继承者，而且，当时的满族社会正从奴隶制向封建农奴制演进，八旗制度下的八大贝勒都是拥有大量人口部属、牲畜、土地田庄，掌握强大武装实力，互不相下的豪强，在诸子中势难指定后金汗国孚众独尊的大汗，只可因势利导施行"八和硕贝勒共治国政。"

天命七年（1622）三月初三日，"众贝勒问上曰：基业天所予也，何以宁辑休命？天所赐也，何以凝承？上曰：继朕而嗣大位者，毋令强梁有力者为也。以若人为君，惧其尚力自恣获罪于天也。一人纵有知识，终不及众人之谋。今命尔八子为八和硕贝勒，同心谋国，庶几无失。尔八和硕贝勒内择其能受谏而有德者，嗣朕登大位。若不能受谏，所行非善，更择善者立焉。择立之时，若不乐从众议，拂然变色，岂遂使不贤之人，任其所为耶？至于八和硕贝勒共理国政，或一人心有所得，言之有益于国，七人宜共赞成之。如己既无才，又不能赞成人善而缄默坐视者，即当易此贝勒，更于子弟中择贤者而为之。……若八贝勒中或以事他出，告于众，勿私往。若入而见君，勿一二人见，其众毕集，同谋议以治国政，务期斥奸佞，举忠直可也。"（《清太祖高皇帝实录》卷八）

这次大英明汗与八和硕贝勒的谈话，表明努尔哈赤已不再有建立储君以继承汗位的意图。他设计的理想方案是八和硕贝勒共治国政，由八和硕贝勒共同推举大汗。如果推举的汗"不能受谏，所行非善"，还可以罢免，然后"更择善者立焉。"这种政治体制不是封建君主制体制，而是氏族社会部落酋长共同推举共主的前封建制政治体制。

大英明汗逝世后，八和硕贝勒即按此进行酝酿、磋商，奔走活动，各自拥护所欲立的人。这时，大贝勒代善之子贝勒岳托、萨哈廉二人商量后，到代善处说：

"国不可一日无君，宜早定大计。四大贝勒才德冠世，深合先帝的心意，众人也都悦服，应当快继大位。"代善说："这是我的夙愿。你们所说，天人允协，谁能不同意。"于是三人定议。第二天，诸贝勒大臣聚会于朝，代善把他们所商议的意见告诉二大贝勒阿敏、三大贝勒莽古尔泰和诸贝勒阿巴泰、德格类、济尔哈朗、阿济格、多尔衮、多铎、杜度、硕托、豪格等，众人都面带喜色地说："好！"于是合词请皇太极即汗位。皇太极听后一再推辞说："父汗没有立我为君之命，我就不怕父汗在天之灵怪罪吗？而且，舍下诸位兄长而即位，我又怕上天不满，况且继承大位而为君，则上敬诸兄，下爱子弟，国政必勤理，赏罚必皆当，爱养百姓，举行善政，其事实在很难，我的薄德不能负担。"辞至再三，代善、阿敏、莽古尔泰三大贝勒和诸贝勒说："国岂可无君，众议已定，请勿固辞。"皇太极仍不应允，自清晨卯时至下午申时众人坚请不止，然后皇太极才答应。

天命十一年（1626）九月初一庚午吉日，四大贝勒、诸贝勒大臣及文武各官聚会于沈阳皇宫大政殿，殿外广场上陈设着法驾卤簿，殿内殿外一片重大典礼时庄严肃穆的气氛。皇太极身着吉服，率领诸贝勒群臣祭堂子，焚香告天，行九拜礼；然后回到大政殿，即皇帝位，诸贝勒、大臣、文武官员行朝贺礼。这时，皇太极年三十有五。皇太极发布第一道诏令：以明年（明天启七年，1627）为天聪元年，大赦国中自死罪以下的罪犯，以示举国同庆，施恩法外。

第二天，天聪汗皇太极为了使诸贝勒共同遵循礼义，行正道，君臣交互警惕，因而率领诸贝勒等共同对天地发誓祈祷。誓词说："皇天后土，既保佑我父汗创立基业，今父汗已逝世，以后一切统理庶务，君临百姓，责任重大，诸兄弟子侄共同商议定，皇太极承即汗位，惟应励志继承父汗大业，早晚敬谨勉力，以迎上天赐福，皇天后土请赐保佑，使永享大福，国运昌盛。"祝告完毕，焚烧了誓词。

皇太极又自己发誓说："谨告于皇天后土，今我诸兄弟子侄以国家人民之重，推我为君，敬绍父汗之业，钦承父汗之心，我若不敬兄长，不爱子弟，不行正道，明知为非之事而故为之，兄弟子侄微有过愆，遂削夺父汗所予户口，或贬或诛，天地鉴谴，夺其寿算。若敬兄长，爱子弟，行正道，天地眷佑，俾永膺纯嘏（意为永享大福）。或无心过误，亦祈天地鉴之。"

接着，三大贝勒与诸贝勒等发誓说："代善、阿敏、莽古尔泰、阿巴泰、德格类、济尔哈朗、阿济格、多尔衮、多铎、杜度、岳托、硕托、萨哈廉、豪格谨誓告天地：我等兄弟子侄，共同议定，奉上汗（皇太极）继承父汗基业，继承大位，为宗社和臣民所倚赖。如有行如小人，心怀嫉妒，将不利于今上者，天地谴责之，夺其寿算，今上发觉其奸，身被公开处死。若我等兄弟子侄忠心事奉今上，效力国家，也求天地鉴佑，世世守之。代善、阿敏、莽古尔泰我三人若不各教养子弟，或加诬害，我三人当遭凶孽而死。若我三人善待子弟，而子弟不听其父兄之训，不尽竭忠诚于君上，不力行其善道者，天地鉴谴，夺其寿算。如能守盟誓、尽忠良，天地保佑，身及子孙。"三大贝勒发誓完毕，阿巴泰、德格类、济尔哈朗、阿济格、多尔衮、多铎、杜度、岳托、硕托、萨哈廉、豪格接着说："吾等（若）背父兄之训而不尽忠于上，扰乱国事，或怀邪恶，或挑拨是非，天地谴责，夺其寿算。若一心为国，不怀偏邪，能尽忠诚，天地保佑。"

诸贝勒立誓完毕，天聪汗皇太极因三大贝勒推戴初登汗位，不便立即以人臣之礼相对待，遂率诸贝勒向三大贝勒行三拜之礼，各赐以雕鞍马匹。

皇太极以大汗之尊，竟率众向三大贝勒行三拜之礼，这在汉族历史上是不可想象的。这一举动既反映了满族正从氏族制向封建制过渡的历史特点，也反映了皇太极和代善、阿敏、莽古尔泰在后金汗国中各自的实力地位和威权。

二、天聪初年的重大改革

皇太极即位之初，后金汗国面临着比较严峻的形势。外部，满洲八旗新败于宁远，大汗努尔哈赤伤病而亡，士气低落，明朝大军横扼于前，朝鲜威胁于后，蒙古环伺于侧，四面受敌，处境孤立。内部，努尔哈赤自攻取抚顺城开始，每攻一城，每掠一地，到处实行"抗拒者被戮，俘取者为奴"的政策，对广大汉人的屠杀和奴役造成了严重的民族压迫和阶级压迫，汉人纷纷逃亡和暴动，尤其是天命十年（明天启五年，1625）十月的大屠杀，更激起了辽东汉人的反金怒潮，严重地破坏了辽东的社会生产力，生产凋敝，物价腾贵，人心不稳，社会动荡。皇太极自后金建国即协助父汗处理军国大政，深悉这一切。继承汗位以后，面对内外形势，他审时度势，对内进行了重大的改革，对外做出了重大的决策。

1. 改革对汉人的统治政策

皇太极即位后发布的第一道上谕说："治国之要，莫先安民。我国中汉官汉民，从前有私欲潜逃及令奸细往来者，事属已往，虽举首，概置不论。嗣后惟已经在逃，而被缉获者论死。其未行者，虽首告亦不论。"这条上谕，首先制止了努尔哈赤时期，汉人、汉官一旦被告发"私欲潜逃"或"令奸细往来"，就将遭到杀戮的恐怖局面，使汉官汉人从惴惴不安中安定下来。

皇太极对汉人统治政策的第二项重大改革是将"编庄为奴"改为"分屯别居，编为民户"。

努尔哈赤进驻辽沈时期，将汉人作为奴隶。规定每13个壮丁编为一庄，按满官品级分给为奴。于是满人、汉人同处一屯，满人是主子、汉人是奴仆。同时为了安置移入广大辽沈地区的满人军户，并规定每个村中汉人家里要接纳满人军户，大家汉户接纳大家满人军户，小家汉户接纳小家满人军户，互相搭配居住。大批满人军户与汉户杂居，甚至同室而居，带来了种种问题。他们之间语言不通，生活习惯不同。多数满洲军户以战胜者自居，任意役使汉户，甚至欺凌汉户，任意索取汉户的财物，杀食汉户的猪鸡，甚至奸淫汉户的妇女，因此普遍造成了满汉之间的矛盾，甚至播下了仇恨，酝酿着大规模的冲突。

皇太极"洞悉民隐"，果断地改变了对待汉人的政策，把"编庄为奴"改为"分屯别居，编户为民"。他下令"按品级，每备御（游击下的军官）只给壮丁八、牛二，以备令使。其余汉人分屯别居，编为民户，择汉官之清正者辖之。"这一政策使大批已被"编庄为奴"的汉人，解除了奴隶身份，恢复"民户"（农民）的地位。满汉分居，汉人自立一庄，委派"清正"的汉官管辖，这也使汉族农民避免了随时遭受被欺凌、侮辱的噩运，缓和了满汉的民族矛盾，使动荡不安的大金汗国内部相对地安定下来。

皇太极又下谕旨："凡有告讦，所告实，则按律治罪；诬告者反坐。又禁止诸贝勒大臣属下人等，私至汉官家需索马匹鹰犬，或勒买器用等物，及恣意游行，违者罪之。"

他更进一步提出："满汉之人，均属一体。凡审拟罪犯、差徭公务，毋致异同。其诸贝勒大臣，并在外驻防之人，及诸贝勒下牧马管屯人等，有事往屯，各宜自备行粮。有擅取庄民牛羊鸡豕者罪之。"

天聪五年（天启五年1631），皇太极修定了《离主条例》。"离主"就是被役使为奴隶或奴仆的汉人可以依法控告他的主子，经审讯属实，被控告的主子（八旗旗主贝勒除外）按律治罪，原告奴隶或奴仆准许离开他的主子，可以自谋生路。这项《离主条例》共六条，包括不准满洲部众"擅杀人命"、"奸属下妇女""将属下从征效力战士隐匿不报，以并未效力之私人冒功滥荐"、"以威钳制、不许申诉"、"出征所获、私行隐匿"等。这些规定在一些方面限制了满洲贵族的特权，使奴隶、奴仆得到一定程度的人身安全保障。

2．恤民力，重农耕

后金汗国建立以后，东征西讨，战争不断。进入辽沈以后努尔哈赤又大兴土木，命大批汉人服徭役。天命六年（明天启元年，1621）六月，建鞍山城。在辽阳城内又兴建大汗所居住的小城，并在太子河北岸造新城。其他小工程不断，兴建这些工程耗费了大量人力物力，影响了农业生产，致使后金国内物资缺乏，物价踊贵。因此，皇太极即位之初就发出上谕："工筑之兴，有妨农务。从前因城廓边墙事关守御，故劳民力役，事非得已，朕深为悯念。今修葺已竣，嗣后有颓坏者只令修补，不复兴筑，用恤民力，专勤南亩，以重本务。其村庄田地，八旗移居已定，今后无事更移，可使各安其业。"

但是，后金征伐不停，社会动荡并不能很快安定下来。皇太极继承汗位以后仅8个月，天聪元年四五月间，辽沈地区发生了饥荒。《清太宗实录》记载："时国中大饥，斗米价银八两，人有相食者。国中银两虽多，无处贸易，是以银贱而诸物腾贵。良马一，银三百两；牛一，银百两；蟒缎一，银百五十两；布匹一，银九两。盗贼繁兴，偷窃牛马，或行劫杀。"

这时，诸臣入奏说："盗贼若不按律严惩，恐不能止息。"皇太极恻然指示说：今岁国中，因年饥乏食，致不得已而为盗耳。拿获的人鞭打后放了就可以了。他又发出上谕说，各旗所属之人，勤惰不齐，贫富亦异。务农积贮，为足食之本；而有无相恤，实弭盗之原。你们诸大臣务必详察，若力不能耕种，而无粮过活的，有兄弟，则与兄弟相依；无兄弟，则令牛录下殷实有粮者赡养……。皇太极虽然一再强调"务农积贮"，以求足食，但满人多不习于耕种，因此，对无粮缺粮户只得提出赡养救济的办法。

3．改革官制，加强君权

后金汗国建立之初，一切都在草创时期，努尔哈赤创立八旗军制，并以此行使国家政权职能。每旗设固山额真（总管大臣，顺治十七年改称都统）一人，总理全旗军政；设梅勒额真（佐管大臣，又称梅勒章京，后改称副都统）二人，协助总管大臣；又设理政大臣五人，札尔固齐（听讼治民之官）十人。皇太极即位后，天命十一年九月，召集诸贝勒定议：每旗仍各设一名总管大臣，总合称为总管旗务八大臣。这八大臣都参与国政，与诸贝勒并坐共议。在此以前，只有兼任议政大臣的固山额真才能参议国政，这一改革，汗国决策的核心从四大贝勒、五议政大臣，扩大到总管旗务八大臣，政权结构的核心扩大了，同时原四大贝勒，除皇太极本人外，其他代善、阿敏、莽古尔泰的权力相对削弱了。

天命六年（明天启元年1621），努尔哈赤规定"八和硕贝勒，同心谋国"，共理国政，凡军国大政皆由集体议定。由四大贝勒按月轮值，处理日常政务。这种办法带有原始军事民主制的性质。皇太极即位以后，这种状况并未更改，三大贝勒代善、阿敏、莽古尔泰，都是皇太极的兄长，朝贺时，三人与皇太极共同南面并坐，仍保留着共同执政的体制。

天聪三年（明崇祯二年，1629）正月，皇太极集诸贝勒、八大臣共议，因令八大臣传谕三大贝勒："向因值月之故，一切机务辄烦诸兄经理，多有未便。嗣后可令以下诸贝勒代之。倘有疏失，罪坐诸贝勒。"此后就以诸贝勒代替了三大贝勒值月，掌理日常政务。

以上改革，使君权有所加强。

天聪五年（明崇祯四年1631）七月，根据汉官的建议，仿照明朝的制度，设立六部，以贝勒分管各部事，称曰"管某部事"。其下设承政、参政、启心郎、笔帖式等官。承政满、蒙、汉各一人；承政之下，皆设参政八人，惟有工部设满八人，蒙汉各二员。皇太极命贝勒多尔衮管吏部事，贝勒德格类管户部事，贝勒萨哈廉管礼部事，贝勒岳托管兵部事，贝勒济尔哈朗管刑部事，贝勒阿巴泰管工部事。皇太极面谕六部大臣，要他们认真办事，奉公守法，"以副朕意"。这就是说六部大臣必须秉承皇太极的意旨办事，对大汗皇太极负责。仿明制设立六部，推进了后金汗国向封建化中央集权演进，进一步提高了君权。

天聪六年（1632）八月书房相公王文奎奏请："今六部已立，规模次第可观，伏乞皇上毅然独断。"但事实上，当时后金汗国的大汗，并不等同于中原王朝的皇帝，可以"乾纲独断"，其威权还没有完全从"八和硕贝勒，同心谋国"、"四大贝勒按月轮直，执掌政务"的旧习中蜕化出来，尤其是其威权尚不能完全居于诸大贝勒之上。

天聪六年（1632）九月，镶红旗汉官胡贡明奏称："恭惟皇上，虽聪明天纵，治国之道，不知遵法先王……每出己见，事多犹豫……且必狃着故习，赏不出之公家，罚必入之私室。有人必八家分养之，地土必八家分据之。即一人尺土，贝勒不容于皇上，皇上亦不容于贝勒。事事掣肘，虽有一汗之虚名，实无异正黄旗一贝勒也。如此三分四六，如此十羊九牧，总（纵）藉此强兵，进了山海，得了中原，臣谓不数年间，必将错乱不一，而不能料理也。"（《天聪朝名臣奏议》卷一一）

皇太极继承汗位以后，大汗与八旗旗主，尤其是与三大贝勒的关系，已完全不同于努尔哈赤初建汗国和他在位之时。这时皇太极的大汗之权与三大贝勒的矛盾日趋明显。如何迅速树立国君的最高威权，摆脱松散乏力的原有汗国政治体制，以适应后金国急速发展，已是当务之急。不少汉官纷纷上书，奏请"君权独揽"、"乾纲独断"。其实对这个问题皇太极早已"切切在念"，不过他深知解决这个问题，如果操之过急，后果将难以预料，只能因势利导，逐步推进。

原文选自《清朝开国皇帝皇太极传》，紫禁城出版社 2008 年

《清朝开国皇帝皇太极传》（摘选）

后金国体之演进与大清帝国之开国

一、八和硕贝勒共治国政向君主专制发展

公元1616年（天命元年·明万历四十四年）努尔哈赤在赫图阿拉称汗，建立大金国。当时建州女真社会尚处于奴隶制开始向封建制演进的社会发展阶段，满族作为新的民族共同体开始形成，其国家体制是大英明汗专制下，八旗旗主共议国政的前封建制汗国。在八大旗主共议国政的同时，努尔哈赤又命代善、阿敏、莽古尔泰和皇太极四旗旗主为四大贝勒（四大王），每月由一人轮流执掌日常政务。这种政务体制即后金汗国的政体。

努尔哈赤逝世以后，后金的政治体制发生了很大的变化，根据大英明汗天命七年三月的谕旨，在他百年以后，后金汗国由"八和硕贝勒共治国政，八和硕贝勒内择其能受谏而有德者嗣朕登大位。若不受谏，所行非善，更择有德者立焉。"公元1626年（天命十一年，明天启六年）八月，努尔哈赤逝世。九月，皇太极被众贝勒推举继承汗位，改元天聪。所以皇太极即位之初，就与诸贝勒等互立誓盟，告天地，"共循义礼，交相儆戒。"在皇太极的誓词中说："今皇考龙驭上宾，我诸兄及诸弟侄，以国家人民之重，推我为君。惟当敬绍皇考之业，钦承皇考之心，我若不敬兄长，不爱弟侄，不行正道，明知非义之事而故为之，或因弟侄等微有过愆，遽削夺皇考所与户口，天地鉴谴！"代善等诸贝勒的誓词中说："我等兄弟子侄，询谋皆同，奉上登大位，宗社式凭，臣民倚赖。如有心怀嫉妒，将不利于上者，当身被显戮。"

皇太极对拥立他继承汗位的代善、阿敏和莽古尔泰三位兄长（三大贝勒）尤

为尊重敬畏，给予特殊礼遇。每逢朝会、庆典，皇太极都和三大贝勒一同南面并列而坐，接受君臣三跪九叩礼。皇太极与三大贝勒之间不行君臣之礼，只行兄弟之礼，俨然四汗并立。

努尔哈赤在位时，虽有八旗旗主共同议政，但一切军国大事是由他大英明汗决定。皇太极被推举到大汗宝座以后却与努尔哈赤时不同，举凡军国大事，天聪汗皇太极不能自专，首先必须得到三大贝勒的支持、同意，否则难以实现。所以当时群臣中有人在奏议中就指出：天聪汗皇太极"虽有一汗之虚名，实无异正黄旗一贝勒也。"（《天聪朝臣工奏议·胡贡明五进狂瞽奏》）

天聪时期，八和硕贝勒共治国政是大英明汗努尔哈赤为自己继承者制定一种他认为理想的政治体制。这种体制集中反映了处于前封建制的女真社会的政治构想。到皇太极当国以后，这种体制与急速发展的后金汗国和正在发展中的满族社会日益出现尖锐的矛盾。后金汗国和满族共同体发展的历史趋势，需要能够统一指挥八旗满洲和整个后金汗国奋起的坚强有力的权威，而不是八旗旗主共治国政的松散联盟。否则，面对外部明朝、朝鲜和蒙古三面环伺的敌国和内部互相制约、不时掣肘的多头势力，新生的后金汗国就难以在积极奋起中强大起来，正在形成中的满族社会也难以迅速向高一级社会形态封建制转化。

八和硕贝勒共治国政的汗国国体与后金汗国和满族社会发展趋势的矛盾，在现实政治中呈现为汗权和和硕贝勒王权的矛盾。这种矛盾促使皇太极从继承汗位以后的十年中不断进行政治体制的改革，以加强汗权，削弱诸王贝勒的权力，尤其是代善、阿敏和莽古尔泰三大贝勒的特殊权势。这中间有和平的改革，也有激烈的斗争，甚至是你死我活的斗争。矛盾斗争的结果皇太极的汗权取得绝对优势，成为后金的最高权威力量，八旗旗主共治国政下的天聪汗汗权演化为崇德皇帝的皇权，同时，伴随着后金汗国国势的迅速强盛和满洲新兴民族的崛起，前封建制的后金汗国演进为封建的与明朝并立的大清帝国。

二、天聪初年削弱三大贝勒权力的改革

天命十一年（明天启六年，1626）九月一日，皇太极即汗位。九月初八，皇太极宣布的官制改革中已开始削弱各旗诸王贝勒的权力。当时天聪汗皇太极沿袭天命时期的旧制，仍于每旗设固山额真（总管旗务大臣）一员，但是提升了其政

治地位、扩大了其权力，规定"凡议国政，与诸王贝勒偕坐共议之。"这一改革一方面是扩大了汗国处理国务的决策基础，骨子里也向下分散了诸王贝勒参与决策的权力，把诸王贝勒手中的权力分散出一部分给予总管旗务大臣，削弱诸王贝勒可以左右朝政的权势。

天聪三年（1629）二月，皇太极以兄弟之间的友善温情解除了三大贝勒每月轮流执政的大权。

他对三位兄长说："向因值月之故，一切机务辄烦诸兄经理，多有未便，嗣后可令以下诸贝勒代之，倘有疏失，罪坐诸贝勒。"三大贝勒皆称善。此后即以诸贝勒代行值月之事。

三、天聪四年二大贝勒阿敏被幽禁

天聪三年（1629）十月，皇太极亲帅大军伐明，绕道入边，兵临北京城下，并先后攻下遵化、滦州、永平、迁安等城。天聪四年（1630）二月，皇太极班师东归，留阿巴泰等戍守永平等四城。三月初，皇太极回沈阳后，命二大贝勒阿敏和贝勒硕托率兵六千前去替换阿巴泰等守卫此四城。五月，明廷调集诸路兵马大举反攻，监军道张春等率兵马数万围攻滦州，滦州后金守将固山额真图尔格等不能支，弃城奔永平。阿敏大惊，迁迁安城守兵和居民，进入永平城，并命令遵化城守将察哈喇也放弃该城，退出边外。于是阿敏杀已归降的明巡抚白养粹、知府张养初等十几人，并屠杀城中居民，夺其财物，连夜放弃永平，退出冷口而归。对于阿敏放弃永平，皇太极十分愤怒，经过诸贝勒大臣的审议，六月七日，宣布阿敏积年罪状"合词请诛，以彰国法。"最后，皇太极不忍加诛，从宽免死，予以幽禁。十年后，崇德五年（1640）十一月，阿敏卒于幽禁处所。

四、天聪五年三大贝勒莽古尔泰降为多罗贝勒

早在天聪三年，皇太极率领大军伐明途中已痛感代善、莽古尔泰对自己决策的干预和掣肘而深为不满。这年十月，后金大兵到达辽河立营以后，皇太极谕诸贝勒大臣及外藩归降的蒙古贝勒："明国屡背盟誓，蒙古察哈尔国残虐不道，皆当征讨，今大兵既集，所向宜以何者为先？尔等其议之。"众人有的说，距察哈尔国遥远，人马劳苦，宜于退兵；有的说，大军已动，群力已合，宜以现集兵力去征伐明国。

皇太极认为征明的意见对，于是统率大兵，向明朝境内进发。十月二十日，大军抵达喀喇沁之青城。大贝勒代善和莽古尔泰在途中私下商议后，晚上同到皇太极御幄，令其余贝勒大臣在外边等候，对皇太极的征明决定表示反对。他们说："我兵深入敌境，劳师远袭。若不获入明边，则粮匮马疲，何以为归计？纵得入边，而明人会各路兵环攻，则众寡不敌；且我等既入边口，倘明兵自后堵截，恐无归路。"二人以这些理由反对皇太极的定策。二人出来以后，岳托、济尔哈朗、萨哈廉、阿巴泰、杜度、阿济格、豪格众贝勒进入御幄，看见皇太极很不愉快地默坐着。岳托启奏：大汗与两大贝勒商议如何？请示臣等，现在诸将集合在外面，等候大汗的谕旨。皇太极伤感地说：可令诸将各归其帐，我的定策既然失败，还等甚么？于是，命令文臣将所发军令勿行宣布。岳托、济尔哈朗说："臣等未识所以，请上明示。"皇太极告以两大贝勒不同意征明之策和他们所说的理由，然后说："以此为辞固执不从，伊等既见及此，何为缄默不言？使朕远涉至此耶？众志未孚，朕是以不怪耳。"岳托、济尔哈朗等众贝勒劝皇太极决计征明，于是命八固山额真（总管旗务大臣）去见两大贝勒再商议，两大贝勒见来势不小，说："我等所谋如此，今闻尔等所言亦是，仰听上裁可耳。"这天夜里子时才再次定议伐明，皇太极遂率大军进发。

这次进军途中两个贝勒的"固执不从"，使皇太极深感"众志未孚"和统一军国大权之必要。

天聪五年（1631）八月，后金大兵围困大凌河城。八月十一日，皇太极出营，登城西之山冈，坐观战场的形势。这里离贝勒岳托营相近，岳托给大汗等准备了筵席。坐间，三大贝勒莽古尔泰说："我属下将领被伤者多，我旗护军有随阿山出哨者，有暂附于额驸达尔哈营者，可以领取回来么？"皇太极说："我听说你所部兵，凡有差遣每致违误。"莽古尔泰不高兴地反问："我旗部众凡有差遣，总比别部多一倍还多，何尝违误？"皇太极听他顶撞，很生气，说："如果你说的属实，是告者诬告了，我当为你追究，置告者于法；如果所告属实，则不听差遣之人也要置于法。"说完这些话，皇太极怒气满面地站起来，就要乘马回御营。这时，莽古尔泰紧接着说："大汗应从公开谕，为甚么独与我为难？我只因推举你是大汗，所以一切承顺，可是你心犹未甘，是想杀我吗？"说着，举起佩刀，对着皇太极抚摸刀柄。这时，莽古尔泰的同母弟贝勒德格类大声斥责说："你这举动大逆不道，谁能容你！"一面说着一面用拳击打。于是莽古尔泰把怒气转向德格类，骂道："混东西！你为甚么打我！"说话间，拔刀出鞘半尺左右，德格类忙把他推了出来。这时，大贝勒代善看见，也很生气地说："如此悖乱，还不如死！"皇太极默然不语，又坐下来处理了一些事务后，才回自己的营地。

他对众人说："莽古尔泰幼年，皇考对他的抚育不同于我，所以我常常推食给他吃，解衣给他穿，这样他得以倚靠我为生。后来，他暗弑其生母，幸而事情未传扬出去，他又希宠于皇考，皇考因而命他附养于贝勒德格类家，这些你们岂能不知道？现在莽古尔泰怎么可以侵犯我！我想人君虽然甚为勇敢，没有自夸之理，所以惟有留心治国之道，抚绥百姓，犹如骑一匹劣马，时刻谨身自持，怎么能想到莽古尔泰竟轻视我到这种地步？"说完以后，皇太极又责备众侍卫："我恩养你们干甚么用？他抽出刀来要侵犯我，你等为甚么不拔出刀来护卫在我跟前？古人说操刀必割，执斧必伐。他举着佩刀想干甚么？你们竟然坐视不动！"讲完这话，皇太极走进帐去，还未坐下就又出来，继续说："我今天把我所要说的话，全告诉你们，你们还记得皇考升天时，大家共同说：若见有作祟如鬼蜮者必奋力除之，以雪仇恨。这些话难道都忘了？今天看着有人侵犯我，而竟然默默旁观！我恩养你们实在没有用处！"

皇太极生气地责备众侍卫还没有说完，天时已经薄暮，莽古尔泰带着四个人停在御营之外约一里的地方，派人奏报说："臣因空腹饮酒四杯，因而对大汗口出狂言，言出于口，竟不自知，现在来叩头请罪。"皇太极派额驸扬古利、达尔哈二人传谕："你在白昼拔刀要犯我，昏夜又来想干甚么？"当时色勒昂阿喇和莽古尔泰一同来，因而一并叱责说："你们和你家贝勒一同来，一定希望我兄弟互相仇害么？你们如强要进来，得罪就更重了。"皇太极拒绝了莽古尔泰，没接纳他前来请罪。

两个多月以后，这年十月二十三日，大贝勒代善及诸贝勒等，审议莽古尔泰在御前露刃一事，议定革去大贝勒，降为诸贝勒之列，夺其五牛录属员，罚驮甲胄雕鞍马十匹进奉大汗；罚驮甲胄雕鞍马一匹，给代善；罚素鞍马，诸贝勒各一匹；又罚银一万两入官。在定议时，皇太极口谕："此以朕之故治罪，朕不参与。"于是，代善与诸贝勒等共同定拟奏上，天聪汗皇太极批准。

从此莽古尔泰不再是与大汗并坐的大贝勒，降为一般的贝勒。天聪六年（1632）他曾随皇太极征伐察哈尔林丹汗，又移师伐明。这年十二月莽古尔泰卒于军中，时年46岁。皇太极临丧，漏尽三鼓，才回宫。

五、天聪五年始定皇太极南面中坐，以昭至尊之体

天聪五年（1631）十二月二十八日，元旦朝贺将到，皇太极谕八旗诸贝勒大臣说："礼部参政李伯龙疏奏，我国朝贺行礼时，不辨官职大小，常有随意排列逾越班次者，应请酌定仪制等语，此言诚是。今元旦朝贺应令八旗诸贝勒独列一班行礼，外国来归蒙古诸贝勒大臣次之，八旗文武官员再次之，各照旗序行礼。至贝勒莽古尔泰，因其悖逆，定议治罪，革大贝勒称号，自朕即位以来，国中行礼时曾与朕并坐，今不与坐，恐他国闻之，不知彼过，反疑前后互异。彼年长于朕，可否仍令并坐？著巴克什（后改称为笔帖式，又改称主事）达海、库尔缠、觉罗龙什、索尼与大贝勒代善及诸贝勒会议具奏。"

根据皇太极的口谕，众人集会议论，当时诸贝勒中认为今后莽古尔泰不可与大汗皇太极并坐的人有一半。代善说："大汗上谕很对，莽古尔泰的过错不足介怀，即令并坐也可以。"众人议论了一些时间，代善又说："我等既拥戴今上为君，又与上并坐，恐滋国人之议，谓我等奉上居大位，又与上并列而坐，甚非礼也。礼本人情，人心所安，即天心所佑，各遵守而行，自求多福，斯神佑之矣。自今以后，上南面中坐，以昭至尊之体，我与莽古尔泰侍坐上侧，外国蒙古诸贝勒坐于我等之下，如此方为允协。"代善讲完这番话，诸贝勒皆曰："善。"于是，按此议奏报后，大汗皇太极予以批准。

天聪六年（1632）正月初一，皇太极率领诸贝勒拜天祭神完毕，登上大政殿。在御座之旁设有两个座位命大贝勒代善和贝勒莽古尔泰坐。《清实录》天聪六年正月一日记载："上（皇太极）即位五年以来，凡国人朝见，上与三大贝勒俱南面坐受，自是年更定，上始南面独坐。"

六、祭告父汗"未成之业，俱已就绪"

天聪八年（1634）十月二十五日，皇太极为了庆贺察哈尔诸臣举国归附和征掠宣府大同凯旋归来，以及科尔沁部卓礼克图台吉吴克善送妃子来到，召大贝勒代善和诸贝勒、大臣进宫，设大宴，演乐舞，举行庆贺礼。这时诸贝勒举杯跪献，皇太极见了忽然凄然泪下，众人均愕然不知何故。

这时代善长子贝勒岳托问道："大汗何故悲伤？大汗秉承太祖遗业，践祚以来日见兴隆，未有陵替。命将兴师，所至克捷，不庭诸国，如蒙古札鲁特及喀尔喀

五部落、敖汉、奈曼、喀喇沁、土默特、阿禄诸部落俱已降顺。朝鲜称弟纳贡。及征燕京，围其城，败十三省援兵，又攻克宣大城堡，蹂躏其地方，俘获无算，至五台山而还，蒙古察哈尔国人以我兵威，举国来归，此皆大汗盛德，上天眷佑，是以境宇清宁，臣民蒙福，臣等实不胜庆幸。且自古行师，有胜有败，未有如我国之全胜者。今天眷维新，大业可定，我速进则速成，缓进则缓成。皇上何为伤感乎？"

皇太极说："非为此也。我幸享太平，得与诸贝勒举杯于此，朕之至愿。可是念及大业未成之先，诸贝勒中，或有一二不讳，将若之何？思念及此，所以凄然泪下。"

大贝勒代善劝慰说："我兄弟子侄同心一德，以图国事，必为上天所佑。方今天命在我，大势可见，何必过虑！"

这时皇太极的侄儿、代善第三子贝勒萨哈廉看出了皇太极的心思。他说："创业垂统者，在大汗；戮力辅弼者，在诸贝勒。若诸贝勒同心为国，天必庇之；若诸贝勒不尽心王室，阴萌乱志，天心不佑也。今此酒虽人所造，而大汗与诸贝勒得相聚欢饮者，乃天也。天既佑我，为何心情不快！"

听了兄长大贝勒代善父子的话，皇太极说："你们的话实在很对。"宴会结束，赐代善貂镶朝服、貂镶猞狸狲裘和貂帽。代善出来，皇太极一直送出宫门以外。

天聪八年十月二十七日，皇太极以继承汗位以来，八年之中东征西讨，续有克捷之事，为文祭告其父大英明汗努尔哈赤之灵位：

> 臣自受命以来，夙夜忧勤，惟恐不能仰承先志之重，凡八年于兹矣。幸蒙天地鉴佑，臣与管八旗子孙等，一德同心，眷顾默佑，复仗皇考积累之业，威灵所至，臣于诸国慑之以兵，怀之以德，四境敌国归附甚众。谨述数年来，行师凯奏之事，奉慰神灵：乃者朝鲜素未输诚，今已称弟纳贡。喀尔喀五部，举国来归。喀尔沁、土默特，以及阿录诸部落，无不臣服。察哈尔兄弟，其先归附者半，后察哈尔汗携其余众，避我西奔，未到汤古忒部落（西藏），殂于西喇卫古尔部落打草滩地，其执政大臣率所属尽来归附。今为敌者，惟有明国耳。臣躬承皇考素志，踵而行之，抚柔震

叠，大畏小怀，未成之业，俱已就绪，伏冀神灵始终默佑，式廓疆围，以成大业。

......

天聪汗皇太极自天命十一年（明天启六年，1626）九月一日继承汗位，经过八年勇于进取，励精图治，后金汗国已逐步壮大，从根本上改变了"四境逼处"的狭促处境。这时的敌国只剩下一个腐朽的明朝。漠南蒙古归附以后，更形成了从辽东到长城以北直到黄河西岸甘肃、青海的对明朝包围态势。皇太极这篇祭告其父汗的祭文，实际上是向后金上下宣布：努尔哈赤"未成之业，俱已就绪"，他皇太极"速进则速成，缓进则缓成"。

七、获传国玉玺，预示天命攸归

天聪九年（1635）二月，和硕贝勒多尔衮等奉命西渡黄河收抚察哈尔林丹汗之子额尔克孔果尔·额哲。八月初三日从林丹汗的苏泰太后手中要到了从汉朝传至元朝的历代传国玉玺，当时，多尔衮、萨哈廉、豪格等人大喜过望地说："大汗洪福非常，天赐至宝，此一统万年之瑞也。"这一消息报到盛京以后，在皇太极和众贝勒、大臣官员以及满族百姓中引起了一片惊喜。

八月初六，后金文馆汉官鲍承先奏言："皇上圣德如天，仁政旁达，大宝呈祥，天赐玉玺，乃非常之吉兆，应当命工部制造宝函，选择吉日，率诸臣郊迎，由南门入宫，以膺天眷，而昭符瑞。同时，还应以得玉玺之由，书于敕谕，缄用此宝，颁行满汉蒙古，使远近闻知，都看到天命之攸归。"天聪汗皇太极传谕照所奏办理。

九月五日，多尔衮等凯旋归来，皇太极已到辽河以西阳木石河地方迎接。九月初六日清晨，皇太极率众人来到御营附近新筑的坛上，设黄案、吹法螺，焚香拜天，然后回到御座。多尔衮等将传国玉玺置于垫着毡毯的案上，令正黄旗固山额真（总管大臣）纳穆、镶白旗固山额真吏部承政图尔格举案前进，诸贝勒率众人下跪献上。御幄前设黄案，陈设香烛，天聪汗皇太极亲手捧接玉玺，率领众人再拜天行礼后，传谕左右说："此玉玺乃历代帝王所用之宝，上天赐我，诚非偶然！"

在后金众大臣等一片对大汗歌功颂德声中，驻守辽南的都元帅孔有德和总兵官耿仲明七八天后也很快呈来了祝贺的奏折。

九月十四日，孔有德奏言："窃观自古受命之主，必有受命之符。昔文王时凤凰鸣于岐山，今皇上得传国宝玺，二兆略同。此宝实非寻常，乃汉时所传，迄今二千余年，他人不能得，惟我皇上得之。盖皇上爱民如子，顺时合天，维宝玺在千里之远应运呈祥，是天启其兆，登九五之尊，而享天下之福无疑也。不但臣一人喜而不寐，即中外闻之，莫不欢欣鼓舞，以为尧舜之治今得复见矣……。"

同一天，总兵官耿仲明奏言："夫玉玺者乃天子之大宝，国家之上瑞，有天下者所必用也。今皇上合天心，爱百姓，故天赐宝玺，可见天心之默佑矣。惟愿早正大统，以慰臣民之望。理宜赴阙拜贺，因未奉命不敢擅行，谨率诸臣遥叩以奏。"

其他王公大臣祝贺、劝进的奏章也纷纷奏上。

皇太极继承汗位以来，虽然国势日强，疆土日阔，但还没流露过有称帝之心，直到天聪八年（1634）八月征掠山西时答复明朝人的信中仍说："来书以满洲为属国，即予亦未尝以为非也。"他的设想曾是以山海关为界，山海关以内归明朝，辽河以东归后金汗国。他并提出在往还书信中："将尔明国皇帝，下天一字；书我，下尔明国皇帝一字；书尔明国诸臣，下我一字。"皇太极曾"七致书于明之将帅，屈意请和，"但是始终没有得到明朝方面的正式回应。现在后金日益强大，又忽然天赐"历代帝王所用之宝"，这一纯属偶然的事件，在满洲众贝勒王公大臣的鼓吹渲染下却成了"天命攸归"、"一统万年"的吉兆，它促使皇太极开始了扬弃后金汗国，建立大清帝国之构想，并为此着手扫除可能出现的障碍。

八、大贝勒代善获罪，哈达公主伏诛

林丹汗败亡以后，察哈尔的后妃福金（夫人）纷纷归降，其中有些人改嫁后金的贝勒、大臣。天聪九年（1635）九月十一日，皇太极的长子贝勒豪格欲娶察哈尔伯奇福金，贝勒阿巴泰（努尔哈赤第七子）欲娶俄尔哲图福金。奏报上来以后，皇太极命诸贝勒议论，诸贝勒都认为可以，覆奏上来遂成定议。这时皇太极的姐姐哈达公主莽古济听到后很不高兴地说："吾女尚在，贝勒豪格怎么可以又娶一个妻子？"因此对皇太极很有怨气。

九月二十三日，大贝勒代善率本旗人员自行出猎，远离了各旗的驻营地，正巧哈达公主和皇太极生气，想先回家，经过大贝勒营前，大贝勒命其福金等邀请哈达公主，哈达公主来到时，代善亲迎入帐，设大宴款待，并且赠送了许多财物。

皇太极听到上面这件事勃然大怒，回营后，立即派人去责问大贝勒代善及其子贝勒萨哈廉。诘问代善："尔自率本旗人任意行止，又将怨朕之哈达公主邀至营中，设宴馈物，复以马送之归，是诚何心？"又诘问："尔萨哈廉身任礼部，尔父妄行，又邀请怨朕之人，尔既知之，何竟无一言谏阻？"其时皇太极怒甚，竟不通知众贝勒自己先回盛京，入宫后关闭大内宫门，不许诸贝勒大臣进见。

过了两天，九月二十五日，皇太极召集众贝勒、大臣、侍卫等齐集内殿，进行面谕说：

> 我想叫你们众人知道我的心事，所以召集你们来这里。我所讲的如有未当，你们众贝勒、大臣就可直接陈奏哪些话不对，不要表面表示服从。我的心事首先想让天知道，再则想让你们诸贝勒大臣以及在廷诸臣共同知道。诸贝勒中有能体国爱民者，也有不能者，怎能一一指名说出。各国人民，俱拥戴我为君，呼吁来归，朕已将此归顺之人，分给你们贝勒等爱养。你们众贝勒果能爱养天赐人民，勤图治理，庶几得邀上天眷佑之恩；若你们众贝勒不留心抚育人民，致使他们不能聊生，穷困吁天，这过失不归朕，又归谁耶？现在你们所行如此，朕将何以为治？

> 自古以来，有力强而为君者，有幼小而为君者，有为众所拥戴而为君者，这都是君主。既已为君，则制令统于所尊，岂可轻重其间？今正红旗固山贝勒等，轻肆之处甚多。大贝勒从前从征明燕京时，违背众人想要返回，往征察哈尔时，又坚决执意要返回。朕方锐意前进，而他却要退归。所俘人民命他加意恩养，他不但不服从，反而以为怨。凡有勇有谋者不得进，不肖者不黜退，则人们不再向前尽力。今正红旗贝勒在赏功罚罪时，则偏护本旗。朕所爱者而彼恶之，朕所恶者而彼爱之，岂不是有意离间么？今年朕托言巡游，想了解诸贝勒出师消息，正以出征胜败为忧，而大贝勒因捕蝗、大肆渔猎，以致战马疲瘦，到派兵增援贝勒多铎时，惟独正红旗战马因出猎而瘦弱不堪。倘出师诸贝勒一有缓急，将不去应援，竟安然而已么？诚心为国者是这样吗？而且大贝勒诸子借名放鹰擅杀民间牲

畜，所行如此，贫民何以聊生？竟还有大贝勒之子瓦克达用弹弓射击济尔哈之姊等事。

和硕贝勒济尔哈朗因其妻亡，心欲娶察哈尔汗妻苏泰太后及其妻之妹，与诸贝勒商议，诸贝勒以此事奏报，朕即以此事询问诸贝勒，诸贝勒皆言当允其请，朕方许济尔哈朗，大贝勒独违众论，而欲自娶，以问于朕。朕谓诸贝勒先已定议许济尔哈朗矣，兄知道了而出此言，还是不知道而出此言？他推诿不知而罢。后来又屡次说要娶之，有是理乎？朕曾遣满达尔汉、祁充格往谕大贝勒，令娶囊囊太后，彼以其贫而不娶，遂拒朕命。凡人娶妻当以财聘，岂有冀其财物而娶之之理乎？往时贝勒阿济格部下大臣车尔格有女，额驸杨古利欲为其子行聘，大贝勒胁之，且唆正蓝旗贝勒莽古尔泰曰：尔子迈达礼先欲聘之矣，尔若不言，我当为我子马瞻娶之。阿济格本属亲弟，岂可欺弟而胁其臣乎？

首征大同，攻克得胜堡时，我国一新降蒙古夺门而入，彼遂执而杀之。如此杀降，降人将何以为生？

尔萨哈廉乃统摄礼部贝勒，知其事而匿不奏闻于朕，理当如是耶？额驸毕喇习者，分给大贝勒瞻养之人也，每以衣食不足，不能聊生，来告于朕，朕皆潜给衣食。其余属下以不赡养而诉者，何可胜数！朕见其虐害爱塔，夺其乘马，取其财物，早料爱塔不能自存，必至逃亡。未几而爱塔果逃。诚心忧国者，当虐人如是乎？凡此特举其重者言之耳，其余小事违悖者，言不能尽。

至于哈达公主，自皇考在时，专以暴戾谗僭为事，大贝勒与彼原不相睦，但因其怨朕，遂邀至营中宴之，先时何曾如此款赠耶？又琐诺木杜稜济农（哈达公主之夫）屡在朕前佯醉，言皇上不当惟兄弟是倚，行将害皇上，宜慎防之。上在则我北边蒙古得安其生；不则我蒙古人不知作何状矣。朕若听其言，疑我兄弟之将害朕也，而遽加诛戮，则丧乱之端即由此而起，岂非误国之言乎？如尔德格类、岳托、豪格三贝勒偏听哈达公主、济农之言，欲杀托古，有是理耶？夫托古何敢劝济农杀哈达公主，不过因济农先娶托古之妹，公主心恶其妹以及其兄，因成隙而欲杀托古耳。语云：避强凌弱是为小人。若朕不能教训尔等，又何能子万民理国政乎？且朕非自图富贵而菲薄兄弟也，盖欲缵承皇考遗业，兴隆国祚，贻令名于后世耳。尔等悖乱如此，朕将杜门而居，尔等别举一强有力者为君，朕引分自守足矣。

皇太极用很严厉的言词作了长篇面谕以后，随即进入后宫，又关闭了朝门。当时召至的诸臣听了上谕以后，诸贝勒、大臣、八固山额真以及六部承政共同审拟此案，定罪完毕，诸贝勒、大臣到朝门外跪请说："惟皇上宽仁盛德，故遐迩归服，邦国奠宁，人民安乐。今皇上为一国之主，百官万民莫不仰赖，大纲小纪俱待睿裁，伏祈皇上临朝，亲决万几。"

皇太极允准所请，出朝听政。于是诸贝勒大臣奏报了会议审定大贝勒代善的罪状四条，拟定革大贝勒名号，削和硕贝勒之职，夺回（没收赏给的）十牛录属人，罚雕鞍马十四、甲胄十副、银万两，另罚九匹马给诸贝勒。审议代善之子贝勒萨哈廉，夺回二牛录属人，罚马十四、银二千两。哈达公主莽古济革去公主名号，降为庶人。其夫琐诺木济农革去济农名号。此外，对德格类、岳托、豪格三贝勒各罚银五百两。

以上审议结果奏入以后，皇太极命从宽处理，全予宽免。随后又召集八家章京，即清宗室之外的八大满洲贵族世家，如瓜尔佳氏（费英东一支）、钮祜禄氏（额亦都一支）等管事官员，下达口谕："嗣后一应亲戚之家不许与哈达公主往来，亲戚有私相往来者，被旁人举首，照哈达公主罪之。"

同年十二月初五日，哈达公主的仆人冷僧机向管刑部事和硕贝勒济尔哈朗自首告发："先是莽古尔泰与其女弟莽古济、莽古济之夫敖汉部落琐诺木与贝勒德格类、屯布禄、爱巴礼及冷僧机等对佛盟誓，莽古尔泰的誓词说：'我莽古尔泰已结怨于皇上，尔等助我事济之后，如视尔等不如我身者，天其鉴之。'琐诺木及其妻莽古济誓云：'我等阳事皇上，而阴助尔。如不践言，天其鉴之。'"未几，莽古尔泰获暴疾不能言而死，德格类亦如其病死。

当时皇太极出去行猎，济尔哈朗未奏报。这时，琐诺木也首告其事，国舅达尔汉随即奏闻。等皇太极回来，济尔哈朗以冷僧机所告发奏闻，皇太极派人告诉诸贝勒。萨哈廉闻后，怒责莽古尔泰、德格类大逆不道。阿巴泰、阿济格和多铎闻之均怒不可遏。岳托听后变色说："贝勒德格类焉有此事？必妄言也。或者词连我耶？"经诸贝勒、大臣研审得实，搜得牌印十六件，其文曰"大金国皇帝之印"，遂共同审议拟定莽古济、琐诺木阴蓄异谋，大逆无道，应寸磔；莽古尔泰、德格类已伏冥诛，其妻子与同谋之屯布禄、爱巴礼应阖门论死；冷僧机以自首免坐，亦无功；莽古尔泰等人口财产俱入官。

奏入以后，皇太极说："莽古济谋危社稷，可告皇考两宫母妃及诸姑公主前共讯之。至莽古尔泰等人口财产入官之议，殊觉未当，设若凶逆狡计得成，则朕之所有将尽归于彼。今彼逆谋败露，国有常刑，人口家产自应归朕，但念诸贝勒同心佐理，似应与诸贝勒均分。至于冷僧机，若不首告其谋何由而知？今以冷僧机无功，何以劝后？且琐诺木若不再首，则我亦必不信冷僧机之言，似不应概予重刑，漫无分别也。"

根据皇太极的指示，令集文馆满汉儒臣再议定上奏。最后，莽古济、莽古尔泰子额必伦、屯布禄、爱巴礼皆伏诛，莽古尔泰的其他诸子德格类等俱废为庶人，琐诺木自首免罪，冷僧机授予三等梅勒章京（副将），并赐给敕书，其文如下："尔冷僧机原系莽古济家仆，因莽古尔泰、德格勒、莽古济潜图叛逆，焚书告天，尔密行举首，遂坐莽古济等罪。尔当元凶未殁，即行陈奏，则效忠除逆，厥功诚大，今两贝勒虽死，而尔主莽古济尚在，终能举首，亦不为无功，用是给以屯布禄、爱巴礼家产，授尔为三等梅勒章京，永免徭役，世袭不替。"

九、诸臣劝进，请上尊号

从皇太极继承汗位以来的十年中，经过一系列的斗争与改革，皇权空前加强，三大贝勒的特有权势已被消除，八旗旗主的政治地位也已完全控制在皇权之下，同时疆土已大大扩展，各族归附的民人日益众多，创建君主专制的大清帝国的时机已基本成熟。

天聪九年以前，诸贝勒大臣屡请给皇太极上尊号，皇太极不同意。察哈尔归附，又获得历代传国玉玺以后，诸贝勒大臣定议，命文馆儒臣希福、刚林、罗硕和礼部启心郎祁充格再次劝进说："今上（天聪汗）功隆德懋，克当天心，四方慕义之众，延颈举踵，前者臣等广集众谋，合词陈奏，请上进称尊号，乃上谦德弥尊，虚怀若谷，辞以未知天意，不允众请，必待上天眷佑，式廓疆围，大业克成之时，然后郊禋践祚，躬受鸿名。臣等伏思众望不可以久虚，大命不可以谦让。

今察哈尔汗太子举国来降，又得历代相传玉玺，是天心默佑，大可见矣。所当仰承天意，早正大号，以慰舆情。"

皇太极看过劝进奏折说："今虽诸国来附，兼得玺瑞，然大业尚未底定。大业未定，预速大号，恐非所以奉天意。譬如有一贤者于此，我将振拔之，彼则不待朕命而辄自尊大，亦朕所不许也。"以此固辞不受。

诸贝勒又派希福等陈奏说："臣等思之，不待上命而妄自尊大者，固为上所不许，倘皇上欲振拔一人，而其人辗转迁延，未肯受事，皇上宁不以为非乎？倘不仰承天心，受尊号，恐天心亦以为非也。"希福等再三陈请，皇太极仍不应允。

这时大贝勒代善第三子、管礼部事贝勒萨哈廉令希福、刚林、罗硕、祁充格等再去陈奏，说："臣等屡次陈请，未蒙皇上俯鉴下忧，夙夜悚惶，不知所措。伏思皇上不受尊号，其咎实在诸贝勒，诸贝勒不能自修其身，殚忠信以事上，展布嘉猷，为久大之图，徒劝皇上早正大号，是以皇上不肯轻受。如诸贝勒皆克殚忠荩，彼莽古尔泰、德格类辈又何以犯上而作乱？今诸贝勒宜誓图改行，竭忠辅国，以开太平之基，皇上始受尊号也。"

皇太极听了这番陈奏，连声称善，说："贝勒萨哈廉开陈及此，实获我心，一则为朕深谋，一则欲善承皇考开创之业。其应誓与否，尔身任礼部，当自主之。"

萨哈廉揭开了天聪汗内心的哑谜，于是诸贝勒纷纷立誓竭忠辅国，各书誓词奏上。皇太极看过以后说："大贝勒年已迈，其免誓。萨哈廉誓词暂存之，待其病愈，然后立誓可也。其余诸贝勒不必书从前并无悖逆事等语，但书自今以后存心忠信，勉图职业。遇有大政大议勿谋于闲散官员及微贱小人并其妻妾等，即以此言为誓。……至若莽古尔泰、德格类之邪逆者，天已诛之，可为明鉴。诸贝勒不似彼之逆状显然，然而阴怀异志者，亦必遭谴，迨遭谴之时，朕岂不痛惜。"遂命誓词内不必载入已往悖逆之事。

随后，大贝勒代善陈奏："上念臣年老，恐犯誓词以致死亡。然以往之事，臣不载诸誓词，自今以后，若不与诸贝勒同誓，臣且食不下咽，坐不安席。倘皇上不令臣与议事之列，臣亦何敢违背上命，即不与盟誓可也。若皇上怜臣而仍令居议事之列，臣性顽钝善忘，必出誓词，庶臣心不忘警惕，或可免于皇上之谴责。"

皇太极说："国有大事，当共议者，宁独不令与闻？但念尔年老，是以劝止，若必欲与诸贝勒同誓，听尔可也。"

于是，诸贝勒各遵皇太极的指示，修改誓词，焚香跪读，然后将誓书焚烧。代善的誓词中说："代善誓告天地，自今以后，若不克守忠贞，殚心竭力，而言与行违，又或如莽古尔泰、德格类谋逆作乱者，天地谴之，俾代善不得令终。若国中子弟，或如莽古尔泰、德格类谋为不轨，代善闻之，不告于皇上者，亦俾代善不得令终。"大贝勒代善乃努尔哈赤第二子皇太极兄长，这年五十三岁。

代善立誓以后，其余诸贝勒也誓告天地说："自今以后若有二心于上，及己身虽不作乱，而兄弟辈有悖逆之事，明知而隐匿；或以在上前所议国事，归告于妻妾及不与议之闲员仆从者，天地谴责，夺其纪算。……"

这时，外藩诸贝勒齐集盛京，众人定议劝进，共同奏上。皇太极口谕："内外诸贝勒大臣合词劝进，似难固让。朝鲜乃兄弟之国，应与共议，当遣使往朝鲜，以事闻之。"诸贝勒都很欢喜，认为应该告知朝鲜。诸贝勒退出以后，萨哈廉奏道："上谕遣使朝鲜，诚然。盖兄弟通好之国理宜告知。臣等内而八旗和硕诸贝勒，外而各藩诸贝勒，皆遣人与朝鲜王同议，一则使闻内外诸贝勒劝进尊号之意，一则使知各国来附，兵力强盛之实。"皇太极说："甚善，你们内外诸贝勒可遣人偕朕使臣同往。"

一个多月以后，天聪十年（1636）二月初二日，户部承政英俄尔岱携书一函往朝鲜，备言一切，八和硕贝勒和外藩四十九贝勒也同时派遣使者带着给朝鲜王的书信到达朝鲜，同时约请朝鲜王派亲近子弟来盛京共同劝进。

三月二十日，英俄尔岱等自朝鲜回到盛京，报告说："国王李倧不接见，在内诸贝勒和外藩蒙古诸贝勒的书信也不收纳，诡令英俄尔岱等到他们的议政府议事，又设兵昼夜防守。英俄尔岱等对朝鲜王这种作法大为怀疑，即率诸使者在朝鲜京城中夺了居民的马匹，城中男女甚为惊恐，英俄尔岱等突城门而出，行至途中，朝鲜国王派人追上交来回书，另外还有三封朝鲜王奉命官命令其边臣固守边疆的通谕，英俄尔岱也一并夺来献上。

朝鲜国王的回书中没有正面谈到劝进之事，只说"闻今来使与我接待宰臣别有口伸（口头申明），乃是敝邦不敢闻之语也，宰臣既与贵使详说，幸惟谅悉。"朝鲜王奉命官的通谕中写道："左侧奉命官郑致书于观察使：国运不幸，忽遇丁卯年之事（即天聪元年后金征朝鲜之事），不得已误与讲和，十年之间，使命往来，益肆凭陵，……今满洲日益强盛，欲称大号，故意以书商议，我国君臣不计强弱存亡之形，以正理断绝，不受彼书，满洲使臣每日在恐吓索书，我辈竟未接待，悻悻而去。都内男女明知兵戈之祸在于眉睫，亦以决断为上策。……"

皇太极看过这封书信以后，知道朝鲜国不能容忍强制劝进的态度，于是召来诸贝勒大臣共同览阅，众人皆怒，欲兴大军歼灭朝鲜。皇太极说："先派人持书往谕，晓以利害，令其以诸子大臣为人质。彼许诺则已，否则再议征伐未晚。"

三月二十二日，外藩蒙古十六部落四十九贝勒为请大汗称尊号来朝。三月二十六日，都元帅孔有德、总兵官耿仲明、尚可喜等，各率所属官员以请上称尊号来朝。

天聪十年（1636）四月五日，大贝勒代善、和硕贝勒济尔哈朗、多尔衮、多铎、岳托、豪格、阿巴泰、阿济格、杜度、超品公额驸扬古利、固山额真谭泰、宗室拜伊图、叶克书、达尔汉等，蒙古八固山额真、六部大臣、都元帅孔有德、总兵官耿仲明、尚可喜、石廷柱、马光远，外藩蒙古十六部落四十九贝勒，以及满洲、蒙古、汉人文武官员、恭请天聪汗皇太极称尊号。管吏部事和硕贝勒多尔衮捧满字表文一道、科尔沁国土谢图济农巴达礼捧蒙古字表文一道、都元帅孔有德捧汉字表文一道，率领诸贝勒大臣文武各官到阙下跪进。皇太极命满蒙汉三儒臣捧表入，至御前跪读表文，表文曰："诸贝勒大臣文武各官及外藩蒙古诸贝勒上言：恭惟我皇上承天眷佑，应运而兴，辑宁诸国，爱育群黎，当天下昏乱之时，体天心，行天讨，逆者以兵威之，顺者以德抚之，宽温之誉，施及万方，征服朝鲜，混一蒙古，更获玉玺，受命之符，昭然可见。上合天意，下协舆情，臣等遇景运之丕降，信大统之攸属，敬上尊号，一切仪物俱已完备，伏愿俯赐俞允，勿虚众望。"读毕，皇太极谕曰："数年以来，尔诸贝勒大臣，劝朕受封号，已经屡奏，但朕若受尊号，恐上不协天心，下未孚众志，故未允从。今内外诸贝勒大臣复以劝进尊号再三固请，朕重违尔等之意，弗获坚辞，勉从众议，朕思既受尊号岂不加倍乾惕，忧国勤政？唯恐有志未逮，容有错误，唯天启之，尔诸贝勒大臣，既固请朕受尊号，若不各恪供乃职，赞襄国政，于尔心安乎？"

于是令遍谕诸贝勒大臣，众人皆踊跃欢欣，行三跪九叩头礼。礼部以上尊号礼仪具奏，择吉日祭告天地。

十、清朝开国与皇太极称帝

公元1636年，清崇德元年（天聪十年）四月十一日乙酉，金国汗皇太极祭告天地，受"宽温仁圣皇帝"尊号，建国号为大清，改元为崇德元年。大清于此日正式开国。

这天黎明，皇太极率诸贝勒、满洲蒙古汉官出盛京（沈阳）德盛门至天坛下马，在赞礼官引导下，行礼如仪，祭告天地。读祝官捧祝文跪读，其文曰：

> 维丙子年四月十一日，满洲国皇帝、臣皇太极敢昭告于皇天后土之神位曰：臣以鞠躬嗣位以来，常思置器之重，时深履薄之虞，夜寐夙兴，兢兢业业，十年于此，幸赖皇穹降佑，克兴祖父基业，征服朝鲜，混一蒙古，更获玉玺，远拓边疆。今内外臣民谬推臣功，合称尊号以副天心。臣以明人尚为敌国，尊号不可遽称，固辞弗获，勉从群情，践天子位，定国号曰大清，改元为崇德元年。窃思恩泽未布，生民未安，凉德怀惭，益深乾惕。伏惟帝心昭鉴，永佑邦家，臣不胜惶悚之至。谨以奏闻。

读祝官读完祝告皇天后土的祝文，皇太极率众行三跪九叩头礼。祭告完天地，行受尊号礼。

受尊号礼十分庄严隆重，按照礼部设计、皇太极批准的程序进行。为此特在盛京天坛之东筑起了一座高坛，并备有大驾卤簿、玉玺四方、黄伞五柄、团扇二柄、纛旗十杆、旗十杆、大刀三对、戟三对、立瓜一对、卧瓜一对、星一对、吾杖三对、马十匹，还有金交椅、金杌、香盒、香炉、金水盆、金唾盒、金瓶、乐器等项。这一套仪式和卤簿仪仗是努尔哈赤建立后金汗国时所没有，这是礼部官员基本按照中原王朝的仪礼制度准备的。史称"清承明制"于此也可见其一斑。

这时导引官引导皇太极由中间的台阶登坛，坐入金交椅之上，诸贝勒大臣左右序列，奏乐，行三跪九叩礼，左班和硕墨尔根戴青多尔衮、科尔沁贝勒土谢图济农巴达礼捧宝（玉玺）一方，和硕额尔克楚虎尔贝勒多铎、和硕贝勒豪格捧宝（玉玺）一方；右班和硕贝勒岳托、察哈尔汗之子额驸额尔克孔果尔·额哲捧宝一方，贝勒杜度、都元帅孔有德捧宝一方，各按次序，跪献于皇太极，皇太极接受了玉玺，授予内院官员置在宝盒之内。在进上玉玺时，进入仪仗，列于皇太极左右。众再行三跪九叩礼后，再下跪。于是，满洲、蒙古、汉官捧满、蒙、汉三体表文，宣示于众。表文曰：

我皇上应天顺人，聿修厥德，收服朝鲜，统一蒙古，更得玉玺，符瑞昭应，鸿名伟业，丕扬天下。是以内外诸贝勒大臣同心拥戴，敬上尊号曰宽温仁圣皇帝，建国号曰大清，改元为崇德元年。

众人又行三跪九叩礼。在行礼时，朝鲜使臣罗德宪、李廓不拜。众人十分愤怒，皇太极说："朝鲜使臣无礼处，难以枚举，这都是朝鲜王有意构怨，想让我先起衅端，杀其使臣，然后加朕以背弃盟誓之名，故令他们如此。不知朕之素行，从不逞一时之小忿，即两国已成仇敌，兵刃相加，争战之际，亦无杀其来使之理，何况这是在朝会之中？你们不要过问。"

皇太极谕毕，在坛前立起鹄牌，命善射的人演射。射毕，列仪仗、作乐，大清朝第一位皇帝回銮盛京皇宫。

这天，大清崇德皇帝皇太极派超品公额驸扬古利、固山额真谭泰、宗室拜尹图、叶克书叶臣、尹尔登、宗室篇左达尔哈、石廷柱、马光远及外藩贝勒下官员卜库台吉、德格类、札尔固齐、内院官希福、刚林、罗硕等，捧祝文，以营建太庙事，祭告太祖努尔哈赤山陵。

第二天，四月十二日，大清崇德皇帝率诸贝勒大臣到刚刚建成的太庙，追尊始祖为泽王，高祖为庆王，曾祖为昌王，祖为福王，皇考努尔哈赤谥曰承天广运圣德神功肇纪立极仁孝武皇帝，庙号太祖，陵墓曰福陵，皇妣谥曰孝慈昭宪纯德贞顺成天育圣武皇后。追赠族祖礼敦巴图鲁为武功郡王，追封功臣费英东为直义公，额亦都为弘毅公，配享于大清朝太庙。

第三天，四月十三日，诸贝勒大臣因皇太极祭告天地，受宽温仁圣皇帝尊号，追尊列祖及太祖太后，颂扬功德，建立太庙礼成，上表庆贺，分满洲、蒙古、汉官三班，依次由和硕贝勒多尔衮、科尔沁土谢图济农巴达和都元帅孔有德捧表跪进，由满洲侍臣、蒙古侍臣、汉侍臣依次接至御前跪读。三种文字贺表进上跪读后，御前侍臣捧上谕宣读，谕曰：

宽温仁圣皇帝敕谕：朕以凉德祗承丕绪，加以尊号，惧无以慰众望。尔等劝进再三，屡辞弗获，今敬告天地，允受尊号。尔诸贝勒大臣当同心辅政，恪供厥职，以匡朕之不逮，正己率属，各殚忠诚，立纲陈纪，毋图小利。倘能建立功名，朕当隆以爵赏，尤须抚众恤民，君臣一德，庶几上合天心，下遂民志。如此则明良喜起，政治咸熙，万民乐利，天益佑助之矣。布告天下，咸使知闻。

敕谕宣毕，诸臣顿首曰："圣谕及此，国家之福也。"

这天，大清宽温仁圣皇帝以上尊号礼成，颁诏大赦，诏内恩款除犯上、烧毁宗庙山陵宫阙、逃叛、谋杀、故杀、蛊毒、魇魅、盗祭祀器物、御用诸物、杀伤祖父母、父母、兄卖弟、妻告夫、内乱、强盗十恶不赦外，其余罪犯悉赦之。

四月二十三日，分叙诸兄弟子侄军功，册封大贝勒代善为和硕礼亲王，贝勒济尔哈朗为和硕郑亲王，和硕贝勒多尔衮为和硕睿亲王，贝勒多铎为和硕豫亲王，贝勒豪格为和硕肃亲王，岳托为和硕成亲王，阿济格为多罗武英郡王，杜度为多罗安平贝勒，阿巴泰为多罗饶余贝勒，各赐银两有差。

分叙外藩蒙古诸贝勒军功，封科尔沁国巴达礼为和硕土谢图亲王，吴克善为和硕卓礼克图亲王，固伦额驸额哲为和硕亲王，布塔齐为多罗札萨克图郡王，满朱习礼为多罗巴图鲁郡王，奈曼部落衮出斯巴图鲁为多罗达尔汉郡王，孙杜稜为多罗杜稜郡王，固伦额驸班第为多罗郡王，孔果尔为冰图王，耿格尔为多罗贝勒，各赐雕鞍甲胄、金银器皿，采缎文绮有差。这一天大宴于崇政殿。

四月二十四日，分叙都元帅孔有德、总兵官耿仲明、尚可喜军功，封孔有德为恭顺王，耿仲明为怀顺王，尚可喜为智顺王，赐宴崇政殿并赐银两有差。其部下官员也论功升赏有差。

原文选自《清朝开国皇帝皇太极传》，紫禁城出版社 2008 年

《清朝开国皇帝皇太极传》（摘选）

皇太极的为政思想和清朝开国的基本国策

　　皇太极是明朝末年东北边疆民族政权后金汗国的第二位大汗，也是中国最后一个封建王朝的开国皇帝。他自幼追随其父争夺天下，很有军事政治才能。他"性嗜典籍"，喜欢看汉文史书，熟习历代兴亡，又不盲目地完全接受汉文典籍的思想观点，因而形成了他自己的一套为政思想。这套为政思想代表了新兴的满族贵族反抗明朝民族压迫的指导思想，也是他夺取天下、入主中原的指导思想。这套统治思想逐渐形成了一套基本国策，对有清一代政治具有深远影响。

一、"天下非一人之天下，惟有德者能居之"

　　天聪九年（1635）五月二十日，他召集文馆诸臣阐述了这一见解："朕观汉文史书，殊多饰辞，虽全览无益也。今宜于辽宋金元四史内，择其勤于求治而国祚昌隆，或所行悖道而统绪废隳，与夫用兵行师之方略，以及佐理之忠良，乱国之奸佞，有关政要者，汇纂翻译成书，用备观览。至汉文正史之外，野史所载，如交战几合，逞施法术之语，皆系妄诞，此等书籍传之国中，恐无知之人信以为真，当停其翻译。又见史臣称君者，无论有道无道概曰天子，殊不知皇天无亲，惟德是辅，必有德者，乃克副天子之称。""惟有德者可称为天子，今朕蒙天佑为国主，岂敢遂以为天子、为天所亲乎？倘不行善道，不体天心，天厌朕躬，更择有德之人，君主是国。"

　　崇德四年（1639）七月二日，在《大清国皇帝致大明国皇帝书》中，他写道："朕今犹愿与尔国通好也。若果以礼交欢，则朕为大清，尔为大明，各君其国而已，有何崇卑上下之可争？自古天下非一姓所常有，天运循环，几人帝，几人王？有未成而中废者，有既成而复败者，岂有帝之裔常为帝，王之裔常为王哉？

独不见辽金元亦曾君临天下，后复转而属之明。可见皇天无亲，善则培之，否则倾之，乃不易之理也。"

早在天聪三年（1629）十一月，皇太极率兵伐明，在《致遵化巡抚王元雅书》中就申明："上天垂鉴，不计国之大小，只论理之曲直，故举山海关以东，辽东广宁诸地悉以畀我。"大兵到达通州以后，皇太极在传谕各城绅衿军民人等中，又进一步阐明："若谓我国褊小不宜称帝，古之辽、金、元俱自小国而成帝业，亦曾禁其称帝耶？且尔朱太祖昔曾为僧，赖天佑之，俾成帝业。岂有一姓受命，永久不移之理乎？天运循环，无往不复，有天子而废为匹夫者，亦有匹夫而起为天子者，此皆天意，非人力所能为也。"

这一条是新兴的满洲贵族与明朝争天下、坐天下的为政思想和理论根据，就是说：中国皇帝大家都可以当，你汉人可以，我满人也可以。其中也反映了皇太极朴素的历史观。

二、"奋图法祖"，"衣服语言，悉遵旧制"

皇太极喜读辽、宋、金、元史，对金代兴亡尤为注意。他十分景仰金太祖完颜旻和金世宗完颜雍。天聪三年（1629）十二月，皇太极兵临北京城外，知道有金朝陵墓在良乡地界，特派贝勒阿巴泰、萨哈廉致祭。祭文中写道："金国汗皇太极谨以太牢少牢庶羞之仪，致祭于大金太祖完颜旻、大定完颜雍皇帝神位前曰：尝闻二帝功高德盛，予中心缅怀，梦寐景仰。兹统六师至良乡，知二帝陵寝在焉。虽时异世殊，而春秋举祀，至今称诵勿衰，诚所谓德愈久而弥光也。"

皇太极究竟景仰金朝二帝哪些方面呢？后来崇德元年（1636）十一月十三日，皇太极在盛京皇宫翔凤楼，召集诸亲王、郡王、贝勒、固山额真、都察院官，命内弘文院大臣读《金世宗本纪》。他对众人说：

> 尔等审听之。金世宗者，蒙古、汉人诸国声名显著之贤君也，故当时后世咸称为小尧舜。朕披览此书，悉其梗概，殊觉心往神驰，耳目倍加明快，不胜叹赏。朕思金太祖法度详明，可垂久远，至熙宗合剌及完颜亮之世，尽废之，耽于酒色，盘乐无度，效汉人之陋习。世宗即位，奋图法祖，勤求治理，惟恐子孙仍效汉俗，预为禁约，屡以无忘祖宗为训，衣服语言悉

遵旧制，时时练习骑射，以备武功。虽垂训如此，后世之君渐至懈废，忘其骑射，至于哀宗，社稷倾危，国遂灭亡。乃知凡为君者，耽于酒色，未有不亡者也。

先时儒臣巴克什达海、库尔缠屡劝朕改满洲衣冠，效汉人服饰制度，朕不从，辄以为朕不纳谏。朕试设为比喻，如我等于此聚集，宽衣大袖、左佩矢、右挟弓，忽遇硕翁科罗巴图鲁劳萨挺身突入，我等能御之乎？若废骑射，宽衣大袖待他人割肉而后食，与尚左手之人何异耶？朕发此言实为子孙万世之计也。在朕身岂有变更之理，恐日后子孙忘旧制、废骑射，以效汉俗，故常切此虑耳。我国士卒初有几何？因娴于骑射，所以野战则克，攻城则取，天下人称我兵曰：立则不动摇，进则不回顾，威名震慑，莫与争锋。此番往征燕京出边，我之军威竟为尔八大臣所累矣，故谕尔等谨识朕言。

崇德二年（1637）四月二十八日，皇太极在盛京皇宫翔凤楼，召集和硕亲王、多罗郡王、多罗贝勒、固山贝子、固山额真、都察院承政及新设议政大臣，再次面谕："昔金熙宗及金主亮废其祖宗时衣冠仪度，循汉人之俗，遂服汉人衣冠，尽忘本国语言，迨至世宗始复旧制衣冠，凡言语及骑射之事，时谕子孙，勤加学习，如元王马大郭，遇汉人讼事，则以汉语讯之；有女真人讼事，则以女真语讯之。世宗闻之，以其未忘女真人之言，甚为嘉许，此本国衣冠、言语不可轻变也。我国家以骑射为业，今若不时亲弓矢，惟耽宴乐，则田猎行阵之事必致疏旷，武备何由而得习乎？盖射猎者演武之法，服制者立国之经，朕欲尔等时时不忘骑射，勤练士卒，凡出师田猎许服便服，其余俱令遵照国初之制，仍服朝衣，且谆谆训育者非为目前起见也。及朕之身，岂有习于汉俗之理，正欲尔等识之于心，转相告诫，使后世子孙遵守，勿变弃祖宗之制耳。朕意如此，尔等宜各陈所见。"睿亲王多尔衮等皆跪奏说："皇上谆谆诫谕，臣等更复何言，惟铭刻在心，竭力奉行而已。"

这一条也是皇太极订立的清朝基本国策，强调保持自己民族的传统，一不忘骑射，以"安不忘危"；二衣服、语言悉遵旧制，以避免失去自己民族特色，而被广大的汉人所同化。

清朝入关以后，这两条都坚持下来。康熙之设木兰围场、年年举行"秋狝"就是贯彻"不忘骑射"。乾隆的诗句："射是朝家凤所长，承平犹豫那宜忘。"至今其刻石还嵌砌在承德避暑山庄大门前的墙壁上。

三、"治国之要，莫先安民"、"国计民生，最为要务"

这是天命十一年（1626）八月，皇太极继承汗位之初，发出的第一道"上谕"。自从天命元年（1616）后金汗国建国以来，战争连年，当时后金管辖地区内的满汉人民都很动荡不安，因而汉官汉民有不少"私欲潜逃"，一经有人告发，就要缉捕，一经官方缉获，就是"论死"。天聪汗皇太极第一道上谕明令规定"事属已往，虽经举首，概置不论。"只有现行而又被提获的才治罪。这就使许多提心吊胆、惶惶不可终日的汉人汉官，以及可能被牵连的满人安定下来。治国之道首先要让人民安定，实为古今共同的道理。

崇德二年（1637）四月，皇太极对诸王大臣的一次面谕中说："殚心事主，乃见忠诚；为国宣劳，方称职业。尔等大要有三：启迪主心，办理事务，当以民生休戚为念；遇贫乏穷迫之人，有怀必使上达；各国新附之人，应加抚养。此三者，尔等在王贝勒前议事，皆各为其主言之。朕时切轸念者，亦惟此三者。"

崇德元年（1636）十月十七日，皇太极召集群臣到笃恭殿，命户部承政英俄尔岱等传谕"米谷所以备食，市肆所以流通。有粮之家辄自收藏，必待市价腾贵方肯出肆，此何意耶？今当计尔等家口足用外，有余者即往市肆卖，勿得仍前壅积，致有谷贵之虞。先令八家各出粮一百石，诣市发卖，以充民食。至树艺所宜，各因地利。卑湿者可种稗稻高粱，高埠者可种杂粮。勤力培壅，乘地湿润，及时耕种，则秋成刈获，户庄充盈。如失时不耕，粮从何得耶？"

民以食为天。粮食短缺是个大问题，但在当时的辽东，虽然只有初级市场，也不能不受市场规律的支配，因此囤积居奇，待价而沽，很难制止。这就使众多贫穷的汉人、满人在青黄不接时，陷入困境，因此，皇太极一再下令严禁囤积居奇。崇德二年（1637）二月二十三日，皇太极上谕："朕闻巨室富家有积储者，多期望谷价腾贵，以便乘时射利，此非忧国之善类，实贪啬之匪人也。此等匪人自谓人莫己知，殊不知众谁汝掩，必至败露。向者因国赋不充，已令八家各输藏谷，或散赈，或肆卖。今八家有粮者，无论多寡，尽令发卖，今伊等何不念及于此？今后固伦公主、和硕公主、和硕格格及官民富饶者，凡有谷俱着发卖，若强伊等输助，或不乐从，令伊等得价贸易而或不听从，是显违国家之令，可乎？"

天聪九年（1635）正月十六日，皇太极由三岔堡出猎回到盛京皇宫，十七日在诸臣齐集的朝会上说："朕昨出见民间耕种衍期，盖因牛录章京（佐领）有事城工，欲先时告竣，故额外派夫，致误耕作。筑城固为正务，然田地荒芜，民食何赖？嗣后有滥役民夫，致妨农务者，该管牛录章京、小拨什库（小事务官）等俱治罪。

违背禁令仍复扰民，此风渐不可长。放鹰之人，应自备牛羊，以供诸人食用，不宜需索民间。若剥削小民而取其牲畜，贫民何以堪此？且朕凡出师行猎，虽严寒之时，皆驻跸郊野，不入屯堡，亦恐耗损民物耳。嗣后放鹰之人，如扰民不止，事发之后，决不轻恕。语云：涓涓不塞，将为江河；荧荧不救，炎炎奈何。盖以凡事皆当防微杜渐，纵驰之后，则难整顿，若禁之不早，后悔无及也。"

满族原有人口不多，所以一向视人丁为财富，八旗大兵几次进掠中原，主要目的之一就是掠夺人口。随着疆域的不断扩大，更鼓励人口增殖。天聪二年（1628）三月二十七日，皇太极口谕："国家疆域日开，首重生聚。国中有贫乏无妻室者，可给资令其婚娶。"于是发帑金，分赐无妻室之人，以鼓励人口增殖。

崇德三年（1638）七月十六日，皇太极召内弘文院大学士希福、内国史院大学士刚林等面谕："朕蒙天垂佑，各国臣服，财用饶余。当此之际，我国新旧人等有穷困无妻、奴、马匹者，若不急加恩养，更于何时养之？人君宵旰勤劳以修治道，国计民生最为要务。理财裕国，亦为民而已。今养此穷困之人，财物牲畜，何物不有，若吝惜而不肯养人，留之何用耶！"

四、"图治以人才为本，人臣以荐贤为要"

天聪四年（1630）四月，皇太极谕："金银币帛，虽多得不足喜，惟多得人才可喜。金银币帛用之有尽，如收得一二贤能之人，堪为国家之助。"

天聪九年（1635）二月初一日，皇太极谕："朕惟图治以人才为本，人臣以荐贤为要。尔满汉蒙古各官，果有深知灼见之人，即当悉行荐举。所举之人，无论旧归新附，及已仕未仕，但有居心公正，克胜任使者，即呈送吏部；有通晓文艺，居心公正，足备任使者，即呈送礼部。该部贝勒奏闻，朕将量才录用。天下才全德备之人实不易得，但能公忠任事者，其速行荐举。"

皇太极对他父亲努尔哈赤屠杀汉人绅衿和儒生很后悔，他认识到，要统治一个国家，单靠武力征服是不行的，还要有大量能进行文治的人才可共同治理。天聪三年（1629），他决定考选儒生，录取人才。他说："朕思自古及今，俱文武并用，以武威克敌，以文教治世。朕今欲兴文教，考取生员，诸贝勒府以下及满汉蒙古家所有生员，俱令赴考，家主不许阻挠，中者则以丁偿之。"这年九月举行考试。当时从皇太极家、各贝勒家以及满洲蒙古人家中察出隐匿为奴未遭杀害的生员共三百余人，考选者二百人，称为秀才或生员。分为三等，一等赏缎二匹，二等三等赏布二匹，各免二丁差徭，听候录用。天聪八年（1634）三月举行的一次考试，取中汉人生员一等16人，二等30人，三等181人。四月二十六日，皇太极命礼部考取通满洲、蒙古文义者为举人，取中满洲习满书者刚林、林敦多惠；满洲习汉书者查布海、恩格德；汉人习满书者宜成格；汉人习汉书者齐国儒、朱灿然、罗绣锦、梁正大、雷兴、马国柱、金柱、王来用；蒙古习蒙古书者俄博特、石岱、苏鲁木共16人，俱赐为举人，各赐衣一袭，免四丁，并在礼部设宴招待。崇德三年（1638）八月举行考试录取中式举人罗硕、常萧、阿际格、毕礼克图、王文奎、于变龙等10名，各赐朝衣一领，授半个牛录章京品级，各免人丁四名。一等生员鄂漠克图、满关等15名，二等生员铿特硕代等28名，三等生员费济、温泰等18名，各赐绸布，授护军校品级，已入部者免二丁，未入部者免一丁。崇德六年（1641）七月，录取新中式举人满洲鄂模克、图赫德、蒙古杜当、汉人崔光前、卞三元、章于天、卞为凤，各赐缎朝衣一领；一等生员满洲科尔科代、帕帕克礼、汉人卢震阳、刘汉祚等11人；二等生员满洲浑达硕马、额亦门、蒙古琐诺木，汉人李惟朴等16名；三等生员满、蒙、汉人13名。通过历次考试，散处在辽东地区的汉人知识分子大多被吸纳到后金和新建立的清朝政权中，同时也培养了一批新的满洲和蒙古知识分子。后来，这些人大都成为各级政权中的骨干人才。

五、清初的兵制和官制

皇太极继承汗位以后，随着国势的发展即注意军力的加强、军制的完备，同时也注意官制的更定、充实。他称帝以后，更在天命、天聪以来的基础上，加强武装力量和国家机关的建设，形成了一套清朝特有的军制和官制，为有清一代奠定基础。

1．八旗制度之完备和兵力之壮大

八旗满洲　八旗制度原是满洲的军事社会组织。明万历二十九年（1601），努尔哈赤在牛录制的基础上，开始建立黄、白、红、蓝四旗。万历四十三年（1615）增建镶黄、镶白、镶红、镶蓝四旗。正式建成八旗满洲，也称满洲八旗。这是八旗制度的主体。所属除满族成员外，满洲牛录（佐领）下也有少量蒙古、汉人，并单独编有蒙古佐领35个，半分佐领2个，朝鲜佐领6个。

每旗设固山额真（总管大臣，顺治十七年改称都统）一人，梅勒额真（佐管大臣，顺治十七年改称副都统）二人。下辖五甲喇（后称参领），每甲喇下辖五牛录（左领）。至崇德末年，人丁繁衍，所辖左领时有增设，共有佐领309个，半分佐领5个。

八旗蒙古与外藩札萨克　　八旗蒙古地位略低于八旗满洲。天聪初年，皇太极将新归附的蒙古人众和原编入满洲佐领的蒙古人另编成蒙古二旗。天聪九年（1635）正月正式编立蒙古八旗。各旗设固山额真（总管大臣）一人，梅勒额真（佐管大臣）二人，甲喇章京（参领）二人，分统所属蒙古佐领，后归附日众，至崇德末年共有蒙古佐领117个，半分佐领5个。

此外，崇德元年（1636）十月，皇太极命内弘文院大学士希福与蒙古衙门承政尼堪、都察院承政阿什达尔汉前往察哈尔、喀尔喀、科尔沁清查户口、编牛录，并颁布法律，审理罪犯。"以五十家为一牛录，造载牛录章京姓名及甲士数目册籍。"经此次编审外藩蒙古共13旗，即科尔沁5旗、敖汉一旗、阿鲁科尔沁一旗、翁牛特一旗、四子部落一旗及原喀喇沁、土默特等旗。崇德八年（1643）外藩蒙古增至20旗。各旗由该部酋长任旗长，蒙古语称札萨克，其下辖牛录（佐领）蒙古语称苏木。

外藩蒙古旗（札萨克）与八旗蒙古不同，二者不相统属。

八旗汉军　　皇太极在建立八旗蒙古的同时，也着手建立八旗汉军。当时汉军在满语中也叫做乌真超哈，乌真是炮的意思，超哈是兵。乌真超哈即指携带火炮的兵。天命六年（1621），努尔哈赤曾命汉兵准备火炮、长枪，按牛录分编，协助满洲八旗作战。皇太极继承汗位以后，后金满洲八旗大兵先后在宁远、锦州为明军之红衣大炮所挫，这使他深切感到需要利用汉人使用这种先进武器。天聪四年（1630）春，皇太极从关内撤兵东归时，在永平俘虏了许多明军炮手，其中有第一个为后金造成红衣大炮的铸匠是永平人王天相。皇太极即命额驸佟养性监理造炮。天聪五年（1631）春红衣炮造成，称为天佑助威大将军，皇太极命佟养性为总理一切汉人军民事务的昂邦章京（总管），众官不得违其节制。三月，皇太极检阅新编汉军，"命守战各兵，分列两翼，使验放火炮鸟枪。"这是汉军独立成军之始。至天聪六年（1632）正月，汉军已有六甲喇马步兵三千余人。

天聪七年（1633）七月，分编汉军户口，命八旗下汉人每十人抽一人当兵，共得1580户，命马光远统辖，分补汉军甲喇之缺额。八月，升石廷柱为总兵官，授汉军固山额真，称为旧汉军。崇德二年（1637）取皮岛后，汉军分为左右二翼。崇德四年（1639）六月，分汉军两翼为四旗，分别以青镶黄、青镶白、青镶红、青镶蓝定为旗色。崇德七年（1642）六月，正式编成八旗汉军，官制与八旗满洲相同。任命祖泽润、刘源之、吴守进、金砺、佟图赖、石廷柱、巴延、李国翰为管旗大臣；祖可法、张大猷等12人为佐管大臣。崇德末年，所辖汉军佐领共有157个，半分佐领5个。

八旗汉军成立以后，孔有德、耿仲明、尚可喜也请求将自己的军队——天助军和天佑军随汉军旗下行走，皇太极批准了他们的要求，所以孔、耿、尚以及随沈志祥归降的军队也属汉军，但这始终是独立于八旗汉军之外的汉军。

这时，皇太极统帅的大清国武装力量已发展成满洲八旗、蒙古八旗和汉军八旗，共24旗，总计有佐领580多个，兵士十几万人。

2. 议政王大臣会议

后金汗努尔哈赤于明万历四十三年（1615）设理政听讼大臣五人佐理国政，每五日与诸贝勒集会于朝，协议国政。天命七年（1622）后，实行八和硕贝勒共议国政，八贝勒即八旗的旗主贝勒。此外非旗主之贝勒，也有参与议政者，称为"议政贝勒"，如德格类、杜度、阿巴泰等即是议政贝勒。

天命十一年（1626）九月，皇太极继承汗位后，"以经理国务，与诸贝勒定议"，命所有贝勒参与议政。又"设八大臣，正黄旗以纳穆泰，镶黄旗以额驸达尔哈，正红旗以额驸和硕图，镶红旗以侍卫博尔晋，镶蓝旗以顾三台，正蓝旗以施博辉，镶白旗以车尔格，正白旗以喀克笃礼为八固山额真（总管大臣）总理一切事务，凡议政处，与诸贝勒偕坐共议之。"

崇德六年（1641）又将参预议政的宗室贵族扩大到贝子，又令每旗增设议政大臣三人。此后，议政王大臣会议逐渐成为一种王、大臣共同辅政的制度，清朝入关以后继续施行，顺治元年（1644）并于内廷设议政处，作为王、大臣办公的处所。各议政王大臣"坐中左门外会议，如坐朝仪。"

3．文馆与内三院

早在努尔哈赤时期，已有人从事起草文书、诏令的工作，但无专门机构。如创制满文的额尔德尼，奉使往来于蒙古之希福，以及翻译汉文典籍之达海，都以兼通满文、蒙文或汉文而从事文秘工作，被努尔哈赤赐以"巴克什"称号，也称"榜什"（汉语文士之意）。天聪三年（1629）四月初一，皇太极沿袭努尔哈赤之设置，加以他"乐观古来典籍"，"欲以历代帝王得失为鉴"，并"以记朕躬之得失"，命儒臣分为两值（班），巴克什达海和笔帖式刚林、苏开、顾尔马浑、托布戚四人翻译汉字书籍；巴克什（式）库尔缠和笔帖式吴巴什、查素喀、胡球、詹霸四人注记本朝政事。此后，文馆成为一个正式机构。其成员授官为参将、游击者称为巴克什，其次者称为笔贴式。以儒生入文馆工作而尚未授官者称秀才，或称相公。文馆最初主要成员是满人，后来增入了汉人，其著名者有范文程、宁完我、鲍承先等。文馆除了记录后金汗国的国家大事，翻译汉文典籍、起草国书、政令之外，还管奏章出入，有明朝通政司的职能。

天聪十年（1636）三月十二日，皇太极改文馆为内三院，即内国史院、内秘书院和内弘文院。内国史院职掌记注皇上起居、诏令，收藏御制文字；凡用兵行政，六部所办事宜，外国所上章奏，编为史册；并纂修历朝实录，撰拟郊天告庙祝文，功臣诰命；诸贝勒册文。内秘书院职掌撰与外国往来书札、敕谕、祭文，并录各衙门奏疏及辩冤词状。内弘文院职掌注释古今政事得失，行事善恶，进讲御前，侍讲皇子，并教诸亲王，颁行制度。

内三院各设大学士一人，其下有学士、举人。以希福为弘文院大学士，范文程、鲍承先为内秘书院大学士，刚林为内国史院大学士。大学士官阶相当梅勒章京（佐管大臣、副都统）。罗硕、罗秀锦、詹霸、胡球、王文奎、恩国泰为学士，官阶相当甲喇章京（参领）。

内三院的设置参考了明朝内阁的体制，当时六部衙门虽已设立，因内三院所掌管的职责比较接近内廷，所以许多实权握于内三院。

4．六部、都察院与理藩院

六部　后金汗国时期，民政、刑狱本由八旗各自审理，旗内未能审理的案件和重大事件，则提交诸贝勒大臣议政会议处理。天聪五年（1631）三月初一，皇太极因"顷闻国人或有怨言"，考虑到必有所阙失，或因审理刑狱刑罚不平；或因贪黩货财，荒于佚乐；或因赏功不明，有所偏私，因此亲笔写了三封信征求意见，一封给代善和莽古尔泰两大贝勒，一封给议政十贝勒，一封给八大臣，令各陈己见。七月八日，皇太极召集诸贝勒大臣议定，设立吏、户、礼、兵、刑、工六部，统一管理全国官吏任免、财政度支、礼制教育、军政、司法和工程等事宜。每部由一贝勒主管，下设承政四人，满承政二员，蒙古承政一员，汉承政一员，启心郎一员，承政下设参政八员，惟有工部参政满洲八员、蒙二员、汉官二员，其余办事人员为笔帖式。以贝勒多尔衮管吏部事，贝勒德格类管户部事，贝勒萨哈廉管礼部事，贝勒岳托管兵部事，贝勒济尔哈朗管刑部事，贝勒阿巴泰管工部事。六部直接向皇太极负责，但全国重大事情仍由皇太极召集议政王大臣会议审议，最后皇太极裁定。

六部的设立，加强了后金汗国的中央集权，使八旗分立各自为政的局面得到改变，也提高了行政效率。

都察院　崇德元年（1636）五月，皇太极称帝以后，采纳汉官建议，设立都察院。任命大凌河降将张存仁、祖可法为承政。都察院职责是谏诤皇帝、弹劾六部以及诸王贝勒的不法行为。五月十四日，皇太极谕都察院诸臣："尔等身任宪臣，职司谏诤，朕躬有过，或奢侈无度，或误谴功臣，或逸乐游畋，不理政务，或荒耽酒色，不勤国事，或废弃忠良，信任奸佞，及陟有罪，黜有功，俱当直谏无隐。至于诸王贝勒大臣，如有荒废职业，贪酒好色，好逸乐，取民财物，夺民妇女，或朝会不敬，冠服违式，及欲适己意，托病偷安，而不朝参入署者，该礼部稽察，若礼部徇情容隐，尔等即应察奏。……明国陋规，都察院亦通行贿赂之所，尔等当互相防检，有即据实奏闻。若以私仇诬劾，朕察出定加以罪。其余章奏，所言是，朕即从之；所言非，亦不加罪。必不令被劾者与尔等面质，尔等何惮而不直陈？"

崇德三年（1638）七月，六部改组时，以阿什达尔汉为都察院承政，索海、多尔济为左参政，祖可法、张存仁为右参政。

理藩院　天聪九年（1635）漠南蒙古全部归附后，崇德元年（1636）为了妥善管理蒙古事务，皇太极设立蒙古衙门，以尼堪为满承政，塔布囊大雅齐为蒙古承政。崇德三年（1638）六月，改蒙古衙门为理藩院。七月，以贝子博洛为承政，塞冷（蒙古）为左参政，尼堪为右参政。

六部、都察院和理藩院是清朝入关前中央一级的行政机构，合称八衙门。这八衙门"参汉酌金"，既参考采用了明朝的制度，也具有清初的一些特点。这个特点主要是注意团结蒙古和利用汉官，形成以满族贵族为主，满、蒙、汉联合统治的政治。

原文选自《清朝开国皇帝皇太极传》，紫禁城出版社 2008 年

二　文物研究

李自成永昌元年"工政府屯田清吏司契"
的发现与初步考证

今年五月在北京发现了一颗李自成永昌元年的铜印。出土地点在东城王府大街路西，东厂胡同（明锦衣街旧址）迤南。这里过去是临街的民房，现在是北京第五建筑公司的食堂，这颗铜印就埋在食堂附近的一间小屋里的地下，五月中旬该公司一位同志在安装收音机地线时在距离地面约尺余深处发现。

印正方形，长宽各 7.9 厘米，厚 1.2 厘米。椭圆柱柄，柄长 8.9 厘米，通高 10.1 厘米。正面阳刻篆书"工政府屯田清吏司契"，

图一　"工政府屯田清吏司契"铜印

三行共九字。印背柄右阴刻楷书"工政府屯田清吏司契"。印背柄左阴刻楷书"永昌元年肆月 日造"。印左边阴刻楷书"宇字伍佰贰拾捌号"。（图一、图二、图三、图四）

按"工政府"之名，开始于明崇祯十六年（1643 年）三月。当时李自成改襄阳为襄京，进位新顺王，同时即着手建立中央政府组织，设上相国、左辅、右弼，并设立吏、户、礼、兵、刑、工六政府。各政府又设侍郎、郎中、从事等

图二　"工政府屯田清吏司契"印面

官。"改印为信"也正是从这个时候开始[1]。当时工政府侍郎是西安姚锡胤[2]，有的记载是姚锡中[3]。1644年正月，李自成改西安为西京，定国号为大顺，建元永昌。这时又进一步扩大政府组织，设天佑殿大学士，六政府也各添置尚书一人为一部之首。当时工政府尚书是李振声[4]。工政府就设在原西安分守道[5]。1644年3月，李自成进入北京，工政府尚书为黎志升[6]，一说为李振声[7]。这时，"改印曰符、券、契、章，凡四等。令职方司收缴前印，悉更铸之。"[8]这颗"工政府屯田清吏司契"的铸造，应该是在这个时候。

关于工政府中的"屯田清吏司"，在几种记载中尚未发现。但是，李自成在倡导均田的时候曾经实行过屯田则有记载可寻。如李自成在襄阳时，曾"欲取江南河北牛只，屯田皖叶"，在李自成北征之前又"留后营屯种于襄城郏县"。[9]由于当时战争十分紧张，屯田的实施虽然不能不受到限制，但是这种组织军队从事生产，以减轻人民负担的措施，在当时确有很重要的意义。由于此印的发现，可以证明：当大顺政权取得北京以后，曾设立了一个专门机构来管理屯田事宜。

---

[1]　明史卷309。
[2]　平寇志卷6，小腆纪年卷1。
[3]　绥寇志略卷9。
[4]　绥寇志略卷8。
[5]　同[3]。
[6]　同[3]。
[7]　甲申传信录。
[8]　同[7]。
[9]　平寇志卷6、7。

根据我们所见到的材料，大顺政权留下来的印信，除去今年"文物"第五期所发表的"三水县信"以外，过去见于著录的还有三方：其一是"通政司右参议之记"，长方形，长10.3、宽6.1、厚1.5厘米。正面阳刻篆书"通政司右参议之记"，字分两行。印背柄右阴刻楷书"通政司右参议之记"，印背柄左阴刻楷书"永昌元年正月　日造"，印左边阴刻楷书"天字叁百伍拾陆号"。[10]从铸造时间"正月"和"天字"编号看来，当系铸于"工政府屯田清吏司契"以前，是李自成在西安时所铸的第一批印信。其二是1936年在鲁北恩县发现的"夔州防御使符"，也是长方形，长10.1、宽5.9、厚1.4厘米。正面阳刻篆书"夔州防御使符"，字分两行。印背柄右阴刻楷书"夔州防御使符"，印背柄左阴刻楷书"永昌元年四月　日造"。印左边阴刻楷书"宇字陆百肆号"[11]。这颗"符"不但铸造年月与"工政府屯田清吏司契"相同，而且编号同为"宇"字，可以看出两印同是李自成在北京时所造。所不同的，一为正方形，一为长方形，这可能是"符"与"契"在形制上的区别。至于"三水县信"系铸于永昌元年十二月，这已是李自成由北京退回西安

图三　"工政府屯田清吏司契"铜印

图四　"工政府屯田清吏司契"铜印印文

---

[10]　罗振玉隋唐以来官印集存。

[11]　王献唐山左近出五官印考。

的时候，但在形制上与"工政府屯田清吏司契"十分一致，所刻字体也宛如出于一人之手，所不同的只是"工政府屯田清吏司契"比"三水县信"稍为高大一些。此外，在艺林月刊上周养菴还介绍过一颗"仪陇县契"，也是永昌元年所造[12]。

如上所述，这五方"符"、"契"、"记"、"信"不但代表了李自成大顺政权的中央机构与地方机构，同时也代表了大顺政权的三个不同时期：西安建元、进驻北京和退守西安。至于李自成在襄阳时候铸的印信，则至今尚未发见。

从永昌元年到现在已经三百多年了，这两颗代表农民革命政权的"三水县信"和"工政府屯田清吏司契"竟能在短短两年多的时间里相继发现，实在是十分可喜的事情。

原文刊于《文物》1959 第 9 期

王宏钧 / 石志廉 / 赵桐蓁

---

[12]　艺林月刊 46 期（1933 年）。

试谈蒲松龄词手稿

一、词稿的发见与流传

词稿是在解放以后，由高智怡先生在西安发见的。现存四十二页，已装裱为册页形式，封面封底都用云龙纹彩色织锦裱成，签题"柳泉居士词稿手迹"。全稿共收集了七十二个题目，有词八十五阕，其中一阕（新柳，调寄浣溪纱）是写重了，还有最后一阕（留别钟圣舆，调寄沁园春）只有题目，没有正文，所以实际现存八十三阕。其中有数阕见于"聊斋志异"。（图一）

从词稿的内容、风格，特别从书法上考察，并以朱湘麟所画蒲松龄肖像上的"自题"[1]、"聊斋志异手稿"中的"青梅"[2]和"十月初三日贺

图一　蒲松龄词手稿

---

[1] 此像是蒲松龄七十四岁时（公元 1713 年）由江南朱湘麟所绘，上有蒲氏亲笔题记，现藏山东省博物馆。

[2] "聊斋志异"手稿现藏北京图书馆，其中一大部分是蒲氏亲笔，"青梅"是最能代表蒲氏书法特点的一篇。

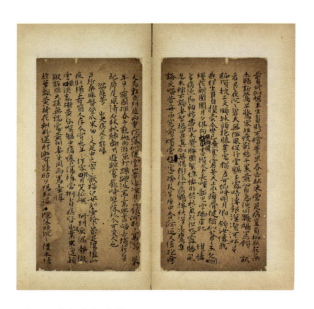

图二　蒲松龄词手稿

束同知启"[3]等蒲松龄手迹相比较，我们肯定这是蒲松龄的手迹。但是这里还有一个问题，就是在手稿的几阕词后有"真本无""亦无"等批注。（经仔细比较，并不是蒲松龄的笔迹）这可能是后人的一种误会；把当时还可以看到的更原始的一部词稿当作"真本"，而把这部又充实丰富起来的词稿当做了"副本"。事实上，真伪的问题在这部词稿中是并不存在的。从词稿最后一页最后一阕只有题目没有正文看来，后面还有若干页若干阕已经佚失。同时在现存四十二页中，也还有几阕小有残缺，不能通读。

　　关于"词稿"的流传，我们没有找到更多的资料，不过，从词稿所附的李秉衡在光绪丙戌年（1886年）所写的题跋中，还可以看出一些线索。跋中有这样一段："柳泉居士词稿手迹，世好李子席珍所贻。李家淄川与居士裔孙某故文字交，是即有于某者。……"我们可以做这样一种推测：在蒲松龄死后，这部词稿大概也和"聊斋志异手稿"一样由他的后世子孙保存，后来在传到蒲氏裔孙"某"的时候，不知什么原因转到淄川李席珍手中。其后，在光绪年间，正逢李秉衡（字鉴堂，奉天人）到山东做巡抚，并且一度驻于淄川，这时李席珍又把这部词稿送给了李秉衡。此后四十多年，词稿可能早已流落到西安，词稿所附的另一则跋，正是辛未年毛昌杰在西安所题。解放以后，这部词稿为高智怡先生所得，并加以保存。1959年为了庆祝建国十周年，由高先生慨然公之于世，辗转送到中国历史博物馆，在天安门前和广大群众见面。

---

[3]　"十月初三日贺束同知启"是蒲氏亲笔，现藏山东省博物馆。

二、词稿的篇目和主要内容

"词稿"所收的八十三阕词,从内容看,有的叙述了作者对于社会生活的感受,有的是作者与友人的往来唱和,有即事即兴的"戏赠"之作,也有借某些事物所作的对于社会不合理现象的讽刺与抨击;从形式看,包括了几十种词调,文字上有些十分典雅、优美,有些十分通俗而清新可喜,可以说,从内容到形式都很丰富多采。为了便于大家了解,这里先把每一阕词的题目和词调,按手稿原来的顺序介绍如下:(图二)

1. 贺新郎　王子巽续弦即事戏赠　两阕

2. 两同心　又(前题)

3. 秋蕊香　又(前题)

4. 妾十九　又(前题)

5. 鹤冲天　又(前题)

6. 大江东　寄王如水

7. 西施三叠　戏简孙给谏

8. 菩萨蛮　又(前题)

9. 东风齐着力　又(前题)

10. 庆清朝慢　又(前题)

11. 望远行　戏赠刘乾菴

12. 画锦堂　闺情

13. 金菊对芙蓉　辞灶作

14. 喜迁莺　岁暮作

15. 思帝乡　(无题)

16. 如梦令　(无题)

17. 酒泉子　(无题)

18. 沁园春　戏作

19. 山花子　(无题)

20. 沁园春　岁暮唐太守留饮

21. 水调歌头　饮李希梅寓中作

22. 摄拍丑奴儿　闺思

23. 少年游　戏赠韦仲

24. 风流子　元宵雪

25. 惜余春慢　春怨

26. 鼓笛慢　咏风筝

27. 玲珑四犯　（前题）

28. 尾犯　（无题）

29. 蒲乡逢故人

30. 念奴娇　新秋月病中感赋呈宣四孝廉　四阕

31. 满庭芳　中元夜病足不能归　四阕

32. 浣溪纱　新柳

33. 乌夜啼　（无题）

34. 钗头凤　（无题）

35. 贺新郎　喜宣四兄扶病至挑灯伏枕吟成　四阕用秋水轩唱合　四阕

36. 金人捧露盘　夜雨

37. 行乡子　忧病

38. 　读宣四兄见和之作复叠前韵

39. 　喜雨一阕并寄之

40. 贺新郎　霪雨绵绵三日不止既复患之

41. 水龙吟　风雨坏稼

42. 长相思　（前题）

43. 一剪梅　戏柬袁宣四孝廉

44. 又　听雨

45. 虞美人　夜雨

46. 长相思　（无题）

47. 醉太平　早起自忏
　　　　　己雨自嘲

48. 大圣乐　再遣

49. 贺新凉　喜晴复叠
　　　　　　前韵

50. 庆清朝慢　卧病

51. 沁园春　秋怀

52. 庆清朝慢　毕韦仲有　赏桂之约　足病不能　赴吟以志　慨

53. 临江仙　送宣四兄　东归

54. 画锦堂　秋兴

55. 沁园春　（无题）

56. 满江红　夜雾

57. 拜星月慢　中秋

58. 石州慢　中秋日患稍　瘥不敢纵饮

59. 钗头凤　（无题）

60. 满庭芳　秋感

61. 浣溪纱　新柳（重书）

62. 花心动　田家乐

63. 瑞鹧鸪　中秋怀宣四兄

64. 无俗念　山居乐

65. 齐天乐　山居乐

66. 应天长　贫家乐

67. 蝶恋花　涉石隐园怀宣四兄

68. 沁园春　闻宣四兄病笃

69. 念奴娇　挽袁宣四

70. 水调歌头　腊月稷下雪中遣怀

71. 又（同前调）　送毕韦仲东旋

72. 沁园春　留别钟圣舆（只存题）

从这部词稿看来，蒲松龄的词并不仅仅是他个人生活、情感的反映，而是在很大程度上表达了当时广大农民和贫苦知识分子的思想感情；并且从一些侧面对封建制度与统治阶级进行了有力的揭露和抨击。首先有些作品生动具体地描画了二三百年以前中国北部广大农民的

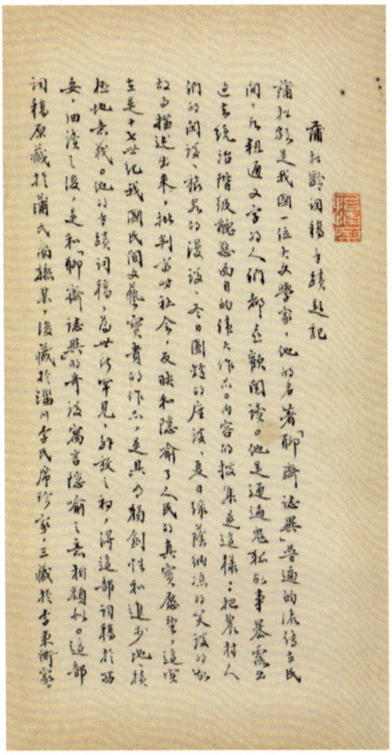

图三　蒲松龄词手稿3

生产、生活状况与悲惨遭遇，并且以深厚的同情反映了他们的愿望与痛苦，在很大程度上表现了作者和广大农民休戚与共的思想感情。[4]下面几阕可以作为这方面的代表：（图三）

贺新郎　喜雨

豆叶秋阳卷，正恹恹临风憔悴，缘情难遣。可喜一犁时雨足，经宿露，零落花泫。檞条嫩，野蚕作茧。滴滴檐声吹不断，飘寒江，砌下流清浅，看一夜蕉心展。三竿时节楔初显，荒径中人来印迹，苍苔踏扁。从此呜呜仍击缶，不听花村吠犬。幸八口啼号知免，刲肉市头新谷粜，石豪村肯把膏腴典，终岁苦，于今剪。

贺新郎　霪雨绵绵三日不止既复患之

彻曙云涛卷，响淙淙折花搅树，雨教风遣。遥想东山茅屋破，通夕床床漏泫。抽不尽忧思如茧，独坐更阑疑梦寐，烛挑残暗，辟寒江浅，意切切何能展。人声寂静秋声显，念垄头迳因草没，稼随泥扁。一个黄昏终一日，无怪蜀南吠犬，谷方熟朽红难免，连夜沉沉天欲老，愁城中尽有闲人典，云一片，阿谁剪。

长相思　风雨坏稼

风飕飕，雨飕飕，谷似搓残豆似揉，如同稼作仇。朝无休，夜无休，滴滴檐声不断头，声声点点愁。

水龙吟　风雨坏稼

无端风雨萧骚，浓云长锁蕉窗黑。连天野水，瀿瀿四去，浑浑一色。绿草痴肥，红花冷瘦，酸嘶无极。听老农告主，淫霖害稼，容黯黯，语测测。病客越添幽闷，便狂呼，如何了得。凶荒水旱，天何暇论，阮家南北。粒颗摧残，豆茎摇落，淋零未息。任飕飕岂有东山无恙，但望倘或。

---

[4] 蒲松龄的"示诸儿诗"有这样的词句："人生各有营，岂必皆富贵？但能力桑农，亦可谋豆箕。"文集中有"上布政司救荒策"，"上孙给谏书"，杂著中有"农桑经"等。这些著作都在不同程度上表现了这种思想。

其次有些作品对于罪恶的封建科举制度给予了深刻的揭露，对于利用科举而爬上统治地位的"新贵"和固有的封建统治者，给予了鄙视与嘲笑。下面的几阕可以做这方面的代表：

大江东　寄王如水

天孙老矣，颠倒了天下几多杰士。蕊宫榜放，直教那抱玉卞和哭死。病鲤暴鳃，飞鸿铩羽，同吊寒江水。见时相对，将从何处说起。

每每顾影自悲，可怜肮脏骨，销磨如此，糊眼冬烘鬼梦时，憎命文章难恃，数卷残书，半窗寒烛，冷落荒斋里，未能免俗，亦云聊复尔尔。

水调歌头　饮李希梅寓中作

为问往来雁，何事太奔忙。满斟一残春酒，起舞劝飞光。莫要匆匆飞去，博得英雄杰士，鬈发已凌霜。梦亦有天管，不许见槐王。昨日袖今日舞，已郎当。便能长醉，谁到三万六千场。漫说文章价定，请看功名富贵，有甚大低昂。只合行将去，闭眼任苍苍。

鼓笛慢　咏风筝

寻常竹木无奇骨，有甚低，扶摇相。系长挽撒向春风里，顷刻云霄飞上。多少红尘客，望天际，一齐瞻仰。念才同把握，忽凌星汉，真人世，非非想。

得意骄鸣不了，似青云，无穷佳况，我从人众，凭空翘首，将心情质问。不识青云路，去尘寰，几多寻丈。得何时化作，风鸢去呵，看天边怎样。

沁园春　戏作

鬈发已催，头颅如故，怅怅何之。想涧边花朵，今生忏落；福业万世，或亏龌龊。佣奴跳梁，伧父举足，能教天意随。思量遍，欲仿他行径，魂梦先违。常期勉改前非，须索把小人一伪为。要啁啾善语，怜人似燕，笑号作祸，逬世如鸥。赚得苍苍，抛来富贵，鬼面方除另易衣。旋回首，向天公实告，前乃相欺。

尤其值得介绍的是下面的一阕"金菊对芙蓉"，作者通过在祭灶时与灶王开玩笑似的祈祷，对封建官僚机构的贪污腐朽给予了十分尖锐的讽刺。词写得十分幽默生动，也表现了高度的艺术技巧。

金菊对芙蓉　辞灶作

到手金钱，如毛燎火，烘然一焠完之。值祠神时节，莫备肴蒇。瓦炉仅有香烟绕酹。灶前浊酒三卮。料应神圣，不因口腹揑是成非。

况复盏碗相依，念区区非客，神所周知。倘上方见帝，幸代陈词，仓箱讨得千锺粟，从空堕万铤朱提。尔年此日，牺牲丰洁，两有光辉。

此外，在词稿中对于蒲松龄耿介正直，自甘贫困，不与黑暗势力同流合污的作人态度，也有所表现。例如在一阕"满庭芳"（中元夜病足不能归）中就有这样的词句："……山中庐舍在，鸿妻稚鬌，稚子蓬头。自病中悲悯，家字慵修，落拓从未有恨，思量到幽怨全收。曾闻道当年杜甫，也是一生愁。"以上简单介绍了词稿中较好的作品。我们认为这是整个词稿的主流和精华，也反映了作者世界观中积极和主导的方面。

然而，蒲松龄毕竟是封建社会中的知识分子，他的思想具有一定的历史局限与阶级局限。例如，尽管他不断揭露与控诉科举制度，可是直到晚年以前，他对于功名利禄却一直念念不忘。又如：尽管他在某些方面对农民寄予深切的同情，但他又与不少士大夫有密切的往还。这样，某些统治阶级的思想影响，在他身上是必不可免的，因而在词稿中也就很自然地流露出来，形成作品中的消极部分。然而，从整个词稿上看来，这是次要的、从属的。

原文刊于《文物》1961年第3期

反映明代北京社会生活的《皇都积胜图》

现存中国历史博物馆的明人所作《皇都积胜图》是一件珍贵的文物史料，它形象具体地集中反映出明代北京社会生活的风貌，下面拟就其内容和历史价值试作说明，以供参考。

一

《皇都积胜图》，长六米左右，绢底着色，作者已不可考。因为画面上出现了北京的外城，卷后有万历己酉（公元1609年）翁正春（明史有传）所作的跋，故可断定是嘉靖晚年到万历初年的作品。

画卷展开首先出现一条绿荫大道，三二行人和一辆独轮车相伴北去。前面有两个官人押解着一辆八骡大车行进，两匹快马从车旁掠过。

穿过绿荫是座集镇，临街的茅屋瓦舍有两三处酒店，三五客商在打尖吃饭。出了镇，但见两面铜锣开道，随后抬过来四付插着黄旗的大箱笼，五个骑马跨刀的在后面督运，人马过处，行人都朝这边张望，只有茅屋里的汉子不停地摇他的纺车。两个赶猪的老汉也一面扬鞭，一面吆喝。远处庄稼地里的农夫们正在烈日下拉锄，这时，家人已把午饭送到树荫之下了。

画面继续展开，雄伟的芦沟桥已遥遥在望。栏板的雕花、柱头的狮子历历可见。桥上迎面走来一伙人马："顶马"前导，伞盖随后，一群随员、护卫拥簇着一顶大轿。还有一伙人马相向而过。前头，一个穿号坎的扬鞭喝道。伞盖下，一人衣冠华贵、手摇折扇，骑在马上。随后也是十来名带刀校卫。杂踏的马蹄声好像从画面上传了出来，行人们纷纷闪避，不知这又是哪家王公勋戚？

过了桥，长街一条，店铺不少。其中还有旅店和"塌房"（货栈）。脚夫们紧张地装卸货物。有家店铺里正在炉前铸银锭子。这里离京师已近，气象已非一般村镇可比了。宽敞的大道中间，有伙"跑马卖解的"。大树下锣鼓齐鸣，男女艺人正在表演，四围观者如堵，连铺子里的小伙计也伸长了脖子在张望。

走过卖解场，有座寺院，经幡飘荡。寺旁是处煤栈，伙计们给顾主称煤。长街尽头是座衙署，粉墙瓦舍掩映在柳荫之中。衙前停着一顶轿子，一堂仪仗斜依在墙上。一群皂隶、轿夫，赤膊跣足，席地而坐。柳树下还拴着几匹骏马。

出了街，行人渐多。挽车的、担担的和一串串驴驮子运着各种货物。赶羊的、牧鹅的，中间还有一群梅花鹿，想是内府豢养的吧？路旁不时出现几处竹篱茅舍，鸡群觅食，妇女捶衣。全是一片升平景象。突然，两匹快马飞奔而过，看那紧急的样子像是投送公文的驿卒。

再往前，已到京城关厢。大路上，四只大象迈着稳健的步子，背上都驮着一个衣服褴褛的"象奴"，几名校卫跟在后面。行人之中，还出现了一个怀抱弦子的女艺人和讨饭的小乞丐。这时，迎面城楼高耸，墙垣俨然，赫赫皇都已近在"咫尺"了。

进得城来，立刻出现了不同的气象，但见房屋栉比，街巷纵横，行人车马，熙来攘往。店铺前，一处处立着冲天招牌，绸布、靴帽、鞍鞯、草药、颜料……不一而足。有些铺面同时又是作坊，几处酒楼茶肆点缀其间。描影的画师、看病的郎中也设立了门面，只有望气觇星的在店檐下摆着摊子。小巷里，四五个官员骑马转了出来，"双导"在前，"黑扇"在后，全是一片京官的气派。街心里一队骆驼过处，不远又来了一行"进宝"的"番臣"。抬夫们抬着两只牢固的大笼，一只长鬣狮子和一只斑斓猛虎关在里面。装束奇异的外国使臣正策马前进。

猛抬头，正阳桥前的五牌楼已经到了。宽大的白石桥枕着护城河，雄伟的箭楼高耸在"月墙"之上。桥上桥下，有卖水果的、卖汤饼的，兑换银钱的，算命卜卦的。进了"月城"，是壮丽的正阳门，穿过棋盘街就到"大明门"（"中华门"）了。两门之间，一处处高张布棚，纵横夹道。冠巾靴袜，衣裳、布匹、绸缎、皮毛，一处挨着一处；折扇、雨伞，木梳、蒲席，刀剪、锤头，陶磁器皿，一摊连着一摊。还有灯台、铜锁，马镫、马鞍，书籍，字画，纸墨、笔砚，彝鼎、佛像，古磁、雕漆、珠宝、象牙，以及草药、线香、纸花、玩物……。中间还有弹琵琶的，唱小唱的和数板的，全都围着不少听众，布衣青衫，三三两两，边走边看。真是数不尽的货色，望不断的游人，好一番热闹景象。这就是明代"大明门"前的"朝前市"。

正阳门两侧还有两座小庙，东面是观音庵，有位妇人正手持香束去拈香；西边就是有名的关帝庙。

穿过闹市，一进大明门，那片喧嚣嘈杂渐渐低沉下去，雄丽的承天门（天安门）巍然肃立，重檐金顶，高耸入云。高大的盘龙华表矗立两边，中间是雕栏玉砌的金水桥，清波粼粼从桥下流过。"天街"之上，几位外国使臣牵着狮子，捧着象牙珊瑚，由五六个执拂尘的内侍陪伴着，观赏皇都的胜况。

画面继续延伸，就是紫禁城内的皇宫了。高大的宫墙内，金碧交辉，层连不断。五凤楼（午门）、奉先殿（太和殿）半隐半现，楼阁台榭，高下相间。内庭的阶陛上还可以看出几个捧盒、执扇的宫女。紫禁城的角楼也清晰地呈现在眼前。可惜一片霭霭的瑞云遮住了视线。这里，画家的苦衷是可以理解的。"大内"的情景怎敢随便画在纸上呢？（图一）

出紫禁城，便是绿阴沉郁的"万岁山"（景山）；过北安门（地安门）的石桥，画面便渐渐疏淡下来。这里已是京城的北郊了。接着岗

图一　皇都积胜图局部

峦起伏，出现了长城。隐隐约约地还可以看见一些刁斗和旌旗。这就是古称"北门锁钥"的居庸关。关内衙署一座，烽燧上已燃起了一缕烽火。衙前刀枪耀眼，士卒击鼓鸣金。一匹快马也飞奔而来。前面关门紧闭，将士们列队于女墙之上。关前，有一簇人马，衣冠、旌旗不同于中原，每人脑后全垂着两条短辫，这大概是北方兄弟民族瓦剌、或鞑靼。为首一人留着短髯，立马凝眸，注视着南面的雄关。他们是观察敌情呢，还是要到关内去通好？这里画家真实而巧妙地描绘了当时中央政权和边疆民族之间，时战时和的复杂历史。

到此，画卷已终。然而，那"天苍苍，野茫茫"的万里关山，好像仍留在画上没有展开。

二

大家了解，明朝中叶全国已出现了不少商业和手工业城市，北京是其中主要之一。据《宛署杂记》所载，万历年间，仅民间经营的商业和手工业，至少已有132行[1]。此外，《明会典》"课程"、"商税"等条记载，各地的土特产如：苏杭的绫罗锦缎、松江的白布、江西南丰的纸张、景德镇的磁器，生铜熟铜，生铁熟铁，桐油、棉花、染料等手工业原料，药材、香料、茶叶、砂糖、干鲜海味等消费品，每年大量地运来北京。因而，在商业税收上，也远过前代。仅崇文门宣课分司每年折银征收的商税即不下十万多两[2]。可见，画面出现这样繁荣的市场，这么多的行商、座贾和近百种行业，正是当时情况的真实反映。

正阳桥和大明门之间的街市，史称"百货云集"[3]，"肩摩毂击，竟日喧嚣"[4]，真是"五色迷离眼欲盲，万方货物列纵横，举首天外分晴晦，路窄行人接踵行"[5]。这一条街在当时原是两个热闹集市，画家集中描绘的正是大明门前的"朝前市"。

[1] 沈榜：《宛署杂记·铺行》，北京出版社1961年版。

[2] 清史玄：《旧京遗事》。

[3] 《谷城山房笔尘》，转引朱彝尊《日下旧闻》卷六。

[4] 蒋一葵：《长安客话》，北京出版社1960年版11页。

[5] 陈宗蕃：《燕都丛考》，第3编6页。

关于大明门前的布棚摊贩，高承埏《鸣一亭笔记》称："正阳门前盖棚房，居之为肆，其来久矣。"吴伟业还写过一首诗："布棚摊子满前门，旧物官窑无一存，王府近来特发出，剔红香盒豆青盆。"由此不但可以看出"布棚摊子"的来由，还可知道，画面出现多处古董、珠宝摊贩，也并非偶然。

芦沟桥附近的客店、"塌房"，据《明会典》所载，当时明政府在京师内外先后设立了很多客店和"塌房"。客店召歇客商并负责介绍买卖，即"牙店"；"塌房"则是存放货物的货栈。

关于煤的开采和使用，在北京西山、门头沟一带，明中叶后，民窑已相继出现。宋启明《长安可游记》："由门头村登山，数里至潘阆庙，三里上天桥，从石门进，二里至孟家胡同，民皆市石炭为生"[6]。足见当时煤的开采和民间以煤代薪已很普遍。

随着商业、手工业的发达和城市居民对商品依赖的增强，因而运输也十分频繁。吕坤《去伪斋集》："京师贫民不减百万，九门一闭，煤米不通，一日无煤米则烟火即绝。"至于宫廷的许多消费品，更仰赖各地的"贡奉"。所以，画面上出现了一条络绎不绝的马驮、车载、肩挑、手提的运输线。这也是当时社会经济状况的真实写照。（图二）

在货币金融方面，自正统以后，大明宝钞贬值，白银已合法流通。故商民全可把散碎银两铸成锭子。这正是芦沟桥旁那家店铺，在铸银锭子的历史背景。由于白银铜钱并用，加以私铸铜钱很多，成色重量不一，所以又出现了专门从事兑换的行业[7]。这就是正阳桥头和大明门前所见到的"钱桌"或"钱铺"。

关于承天门、大明门、正阳门之间的城垣、街道，据《旧京遗事》："皇城六门，大明门南向直正阳门，……大明门东转长安左门，西转长安右门。京师皇城内，树色青葱，罘罳金雀，人骑马上可望也。"《长安客话》："进大明门，次为承天门，天街横亘承天门之前，其左曰东长安门，其右曰西长安门。"该书并载有马汝骥的《晚霁出长安门西眺》诗："西山列万峰，帝宅表盘龙。落照金门上，廻翻

[6] 转引邓拓：《从万历到乾隆——关于中国资本主义萌芽时期的一个论证》，《历史研究》1956年10期。

[7] 彭信威：《中国货币史》，下册478—484页。

图二　《皇都积胜图》局部

黛玉重。"这里，不但谈到了图中所画的天安门"天街"和东西长安街，连华表都谈到了。

正阳门的"月城"，是正统四年四月建成的。"其月城上仍起敌楼，周围各用砖石包甃"[8]。《京师坊巷志》也说："正阳门大街，俗称前门大街，跨护城河有桥，甃以文石，中为驰道，南有坊颜曰正阳桥"图中所描绘的不但与这些记载相符，而且与万历刻本《顺天府志》中的"金门图"[9]也完全一致。甚至图中正阳门两侧的小庙，也有记载。《日下旧闻考》："关帝庙在正阳月城门之右，每年五月十三日至祭"。此外，可以与本图相互印证的有关城垣建筑的文献也很多，这里不再赘述了。

关于当时人们的社会身份和社会地位，《旧京遗事》云："京朝官传呼之体，五品以下单导，四品以上双导。各郡县府道驻扎衙门有队马单导，京师兵部大堂及左右堂马队亦双，然今所见总不如诸大珰簇拥盛也。"又载："现外臣张盖，京朝官张扇，自一品至四品，大小卿皆用贴金黑扇，次翰林六科都黑扇，又次六科左右散十三道御史六部属及中行评博等用黄油扇，扇之等三焉。""外臣乘轿，京

---

[8]　《日下旧闻考》转引明代记载。

[9]　万历廿一年刻本《顺天府志》卷一，或中国书店 1959 年影印本。

朝三品大臣乘轿，自四品卿寺翰林六科以至御史部属乘马。"图中的几起官员正是这样。由此可看出京朝官与外臣之不同，以及他们职位之大小。（图三）

随着官吏们身分的高低，他们在普通百姓前的威风也有所不同。《旧京遗事》："四品以上名卿上街，驺卒传呼诸人下马，而他卒传呼众人下驴，至如外臣以觐贺入京，自藩臬以至郡县有司，概无呼引，直素衣服罩，引马避而已"。这正是图中官员一过来，老百姓即赶快躲避的具体说明。

图三　《皇都积胜图》局部

关于马戏、小唱、琵琶演奏和象群，据《帝京景物略》，清明时节，都人踏青高梁桥，"有扒竿、觔斗、唎喇、筒子、马弹解数、烟火水嬉。……解数者，马之解二十有四，……人马并而驰，方驰，忽跃而上，立焉，倒卓焉，鬣悬藏焉，鞭而尾赘焉，见者岌岌，愁将落而践也。"芦沟桥南的"跑马卖解的"正与这里描写的相同。小唱盛行于宣德以后，《万历野获篇》云："京师自宣德顾佐疏后，严禁官妓，缙绅无以为娱，于是小唱盛行。"由此亦可看出当时民间艺人所处的可悲可悯的境地了。《旧京遗事》："今京师家擅琵琶之能，有以琵琶教者，书之于市门，等差其事之高下。"可见当时市井中有弹琵琶的艺人也是很自然的。至于广宁门（广安门）前的象群，也见于历史记载，据《长安客话》，谓象房在宣武门西城墙北，每年六月初伏，"官校用旆鼓迎象出宣武门壕内洗濯"。当时北京有演象所，而锦衣卫自有驯象所，专管象奴及象只，有锦衣指挥一员提督之。画中想即初伏时节，象群出城洗濯后归来的情景。

综上所述，可见该图以表现明代皇都的胜况为中心，给我们提供了丰富的生动具体的形象史料。它描绘了明代京城各个阶层的人物和形形色色的社会景象，其中有农夫、工匠，行商坐贾，士子艺人，医卜星相，官宦隶卒，边军内传等等，也有平畴旷野，村庄集镇，城廓街市，庙宇桥梁，宫殿衙廨，山川关隘。而这一切，又无不各具其形，曲尽其态，并且巧妙自然地组成了一个个生动的情节，表现了人们之间应有的复杂关系。可以说，这是一部形象化的《顺天府志》或《帝京景物略》，其历史价值是不难看出的。同时，这样一件作品，在"吴门"、"院体"相互消长，董氏流派继起成风的明代画坛中，也应该说是一座突起的奇峰。虽然画家技巧上的工力还不够湛深，但其古典现实主义的光辉，却使明代社会的情景和时代的精神面貌，在人间留下了永久的回忆。并且，它上承宋人张择端的《清明上河图》，下启清人徐扬的《盛世滋生图》，在我国绘画史上，在描绘广阔社会生活的现实主义传统中，也应占有重要的地位。

原文刊于《历史教学》1962 年第 7 期

清代平定准噶尔贵族叛乱的历史画卷

　　清代前期的一百多年中，中国人民经历了多次维护国家统一、反对分裂割据和外来侵略的斗争。其中平定准噶尔部反动贵族领主在沙俄支持下的叛乱，经历时间最长，斗争十分尖锐，影响也很深远。

　　准噶尔是我国西北厄鲁特蒙古族四部中的一部，历来是我国多民族国家的成员之一。早在清朝入关以前，准噶尔已与厄鲁特各部一同归属于清政权。清朝入关之后，准噶尔部的首领巴图尔珲台吉和他的继承者僧格相继多次向清朝入贡。1677年（康熙十六年）准噶尔部首领噶尔丹开始割据一方。此后，以噶尔丹、策妄阿拉布坦、阿睦尔撒纳等为代表的反动贵族领主，对清朝中央政府时服时叛，他们在沙俄的怂恿和支持下，先后几次发动武装叛乱，不但蹂躏了西北广大地区，而且进扰漠北蒙古、漠南蒙古、青海和西藏等地，给半个中国的各族人民包括厄鲁特蒙古人民在内，造成了长期的苦难，严重威胁了国家的统一。清朝政府从康熙二十九年（1690年）起，经过长达半个多世纪的斗争，终在乾隆二十二年（1757年）最后平定了叛乱。中国历史博物馆所藏的《北征督运图》、《抚远大将军西征图》和《平定准噶尔图》，描绘了平叛进程中几个主要阶段的历史图景，各从不同的侧面反映了我国各族人民，包括准噶尔部人民为战胜分裂卖国的反动势力所进行的英勇斗争。

一

　　《北征督运图》是多幅画面缀成的图册，画于公元1697年（康熙三十六年）

图一　《北征督运图》局部

秋末。它所描绘的是公元 1695—1697 年（清康熙三十四年冬至三十六年秋）清朝平定噶尔丹叛乱中，向喀尔喀蒙古克鲁伦河和翁金河前线两次给平叛大军运输军粮的情景。

图册是根据西路大军军粮督运官范承烈的经历画成的。范承烈，字彦公，是范文程的第四子，康熙三十四年冬，参加平定噶尔丹叛乱，以内阁侍读学士被任命为西路军粮督运官之一，以后迁内阁学士兼礼部侍郎、户部侍郎、兵部侍郎和正蓝旗汉军副都统[1]。图册原二十四开，现存十九开，绢本，每半开工笔设色绘图，半开范承烈自题画面内容梗概，说明负责督运的始末、所经地点和随着战争形势的变化督运军粮的情形。每半开纵38.4、横41.1厘米。末开有"广陵禹之鼎绘"数字和印记[2]。图中对西路运输军粮所经过的城镇、台站、山川沙漠、道路里程，描绘和记载得很详细，对运粮的各族官兵、民夫、驼马、车辆，以及粮台、驿站、武器、旌旗都描绘得十分生动具体。这是一件写实的绘画作品，也是一篇形象的历史文献。（图一）

[1] 范承烈：《清史列传》、《清史稿》中无专传，仅附见于《范文程传》内。主要经历见《清圣祖实录》康熙三十四年十一、十二月，三十八年十二月，四十一年正月、四十四年五月、四十六年二月，及恩华《八旗艺文编目》、《清史稿·部院大臣年表》。

[2] 该图的风格不像禹之鼎所作。禹之鼎的款识，从笔体、墨色和印色看，可能是后补。与此图同时作成，描绘同一主题的绘画，还有王石谷、禹之鼎为陈元龙作的《扈从北征图》和王石谷为宋大业作的《北征图》，几十年前缪荃孙在《云自在龛随笔》中曾经著录。今不知保存何处。

图册开始有范承烈于"康熙岁次丁丑（三十六年）季秋"自题的前记。它首先叙述了清朝政府进兵平定噶尔丹叛乱的原因和进军的情况：

"皇帝御极之三十有四年，……厄鲁特地处绝漠，其酋噶尔旦者恃其险远，自弃于天覆地载之中，戕我喀尔喀之部落，阻我尼班禅库图克图之来庭，狂悖凶残，将无穷已。我皇上赫然震怒，用张天讨，命分道并出，而复亲总六师，犁庭扫穴，为边陲万世治安之计……。"

范承烈在这段前记中讲的，就是康熙在 1696 年对噶尔丹叛军的第二次亲征，这是清政府平定噶尔丹之叛的决定性战役。噶尔丹叛军在1690年曾深入到漠南蒙古，前锋到达乌珠穆沁，距古北口九百里。康熙在当时亲率大军进行反击，大破叛军于乌兰布通（今内蒙古自治区克什克腾旗境内）后，噶尔丹逃回科布多纠集残部，并进一步与沙俄政府勾结，约定沙俄政府"助鸟枪手一千及车装大炮，发至克鲁伦东方界上"[3]。1695年秋噶尔丹果然再次窜据了喀尔喀蒙古巴颜乌兰（今蒙古人民共和国境内克鲁伦河上游东），扬言"借俄罗斯鸟枪兵六万，将大举内犯漠南"[4]。这一年冬，康熙决定在明年即1696年再次出兵平叛，并确定兵分三路：东路由黑龙江将军萨布素率兵越兴安岭沿克鲁伦河向西迎击；西路由抚远大将军费扬古率军由宁夏北越沙漠，沿翁金河北上，截击叛军归路；中路由康熙亲率大军出独石口进击。同时在1695年冬就开始了军队的集结和军粮、马匹的准备[5]，并调来了大批蒙古族人做向导。

平定得到沙俄支持的噶尔丹的叛乱，在当时是一次大规模的军事行动，军粮的补给是一个很重要的问题。据《清实录》记载，西路大军调集了"官兵厮役共计二万二千四百余人"[6]。中路大军"合官兵厮役，共计三万二千九百七十名有

[3] 《亲征平定朔漠方略》卷二十四。

[4] 魏源：《圣武记》，卷三。

[5] 《清圣祖实录》，康熙三十四年十月、十一月、十二月。

[6] 《清圣祖实录》，康熙三十四年。一百六十九卷。

图二　《北征督运图》局部

零"[7]。东路大军与西路相差不多。三路大军共约十万，准备了五个月的军粮，运粮车六千辆。士兵"每名给马四匹，厮役一名，各赍口粮八十日"[8]。八十日以外的军粮补给，中西两路，清政府组织了庞大的运输队，由于成龙总理其事，并兼管中路，西路则由辛保和范承烈负责[9]。范承烈在前记中说："（皇上）更念师行粮从，数千里之馈饷不绝，为诸军命脉，其任綦重，乃特遣廷臣统理之，承烈不才，谬预是选。"这就是范承烈"北征督运"的开始。（图二）

《北征督运图》的第一幅画页所描绘的，是范承烈带领随员由北京广安门外出发的情景。他在这一开的题记中写道："乙亥（康熙三十四年）冬十一月诸军北发，廷臣奉命董粮运者，中路则都御史于公成龙、侍郎李公钠、通政喀公拜，西路则光禄卿辛公保，及余承烈也。余惶悚恐不胜负荷，恭请训辞后，不及私家，即日就道。于时冰雪载涂，寒风凛冽，然军容整肃，士气百倍，……设祖帐广宁门（今广安门）外，一一别去子姪，送者亦遣归，马首遂西。"据《清实录》记载，这年十一月甲申，康熙对西路督运官辛保和范承烈给了具体指示："挽输朔漠车辆，甚为紧要。尔等其会同山西巡抚，动支正项钱粮，速行备造，……挽车兵卒，给予行粮，地方官有才具者，任尔等选择带往，其管兵官员，与挽车人等，

[7]　同 [6]

[8]　同 [6]

[9]　同 [6]

亦必择精壮者用之。"[10]这就是范承烈在题记中说"恭请"的"训辞"。范承烈出发往山西以后不久，康熙又指示："西路挽输较中路尤为紧要，……再著原任兵部督捕右侍郎王国昌、大理寺卿喻成龙往助，增造运车四百辆，亦著动支正项钱粮。"[11]加强了西路军粮的运输。

范承烈出发往山西以后，图册中有几开散失。再接下去画页所描绘的是西路运粮队出杀虎口，过受降城（今内蒙古托克托县境），经昆都仑（今内蒙古包头市西），到十四台的情景。台相当于现在的兵站，至今当地仍有××台的地名。自杀虎口到前线每百里各设一台。当时中西两路运粮队，每路各分为若干"运"，每"运"又分若干"营"。以中路督运官宋大业所分管的"二运二营"为例，"所领运官八员，赎罪人二员，笔帖式二员，游击一员，车夫二百名，兵一百七十名，车二百辆，地方骡马七百匹，捐纳骡马二百匹"。每二十五辆粮车有运粮官一员负责，一车装载二千斤，全营二百辆负责运军粮四十万斤[12]。每辆车上插飞熊小旗一面。每一营"车徒绵亘二十里"。当时仅中路准备出发的运粮车就有五千辆，可以运粮一千万斤[13]。这样大的运输量，走这样远的里程，在当时条件下，是十分艰巨繁重的。

运粮队过了乌兰急里密，到了查汉托罗海。这时图册出现了这样的场面：一辆辆独轮车满载着军米，由许多健壮的民工推挽，在满目黄沙中行进，为支援平叛大军而紧张地战斗。有些车辆正停在路旁，督运官员也在路旁席地而坐，一些士兵或行或立在车前车后，他们准备在稍事休息后继续向前挺进。这一页图册的题记说："夏六月七日次乌兰急里密，甫闻上亲抵厄鲁特贼巢，逆酋噶尔旦挟妻孥窜往，王师追蹑，大将军（费扬古）邀击于召木多大破之。……至查汉托罗海，与辛光禄会，知大军前锋已旋，后骑将发，乃疾驱粮车，运至那拉他饷之。"平叛大军在昭莫多给了叛军以决定性的打击，运输军粮的后勤人员对胜利作出了贡献。（图三）

噶尔丹在昭莫多之战失败后，逃窜于塔米尔河流域。为了彻底消灭这股叛乱势力，康熙于1697年（康熙三十六年）春第三次亲征，大军出宁夏由贺兰山北

---

[10] 同 [6]

[11] 同 [6]

[12] 宋大业：《北征日记》，吴江吴丰培辑刊《边疆丛书续编》之一。

[13] 同 [12]

图三　《北征督运图》局部

图四　《北征督运图》局部

进。这时，于成龙、范承烈等再次督运军粮。图册下半部描绘的就是范承烈再次督运军粮的情景。

据范承烈在图册中的题记中说明，这时"载惟骡马驴，不复用车"。由于瀚海缺水草，画面中有运粮大队"刈草结辫载马上"，及"解鞍以食之，马食得不乏"的图景，反映了参加平叛斗争的各族人民在同艰难的自然条件作斗争中的智慧。（图四）

在艰苦的长途跋涉中，运载军粮的马驼有很大的耗损，运粮队"乃购蒙古马车复经湖滩河所运粮"。图册中有满载军粮，翻山越岭的蒙古车及赶车的蒙古族人民的画面，就是蒙古族人民积极参加平叛战争的生动记录。各族人民是坚决反对噶尔丹在沙俄支持下的分裂叛乱活动的。噶尔丹的叛乱给他们带来了巨大的灾难。《北征督运图》的前半部有一幅

在运粮队所过的路边有一堆堆白骨的画面，题记说："途中见髑髅暴砂砾间者累累，询之乡导为厄鲁特败喀尔喀处。"叛军就是这样残杀我国蒙古族人民的。图册的下半部还有一幅运粮大队正通过翁金河边的画面，题记说：这里"土沃草茂，

本为北人（指喀尔喀蒙古人）牧放地，至和尔海图已入厄鲁特境矣，野草方苫，逆酋恐为我资，纵火延烧，未绝"。噶尔丹不惜破坏牧场，企图顽抗。但他们的倒行逆施，只是更加激起了各族人民组成的平叛大军同仇敌忾。运粮大队的各族人民经过艰巨的斗争，逾峻岭，度深河，历瀚海，绝大漠，把军粮源源不断地供应前线的需要，为平叛斗争付出了自己的血汗。正如图册的前记中说：运粮大队"奋不顾身，历巉崖幽壑，黄沙千里，……飞粟相继，……洗兵瀚海，……凯旋而还"。噶尔丹这个叛乱头子在各族人民组成的平叛大军的三次沉重打击下，众叛亲离，土崩瓦解，最后服毒自尽，结束了可耻的一生。《北征督运图》正是从一个重要侧面形象地记录了中国各族人民取得胜利、叛乱势力自取灭亡的历史进程。清朝平定了噶尔丹的分裂叛乱，巩固了国家的统一与边防，也沉重打击了沙俄的侵略阴谋。

二

《抚远大将军西征图》是一幅长卷，原签题作《仁皇帝命大将军征西藏图》，描绘的是康熙末年准噶尔部首领策妄阿拉布坦又发动叛乱并进入了西藏，1720年（康熙五十九年）康熙派抚远大将军允禵指挥军队，在藏族人民支持下，消灭准噶尔叛军的情景。（图五）

该图作者不详，没有题记和清代的题跋，绢本设色，纵49、横692厘米，所存是原画的后半部分，前半部分已残缺。从康熙末年到雍正初年清朝封建统治阶级内部争夺皇位的斗争看来，此图所描绘的既是允禵的事迹，应作于清军入藏平叛以后，至雍正即位允禵遭到打击之前，即公元1720年8月末至1723年4月[14]。而原图所以前半部分缺失，可能也不是通常的损失，而是允禵后人或收藏者有意销毁。

清朝平定了噶尔丹的叛乱，沙俄妄图肢解我西北地区的阴谋并未终止。策妄阿拉布坦取得厄鲁特各部统治权以后，起先表示效忠于清朝中央政府，暗地里却又在沙俄的挑拨、怂恿下不断发展分裂割据势力，阴谋发动叛乱。公元1716年（康熙五十五年）冬，策妄阿拉布坦派他的弟弟策零敦多布率军六千人进攻西藏，

---

[14] 见王钟翰：《清史杂考》，第 206 页，胤禵西征纪实注 35。

图五　《抚远大将军西征图》局部　　　　　图六　《抚远大将军西征图》局部

次年包围拉萨，杀死了拥护清朝中央政府的拉藏汗，毁坏寺庙，残杀人民，西藏
地方陷入混乱。

　　1718年（康熙五十七年）秋，清政府命"皇十四子"允禵为抚远大将军，进
驻青海，坐镇西宁，1720年春，进驻木鲁乌苏河，指挥将军延信出青海，护送七
世达赖喇嘛入藏坐床。"于是蒙古汗王贝勒台吉各自率所部兵，或数千，或数百，
于五十九年春随大兵戽从达赖喇嘛入藏"[15]。同时噶尔弼率军出四川进军西藏平
叛。（图六）

　　图卷现存部分就是1720年噶尔弼从南路进军西藏平叛的情景。图卷开始是清
军都统法喇进驻打箭炉（今四川康定），副将岳钟琪进驻里塘的画面；接着又生动
地反映出清军在藏族、蒙古族人民支持下进一步联合巴塘、察木多、乍雅等地藏
族土司、头人，进察木多，到达洛隆宗，共同平叛。图卷继续展开，出现了惊险
动人的场面。急流咆哮的怒江上游，江面上两根粗大的铁索桥（即洛隆宗的三巴

---

[15]　《平定准噶尔方略》前编，卷六。

图七 《抚远大将军西征图》局部　　　　　图八 《抚远大将军西征图》局部

桥）上，正在紧张地运送着南路进藏的平叛大军过江。武装的士兵，高大的马匹，顺着铁索的溜势，飞至对面江岸。这就是飞夺洛隆宗三巴桥之险。这里的铁索桥是藏族人民战胜怒江天险的重要创造，它帮助了平叛大军的顺利前进。（图七）

这时，策零敦多布率军北拒清朝大军，被击败后逃回伊犁，留下准部叛军吹穆品尔宰桑领兵在西藏章来尔戎抗拒噶尔弼率军西进。噶尔弼等率兵进至拉里，采用副将岳钟琪团结藏族人民进行平叛的意见，召集藏族土司率军为前锋，攻取了墨竹工喀地方。画卷接着描绘了噶尔弼、岳钟琪率满、汉、藏兵由拉里前进，各族人民载道欢迎的情景。

清军攻下墨竹工喀后，便积极进攻拉萨。在藏族人民的帮助下，用皮船在湍急的江水上运载平叛大军强渡拉萨河，最后大军于八月二十三日分三路进入拉萨，叛军数千人投降。这时，在雄壮的布达拉宫前和庄严的大召寺左右，画面上出现了严整的平叛大军队列和欢迎大军的藏族群众，结束了这幅描写清军入藏击溃策妄阿拉布坦叛军的《抚远大将军西征图》。（图八）

清军克复拉萨后，九月，南北两路大军于西藏会师，护送达赖七世入藏坐床，恢复了西藏的社会秩序，巩固了祖国的西南边陲。1727年清政府设驻藏大臣，代表中央政府直接行使主权，以后又制定了《西藏章程》，使国家的统一得到了进一步巩固。准噶尔部少数反动贵族领主搞分裂割据，再次在各族人民一致反对下遭到可耻的失败。

三

《平定准噶尔图》也是一幅长卷，是清代乾隆时期画家钱维城的作品，纸本设色，纵41、横808厘米。上钤"石渠宝笈"、"宝笈三编"、"三希堂精鉴玺"等印。这是描写1755年（清乾隆二十年）清军在各族人民支持下进驻伊犁，平定达瓦齐分裂叛乱的作品。

噶尔丹、策妄阿拉布坦这些叛乱头子的先后失败，是清朝中央政府的平叛斗争的重大胜利。但是，以沙俄为靠山的叛乱势力并未消灭，重新统一祖国西北边疆的历史任务，仍有待于各族人民继续完成。1745年（乾隆十年），策妄阿拉布坦的儿子噶尔丹策零死后，准噶尔统治集团内部发生了分裂、争夺，最后由达瓦齐夺得了统治权，继续进行分裂割据活动。厄鲁特蒙古辉特部的首领阿睦尔撒纳因与达瓦齐争夺统治权失败，归顺清朝中央政府。这时清政府决定抓住战机进兵伊犁，平定准噶尔的分裂割据势力。（图九）

1755年（乾隆二十年）春，清军分两路出师，北路以班第为主将，阿睦尔撒纳为副将，由乌里雅苏台（今蒙古扎布哈朗特）越阿尔泰山。南路以永常为主将，萨赖尔为副将，出巴里坤。两路各率兵两万五千人，马七万匹，各携两月口粮，约定于伊犁东北三百里博罗塔拉河（今新疆博罗塔拉河）会师。画卷的开始就是平叛大军行经哈密的画面。这时恰逢时雨，平叛大军过处，农夫耕作于田间，牧民放羊于山麓，安然

图九　《平定准噶尔图》局部

不动。过阔石岭，至巴里坤，画面上出现了厄鲁特蒙古各部和维吾尔族人民牵羊捧酒、络绎于道的情景，生动地反映了各族人民对平叛大军的支持。在大军矛头直指伊犁后，画面出现了伊犁河及伊犁大营，再次展现出广大维吾尔族人民、厄鲁特蒙古族人民献羊、献酒，欢迎平叛大军的场面，画卷同时也画出了准噶尔的部众七千人不战而向清军大营投降的情景。这形象地反映了我国各族人民是热烈拥护国家的统一的，分裂割据得不到人民的支持，一时遭受欺骗的叛军中的许多人，也决不会替他们的头子卖命到底。（图一〇）

达瓦齐率一万人逃到离伊犁以南一百八十里之格登山以后，阻淖为营，妄图顽抗。平叛大军长驱

图一〇　《平定准噶尔图》局部

追袭。画卷呈现出阿玉锡率精骑二十余人，夜矷达瓦齐大营的战斗场面。阿玉锡本是"准噶尔属司牧臣"[16]，不愿跟随准噶尔反动贵族搞分裂叛乱，不远万里归顺中央政府，又反戈一击，参加平叛。阿玉锡等三"巴图鲁"率二十二骑，在深夜中，举刀策马大声呼喊着，冲进敌军营垒，那种英勇无畏的神态，跃然纸上。叛众望风奔溃，达瓦齐率几百骑残兵逃窜至南疆，妄图投奔乌什维吾尔族首领霍吉斯伯克。饱受准噶尔反动贵族残暴统治之害的维族人民，将达瓦齐绑送平叛大军。至此，画卷以平叛大军的胜利和叛乱头子的不光彩下场而结束。两年后，乾隆

---

[16]　见故宫博物院所藏清乾隆时铜版画《平定伊犁回部战图》。

二十二年（1757），清朝中央政府消灭了妄图步噶尔丹、策妄阿拉布坦等后尘的野心家、卖国贼阿睦尔撒纳的叛乱势力，完成了平定准噶尔部叛乱势力的历史任务。1760年清军又进军南疆，平定了维吾尔族反动封建主大小和卓的叛乱，在新疆设置了伊犁将军和参赞大臣，直接管理各级地方政务，进一步巩固了广大西北地区的统一与边防。沙俄这一时期肢解我国西北边疆的阴谋也遭到了可耻的失败。

《北征督运图》、《抚远大将军西征图》和《平定准噶尔图》三件绘画，都出于地主阶级的手笔，作者的目的，或者是为了表彰自己的劳绩，或者是为了歌颂帝王的功业，因而不可避免的带有许多封建毒素。但是，由于这些画卷以当时巨大的历史题材为内容，在艺术上基本上采取了写实的手法，因而在今天看来，仍不失为反映中国人民阻遏沙俄侵略、维护国家统一的历史画卷，不失为具有相当历史价值的古代艺术作品。

原文刊于《文物》1976 年第 12 期

王宏钧／刘如仲

明代后期南京城市经济的繁荣和社会生活的变化

——明人绘《南都繁会图卷》的初步研究

南京是我国东南地区最大的历史名城，从公元三世纪初到六世纪末，先后有六个王朝在这里建都。到了公元十四世纪六十年代，明朝建立，又定都于南京。永乐迁都北京以后，这里仍做陪都。当时全国政治中心虽已北移，但是由于江南地区的农业和手工业——尤其是丝棉纺织业的发达，商品经济的发展已走在全国的前列，所以到明代中叶以后，南京已成为十分重要的商业和手工业城市，同时也是重要的文化城市。"京师（指陪都南京）为五方所聚，要皆贸易迁徙之民，及在监（国子监，所谓'南监'）游学之士而已"，这就是当时人吴应箕在《留都见闻录》中所写下的真实景况。

《南都繁会图卷》就是一卷描绘明代后期南京城市经济的繁荣和社会生活变化景况的写实作品。这件图卷系"常熟翁氏旧藏"，签署《明人画南都繁会景物图卷》。《图卷》绢本，设色，全图纵44、横350厘米，尾署"实父仇英制"五字，现藏中国历史博物馆。（图一）

一

元末农民大起义，沉重地打击了封建统治，为明初社会生产力的发展开辟了道路。明朝初年又实行了一系列恢复和发展农业生产的措施。奖励垦荒促进了耕地面积的不断扩大。洪武元年（1368年）全国耕地面积为一亿八千万亩，到了洪武二十年（1387年）已增加到八亿五千六百万亩。大量兴修水利也为农业生产的发展创造了有利条件。根据1395年的统计，全国共修塘堰40987处，整治河道

图一　《南都繁会图》局部

4162处，修堤陂渠等5000多处。明政府还提倡种植经济作物，下令"民田五至十亩者各种桑、棉、麻半亩"。到了明中期，经济作物已大量发展，这就进一步促进了手工业的发展和商业的繁荣。

十六世纪后期，即嘉靖、万历时期，大量的棉花、生丝、布匹、绸缎和粮食等已成为重要商品，投入市场，进行交换。商品经济的发展又推动着城市经济的发展。这时商业城镇日益发达，城市人口不断增加，白银已作为货币在市场上广泛流通，各地商人往来奔走于全国许多城市之间。以商人为代表的商业资本促进了小商品生产者的分化和资本主义雇佣关系的产生。"它（商业资本）的存在及一定程度的发展，对于资本主义生产方式的发展，就是历史的前提"[1]。在明代中期的江南、广东、江西、福建等地，资本主义萌芽已经比较明显的出现。明人绘《南都繁会图卷》通过对明代后期南京城市经济和社会生活的描绘，生动地集中反映了上述的种种情景。下面我们根据有关史料结合图卷所描绘的内容进行一些探讨。

展开《南都繁会图卷》，沟渠交错，阡陌纵横的大片田园，首先出现在南京市郊的房前屋后。近郊的农民正在担水、施肥。成荫的绿树相间着盛开的桃花，可以看出这正是人勤春早的江南初春季节。宽广的大道上，一骑快马在飞奔，还

---

[1]　马克思：《资本论》，第三卷，第403页。

有一乘四人大轿抬着一个什么官人，在双导之下，正向城里走去。道旁的一间茅栅里，两个人正在紧张地进行稻谷脱粒。

临近城市，出现了一片片的屋舍和棚栏，分别高挂着"牛行"、"猪行"、"羊行"、"驴行"，"鸡鸭行"等幌子招牌。牛栏里三五成群的水牛，正在等待农家选购。一头水牛被牵出了牛栏，不知将到哪里去进行耕作。几只鸡笼里盛满了刚刚收进的鸡鸭。一只肥鸡正倒挂在秤钩上称分量，旁边立着的售鸡农民，在等待收得货币，以便买回自己所必须的日常生活用品。活鸡活鸭将再被运往城市中销售。

这里首先入目的牲畜和家禽的市场，已显示出一片活跃繁荣的气氛。在《图卷》中多处见到的"五谷丰登"、"吉庆有余"、"太平有象"等祈福的"斗方"、"条幅"，与其说这是讴歌封建社会的升平，不如说这是表达了劳动人民的普遍愿望。

临城近处，还出现了几家手工作坊。这里有"义兴油坊"和"专染纱罗"的染坊。由于这幅《图卷》所画的重点是市中心区的商业繁盛情况，因此对手工作坊的描绘不多。仅从这几家手工作坊，我们仍然可以想见到明代后期手工业的发展。

在江南手工业中，丝棉纺织业发展最快。苏州是丝绸的主要生产地，万历时期苏州的"郡城之东，皆习机业"，丝织业内部也有了较细密的分工。松江大布也已成为驰名全国的重要商品。明代后期"去农而改业为工商者三倍于前"[2]。当时南京的丝织业以缎为最多，大多集中于地势较高、潮湿较少的京城西南地区。织工多为秣陵人。此外也生产绒、绸。孝陵卫一带所生产的"卫绒"甚受欢迎。"卫绒"主要集中在江宁府署迤西的"绒庄"进行交易[3]。南京的绸称为"宁绸"，销售于全国各地。缎绸绒的织造，多半还是家庭手工业生产，但这时也有了不少手工业作坊和一些手工工场。除绸缎绒以外，南京织的"西纱"也很有名。织纱多聚集于城区凤凰台一带。《图卷》中出现挂着"专染纱罗"招牌的染坊，正是纺

---

[2]　何良俊：《四友斋丛说摘抄》，三。

[3]　《白下琐言》，卷八。

织业发达的有力证明。

此外，制造各种农具和手工业工具的铁器打造业也是不可缺少的。明人记载，"御史饮虹李公，家在饮虹桥南，每赴衙门，必过铁作坊，铁匠造作自如，多坐不起身"[4]。这里不但记载了铁作坊，而且对手工业工匠社会地位的变化也作了描绘。

二

《图卷》画面进入城区，繁荣的商业市场马上展现在眼前，店铺栉比，街巷纵横，行人车马，肩摩毂击。满目琳琅的冲天市招，告诉了我们明代后期南京各种行业的盛旺景况。根据粗略统计，画面上出现的幌子招牌有109种，画面上的人物一千余个。这仅仅是描写了南市街至北市街这一段，由此可以想见整个南京的情景。

这109种幌子招牌，主要有如下几类：

如"专染纱罗"、"义兴油坊"；

如"湧和布庄"、"勇申布庄发兑"、"绅绒老店"、"鲜明绒线发客"；

如"粮食豆谷老行"、"食盐"、"广炭"；

如"铜锡老店"、"京式小刀"、"上细官窑……名磁"、"漆盒"、"机烛"、"雨伞"、"梳篦老铺"、"画脂杭粉名香宫皂"、"弓箭盔缨"、"花炮"；

如"网巾发客"、"帽巾"、"头发老店"、"靴鞋老店"、"极品官带"；

如"立记川广杂货"、"发兑官燕"、"福广海味发……"、"西北两口皮货发售"、"东西两洋货物俱全"；

如"木行"、"大生号生熟漆"；

如"枣庄"、"香糖"、"素食果品"、"南北果品"、"应时细点名糕"；

如"钱庄"、"当"、"万源号通商银铺"；

如"内廊乐贤堂名书发兑"、"书铺"、"裱画"、"画寓"、"官启名笺"；

如"药材……"、"人参发兑"、"鹿茸膏"、"兼治杂症"；

---

[4] 周晖：《金陵琐事》，卷之一。

如"茶社"、"酒"、"张楼"、"浴堂";

如"京人耍戏"、"杂耍把戏";

如"卜卦命馆"、"阳宅地理"、"相馆"。

许多幌子招牌十分精致。据记载多为名家手笔,有些年代也很久。清人说"金陵市肆有设自前明者,如牛市口之肥皂香粉店,直匾'古子敬家'四字系刘青田(基)所书。三山街之氈货店,横匾'伍少西家'四字系顾遴翁(起元)所书。行口大街之南货店有长方匾,'杨君达家海味果品'八字系余学士(孟麟)所书"[5]。在这些招牌之下可以看到许多商店都挂有漂亮的窗帘,很讲究店容的整齐。

正德《江宁县志》载南京的商业铺行就有缎子、表绫、丝帛木绢、零布、绒线、改机、腰机、包头(有机户有铺户)、手帕(同上)、纴、丝、罗、纱(并机户)、绉纱、打线荷包、油灰、枕顶、故衣、金纸、抄纸、另纸、纸扇、扇面、扇骨、裱褙、经书、画、冥衣、纸马、翠花、染纸、花盏、卖铁、铁锅、倒金、金箔、金线、打银、笔、倾银、卖铜、打铜、铜钱、碎铜、底皮、船板、打锅、酒坊、桐油、果子、停塌、油烛、生漆、靴、匠药、生药、磨坊、柴炭、墨、铁锁、琉璃、打刀、香蜡、杂物、油坊、皮熟、颜料、卖纱、厨子、锁金、活猪、活羊、鸡鹅、乾鱼、盐、染坊、木匠、瓦匠、鲜鱼、草席、卖木、卖竹、斜木、木桶、包索、盒桓、毡、卓器、冠带、头巾、网巾、僧帽、裁缝、茶食、打立条、天平、豆米、料砖、麻、伞、铜锭铰、纸金银锭(以上俱铺户)等一百零四种。而且每种行业还不止一户,其中"糖食铺户约有三十余家"[6]。明代小说《拍案惊奇》中所说的"三百六十行",恐怕实际上还要多些。百工货物的买卖各行各业都有比较集中的专门地方,如"铜铁器则在铁作坊,皮市则在笪桥,南皱铺则在三山街口旧内西门之南,履鞋则在轿夫营,帘箔则在武定桥之东,伞则在应天府街之西,弓箭则在弓箭坊,木器南则在纱库街,北则木匠营"。顾起元记当时的情况是"自大中桥而西,由淮青桥达于三山街,斗门桥以西至三山门,又北自仓巷至冶城,转而东至内桥,中正街而止,……百货聚焉,其物力客多而主少,市魁驵

[5] 陈作霖:《炳烛里谈》,卷中。
[6] 何良俊:《四友斋丛说摘抄》三。

佥，千百嘈口其中"[7]，当时商业之盛可以想见。

明代后期的南京，既是全国的政治上的陪都，又是商业中心城市，因此各地富商大贾云集南京，如徽商、山西商、陕西商、京师商等等。这些"商贾挟赀，大者钜万，少者千百"[8]。在明朝中叶前后徽州商人在南京的盐、粮、木、典当、墨、书、布、绅缎等行业中都占有相当优势[9]。所以顾起元说"诸凡出利之孔，拱手以授外土之客居者。如典当铺在正德前皆本京人开，今与绅缎铺盐店皆为外郡外省富民所据矣"[10]，南京繁盛的商业，多为外商所经营，本地人甚少，这也说明了各地商业资本之活跃，和各地经济联系之密切和广泛。

明代中叶以后，许多商品贸易已打破了狭隘的地方市场的局限，而不断地扩大到国内其他地方。这种情况是小商品生产者所不能办到的，只有通过商业资本的活动才能有力地保证商品流通与商品生产的正常发展。从《图卷》中的幌子招牌，如"西北两口皮货发客"、"立记川广杂货"、"福广海味发客"、"川广云贵德森字号"等等，都生动具体地说明了"燕赵秦晋齐梁江淮之货，日夜商贩而南，蛮海闽广豫章南楚瓯越新安之货，日夜商贩而北"[11]。在这个时期，甚至地处边陲的云南永昌、腾越等地，因为"其人儇巧，善作金、银、铜、铁、象牙、宝石、料约、什器、布圜之属"，这些手工业产品"皆精好甲他处"，因而也"辐辏转贩，不胫而走四方"[12]。

从《图卷》上纵横的街巷，熙来攘往的人群，可以想见随着城市手工业、商业的发展，人口不断向城市集中的情况。明人记述当时"金陵街道极宽广，虽九轨可容，近来生齿渐蕃，民居日密，稍稍侵官道以为尘肆"[13]。城市居民自"薪爨

[7] 顾起元：《客座赘语》，卷一。

[8] 林希元：《林次崖先生文集》、《二王政附言疏》。

[9] 《婺源县志》，孝友、义行、质行各卷。

[10] 顾起元：《客座赘语》，卷二。

[11] 《李鼎·李长卿集》，卷十九，《借著编》。

[12] 谢肇淛：《滇略》，卷四，《风俗》。

[13] 谢肇淛：《五杂俎》，卷三，《地部》。

而下，百物皆仰给于贸居"[14]，当时南京炊煮主要用柴，其柴禾有从陆路挑运入城者，有从水路船运入城。南京城市人民米柴皆无多存，所以有"米柴均无三日之存"的说法。《图卷》上有挑着柴禾的人往城中走去，所反映的正是这种情况。

《图卷》中南市街内的"钱庄"、"万源号通商银铺"、"兑换金珠"等铺号又反映了明代后期随着商品经济的发达，货币金融业也活跃起来。明初白银只作为折收钱粮之用。日常流通使用的是铜钱和"大明宝钞"。至明英宗以后，"大明宝钞"贬值，于是银钱并用。白银作为货币较广泛地使用起来，这正说明了"商品交换越是打破地方的限制，商品价值越是发展成为人类劳动一般的体化物，货币就越是归到那种天然最适于担任一般等价物这种社会机能的商品，那就是贵金属"[15]。但是，做为通货的白银，那时并无统一规格，有银锭、银花、碎银等等，成色也各有差异，每次支付使用都须称分量，鉴定成色，因此银钱兑换业便发展起来。"钱庄"为了广泛招徕顾客，在市招上大力宣传"出入公平"，却正道出了兑换金银的过程中，中间克扣盘剥的存在。

《图卷》上高悬"当"字招牌的当铺有好几处。从画面上，我们透过这一片繁荣现象，可以想见在高高的柜台下，那些典当衣物的普通百姓，该是怎样的饥寒和窘迫。而且这决不是个别人家的命运。典当业的发展，从另一个侧面反映了在商品经济发展的同时，也加速了贫富两极的分化，和贫苦的群众遭受高利盘剥的困境。而地主、商人和高利贷的结合正是中国封建社会晚期的普遍现象。

南京紧临大江，历代又不断地开凿新航道，如"秦凿淮，吴凿青溪、运渎，杨吴凿城濠，宋凿护龙河，宋元凿新河，国朝（明朝）开御沟城濠"[16]，所以"长江上下皆可以方舟而至，且北有銮江、瓜州，东有京口，而五堰之利，或由东坝以通苏常，或由西坝以通宣歙"[17]，真是"自古都会之得水利者宜亡如金陵"[18]。以长江和南北大运河为主干，加以诸水交错所形成的水上交通网，是南京城市经济

---

[14] 顾起元：《客座赘语》，卷二。

[15] 马克思：《资本论》、第一卷，第 75 页。

[16] 《万历上元县志》，卷之十二。

[17] 顾起元：《客座赘语》，卷二。

[18] 顾起元：《客座赘语》卷二。

发展的重要有利条件。

在《图卷》的城郊出现了一条河道，河上船只往来有如穿梭：有下帆停泊的盐船，有纤夫在岸上挽纤的客船，有在"木行"塌坊旁边即将启程的木筏，有些木筏正顺流而下，还有捕鱼的小舟，以及游船、龙舟等各种船只，《图卷》生动地描绘了水上通衢的一片繁忙景象。

明人说南京"盐船、木筏往来无滞"，"四方之物，无不可致"[19]。南京的木料有钟山之楠木，灵谷寺之松，但大多数则是来自汉阳鹦鹉洲，集聚南京之后，再转贩长江下游各地，这就是《图卷》上有顺江而下的木筏及木料出现的背景。据顾起元的记载，当时南京水陆交通有十余路：由京师而至者有三路，由中原而至者有三路，由上江而至者其路有三，由下江而至者亦有五路。南京的大船港有二处：一为在江东门外的上新河，一为在仪凤门外的龙江关。明顾梦游写道："江关一万户，万里集帆樯，地势临空阔，天围合混茫"[20]，诗中描写的就是商帆贾舶八方鳞辏的龙江关。

在郑和七下西洋以后，明代后期，由于商品经济的发展，对外贸易也有了很大的进展，尤其是私人的海外贸易有了发展。万历时。闽人商贩至吕宋者已达数万人[21]，"通番者，十倍于昔"[22]。明代的宁波、泉州、广州、福州等地都是对外贸易的港口。当时海外贸易主要是东西两洋，即日本、菲律宾和南洋群岛之间进行。其次，从印度洋沿岸各地，以及欧洲的佛郎机（葡萄牙）、西班牙、荷兰和英国等，当时也进口了一些商品。其中大多为香料、药材、染料、珍宝和哔叽、毛毯、钟表等项。中国输出的商品则以茶、丝绸、瓷器为大宗，也间以布匹、药材、铁器、纸张、漆器、雨伞等项。中外商人来回奔走于海洋之上，为中国人民贩来了各国的货物，这便是《图卷》的冲天招牌中出现了"东西两洋货物俱全"的历史背景。《图卷》的闹市中有一个老人戴着的眼镜，大概也是开始传入不久的舶来

---

[19] 周晖：《金陵琐事》卷之一。

[20] 《白下琐言》，卷八。

[21] 丁元荐：《西山日记》，卷上，《才备》。

[22] 《明史·外国传》，转引自李剑农：《元明清经济史稿》第一七〇页。

品。在明代后期，由于"倭寇"的原因，"终明之世，通倭之禁甚严"[23]，贡舶制已经崩溃，但商舶制已经兴起，与日本之间的民间贸易也还不断。在《图卷》中看到的民间文艺表演"走海倭子进宝"，那几位扮演成的日本商人，牵着狮子，捧着珊瑚，正是反映了前一个时期日本商人带着礼品来中国进行贡舶贸易的情景。

<h2 style="text-align:center">三</h2>

随着商品经济的发展和城市的繁荣，社会生活也不断的发生变化。城市人民对生活日用商品和生产原料的需要日益增加。《图卷》上出现的"粮食豆谷老行"、"食盐"、"广炭"等店铺，正是当时这种情况的如实反映。《图卷》里出现的金珠、人参、燕窝的买卖，则反映了官僚、地主和富商大贾在商品经济日益发展的刺激下，生活的日趋奢侈和对货币需求的日益增加，这也从另一侧面反映了社会生活的变化。

茶、酒、果品等店铺，约占《图卷》商店总数的五分之一。

中国人饮茶的习惯甚早，但到了明代，人们制茶和饮茶的方法有了新的发展和变化。当时人谢肇淛在《五杂俎》中写道："古人造茶，多春令细末而蒸之，唐诗'家僮隔竹敲茶臼'是也，至宋始用碾。揉而焙之，则自本朝（明）始也"，又说"古时之茶，曰煮、曰烹、曰煎，须汤如蟹眼，茶味方中。今之茶惟用沸汤投之，稍着火，即色黄而味涩，不中饮矣"[24]。当时茶的品种很多，"茶品之上者"，有松萝、虎丘、罗岕、龙井、阳羡、天池等等名色。[25]据说南京以前没有茶楼、茶社，"万历癸丑年（万历四十一年，公元1613年）新都人开一茶坊于钞库街"，被认为是"此从来未有之事"[26]。万历四十六年又有一个僧人开茶社于栅口，曰五柳居[27]，以后茶楼、茶坊才逐渐增多。当时在土街口道旁有个茶坊，饮具非常精

[23]　《明史》，卷三二二。

[24]　谢肇淛：《五杂俎》，卷十一。

[25]　谢肇淛：《五杂俎》，卷十一。

[26]　周晖：《二续金陵琐事》，上卷。

[27]　吴应箕：《留都见闻录》，《河房条》。

致清洁，用炭火煨陈雨水，冲泡龙井、银针之类的上等名茶，很受欢迎[28]。《图卷》上在街旁张着布棚，通红的炭火煨着沸水，伙计繁忙地接待着满座的顾客的茶社，正是以上记载的形象写照。茶坊的出现正是适应了市民阶层日益频繁的社会交往的要求。因为"茶社"不仅可以喝茶，还是市民阶层广泛交往的活动场所，也是不少商人们进行交易的地方。

与"茶坊"并行的是"酒坊"。南京的"酒坊"在明代后期也有较大的发展。中国人制酒有悠久的历史。发酵酒商周早已有之。果汁酒在唐已盛行，"葡萄美酒夜光杯"即是一例。唯蒸馏过的烧酒（白酒），则始自元代。在明朝时有人认为烧酒的制法来自阿剌吉，所以烧酒又名"阿剌吉酒"[29]。此外，在唐时已经很有名的"金陵春"，这时仍然为人们所欢迎。价钱便宜的则有"大麦冲"。除高粱酒外，米酒中绍兴黄酒在明代也很有名。这时酒的品种和产量都增多了，有"大内之满殿香，大官之内法酒，京师之黄米酒，蓟州之薏苡酒，……"等四十余种名酒[30]。从《图卷》里的酒店的市招，可知酒店大多为民间开设，据说"秦淮酒家以'问柳'为最古"[31]。但也有皇室官僚开设的酒坊。南京造酒的酒麹，据记载，每年贩来的"大麹约五十万块，中麹约三十万块"，"四直大麹约一十万块"，另外还有"内臣勋戚自制之麹"，"天启以前，大概如此"[32]。在明代，各阶层人民对不同品种的酒各有所好，如"士大夫所用惟金华酒"[33]。（图二）

明代南京及其附近盛产水果，如玄武湖的菱藕、大板红菱，灵谷寺的樱桃，钟山之阳的西瓜，都是有名的果品。但是仅依靠本地所产，不够满足南京城市的需要，还需要其他地区所产的果品。所以《图卷》上出现了"南北果品……发客"的冲天招牌，我们透过门面，可以看见店铺里一堆堆、一垛垛的大枣及其他南北干鲜果品，店主人正在和客商办理批发手续，以便将果品转发到邻县或其他商店

[28] 《白下琐言》，卷六。

[29] 王圻：《三才图绘》。

[30] 顾起元：《客座赘语》，卷九。

[31] 陈作霖：《炳烛里谈》卷上。

[32] 《酌中志》，卷十六。

[33] 顾起元：《客座赘语》，卷九。

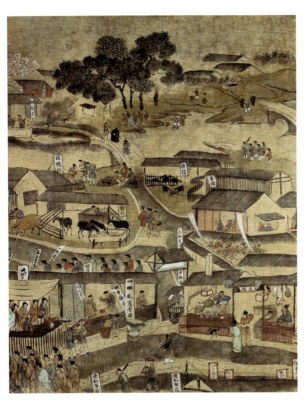

图二 《南都繁会图》局部

零售。

由于南京是当时全国重要的文化中心之一，随着城市经济的发展，适应城市各阶层喜好的各种文化活动也不断发展。早在明朝初年南京曾建歌楼十六：来宾、重译、清江、石城、鹤鸣、醉仙、乐民、集贤、讴歌、鼓腹、轻烟、淡粉、梅妍、柳翠、南市、北市，以处官伎。这些主要是供王公贵族和大官僚们享乐的。明代中期以后有了发展变化，"南都万历以前，公侯与缙绅及富家凡有宴会小集多用散乐，或三四人，或多人，唱大套北曲"，"若大席则用教坊"，"大会则用南戏"。南戏开始时只有两种腔：一为弋阳腔，一为海盐腔，"弋阳则错用乡语，四方士客喜阅之。海盐多官语，两京人用之"[34]。但是，在这方面更大的变化，看来主要表现在秦淮一带，那里不但"夹岸楼阁，中流箫鼓，日夜不绝"[35]。而且出现了许多有名的歌手琴师，如正阳钟秀之、徽州查八十都是当时"清弹琵琶"的著名演奏家。有些文人和富商曾远道来访，听他们演奏，并且有人"执弟子礼"，向他们学技艺[36]。明朝末年，柳敬亭的说书，在南京非常有名。他的技艺非常高超，描写刻画，微入毫发，斩截干净，入情入

---

[34] 顾起元：《客座赘语》，卷九。

[35] 谢肇淛：《五杂组》，卷之三。

[36] 何良俊：《四友斋丛说摘抄》，七。

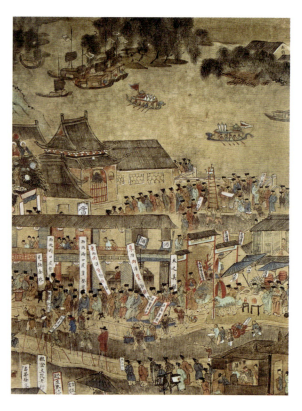

图三　《南都繁会图》局部

理，疾徐轻重，入筋入骨。据说，柳敬亭一天说书一回，定价一两，还须十日前预定，而且常不得空[37]。这样的名艺人不断涌现，正是随着城市经济的发展，市民阶层文化生活的要求不断提高的结果。（图三）

　　值得我们注意的是这时的民间业余的艺术活动。从《图卷》上所描绘的那一处处踩高跷、斛斗、喇、筒子、马弹解数、烟火水嬉等各种"杂耍把戏"正吸引着满街的人群。其中最能吸引观众的是生动多趣的高跷会"安天会"、"孙悟空大闹天宫"、"水浒"、"三战吕布"和焰火夺目的"鳌山"。

明代南京的"鳌山"，始自"永乐己丑（七年，公元1409年）"，当时"有令自正月十一日为始，赐元宵节假十日，后壬辰（十年，公元1412年）正月，赐文武群臣宴，听臣民赴午门外观鳌山，岁以为常"[38]。由此可以看出这幅图卷，正是描绘明代后期南京元宵节的盛况。在《图卷》上还可以看到街旁的戏台上一个演员正在演出，后台一个正在化妆的演员也即将登台，楼下、楼上和戏台四周全都围着不少观众，还有三三两两边走边看的人，"杭篦老铺"里的伙计也伸长了脖子向戏台张望，卖"香糖"、"果品"的小贩正举着果盘来回奔窜叫卖。真是一处处粉墨作场，好一番热闹景象。《图卷》生动具体地通过"闹元宵"这一节日的社会

[37]　《秦淮广记》，卷三，引《板桥杂记》。

[38]　何良俊：《四友斋丛说摘抄》，二。

活动，集中反映了明代后期城市生活的各种变化。

《图卷》里"乐贤堂名书发兑"、"书铺"、"画寓"、"裱画"、"刻字镌碑"、"古今字帖"等店铺，反映了我国古代文化城市的特色。在这些铺户里，有来自各地的许多技艺高超的刻书、镌碑、制墨、制笔、裱褙字画的工匠。有名的制笔工匠有"陆继翁、王古用，皆湖（州）人，住金陵"[39]。这一时期图书刻印行业有显著发展，印书的数量不断增多。明朝人李诩说"余少时（嘉靖时期）学举子业，并无刊本。……今（隆庆、万历时期）满目坊刻，亦世华之一验也"[40]。那时在金陵市上，还出现了不少或修琴、或作扇和或刻木石墨迹的名工巧匠。他们甘与文人为知己，不肯乞怜于富家大户[41]。

除此之外，民间医疗事业也在发展。所以《图卷》中看病卖药的"郎中"也设有门面或棚摊。他们各有专长，专治某种疾病，当然也治疗一般的病症，所以招牌上还写着"兼治杂症"。酒楼茶坊、饭铺、专供洗澡的"浴堂"和接待来往旅客的"客寓"等服务性行业，看来相当发达，它们各立门面，悬挂招牌，以广招徕。

此外，在《图卷》中，还可以看到，以专搞封建迷信活动为业的"卜卦命馆"、"相馆"和"阳宅地理"之类也都设立了门面，高悬着幌子，说明在那个时候他们的顾客还是不少的。（图四）

在《图卷》里的形形色色的人物中，有坐轿的、有骑马的，反映了社会生活的变化，当时的记载说"国初进士皆步行，后稍骑驴，至弘正间，有二三人共雇一马者，其后遂皆乘马"[42]。还有记载说"祖宗朝乡官虽至任回家，只是步行，宪庙（成化）时士夫始骑马，至弘治正德间皆乘轿矣"[43]。这些骑马乘轿的人，根据骑乘的不同，标帜着在封建统治阶级中他们社会地位的不同和身份的高低，据记载，"现外臣张盖，京朝官张扇，自一品至四品，大小卿皆用贴金黑扇，次翰

---

[39] 屠隆：《考槃余事》。

[40] 李诩：《戒庵漫笔》，卷八。

[41] 《续江宁府志》卷十五。《拾补》，引《金陵鳌待征录》。

[42] 谢肇淛：《五杂俎》，卷之十四。

[43] 何良俊：《四友斋丛说摘抄》，六。

图四 《南都繁会图》局部

林六科都黑扇，又次六科左右散十三道御史六部属及中行评博等用黄油扇，扇之等三焉"，"外臣乘轿，京朝三品大臣乘轿，自四品卿寺翰林六科以至御史部属乘马"[44]。这里虽然讲的是当时北京的一些制度，但作为南都的南京也不会相差很远。

社会生活的变化，也反映在人们服饰冠戴上。据记载，南京的服饰在隆庆万历以前"犹为朴谨，官戴忠静冠，士戴方巾而已"。到万历时期，"殊形诡制，日异月新"，士大夫所戴的冠巾名堂很多，有汉巾、晋巾、唐巾、诸葛巾、纯阳巾、东坡巾、阳明巾、九华巾、玉台巾、逍遥巾、纱帽巾、华阳巾、四开巾、勇巾等多种。"巾之上或缀以玉结子、玉花瓶，侧缀以二大玉环，而纯阳、九华、逍遥、华阳等巾，前后益两版，风至则飞扬，齐缝皆缘以皮金，其质或以帽罗、纬罗、漆纱，纱之外又有马尾纱、龙鳞纱，其色间有用天青天蓝者"，甚至还有用马尾织为巾的，这种马尾巾又有瓦楞、单纱、双丝的不同。所以当时人感慨地说："首服之侈汰至今日极矣。"这时，脚上穿的靴鞋也变化出很多花样。过去不过只有"云履"、"素履"，这时"有方头短脸毬鞋、罗汉靸、僧鞋，其跟益务为浅薄，至拖曳而后成步，其色则红紫黄绿亡所不有"[45]。妇女的服饰，自万历以来，"首髻之大小高低，衣袄之宽狭修短，花钿之样式，渲染之颜色，鬓发之饰，履綦之

[44] 《旧京遗事》。
[45] 顾起元：《客座赘语》，卷一。

工，无不易变"[46]。《图卷》上一千多个人物的巾履冠戴，正是给这些记载作了一个形象的印证。

出了"北市街"，便是一座衙署，粉墙瓦舍中露出两面高悬的大红旗。衙前两边，一堂仪仗斜靠墙上，一个皂隶坐在旁边。衙前一对石狮子，显现出官府的威严。衙门半开着，两个送公文的人正往里走去。（图五）

过了衙署，仍有店铺数间，行人熙来攘往。"大小文武官员下马"的石碑已出现眼前，它警告着人们前面就是森严的紫禁城了。皇宫的城墙已隐约

图五　《南都繁会图》局部

出现在眼前，那片热闹嘈杂之气氛慢慢消失了。金碧辉煌、高低起伏，层连不断的楼阁台榭，半隐半现。内廷的门前，手持各种武器的近卫亲军肃立左右，一片片的云彩，遮住了我们的视线。至此，整个《图卷》也就结束了。

《南都繁会图卷》描绘的是明代后期南京城市的情况，从以上根据文献记载所进行的考察，我们认为《图卷》真实生动地反映了城市经济繁荣和社会生活变化的种种景象，充满着特定时代与地点的特色，给我们提供了这个时期丰富具体的形象史料。在《图卷》的创作过程中，作者可能学习或参考过宋人《清明上河图》或其仿制品，以及其他描绘城市景物的民间作品，但是它的历史、艺术价值却远不是那些纯属摹仿旧作或大多凭想象画成的城市景物图所能比拟的。这件作

---

[46]　顾起元：《客座赘语》，卷九。

品的绘画技巧虽然并不高，显然也不是名画家仇英的作品，但是它在描写社会生活中所体现的我国古代绘画的现实主义的优秀传统，却是应该给予充分的评价。

在封建社会里，商品经济的发展，遭到了以封建土地所有制为基础的自然经济的严重阻碍，遭到了封建行会的束缚，遭到了封建国家对手工业和商业的限制和掠夺。但是历史发展的必然趋势，却终归是任何力量所不能改变的。在明代后期，许多工商业集镇的兴起和城市商品经济的发展，这就是《南都繁会图卷》产生的基本历史背景。

原文刊于《中国历史博物馆馆刊》1979 年第 1 期

王宏钧 / 刘如仲

国博名家丛书

王春法 主编

王宏钧 著

王宏钧卷 下

北京时代华文书局

二

文物研究

巴黎报导的"昭莫多之战"和当时绘成的《北征督运图》

十七世纪九十年代，清政府在昭莫多战胜噶尔丹叛乱的消息，不久就在法国巴黎的报纸上刊登了出来。这是在清朝宫廷服务的西洋耶稣会士张诚（Peres Gerbillon）等人写给欧洲的通讯。至今法国巴黎国立图书馆还保存着这张公元一六九七年的小报。通讯原件是法文，译文全文如下：

中国皇家军队对厄鲁特王噶尔丹的一次大战及其获得的胜利

一六九六年十月八日，从中国京城北京发出的信件中有下述消息：该年，中国皇帝曾对离北京西北三百里，位于鞑靼国境内的厄鲁特王作战。这位鞑靼首领名噶尔丹，是西藏喇嘛的著名弟子，为所有信教的鞑靼民族所推奉的一位教主，因其兄厄鲁特王突然病逝，不得不放弃僧侣的教职，以继承王位。该王生性骄横，先后战胜叶尔羌王、降伏了位于陕西之西，为撒马尔罕商人同中国经商的必经之路的哈密和吐鲁番国。该王野心勃勃，于一六九五年向正在按常例外出狩猎的中国皇帝的臣属鞑靼国进逼，中国皇帝获悉，噶尔丹还策划纠合另外三位鞑靼首领进攻中国。皇帝决定早作应战准备，在四个月时间内，命令铸造了三百尊小火炮，为将军缝制八十套丝质双层防火枪胄甲，以及士兵们用的大量棉质防箭棉甲。一六九六年，命继承人皇太子在其出征时代摄朝政，率领他的五个儿子及三十万兵马出发，随同出征的还有耶稣会教士张诚神父、徐日升神父及安多神父。他们从东方出发，第三次去陕西省，向北部方向开辟道路，以便四面包围驻扎在北京以北几百里的克鲁伦河一带的牧兵。并要求色楞格及尼布楚的俄国人截断噶尔丹的外逃之路。荒芜的沙漠盖满白雪，通过时遇到极大困难，损失了大量的马匹和装备。行军两个月抵达克鲁伦河岸。噶尔丹得到侦骑的情报，向南部逃窜，又与陕西方面的军队遭遇。经长途跋涉的中国军队主动发动进攻，将其全部击溃。有两千名士兵战死，一万名妻孥被俘。缴获大批辎重、帐篷及畜群，总数为七万头羊、六千头牛、四千头骆驼和四千匹马。残余士兵四处逃窜，大部投降，只剩四千名躲进深山，估计在越冬季节既无食物又无经费而死于饥寒之中。受监禁达十四年的叶尔羌国王在该次溃败中脱逃，并向皇帝投诚，皇帝立即派一支劲旅护送回国。皇帝班师回京，即准备同年十月底前率领军队视察边境。”[1]（图一）

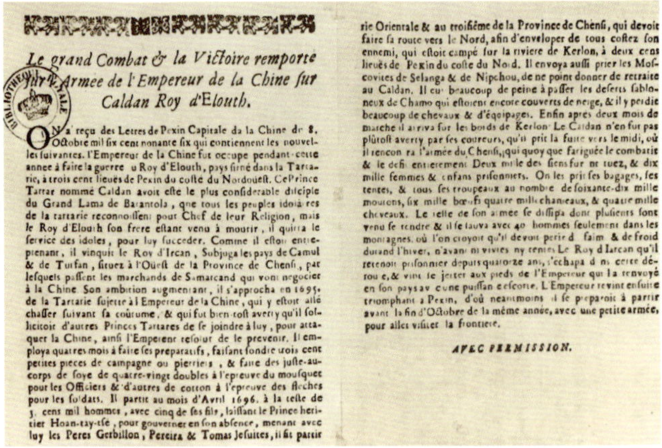

Le grand Combat & la Victoire remporte sur l'Armee de l'Empereur de la Chine sur Caldan Roy d'Elouth.

ON a reçu des Letres de Pexin Capitale da la Chine de 8. Octobre mil ſix cent nonante ſix qui contiennent les nouvelles ſuivantes. l'Empereur de la Chine fut occupe pendant cette annee à faire la guerre au Roy d'Elouth, pays ſitué dans la Tartarie, à trois cent lieuës de Pexin du coſté du Nordoueſt. Ce Prince Tartar nommé Caldan avoit eſte le plus conſiderable diſciple du Grand Lama de Barantola, que tous les peuples idolâtres de la tartarie reconnoiſſent pour Chef de leur Religion, mais le Roy d'Elouth ſon frere eſtant venu à mourir, il quitta le ſervice des idoles, pour luy ſucceder. Comme il eſtoit entreprenant, il vinquit le Roy d'Ircan, Subjuga les pays de Camul & de Turfan, ſituez à l'Oüeſt de la Province de Chenſi, par leſquels paſſent les marchands de Samarcand qui vont negocier à la Chine. Son ambition augmentant, il s'approcha en 1695. de la Tartarie ſujette à l'Empereur de la Chine, qui y eſtoit allé chaſſer ſuivant ſa coûtume, & qui fut bien-toſt averty qu'il ſollicitoit d'autres Princes Tartares de ſe joindre à luy, pour attaquer la Chine, ainſi l'Empereur reſolut de le prevenir. Il employa quatres mois à faire ſes preparatifs, faiſant fondre trois cent petites pieces de campagne ou pierriers, & faire des juſte-au-corps de ſoye de quatre-vingt doubles à l'epreuve du mouſquet pour les Officiers & d'autres de cotton à l'epreuve des fleches pour les ſoldats. Il partit au mois d'Avril 1696. à la teſte de 3. cens mil hommes, avec cinq de ſes fils, laiſſant le Prince heritier Hoan-tay-tſe, pour gouverner en ſon abſence, menant avec luy les Peres Gerbillon, Pereira & Tomas Jeſuites, il fit partir [illegible]rie Orientale & au troiſiéme de la Province de Chenſi, qui devoit faire ſa route vers le Nord, afin d'enveloper de tous coſtez ſon ennemi, qui eſtoit campé ſur la riviere de Kerlon, à deux cens lieuës de Pexin du coſte du Nord. Il envoya auſſi prier les Moſcovites de Selanga & de Nipchou, de ne point donner de retraite au Caldan. Il eut beaucoup de peine à paſſer les deſerts ſablonneux de Chamo qui eſtoient encore couverts de neige, & il y perdit beaucoup de chevaux & d'équipages. Enfin apres deux mois de marche il arriva ſur les bords de Kerlon. Le Caldan n'en fut pas plûtoſt averty par ſes coureurs, qu'il prit la fuite vers le midi, où il rencontra l'armée du Chenſi, qui quoy que fatiguée le combatit & le defit entierement. Deux mille des ſiens furent tuez, & dix mille femmes & enfans priſonniers. On les prit ſes bagages, ſes tentes, & tous ſes troupeaux au nombre de ſoixante-dix mille moutons, ſix mille bœufs quatre mille chameaux, & quatre mille cheveaux. Le reste de ſon armée ſe diſſipa dont pluſieurs ſont venu ſe rendre & il ſe ſauva avec 40 hommes ſeulement dans les montagnes, où l'on croyoit qu'il devoit perir de faim & de froid durand l'hiver, n'avant ni vivres ny tentes. Le Roy d'Iarcan qu'il retenoit priſonnier depuis quatorze ans, s'echapa dans cette déroute, & vint ſe jetter aux pieds de l'Empereur qui la renvoyé en ſon pays avec une puiſſante eſcorte. L'Empereur revint enſuite triomphant à Pexin, d'où neantmoins il ſe preparoit à partir avant la fin d'Octobre de la méme année, avec une petite armée, pour aller viſiter la frontiere.

AVEC PERMISSION.

图一　公元一六九七年法国巴黎报纸关于清政府平定噶尔丹叛乱的报导

这条报导中虽然有些处属于传闻，不尽符合历史事实，但在二百八十多年前中国发生的事件，几个月后竟然在欧洲的报纸上反映出来，这充分说明清朝平定噶尔丹的叛乱不但是影响当时中国历史进程的一场严重斗争，而且也是当时举世瞩目的重大事件。

平定得到沙俄支持的噶尔丹的叛乱，是一场艰巨的大规模军事行动，据《清实录》记载，西路大军调集了“官兵厮役共计二万四千二百六十名有奇”；中路大军“合官兵厮役共计

[1]　〔德〕海西斯著《蒙古人——一个民族寻找他的历史》，1978年修订版（德文）第九十三页。本书转引自（日）田中克彦译《蒙古的历史与文化》。

三万二千九百七十名有零"；东路大军与西路相差不多。三路大军总共约近十万人。因此，军粮的补给成了一个十分重要的问题。除了士兵"每名给马四匹，厮役一名，各赍口粮八十日"以外，对军粮的补给，在中西两路，清政府组织了庞大的运输队，责成都察院左都御史于成龙总理其事，并兼管中路，"命通政司左通政喀拜，协理中路运务"，"命光禄寺卿辛宝（即辛保）、内阁侍读学士范承烈，督运西路军粮"。[2]

《北征督运图》就是根据西路大军军粮督运官范承烈的经历画成的。范承烈，字彦公，是范文程的第四子。清康熙三十四年冬，以内阁侍读学士被任命为西路军粮督运官之一，即图册题记中所说的"上命粮运七总统兼理，余（范承烈——引者）得末台"，以后迁内阁学士兼礼部侍郎、户部侍郎、兵部侍郎和正蓝旗汉军副都统。[3]

图册原二十四开，现存十九开，绢本，每半开纵38.4、横41.1厘米。末开有"广陵禹之鼎绘"数字和印记。[4]每半开工笔作色绘图，半开范承烈自题画面内容梗概，说明负责督运的始末、所经地点和随着战争形势的变化督运军粮的情形。

图册开始有范承烈于"康熙岁次丁丑（三十六年）季秋"自题的前记：

"皇帝御极之三十有四年，……厄鲁特地处绝漠，其酋噶尔旦者恃其险远，自弃于天覆地载之中，戕我喀尔喀之部落，阻我尼班禅库图克图之来庭，狂悖凶残，将无穷已。我皇上赫然震怒，用张天讨，命分道并出，而复亲总六师，犁庭扫穴，为边陲万世治安之计者"，"更念师行粮从，数千里之馈饷不绝，为诸军命脉，其任綦重，乃特遣廷臣统理之，承烈不才，谬预是选"。这就是范承烈《北征督运图》题记的开始。

对于西路的军粮运输，清政府决定：士兵"各备口粮八十日外，每名每月

[2] 《清圣祖实录》，卷一六九。

[3] 范承烈：《清史列传》、《清史稿》中无传，仅附见于《范文程传》内。主要经历见《清圣祖实录》康熙三十四年十一、十二月、三十八年十二月、四十一年正月、四十四年五月、四十六年二月，及恩华：《八旗艺文编目》、《清史稿·部院大臣年表》。

[4] 与此图同时作成，描绘同一主题的绘画，还有王石谷、禹之鼎为陈元龙作的《扈从北征图》和王石谷为宋大业作的《北征图》，几十年前缪荃孙在《云自在龛随笔》中曾经著录。今不知保存何处。至于此图是否是禹之鼎的作品，尚有争议，有人认为：该图的画风不像禹之鼎所作。禹之鼎的款识，从笔体、墨色和印色看，也有疑问。

给米二仓斗，以湖滩河朔（今内蒙古自治区河口）米随运，其运车及马骡草豆，挽兵口粮等物，俱著山西巡抚备给，并遴才干道官一员，同知知州知县等官四员，同部院官四员，随车押运。"对于中路军粮的补给也决定士兵"各备八十日口粮外，每名每月给米二仓斗，以通仓米运给，其运车及兵夫马骡需用食物，俱著直隶、山东、河南三省巡抚备给，押运官员亦著各该抚遴选，与西路同，再遴部院衙门才能官十二员，每省派四员分管，尾随中路大兵前进"，中路运米用的车四千辆，责成于成龙等督造，但后来感到每车载米六石加上炊具营帐诸物过于沉重，又添造了一千辆。[5]

《北征督运图》的第一幅画页所描绘的，就是范承烈带领随员由北京广安门外出发前往山西的情景。他在题记中写道："乙亥（康熙三十四年）冬十一月，诸军北发，廷臣奉命董粮运者，中路则都御史于公成龙（注）、侍郎李公铷、通政喀公拜，西路则光禄卿辛公保及余承烈也。余惶悚恐不胜负荷，恭请训辞后，不及私家，即日就道。于时冰雪载涂，寒风凛冽，然军容整肃，士气百倍，……设祖帐广宁门（今广安门）外，一一别去子侄，送者亦遣归，马首遂西"。据《清实录》记载，这年十一月甲申，康熙对西路督运官辛保和范承烈等曾当面给了具体指示："挽输朔漠车辆甚为紧要。尔等会同山西巡抚，动支正项钱粮，速行备造，……挽车兵卒给予行粮，地方官有才具者任尔等选择带往，其管兵官员与挽车人等亦必择精壮者用之。"[6]这就是范承烈在题记中所说"恭请"的"训辞"。同时，康熙又"令平阳总兵官毛来凤，率兵护运西路军粮"。[7]范承烈出发往山西以后不久，十二月甲午，康熙又指示"西路挽输，较中路尤为要紧，已遣辛保等督运外，再著原任兵部督捕右侍郎王国昌、大理寺卿喻成龙往助，增造运车四百辆，亦著动支正项钱粮，"[8]进一步加强西路军粮的运输工作。（图二）

范承烈、喻成龙到达山西太原府以后，经与巡抚会议后，预计此项任务需用牲口很多，粮食要到千里数百里不等的各州县去购买，然后齐至太原，一块装载

---

[5] 《清圣祖实录》，卷一六九。
[6] 同注[5]。
[7] 同注[5]。
[8] 同注[5]。

兵丁夫役口粮、牲口草料、兵器帐房、锅锨等物。并议定"于二月初八日自太原陆续起行，经历雁门关等处险要",[9]前往杀虎口，奔向前线。

范承烈自太原出发后，图册中似有几开散失，再接下去画页所描绘的是西路运粮队出了杀虎口，过了受降城（今内蒙古托克托县境），经由艾济喀村、毕七七、迈达里，再经昆都仑（今内蒙

图二 《北征督运图·离京启行》

古包头市西），到达十四台的情景。台相当于现在的兵站，至今当地仍有××台的地名。自杀虎口到前线一路设了不少台站，每台相距五、六、七、八十里不等，就水草之便而设置。当时中西两路运粮队，每路各分为若干"运"，每"运"又分若干"营"。如中路就分为二十七运，分别由直隶、山东等省调来的人员组成。各运各营的车辆全部组织成营阵，循阵前进，"行则不脱、不联，止则守望相助。"行止中间如有敌兵突然袭击，"击左则右应，击右则左应，击中则左右皆应"，"先以火（器）攻，次以弓矢，总以长枪，奋勇剿杀",[10]可见每路都是一支庞大的武装运输队。以中路督运官宋大业所分管的"二运二营"这一营为例，除督运官外，下有"领运官八员，赎罪人二员，笔贴式二员，游击一员，车夫二百名，兵一百七十名，车二百辆，地方骡马七百匹，捐纳骡马二百匹"，"运官八员，每员管车二十五辆"，一车装载二千斤，全营二百辆负责运军粮辎重四十万斤。[11]每

---

[9] 敖福合译：《圣驾亲征平定噶尔旦方略》。

[10] 《直隶总督于成龙年谱》。

[11] 宋大业：《北征日记》。

辆车上插飞熊小旗一面。每一营"车徒绵亘二十里"，西路的组织配备与此大体一样。当时仅中路准备出发的运粮车就有五千辆，可以运输军粮辎重一千万斤。[12]这样大的运输量，走这样远的里程，在当时的条件下，该是十分艰巨繁重的。（图三）

图三　《北征督运图·台站》

范承烈率领的运粮队，出杀虎口后，五月初，经过哈纳苏海图、西拉呼思，到了翁金。当继续前进到达和尔海图时已入厄鲁特辖境。这里"野草方苗，逆酋恐为我资，纵火延烧未绝"，影响了大军的前进，更严重地影响了军粮的运送和补给。康熙深知"六军以粮饷为命，关系最要"。[13]于是，他"命内大臣明珠，驻克勒河朔，趱运粮饷，给西路大兵"。[14]明珠在多罗特地方把运到的米五百石，面七千斛补给了西路军队。孙思克等得中路军粮以后说："老先生以中路粮饱西军腹，此非运米，直运吾辈之命来耳"。[15]

在昭莫多战役前后，清军中西两路均已抵达克鲁伦河前线，但是两路军粮都没有如期运到，尤其西路延误时日较多。昭莫多之战结束后，部队自带的八十日口粮已将用完，而中路于成龙等所运的军米，还未运到图拉，情况十分紧迫。当时康熙火急地命令"著于成龙速运米七千石前来，……若不行速运，则于成龙等

---

[12]　同注 [11]。

[13]　同注 [2] 卷一七三。

[14]　同注 [3]。

[15]　缪荃孙：《云自在龛随笔》，卷二。

于迟误军需中，又加迟误矣"。[16]并指示"于成龙驻拖陵，喀拜驻苏德图，李钖驻拖陵苏德图之间，应付大兵米粮"。[17]一直到了康熙三十五年五月癸末，于成龙所运之米，才过察罕诺尔。至于西路粮饷，康熙十分关切。直到五月二十二日，光禄寺卿辛保等所运米粮，才到达军前。六月初，内大臣明珠继续运到米八百七十余石，发给了右卫及陕西、宁夏、大同回程的官兵。

图四 《北征督运图·督运至乌兰急里密》

这时，范承烈所管的这一营运粮队刚过乌兰急里密，到达查汉托罗海。图册出现了这样的场面：一辆辆独轮车满载着军米，由许多健壮的民工推挽，在满目黄沙中行进。有些车辆正停在路旁，督运官也在路旁席地而坐，一些士兵或行或立在车前车后，好像在准备稍事休息后继续前进。图册的这一页题记说："夏六月七日，次乌兰急里密，甫闻上亲抵厄鲁特贼巢。逆酋噶尔旦（即噶尔丹）挟妻孥窜往，王师追摄，大将军（费扬古）邀击于召木多大破之。……至查汉拖罗海，与辛光禄会，知大军前锋已旋，后骑将发，乃疾驱粮车至那拉他饷之"。（图四）

由于大军深入作战，运粮车不能随即跟上，范承烈与喻成龙驰赴大将军费扬古前请示，费扬古指示："以只轮车较轻，先令运至须供军粮二十日，再贮十日粮于郭多里，二十日粮于喀仑（卡伦），以备师旋，贮各数千石"。范承烈等回到卡伦后，立即将车辆、马驼并用，急速督解粮车向前线运送。由于通过戈壁沙漠，大风经常侵袭，图册题记中写道：往来只能"以碛中遗镞败絮识路"。（图五）

---

[16] 同注 [2] 卷一七三。

[17] 同注 [6]。

图五　《北征督运图·喀仑贮粮》

因为战役已经结束，部队返回时的粮饷急待解决，所以康熙又命令把西路郭多里、翁金所留贮军米的一半运往中路的大台站图拉，以缺乏牲口之一千名兵丁，由按察使囊吉理率领，随运护送，以备军需；另一半留贮于翁金，以副将张宪载率兵看守。[18]

一六九六年（清康熙三十五年）六月癸巳，康熙下令班师。因为部队并没有立即撤回，所以军粮运送工作仍在继续进行。

图册题记中说，康熙班师前指示将西路大军未用完的军粮，应存贮"舡站"，"交鄂尔多斯王等护守"。因此西路军粮运回舡站以后，范承烈"择高阜处，埋轮叠辐，聚米其上，覆以苇席，以防风雨"。图册中的一页描绘了这种情景。

康熙回京之后命令将西路"王国昌等运到汛界余米四千一百石零，除给与运往人员回日口粮外，余悉赏给王善巴等七旗兵丁"。[19]他又命令在费扬古率领官兵进驻科图的同时，"运翁金所贮米至大将军伯费扬古军前"。[20]一六九六年（清康熙三十五年）昭莫多之战前后的军粮运送工作，至此才基本结束。

昭莫多之战以后，清政府为了抓住时机彻底平定叛乱，康熙于一六九六年九月壬申再次"巡行北塞，经理军务"。[21]同时"命（于）成龙偕李钠、喀拜先赴

---

[18]　同注[9]。

[19]　同注[2]卷一七四。

[20]　同注[19]。

[21]　同注[2]卷一七六。

归化城督理粮务"。[22]康熙到下花园时，侦得准噶尔部众正向翁金移动，于是下令费扬古及副都统祖良壁"将翁金之米，分给兵丁，余皆焚毁"。九月六日，祖良壁等将余粮焚毁后，自翁金起程返回本汛。突然有二千准噶尔叛军来截夺粮食，被清军击溃。据准噶尔降人桑扎卜等人说，噶尔丹在九月二十二日"从枯伦百尔齐尔向哈密而去"。[23]

康熙到归化城（今内蒙古自治区呼和浩特市）以后，又到了鄂尔多斯草原。在这里他通令青海诸台吉和策妄阿拉布坦，协力平定噶尔丹的叛乱，命令他们派使者带着噶尔丹的旧部与准噶尔诸台吉联络，劝说他们归附。噶尔丹因为党羽丧尽，走投无路，这时也派了使者到鄂尔多斯进见康熙，探听清政府的意图。康熙下诏，指出了噶尔丹的叛乱罪行，同时"又许以待喀尔喀恩例招之"。[24]清政府的宽大政策使噶尔丹的使者很"感服"，私下向清政府的大臣表示了归诚的意向。因此康熙命令理藩院自独石口至宁夏设立驿站以待。但噶尔丹终于没有到来。

十月辛亥，康熙到达湖滩河所（位于今内蒙古自治区河口）地方视察军粮转运站以后，将"御佩橐鞬弓矢等物，赐大将军伯费扬古"，[25]以示鼓励。同年十一月庚辰，康熙"传令班师"，经过黄河西界萨尔虎拖会地方，至同年十二月壬寅入德胜门回京。

范承烈在督运任务告一段落以后，据图册题记，他也"自乌兰鄂博南行入杀虎口"，经大同、宣化返回北京。到沙河后，他会同督运同僚，"诣畅春苑复命"。这时已是公元一六九七年（清康熙三十六年）正月二十日。自从康熙三十四年十一月自北京出发前后已经一年零两个月了。以上是图册所描绘的范承烈第一次"北征督运"的经过。

一六九七年（清康熙三十六年）二月，为了彻底平定噶尔丹的叛乱，康熙再次渡黄河，到宁夏，亲自指挥第三次进军。根据前两次的经验，清政府决定"今次出兵，亦分为两路，兵各三千名，此两路兵，不必预定期约"，命费扬古、马

---

[22] 《清史列传·于成龙传》。

[23] 同注 [2] 卷一七七。

[24] 魏源：《圣武记》，卷三。

[25] 同注 [2] 卷一七八。

思哈分别统率。关于军粮的运送，决定"以马驼为要"。[26]"每兵一名，从仆一人，给马五匹，四兵合为一伍，其帐房器用等物，俱照前带去，前带八十日口粮，今带百日"。军粮督运的官员，仍任命于成龙、王国昌、喻成龙、李鈵、喀拜、辛保、范承烈等人继续担任。[27]这就是范承烈在题记中所说的："上以逆酋未除，终为边患。六龙再驾，承烈与诸臣转饷如前"。二月，范承烈从北京出发，开始了第二次"北征督运"。这时，他的儿子范时捷已"以世胄被命，出参戎幕"，随他同行。

这年二月十一日，康熙从北京到宣化府，得知噶尔丹在萨克萨特呼里克、格隔特哈朗古特地方，于是命令"将军孙思克、博霁等领兵三千人为一路，出嘉峪关，或取道哈密，或取道巴尔库尔前进"。并指示"所侦路可行，则更以三千兵为一路，出宁夏，进新勘之路；设不可行则以两路为一路，择地而进"。[28]三月戊辰，康熙经保德州渡过黄河，到达安边城东，派出了"满洲绿旗兵至郭多里、巴尔哈孙地方侦探堵御。三月丙子，康熙经花马池自横城再渡黄河，驻于河崖。在这里他对于运粮诸事作了具体指示："米随大军运往，重载长行，马驼必致委顿，不若从驿站递运更番休息为宜"，又指示"将所运米，顺黄河而下，分行之时，以驼骡驮运"。[29]

关于台站的设置清政府重新做了安排，"计自宁夏至郭多里、巴尔哈孙，大致一千二百里，自郭多里、巴尔哈孙至伊克敖拉、巴汉敖拉，计行九日之程"，根据里程沿途安设了台站。

三月十六日，康熙到达宁夏。这时于成龙、范承烈等已先期到达，一同到黄河渡口迎接。在这个黄河渡口去年已置备了一百多只木船，每船可以装米三十石。[30]康熙命令"大兵行期暂缓，米应先运至白塔，……将所有船只，酌留渡口备用外，其余船只，尽行载米运往，但此地水手，不甚谙练。黑龙江之兵，颇习于船，可发二百名，

---

[26]　同注 [2] 卷一七九。

[27]　同注 [2] 卷一七九。

[28]　同注 [2] 卷一八〇。

[29]　同注 [2] 卷一八一。

[30]　同注 [29]。

令率本地水手，乘此时装运二次，其大兵所携四个月口粮，俟至白塔，再行散发"。[31]于是于成龙以船十五只为一队，共分为六队，头队于成龙、二队范承烈、三队王国昌、四队辛保、五队李鈵、六队喀拜，由宁夏用船运米至白塔，再用马驼自陆路运送。[32]

闰三月乙未康熙到了白塔，在白塔阅粮以后，命令鄂尔多斯贝勒松阿喇布、贝子根都什希卜、贝勒汪舒克、公杜棱、贝勒雇禄什希卜、王董维卜等，以及所属兵丁，分为六队，随于成龙、范承烈等从白塔由陆路运米至军前。

康熙三十六年三月癸巳，费扬古等率领大军由宁夏进发，预定四月初十至十五日到达郭多里、巴尔哈孙地方待命。

这时，范承烈的第二队军粮，紧跟于成龙第一队之后，在鄂尔多斯兵的护送下，已从白塔沿黄河边，经寂寂滩、红柳湾通过瀚海，向郭多里、巴尔哈孙前进。

图册题记中说："（康熙）驻跸宁夏，进承烈等指授粮运机宜，复亲幸白塔阅粮。是役也，任载惟骡马驼驴，不复用车矣"。由于这一带"百余里水草俱绝"，运粮队"刈草结辫载马上"，以便"解鞍以食之，马食不得乏"。画面上生动的描绘了这一情景。

四月庚戌康熙到达狼居胥山，甲寅到达达希图海。达希图海是归降的准噶尔部众和来朝的青海台吉的必经之地，清军的米粮、马匹也留存在这里。所以领侍卫内大臣索额图、都统阿席坦、噶尔玛、王永誉、护军统领苏昌、副都统巴赛等都到这里办理粮饷。[33]一六九七年（清康熙三十六年）四月初九日，抚远大将军费扬古在郭多里、巴尔哈孙地方，从准噶尔丹济拉派来的齐奇尔宰桑等人口中得到噶尔丹已于"闰三月十三日""至阿察阿穆塔地方，饮药自尽"和"丹济拉、诺颜格隆、丹济拉之婿拉思伦，携噶尔丹尸骸及噶尔丹之女钟齐海，共率三百户来归"[34]的消息。康熙随即命令费扬古马上选派官兵寻找丹济拉，其余部队撤回。同时命令于成龙等所运之米停止前进，"以三分之一运至郭多里、巴尔哈孙，以

---

[31]　同注 [2] 卷一八二。

[32]　同注 [31]。

[33]　同注 [2] 卷一八三。

[34]　同注 [33] 又见《亲征平定朔漠方略》卷四十八，康熙三十七年九月癸末。

x

备回归之用，其余二分，即留见（现）在运到之地"。[35]

范承烈等率领的运粮队，行至两狼山（狼居胥山）才听到噶尔丹已死的消息，但运粮大军仍须继续前进。他们经玉泉头、布尔哈兔布喇克，到了郭多里、巴尔哈孙时，大将军费扬古"粮运不必前进"的命令才送到。这时平叛大军前锋已抵巴颜温都尔，什么时候全部撤军还不得而知，因此大批军粮必须就地妥善保存。于成龙、范承烈等商议后，决定命令军士在郭多里、巴尔哈孙挖濠筑城。"城高六尺，濠深九尺，空南北二门，列栅启闭，以备防护"。[36]这就是图册题记中所说："粮运至郭多里巴尔哈逊（孙），以先得大将军牒不复进。时大军已抵巴颜温都尔，去此已远，遣蒙古台兵递饷之。众议师旋无期，地广人疲，非可经久，当筑城守，乃相度量计，举奋锸凿濠成垣，南北作二门，以通出入"。

一六九七年（清康熙三十六年）五月乙未，康熙回到北京以后，考虑到"噶尔旦（丹）计穷自杀，其党丹吉狼（丹济拉）、乙兰乌孙、胡都胡兔，釜底游魂，不难就缚，可勿劳师远驻"。这时才命令费扬古从察罕那罗回师。七月二十八日大军回到郭多里、巴尔哈孙。于成龙和范承烈等运粮官到大将军处商议后，每名士兵补给了四十五日粮米。所余大批运来的军米则由于成龙等人会同大兵运至黄河船站，收囤在鄂尔多斯达赖布喇克地方，交给鄂尔多斯王、贝勒等，拨兵看守。[37]至此，这次最后平定噶尔丹叛乱的军粮运送才告结束。随后，范承烈也经过盆屯布喇克、红城堡入张家口，回到北京。

一六九七年（清康熙三十六年）九月二十四日，范承烈同其他督运官在乾清门受到康熙的"温纶慰劳"。事后，范承烈作了一首长诗记叙这次运粮的全部经过，写在图册的最后：

太微焜耀正当阳，奕叶流光历数长，声教诞敷讫南朔，西被流沙东扶桑。蠢兹龟兹扰疏勒，无分遐迩心如伤，怙终不思干羽怀，天山瀚海尤鸱张。赫然斯怒六龙驾，分奇间出殪贪狼。小臣转饷滋惶悚，分驷马菌车裹

---

[35] 同注 [33]。

[36] 同注 [10]。

[37] 同注 [2] 卷一八四。

囊。饶歌一片归塞外，氛霾净尽山苍苍。螭头剑珮还联步，采薇天保赓篇章。丹青描写敢矜伐，臣节终须志不忘。

从一六八八年到一六九七年（清康熙二十七年到三十六年），准噶尔部反动贵族噶尔丹，在沙皇俄国支持下，掀起叛乱，前后近十年之久。其直接侵扰的地区包括了整个喀尔喀蒙古、科布多、内蒙古大部和新疆大部地区，给这些地区的各族人民，首先是厄鲁特各部和喀尔喀各部人民带来了深重的灾难。因此，当时清朝政府平定叛乱，深得各族人民的拥护和支持。在关于这方面的情景图册中有不少生动的反映。

图册中有一幅蒙古族父老赶着载满军粮的马车翻山越岭的画面，这是蒙古族人民积极支持平叛战争的生动记录。另一幅在运粮队所过的路边画着一堆堆白骨，题记说："途中见髑髅暴砂砾间者累累，询之乡导为厄鲁特败喀尔喀处"。这是噶尔丹叛军残杀蒙古族人民罪行的记录。图册还有一幅运粮大队正通过翁金河边的画面，题记说：这里"土沃草茂，本为北人（指喀尔喀蒙古人）牧放地，至和尔海图已入厄鲁特境矣，野草方苗，逆酋恐为我资，纵火延烧"。这又是噶尔丹毁坏牧场，破坏我蒙古族人民和平生活的又一罪证。噶尔丹的倒行逆施，激起了各族人民的同仇敌忾。运送军粮的各族人民经历了千辛万苦，把军粮源源不断地送到前线，为平叛战争的胜利，做出了自己的贡献。正如图册的前记所说：运粮大队"奋不顾身，历巉岩幽壑，黄沙千里，……飞粟相继，……洗兵瀚海，……凯旋而归"。

在中国历史上，维护统一是各族人民的共同愿望，是中国历史的主流。反对外来干涉、侵略和内部的分裂活动是中国人民优良的爱国主义传统。平定噶尔丹的叛乱，归根结底是中国各族人民的内部问题，这一胜利，对于维护祖国的统一和各民族的团结具有重大的历史意义。《北征督运图》正是从一个重要侧面，形象生动地记录了中国各族人民取得这次平叛胜利的历史进程。

清朝平定了噶尔丹的分裂叛乱，沉重打击了沙俄的侵略阴谋，巩固了我西北地区的边防。在这一历史进程中，当时中国的统治者康熙皇帝从巩固自己的统治出发，曾三次亲征作出了艰巨的努力，他的行动在客观上顺应了中国历史发展的趋势，符合各族人民维护祖国统一，反对外来侵略的愿望。一七〇三年（康熙四十二年），在当时归化城（今内蒙古自治区呼和浩特市）的崇福寺（小昭）和延寿寺（席力图昭）同时竖立起两座碑文相同的平定噶尔丹叛乱的纪念碑。康熙皇帝亲自撰写碑文。

碑文节录如下：

> 丙子冬，朕以征厄鲁特噶尔丹，师次归化城，于寺前驻跸。见殿宇弘丽，法相庄严，命悬设宝幡，并以朕所御甲胄弓矢橐鞬留置寺中。夫朕之亲有事于塞外，非无故也。往者，厄鲁特与喀尔喀交恶相攻，朕悯念生民涂炭，遣使谕解，而噶尔丹追击喀尔喀，竟入掠我乌珠穆秦。爰命和硕裕亲王声讨，大败贼于乌兰布通。时噶尔丹盟誓佛前，永不入犯，乃班师而还。后噶尔丹蔑弃誓言，复掠纳木查尔拖音于克鲁伦之地。丙子春，朕亲总六师，由中路进剿。至克鲁伦河，贼众望见军容宵遁。适朕所期会西路官兵遇于昭木多，大败之，俘斩无算。丹木丹、哈什哈等率众来归，噶尔丹跳身走。是冬，朕复驻师鄂尔多斯，剿抚并用。厄鲁特人众络绎归命，而噶尔丹仍未响顺。丁丑，率师驻狼居胥山麓，官兵分道并进，噶尔丹计穷自毙，子女就获，余党悉平。

这两块碑和康熙当时留给崇福寺的他所用的甲胄、弓矢和腰刀以及费扬古祠堂中的《费公生祠记碑》都成了具有重要历史价值的纪念文物，至今仍在内蒙古自治区呼和浩特市保存着。

此外，康熙三十六年，玄烨还在北京国子监竖立了一块《平定朔漠告成太学碑》，也是具有同样历史价值的重要历史文物。

原文选自《准噶尔的历史与文物》，青海人民出版社 1984 年

王宏钧 / 刘如仲

《准噶尔的历史与文物》（摘选）

准噶尔部侵扰西藏和《抚远大将军西征图》

在我国西藏自治区首府拉萨市布达拉宫东北的解放公园内，矗立着一座一七二四年（清雍正二年）建立的《平定西藏碑》。碑文是一七二一年（清康熙六十年）康熙皇帝（爱新觉罗·玄烨）撰写的。这是记载一七一七年（清康熙五十六年）准噶尔部首领策妄阿拉布坦派兵侵入西藏，杀死拉藏汗，掀起骚乱后，一七二〇年（清康熙五十九年），康熙派他的第十四子允禵为抚远大将军率领军队，在藏族人民支持下，制止骚乱，稳定西藏局势，巩固西南边陲的纪念碑。碑文如下：

昔者太宗文皇帝之崇德七年，班禅额尔德尼、达赖喇嘛、固始汗谓东土有圣人出，特遣使自人迹不至之区，经仇敌之国，阅数年始达盛京。至今八十载，同行善事，俱为施主，颇极安宁。后达赖喇嘛之殁，第巴隐匿不奏者十有六年，任意妄行。拉藏灭之，复兴其法，因而允从拉藏、苦苦脑儿（蒙语，即青海）群众公同之请。中间策妄阿喇布坦妄生事端，动准噶尔之众，肆行奸诈，灭坏达赖喇嘛，并废第五辈达赖之塔，辱蔑班禅，毁坏寺庙，杀戮喇嘛，名为兴法，而实灭之，且欲窃据图伯特国（即西藏）。朕以其所为非法，爰命皇子为大将军，又遣朕子孙等，调拨满洲、蒙古、绿旗兵各数万，历烟瘴之地，士马安然而至。贼众三次乘夜盗营，我兵奋勇击杀，贼皆丧胆远遁。一矢不发，平定西藏，振兴法教，赐今呼必尔汗册印，封为第六辈达赖喇嘛，安置禅榻，抚绥图伯特僧俗人众，各复生业。于是文武臣工咸谓王师西讨，历瘴疠险远之区，曾未半载，辄建殊勋，实从古所未有。而诸蒙古部落及图伯特酋长亦合词奏曰：皇帝勇略神武，超越往代，天兵所临，邪魔扫荡，复兴蒙古向所尊奉法教，坎麻藏卫等部人众，咸得拔离汤火，乐土安居。如此盛德大业，非臣下颂扬所能宣罄，请赐御制碑文，镌勒招地，以垂永久。朕以何功焉？而群臣勤请不已，爰纪斯文，立石西藏，俾中外知达赖喇嘛三朝恭顺之诚，诸部落累世崇奉法教之意。朕之此举，所以除逆抚顺，绥众兴教云尔。

雍正二年季夏月之吉　　敬立

策妄阿拉布坦是僧格的长子，一六八八年（康熙二十七年）冬，噶尔丹从喀尔喀回到科布多以后，杀死了僧格的次子索诺木喇布坦。策妄阿拉布坦恐怕自己也将遭到杀害，第二年（康熙二十八年），"率兵五千而逃"。[1]他与"僧格旧臣七人，率部众远徙额哈毕尔噶，又徙博啰塔拉"。[2]这时，噶尔丹曾率兵二千追击，结果在乌兰乌苏被策妄阿布坦打败。策妄阿拉布坦即向清朝"遣使乞降"。[3]公元一六九○年，噶尔丹再次大举东侵喀尔喀蒙古在乌兰布通遭到惨败的时候，策妄阿拉布坦袭击了噶尔丹的老营科布多[4]，并夺取了噶尔丹控制的吐鲁番、库车等地。这时，不少杜尔伯特台吉纷纷归附，策妄阿拉布坦的领地北达额尔齐斯河上游，东北至乌布苏湖，"遂有准部大半"。[5]

　一六九○——一六九七年，在平定噶尔丹叛乱的过程中，策妄阿拉布坦曾多次接受清朝政府的命令，积极支持平叛。一六九六年（清康熙三十五年）六月，康熙在给噶尔丹部将阿拉布坦和丹津鄂木布的敕谕中说："朕以策妄阿喇布坦遣使纳贡，敬慎有加，深加怜惜。尔若往附策妄阿喇布坦，朕不究诘"。[6]一六九七年平定了噶尔丹的叛乱以后，策妄阿拉布坦派使者"入贡庆捷"。当时远在额济勒河（伏尔加河）游牧的我国厄鲁特蒙古土尔扈特部首领阿玉奇汗所属的诺颜和硕齐、

---

[1]　《清圣祖实录》，卷一百七十四。

[2]　《皇朝藩部要略》，卷之九，《厄鲁特要略》

[3]　同注 [2]。

[4]　同注 [2] 卷之九

[5]　魏源：《圣武记》，卷三。

[6]　同注 [2] 卷之十。

色布腾蒙克等，也随同策妄阿拉布坦一道遣使"入贡庆捷"，都受到了清朝政府的"优赉"。[7]

噶尔丹败亡以后，策妄阿拉布坦对清朝政府虽仍表示"极恭顺"，[8]但又谋求兼并卫拉特各部，扩张自己的势力。一六九九年（清康熙三十八年），土尔扈特汗阿玉奇的第三子（策妄阿喇布坦的妻兄弟）散扎布率部众一万五千余户回到祖国，策妄阿喇布坦竟扣留了散扎布。经阿玉奇一再交涉，他才放回了散扎布，却扣留了土尔扈特部众一万五千户，分别归入他自己的鄂拓克，并且阻截了土尔扈特到北京的贡道和去拉萨朝拜的道路。一七〇〇年（清康熙三十九年），策妄阿拉布坦派兵劫掠了哈密扎隆克达尔汗白克额敏（额贝都拉）派往吐鲁番贸易的部众。清政府因此对他进行了指责。此后策妄阿拉布坦对白克额敏和哈密维吾尔族部众更加怨恨。一七〇一年（清康熙四十年），在已经归降清朝的噶尔丹部将阿拉布坦带领部众向内地迁徙时，策妄阿拉布坦竟派台吉大策凌敦多布率两千兵马追袭，因遇到清政府前去迎接的使者，大策凌敦多布才退走。

鉴于策妄阿拉布坦这种扩张割据的图谋不断加剧，一七〇六年（清康熙四十五年），清政府令丹济拉（过去噶尔丹的部将）率部众移徙到喀尔喀蒙古西部的推河游牧，会同郡王车稜旺布，防备策妄阿拉布坦。[9]

一七一五年（清康熙五十四年）三月，策妄阿拉布坦派兵二千侵入哈密扎萨克达尔汗白克额敏辖地的北境，劫掠了五个村寨，至三月二十五日又兵临哈密城下。当时甘肃提督师懿德立即派肃州总兵官路振声前往救援。清政府得到报告后，对策妄阿拉布坦的这一行动引起了严重警惕。为了防止喀尔喀蒙古再遭侵扰，康熙命令西安将军席柱，甘肃提督师懿德星速救应，同时派吏部尚书富宁安前去哈密与席柱等共同处理军务。康熙又派散秩大臣祁里德前赴推河，命令右卫将军费扬古率右卫察哈尔、归化城、黑龙江、索伦、达呼尔、喀喇沁、鄂尔多斯兵前往推河驻扎。阿拉善贝勒阿宝也奉命率所部兵前去参赞军务。青海左翼也奉命加强防务。这就加强了喀尔喀蒙古西北部和青海一带兵备，先机阻止了策妄阿拉布坦

---

[7]　同注 [2]。
[8]　同注 [2]。
[9]　同注 [2]。

向东进犯的可能。不久准噶尔军队在哈密受到打击，向西败逃。这时清政府派出使者分别从喀尔喀和哈密两路，带着康熙给策妄阿拉布坦的敕谕，前去制止他的扩张行为。

这年八月，清政府得到消息说：策妄阿拉布坦传令治办器械，预备行粮，并且不许属下人私骑骟马。凡有人问，只说是"向哈萨克地方出兵"。[10]

一七一六年（清康熙五十五年）十一月，策妄阿拉布坦派宰桑都噶尔叁都克和大策凌敦多布等以送拉藏汗的儿子（策妄阿拉布坦的女婿）丹衷夫妇回西藏为名，率兵六千由阿里克路向西藏进发。[11]准噶尔军队绕过戈壁，越过和阗南的大雪山，昼伏夜行，于第二年（清康熙五十六年）七月到达西藏北部，由特几斯越过净科尔庭山（腾格里山）突入西藏。拉藏汗事先毫无准备。准噶尔军到达木（今西藏当雄）地方，他才发觉。拉藏汗抵抗失利，仓惶退守布达拉宫，并派使者带着奏疏向清政府求援。大策凌敦多布诱开了布达拉宫的宫门，执杀了拉藏汗，拘禁了拉藏汗的妻子和官员，劫掠了许多藏族居民和寺院的金器送回伊犁，毁坏寺院，残杀百姓，西藏地方陷入混乱。

一七一七年（清康熙五十六年）七月，清朝政府驻防巴里坤和西宁两地的官员才刚刚得到去年十一月准噶尔军队进入西藏的消息。对于其意图是侵占西藏，还是帮助拉藏汗侵犯青海，当时还弄不清楚。清朝政府命令驻防巴里坤一带的西安将军额伦特撤回西宁，与青海厄鲁特蒙古的军队一同设防。同时又派荆州、满洲兵二千发往成都，派太原兵五百发往西安。[12]十月，又命令副都统法喇往四川，会同四川总督年羹尧料理军需，命令四川松潘和西宁驻军加强戒备。

直到一七一八年（清康熙五十七年）初，拉藏汗求援的奏疏才送达清朝宫廷，这时准噶尔部叛军已侵踞西藏半年多了。奏疏说：

> 臣世受圣祖洪恩，不意恶逆策妄阿喇布坦发兵六千，与我土伯特兵交战两月，虽并无胜负，而敌兵复又入招。臣见（现）在率兵守护招地，但

---

[10] 同注 [1] 卷二百六十五。

[11] 同注 [1] 卷二百七十三。

[12] 同 [11]。

土伯特兵少，甚属可虑。若将喀木危藏之地被伊踞去，将使黄教殄灭。为

此恳求皇上圣鉴，速发救兵，并青海之兵即来策应。

拉藏汗是顾始汗的孙子，他们祖孙三代一向拥护清朝中央政权。经过议政大臣会议，清政府命令西宁、松潘、打箭炉、噶斯口分头预备兵马，[13]派侍卫色楞率兵赴援西藏。不久，拉藏汗已被准噶尔叛军杀害，西藏为叛军占据的消息传到北京。清政府旋又命令西安将军额伦特率军自穆鲁乌苏（通天河）出发，截击准噶尔军队。七月，清军过穆鲁乌苏，急速前进，过喀喇河时遇到准噶尔部的伏兵。两军相持一个多月。九月，清军粮尽矢竭，额伦特阵亡，清军覆没。

消息传来，朝野震动。青海蒙古各部王公台吉情绪动摇，不敢继续进藏。清朝的王公大臣看到额伦特所率清军的失败，也都表示"藏地遥远，路途险恶，且有瘴气，不能遽至"，[14]对于进兵西藏迟疑不决。康熙却认为：西藏屏蔽青海滇蜀，如果被准噶尔部占据，必将边无宁日。[15]如果准噶尔部侵占了吐鲁番，又鼓动土伯特、唐古特人侵犯青海，到那时将难于应援，而且更无法收复西藏。[16]因此康熙决定派靖逆将军富宁安、振武将军傅尔丹、征西将军祁里德管两路官兵分别出巴里坤、阿尔泰以防准噶尔向北向东进犯；又派护军统领噶尔弼领云南、四川满汉官兵，由打箭炉向里塘、巴塘前进；派都统延信领西路官兵，由青海前进；任命康熙十四子允禵为抚远大将军总领大兵进驻青海，调遣兵马，办理粮饷。[17]

一七一八年（清康熙五十七年）十二月，允禵率大兵从北京出发，经上花园、保德州、宁夏、至甘肃庄浪，次年四月进驻青海西宁。

这时从西藏逃出的藏民和蒙古族人众不断来到青海谒见新呼弼勒罕（即新的转世活佛），允禵派人向他们了解西藏和叛军的近况。他们纷纷控诉准噶尔叛军的种种暴行，表示渴望早日平定叛乱，使他们能安定的生活。被叛军俘虏后从西

---

[13] 同注 [11] 卷二百七十七；《西藏地方历史资料选辑》，第九十二页。

[14] 同注 [11] 卷二百八十九。

[15] 同注 [5] 卷五。

[16] 同注 [1] 卷二百八十九。

[17] 同注 [1] 卷二百八十六。

藏逃出的和硕特台吉孙多布、特垒巴图尔和罗布藏等三人说："前年准噶尔人取藏时，唐古忒人民虽经被获，幸未遭戮。……厥后见唐古忒人之物件则抢，遇人则杀，致使父母妻子离散，拆毁寺庙，种种暴虐，唐古忒人唯有怨泣而已。"许多藏民和久居的和硕特蒙古人也纷纷诉说："准噶尔人将我等逐至舒喜乌马哈地，霸占子女，涂毒生灵，实难忍受，惟望皇帝军队，顾始汗之子孙兵队，前来剿灭逆匪，我等重见天日"。[18]

一七一九年（清康熙五十八年）四月，允禵增派都统旺乌哩、副都统伊里布等率军进驻青海索罗木地方，派讷钦亲王讷尔苏等增率军队进驻博罗和硕，并令青海八盟盟长派兵前往。同时命令打箭炉之大军分两路向喀木、里塘、巴塘前进。

当时，允禵等考虑到"喀木、里塘、巴塘等处所驻之兵，军势强壮，喀木人民不晓情由，必生畏惧，思避患难，务必预先晓谕，使其安堵如垣"。因此派使者与青海拥奉的呼弼勒罕、里塘出生的噶桑嘉错商议，噶桑嘉错积极支援清政府派兵平叛，他说："今圣上佛立推广黄教，保护杜伯特生灵，使众太平安土，特以王为大将军，带领大军分路进讨，以殄除准噶尔之悖逆，天佛亦必体恤君上之仁怀，以成大事"。他随即拟写告谕，派人分三路晓谕喀木、里塘、巴塘各处的首领和人众。告谕如下：

> 驻锡古木布木庙[19]小呼弼勒罕谕，传知巴尔喀木地方首领等，现在准噶尔人背逆无道，混乱佛教，贻害杜伯特生灵，上天圣主自不忍睹，扫除准噶尔人，收复藏地，以兴黄教，使杜伯特众生，太平如恒，特派皇子，封为大将军，不分轸域，率领大军，至西宁驻扎，不日大军由各路进讨。鄙驻锡古木布木庙以来，仰蒙圣主重视黄教，举凡衣服饮食，无不受恩甚重。今大将军钦奉上谕，来至西宁，不日亲临本庙会见，受恩尤深。况圣上振兴黄教，普济杜伯特众生，溯念厚恩，尤当尽力报效。圣主军事，再以雄壮兵一队，由打箭炉前进，驻扎喀木、里塘、巴塘等处。此军之举，藉期仰副圣主振兴黄教，普济天下众生深仁之至意。大军所到之处，凡杜

---

[18]　钞本《抚远大将军奏议》。

[19]　古木布木庙，即今青海塔尔寺。

伯特人众皆一致顺从，妥为辅助，仍旧安居，断不至有所骚扰。此举确为杜伯特众生，尔等尚不知此中情节，恐尔等畏惧，以致妄行躲避天兵，故特遣使速为晓谕尔众，勉之勉之。[20]

被准噶尔军队胁迫的藏族人民也都从内心反对这场骚乱。与准噶尔军队不断接战的清军官兵，多次发现准噶尔"始将杜伯特人民派出，每日向我营施放鸟枪，若在准噶尔贼前，则将枪高举妄放，若无准噶尔贼匪，则向我营施放空枪。观形象多系与我一心，只被准噶尔贼胁迫，无计附从"。[21]藏族人民的人心向背和青海呼弼勒罕的积极支持，很有利于清朝政府的平定骚乱。

同年六月，都统法喇奉命派副将岳钟琪率绿旗兵进驻里塘，又进驻巴塘。

一七一九年（清康熙五十八年）十二月，清朝政府为了稳定西藏局势，决定封青海的新呼弼勒罕噶桑嘉错为六世达赖喇嘛，并决定派大臣一员率大兵一万二千名，护送进藏。为了击退侵据西藏的准噶尔军队，首先令南路清军都统法喇等带兵由巴尔喀木前进，噶尔弼、年羹尧派兵二千名往法喇军前；都统武格挑选云南满兵一千及绿旗兵二千前往与法喇之兵会合。

根据清朝政府的决定，允禵随即向青海的王公台吉宣谕："唐古特部达赖喇嘛班禅喇嘛法教，原系乃祖顾始汗所设。今准噶尔戕拉藏汗，离散番众，尔等前称里塘罗卜藏噶勒藏嘉穆错（即噶桑嘉措）为真达赖喇嘛瑚毕勒罕，愿置禅榻，广施教法，今唐古特人民及阿木岛喇嘛如尔言，皇上为安藏计，遣大兵送往唐古特，尔等宜率所属兵或万，或五六千从往"。对于清政府的这一号召，青海诸王公台吉等都积极响应。

一七二〇年（清康熙五十九年）正月，清政府"命抚远大将军允禵，率前锋统领弘曙，移驻穆鲁乌苏（今青海通天河），管理进藏军务粮饷，授都统宗室延信为平逆将军，率兵进藏，以公策旺诺尔布、副都统阿琳宝、额驸阿宝、随印侍读学士常授、提督马见伯、总兵官李麟参赞军务。调安西将军宗查布驻防西宁，

---

[20]　同注 [18]。

[21]　同注 [18]。

平郡王讷尔素驻防古木等地方"。[22]二月，又调都统法喇于打箭炉（今四川省康定县）地方驻扎防守。令云南进藏官兵，于二月十二日起行，至巴尔喀木地方与将军噶尔弼会合。

青海、四川进藏大兵出发之前，清朝政府对新疆地区也进行了部署。三月，命令阿尔泰、巴尔库尔两路兵约会前进，袭击准噶尔。又派祁里德领兵七千人从布娄尔前进，傅尔丹领兵八千人从布喇罕前进，袭击准噶尔边境之地。七月初二日，富宁安率兵七千，驻进叟集地方，然后从七千人内选精兵一千，轻骑前进，于初七日至乌阑乌苏口内，派遣一等侍卫哲尔德等领兵前至阿克塔斯，派一等侍卫阿玉锡、二等侍卫克什图等领兵前赴伊尔布尔和韶进击。哲尔德于初八日击败阿克塔斯的准部军队，牵制他们入藏增援策凌敦多布。

一七二〇年春，抚远大将军允禵进驻穆鲁乌苏，指挥将军延信出青海，护送六世达赖喇嘛入藏坐床，"于是蒙古汗王贝勒台吉各自率所部兵，或数千、或数百，于五十九年春随大兵扈从达赖喇嘛入藏"。[23]同时，噶尔弼率军出四川进军西藏。

图一　《抚远大将军西征图》局部

《抚远大将军西征图》这一幅长卷，描绘的就是一七二〇年（清康熙五十九年）康熙派抚远大将军允禵指挥军队，在藏族人民支持下，平定准噶尔军队在西藏掀起骚乱的情景。原签题作《仁皇帝命大将军征西藏图》。（图一）

该图作者不详，没有题记

[22]　同注 [1] 卷二百八十七。

[23]　《平定噶尔丹方略》，前编，卷六。

和题跋，绢本作色，纵四十九、横六九二厘米。所存是原画的后半部分，前半部分已残缺。从康熙末年到雍正初年清朝封建统治阶级内部争夺皇位的斗争看来，此图所描绘的既是允禵的事迹，应作于清军入藏至雍正即位允禵遭到打击之前，即一七二〇年八月末至一七二三年四月。[24]

图卷现存部分是一七二〇年噶尔弼从南路进军西藏的情景。图卷开始是清军都统法喇进驻打箭炉，副将岳钟琪进驻里塘的画面，接着生动地反映出清军在藏族、厄鲁特蒙古族人民支持下进一步联合巴塘、察木多（今西藏昌都县）、乍雅（今西藏察雅县境）等地藏族土司、头人，进察木多，到达洛隆宗（今西藏洛隆）。图卷继续展开，出现了惊险动人的场面。急流咆哮的怒江上游，江面上两根粗大的铁索桥上，正在紧张地运送着南路进藏的大军过江。武装的士兵，高大的马匹，顺着铁索的溜势，飞至对面江岸。这就是飞夺洛隆宗三巴桥之险。这里的铁索桥是藏族人民战胜怒江天险的重要创造，它帮助了进藏大军的顺利前进。（图二）

策凌敦多布由中路北拒清军。留下吹穆品尔宰桑领兵二千六百人，在西藏章米尔戎抗拒噶尔弼率军西进。噶尔弼等率兵进至拉里，采用副将岳钟琪团结藏族人民进行平叛的意见，召集藏族土司率军为前锋。岳钟琪于八月初四日率满汉官兵自拉里前进。大军所至，人民望风响应，于八月初五日攻取

图二　《抚远大将军西征图》局部

[24]　同注 [5]。

墨朱工喀。画卷描绘了噶尔弼、岳钟琪率满、汉、藏官兵由拉里前进，各族人民载道欢迎的情景。

清军攻下墨朱工喀后，便积极准备进攻拉萨。在藏族人民的帮助下，用皮船在湍急的江水上运载清军于八月二十二日强渡拉萨河。最后于八月二十三日，由侍卫讷秦等率领官兵分为三路进入拉萨。此时准噶尔军数千人来降，清军随即将达赖喇嘛仓库尽行封闭，生俘各庙准噶尔喇嘛一百零一人，惩办了准噶尔军队安插的五名首恶喇嘛，安抚藏、蒙、汉各族人民。最后，在雄壮的布达拉宫前和庄严的大昭寺左右，画面上出现了严整的平叛大军队列，结束了这幅描写清军入藏平定骚乱的《抚远大将军西征图》。（图三）

南路大军进入西藏的同时，西路平逆将军延信等也率军于八月十五日驻扎卜克河地方。是夜，策凌敦多布率众来攻，被击溃。八月十九日，延信等自卜克河起程前进，二十日驻扎齐嫩郭尔地方，到午夜三更，策凌敦多布又率二千余士兵来攻，又被击败。延信等于二十一日自齐嫩郭尔起程，二十二日驻扎绰马喇地方，是夜五更，又有准噶尔千余人来劫营，清军四面枪炮齐发，[25]"贼众胆碎魂落，败窜阿勒坦诺尔"。延信等将大军留驻于达木地方，率轻骑护达赖喇嘛，于九月初八日起程入藏，同月十五日，在晴朗天气中，举行达赖喇嘛坐床典礼。[26]至此，南西两路清军于拉萨会师，恢复了西藏的社会

图三　《抚远大将军西征图》局部

---

[25]　同注 [1] 卷二百八十九。

[26]　《抚远大将军胤祯奏报延信护送达赖入藏安床折》，康熙五十九年十月二十二日。

秩序。

清政府平定策妄阿拉布坦对西藏地区的侵扰和护送达赖喇嘛入藏坐床（佛教用语，坐而修禅之意。这里指正式继承达赖喇嘛宗教首领。），得到了各族人民的拥护和支持，尤其是得到了深受灾难的藏族人民的支持。当大兵护送达赖喇嘛入藏，"经过雷东喷多等处，居住喇嘛人等，……罔不踊跃欢欣，男女老幼，襁负来迎，见我大兵，群拥环绕，鼓奏各种乐器，合掌跪云，自准噶尔贼兵占据土伯特地方以来，父子分散，夫妇离别，掳掠诸物，以致冻馁，种种扰害，难以尽述"。[27]清政府帮助藏族人民摆脱了准噶尔军队造成的苦难，得到了藏族人民的拥护。（图四）

策凌敦多布带领残军退出西藏以后，清政府为了防止准噶尔军队再从其他方向进行侵扰，因此一方面命令从巴尔库尔兵内精选八千名由额伦哈必尔汉前进，六千名由吐鲁番阿尔会前进。另一方面，派兵二千名驻防青海，侦探防守。为了加强西藏地方的防务，留驻"扎萨克蒙古兵五百名，额驸阿宝兵五百名，察哈尔兵五百名，云南兵三百名，四川兵一千二百名，以公策旺诺尔布总统管辖。"[28]善后事宜就绪以后，进藏大军也分别撤回。

准噶尔军队被驱逐出西藏以后，一七二一年（清康熙六十年）三月，允禵提出了下一步军事行动的建议，

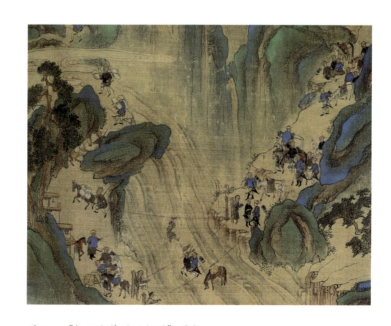

图四 《抚远大将军西征图》局部

[27] 同注 [1] 卷二百九十一。
[28] 同注 [1] 卷二百九十一。

他说："三路将军报称，各路马驼粮饷俱甚充足，器械俱已齐备，官兵各思奋力。值策妄阿喇布坦人心惶惑之时，可以直捣巢穴，扫荡无遗"。经议政大臣会议审议，又做了进一步的部署，制定了具体的进兵方案。最后得到康熙的批准，并决定："俟策妄阿喇布坦内变起衅，得有确信，三路将军即引大兵前进，据其巢穴。"[29]（图五）

五月，清政府下令"今年大兵暂停进剿。"一七二二年（清康熙六十一年）初，康熙改变了出兵准

图五　《抚远大将军西征图》局部

噶尔的计划，命令哲布尊丹巴呼图克图选派喇嘛作为使者带着诏书去宣谕策妄阿拉布坦，叫他自己克制，善于自处。同时命令"伊犁进兵之事暂停"。四月，清朝撤回了噶斯口的驻军，富宁安率兵移驻迪化城。到了一七二五年，策妄阿拉布坦"遣使入朝"，而且"甚属恭顺"，清朝驻防巴尔库尔（巴里坤）等处的军队也陆续撤回。

清朝对准噶尔策略的改变，得到了策妄阿拉布坦的响应，因而导致了清朝政府与准噶尔部之间紧张形势的缓和与正常关系的恢复。而出现这一变化的重要因素，看来是康熙发现了沙皇俄国利用准噶尔侵藏失败势窘力绌的时机，企图诱骗策妄阿拉布坦投俄叛国的阴谋而采取的及时正确的措施。

一七二一年，沙皇政府派温阔夫斯基为"特使"潜入准噶尔地区进行阴谋活动，企图诱迫策妄阿拉布坦"自愿臣服"俄国，并且同意让与领土给俄国，以便俄国在额尔齐斯河上游修建一条堡垒要塞线，与西伯利亚连接起来。交换条件则是俄国沙皇彼得一世"可以下令象保护自己臣民一样保护他，免遭他人侵犯。并

---

[29]　同注 [2] 卷十。

且可以首先致函说服中国皇帝不要对珲台吉（策妄阿喇布坦）进行欺侮，因为他已是皇上的臣民。如果中国皇上不听，则要设法用强力迫使他们同意。"[30]但是俄国的阴谋活动，很快被清朝派往色楞格斯的信使知道了，消息传到北京以后，康熙立即召见了正在北京的俄国使团和商队的代表劳伦特·郎克，质问他"这事是否妥当以及会产生何种后果"？郎克无以答辩，只是推诿抵赖，不久被清朝政府驱逐出境。[31]

另一方面，策妄阿拉布坦所以响应康熙的和解，其重要原因也是沙俄长期以来对准噶尔部不断进行武装侵略和阴谋讹诈的必然结果。

一七一六年，武装侵入我准噶尔地区的霍戈尔茨"考察团"在亚梅什湖附近被我准噶尔部击退以后，败退途中他们在准噶尔部境内的鄂木河口还是修筑了鄂木斯克要塞。一七一七年，俄国又在我准噶尔境内强行修筑了热列金斯克堡。一七一八年，又在亚梅什湖以南，额尔齐斯河岸修筑了塞米巴拉金斯克要塞。到了一七一九年，沙皇彼得一世为了侵占我国斋桑湖一带的领土，又派出以利哈诺夫为首的"考察团"，率领侵略军沿额尔齐斯河，侵入斋桑湖附近，并且越过该湖，溯喀喇额尔齐斯河深入了八十俄里。结果再次遭到我准噶尔部军民的抗击，退回了托博尔斯克。

准噶尔首领策妄阿拉布坦，虽然为了扩张自己的势力，侵扰过毗邻的哈密等地区，长驱侵入西藏，造成与清政府关系的紧张。但是面对沙皇俄国的武装入侵和领土的蚕食，却不断进行坚决的抗击。一七一三年，策妄阿拉布坦对俄国在属于准噶尔的领土上修筑比斯克和卡童要塞提出了抗议。一七一四年，又向俄国提出，俄国人修筑的托木斯克、克拉斯诺雅尔斯克和库兹涅茨克，应该拆除，因为这些地方是属于准噶尔的。一七一九年，策妄阿拉布坦更明确指出："近一百年来（即十七世纪二十年代以来），由于多次谈判确立了俄国与卫拉特领土以鄂木河——鄂毕河黑岬沿线为界的国界线。此界以北属俄国，此界以南的领土属准噶尔。"[32]

由于长期以来，沙皇俄国不断地对我准噶尔部进行侵略和康熙的和解态度，

---

[30] 加恩：《早期中俄关系史》，第八十七页。

[31] 同注[30]第九十八页。

[32] 兹拉特金：《准噶尔汗国史》。

所以一七二一至一七二四年沙皇俄国派往准噶尔的温阔夫斯基"使团"的收获"显然只不过是双方交换俘虏"而已，[33]而清朝政府与准噶尔部的关系却逐步趋向正常。

清政府平定了准噶尔部在西藏地区进行的侵扰骚乱，巩固了祖国的西南边陲。一七二七年清政府设驻藏大臣，代表中央政府直接行使主权，以后又制定了《西藏章程》，使国家的统一得到了进一步的巩固。

原文选自《准噶尔的历史与文物》，青海人民出版社 1984 年

王宏钧 / 刘如仲

---

[33]　同注 [30] 第八十一页。

《准噶尔的历史与文物》（摘选）

噶尔丹策零亲自绘制的《准噶尔地图》
及其产生的历史背景

在瑞典的乌布萨拉市皇家大学图书馆里，至今还保存着一七三四年瑞典人约翰·古斯塔夫·雷纳特（Johan Gustafu Rena-te）从我国西北地区带回去的两幅《准噶尔地图》。一幅是噶尔丹策零亲自绘成的准噶尔地图，一幅是准噶尔人根据清朝政府刻印的地图摹绘的。前者用棉纸绘成，长105.5公分，宽85.5公分，用准噶尔文（托忒文）标名注记。比例尺约为1：1600000，即1寸等于25.2哩。后者以准噶尔地区为主，包括阿尔泰、科布多、吐鲁番、哈密、巴里坤、青海等地的我国西北地区图。这幅地图是用满文以及藏文注记的。

这两幅准噶尔地图，是十八世纪初根据当时我国准噶尔地区和相邻地区的实际状况由准噶尔部首领和清朝政府分别绘制的，因此其史料价值十分值得重视。

但是，这两幅地图怎样流传到了北欧的瑞典呢？瑞典人约翰·古斯塔夫·雷纳特，是怎样从万里之外到了中国的准噶尔部，又得到这两幅地图带回自己的国家呢？地图的流传经过有着十分复杂的历史背景，其中沙皇俄国向东西两边的扩张和我国准噶尔部的反侵略斗争是重要的纽带。

十七世纪末到十八世纪初，俄国沙皇彼得一世为了争夺世界霸权，疯狂地向西、向南和向东进行扩张。当时夺取黑海和波罗的海的两处出海口，是俄国的重要战略目标。一六九五、一六九六年为了争夺黑海出海口，俄国两次出兵和土耳其作战，没有如愿。于是，彼得一世为了夺取波罗的海的出海口，又在一七〇〇年发动了进攻瑞典的"北方战争"。一七〇九年六月，在波尔塔瓦战役中，俄国军队大败瑞典军队，俘掳了大批瑞典的军官和士兵。炮兵中尉约翰·古斯塔夫·雷纳特就是其中之一。因为雷纳特具有使用和制造火炮的技术专长，所以被留在俄国，以后又被派到西伯利亚。

俄国和瑞典的"北方战争"，前后进行了二十一年，终于使它在北方夺取了波罗的海出海口、芬兰湾等广大水域和卡罗利沙、爱沙尼亚以及拉脱维亚的大部分领土。但在这期间，俄国在东面对我国西北边疆——首先是准噶尔部地区的侵略，并没有停止。苏联早期的一位历史学家曾经写道："众所周知，十八世纪初，俄国殖民化的新浪涛席卷了叶尼塞河、托波尔河以及额尔齐斯河的上游地区。"十八世纪头十五年至头二十年中，额尔齐斯河沿岸全部谷地被并入俄国，而在此以前，额尔齐斯河上最靠边（南边）的俄罗斯居民点是切尔诺卢茨克城市郊村（在鄂木河流入额尔齐斯河的河口往下六十公里的地方）。[1]

一七一三年，彼得一世再次风闻中国西部地区叶尔羌（今新疆沙车）富有金矿，此后就妄图侵占中国的这个地区。一七一四年，彼得一世根据西伯利亚总督加加林的建议，派出了三千多名骑兵、步兵和许多商人组成的远征军，以"考察团"的名义，任命中校霍戈尔茨为"考察团"的团长。这支远征军在一七一五年底侵入额尔齐斯河上游我国准噶尔部地区的亚梅什湖（在今哈萨克斯坦巴甫洛达尔市南）附近，并修筑了堡垒。我国准噶尔部的首领策妄阿拉布坦，识破了俄国"考察团"的侵略目的，并于一七一六年（清康熙五十五年），派大策凌敦多布率领一万名左右的军队，兵临俄国侵略军修筑的亚梅什堡。由于俄军不肯撤离，准噶尔军队攻击了这座俄国的侵略堡垒，并将它包围。两个月以后，龟缩在堡垒内的七百名残余俄国军队终于狼狈地炸毁了堡垒，顺额尔齐斯河逃窜。在这次战斗中，"霍戈尔茨考察团"的一名成员——瑞典军官雷纳特又做了我准噶尔部的俘虏。以后，同样因为他善于使用和制造火炮的技能，又得到了策妄阿拉布坦的留用和重视。这样，雷纳特从一七一六年至一七三三年在中国准噶尔部留居了十七年。这段时期雷纳特为准噶尔部制造了许多火炮，计有四磅炮十五尊，小炮五尊和十磅臼炮二十尊。[2]据说雷纳特还帮助准噶尔人建立了一些生产丝绒、布匹、纸张以及金银饰带的手工工场。

---

[1] G·B·巴赫鲁森：《十六至十七世纪西伯利亚殖民化史纲》，第二百七十三页。转引自兹拉特金：《准噶尔汗国史》，第五章，第一节。

[2] 巴特雷：《俄国·蒙古·中国》，第一卷中《地图介绍·雷纳特地图》一节。

雷纳特十七年的工作成绩，先后得到了准噶尔首领策妄阿拉布坦和噶尔丹策零的赏识与信任。因此，一七三三年，噶尔丹策零根据雷纳特的请求，同意他返回自己的祖国，并且赠给他两幅准噶尔地图。雷纳特回到瑞典以后，于一七四三年把这两幅地图赠给了乌布萨拉市皇家大学图书馆。直到一八七九年，著名的瑞典诗人、小说家和热心于了解中国的学者奥古斯特·施特林伯尔德在林彻平市立图书馆发现了一幅《准噶尔地图》的复制品以后，《准噶尔地图》才在欧洲学术界引起了广泛的兴趣。直到一九〇〇年前不久，英国学者巴特雷在乌布萨拉市皇家大学图书馆找到了一七四三年四月二十五日雷纳特给该校图书馆馆长阿列克塞·安德乐松博士的一封信，才彻底弄清了这两幅地图的原委。这封信中说：

> 至于那本地图，它是中国印制的，喀尔木克（准噶尔）人是在与中国人的一次战役中得到的。其中一种文体是唐古特文（藏文），另一种是满文。……此图乃是一名喀尔木克（准噶尔）人根据中国原图摹绘的。在我离别的时候，准噶尔统治者（按即噶尔丹策零）应我的请求把它送给了我，还送给我一幅他亲自绘成的准噶尔地图。[3]

从此以后，雷纳特名字就随着这两幅地图在西方的学术界传播开来，这两幅中国准噶尔地区的地图也被称做《雷纳特地图之一》和《雷纳特地图之二》而闻名于世界学坛。

关于所述第一幅《准噶尔地图》，雷纳特已指明是清朝政府印制的《准噶尔地图》的复制品。原图是清朝政府的军队"在巴里坤或土鲁番附近攻打喀尔木克时，落到喀尔木克人手中的"。[4] 从雷纳特到达准噶尔以后，在巴里坤和土鲁番一带曾参加过多次战斗，究竟是在哪一次战斗中这张地图落入准噶尔人之手，已很难准确判断。（图一）

关于第二幅用准噶尔文注记的《准噶尔地图》，雷纳特明确地说："在我离别的时候，准噶尔的统治者，……还送给我一幅他亲自绘成的准噶尔境域图"。显然

---

[3] 同注 [2]。

[4] 同注 [2]。

图一　清政府印制的《准噶尔地图》

这位一七三三年（清雍正十一年）时的准噶尔统治者是噶尔丹策零，而不是如有些著者所说的是策妄阿拉布坦。[5] 关于这一点，巴特雷在他所著的《俄国·蒙古·中国》一书中曾经进行了研究。他写道："地图的来源，据雷纳特十分肯定地指出是由洪台吉（噶尔丹策零）

亲自绘制的。这可能仅指由他下令绘制，但是我们无法如此判断。前面我们已经提到，在中亚沙漠和绿洲中生活具有一定文化程度的一面，像噶尔丹策零这样一位经常用一百峰骆驼驮载书籍迁移营帐的喀尔木克王公，是完全有可能亲自画地图的"。[6]（图二）

巴特雷的判断是不无理由的。但是关于这幅地图，我们更为注意的倒是它产生的历史背景。

准噶尔——中国厄鲁特蒙古族的一部，在十七和十八世纪，它经历了十分复杂的历史过程。这种历史的复杂性是由于多种矛盾的斗争和互相激荡形成的。准噶尔贵族为了扩大自己势力，企图侵占喀尔喀蒙古地区、哈密、巴里坤地区和西藏所引起的各种矛盾和斗争，曾经在一段时间内出现了破坏国家统一和安定的战乱局面。这些都属于当时中国的内部问题。另一方面，更重要的是围绕准噶尔北部边境的领土、人口和主权问题，准噶尔部和沙皇俄国之间存在着长期的尖锐复杂的矛盾和斗争。这一斗争，是我国准噶尔部反对沙皇俄国侵略的斗争，也是这

[5]　〔德〕Water Heissig 原著〔日〕田中克彦译《モソラズの历史と文化》一书中，谈到这张地图是策妄阿拉布坦所绘，恐系噶尔丹策零之误。

[6]　同注 [3]。

一历史时期中国人民反对沙俄侵略的一个重要组成部分。此外，这些矛盾和斗争还带有准噶尔贵族内部争夺统治权的斗争，以及准噶尔与周围各族之间争夺土地、部众、贸易通道和贸易中心的控制权以及掠夺对方财富的斗争的性质。以上这许多矛盾和斗争或先后出现，或同时并存，互相影响、互相制约，就形成了这一时期错综复杂的准噶尔部的历史，同时也导致了准

图二　噶尔丹策零绘制的《准噶尔地图》

噶尔部管辖区域的不断变动。这种变动正是产生这幅《准噶尔地图》的基本历史背景。

准噶尔管辖区域的东部和南部，由于准噶尔部在不断争夺喀尔喀蒙古辖区、清朝政府直辖的哈密、巴里坤地区、青海和硕特蒙古辖区和西藏政教首领辖区土地的胜败交替，因而时有消长。但是，到了噶尔丹策零统治准噶尔部的时期，其管辖区域的东部和南部已大体稳定。由于一七二九年至一七三三年的战争，准噶尔辖区的东部才又处于动荡之中，但是这时的动荡不仅远远小于噶尔丹和策妄阿拉布坦时期，而且一七三二年光显寺之战以后，议和开始，准噶尔与喀尔喀辖区划分的争议，中心只是阿尔泰地区，到一七三九年达成协议仍以阿尔泰为界，问题得到了解决。可以看出，自一七二○年（清康熙五十九年），准噶尔侵扰西藏失败以后，至一七三三年雷纳特携带这幅地图离开准噶尔时为止，在这段时期，虽然中间有五年处于战争状态，但是准噶尔部与清朝政府的关系，总的趋势是走向了缓和与正常。准噶尔和喀尔喀两部辖区的划分也是在基本稳

定的状况下，经过一度动荡，又进一步稳定下来。这就是产生这幅地图东界和南界的基本历史背景。

在这一历史时期中，准噶尔管辖区域不断变动的另一个方面是在西北部。而北部的矛盾冲突的根源就是来自沙皇俄国的侵略。近年出版的苏联有关著作中也承认："俄国殖民化的成就必不可免地引起排挤（合乎历史事实的提法应该是侵略——引者）卫拉特牧区的现象。于是在俄国与准噶尔汗国间就出现了新的矛盾，它们渐渐变得越来越尖锐。……这些矛盾构成了十八世纪俄、卫关系史上重要的一页"。[7]

前面已经谈到，在策妄阿拉布坦时期，针对沙皇俄国侵占准噶尔领土的问题，所进行的多次斗争。在噶尔丹策零时期，这种斗争在继续进行，而且更加尖锐。对于这一点，苏联的有关著作中所引用的俄国档案，已提供了相当充分的事例。[8]

一七二八、一七三〇、一七三三和一七四一年噶尔丹策零先后派了四个使团到达俄国首都。俄国也在一七二九、一七三一至一七三三、一七四二至一七四三年三次派出使团到达我准噶尔部。所有这些使团往返谈判的问题，除了交还俘虏、征收实物税的权利和互相贸易以外，每次必不可少的重要争议中心就是尖锐的领土问题。

一七二九年九月，噶尔丹策零曾质问俄国使者Ｘ·埃蒂格洛夫："你们的城市造在额尔齐斯河和鄂毕河上是为什么呢？那可是我们的领土啊！"[9]

一七三七年七月，从准噶尔到达俄国托波尔斯克的商人阿瓦斯巴伊受噶尔丹策零的直接委托，向俄国该省省长布图林声明："这些河流入海洋，从河口到河源自古以来是他们（指准噶尔）的领地，现在俄罗斯大臣却改成了俄国地名。以前鄂木斯克河口上方从未有人来过，……而现在所有那些地方也全取了俄国的地名"。[10]

一七四二年三月，到达彼得堡谈判的噶尔丹策零的使者喇嘛达什当面交给俄国大臣切尔卡索姆公爵一封噶尔丹策零致俄国女皇安娜·伊凡诺夫娜的信，信中写道："在伟大的沙皇和我们几位强大的领主执政时期，俄国人与我们的人经常来

---

[7]　兹拉特金：《准噶尔汗国史》，第五章，第一节。

[8]　以下所引俄国档案均转引自兹拉特金：《准噶尔汗国史》第五章，第一节。

[9]　俄国对外政策档案馆《准噶尔卷》，一七二九——一七三〇 Д·1.第三十三页。

[10]　同注 [9] 一七三七 Д·2，第五——六页。

往于两国之间并捕捉野兽，因此发生过争端。有鉴于此，两国君主同意标定国界，于是在黑鄂木河口造有禁林，立标定界，并约定，从那时起双方任何人不得进入他方捕捉野兽、建造要塞和其他住房，……可是后来另一个沙皇（指彼得一世——兹拉特金）执政时，你方却在黑鄂木河口外建造了要塞（指亚梅什湖要塞——兹拉特金），为拿下要塞我们曾出兵，为此当时发生了不少小的冲突。现在你们的人又在我们的地方筑堡、捕兽、挖金、取铜。……如果你们在我国土地上依旧这样呆（待）下去，那就是把我的土地攫为己有，而我是不能交出这些土地的。……为此请下令撤出你们的上述人员。否则，我决不能容忍他们在我的土地上生活。"[11]

至于俄国方面，对于噶尔丹策零的多次申明和指责，是否认的。其否认的根据并不是依据可靠的历史事实，而是为了"一意维护俄国占有这些争议地区的权利"。[12]对于沙皇俄国所以采取这种态度，苏联作者兹拉特金曾做了进一步分析。他写道：

> 应该指出，卫拉特封建主希望得到的这块领土，顺额尔齐斯河延袤一千公里，而且包括的范围一端为乌斯季卡缅诺哥尔斯克，另一端为鄂木斯克和整个巴拉巴草原，当时俄国中心地区通往东西伯利亚和外贝加尔的独一无二的陆路通道就是越经这片草原的。自然，俄国统治集团无论如何决不会同意在这个问题上作出让步。[13]

十八世纪最初的二三十年中，面对沙皇俄国的不断侵略蚕食，为了维护我国准噶尔部地区的领土主权，策妄阿拉布坦和噶尔丹策零所进行的坚决的、持续不断的斗争，这就是形成这幅《准噶尔地图》北部边界的主要历史背景。

原文选自《准噶尔的历史与文物》，青海人民出版社 1984 年版

王宏钧 / 刘如仲

---

[11]　同注 [9] 一七四二 Д·2，第一百六十——一百六十一页。

[12]　同注 [7]。

[13]　同注 [7]。

《准噶尔的历史与文物》（摘选）

《万树园宴赏三车凌图》和准噶尔所属各部首领的相继归顺清朝

一七四五年（清乾隆十年）十月，噶尔丹策零逝世以后，由于准噶尔各部首领争夺统治权，"兵夺频仍"、"互相残杀，群遭涂炭，不获安生"，战乱达八年之久。一七四六年（清乾隆十一年）初，由噶尔丹策零的次子十三岁的[1]策妄多尔济纳木扎勒"以母贵"继承了他父亲的职位。同年三月、十二月，策妄多尔济纳木布先后派使臣哈柳和玛木特向清政府进表奉贡。一七四八年（清乾隆十三年）四月，又派使臣唵集到北京进表贡，要求增加到肃州贸易的人数，得到清政府批准。但是，策妄多尔济纳木扎勒还是个孩子，"童昏无行，恣睢狂惑，"[2]不懂政事，他的姐姐鄂兰巴雅尔不断地约束他。稍长以后，他反诬他姐姐"欲效俄罗斯自立为扣肯汗（女皇）"，竟把他姐姐关押起来。同时，残暴益甚，"多戮宰桑"，激起部众的不满。因此，一七五〇年（清乾隆十五年）夏，他的姐夫萨奇伯勒克联合了一些台吉帮助策妄多尔济纳木布的庶兄喇嘛达尔扎，打败并俘获了策妄多尔济纳木扎勒，由喇嘛达尔扎掌握了准噶尔的统治权。支持策妄多尔济纳木扎勒的达什达瓦（小策凌敦多布的儿子）也同时被俘。达什达瓦部下的宰桑萨拉尔遂于一七五〇年（清乾隆十五年）九月率部众一千多户归附清朝，被清朝任命为散秩大臣，安插在察哈尔游牧。萨拉尔是最先率众内迁归附清朝的准噶尔重要首领。喇嘛达尔扎当政的时期内，为了反对沙俄对准噶尔部领土的侵犯，曾派使者向俄

---

[1]　兹拉特金：《准噶尔汗国史》，第六章。

[2]　《皇朝藩部要略》，卷十二；《圣武记》卷四。

国提出强烈的抗议。但是，大策凌敦多布的孙子达瓦齐、辉特部台吉阿睦尔撒纳、和硕部台吉班珠尔等一致反对喇嘛达尔扎，策划另外拥立噶尔丹策零的幼子策旺达什为准噶尔部首领。因为大、小策凌敦多布是准噶尔的贵族和名将，在策妄阿拉布坦和噶尔丹策零时期，北抗沙皇、东侵喀尔喀、南破藏卫，为准噶尔立了许多"战功"，所以他们的子孙在准噶尔部众中也有很大影响。喇嘛达尔扎发觉以后，感到对自己是个严重威胁，于是先发制人杀死了策旺达什和达什达瓦。随后派人去召见与达什达瓦关系密切的达瓦齐。

一七五一年（清乾隆十六年），正在额密尔一带游牧的达瓦齐得到这个消息，恐怕遭到喇嘛达尔扎的谋害，随即奔往和通呼尔哈，准备带领部众五千人归顺清朝政府。定边左副将军喀尔喀亲王成衮扎布把这个消息报告清廷以后，乾隆（弘历）命令说："达瓦齐乃大策凌敦多布孙，……自噶尔丹乱后，（我朝）收养准噶尔人甚众，若达瓦齐至而不纳，是绝其归路矣。达瓦齐果力穷来归，可量给粮骑，驰至京师"。[3]可是达瓦齐由于喇嘛达尔扎的派兵追击没能归顺清朝，而和阿睦尔撒纳一同逃往哈萨克中玉兹的阿布赉那里去了。喇嘛达尔扎为消除后患，派台吉率兵三万去哈萨克对达瓦齐和阿睦尔撒纳进行搜讨。一七五二年（清乾隆十七年）初，阿睦尔撒纳和达瓦齐又遁回旧时的牧地，他们为了避免束手被擒，决定铤而走险，选精兵一千五百人，昼伏夜行，于十月二十七日偷入伊犁，乘其不备，袭击了喇嘛达尔扎的营帐，杀死了喇嘛达尔扎。因为阿睦尔撒纳自己不属准噶尔部，恐怕难孚众望，于是拥立"贵而无能"的达瓦齐为大台吉。这时，小策凌敦多布的孙子讷默库济尔噶尔又起兵反对达瓦齐。于是"两酋争立，各征兵于诸部，诸部莫知所从。"[4]自从噶尔丹发动叛乱以来，准噶尔部不断地处于战乱之中，所属各部的壮丁大量被征发，牲畜大量被征调，"诸部生计维艰，"陷入"生产荒废，除老幼妇女以外，各兀鲁思（领地）荒无人烟"，"各部人众咸失生业"[5]的凋敝状况。到这时混乱更到了空前严重的地步，各部的许多首领和大批部众，为了自谋生计，开始不断外逃，投奔清朝政府。长期以来准噶尔的割据势力开始分崩离析。

---

[3] 同注 [2] 卷十二，

[4] 魏源：《圣武记》，卷四。

[5] 《皇朝藩部要略》卷十二；兹拉特金：《蒙古近代史纲》，第三章。

万树园宴赏三车凌图

　　在达瓦齐和讷默库济尔噶尔的争夺中，一七五三年（清乾隆十八年）夏，达瓦齐率兵会同哈萨克骑兵，向额尔齐斯河流域支持讷默库济尔噶尔的一支杜尔伯特部众大举进攻，俘虏了男女几千人，劫夺了大批的牛羊马匹，破坏了大片的牧场。这时杜尔伯特台吉车凌、车凌乌巴什和车凌孟克（合称"三车凌"），面对达瓦齐和讷默库济尔噶尔同时叫他们出兵助战的要求，感到十分为难，"欲拒之，不敌；欲事之，莫知所从。"最后他们集族商议："依准噶尔非计也，不如依天朝为永聚计。"[6]这年初冬，三车凌离开了额尔齐斯河的牧场，率领部众三千一百七十户，一万多人，其中有喇嘛二百九十多人，[7]东越阿尔泰山，经过一个多月，于一七五三年（清乾隆十八年）十月二十五日到达乌里雅苏台（今蒙古人民共和国扎布哈朗特）。清朝定边左副将军喀尔喀亲王成衮扎布根据乾隆的命令，立即对他们进行了妥善的安置。乾隆并派侍郎玉保带着优厚的"赏赐"前来迎接他们。三车凌赶到十里以外去迎接玉保，并且"跪奏：噶尔丹策零时，思内附，以众志未燮、且法严，故不获间，今避乱来归，思觐'天颜'（皇帝）"。[8]当时乾隆考虑

[6]　张穆：《蒙古游牧记》，卷十三。

[7]　《平定准噶尔方略》正编，卷一，

[8]　《皇朝藩部要略》，卷十二。

到三车凌及其部众久处西北边疆，他们的习俗"以未出痘为'生身'"，如果马上到内地来，容易出天花，因此决定"候明岁受朝塞外，勿遽来京师"。当时三车凌和三千多户部众长途归来，后有追兵，天寒路险，十分艰苦，沿途马匹牛羊损失甚重，生计困难，清朝政府当即拨给了五百多头牛，两万多只羊和四千多石粮食进行赈济。因为杜尔伯特部"俗兼耕牧"，与专门逐水草游牧的部落不同，所以又命令将推河、托克拜达里克和库奇勒等地的可耕地划出安置他们，并由归化城负责供给谷种。[9]

半年以后，一七五四年（清乾隆十九年）五月十二日，乾隆到达热河（今河北省承德市）避暑山庄。三车凌已率所部大小官员等一百三十多人先期到达。当天乾隆就封车凌为亲王、车凌乌巴什为郡王、车凌孟克为贝勒。和他们一起归来的色布腾，因"善约众"，乾隆授予"参赞军务"，命他随同新归附的内大臣萨拉尔去商议招抚乌梁海和扎哈沁。其余属下的首领也都封为贝子、公、一等台吉不等。三车凌所部分设了十三个扎萨克（扎萨克，蒙语官名。清代将蒙古分设若干旗，每旗旗长称扎萨克。）按照内扎萨克和喀尔喀的先例设置了杜尔伯特赛音济雅哈图盟，任命车凌为盟长，车凌乌巴什为副盟长，让他们在靠近乌里雅苏台的扎克特达里克一带游牧。第二天，乾隆在避暑山庄澹泊敬诚殿接见了三车凌。十六日，"赐宴万树园，观火戏"。许多扈从的王公大臣和蒙古王公都参加了宴会。《万树园宴赏三车凌图》所描绘的就是这时的景象。当年正是避暑山庄的极盛时期，万树园处于四围山色，数顷碧波之间，参天的古木围绕着一大片开阔的草地。亭台楼阁和至今犹存的多宝塔、磬锤峰掩映在万木之中。草地中央支起了乾隆的"御幄"，三车凌及其随员和王公大臣们分别在"御幄"的两旁行列整齐地席地而坐，"御幄"前搭起了高高的木架，这是演火戏用的。不少朱红的机案上摆着各式盛食品的器皿。鼓乐队和各色执事人等按照自己应处的位置，垂手侍立。整幅画面以宏伟秀丽的园林为背景和谐地烘托着既庄严又欢快的盛会。好象倾刻之间，万盏齐明，鼓乐大作，焰火腾空，百戏竞陈，那种欢乐的热烈景象即将从画面上呈现出来。

---

[9] 同注 [6]。

这幅绘画应该说是一件构思和技巧都很出色的写实作品，对于在这样一种典型环境中的典型情节和气氛描绘得既充分又含蓄。关于它的艺术价值究竟如何，本书不去评论。但是，作为一件实物史料，它的价值并不在于揭露了乾隆皇帝的豪华富有和描绘他对三车凌"恩宠"之优渥；更主要地是联系当时的历史事实来考察，可以发现，三车凌脱离割据势力毅然归来的重要历史意义。他们率领空前众多的部众归来，加速了准噶尔割据势力的瓦解，为清朝中央政府平定骚乱，统一西北，提供了有利条件。这幅绘画反映了各个民族向往统一的共同愿望，预示着准噶尔割据势力瓦解和统一新疆地区的有利时机即将到来。

万树园盛会的几天以后，乾隆宣布："今车凌、车凌乌巴什到来，问其情形及准噶尔来使敦多布等光景，彼处人心不一，甚属乖离。乘其不备，议定明年由阿尔台、巴里坤两路出兵。"[10] 自达什达瓦的部将萨拉尔内附以后，清朝政府已了解到准噶尔内乱的状况，但当时还没有打算进兵。三车凌归来以后，进一步了解了准噶尔内部割据势力的混乱情况，"事会所至"，机不可失，因而乾隆做出了这项重大决定。五月二十日，军机处制定的进军伊犁的作战计划，得到了乾隆的批准。清朝最后统一西北的军事行动实际上由此开始。

原文选自《准噶尔的历史与文物》，青海人民出版社 1984 年

王宏钧 / 刘如仲

---

[10]　《清高宗实录》，卷四百六十五。

《准噶尔的历史与文物》（摘选）

准噶尔割据势力的瓦解和《平定准噶尔图卷》

在北京清代最高学府国子监里保存着一块一七五五年（清乾隆二十年）爱新觉罗·弘历所立的《平定准噶尔告成太学碑》。碑文中叙述了康、雍两朝平定准噶尔部叛乱的简要过程，记载了这次清朝政府决定进兵伊犁时的形势、对进兵后势态发展的估计和平定达瓦齐割据势力的全部经过。碑文节录如下：

　　准噶尔厄鲁特者，本有元之臣仆，叛出据西海，终明世为边患。至噶尔丹而稍强，吞噬邻蕃，阑入北塞，我皇祖三临朔漠，用大破其师，元恶伏冥诛，胁从远遁迹，毋俾遗种于我喀尔喀。厥侄策妄阿喇布坦，收其遗孽，仅保伊犁，故尝索俘取地，无敢不共。逮夫部落滋聚，乃以计袭哈密，入西藏，准夷之势，于是而复张。两朝命将问罪，虽屡获捷，而庚戌之役，逆子噶尔丹策零，能用其父旧人，乘我师怠，掠畜于巴里坤，捣营于科布多，于是而准夷之势大张。然地既险远，主客异焉，此劳往而无利，彼亦如之，故额尔德尼昭之败彼，亦以彼贪利而深入也。皇考谓我武既扬，不可以既，允其请和，以息我众。予小子敬奉先志，无越思焉。既而噶尔丹策零死，子策妄多尔济那木扎勒暴残，喇嘛达尔扎而酗酒虐下尤甚焉。癸酉冬，杜尔伯特台吉车凌等，率数万人来归，越明年秋，辉特台吉阿睦尔撒纳、和硕特台吉班珠尔又率数万人来归。朕谓来者不可以不抚，而抚之莫若因其地其俗而善循之，且毋令滋方来之患于我喀尔喀也。于是议进两路之师，问彼罪魁，安我新附。凡运饷筹驮、长行利战之事，悉备议之始熟。经于庚戌之艰者，[1]咸惧蹈辙，惟大学士忠勇公傅恒，见与朕同，而新附诸台吉，则求之甚力。朕谓犁庭扫穴，即不敢必，然喀尔喀之地，必不可以久居，若而人毋宁用其锋而观厥成，即不如志，亦非所悔也。故凡祃旗命将之典，概未举行，亦云偏师尝试为之耳。塞上用兵必以秋，而阿睦尔撒纳、玛木特请以春月，欲乘彼马未肥，则不能遁。朕谓其言良当，遂从之。北路以二月丙辰，西路以二月己巳，各启行。哈密瀚海向无雨，今春乃大雨，咸以为时雨之师。入贼境，凡所过之鄂拓克，携羊酒糗糒迎恐后。五月乙亥，至伊犁亦如之。达瓦齐于格登山麓，结营以待，兵近万。我两将军议，以兵取则伤彼必众，彼众皆我众，多伤非所以体上慈也。丁亥，遣阿玉锡等二十五人，夜斫营，觇贼向，贼兵大溃，相蹂躏死者不可胜数，来降者七千余，我二十五人，无一人受伤者，达瓦齐以百余骑窜。六月庚戌，回人阿奇木霍吉斯伯克，执达瓦齐来献军门，准噶尔平。

这篇乾隆亲自撰写的碑文，虽然是清朝最高封建统治者的自我表彰之作，但在记载史实上仍然具有重要的史料价值。

一七五四年（清乾隆十九年）五月，清政府决定由阿尔泰、巴里坤两路进兵伊犁以后，准噶尔内部争夺权力的斗争愈演愈烈。七月初，清政府得到奏报："辉特台吉阿睦尔撒纳等，携带眷属四千余户前来投诚"。"七月八日，阿睦尔撒纳已进边卡，共兵五千余名，妇女人众共约二万"。[2]形势的急剧变化，对于清政府统一西北地区的行动十分有利。清朝政府早已感到"准噶尔一日不定，则部曲一日不安"。因此，乾隆皇帝决心抓住这一有利时机进兵伊犁，完成康熙、雍正两朝"筹办未竟之绪。"

阿睦尔撒纳是准噶尔首领策妄阿拉布坦的外孙，和硕特拉藏汗的孙子，对准噶尔早就怀有"垂涎汗位"的野心。（图一）

在达瓦齐取得准噶尔统治权以后，小策凌敦多布之孙讷默库济尔噶尔起兵反

---

[1]　"庚戌之艰"，指雍正八年清军在和通泊战役之失败。

[2]　《清高宗实录》，卷四百六十九。

对，打败了达瓦齐。阿睦尔撒纳曾帮助达瓦齐"诱除济尔噶尔"，因而更加居功自满，桀傲不逊。阿睦尔撒纳是辉特部台吉，原游牧地在雅尔地区，他的兄弟班珠尔是和硕特部台吉，游牧地在库尔乌苏一带。阿睦尔撒纳娶了杜尔伯特台吉达什之女以后，袭杀了达什，又胁迫达什的儿子讷默库依附自己，夺占了他的牧场和部

图一 《平定准噶尔图卷》局部

众。于是阿睦尔撒纳得以"令行三部"，并把营帐迁移到额尔齐斯河流域，开始"侵掠伊犁边境。"这样阿睦尔撒纳和达瓦齐的矛盾尖锐起来。达瓦齐三次派兵进击阿睦尔撒纳，没有取胜，于是亲自率精兵三万逼近阿睦尔撒纳的驻地，又派骁将玛木特率乌梁海兵八千，东西夹攻。阿睦尔撒纳无力抵抗，转而图谋借清朝政府的兵力消灭达瓦齐，以夺取厄鲁特四部统治权。因此和班珠尔、讷默库率领所部向清朝政府"输诚归顺"。

清朝政府对于阿睦尔撒纳的投诚十分重视，当即命令参赞大臣玉保前去欢迎慰劳，并把他们安置在"苏尼特与四子等城接壤地方"，下令动用军营的牲畜和运到归化城的粮食酌量"赏给"。乾隆又决定"朕于十一月初九日大祀礼成后，幸热河，令阿睦尔撒纳陛见赐宴，商议明年进兵之事"。同时通知陕甘总督永常届时到京。这年十一月初，乾隆由盛京（今沈阳）来到热河，在行殿召见了阿睦尔撒纳等人。阿睦尔撒纳"备言伊犁可取状"，[3]乾隆十分高兴。第二天封阿睦尔撒纳为亲王、讷默库、班珠尔为郡王，新归附的杜尔伯特台吉刚多尔济、巴图博罗特、辉特部台吉扎木参、齐木库尔封为贝勒，布图克森、罗垒永瑞等封为贝子、

---

[3]　魏源：《圣武记》，卷三。

辅国公、一等台吉不等。并任命阿睦尔撒纳为北路参赞大臣。（图二）

图二　《平定准噶尔图卷》局部

一七五三至一七五四年，在不到一年的时间里，从萨勒尔、三车凌，直到阿睦尔撒纳和玛木特等等，厄鲁特各部大小首领"接踵内附"，昔日准噶尔的骁将心腹，都转成了清朝政府的王公、将军、参赞大臣。准噶尔内部的虚实他们全都瞭若指掌。在商讨怎样进兵伊犁的时候，他们提出了许多重要的建议。首先，关于进兵的时机，他们提出："塞外秋狝时，我马肥，彼马亦肥，不如春月乘其未备，且不能远遁，可一战擒之，无后患。"关于进军的部署，他们提出：准部东境，与喀尔喀蒙古辖区接壤，接近阿尔泰山的额尔齐斯河流域，本是杜尔伯特部的屯牧之地，应该先派一万军队，占领这处形胜之地，屯田备饷。这些建议都为清政府所采纳，加速了平叛战争的顺利进行。此外，对于进兵时，他们所用的旗帜也提出了建议。乾隆本已"降旨，给车凌、阿睦尔撒纳等上三旗（满洲八旗中正黄、镶黄、正白为上三旗）旗色纛帜"，根据阿睦尔撒纳等人的建议"所用旧纛，每到准噶尔地方，彼处人众，易于认识，投降甚便"。因此清政府又批准"明年进兵时，著仍用伊等旧纛，如有损坏，著班第等修补发给"。[4]

一七五四年（清乾隆十九年）十月戊午，清政府向"诸王满洲大臣等，宣示办理平定准噶尔事宜"[5]以后，各项进兵的准备工作加紧进行。清政府任命侍郎兆惠总理"催办军粮"。经过筹划，领兵官员及进剿兵丁的口粮，"俱以六月计算，应备粳米一万一千二百余石，炒面及青稞面一百万斛，白面四十万斛，羊

---

[4] 同注 [2]，卷四百七十六。

[5] 同注 [2]，卷四百七十四。

七千八百余只"。满汉官兵及跟役余丁的"盐菜银"应支给一十七万九千六百两。[6]军粮的运输，按雍正时进兵西北的办法，"雇归化城商人驼车运送，每斛共给银九两八钱，派副都统一员，地方大员八员，微员十六员"，督率兵丁百名，照管运送。[7]马匹的准备，西路应预备马六万匹，骆驼七千余只。北路所用马十余万匹，骆驼一万只。[8]这些牲畜都分配有关省分采买，并分别解送两路大军备用。关于兵力的调集，除西北两路留驻大军以外，又从东北派出黑龙江兵二千，索伦、巴尔虎兵八千共一万名，其中五千名由边外赴北路；其余由京城入陕西后，前赴甘肃，再分赴西北两路。另外，西北两路，各路再增派京兵一千名，在健锐营和前锋护军内挑派。[9]西路官兵，经行的台站，自京师抵哈密共须七十余处，也选派侍郎吴达善届期"往来查看，以专责成"。[10]

　　一七五四年（清乾隆十九年）十一月甲午，清政府正式"宣谕"："北路命将军班第、阿睦尔撒纳，西路命将军永常、萨喇勒，率兵前进，平定准部"。[11]班第给与定北将军印信，定边左副将军的印信给与阿睦尔撒纳；永常给与定西将军印信，新铸定边右副将军的印信给与萨喇勒。同时任命亲王固伦额驸色布腾、巴勒珠尔，亲王琳沁，郡王讷默库、班珠尔，郡王青衮杂卜，尚书公达尔当阿，总督伯鄂容安，护军统领乌勒登为北路参赞大臣。亲王额琳沁多尔济、车凌，郡王车凌乌巴什，贝勒车凌孟克、色什腾，贝子扎拉丰阿，公巴图孟克、玛什巴图，将军阿兰泰为西路参赞大臣。[12]并派杜尔伯特亲王车凌等带兵一千名，同郡王车凌乌巴什等兵，前往西路军营。郡王讷默库等，带兵一千名，同亲王阿睦尔撒纳、郡王班珠尔，及杜尔伯特等兵，前往北路军营。所有新归附的厄鲁特台吉们都分别在西北两路大军中委任了职务，随军出征。（图三）

　　一七五五年（清乾隆二十年）二月，两路副将军阿睦尔撒纳和萨喇勒分率先

---

[6]　同注 [2]，卷四百六十七。

[7]　同注 [2]，卷四百六十一。

[8]　同注 [2]。

[9]　《清高宗实录》，卷四百七十五。

[10]　同注 [2]，卷四百七十六。

[11]　同注 [2]，卷四百七十七。

[12]　同注 [2]，卷四百七十八。

图三 《平定准噶尔图卷》局部

头部队三千人出发。定边左副将军阿睦尔撒纳由北路进兵，参赞大臣额驸色布腾、巴勒珠尔，郡王青衮杂卜，内大臣玛木特，奉天将军阿兰泰一同前进。定边右副将军萨喇勒，由西路进兵，参赞大臣郡王班珠尔，贝勒扎拉丰阿，内大臣鄂容安一同前进。清朝政府又命令两路先头部队会合以后，即由阿睦尔撒纳为总领。[13]

两路大军出发前乾隆皇帝颁布了诏书，指出了清政府派兵征讨达瓦齐、统一准噶尔割据地区的理由，同时宣布："抒诚来降者，朕亦同车凌、阿睦尔撒纳等一体抚恤，使居原游牧处，不令他徙，"并且宣布"即使达瓦齐能痛改前非，输诚投顺，朕亦一体封爵，不令失所"。[14]

随后，永常和班第也分别在二月二十日和二十五日统帅大兵先后起程。两路大军各率兵两万五千人，马约七万匹。四月癸丑，永常率领西路大兵进至阿克塔斯，继续向乌鲁木齐进发，到达察罕乌苏时，距离萨喇勒所住的罗克伦约四百里。班第带领大兵从北路出发后，进至额尔齐斯河以西的喇托辉地方，即与阿睦尔撒纳之前队会合。然后拉开数日的里程，相继前进。三月三十日经额尔得里克，到达察罕呼济尔地方。经过商议，遂拣选马匹膘壮的骑兵一千名，由阿睦尔撒纳带领先进，玛木特、阿兰泰随同阿睦尔撒纳一并进发。其余的士兵，交班第随后带领接应。"四月初九日，有集赛宰桑齐巴汗迎于途次，情愿归附效力军前"，并且报告"现今达瓦齐，日在醉乡，属下心离"。[15]

四月下旬，萨喇勒率领西路先锋部队首先到达博罗塔拉（今新疆博乐县地）。

---

[13] 同注[2]，卷四百八十。

[14] 同注[2]，卷四百七十七。

[15] 同注[2]，卷四百八十七。

这时得到消息：达瓦齐已经在察布齐雅勒地方，距博罗布尔噶苏台道路甚近。萨喇勒当即报告："若俟两路会齐，不免迂回，西路现在轻骑径往博罗布尔噶苏台山梁进发，其北路大兵，即从库苏木苏克前进，互为声援。"[16]于是，四月二十三日萨喇勒即率轻骑起程，过库克托木前进。北路的参赞大臣色布腾、巴勒珠尔等也已随后进至博罗塔拉。

图四　《平定准噶尔图卷》局部

　　一七五五年（清乾隆二十年）五月初一，西北两路平叛大军在伊犁东北三百里的博罗塔拉河谷顺利会师。（图四）

　　五月初三日，萨喇勒带领前锋部队，进抵伊犁河岸。北路副都统额勒登额带领索伦兵一千，也随后到达，军威大振。近河居住的准噶尔宰桑得木齐等相率来降，珠勒都斯、崆吉斯、哈什等处的一万余户部众也相继归顺。在清军进军伊犁中，还有许多维吾尔族和厄鲁特各部的大小头目和部众自动的欢迎清军，并且愿意派兵支援清军。如瓜州的额敬和卓的三百兵士也随从清军抵达伊犁。[17]噶尔丹策零所属的回部商人阿卜达莫米木等十三宰桑也因"达瓦齐苛虐无厌，今俱穷困，情愿派兵三百名，协力同剿达瓦齐"。[18]伊犁佛寺喇嘛和回部人众等两千多户、商人博尔博等四十五户、看船人十户也相继归顺清朝。[19]

　　由于准噶尔部苛重的剥削和严酷的统治，许多属下的各族人民都支持清军的进军，渴望结束多年的割据和战乱状态。

　　五月初五日，阿睦尔撒纳率领大兵渡过伊犁河。这时达瓦齐仍自终日纵酒，

[16]　同注[2]，卷四百八十八。

[17]　同注[2]，卷四百六十六。

[18]　《皇朝藩部要略》，卷十五。

[19]　《平定准噶尔方略》正编，卷十二。

并无迎战的准备，得知清军到达博罗塔拉，才率领亲兵万人，退向伊犁西北八十里，背负格登山崖，前临泥淖，驻营固守。五月十日，清军到华诺辉图西里，发现有厄鲁特人踪迹后，北、西两路清军靠拢并进，直至哈新乌苏。正在这时，有明阿特鄂拓克的部众，自达瓦齐营中逃出，向清军投诚，并报告"达瓦齐自特穆尔图诺尔带兵来此，军械不整，马力亦疲，各处可调之兵，已收括无遗，现在众心离散，愿降者多。"[20]阿睦尔撒纳、萨喇勒等了解到这个情况，五月十四日，北、西两路军各据地势，整军以待，想把达瓦齐引出来，然后乘机执缚。这时清军又截获了达瓦齐派去征兵的宰桑，详细了解了达瓦齐部下解体的状况，清军士气倍增，这天夜间，清军派出"喀喇巴图鲁阿玉锡，厄鲁特章京巴图济尔噶勒，并新降宰桑察哈什等带兵二十二名，往探达瓦齐踪迹"。阿玉锡等二十五名勇士乘夜突入敌营以后，"拍马横刀，舞纛大呼"，"出其不意，贼众惊溃，自相蹂躏，"万余敌兵，顷刻瓦解。达瓦齐仅率二千余人逃去。黎明，阿玉锡等二十五人收服台吉、宰桑四十九人、士兵五千余众。清军将领一面安抚降众，一面派郡王青衮杂卜、参赞大臣公达尔当阿等，领兵分路追摄，收达瓦齐的叔父班珠尔和从者六十余人。[21]

达瓦齐逃出以后，沿途又扔下了妻子，仅带他的儿子罗布扎，宰桑爱勒齐等七十余人，越过天山，南走回疆，投奔乌什维吾尔族首领霍吉斯伯克。但是，长期以来饱受准噶尔反动贵族残害的维吾尔族人民，早已十分痛恨准噶尔的统治者，这时霍吉斯伯克又已收到班第的檄文，于是先伏兵林间，而后派人送酒"慰劳"，乘机将达瓦齐等全行擒获，并带兵二百将达瓦齐等解送清军大营。在此以前，逃入准部三十多年的青海叛首罗卜藏丹津已先被俘虏，至此，长期以来准噶尔部的割据势力，土崩瓦解。（图五）

伊犁平定以后，清朝政府策勋行赏，车凌，阿睦尔撒纳晋封为双亲王，食双亲王俸，车凌乌巴什晋封和硕亲王，车凌孟克晋封多罗郡王，萨喇勒封一等超勇公，玛木特封为三等信勇公，霍吉斯伯克封为郡王，班第封一等诚勇公，其余有功人员均各封赏不等。达瓦齐和同在这次军事行动中被俘的罗卜藏丹津解到京师

以后，清政府也都"宥罪加恩"，封达瓦齐为亲王，准许他带领子女居住京师，罗卜藏丹津"免死"，其子巴朗和察罕额布根也授以侍卫之职。

自一七五五年（清乾隆二十年）二月到这时不过一百余日，清政府很快平定了伊犁达瓦齐的割据势力。在进军过程中，西北两路大军几乎没有

图五　《平定准噶尔图卷》局部

遇到任何抵抗，"师行数千里，无一人抗颜行者"。大军所到之处，大台吉噶尔藏多尔济、回部和卓等各部大小首领纷纷望风归顺，相继迎降。各率所属或几百户，或千余户，"携奶酪，献羊马，络绎道左"。[22]两路清军在博罗塔拉会师，逼近达瓦齐大营的时候，情况更是空前。正如阿睦尔撒纳等人在奏报中所说："臣等进兵至伊犁，沿途厄鲁特、回子等牵羊携酒，迎叩马前，臣等宣布恩旨，无不额手称庆，所在人众，耕牧如常，毫无惊惧"。[23]这许多事例，不但具体地反映了长期在准噶尔割据势力残酷统治之下，包括准噶尔在内的各部各族的人心所向；更充分地说明了：在中国统一的多民族的国家里，搞分裂割据是不得人心的，维护国家统一，才是各族人民的共同愿望和历史发展的必然趋向。这次清朝政府进兵伊犁，所以如此顺利，长期盘据西北的准噶尔割据势力，所以如此迅速的土崩瓦解，其根本原因正在于此。

当时的宫廷画家钱维城所作的《平定准噶尔图卷》[24]，正是这一历史事实的生动记录。图卷开始就是西路大军行经哈密的画面。这时恰逢时雨，大军过处，农夫耕作于田间，牧民放羊于山麓，安然如常。过了阔石岭，到达巴里坤，画面上

---

[22]　同注 [3]，卷四。

[23]　同注 [2]，卷四百八十九。

[24]　图卷纸本设色，纵四十一、横八百零八公分。钤有"石渠宝籍"、"宝籍三编"和"三希堂精鉴玺"等印鉴。

图六　《平定准噶尔图卷》局部

出现了厄鲁特蒙古各部和维吾尔族人民牵羊捧酒、络绎于道的情景。博尔塔拉会师以后，图卷上出现了伊犁河及伊犁大营，又再次展现出广大维吾尔族人民、厄鲁特蒙古族人民献羊、献酒，欢迎平叛大军的场面。这些基本上与历史事实相符，并不是封建画家不顾事实真相的粉饰夸张。接着，画卷出现了准噶尔的部众五千多人不战而向清军大营投降的景况。（图六）

　　阿玉锡夜砟达瓦齐大营，是全图卷中唯一的战斗画面。阿玉锡等三"喀喇巴图鲁"率二十二骑，在深夜中，举刀策马大声呼喊着冲击敌军营垒，使上万叛军闻声奔溃，那种英勇无畏的神态，跃然纸上。这次战斗的"奇迹"，充分说明达瓦齐的割据势力的人心涣散，毫无斗志。更值得注意的是阿玉锡等二十五名勇士无一不是准噶尔的旧部。为首的三人中，阿玉锡原是"准噶尔部司牧臣"，曾经面对持枪即发的叛军，毫无畏惧的冲上前去空手把枪夺过来。他在一七三三年（清雍正十一年），"徒步万里"归顺清朝。进军到伊犁以前，得到乾隆的召见，并提拔为宫廷的侍卫，随军出征。[25]为首的另一个人巴图济尔噶尔，是杜尔伯特台吉讷默库部下的一名章京（满语，清代军职），半年以前刚刚随讷默库归顺清朝。还有一名为首的察哈什，是清军进驻伊犁时刚刚投诚过来的达瓦齐部下的宰桑，[26]其余的二十二名士兵也都是原来准噶尔属下的部众。这又再次说明，清朝统一西北是中国各民族的人心所向，决不仅仅是清朝武力强大的结果。

　　为了纪念平定准噶尔部达瓦齐割据势力和实现西北统一的胜利，一七五五年（清乾隆二十年）五月，乾隆除了"颁诏天下，御制碑文，勒铭太学"[27]以外，又

[25]　乾隆御制诗：《格登鄂拉砟营》，见《平定伊犁回部战图》。

[26]　同注[25]。

[27]　同注[2]，卷四百八十九。

在伊犁建立了《平定准噶尔勒铭伊犁之碑》，在今新疆维吾尔族自治区昭苏县境松拜河东岸的格登山还建立了《格登山碑》。同年十月，"大宴赉四卫拉特部落归附新归之众于避暑山庄"。"四部台吉，各封以汗、王、贝勒、贝子、公"，"内外一家，遐迩同风"。于是乾隆效法康熙统一喀尔喀蒙古各部以后，"建汇宗寺于多伦诺尔，以一众志"的先例，建普宁寺于热河。因为蒙古（包括厄鲁特蒙古四部——引者）一向信仰黄教，所以普宁寺的修建，"即依西藏三摩耶之式为之"。

这些有历史价值的石碑、庙宇至今大都完好的保存着。其中建立在伊犁的《平定准噶尔勒铭伊犁之碑》虽已下落不明，但是，同样一块《平定准噶尔勒铭伊犁之碑》，依旧完好地屹立在承德避暑山庄北麓的普宁寺的碑亭之中。

原文选自《准噶尔的历史与文物》，青海人民出版社 1984 年版

王宏钧／刘如仲

《准噶尔的历史与文物》（摘选）

《平定伊犁回部战图》和铜版画 《平定伊犁回部战图》

　　一七五五（乾隆二十年）至一七六〇年（乾隆二十五年），清朝政府先后平定了准噶尔部阿睦尔撒纳的叛乱和维吾尔族博罗尼都和霍集占的叛乱，加强了多民族国家的统一，巩固了西北地区的边防，也有效地抵制了沙皇俄国的侵略阴谋。在这场斗争中，留下来的历史文物很多。例如碑刻，除了上述的几块以外，热河避暑山庄和外八庙还有一七五五年（清乾隆二十年）的《普宁寺碑》、一七六五年（清乾隆三十年）《安远庙瞻礼书事诗刻石》、一七六七年（清乾隆三十二年）《普乐寺碑记》等多件。在这几年中乾隆所写的二百多首有关的诗篇也都勒石存于北京武成殿庑。再如绘画，除了上述几件以外，当时的中南海紫光阁就悬挂着在这场斗争中著有劳绩的功臣像一百幅（其中乾隆题赞的五十人，大臣们拟赞的五十人）。紫光阁阁壁左右还挂有《平定伊犁回部之图》。宫廷中收藏的还有《雍正平准战图》、郎士宁画的《阿玉锡持矛荡寇图》及《平定乌什战图》等多种。这些都是有关这一重大历史事件的重要历史文物。现藏故宫博物院的丁观鹏绘《平定伊犁回部战图》，是其中比较重要又不大为人所知的一种。这部图册是宣纸本，重彩工笔画，共二十幅，每幅纵一尺七寸，横二尺八寸。（图一）

　　第一、二两幅乾隆手书"昭功廓宇"四个字。钤有"五福五代堂古稀天子宝"、"八征耄念之宝"、"太上皇帝之宝"、"乾清宫宝"和"养心殿尊藏宝"。

　　第三幅是乾隆手书的序文。文中首先叙述了画成这本图册的简要经过：

　　　　西师定功于己卯（清乾隆二十四年），越七年丙戌，战图始成。因详询军营征战形势，以及结构丹青，有需时日也。

图一 《平定伊犁回部战图·格登鄂拉斫营》

图二 《平定伊犁回部战图·呼尔满大捷》

图一 《平定伊犁回部战图·格登鄂拉斫营》

图二 《平定伊犁回部战图·呼尔满大捷》

其次，说明了绘制这件图册的用意：

> 夫我将士出百死一生，为国宣力，赖以有成，而使其泯灭无闻，朕岂忍为哉。是以紫光阁既勒有功臣之像，而此则各就血战之地，绘其攻坚、斫锐、斩将、搴旗实迹，以旌厥劳而表厥勇。

关于乾隆在每幅画上所题的诗，序文中也做了说明："尔时披露布已有成咏者，即书之祯间。其未经点笔者，兹特补咏，凡六事"。

这篇序文写成的时间是"乾隆丙戌孟夏月"，即一七六六年（乾隆三十一年）四月。这也就是这件图册最后完成的时间。序文页钤有"惟精惟一"、"乾隆宸翰"二块印玺。（图二）

第四至第十九幅是图画，描绘了清军先后平定准噶尔部达瓦齐、阿睦尔撒纳和维吾尔族霍集占兄弟（大小和卓）三次叛乱的主要战斗过程。每幅画面上都有乾隆亲笔题诗一首，诗前标有这首诗和绘画的主题。四、五两幅是描绘平定达瓦齐叛乱

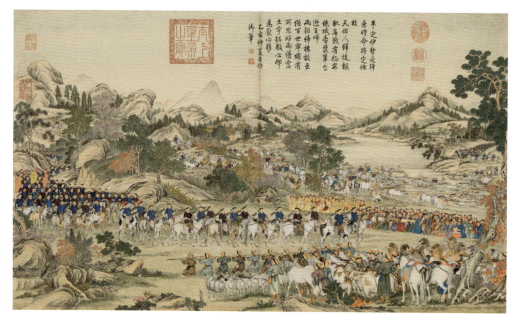

图三　《平定伊犁回部战图·平定伊犁受降》

的事迹，六、七、八三幅是描绘平定阿睦尔撒纳叛乱的事迹。标题和题诗如下：

平定伊犁受降（第四幅）

乘时命将定条枝，天佑人归捷报驰。

无战有征安绝域，壶浆箪食迎王师。

两朝缔构敢云继，百世宁绥有所思。

好雨优霑土宇拓，敬心那为慰心移。

乙亥仲夏月作，御笔

乙亥是乾隆二十年即一七五五年。在这一幅上钤有"乾隆御览之宝"、"太上皇帝之宝"、"乾清宫鉴藏宝"、"石渠定鉴"、"石渠宝籍"和"宝籍重编"六颗印玺。（图三）

格登鄂拉斫营（第五幅）

阿玉锡者伊何人，准噶尔属司牧臣。

其法获罪应挫臂，何不即斩犯厥尊。

徒步万里来向化，育之塞外先朝恩。

萨拉尔来述其事，云即彼中勇绝伦。

持铳迎面未及发，直进手夺无逡巡。

召见赐银擢侍卫，即命先驱清漠尘。

我师直入定伊犁，达瓦齐聚近万军。

鼓其螳臂欲借一，依山据淖为营屯。

我两将军重咨议，以此众战玉石焚。

庙谟本欲安绝域，挞伐毋乃违皇仁。

健卒抡选二十二，曰阿玉锡统其群。

曰巴图济尔噶尔，及察哈什副以进。

阿玉锡喜曰固当，廿五人气摩青旻。

衔枚夜袭觇贼向，如万祖父临儿孙。

大声策马入敌垒，厥角披靡相蹦奔。

降者六千五百骑，阿玉锡手大纛骞。

达瓦齐携近千骑，骁走喙息嗟难存。

荆轲孟贲一夫勇，徒以藉甚人称论。

神勇有如阿玉锡，知方亦复知报恩。

今我作歌壮生色，千秋以后斯人闻。

乙亥季夏月上浣作，御笔

鄂垒扎拉图之战（第六幅）

以诚驭诈致相轻，哈萨绵回谲变生。

戊巳驻营携少卒，螳螂怒臂阻前程。

直何畏曲中宵出，一可当千众贼惊。

竟得全师逢接骑，整军复入大功成。

丙戌新春补咏，御笔

丙戌是乾隆三十一年，即一七六六年。鄂垒扎拉图在后来清代乌鲁木齐领

图四　《平定伊犁回部战图·鄂垒扎拉图之战》

队大臣驻地庆绥城的西南，今新疆维吾尔族自治区乌苏县以西济尔噶朗河之滨。一七五六年（清乾隆二十一年）冬，兆惠自伊犁率五百人向巴里坤转战，行至鄂垒扎拉图与叛军相遇。兆惠乘夜袭击，在这里歼叛军达什策楞所部一千多人。一七六七年（乾隆二十二年）正月，兆惠经乌鲁木齐继续转战，至特格讷尔被包围。不久得到侍卫图伦楚军八百人自巴里坤前来增援，才返回巴里坤。（图四）

和落霍澌之捷（第七幅）

今春我师剿逆夷（注），首战实和落霍澌。

斩将搴旗早报捷，酬劳颁赉已有差。

即今生解俘囚至，曰渥赭特宰桑伊。

散秩大臣曾受职，乃敢倡乱如鸲鹆。

面询彼所致败故，咋舌惟叹天夺其。

彼众犹有千余骑，觇知我寡设计奇。

辎重远行诱我逐，层层伏贼据险嶻。

官军四百始驰至，少骑示弱山之陲。

图五　《平定伊犁回部战图·乌什酋长献城降》

我进彼乃蜂涌集，铳炮如雨循环施。

我军曾无一伤者，百灵拥护信有之。

冲锋突入矢齐发，贼乃丧胆纷离披。

鹿陲陇种各逃命，大鞬大膊张军威。

歼彼尸僵近四百，负伤遁者数无訾。

是诚天助额手庆，奋勇更亦资人为。

问率军者其人谁，超勇亲王家声贻。

戊寅新秋月作，御笔

和落霍澌在玛纳斯以西十里，今新疆维吾尔族自治区绥来县境内。一七五八年（乾隆二十三年）正月，超勇亲王额驸策楞之子车布登扎布在定边右副将军营，随同将军兆惠出兵巴里坤，往哈什崆格斯、博罗塔拉搜捕叛军，叛军千余人设埋伏于和落霍澌，车布登扎布率军四百人进入埋伏圈后，率清军奋勇激战，大破阿睦尔撒纳的伏兵。因其兄成衮扎布已袭亲王，乾隆封车布登扎布为郡王，也赐号超勇。（图五）

库陇癸之战（第八幅）

威弧有事射天狼，三穴穷追那许藏。

铤险贼人难鼠窜，捣虚士气正鹰扬。

五更直袭屯营寨，两骑先收牧马羊。

以少胜多张挞伐，将军诚勇著旗常。

丙戌孟春上浣补咏，御笔

库陇癸，也写作库陇奎，在伊犁河北，位于现在新疆维吾尔族自治区绥定县以北。一七五八年春，阿睦尔撒纳叛军被击败于和落霍澌以后，溃渡伊犁河向北逃窜，兆惠等率军追击，在拂晓前袭击叛军于库陇癸山下。

以下自第九至第十九，共十一幅，描绘的是平定大小和卓叛乱的主要战斗过程，不再赘述。为了便于考察图册的全貌，我们把各幅的标题和题诗一并列入附录，以供参考。

以上第五至第十幅，各幅都钤有"得佳趣"、"乾隆宸翰"和"太上皇帝之

图六 《平定伊犁回部战图·和落霍澌之捷》

图七 《平定伊犁回部战图·平定回部献俘》

宝"。第十九幅，也是画页最后一幅，除钤有"得佳趣"和"乾隆宸翰"以外，还钤有"太上皇帝"、"乾隆鉴赏"、"三希堂精鉴玺"和"宜子孙"四方印玺。（图六）

第二十幅，即全图册的最后一幅，是大学士傅恒、尹继善、刘统勋，协办大学士阿里衮、舒赫德、于敏中六人的跋文。

跋文中说，图册的每一幅图画都是"或采之奏牍所陈，或征诸咨询所述"。乾隆在序文中也说这本图册之所以用了七年的时间才画成，"因详询军营征战形势，以及结构丹青有需时日也"。图册在绘制的过程中既以这样认真的态度追求符合事实的状况，又用了七年之久的时间，因此，每幅图画在"写其山川，列其事迹，传其状貌"时，跋者都认为："凡我将士劘垒斫阵，霆奋席卷之势，与夫贼众披靡溃窜，劘奔鹿骇之状，靡不摹写毕肖"（跋文）。而且这些或者当时曾身历其境，或者十分熟悉其人其事的大臣们，还可以指点着这部图册，"按帙而指数之曰：是役也，某实任之。而先登则某之绩，分部襄勤则某之力也"。（图七）

今天，我们根据大量的有关记载来考察，可以认为图册中每幅图画所描绘的内容都基本符合历史事实，各有所据。如果参照当时的文物制度和同时期的历史画来比较研究，可以发现图册中对于各族人物的形象、风貌，他们所用的衣冠、武器、行军队列和屯营布阵的方式等等，描绘得都十分精细、准确、逼真、生动。可以说这部《平定伊犁回部战图》是一部具有重要价值的形象史料，也是一部具有重要价值的艺术珍品。

举世所知的法国巴黎印制的铜版画《平定伊犁回部战图》（也被称为《平定准噶尔回部得胜图》或《乾隆西域武功图》）可以说是上件图册的姊妹篇。（图八）

这部铜版画册是清朝宫廷委托法国于一七六七年（乾隆三十二年）至一七七四年（乾隆三十九年）在巴黎镂版印成的。当时委托印刻的过程相当曲折。据法国汉学家伯希和的考证，委托印制的过程是这样：一七六五年七月十三日（乾隆三十年五月二十六日），乾隆下了一道"上谕"，主要内容是："前命供奉京师之西洋绘士郎士宁等所绘准噶尔回部等处得胜图十六幅，今欲寄往欧罗巴洲择良师镂版，俾能与原图不爽毫厘。……刻工必须迅速镂成，印一百套，连同铜版寄还。"根据这道"上谕"，广东总督和粤海关道转命广州公行办理。因此公行商人潘文同等十人，与法国印度公司在广州的代表吩咖哩、㖫咖啷接洽后签订了

图八　铜版画《平定伊犁回部战图·格登鄂拉斫营》

图九　铜版画《平定伊犁回部战图·黑水围解》

委托印制的合同。当第一批原图四张运到巴黎以后，法国印度公司董事会将此事报告了国务大臣白尔丹。白尔丹将此事转交给法国建造总监兼绘画研究院院长马利尼（demarigny）。马利尼随即"取得国王命令，将画提出"，并且选择著名的艺术家柯善（Co-chin）主持印制。[1]

这部图册的原图共计十六幅，是由当时供奉清朝宫廷的西洋画师意大利籍耶稣会士郎世宁（Josseph Castiglione）、法国籍耶稣会士王致诚（Denis Attiret）、捷克籍耶稣会士艾启蒙（Ignace Sichelbart〔Sickelpart〕）和意大利籍耶稣会士安德义（Jean Damaséene）四人于一七五五至一七六六年陆续绘成的。镂制铜版则由柯善选择的高手技工勒巴（J·P·Leba-s）、普列孚（Prévost）等八人前后用了七年才完成。据考证印制的代价是当时法国货币二十万零四千锂，约合白银两万五千多两。[2]

这套图册共有图画十六幅，中国文字十八幅。其中乾隆手书序文一幅、题诗十六幅、傅恒、尹继善等六人的跋文一幅、共三十四幅。（图九）

这十六幅铜版画的历史内容与上述故宫博物院收藏的丁观鹏绘《平定伊犁回部战图》基本相同。其主要的不同之处，除前者是宣纸本的中国画，而后者是法国印制的铜版画以外，仔细对照还可以看到每幅画面的构图都有差异。乾隆亲笔的序文和每幅图幅的题诗，以及傅恒、尹继善等人的跋文在文字和笔迹方面也是相同的，但也有几点不同：一是书写的行格和个别字的书体（如"不"与"不"）有楷书与草书的差异；二是上述图册的题诗是写在每幅画的画面上，而铜版画是另作一页；三是在铜版画的有些题诗中乾隆亲笔加写了一些注解。而这些注解对于理解诗句的含意和画面所描绘的内容是很有帮助的。下面举有关平定准噶尔的几处注解为例：

1.《平定伊犁受降》题诗中，"无战有征安绝域，壶浆箪食迎王师"一句，加注："据副将军阿睦尔撒纳等奏称，大兵至伊犁，部众持羊酒迎犒者，络绎载道，妇孺欢呼，如出水火。自出师以来，无血刃遗镞之劳，救边扫穴，古实未有"。

2.《格登鄂拉斫营》题诗中，"徒步万里来向化，育之塞外先朝恩"句，加注："事在雍正十一年"。"曰巴图济尔噶尔"一句，加注"去年投诚封郡王讷墨库属之章京也"。"及察哈什通以进"一句，加注"此人乃我师至伊犁新投诚之宰桑"。

---

[1] 伯希和：《乾隆西域武功图考证》。见冯承钧译：《西域南海史地考证译丛第六编》。

[2] 同注 [1]。

3.《鄂垒扎拉图之战》题诗中，"以诚驭诈致相轻"一句，加注"阿逆窜迹哈萨克，势将就缚，乃以谲计缓师，将军达尔党阿不审虚实，按兵待献，遂失事会，而厄鲁特之从征者既心轻将帅所为，因复同谋变乱"。"戊巳驻营携少卒"句，加注："时兆惠为副将军，驻兵济尔哈朗，所携不过偏师，镇守伊犁等处而已。猝值叛贼丛集，因以少击众，全军而出"。

4。《和落霍澌之捷》题诗的最后两句："问率军者其人谁，超勇亲王家声贻"，下面加注："将军策布登扎布为超勇亲王额驸策楞之子，其兄成衮扎布袭封亲王，策布登扎布以奋勇著绩，爵封郡王，亦赐号超勇"。

5。《库陇癸之战》题诗中，"五更直袭屯营寨，两骑先收牧马羊"两句，加注："兆惠于夺险攻贼时，分遣侍卫扎延保、投诚厄鲁特达什车楞二人收其群牧，以致贼不能脱"。

这部铜版画册于一七七四年十二月，在巴黎全部印制完成以后，法国按照合同将画册一百份、全套铜版和画册原本寄回了中国。另有多印的少数几部却留在法国，至今保存于巴黎集美博物馆的应是其中的一部。

一七八五年镂版技工勒巴（Lebas）的徒弟赫尔茫（He1-man）又根据原图册镂版印成了一种缩本。[3]一八九〇年，德国人沙为地又将原图册"缩影上石装印"，改名为《大清国御题平定新疆战图》。到了清朝末年，当年乾隆和他以后清朝皇帝赏赐给大臣的原本铜版画册，也有一些流落到了国外。因而这部铜版画册久已为各国研究中国历史和艺术的人士所熟知。进入二十世纪以后并有不少人如：孟睆（Jean Monval）、戈尔迭（Hen-ricordier）、海尼史（Haenisch）、石田干之助和伯希和等进行过许多研究，写有一些专门论著。[4]在他们的研究中曾经对这套铜版画册原本的作者，如郎世宁等西洋画师做了相当仔细的考察。但是，对于这些西洋画师是依据什么绘制了这十六幅平定准噶尔和回部叛乱的图册，却论述不多。西洋画师郎世宁等人是自己搜集素材直接进行创作的？还是另有某种底本做为依据而进行摹绘和进一步加工？看来还是值得探讨的一个重要问题。从许多资料看来，尽管

---

[3]　同注 [1]。

[4]　同注 [1]。

当时已经有绘在紫光阁"阁壁左右"的"平定伊犁回部之图"，[5]郎世宁也画过《阿玉锡持矛荡寇图》。[6]还有"鄂垒扎拉图"、"库陇癸"、"霍斯库鲁克"、"伊西尔库尔诺尔"等"六战图"[7]这类同一主题的不少美术作品，但是，从各方面比较对照，如果认为铜版画册的十六幅原本，是以宣纸本中国画《平定伊犁回部战图》为底本，由郎世宁等四位西洋画师摹绘和进一步加工而成，这也是可能的。

两种《平定伊犁回部战图》产生以来，至今已经两个多世纪，它们共同描绘了中国各族人民反对分裂叛乱、反对沙俄阴谋侵略的共同斗争，反映了公元十八世纪中叶我国统一的多民族国家进一步巩固的一段重要历史进程。这一点是很有历史价值的。当然，两部图册中同时又都存在着一定成份的糟粕，比如对准噶尔部众某种程度的丑化，就是其中的最明显的部分。然而这种时代的和阶级的局限性，如果要求古代封建宫廷画师们在创作中完全避免，似乎是不大可能的。

两个多世纪前产生的这两种图册，同时以中国画和西洋铜版画两种迥然不同的艺术形式，表现了同样的中国历史内容，虽然有着复杂的历史背景。但这总是中外文化交流中的一种新的发展。

原文选自《准噶尔的历史与文物》，青海人民出版社1984年

王宏钧/刘如仲

---

[5]　《平定伊犁回部战图》跋；张廷彦画：《平定乌什战图》。

[6]　《钦定秘殿珠林石渠宝籍续编》。

[7]　新诒士：《西域释地》。

历史的绘画与绘画的历史

——试谈古代历史画的研究与鉴赏

一、一片有待开拓的研究领域

古代绘画是珍贵的文化遗产，历史画更是宝贵的历史见证和难得的形象史料。

如果能够物色到一件古画，从中得以窥见某一历史人物的真实容貌神态、某一历史事件生动的真实情景、或某一时代社会生活的面貌，这是博物馆多年追求的理想。但是，这一理想在不断寻访物色中，使人深感：千轴万卷，一画（历史画）难求！

历史画不同于山水画、花鸟画，也不同于一般的人物画、风俗画。历史画的主要特点在于题材内容。其所描绘的对象应是特定时间、特定环境中的真实历史人物、历史事件或某一社会现象。从创作方法上说，这样的创作，无论古今，都是写实的，或者说是现实主义的。不同历史时代的历史画可能达到的艺术创作水平自然不同，创作方法也各有特点，但是首先要求画家客观地观察或深入地研究所描绘的现实对象或历史对象，熟悉并掌握其形象神态以及环境的特点，则是共同的。否则何从下笔？更不可能有成功的创作了。仅这一点就非易事。这就需要画家除了有深厚的功力之外，更要有这种机遇和条件。适逢其时、适遇其会，而后才有可能得以观察、研究，进而熟悉、掌握其神态情景，发挥自己的艺术造诣；否则一件重大题材的历史画是不可能出现的。试看唐人阎立本《步辇图》、宋人张择端《清明上河图》和清人徐扬《乾隆南巡图》，除了画家的艺术造诣，如果没有适逢其时，适遇其会，有可能出现这样成功的历史画么？

由此可见，与其他题材的古代绘画相比较，古代历史画的创作难度大，因而本来就少，流传下来的更少。千轴万卷，一画难求，这就不难理解了。

历史画，从创作讲是一个专门的题材品种；从美术史讲是一个独立的研究领域。多年来《文物》、《故宫博物院院刊》、《中国历史博物馆馆刊》等报刊曾发表过一些研究成果。可是，如果要了解中国古代历史画的发展概貌，例如：哪件作品是现存最早的中国历史画？谁是第一位历史画家？各个时代的历史画有那些最重要的作品？哪个时代是历史画最有成就的时代？……这些我所渴望了解的问题，在拜读一些有关专著之后，往往感到语焉不详，很希望有更系统的专门论著问世。

几年前我有机会到威尼斯、巴黎、米兰、佛罗伦萨、伊斯坦布尔等地参观访问，一幅幅几百年前的西洋历史画引起我浓厚的兴趣，留下了深刻印象。近几年又陆续浏览了一些欧美名画画册和有关论著，这些都使我不断联想到我国古代的历史画。为了促进这一重要研究领域的开拓、扩展，因此，不揣浅陋，谈一些粗浅的鳞爪之见。

二、中国历史画的渊源

古人说："天与人调，然后天地之美生。"（《管子·五行》）远古的先民在山崖石壁上已留下了大量岩画，刻画着人们的狩猎活动和牛、马、鹿、羊等动物的形象，反映了人类的幼年时代。新石器时代的陶器上已有人面像、人首蛇身陶塑像和孕妇陶塑像，反映了氏族的图腾崇拜和母性崇拜。青海大通上孙家寨出土的彩陶盆上的舞蹈图更折射出文明的曙光。画面有十五个人，分为三组，每组五人。他们都头梳发辫，后有尾饰，拉手并肩，翩翩起舞，姿态生动。辽宁牛河梁出土的女神庙中的陶塑女神头像，已具有相当高的写实水平。

商代青铜大钺上的人面纹和铜方鼎上的人面纹，呈现出狰狞神秘，反映着奴隶主的权势和巫术宗教的氛围，却也独具沉重浑厚的古拙风格。东周时期的青铜器上已装饰着采桑、弋射、宴饮乐舞和水陆攻战的图像，多角度地反映了社会历史的新面貌。

长沙战国楚墓出土的两幅帛画，可以说是迄今所见中国绢本画的始祖。这两幅帛画的出现也说明绘画艺术已脱离器物装饰而进一步成为独立的美术品种。一幅画的是高冠佩剑的男子驾御龙舟；一幅画的是长髻广袖的女子和翔凤。这两幅帛画正如屈原的诗篇《天问》，虽然流露着远古神话的浪漫激情，却显示出从神话、幻想向现实和历史过渡。

秦汉时代中国历史进入第一个最辉煌的时期。时代的进步也从造型艺术中反映出来。秦朝国祚虽短，其艺术成就却不可低估。秦始皇陵兵马俑就是最有力的说明。汉承秦制，秦人重耕战，汉代重事功。汉宣帝时曾在长安未央宫麒麟阁上画霍光等十一功臣像。（事见《汉书·苏武传》）东汉明帝时曾在洛阳南宫云台画二十八功臣像。（事见《后汉书·马武传》）这两批功臣肖像画应该说不是一般的人物画而是历史画。

汉代帝王、贵族多迷信神仙方士，幻想长生不老，因而往往在绘画中表现出来。长沙马王堆西汉墓出土的著名帛画分三层。中心位置画着一个手持拄杖的老妇人，前有两人捧着食案跪迎，后有三个侍女簇拥。老妇人是墓主人。她是汉初长沙国丞相轪侯利苍的夫人。如果仅从这部分看很近似写实的绘画；但从整体看来，这幅帛画毕竟是"招魂复魄"、祝福登仙的冥旌或旌幡。上层画着龙蛇九日、鸱鸟飞鸣、嫦娥、神人、飞龙、仙兽等天国的景象。而下层则画着地下的力士和青龙、玄武。这幅帛画仍然沿袭了战国楚墓两幅帛画中的神话和巫术观念，神仙、世人和珍禽、异兽平衡、和谐地共处于同一幅画面之上，在艺术的幻想中，洋溢着神话和历史交织的浪漫色彩。

汉代已发明了书写、绘画的新材料——纸。纸本汉画尚未得见。汉代的墓室壁画和画像石、画像砖则大放光彩。内蒙古和林格尔东汉墓中的壁画多达46组，几乎包括了汉代流行的各种绘画题材，其中有《牧马图》、《农耕图》；还有描绘着坞壁、房舍、水井、谷场、厩棚、羊圈、农田、菜圃、桑林和六畜牧放的壁画《庄园图》。如果说和林格尔的墓室壁画反映了东汉边远地区游牧和农耕经济交错发展和兴旺的社会生活景况，山西和河北地区的墓室壁画则反映了内地农耕地区的社会面貌。山西平陆出土的《牛耕图》、《耧播图》反映着农耕技术的进步。河北安平出土的壁画描绘着一处房屋栉比、院落重重的坞堡式大庄园。院落中高耸的望楼上还树立着伺风鸟、测风旗和报警鼓，显示了主人的富有、豪强和自信。图画运用鸟瞰透视法，远近层次、凹凸明暗表现了新的艺术水平。

和林格尔出土的壁画《居庸关图》画出了汉代长城九塞之一的《居庸塞》。当时的关门是水陆关，一队车骑正从关门上经过，关门下则有舟楫摆渡。关门上方题着"使君从繁阳迁度关时"。全图描绘的是墓主人从县令升任护乌桓校尉，自繁阳（今河南内黄）到宁城（今河北万全），前簇后拥途径居庸塞时的情景。河北安平的东汉墓中墓室四壁的壁画分四层，绘有车马八十余辆，每层车马的行列中都有一辆主车。最下一层的主车有众多的"辟车"官兵属吏前导后拥，这是墓的主人。墓室有"熹平五年"（176年）的题记。据推断，墓主人可能是当时的安平王。这幅有准确年代、用笔流畅、画面丰富生动的盛大车骑出行图，可以认为已是壁画中的历史画。这幅壁画和上述《居庸关图》都反映了汉代中原与边疆之间行旅往来、交通发达、国势强盛的景况。

河北望都东汉墓出土的壁画《属吏图》，画有佩剑持笏、拱手拜谒的"门下功曹"、"门下游徼"、"门下贼曹"和"门下史"，这些属吏的主人应是一位官品很高的显宦。和林格尔东汉墓出土的另一幅气派更大的壁画是《护乌桓校尉幕府图》。幕府建在东汉宁城县内，画面题着"幕府南门"的是三间单檐府门，两边是高大的子母阙，门内立有建鼓。府第大致分为幕府堂、营舍和庖舍三部分。幕府堂庭院广阔，正堂高大，帷幔高悬，堂上端坐着墓主人"护乌桓校尉"。堂前乐舞百戏正在作场，堂院四周属吏、部将和军士环立，乌恒部众正在堂前向校尉匍伏拜谒。正堂北侧的抱厦内还坐着墓主人乌桓校尉的夫人。营舍在幕府堂后面，营门之内是营曹舍、司马舍和一片场地。这是属官管理军务的办事处所。其北是一处楼阁接连着一排仓房。幕府正堂的西南是正在操作的庖厨，旁边是一排马厩。画面描绘的幕府，其建制、规模可与文献中关于护乌桓校尉营府设置的记载相印证。这也可以说是壁画中的历史画。它反映了东汉王朝与边疆部族之间的和谐关系。这幅壁画和望都《属吏图》又都从不同侧面反映了汉代政治文化的成熟。

画像石和画像砖是汉代造型艺术中独具特色的重要品种。自汉武帝"罢黜百家、独尊儒术"以后，两汉的社会意识形态、精神文化发生了重大变革。尊孔、读经，"修、齐、治、平"，"孝、弟、忠、信"，推崇现实功业，重视历史经验成为社会风尚。"成人伦、助教化"的现实功利的倾向也在画像石、画像砖中大量表现出来。

在孝堂山郭氏祠和嘉祥武氏祠等处的画像石中，出现了东王公、西王母、风伯、雨师、雷公、电母等等神话人物。除此以外，大量的则是历史和现实的题材。其中出现了伏羲、女娲、祝融、神农、颛顼、高辛、帝舜等传说时代的古史人物。更多出现了"夏禹治水"、"夏桀人辇"、"周公辅成王"、"管仲射桓公"、"孔子见老子"、"专诸刺王僚"、"聂政刺韩相"、"荆轲刺秦王"、"蔺相如完璧归赵"、"侯嬴朱亥劫魏师"、"高祖斩蛇起义"、"鸿门宴"等历史故事和曾参、闵子骞、老莱子、丁兰等孝子故事。孝堂山郭氏祠和武氏祠中的画像石都表现了墓主人的车骑出行、宴饮、战争、百戏等这些位居"二千石"的现实生活。画像石和画像砖中还表现了"斜机织锦"、"鼓风冶铁"、"制造车轮"、"收租"、"入仓"、"祭祀"、"授经"、"弹琴"、"六博"、"绳技"、"象戏"……。从历史到现实,从物质到精神,丰富多采,美不胜收。

从远古到两汉的这些图画在当时社会造型艺术所能达到的水平上,都从不同的侧面反映了历史的真实,具有重要的历史价值。但是,这些只能认为是中国历史画的渊源或先驱,还不是严格意义上的历史画。

三、哪件作品是现存最早的历史画?

谁是第一位历史画家?

魏晋南北朝是中国社会重大的转折时期。中国的民族分布与融合,经济的变化与发展和社会政治结构、意识形态都发生了深刻的变化。绘画艺术也进入新的发展阶段。在继承汉代"明劝戒,著升沉"的社会作用的同时,"魏晋风流"的新风尚也在绘画中大量反映出来。绘画创作在士大夫中得到了重视,出现了一批著名的画家。他们逐渐扬弃了秦汉时期古朴稚拙,而趋于精微细致。汉代的社会风尚重在人的功业、道德、儒学和操守,魏晋则重在人的才情、面貌、气质和格调。魏晋新风表现在绘画上,由汉代对人物姿态、事件情状的外在形态描写,进入"以形写神"、"气韵生动"的更高艺术境界。西晋卫协被评为"古画皆略,至协始精。"东晋顾恺之有"三绝"(才绝、画绝、痴绝)之誉,被谢安评为"自苍生以来未有之也。"顾恺之说"四体妍蚩,本无关妙处,传神写照正在阿堵中。"他强调传神不在于肢体,重要的在于眼睛。因为眼睛是灵魂的窗口,眼睛才能传神。谢赫在《古画品录》中提出的六法:气韵生动、骨法用笔、应物象形、随类赋彩、经营位置、传模移写,这时已成为品论人物画的主要标准。谢赫在提出绘画艺术新理论的同时,也很重视绘画的社会功能,所以他在《古画品录序》中说:"图绘者,莫不明劝戒,著升沉,千载寂寥,披图可鉴。"谢赫所说的这种"千载寂寥,披图可鉴",正是我们所讨论的古代历史画。

这一时期出现了反映当时魏晋风流的名士生活的作品,如南京西善桥南朝墓出土的《竹林七贤》画像砖；以文学作品为题材的绘画创作也趋活跃，如《洛神赋图》。这一时期东汉传入的佛教已兴盛起来，出现了敦煌莫高窟、云岗、龙门、麦积山、炳灵寺等宏伟的石窟雕刻和佛教壁画。最值得注意的，我以为应该是开始出现了写实的描绘当时重要历史人物和历史事件的历史画。不过哪件作品是最早的严格意义的历史画？哪位画家是最早的一位历史画家？还值得讨论。

东晋顾恺之（346—407，一作341—402）是中国绘画史上第一位有现存作品可考的绘画大师。他是晋陵无锡（今江苏无锡）人，官至散骑常侍，工诗赋，擅画人物、佛像。他的作品流传至今的有三件即《女史箴图卷》、《列女仁智图卷》和《洛神赋图卷》。《列女仁智图卷》绢本设色。现存的是宋人摹本，藏故宫博物院。这件作品取材自东汉刘向《列女传》中的人物故事。全卷现存二十八人，可分十段，每段有人名和颂词题记。列女形象有楚夫人、许穆夫人、曹僖负羁妻、孙叔敖母、晋伯宗妻、卫灵公夫人、鲁漆室女、晋羊叔姬等八人，另有齐灵仲子和晋范氏母二人已残。这件图卷的画法，平列构图布局，没有任何背景，只有很少道具，注重人物神态的刻画，细致生动，表现出这一时期人物画的新水平。但是，画中描绘的对象都是东汉刘向《列女传》内的先秦历史故事中的妇女人物。这些故事中人物都远在作者千年以前。因此这件作品只能说是历史故事画。《洛神赋图卷》绢本设色，这也是宋人摹本，现藏北京故宫博物院。这件图卷取材于建安七子之一曹植的《洛神赋》和《感甄赋》，作品成功地再现了洛神"翩若惊鸿，婉若游龙"的优美动人的神态，思想内容和艺术风格都十分完善地和原赋保持一致。可是画的内容既取材于颇富浪漫色彩的文学作品，这件当然也不是历史画。《女史箴图卷》，现存为唐人摹本，绢本设色。原藏清宫内府，1900年被侵华英军劫去，现藏伦敦大不列颠博物馆。这件图卷取材于西晋张华《女史箴》。原文借宣扬遵守妇女道德规范的几位古代理想人物，以讽刺西晋贾后南风的泼悍肆虐。图卷体现了原文的思想内容，成功地塑造了几位不同身份的宫廷妇女形象，反映了作者所处时代的宫廷妇女的生活情景。原画11节，现存画面9节，每节均有楷书箴文。其中"西汉冯昭仪以身挡熊"、"班婕妤不与汉成帝同车"和寓意"人咸知修其容，莫知饰其性"的"对镜修容"的妇女等，所绘形象端庄优美、神态温和，体现了顾恺之用笔如"春蚕吐丝"，精细绵密的特点，刻画人物形神兼备具有很高的艺术水平。《女史箴图卷》诚然是现存中国绘画最古的艺术珍品。这是东晋画家立意体现西晋文章中的讽喻概念，凭借当时宫廷妇女的仪容，去描绘四百多年前的西汉人物故事的杰作。这是历史画么？如果认为这是历史画，似乎很勉强。看来历代论者称之为"人物画"成"历史故事画"还是颇有道理的。

如果说顾恺之的《女史箴图卷》不能认定是历史画，那么，我认为第一件现存古代历史画应该是南朝萧梁的《职贡图》。这件作品的作者梁孝元帝萧绎应是有作品可考的中国第一位古代历史画家。

萧绎《职贡图》，现存为宋人摹本，藏中国历史博物馆。绢本设色，纵25厘米，全卷198厘米。绘有十二位使臣，线条简练，形像及衣饰各具特征。现存有滑国、波斯国、百济国、龟兹、倭国、狼牙修、邓圣国、周古柯国、呵跋檀国、胡密丹国、末国等使者。每位使臣身后书有关于该国或地区的地理位置、风土习俗及与南朝梁之间往来关系的记录文字。

据《石渠宝笈初编》记载，原图绘有二十五国使臣。倭国与末国之间原有高句丽、于阗、新罗、宕昌、末国之后原有中天竺、师子国、北天竺、揭盘陀、武兴番、高昌国、天门蛮、建平蛮、临江蛮。并有苏颂、康里夔、王余庆题跋，图后还有赞词一段，现均已残佚。本图卷所列国名，均与《梁书·诸夷传》相符。从题记中"普通"、"天监"年号均不冠朝代称谓。说明此图卷原作于南朝梁。而题记中的"胤"、"玄"、"敬"、"弘"等字均缺末笔，证明此卷，为宋人摹本。

我国与周边国家早有往来。三国时期的吴国积极开展海上活动，孙权曾派朱应、康泰出使南海诸国，其所经及传闻有百数十国。东晋、宋、齐到梁，这几个相继立国江南的王朝与南海诸国的往来进一步频繁。《梁书·南海传》说："南海诸国，大抵在交州南及西南大海洲上，……及宋、齐，至者十有余国，始为之传。自梁革运，其奉正朔，修贡职，航海岁至，逾于前代矣。"

萧绎是梁武帝萧衍第七个皇子，初封东湘王，后来嗣位于江陵，是为梁孝元帝。他自幼出入宫廷，应该不断见到这些使者。封王以后与外国使者的接触可能更多。作为一位画家，他有此机缘去观察、研究并把握他所描绘对象的容貌、神态以及举止、衣冠的特点。因此，我认为萧绎《职贡图》是一件描绘公元6世纪上半叶来华外国使者的古典现实主义的作品，是现存最早描绘重要历史题材的历史画，而不是一般的历史故事画或人物画。萧绎则是有作品可考的第一位古代历史画家。

四、唐五代和宋元时期的历史画杰作

由唐代到宋元，中国绘画进入全面发展繁荣的时期。如果说，从唐代的人物画、故事画中已分化出描绘重要历史人物和重大历史事件的历史画杰作；从宋代一般人物画、风俗画中，则已涌现出描绘北宋汴京社会面貌的历史画杰作。唐代的历史画大师首推阎立本，次属张萱；宋代的历史画大师首推张择端，次有马远、刘松年。南唐的顾闳中、周文矩、契丹族耶律培和胡瓌也都有历史画的杰作。

阎立本（？—673）京兆万年（今陕西临潼）人。唐高宗显庆中（约658年）任管理工程的"将作大匠"，代工部尚书，后任右相，改中书令。他的父亲阎毗、兄立德都是隋唐间驰名的画家。他继承家学，并师法张僧繇、郑法士，而能"变古象今"，工于人物，尤擅写真，笔力圆劲雄浑，善于刻画人物的性格神情。他有如此深厚的美术造诣，又身居中朝要职，因此有机会和条件留下了重大历史题材的不朽之作。

他为唐太宗画过肖像，为唐太宗闯天下的智囊、助手画过《秦府十八学士图》。贞观十七年（643），他奉诏在长安凌烟阁上画了长孙无忌、杜如晦、魏征、尉迟敬德等二十四个大唐开国功臣像，并由唐太宗亲自作像赞，褚遂良题图名。（事见《大唐新语·褒锡》）他画过各方朝贡的《职贡图》和"万国来朝"的《外国图》。

《步辇图》是他现存的名作。图中描绘了唐太宗坐步辇接见吐蕃迎娶使禄东赞时的情景，反映了唐朝文成公主与吐蕃松赞干布联姻的重大史实。此图现藏故宫博物院。

《列帝图（历代帝王图）》是他现存的又一名作，画有汉昭帝刘弗陵、汉光武帝刘秀、魏文帝曹丕、吴主孙权、蜀主刘备、晋武帝司马炎、陈宣帝陈顼、陈后主陈叔宝、北周武帝宇文邕、隋文帝杨坚和隋炀帝杨广等自汉至隋十三个帝王像。作者对每个历史人物的神情、气宇的刻画，寓有不同的或褒或贬。此图现藏美国波士顿美术馆。

如果说，《列帝图》反映了盛唐君臣对以往历史的回顾、评论和重视历史教训的汲取；"天可汗"《唐太宗像》、《凌烟阁开国功臣像》、《步辇图》、《职贡图》和《外国图》，则描绘了大唐的兴旺强盛，反映出当时朝野对自己时代的自豪和信心。

武则天是中国历史上唯一的女皇帝，也是中国历史上富有兴革胆略、颇有作为的女政治家。张萱所画的《唐后行从图》，留下了她的神貌和气宇。此图现已流到国外。

张萱，生卒不详，京兆（今陕西西安）人，开元间为史馆画直，擅画人物，尤工仕女及鞍马屏障。《唐后行从图》描绘了武则天在宫中巡行的情景。她立在陛阶之上，头戴珠宝凤冠，两肩饰有日月，衣纹宽袖随风飘摆。身着男装、头戴软巾幞头的女官、侍从、前导，手执遮阳羽扇的侍从、宫女在后面拥簇，左右还有一些仪仗和鼓乐，显示出女皇的雍容华贵又威严肃穆。

张萱的另一件名作是《虢国夫人游春图》，现存的是宋徽宗赵佶的摹本。图卷描绘了唐玄宗时显赫一时的外戚虢国夫人出游赏春的情景，全图画有九人分乘八匹骏马，三骑前导，两骑后随，中间两骑，连镳并辔，右为虢国夫人，左为秦国夫人，后三骑中间怀抱女孩者，传为韩国夫人。这三位夫人都是杨贵妃的姊妹、唐明皇的"贵戚"。图卷中她们浓装艳服，在前呼后拥中缓辔徐行玩赏春光，从那悠闲自得的神态中透露出她们特有的骄矜和权势。这件作品所描绘的这些妇女不是什么重要历史人物，她们游春更不是什么历史事件。但是图卷的画外之音，不是正在吟诵着"三月三日天气新，长安水边多丽人。……就中云幕椒房亲，赐名大国虢与秦……"么？如果，再延续下去，那吟诵的就应该是"渔阳鼙鼓动地来，惊破霓裳羽衣曲"了。如果这样去理解，《虢国夫人游春图》所反映的李隆基和杨氏姊妹这段小小的历史插曲，就不仅是一幅仕女故事画，同时也是一幅寓意"开元全盛日"行将走向"安史之乱"的重大历史转折的历史画了。

五代周文矩的《重屏会棋图》和顾闳中的《韩熙载夜宴图》都是南唐的历史画杰作。周和顾都是南唐画院的翰林待诏、宫廷画家。

《重屏会棋图》中屏风前画有五人，两人对弈，两人旁观，一童侍立。屏风上又画有一小屏风，故称"重屏"。据宋人《挥尘三录》考证，画中南面挟册正坐者是南唐中主李璟。

《韩熙载夜宴图》是画家奉后主李煜之命所作。韩熙载是南唐中书侍郎，出身于北方贵族，后主曾考虑任命他为宰相。此图描写了韩熙载彻夜宴乐的情景。图卷共画五节：首节画"听乐"韩与宾客一面宴饮，一面倾听教坊副使李家明之妹演奏琵琶；二节画"观舞"，韩亲自播鼓伴奏，众人观赏家伎王屋山跳"六么"舞；三节画"歇息"，韩与众宾客或坐或卧于椅榻之上；四节画"清吹"，韩盘坐椅上，披襟坦腹，与众宾客听诸女伎合奏管乐；五节画"散宴"，描绘"曲终人散"，韩手执鼓槌送客，三三两两未走的宾客仍在与女伎戏谑。作品淋漓尽致的描绘了南唐重臣的奢侈享乐，沉湎酒色。

南唐是五代十国中比较富庶的一个。前后历三主，共约三十九年。中主李璟时出兵，南灭闽、俘王延政；西灭楚，降马希崇，疆域达三十五州，据有江苏、安徽、福建各一部和江西全省。《重屏会棋图》中描绘的中主李璟从容镇定，好整以暇，正反映了南唐的称盛一时。李煜继位以后，以风流词人去主持一国之政。本属历史的"错位"。当宋朝建立以后，后主竟曾考虑任命如此沉湎享乐的韩熙载为宰相。不难想见"流水落花春去也"，已为期不远了。这件具有很高艺术水平的名作，不也正反映了历史的真实么？

五代李赞华《射骑图》和胡瓌《卓歇图》是契丹族画家的名作。这两件作品也被称为辽画。

李赞华原名耶律培，辽太祖耶律阿保机的长子，因向往汉族的封建文明，辽太祖死后，在王位继承中遭到排挤。后唐长兴二年（931），他投奔后唐，改姓名为李赞华。他擅画契丹族人物、鞍马，多画贵族首领，被誉为"笔法圆细，人物劲健，有盛唐风韵。"《射骑图》绘骑士与战马。骑士髡发梳辫，着圆领窄袖战袍，以皮革围腰，外束皮带，着长靴，腰悬箭壶，左手持弓，右手牵马，显示出北国骑士矫健骠悍的英姿。

胡瓌，山后契丹人，或作范阳契丹人。善画契丹人物、鞍马、草原砂碛，画马"虽繁富细巧，而用笔清劲。"《卓歇图》画契丹可汗（王）、阏氏（后妃）出猎后与部下骑士休息饮宴的情景。沙丘旁一席铺地，可汗盘膝坐于左，捧杯畅饮，阏氏坐于右；另二人跪席前敬酒，又二人在席前翩跹起舞。可汗和阏氏身后有腰挂弓矢的侍卫和在旁伫立的女侍。图中侍从四十多人，马三十多匹。马鞍一侧还系着一只天鹅。按契丹习俗，依节令举行畋猎，在海子（湖泊）地带纵鹰猎取水鸟，品位最高者先纵海东青猎捕天鹅。猎罢，支起帐幕休息，契丹语为"卓歇"。图中男子或髡发梳辫，或头裹巾帻，女子头戴高冠，着左衽长袍。真实生动地描绘了契丹族生活习俗的特色。

宋代的画坛出现了空前繁荣的盛况。名家大师辈出，绘画题材之丰富和作品风格之多采，远迈前代。本文所瞩目的是风俗画和从风俗画中涌现出来的历史画。宋代风俗画的特色在于多方面地表现了城乡生活和形形色色的普通百姓。《耕织图》表现了农村的男耕女织，《纺车图》（传宋人王居正作）更精细地刻画了农村妇女纺线的情景。一位农村妇女坐在纺车前，右手摇车，左手抱着幼儿哺乳；前面一位老妇双手牵线，她身后的幼童正玩弄一只青蛙，一只小狗正回头注视着幼童和他的玩物。《风雨牧归图》（李迪作）表现了两个牧童骑在牛背上，戴笠披蓑，在风雨中归去。《临韦偃放牧图》（传李公麟作）则表现了气势宏大的马群放牧。图中画有一千二百八十六匹马和一百四十三个牧马人。《货郎图》表现了小商品的贩运。《征人早发图》和《盘车图》表现了客商行旅之艰辛跋涉。《大傩图》画有十二人。他们或头戴有角的面具、柳斗、竹箕、斗笠或高冠、软巾，身着奇装异服；或袒胸露怀，手中或持铃、鼓、檀板；或拿扫帚、竹篓、蒲扇，抬手举足，穿插跳跃。这种远古流传下来的跳傩逐疫鬼的巫术仪式，到宋代已成为腊岁前驱邪除祟、祈庆丰年的民间带娱乐性的活动。这些风俗画很受人们的欢迎，因而成为画家们反复创作的题材。这些风俗画真实、生动地描绘了宋人丰富多采的生活，具有浓厚的生活情趣和重要的历史价值，从广义看也可说是历史画。

张择端《清明上河图》是古代风俗画中的巨幅杰作，也是从风俗画中涌现出来的巨幅历史画杰作。

张择端，生卒不详，字正道，密州东武（今山东诸城）人。他幼年游学汴京，宣和年间（1119—1125）为翰林图画院待诏。宣和七年金兵攻宋，徽宗传位于钦宗，第二年改元靖康。靖康元年冬金兵攻破汴京。次年四月金兵俘徽、钦二帝及宗室、后妃数千人及技艺人匠、教坊乐工等北去，皇家收藏的书画珍宝等等也为之一空。从《清明上河图》卷后金代的题记看，靖康之变后此图落入金人之手，作者张择端也不知所终。如果，推断这件作品作于宣和年间，图中所描绘的是宣和元至七年（1119—1125）的北宋都城，大概不会有多大出入。因此，这件作品是风俗画中有具体时间、地点和真实描绘对象的历史画。

《清明上河图》以散点透视的技法，展现了汴京东南城内外的生动兴旺的景象。画面前半段从城郊的田垄村舍、耕夫马队画起，延展下去，商旅不绝于途，商号、客店、货栈陆续出现于路旁。汴河上一座拱形巨木架构的"伸臂桥"高架汴河之上，状若飞虹，被称为"虹桥"。汴河上漕船、民船往来不绝，一艘重载的大船上水手们撑篙搬橹正在紧张地从桥下通过。桥上桥下摊贩行商鳞比，行人车轿往来络绎。后半段则着重描绘城垣内街市的繁忙活跃的景象。穿过巍峨的城楼，大路两旁招牌高竖，店铺林立，行人车轿熙来攘往，还有五颜六色的"欢门"扎架于酒楼的门前。图卷共画形形色色的人物五百五十多人，各种车、轿二十多乘、各种船舶三十多艘。画家熟悉汴京的社会生活，对一部《东京梦华录》中的种种事物无不亲眼目睹，有些他还曾反复观察琢磨，掌握了丰富的素材，进而加以精心取舍提炼和巧妙地组织安排，描绘出了宣和年间汴京城市和社会生活的真实风貌。

张择端的另一件历史画作品是《金明池斗标图》。金明池是汴京顺天门（西门）外的一处皇家园林，园内很大的水面叫金明池。这里和北宋的琼林苑相联。每年阳春三月开放，让士庶百姓游览。这时还在金明池上进行水师操演，并举行龙舟竞赛的"斗标"表演，叫做"水嬉"。每逢举行"水嬉"期间，东京居民万家空巷，争先恐后来参观。《金明池斗标图》精致生动的描画了这一热闹欢快的景象。这幅也应创作于宣和年间。这是风俗画，也是历史画。

《清明上河图》这件再现城市社会生活风貌的历史画杰作产生于12世纪初叶。这时欧洲的精神文化领域还在基督教神学控制之下，留传下来的名作大都是耶稣、圣母等宗教画。14世纪文艺复兴、人文主义兴起以后，现实主义的历史画名作才陆续涌现。所以《清明上河图》不仅在中国绘画史上是空前的历史画杰作，在世界美术史上也占有十分重要的地位。这件杰作的出现，其重要历史价值是反映了北宋商品经济空前活跃和社会生活的丰富多彩。

宋室南渡以后，行在临安逐渐繁荣起来。虽然《都城纪胜》《武林旧事》中所写"山外青山楼外楼"的繁华景象，还未见有画家的名作出现。但马远的《踏歌图》也确是一件值得鉴赏玩味的作品。此图上半幅在远峰隐约、古木苍松之间，露出几处楼阁、亭台，下半幅在溪边大路上有几位老少，边走边唱边舞，故题名曰"踏歌"。宋宁宗的题诗点出了这幅画的主题："宿雨清畿甸，朝阳丽帝京。丰年人乐业，垅上踏歌行。"以这样的情景描绘南宋帝京和年丰人乐，与《清明上河图》对照起来，未免使人感到萧条暗淡，但是马远画的这一角江山，不正是南宋偏安一隅的写照么？这件作品是山水画？人物画？风俗画？抑或可以看作是历史画呢？

南宋的历史人物画，当属刘松年的《中兴四将图》。刘松年是光宗绍熙（1190—1194）时画院待诏。图卷绘有刘光世、韩世忠、张浚和岳飞四位将领，每将身后各随武装侍从一人。四将各戴软巾、着窄袖箭袍，腰系玉带；四侍从或佩剑；或挂弓矢；皮革围腰，足登长靴。这四位南宋初期的名将，衣冠服饰全属宋制，容貌神态也各有特征。四将之侧原有朱笔题记，已被擦去。清乾隆帝重题墨笔楷书："刘鄜王光世"、"韩蕲王世忠"、"张循王浚"、"岳鄂王飞"。刘松年作此图卷，正值南宋朝廷主战主和争议不决之时，论者以为画家绘此图卷乃是"以画代言"，表示支持抗战的主张。我看很有道理。有人怀疑此图卷为宋人作品，但作者不一定是刘松年。这只可存疑，待进一步研究了。

宋徽宗（赵佶）《听琴图》又是一幅值得玩味推敲的作品。图中画出两个身着朝服、品位不低的官员倾听一个头梳道士发髻、身着道装的人弹奏七弦琴，背景的古松和凌霄花烘托出文雅静谧的听琴气氛。如果，这是一幅描绘贵族官僚的闲情逸致之作，本也无甚特殊之处。研究者认为中间弹琴者就是宋徽宗本人，这却颇值得玩味。赵佶能书善画，一幅《雪江归棹图》和一纸《瘦金书夏日诗帖》足以说明他是具有多方面才能和成就的艺术家。他笃信道教，极力抬高道教的地位，设道教官阶二十六等，道官和政府官员领取同样俸禄，所以他又是一个虔诚的道教徒。因此，这幅身着道士装弹琴怡情的自画像，可以说，正是十分真实、深刻地揭示了这位"道君皇帝"作为人的本质。至于他毕竟当了徽宗皇帝，正如南唐杰出的词人李后主一样，这都属"历史的误会"和"错位"。这样看来，《听琴图》不也是一幅深刻、真实而又别致的历史画么？如果，赵佶像画为头戴直角幞头、身着黄袍，衣冠和乃祖赵匡胤一样，这是赵佶么？充其量只是仅有其形，并无其神而已。

元代绘画中所见到的历史画很少，其中以《元太祖成吉思汗像》、《元太宗窝阔台像》、《元世祖忽必烈像》等帝王肖像的历史价值最高。《后妃太子像》也有一定历史价值。

元人《卢沟运筏图》是一件写实的社会风情画，也是一幅描绘卢沟桥的历史画。画幅中心是一座十一孔石桥，桥身两侧石周护栏一根根望柱顶端的石狮子神态各异，桥身两端各画有石狮、石象和华表，其造型外观与卢沟桥的现状没有多少差异。此桥始建于金大定二十九年（1189），初名广利桥，因桥下的永定河古称卢沟河，故又名卢沟桥。元朝时期，卢沟河航运很盛，《马可·波罗行记》中记载："此河流入海洋，商人利用运输商货者甚夥。"画中卢沟河两岸木材堆积很多，店铺不少，筏工、车夫、骑士人马往来，桥下河中成排的大圆木正顺流东去。桥上一辆轿子中坐着两个官员，轿前轿后四骑蒙族装束的随从正簇拥轿子通过。图中远处以京西群山为背景，几处寺院、亭台点缀其间。这件作品所画的卢沟桥、卢沟河和筏木运输、商旅往来，都是当时真实景象的写照。

　　夏永的《岳阳楼图》和《丰乐楼图》是描绘元代名胜景物的历史画。"洞庭天下水，岳阳天下楼。"相传岳阳楼最初是三国吴将鲁肃操练水军的阅兵台。唐开元中张说谪守岳州在此建楼，宋庆历中滕子京守巴陵郡时重修，因此范仲淹才写了著名的《岳阳楼记》。以后几代又都曾重修，而且外貌结构有所变化。这幅古画是元代岳阳楼风貌的再现，颇有历史价值。丰乐楼是南宋临安（杭州）的一处名楼。地点在涌金门外，傍西湖，对吴越二山。此楼原是杨和王的耸翠楼，后来官府收为官酒库中的"西子库"，改名丰乐楼。（事见灌圃耐得翁《都城纪胜》）。这幅画也可以说是南宋名楼的历史画。

五、明代民间作品的重要历史价值和文人山水画的新画风

　　明代的人物肖像画流传下来的比较多。从明太祖朱元璋、明太宗朱棣到历朝皇帝的肖像，从岐阳王世家历代画像、于谦画像、戚继光画像，直到郑成功和郑经的画像，留传下来的不少。《宣宗行乐图》、《宪宗行乐图》及许多世家大族的历代祖宗影像，也都有一定的社会历史价值。

　　明人沈度所画《榜葛刺进麒麟图》描绘了永乐十二年（1414）榜葛刺（今孟加拉）送给明朝皇帝的一只珍奇动物长颈鹿，反映了郑和下西洋后出现了中外友好往来的新局面。此图现存为清人陈璋摹本。原由常任侠先生收藏，1959年捐赠中国历史博物馆。仇英的《职贡图》则描绘了更多外国使者和边疆部族的形象。

　　明朝中叶的倭寇侵扰是东南沿海，一大祸患。明人绘《倭寇图卷》和《太平抗倭图》以真实生动的形象记录了这段抗倭的历史。《倭寇图卷》画面分为四段，第一段画远处海面隐约出现的三艘倭船；第二段画倭寇登陆后，所到之处抢劫、杀人，众多百姓纷纷逃避；第三段画明朝水师在海面上与倭寇激战；第四段明军报告抗倭得胜。这是一幅描绘真实生动的历史画，现藏日本东京大学史料编辑所。《太平抗倭图》作者署名周世隆。此图描绘嘉靖三十一年（1552）浙江太平（今浙江温岭县）人民奋起抗击倭寇的史事。画面集中表现成群结队的倭寇拥逼城下，架设云梯正在攻城。太平城四门紧闭，守城军民箭弩礌石齐发，阻止倭寇前进。城内各色商民人等一面向攻城敌人投掷石块，一面推运土石加固城防。太平人民团结一心、抵御外来侵扰的英勇精神跃然纸上。

另外有两件反映中日人民友好往来的作品，就是日本著名画家雪舟的《金山寺图》和明朝画家的《送别日本僧人策彦归国图》。前一件作品是雪舟于明成化四年（1468）来中国访问时所画的镇江金山寺；后一件作品是日本僧人策彦于嘉靖十八年（1539）和嘉靖二十六年（1547）两次来中国访问后，中国友人在宁波港送别策彦回国的情景。

明朝中叶商品经济的活跃，促进了城市商业的发达和新工商业城镇的兴起，也促使社会生活发生了变化。明人《皇都积胜图》描绘了当时北京的这种情景。图卷从京师南郊村镇画起，经卢沟桥，进广宁门（广安门），到正阳门、棋盘街、大明门（中华门）、承天门（天安门），又通过皇宫，直达"北门锁钥"的居庸关外。作品描绘了一路上店铺林立，贸易活跃，行人车马，熙来攘往的繁荣情景，也画出了承天门（天安门）的雄伟壮丽和天街（长安街）恢宏肃穆的皇都气象。当时正阳桥和大明门之间是朝前市，图卷生动地描绘了"百货云集"、"肩摩毂击"，竟日喧嚣的热闹场景。这里也是当时的文物市场，图卷中一处处彝鼎古瓷和书画的棚摊，正如吴伟业的诗句："布棚摊子满前门，旧物官窑无一存。近来王府新发出，剔红香盒豆青盆。"图卷后有万历己酉（1609）礼部侍郎翁正春的跋语，可以看出作品的大致年代。（图一、图二）

明人《南都繁会图》则描绘了明代后期南京城市经济的繁荣和社会生活的变化。图卷中标明的店铺招牌有109种，其中如"专染纱罗"、"涌和布庄"、"勇申布庄发兑"、"绸绒老店"、"鲜明绒线发客"、"立记川广杂货"、"福明绒线发客"、"立记川广杂货"、"福广海味"、"发兑官燕"、"西北两口皮货发售"、"东西两洋货物俱全"、"钱庄"、"万源号通商银铺"、"乐贤堂名书发兑"……都鲜明的显示出明代中叶以来城市经济和社会生活的深刻变化。图卷尾署"常熟翁氏旧藏"。至于所属"实父仇英制"则显系伪款。以上两件描绘明代中叶南北两京盛况的历史画都出自民间无名画师的笔下。

明代画坛上，宋元时期流行起来的文人士大夫绘画仍占有重要地位。这些画家以书画遣兴抒怀，着重主观意趣的表现，以超然物外为高雅脱俗，题材上大多爱画山水、花鸟、梅兰竹石，画人物较少。这一时期注重写实的历史画大都出自民间画家和宫廷画家之手。嘉靖万历期间，一些文人画画家的画风发生了变化，首先吴门画派的大师们创作了不少写实作品。周臣是唐寅、仇英曾向他学过画的

图一　《皇都积胜图》局部　　　　图二　《皇都积胜图》局部

老画师。周臣的《（苏州）流民图》描绘了在一次水灾后，灾民流离失所的可悲可悯的情景。这是写实的纪事画，也是一件重要的地方历史画。文征明《真赏斋图》。画面在山岩怪石、古松高梧掩映下，有一栋幽静的草堂；草堂中的书架上摆放着书籍、鼎觚古砚和书画卷轴；另一间，主人与客人隔案对坐，案上有展开的图画，主客在议论交谈。画幅正中有楷书三行，题曰："嘉靖丁巳征明为中甫君写真赏斋图，时年八十有八。"按，文征明之友华夏，字中甫，建真赏斋别墅于太湖之滨，收藏金石书画。这也是一幅写实纪事画，也可以说是一幅地方历史画。

从明中叶到明末，陆续出现了不少这类题材的写实之作，如沈周《京江送别图》、《沧州趣图》，文征明《石湖图》、《横塘图》、《惠山茶会图》，唐寅《行春桥图》、《王鏊出山图》、《沛台实景图》，文伯人《泛太湖图》，文嘉《石湖小景图》、《阊门送别图》、《桃花坞图》、钱谷《虎丘前山图》，刘原起《虎丘归棹图》、陆治《虎丘山图》等等，这些都是本地乡土风物的写实之作。同时也陆续出现了谢时臣《匡庐积润图》、《岳阳楼图》、钱贡《滕王阁图》、居节《醉翁亭图》、王绂《燕京八景图》、沈士立《南京十景图》、邹典《金陵胜景图》、张宏《洞庭八景图》、程嘉燧《西湖纪游图》、陆复《西湖泛夜图》、顾庆恩《孤山十景图》、卞之瑜《西湖八景图》、文从简《鄞州景物图》。董其昌在万历三十九年（1611）画有《云起楼图》，天启年间又有《延陵村图》和《佘山游境图》流传下来。这许多作品的陆续出现，说明在陈陈相因的仿古山水画中出现了一股清新写实画风。这些描绘名胜古迹和乡土景物写实作品，也可以说是从山水画中涌现出来的名胜古迹的历史画，或乡土人文景物的历史画。

这股新的写实画风，对入清以后的画坛有很大影响，许多描绘名胜古迹和乡土景物的写实作品，陆续大量出现。例如：王翚《庐山白云图》、《九华秀色图》、《嵩岳图》，王鉴《虞山十景图》，王原祁《华山图》，王时敏《虞山惜别图》、《长白山图》，恽寿平《灵岩图》、《剑门图》、《富春大岭图》，弘仁《黄山天都峰图》、《黄山西海图》、《黄山白龙潭图》、《莲花峰图》，邹喆《黄河泛夜图》，吴宏《燕子矶莫愁湖图》，黄向坚《滇南胜景图》、《金沙江图》，彭耀《邗江胜览图》，黄易《嵩洛访碑图》等，不难看出明中叶由吴门画派兴起的山水画中的写实新画风，到清初又由虞山画派推而广之，到清中叶已形成分布很广的专门描绘名胜古迹或乡土景物的写实历史画。

六、清代康乾时期历史画的重大成就

古代历史画创作的发展，自有其时代的和历史的社会文化背景，也更有各种创作条件的具备。清代康熙乾隆时期，中国传统社会的经济、文化发展到最繁荣的阶段，统一的多民族国家也得到进一步巩固与发展。这一时期画坛上名家辈出，在各种机遇的聚合下，创作了许多规模宏大、气势磅礴的巨幅历史画杰作，真实生动地反映了当时中国社会的风貌，也真实形象地记录了构成这一时代特点的许多重大历史事件，以下举几件重要的历史画为例。

康熙和乾隆两个皇帝各在位六十多年，祖孙二人各到江南进行了六次巡视。据他们自己说，其目的是视察河工、了解民情民风和考察吏治。他们留下的两种《南巡图》是弥足珍贵的历史画杰作。

《康熙南巡图》描绘康熙二十八年（1689）清圣祖玄烨第二次南下巡视的情景，自正月初八从北京出发，经济南、泰安到江苏宿迁视察河工，又沿支河到淮安、扬州、镇江、苏州、杭州，直到绍兴进行视察，返回途中到江宁检阅八旗官兵骑射后，过扬州再到高家堰视察堤岸闸坝。三月十九日回到北京皇宫的往返情景。此图共十二卷，绢本、设色，每卷均高67.8厘米，而长短不同。最长的一卷长2600多厘米，最短的一卷也不少于1500厘米。这样规模的长篇巨制在古代绘画史上是罕见的。全图创作由当时声誉极高的绘画大师王翚（王石谷）担任。王翚长于画山水，时人誉之为合南北二宗为一体、集唐宋元明之大成的"画圣"。王翚的学生杨晋（字子鹤）也参加了此图的绘制。杨除山水外，还擅长画人物、舆轿、驼马、牛羊以及其他景物。王石谷作画，凡有这类画面都由杨代笔。全画由王翚总设计，他先画出草稿，送呈玄烨过目，得到首肯后，才正式过稿，再由王翚"口讲指授"，由杨晋等人分段绘制，最后再由王翚统一修饰，总其大成。这样，从康熙三十年起画了三年，才大功告成，得到了康熙皇帝的赞赏。

《康熙南巡图》不仅场面宏大，卷帙浩繁，在创作技巧上，将人物、写真、山水、舟车、城廓、风俗等"画科"溶汇于一体，将水墨写意、工笔重彩、楼台界画各种画法熔铸于一炉，继承了中国绘画的优良传统，又有所发挥和创新，成为中国绘画史中的一件不朽的历史画巨作。

《乾隆南巡图》描绘了乾隆十六年（1751）正月，乾隆皇帝首次南巡，途经直隶、山东、江苏、浙江四省的往返情景。作者徐扬，字云亭，苏州府吴县人。自乾隆十六年任清宫画院供奉，后奉命按第一次南巡沿途情景绘制此图。全图与《康熙南巡图》相同都是十二卷。第一卷画"圣驾"在乾清门启銮后，由大清门出广宁门，到良乡县新黄庄；第二卷画经过山东德州城；第三卷画乾隆皇帝在淮安府清河县孙家码头坐船横渡黄河；第四卷画乾隆皇帝视察黄河、淮河汇合处的险要工段；第五卷画"御舟"从无锡沿江南运河到达苏州；第七卷画从苏州到嘉兴；第八卷画经石门到杭州；第九卷画到绍兴祭禹陵；第十卷画回程，在江宁大校场阅兵；第十一卷画乾隆皇帝回程中视察河工；第十二卷"回銮"北京。全图高68.6厘米，总长15417.8厘米，也是一件不朽的历史画巨幅杰作。现藏中国历史博物馆。（图三）

《康熙南巡图》和《乾隆南巡图》各以总长度150米以上的画面真实生动的刻画了北京、德州、泰安、淮安、扬州、镇江、苏州、杭州、绍兴和江宁等大运河沿线城乡的广阔场景和形形色色的社会生活现象。如果说，前者是"1689年中国城乡之春"的多卷历史画，后者则是"1751年春天的中国城市和原野"的写实杰作。

徐扬的另一件重要作品《盛世滋生图》十分真实精细地描绘了乾隆二十四年
（1759）苏州的繁华景象。所以这件作品也被称为《姑苏繁华图》。"上有天堂，
下有苏杭。"这是宋代的谚语。作者自题《图卷》内容是这样："自灵岩山起，由
木渎镇东行，过横山，渡石湖，历上方山，从太湖北岸，介狮和（何）两山间，
入姑苏郡城。自葑、盘、胥三门，出阊门外，转山塘桥，至虎丘止。其间城池之
峻险，廨署之森罗，山川之秀丽，以及渔樵上下，耕织纷纭，商贾云屯，市廛鳞
列，为东南一都会，至若春博献寿，尚齿为先；嫁娶朱陈，及时成礼。三条烛焰，
或抡才于童子之场；万卷书香，或受业于先生之席。耕者歌于野，行者咏于途，
熙皞之春，丹青不能尽写。"

　　图卷全长1225厘米，高35.8厘米，纸本、设色，以长卷形式和散点透视技
法，重点描绘了一村（山前）、一镇（木渎）、一城（苏州）、一街（山塘）的景
况。妙笔丹青，写出了江南的湖光山色、流水人家、田园村舍、古渡行舟、沿途
市镇等形形色色的人物风情，据粗略统计，画中约有一万二千多各种人物，近

图三　《乾隆南巡图》局部

四百只舟楫排筏，五十余座各式桥梁，二百三十多处各种市招，生动形象地为后世留下了十八世纪中叶苏州文明繁荣的永久回忆。明代吴门大家唐伯虎曾对当时苏州的繁盛和描绘的困难发出过慨叹。他写道："世间乐土是吴中，内有阊门又擅雄。翠袖三千楼上下，黄金百两水西东。五更市贾何曾绝，四远方言总不同。若使画师描作画，画师应道画难工。"如果，唐伯虎见到二百多年后同乡晚辈的这件作品，他会怎样的评价和嘉许呢？

康熙乾隆时期历史画的创作空前繁荣。这些历史画有些出自宫廷画家之手，有些出自民间画师之手，还有一些出自服务于清廷的外国传教士中的西洋画师之手。

《蔡毓荣南征图卷》和《董卫国纪功图卷》两件作品都是平定吴三桂等"三藩之乱"的形象记录。玄烨八岁登极，十四岁亲政以后就把"三藩、河务、漕运"做为三件要解决的大事，写在宫中楹柱上，时刻警惕。康熙十二年平西王吴三桂、靖南王耿精忠等发动了叛乱，很快占领了云、贵、川、桂、湘、闽、粤等省和赣、浙、皖、鄂、陕、甘诸省的一部，形成清王朝入关以后最严重的危机，经过八年苦战才转危为安最后平定了"三藩之乱"。蔡毓荣，汉军正白旗人，是当时的湖广总督。《南征图卷》描绘了蔡毓荣在当时清军与吴三桂军争夺对峙的湖广主战场，经过"坚守荆州"、"洞庭湖之战"、湘西"辰龙关之战"和云南省城外围的"归化寺之战"，最后击溃吴军的作战历程。后一件《纪功图卷》描绘了当时的江西巡抚、后晋升江西总督的董卫国（汉军正白旗人）率清军转战江西各地，东抗耿精忠，西御吴三桂，又随大军入定湘黔的情景。

清人《黄河筑堤图》和赵澄《治淮图卷》以及《康熙南巡图》、《乾隆南巡图》中"视察河工"的专卷都反映了清代治河。治河，在清代前期是国计民生攸关的重大政治、经济问题。黄河自北宋改道南移，夺淮入海，黄淮已全部合流。南北经济大动脉的三千里运河，中间有二百里借黄河河道。黄淮一出毛病，漕粮的运道必然受阻。淮安的清口、高家堰地当黄、淮、运三河交汇之处，"治河、导淮、济运"的关键河工全部集中在淮安清口一带，因此这些《图卷》都在不同的时间，以不同的表现形式和技法，描绘了治河的景况。

黄淮得到治理，运河自然畅通，漕运自可无虞。清人江萱《潞河督运图》反映了乾隆中期漕运的盛况。潞河在通州境内，是南来漕粮入京的门户。图卷描绘了河道上漕船首尾相接、樯桅林立、官舫往来巡察的繁忙漕运景象。

康熙皇帝在《(御制)南巡记》中曾写道:"予临御五十年,凡举二大事,一曰西师,二曰南巡。"这里所说的"西师"是指为维护西北地区的统一安定,与准噶尔贵族多次进行的战争。其范围遍及内蒙古、外蒙古、新疆、青海和西藏,前后历经了康雍乾三朝。

《康熙首征噶尔丹命福全出师图》是反映康熙二十九年(1690)"乌兰布通之战"的图轴。这年七月准噶尔部首领噶尔丹进攻喀尔喀蒙古后,又深入到内蒙古克什克腾旗,距北京七百里,"京师戒严"。图中描绘的是击败噶尔丹的乌兰布通之战前夕,裕亲王福全奉命迎敌的情景。

《北征督运图》描绘的是康熙三十五年(1696)玄烨亲征噶尔丹,在歼灭对方主力的"昭莫多之战"前后,向外蒙古克鲁伦河和翁金河前线运送军粮的情景。全图二十开,根据西路大军军粮督运官范承烈的经历画成。

《抚远大将军西征图》原签题《皇帝命大将军西征图》。康熙五十五年(1716)准噶尔首领策妄阿拉布坦派兵进犯西藏,次年攻占拉萨,杀拉藏汗,西藏陷入混乱。康熙皇帝派皇十四子允禵为抚远大将军,从北京率军进驻青海。康熙五十九年(1720)允禵进驻穆鲁乌苏,指挥将军延信从北路进军拉萨,护送六世达赖喇嘛入藏"坐床",同时,派将军噶尔弼率军出川,从南路进藏。这件《抚远大将军西征图》描绘的就是清军西征安藏的情景。该图作者不详,现存部分是噶尔弼部将都统法喇从打箭炉、副将岳钟琪从里塘同时出发,经飞夺洛隆宗怒江铁索桥,乘皮船强渡拉萨河,最后以清军严整队列出现在雄伟的布达拉宫和庄严的大昭寺左右结束了全图。

《万树园宴赏三车凌图》描绘乾隆十九年(1754)夏,乾隆皇帝在热河避暑山庄万树园设宴,隆重接待厄鲁特蒙古杜尔伯特部首领车凌、车凌乌巴什和车凌孟克的盛况。下款署"乾隆二十年七月十五日臣郎世宁奉敕恭绘。"

钱维城绘《平定准噶尔图卷》描绘的史事是乾隆二十年(1755)清军分南北两路进军伊犁,平定准部首领达瓦齐。图卷纸本,设色,高41厘米,长808厘米。钤有"石渠宝笈"和"三希堂精鉴玺"等印章。乾隆十九年(1754)准部贵族为争夺汗位发生内讧。达瓦齐夺得汗位后,阿睦尔撒纳率所部两万投顺清朝。清廷决定乘此时机进军伊犁。二十年二月,分南北两路出发,五月两路会师博罗塔拉河,继续向伊犁挺进。达瓦齐退守格登山,遭清军夜袭,遂越天山奔南疆,在乌什为回部擒获,押交清廷。全图卷中唯一的战斗画面是准噶尔旧部阿玉锡等三

"喀喇巴图鲁"（黑脸英雄）率二十二骑"夜斫达瓦齐大营"的情景。郎世宁《阿玉锡持矛荡寇图》是所画内容与此事为同一主题的"特写"。

丁观鹏绘《平定伊犁回部战图》和郎世宁等绘《平定伊犁回部战图》铜版画，这也是两件同一事迹内容、两种不同表现形式的历史画。

乾隆二十年至二十五年（1755—1760）清政府先后两次平定了准噶尔部达瓦齐和阿睦尔撒纳的叛乱，紧接着又平定了维吾尔族博罗尼都和霍集占的叛乱，加强了多民族国家的安定统一，也巩固了西北边防。在当时的北京中南海紫光阁曾悬挂着在这场战争中著有功绩的功臣像一百幅，其中由乾隆皇帝题赞者五十人，由大臣们拟赞者五十人。紫光阁阁壁左右还挂有几种进军西北的战争绘画。

丁观鹏绘《平定伊犁回部战图》是其中之一。这是一部图册，宣纸本，工笔重彩，共二十幅，每幅纵一尺七寸，横二尺八寸。第一、第二两幅乾隆手书"昭功廓宇"四个字，钤有"五福五代堂古希天子宝"、"养心殿尊藏宝"等印玺。第三幅乾隆手书序文说明画这部图册的目的和简要经过。序文中说："夫我将士出百死一生，为国宣力，赖以有成，而使泯灭无闻，朕岂忍哉。是以紫光阁既勒有功臣之像，而此则各就血战之地，绘其攻坚、斫锐、斩将、搴旗实迹，以旌厥劳而表厥勇。"序文并又说明"西师定功于己卯（乾隆二十四年），越七年丙戌，战图始成。因详询军营征战形势，以及结构丹青，有需时日也。"序文落款"乾隆丙戌孟夏月"即乾隆三十一年（1766）四月。从第四至第十九幅是图画。依次如下："伊犁受降"（第四）、格登鄂拉斫营"（第五）、"鄂垒扎拉图之战"（第六）、"和落霍澌之捷"（第七）、"库陇癸之战"（第八），以下第九至第十九幅描绘的是平定大小和卓的主要战斗历程，不再一一列出。第二十幅即全图最后一幅是大学士傅恒、尹继善、刘统勋、协办大学士阿里衮、舒赫德和于敏中等六人的跋文。[1]

《平定伊犁回部战图》铜版画是上述丁观鹏作品的姊妹篇，其中图画十六幅，每幅画面与丁观鹏所画内容基本相同，但画法不同，全系细线硬笔画法，风格也是西洋画风。由当时"供奉清朝宫廷的西洋画师意大利人郎世宁

---

[1] 此图仅第一、第九、第十、第十一、第十二共五卷收藏在故宫博物院。据美国纽约大都会艺术博物馆何慕（MAXWELL K, HEARN）调查其余第二、第四两卷在巴黎，第三卷在美国纽约大都会艺术博物馆，第七卷原由丹麦私人收藏，后已转由加拿大私人收藏，至于第五、六、八三卷至今下落不明。

（Josseph Castiglione）、法国人王致诚（Denis Attiret）、捷克人艾启蒙（Ignace Sichelbart）和意大利人艾德义（Jean Damaseene）四人于乾隆二十至三十一年（1755—1766）陆续画成。乾隆皇帝又谕广东总督和粤海关道转命广州公行商人与法国印度公司代表商洽，委托法国在巴黎物色镂制铜版的高手技工八人，前后用了七年时间才印制完成这部绘图印制都十分精美的中国历史画册[2]。

　　清代描绘重大历史题材的绘画还有很多，例如玄烨青年时期的戎装画像，反映了从平定三藩之乱、统一台湾到第一次亲征噶尔丹这段时间中的这位青年皇帝雄姿英发的风貌；冷权等绘《康熙六旬万寿庆典图》描绘了在这个举国庆典中北京城盛大节日的景象；康熙和乾隆的几种《木兰秋狝图》和郎世宁《马技图》等都描绘了清代特有的这种历史现象："万幕拱黄城，千山绕御营，朝家修武备，藩部输衷诚。"金连标《职贡图》则描绘了清代国内众多民族各具特色的形象和一些外国使者的形象；《平定苗疆战国》、《平定廓尔喀战图》、《平定台湾战图》等则描绘了乾隆时期的重要战争——所谓"十全武功"的战况。以上这些历史画大都由皇帝亲自选题并指授如何表现，亲自审定画稿，最后才得以完成。这些画大都由宫廷画家或由宫廷特聘著名画家担任创作，所以又称之为宫廷画。这类历史画正如历代"钦定"或"官修"的史书，都反映了皇帝或官方对重大历史事件、历史人物的观点和褒贬。一般画家的作品与此不同，犹如众多私家著述，其观点、趣味因人而异，但基本共同之处是反映了古代文人、士大夫的善恶是非和历史观。至于民间画师由于他们生活在普通百姓之中。他们反映社会生活的作品，如清人《北京妙峰山进香（庙会）图》、《（山西临汾）尧都胜况图》等大都反映了普通百姓对生活的热爱、对幸福的向往，也真实地反映了现实社会生活的状况。以上这几点，在古代历史画的研究、鉴赏中也是不可忽视的。

　　（本文原系作者1994年元月在中国历史博物馆举办的"中国书画鉴定鉴赏研修班"的讲稿，经稍加增删发表于此）

原文刊于《中国历史博物馆馆刊》1994年第2期

---

[2] 伯希和《乾隆西域武功图考证》。见冯承钧译《西域南海史地考证译丛第六编》。

《清太宗实录》初纂稿本（残卷）和"擅改国史案"

——兼谈"二次改正"《清世祖实录》稿本

一

中国国家博物馆收藏的古代文书档案中有《清太宗实录》手写本（残卷）一册。这是1921年民国政府教育部拨交前国立历史博物馆的清内阁大库档案中的旧物。这册手写本《清太宗实录》（残卷）从天聪十年（1636年）正月初一开始，至崇德元年（1636年）四月十二日止，共91叶。一般竹纸书写，原无封面，用原书写纸纸捻装订，开本较小，纵29.5厘米，横17.2厘米，每半叶6行，每行18字。首叶无书名、卷次。因书写纸有损坏，文字有缺损，并有多处用墨笔涂抹或圈改，兹举数例于下：

例1：天聪十年正月初一丁未

□聪□年丙子正月□一□□未黎明上率众贝子大人出抚近门谒帝庙毕入宫拜祖先辰时升殿大贝勒侍坐于右侧默儿艮□青贝勒率和硕厄儿克出呼儿姚托和格等贝勒及阿布太阿吉格等台吉行贺元旦礼……

在这段文字中有整个字缺失，有半个字缺失，所列满族人物的汉文译名大都直译语音，与康熙以后相当规范的汉文译名差异很大。

例2：天聪十年二月丁丑

是日遣位□桑八赖山金□布格齎书于阿鲁卫胯尔胯云天聪汗致书胯尔胯麻哈沙

马的色陈汗尔曾谓太平之道在我，其言诚是……

写本未圈改前的底本为"尔曾以太平之道教我其言诚是……"，圈改后的写本成为"尔曾谓太平之道在我，其言诚是……"。不难看出未圈改前的底本和圈改后的写本，两字之差，两种涵意，大不相同。满洲、蒙古人名汉译也直拙难懂。

例3：

崇德元年岁次丙子四月十二日八世孙御名敢昭告于始祖尊讳都督孟特木神位前曰伏念我满洲国势昌盛子孙荣贵皆原我始祖歼灭仇人所致是以某谨仿古制比拟功业追尊为泽王立庙享祭丕□□古垂庥万禩惟灵降鉴绵我国脉□王子□谨告

丙子年四月十一日，后金天聪汗皇太极祭告天地，受"宽温仁圣皇帝"尊号，建国号曰大清，改元为崇德。这是次日祭始祖都督孟特木的祭文。

按：现存《清实录》中太祖、太宗、世祖三朝实录均经过多次重修。《太宗文皇帝实录》初纂于顺治六年，其时睿亲王多尔衮摄政。顺治八年，清世祖亲政后，顺治九年命和硕郑亲王济尔哈朗等重加校阅，未及完成。康熙十二年，清圣祖命大学士图海、觉罗德洪、明珠等"蒐讨订正、纂辑成编"，至康熙二十一年完成，"卷帙如旧"，仍为六十五卷。雍正乾隆时又进行订正。

如果对照康熙再次重修成书的故宫博物院所藏原乾清宫贮存的小红绫本[1]《清太宗文皇帝实录》同年同月同日同一事情的记载，则例1、例2、例3已分别修改如下：

---

[1] 清朝继承唐以来编修历朝实录的传统，每一位皇帝逝世后，由继位的皇帝敕命大臣开设史局或实录馆纂修实录。纂修中查阅上谕、补批奏折、起居注和有关原始档案，按拟定的编纂凡例，摘录比较重要的史实，逐年逐月逐日排比，编为实录。实录纂修完成，分别以汉、满、蒙三种文字缮写正本四部、副本一部。正本有大红绫本（装潢封面）二部，一部收藏于皇史宬，一部收藏于沈阳清宫崇谟阁；小红绫本（装潢封面）二部，一部收藏于乾清宫，一部收藏于内阁实录库；副本为小黄绫本，也收藏于内阁实录库。

1986年中华书局影印出版《清实录》时，其中《太宗文皇帝实录》卷首三卷，卷一至卷三十是依据故宫博物馆院所藏小红绫本。《世祖章皇帝实录》一四四卷，卷首三卷也依据故宫博物院所藏小红绫本。

例 1：

天聪十年丙子春正月丁未黎明上率诸贝勒大臣出抚迈门谒堂子还宫拜

神辰刻御殿大贝勒代善侍右侧和硕贝勒墨尔根戴青多尔衮率和硕贝勒额尔克楚

虎尔多铎和硕贝勒岳讬豪格贝勒阿巴泰阿济格等行朝贺礼

例 2：

是日遣卫寨桑巴赖山津伯布格齎敕往阿禄喀尔部落敕马撒嘛谛塞臣汗曰

天聪皇帝敕谕喀尔喀马哈撒嘛谛塞臣汗尔曾谓朕图欲太平之道自有睿鉴此言诚

是……

例 3：

维丙子岁四月十二日八世孙嗣皇帝□□□敢昭告于始祖神位前曰洪惟始祖肇造

鸿基克恢大业振丰功而克敌开历服以贻谋爰致国势昌隆子孙荣盛兹谨仿古制追扬前

烈尊为泽王立庙奉祝丕显令名贻麻万世惟望祖灵降俯垂默佑国祚永昌

从以上三项事例的两次修改和顺治六年、九年、康熙十二年至二十一年三种
稿本的比较中可以判断国家博物馆所藏这册 1921 年教育部拨交清内阁大库档案中
的《清太宗文皇帝实录》残卷，应是顺治六年（1649 年）年开始纂修或顺治九年
（1652 年）重新纂修的两次稿本中的一种。但究竟是哪一种，还须进一步考察。

二

《清太宗实录》初始纂修于顺治六年（1649 年），正值"皇父"摄政王多尔衮
当政之时，《清世祖章皇帝实录》顺治六年己丑正月丁卯记载：

> 纂修太宗文皇帝实录命大学士范文程、刚林、祁充格、洪承畴、冯
> 铨、宁完我、宋权充总裁官，学士王铎、查布海、苏纳海、王文奎、蒋赫
> 德、刘清泰、胡统虞、刘肇国充副总裁官，赐之敕曰：兹者恭修太宗文皇
> 帝实录，择于顺治六年正月初八日开馆。朕惟帝王抚宇膺图，绥猷建极，
> 凡一代之兴，必垂一代之史，以觐扬于后世，诚要务也。我太宗文皇帝应
> 天顺人，安内攘外，十有七年。仰惟文德之昭，武功之盛，以及号令赏
> 罚，典谟训诰，皆国家之大经大法，尔等稽核记注，编纂修辑，尚其夙夜

勤恪，考据精详，毋浮夸以失实，毋偏执以废公，毋疏忽以致阙遗，毋怠玩以淹岁月，敬成一代之令典，永作万年之成宪，各殚乃心，以副朕意。钦此。

《清太宗实录》于顺治六年（1649年）正月初八日开馆纂修，两年以后，顺治七年（1650年）十二月初九，睿王多尔衮病逝喀喇和屯（今承德市滦平县），顺治帝颁诏天下："皇父摄政王……至德丰功，千古无两……丧仪合依帝礼。"又下诏追尊为"懋德修道安民立政诚敬义皇帝，庙号成宗"。

顺治八年（1651年）正月庚申，顺治帝福临颁诏大赦天下，躬亲大政。二月己亥，郑亲王、巽亲王、端重亲王、敬谨亲王同内大臣等合词告发多尔衮谋逆，罪状多项，顺治帝福临颁诏追论多尔衮谋逆大罪，公布罪状于朝野，削爵籍没。闰二月乙亥，纂修《清太宗实录》总裁官大学士刚林[2]、大学士祁充格[3]，因参与睿王多尔衮谋逆而获罪审讯，罪状中又出现了"擅改国史案"，此案主要罪状有二：

1. "以擅改国史案，讯刚林，据供：睿王取阅太祖实录，令削去伊母事，遂与范文程[4]、祁充格同抹去，后白之和硕郑亲王、和硕巽亲王、和硕端重亲王、和硕敬谨亲王，未经奏闻。擅改实录隐匿不报"。[5]

按："令削去伊母事"，应即清太祖大妃阿巴亥遵太祖遗命殉葬事。阿巴亥是

---

[2] 刚林，满洲正黄旗人。初授笔帖式，掌翻汉文。天聪八年，以汉文应试，中式举人，命值文馆。崇德元年，授国史院大学士，与范文程、希福等参与政事。清朝入关后，选主会试。顺治六年，充纂修《太宗实录》总裁官。睿亲王死后得罪，刚林以阿附睿亲王，参与移永平密谋，又与大学士祁充格擅改《太祖实录》和《盛京所录太宗史册》坐斩、籍没。

[3] 祁充格，满洲镶白旗人。太宗称"四贝勒"时，以祁充格娴习文史，令掌书记。天聪五年，初设六部，授礼部启心郎。崇德间从师伐明有功。后因故获罪，坐死，从宽免死，夺官、贯耳鞭责，以隶睿亲王。顺治二年授弘文院大学士，充《明史》总裁官。六年，充纂修《太宗实录》总裁官，八年与刚林同罪坐斩、籍没。

[4] 范文程，其先世明初自江西谪沈阳，遂为沈阳人，居抚顺所，明生员。万历四十六年(1618年)投后金。天聪三年入值文馆。崇德元年任内秘书院大学士，参与机密，为太宗所倚任。后隶汉军镶黄旗。顺治元年（1644年），疏言入关应禁杀戮掳掠。入北京后，奏请为明帝发丧，安抚汉民、举用废官，免除明末加派，于清初政局之稳定有贡献。顺治六年，再充《清太宗实录》总裁官。八年以奉多尔衮之命改削《太祖实录》，革职留任，再充《太宗实录》总裁官。旋复大学士，列议政大臣，十一年致仕。

[5] 《清世祖章皇帝实录》卷五十四。

文物研究

449

图一 顺治五年八月分实录

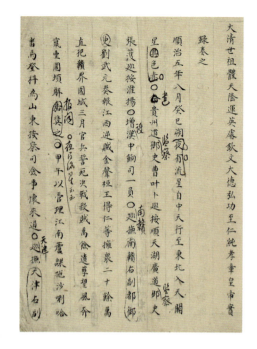

图二 顺治五年八月分实录

多尔衮之母。

2."将盛京所录太宗史册在在改抹一案，讯之刚林，据供纂修之时，遇应增者增，应减者减，删改是实，旧稿尚存"。[6]

从刚林这段供词，我们可以归纳为三点：

1.顺治六年（1649年）正月开史馆纂修《清太宗实录》时，已有盛京所录《太宗史册》做为底本；

2.刚林、范文程、祁充格等修纂过程，即在盛京所录《太宗史册》上"遇应增者增，应减者减"进行修改。这也就是罪状"将盛京所录《太宗史册》在在改抹。"

3.刚林等"删改是实，旧稿尚存"。

根据以上三点，我们可以认定：

---

[6] 同[5]。

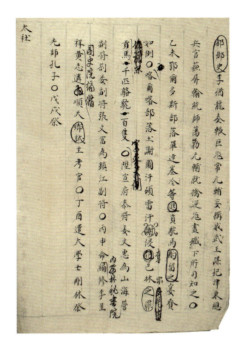
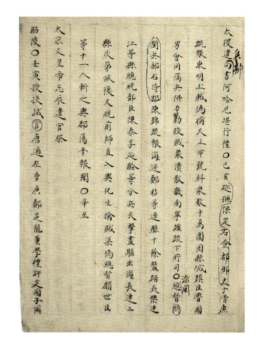

图三　顺治五年八月分实录　　　　　　　图四　顺治五年八月分实录

中国国家博物馆所藏《清太宗实录》手写本（残卷），应即顺治六年（1649年）正月，开馆纂修《清太宗实录》的初稿本，纂修以前，即增删涂改以前的底本，即盛京所录《太宗史册》。

三

顺治九年（1652年）正月，顺治帝福临重新纂修《清太宗实录》。这时原总裁官刚林、祁充格皆已坐斩、籍没。范文程已革职，"本身折赎，仍留原任。其前罪已结，今后当矢忠报效"。于是重新命大学士希福[7]、范文程、额色黑、洪承畴、宁完我充总裁官，学士伊图、马尔都、图海等充副总裁官，侍读学士、侍讲、翰林院编修等二十多人为纂修官，重新纂修。但直到康熙改元仍"未告成书"。所

---

[7] 希福，满洲正黄旗人。通满、蒙、汉文，入值文馆，屡奉使蒙古诸部，赐号"巴克什"。崇德元年（1636年）授内弘文院大学士。顺治元年（1644年）译成满文《辽史》、《金史》、《元史》受嘉奖。旋以忤摄政王多尔衮，革职籍没。顺治八年世祖亲政，仍以大学士参予议政，并充纂修《太宗实录》总裁官。后病卒。

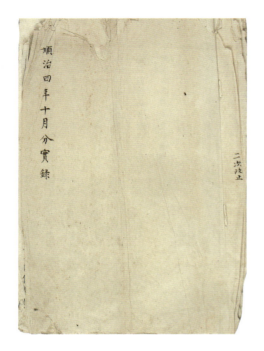

图五　顺治四年十月分实录

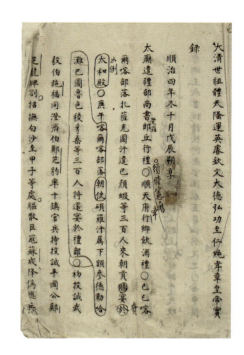

图六　顺治四年十月分实录

以，康熙十二年八月，命图海为监修总裁，勒德洪、明珠、李霨、杜立德为总裁，组织人力重新纂修，至康熙二十一年九月完成。康熙帝玄烨在《太宗文皇帝实录序》中写道：

> 洪惟皇祖勋德隆盛，应有记载，以昭示来兹。旧编实录六十有五卷，皇考世祖章皇帝尝命和硕郑亲王等重加校阅、未及藏事、朕嗣服丕基，仰承遗志，特令儒臣蒐讨订正，纂辑成编，卷帙如旧。

康熙二十一年九月纂辑完成的《清太宗文皇帝实录》，雍正乾隆时又进行校订，至乾隆四年（1739年）成书，卷数不变，仍为六十五卷。我们现在所能见到的汉文写本只有雍正乾隆修订本。但以本文所举天聪十年正月初一丁未、二月丁丑以及崇德元年岁次丙子四月十二日3段文字为例，从中仍可看到《清太宗实录》最初的面貌和前后数次修改的轨迹。

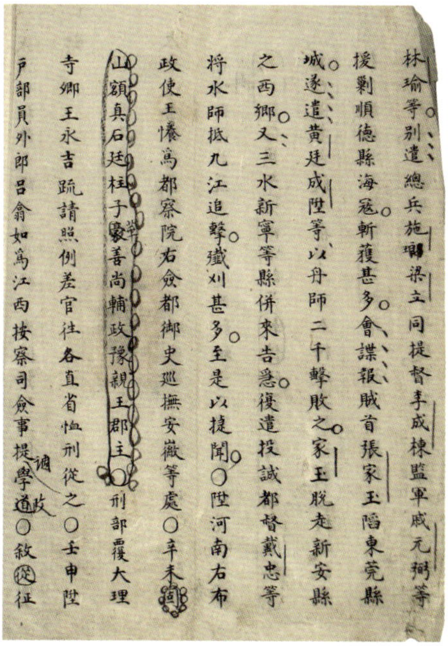

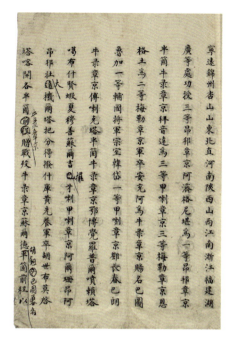

林瑜等别遣總兵施福渠立同提督李成棟監軍戚元弼等
援剿順德縣海寇斬獲甚多。會諜報賊首張家玉陷東莞縣
城遂遣黃廷成陞等以舟師二千擊敗之家玉脫走新安縣
之西鄉又三水新寧等縣併來告急復遣投誠都督戴忠等
將水師抵九江追擊殲刈甚多至是以捷聞○陞河南右布
政使王懩爲都察院右僉都御史巡撫安徽等處○辛未
山額真石廷柱子擧善尚輔政豫親王郡主 刑部覆大理
寺卿王永吉疏請照例差官往各直省恤刑從之○壬申陞
戶部員外郎呂龠如爲江西按察司僉事提學道○敘征

图七　顺治四年十月分实录

寧遠錦州杏山山東北直河南陝西山西江南浙江福建湖
廣等處功授三等昂邦章京阿濟格尼堪爲一等昂邦章京
半箇牛录章京拜音達爲三等甲喇章京三等梅勒章京恩
格土爲二等梅勒章京軍卒安充阿爲牛录章京賜名巴圖
魯加一等輔國將軍宗室韓岱一等甲喇章京鄂衣春巴朗
牛录章京傅喇克塔半箇牛录章京鄂博覺羅普爾噴賴塔
噶布什賢蝦夏穆善蘇爾吉巴扎喇甲喇章京阿爾珊昂阿
昂邦杜爾璣爾塔把分得撥什庫黃光參軍卒胡世布莫塔
塔喀開各半箇前程贈戰歿牛录章京蘇爾德半箇前程以

图八　顺治四年十月分实录

四

中国国家博物馆收藏的文书档案中还有两册《清世祖章皇帝实录》“二次改正”的稿本。这也是1921年民国政府教育部拨交前国立历史博物馆的清内阁大库档案中的旧物。一册封面书“顺治四年十月分实录”，封面右边墨笔小字书“二次改正”。共10叶另半叶，每半叶9行，每行23字。另一册封面书“顺治五年八月分”（图一—图四），封面右边也有墨笔小字“二次改正”，共10叶，其行格款式与前述顺治四年十月那册相同。两册开本大小同为纵36.5厘米，横27厘米。

“顺治四年十月分实录”稿本正文的首页（图五—图八），第1行书：

大清世祖体天隆运英睿钦文大德弘功至仁纯孝章皇帝实录

第2行第3行如下

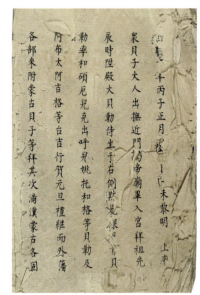

图九　顺治六年清太宗文皇帝实录　　　　　　图一〇　顺治六年清太宗文皇帝实录

顺治四年冬十月戊辰朔享太庙遣礼部尚书郎丘行礼

"尚书"二字下增"觉罗"二字，"行礼"二字下增"颁时宪历"四字。

再如第2页第6行至7行：

辛未固山额真石挺柱子豪善尚辅政豫亲王郡主

全句圈删，又每字旁加小圈示意保留。

以上二处，试查对中华书局1985年影印故宫博物院所藏小红绫本则如下：

顺治四年九十两月合为一卷，卷首第1页第1、2两行书：

大清世祖体天隆运定统建极英睿钦文显武大德弘功至仁纯孝章皇帝实录卷之三十四

冬十月戊辰朔享

太庙遣礼部尚书觉罗郎球行礼。颁顺治五年时宪历

再如"十月辛未"条如下：

以和硕豫亲王女下嫁固山额真石挺柱子豪善。

在"和硕豫亲王"前删去"辅政"二字。

按《清世祖实录》于康熙六年（1667年）十月命大学士巴泰为监修官，图海、索额图、李霨、魏裔介等为总裁官开局修撰，至康熙十一年五月完成满洲蒙古汉文各一百四十六卷、修撰期间"几易稿而成编，四阅载而竣事"（语见"中和殿大学士巴泰等《进实录表》"）。依此判断国家博物馆所藏1921年教育部拨交清内阁大库档案的两册顺治四年十月、五年八月《清世祖实录》当为康熙六年至十一年间"二次改正"的稿本。（图九、图一〇）

原文刊于《中国历史文物》2007年第1期

《乾隆南巡图研究》（摘选）

代序 乾隆时代东方大国的社会风貌

　　清高宗爱新觉罗·弘历（一七一一至一七九九）生当公元十八世纪，是清朝入关后第四位皇帝，年号乾隆，世称乾隆皇帝。他在位六十年，又当太上皇三年，享年八十九岁，执政之久、年寿之高，在历代帝王中罕见。他在位时"文治武功"建树很多，社会长期安定、经济繁荣、国库充裕、户口迅增、文化发达、国力强盛，边疆统一，史称"乾隆盛世"，对中国历史发展产生了深远影响。但也和许多杰出的历史人物一样，不免有褒有贬、有誉有毁，功过是非，后人评说不已。

　　乾隆一生不断出巡，东谒盛京，西到五台、嵩洛，东朝岱岳、孔庙，六次南巡江浙。每次出巡又不忘游览名胜古迹。他博学多才，能诗文，擅书法，也好作画，爱好文物，长于鉴赏，尤好作诗，总计有诗五万余首，数量之大前无古人。他当皇子时著有《乐善堂诗文全集》，在位六十年著有御制诗五集、御制文三集，当太上皇以后还有御制诗文余集。曾自号"长春居士"、"信天主人"，晚年自号"古稀天子"、"十全老人"，所以，他又是一个颇富传奇色彩的历史人物。

　　弘历七十五岁时曾说："余临御五十年，凡举二大事，一曰西师（平定西北动乱），一曰南巡。"《乾隆南巡图》即为描绘乾隆十六年（一七五一）第一次南巡江浙的巨幅历史画卷。这次南巡往返一百一十二天，行程五千八百余里。图卷由宫廷画师徐扬奉命"以御制诗意为图"，共十二卷，纸本设色，纵六八·六厘米，总长一五四一七厘米。各卷内容如下：第一卷，启跸京师；第二卷，过德州；第三卷，渡黄河；第四卷，阅视黄淮河工；第五卷，金山放船至焦山；第六卷，驻跸姑苏；第七卷，入浙江境到嘉兴烟雨楼；第八卷，驻跸杭州；第九卷，绍兴谒大禹庙；第十卷，江宁阅兵；第十一卷，顺河集离舟登陆；第十二卷，回銮紫禁城。

图卷以中国画传统的写实手法和独具的艺术特色，诗书画三结合——乾隆皇帝的诗篇、大学士著名书法家梁国治的书法和杰出画家徐扬的绘画，描绘了乾隆下江南省方问俗、察吏安民、视察河工、检阅师旅、祭祀禹庙和游览湖山名胜的情景；同时描绘了北京城垣之宏伟、市井之繁盛、皇宫之壮丽辉煌；描绘了河北江南的城市乡村和士农工商、官民人等的风情世态，以及黄河、淮河、运河、长江、钱塘江、洪泽湖、西湖、南湖等锦绣江山，是一件真实反映乾隆时代社会风貌的历史画杰作。

"乾隆南巡"二百多年来，各地民间一直流传着许多佳话，影响深远。"乾隆下江南"早已出现在章回小说之中，演出于戏剧舞台之上。近年来在电视中更是连台"戏说"，传播广泛，但越"演"越"说"却离乾隆和乾隆南巡的本来面貌越远。为了有助于理解和研究图卷所描绘的乾隆南巡的真实景况和所反映的历史文化内涵，有助于鉴赏和研究图卷杰出的艺术成就，本书对《乾隆南巡图》绘制的历史背景、图卷各卷的赏析、考释和南巡纪事日录、图卷的艺术特色和历史价值，以及作者徐扬其人和艺术成就进行了论述。书稿由王宏钧、郭秀兰和朱敏合作编著。本书共十六章，其中第一、第二、第三、第四、第五、第七、第九、第十二、第十四、第十五、第十六各章由王宏钧撰写；第六、第八、第十、第十一各章由郭秀兰副研究员撰写；第十三章由朱敏副研究员撰写；全书由王宏钧统筹策划，最后增删定稿。限于我们的水平，其中讹误疏漏之处，在所难免，敬希各方专家学者和广大读者不吝赐教。

《乾隆南巡图》是国家十分重要的珍贵文物，原藏故宫博物院，一九五九年调拨中国历史博物馆，现藏中国国家博物馆。本书的研究撰写和出版，从二十世纪八十年代初已开始筹划、准备，在中国历史博物馆和中国国家博物馆先后几届领导的关切和支持下，才得以完成，在此谨向他们，并向故宫博物院和文物出版社深致敬意。

本书撰写之初，一九九九年秋曾与著名清代历史和文物专家、故宫博物院研究员朱家溍先生商讨，蒙他提供了宝贵意见。现在书稿即将付梓，家溍先生早已仙逝，谨向他遥致谢意和深切悼念。

二〇〇九年十月写于中国国家博物馆

原文选自《乾隆南巡图研究》，文物出版社 2010 年

《乾隆南巡图研究》（摘选）

《乾隆南巡图》绘制的历史背景

一、乾隆首次南巡缘起

乾隆皇帝生于康熙五十年（一七一一年），雍正皇帝第四子，幼受学于翰林院庶吉士福敏，又学射于贝勒允禧，学火器于庄亲王允禄。雍正十一年（一七三三年）受封为和硕宝亲王。当时准噶尔战事未停，又有贵州苗疆兵事，受命参与综理军机。雍正十三年（一七三五年）八月雍正皇帝逝世，九月弘历即皇帝位于太和殿，颁登极诏书，大赦天下，以明年（一七三六年）为乾隆元年，世称乾隆皇帝，时年二十五岁。

乾隆六年（一七四一年）七月，奉皇太后至热河避暑山庄，八月至围场狩猎，首次举行"木兰秋狝"典礼。乾隆十一年（一七四六年）九月，西巡五台礼佛。乾隆十三年（一七四八年）三月，东巡曲阜祭孔，并祭少昊、周公，祭东岳泰山。乾隆十五年（一七五〇年）十月，巡行嵩洛、开封。每次巡幸对所经州县，都大量减免额赋钱粮。

乾隆十四年（一七四九年）九月，两江总督黄廷桂、河道总督高斌、漕运总督瑚宝、副总河张师载、安徽巡抚卫哲治、江苏巡抚雅尔哈善、两淮盐政吉庆联名上奏，合词恳请巡幸江南。奏折中写道："窃惟省方肆觐，聿昭盛世之宏规；问俗观风，动观民生之休戚。我皇上勤求治理……前者西行云中，晋水台山，共仰光华之盛；东巡泰岱，青齐鲁甸，同露雨露之膏。惟兹江淮之地，带水非遥，独不得一邀翠华之临幸，延颈企足，朝夕以祈，众口同心，欢迎恐后。此实出于全省绅耆士庶之至诚，臣等不敢不以上闻。"[1]

---

[1] 本书所引奏报除另行注明者外，均见《南巡盛典》各卷，不一一注出。

乾隆皇帝对他祖父康熙六次南巡，从少年时就十分渴慕，此折上奏以后，乾隆帝朱批："大学士九卿议奏"。

十月初四，大学士九卿共同议论后，由大学士傅恒等上奏，折中首先引经据典，论证天子省方是自古以来的大典，又举出康熙皇帝勤求治理、六次巡幸江南的典范，认为应该接受江南督抚的请求，择期南巡。奏折中写道："我皇上以孝法祖，以惠安民……不自暇逸，时省春秋，晋地山河，已灿卿云于复旦；鲁郊秩祀，尤光俎豆于千年。惟彼江南素称泽国……黄淮虽已底绩，其决排疏瀹，尚待睿训之提撕；山海固属敉宁，而联络巡防还祈圣谟之指示，……应如该督所请，示期巡幸，用慰舆情。"

第二天，即十月初五，乾隆帝给内阁一道谕旨："允宜俯从所请，南巡之举，当在辛未年春。"谕旨中说："江南督抚等以该省绅耆士庶望幸心殷，合词奏请南巡，朕以钜典攸关，特命廷臣集议。今经大学士九卿等援据经史，且仰稽圣祖仁皇帝六巡江浙，谟烈光昭，允宜俯从所请。朕轸念民依，省方问俗，郊圻近省不惮躬勤銮辂。江左地广人稠，素所廑念。其官方戎政、河务海防，与凡闾阎疾苦无非事者，第程途稍远，十余年未遑举行。尝敬读圣祖实录，备载前后南巡，恭侍皇太后銮舆，群黎扶老携幼，夹道欢迎，交颂天家孝德，心甚慕焉。朕巡幸所至悉奉圣母皇太后游赏，江南名胜甲于天下，诚亲掖安舆，眺览山川之佳秀，民物之丰美，良足以娱畅慈怀。既询谋佥同，应依议允从所请。但朕将以明年秋幸五台，经太原，历嵩洛赵魏，回銮已涉冬令，南巡之举当在辛未年春，正我圣母六旬万寿之年也。"

谕旨中对南巡时间的确定，向导人员的派出，费用的开支，以及沿途的准备，一并给予指示："向导人员，朕酌量先期简派前往。清跸所至，简约仪卫，一切出自内府，无烦有司供亿。至行营宿顿，不过偶一经临，既暂停亦不逾旬日。前岁山左过求华丽，多耗物力，朕甚弗取，曾经降旨申饬。明岁晋豫等省及江南俱不可傲效。至名山古迹，南省尤多，亦只扫除清洁，足备临观而已，无事崇饰。倘有倾圮，随宜补葺，悉动用官项，且有吉庆所奏准商愿捐之项可以报销，但当核实，不得任有司浮冒。其民间张灯结彩，圣祖尝以为戒，载在方册，宜共恪遵，其慎勿以华侈相尚，所司当通行晓谕，其一切典礼著照所议行。"[2]

根据这道谕旨，清廷有关部院和南巡所经各省的各项准备紧张地动员起来。

[2] 本书所引谕旨除另行注明者外，均见《南巡盛典》各卷，不一一注出。

到乾隆十五年（一七五〇年）十一月二十六日，乾隆帝谕内阁：

> 朕明岁恭奉圣母皇太后銮舆巡幸江浙，于正月十三祈谷礼成日启驾。

二、南巡路线的选定

辛未年（乾隆十六年，一七五一年）南巡江浙决定后，派向导大臣前去勘查巡行路线及沿途应设的行营、尖营（中伙），是需要首先确定的事项。

向导大臣兆惠（正黄旗护军统领）、努三（正蓝旗护军统领）于乾隆十四年十二月驰驿前往直隶、山东、江南、浙江四省，会同总督方观承、黄廷桂、喀尔吉善、巡抚准泰、署巡抚永贵、两淮盐政吉庆、河道总督高斌、副总河张师载等共同覼看驾幸御道，分派营盘、中伙以后，奏报如下：

> 由京从赵北口，过山东，拢济南府，经由泰安府到江南属宿迁县之运河顺河集码头，旱路一千四百九十里，分为二十站。由顺河集码头登舟，阅看沿途所有朱家闸、九里岗、骆马湖之引河等处河工，近黄河至徐家渡，水路一百五十四里，分为四站。由徐家渡过黄河，经由河堤，阅看惠济闸、运河口木龙等处河工、闸口，至直隶厂营盘四十二里，由直隶厂至高家堰堤三十三里。高家堰地方窄隘，不便驻跸，回銮仍驻跸直隶厂。由直隶厂登舟过淮安府，阅看高邮东地、南关、车络坝等处河道堤工，拢扬州府平山堂，渡过扬子江至金山寺行宫，三百七十七里，分为八站。由金山寺至江宁省城，旱路一百三十四里，分为两站。回銮仍由原路驻跸金山寺行宫。由金山寺从镇江府水路拢惠山秦园，至苏州府三百二十五里，分为五站。由苏州府拢嘉兴府之烟雨楼，至杭州府行宫，三百三十里，分为五站。由杭州府过钱塘江，至绍兴府，一百一十里，分为两站。所往旱路一千七百五十八里，计三十三站；水路一千三百四十六里，计十九站；共三千一百零四里，计五十二站。回銮不拢江宁、济南府，裁去水旱七站，仍剩旱路一千四百四十二里，计二十八站，水路一千二百九十四里，计十七站。共二千七百三十六里，计四十五站。往返共五千八百四十里，分

为九十七站。

　　所有分派营盘、中伙、道路、桥梁，皆仰体圣意筹划，不扰民间坟茔，不伐树木，不拆毁房屋。路虽稍觉绕道，惟取易于修葺，期于公私有益。已经办理指明交与地方官外，今将分派营盘、中伙、地名、路程、里数，折内开列，绘图进呈，再驻跸可览各处营盘、中伙亦另缮折进呈御览，俟命下之日，钦遵饬知该督抚预备可也。为此谨奏。

乾隆帝看过这项奏报以后比较满意，于乾隆十五年四月二十三日批示："此内不走济南府，济南一站裁去，余俱依议。"

此项谕旨下达以后，各地积极准备，半年以后又派遣向导大臣再次查看明春南巡江浙所过桥梁道路的准备情形。

十月，兆惠、努三前往江浙查看后，关于浙江情形，闽浙总督喀尔吉善、署浙江巡抚永贵奏报如下：

　　向导大臣兆惠、努三抵浙界，臣等迎赴前途……兆惠密将面奉谕旨备细宣示，臣等一一跪聆讫，兆惠、努三复将沿途道路桥梁各项俱应听从民便，不必过于开广，经由街市只须打扫洁净，不可动民房寸椽片瓦告知臣等，臣等即会同兆惠、努三联衔出示，宣布省事便民之圣心，咸使知晓。随顺道查看，于初一抵省，遍阅各处行宫景亭并西湖御舫，即渡江阅看绍郡道路及营盘、御舟事宜毕，旋即于初八日起程回京复命。……

　　臣等凛遵圣训，凡有应行修建工程与应预备什物，事事委员动支公项撙节办理，即如省城各项工匠，因部定日给工价实不敷匠夫日食，曾经奏明照民间之例增给，仰邀睿鉴俞允。浙省实无科敛民财以至糜费情事，……至沿途修做道路营盘，有必需藉用民力之处，乡民皆荷锄举锸，踊跃赴工，臣等尚令地方官各给与饭食之资，不令枵腹从事。……至浙省预备修整之道路、营盘、彩牌、彩亭，惟恐有碍民业，道路只就旧有纤路平治，并未开辟宽广。其看定营盘处所有用民地修筑者，量其所获花利，按亩偿给，俾免换业。沿途彩牌、彩亭等项，屡据士民呈请欲效巷舞衢歌之意，臣等恐其过于糜费，但令就城市总汇处所间或搭盖，业经附折奏闻，惟是舆情难以概行禁遏，致伊等踊跃忭舞之忱无由上达，臣等惟当剀切晓谕士民切勿过于华丽繁多，以仰副我皇上崇俭斥奢之至意。

再杭城内外两处行宫，前经臣永贵在京陛见面奉谕旨，与大学士忠勇公臣傅恒会商绘定图式恭呈圣览，遵即回浙与臣喀尔吉善遵照会办，虽现在一切规模制度悉照原图，而房间门户以及进深宽阔丈尺，不无因地制宜，稍为变通处所，现已将次告竣。

关于出京的路线，由于正月中旬永定河结冰未解，但已不坚固，可否不由南苑前往赵北口，向导大臣努三、兆惠上折奏请：

自南苑前往赵北口有永定河，冬令可否搭盖桥座之处，问据（直隶总督）方观承声称，此处附近并无船只，搭盖桥座难于定桩等语，臣等前往看得永定河宽十二丈有余，并无船只，冰结并未合槽，搭盖桥座实属费力。现在行人往返，只将船四只在河中冻连作桥行走。若在此桥铺设板片，预备皇上经临尚属可行。但正月十五前后立春，冰不坚固之际，车辆驮驼一同行走，实属可畏。皇上若经由此道，其车辆重驮俱令由卢沟桥行走，在宫家营大营、赵北口地方会齐，事属可行。

再臣看得自天坛门起至卢沟桥道路，由先农坛北转西行走，至教子街广宁门附近大街，道路不甚遥远，可以行走。自天坛至黄新庄行宫六十五里，经由何条道路之处，谨奏，请旨。

乾隆帝览奏后决定："出彰义门（广宁门），由黄新庄行走。"时在乾隆十五年十二月初二，距启程尚有四十天。

关于进入江苏省以后南下的行程，乾隆十五年四月向导大臣兆惠、努三会同两江总督黄廷桂本已勘明具奏，自宿迁县顺河集登舟，顺水三站抵徐家渡，由此渡过黄河，到直隶厂营盘，并已得到乾隆帝批准。后黄廷桂等又考虑到回銮时系溯流纤挽，河面宽阔，风浪靡常，恐致迟缓难行。于是，黄廷桂等又建议再次商酌，如自顺河集登舟，各项随从船只出杨家庄口门必须逆水渡黄河，拉进清河草坝，风顺尚费周章，风逆时挽济更艰，而且进坝之后又过惠济三闸，层层启闭，鱼贯而下，难免拥挤，耽延时日。询问当地老民等都说，当年圣祖南巡，随从各船拉坝过闸，五六日后方能毕渡，执事供应人员竟有数日不得船只的。因此，"恭请銮驾自顺河集改由陆路至徐家渡，往返可以节省两日行程，又无溯流迟缓之处，实属便捷。"乾隆十五年十月二十一日，乾隆帝朱批"知道了"。

三、南巡的各项准备

（一）截留漕粮，加铸铜钱

乾隆帝南巡的谕旨下达后，监察御史陆秩上奏：

> 江浙两省钱米向来昂贵，钱价每京平纹银一两，仅易大制钱七百文及六百八九十文不等；米价自上年拨赈东省之后，每石卖至三两及二两四五钱不等，今岁谷成，始得平减。……将来翠华巡幸江浙，万姓欢呼，统计随驾官员，跟随人役，以及外府外县各乡各镇云集省会之地不下数十万人，而江浙钱米只有此数，一时腾贵，势所必然。……乞敕谕江南督抚将运京铜觔酌留数十万觔，分发江浙两省钱局，增加鼓铸，存贮司库，俟圣驾临幸，届期将一半设立官局减价变卖，其余一半或我皇上有赏赉兵丁人役之处，即将此项钱文发给。泉布流通，市价不能昂贵。
>
> 再恩圣恩将十五年冬季应兑辛未年漕粮江浙每省截留十余万石，亦于圣驾抵江浙之时，令该地方官装载船只，在苏州之枫桥、杭州之墅河减价平粜，则米价亦不致骤长。

上项奏议经总理行营王大臣会同户部会议后，奏报：

> 查江浙两省岁铸钱文，除搭放兵饷外，每年俱存有余钱。浙江乾隆十三年鼓铸奏销案内开报，现在实存节年余钱三万八千八百余串，江苏乾隆十二年鼓铸奏销案内开报，现在实存节年余钱四万三百余串，均未报部动用。再加十三年以后至辛未年春，约计两省所存余钱共有十余万串，以

鼓铸铜觔计算约用铜十余万斤之数，毋用将滇省额解京铜再为截留，应将前项存贮钱文行令各该抚如数收贮以备应用。再查浙省本年报部收买铜觔有一百四十余万斤，江苏有三十万余斤，是现在铜数均属充裕，若再量为增铸备用，更属有益。……至届期作何设局官卖之处，应令各该抚斟酌妥办，务使钱价平减。

至于截留漕粮的问题，总理行营王大臣等奏报："应如所奏，将江浙二省乾隆十五年冬应运漕粮内每省截留十万石。"

户部的这一奏议，本已得到乾隆帝批准，但随后两江总督黄廷桂奏报："巡幸江南经临之所，站多地广，原议之数恐有不敷，再请截留五万石。"浙江巡抚永贵也奏报："温（州）台（州）各属今岁秋收稍薄，米价未免增长。"因此，乾隆帝又批准江浙两省各再截留五万石，共计截留三十万石。

（二）运河中粮船回避的安排

南巡江浙时，将从宿迁县境登舟，沿运河南下，届时正值漕船陆续北上，河道拥挤，因此，事先安排北上粮船怎样给御舟让路是个重要问题。为此，两江总督黄廷桂奏报：

> 明春恭值圣驾南巡，漕臣瑚宝奏报粮艘回避一折，奉旨交臣办理，查瑚宝折内议将江浙两省起运船只较往年收兑开行均早二十日，原属预筹之意，但大江南北民间获稻迟早不同，有八月底九月初收割者，亦有九月半后方始收割者，所以向来开征俱在十月初旬以后，今开征应饬有司运弁旋征旋兑，征完即可兑完，兑竣即令开行，均不许少有延挨，如此办理可较往年赶早十数余日。凡可以催过宿迁者上紧催趱速挽前进；其不能催过宿迁者，亦不必预先指定湾泊之处，盖缘粮船重大，风有顺逆，惟在临时相度，择地停泊回避；或有帮船一时回避不及者，即于河身宽阔处所挨次停泊一边，恭候御舟过后统令兼程遄行北上，既无拥挤之虞，又可不致迟逾。仍将各帮回避地方、停泊日期报明漕臣咨部，以备查考。

此奏乾隆十五年五月批准。

（三）南巡预备事宜的开支报销

根据乾隆帝谕旨中可以动用官项和淮商愿捐之项分别报销的指示，两江总督黄廷桂、两淮盐政吉庆奏报：

> 明春恭值圣驾南巡，一切预备事宜钦奉恩旨：例应报销者俱令动用公帑。臣等督同总办司道逐一筹议：如道路、桥梁、码头、营尖、茶棚等类，系例应报部者，着动支藩库钱粮；行宫、名胜及附近上山道路、并铺垫、陈设等类不应报销者，着动支运库（两淮盐运银库）商捐银两，均经分别饬办在案。惟是地方官应办之事甚多，若不为其区划恐致扰累闾阎，有辜我皇上省方问俗至意，是以臣吉庆前曾面奏，请将商捐项下拨银十五万两，交与藩库帮助地方官办理差务，仰蒙恩允。今臣等已拨银五万两交与江宁藩库，拨银十万两交与苏州藩库，令其酌量动用。又河务预备事宜亦需资办理，臣等共同商酌亦拨给河库银二万两，帮办河工差务，以免派累。
>
> 凡动用藩库钱粮者由巡抚稽核，照例报销。凡动用运库商捐银两者，臣（吉庆）与黄廷桂公同稽核，随核随登簿籍，俟圣驾回銮，臣等将用过数目奏闻。

关于江苏预备情形及报销问题，江苏巡抚王师奏报：

> 据布政使永宁等详称，道路、桥梁、河道、码头、营尖、茶棚、校场、制办纤夫水手衣帽等项，及屯驻马骡地方并设买卖街备麦豆等物、添雇骡头、船只、杠、纤夫等均系应动司库钱粮备办，但款项繁多，必须随时随事酌核办理，难以预定银数，应请仿照直隶、山东办过成例随时动办，事竣核实报销。
>
> 再查司库耗羡存公银两不敷支给，请于司库杂税及驿站余剩等银内暂行动用，俟事竣核明，应销者报部清销，应卖还原价者照数归款。……
>
> 再查金山行宫对渡之钱家港，系康熙年间御舟停泊之所，今年久淤垫，应加挑浚深通，以便停泊。臣等檄行司道详加勘估，约需银二千余

两。现在兴工挑浚，俟工竣一并确核报销。

（四）预运食盐，并准其每引加耗二十斤

乾隆十五年八月二十八日内阁奉上谕：

> 朕明春巡幸江浙，淮扬河路运盐船只未便络绎往来。现据两淮盐政吉庆奏请于本年十月将盐斤预运四十万引，以资接济。朕思该商等先期赶办，一切起驳掣贮无不耗费，著加恩将本年冬季所运之辛未纲盐，准其每引加耗二十斤，俾商力充裕，自与江广民食有益。

（五）御舟、布城和蒙古帐房

南巡江浙多行水路，皇帝所乘御舟必须早做准备。当时沿途行宫不多，大多以毡房设营暂住，因此蒙古帐房和布城也不可不预先准备。总督仓场侍郎书山等奏："恭查圣祖仁皇帝南巡所乘船只，向系坐粮厅于天津收贮船内预备。皇上明春巡幸江浙所有应用船只自宜照例办理。惟是冬春之交河水未开，此项船只必须于本年九月间先行驾赴宿迁，庶可临期备用。谨开船单，恭请皇上派出若干只，以便委员驾赴该处伺候，仍令地方搭棚苫盖，以蔽风雨，所有外雇固水手及添换旗幛衣帽、篙橹等物，容臣另行查例备办。所开船单附后。……"随即总理行营王大臣和硕庄亲王等遵旨议奏：

> 谨按单内所开，翔凤艇一只、大沙飞船一只、新沙飞船一只、新如意船一只，俱系皇上乘坐及御用之船，自宜先行驾赴，其余船只有可减省者亦有不必带往者，臣等公同酌议，湖船、普拉船二项系在御舟前行备用，今用湖船三只内，酌用二只，普拉船三只内酌用一只。此外尚有佛船一只、四执事船一只、清茶船一只，又如意船二只、看围船二只，以上船只南省备用甚易，该督抚自必乘便预办，毋用于天津驾送，以省长途糜费。
>
> 再查此次驾赴南省船只尚有应带威虎船六只，应令该侍郎等行文内务府，将应带威虎船查交该侍郎等同御船一并送往宿迁。其应带水手若干及

添换旗幛、衣帽、篙橹等物，亦令该侍郎等照例办理。务于九月内委员驾赴，并行知江浙督抚令其搭棚苫盖及应预备佛船等项船只。

上项奏议上报后，乾隆帝谕旨："御船但令将翔凤艇一只送去，其沙船、如意船亦不必驾赴，余依议。"

江浙两省遵照上项谕旨，随后分别报告如下：

两江总督黄廷桂、两淮盐政吉庆奏报："明春南巡所有供奉皇太后御舟、皇上御舟，臣吉庆敬谨制竣，又于本年现造之官船内择其轻便者敬谨装修三只，以备应用。至扈从人员应需船只数目，前经奏请敕议，行知到日即便遵照办理。"

闽浙总督喀尔吉善、署浙江巡抚永贵奏报：

恭照明春翠华南幸江浙二省应行会办事宜，臣等于上年冬间及今春进京陛见，路由江省，业与两江督臣黄廷桂、两淮盐政臣吉庆等面为商酌，所有自江至浙运河御舟已拟由江淮直抵杭城，需用扈从船只亦从江省雇备。其浙省站民各船均驾赴江省以备差遣，一应人夫水脚等费，两省仍各自按程给发报销定议在案。

至于杭州西湖、钱塘江及绍兴三处河道皆有闸坝，大江阻隔不通，臣等谨于西湖恭备大小御舟五只、钱塘江渡船一只、绍河驻跸大船二只、行驶小船一只，久经鸠工庀材敬谨造成。三处需用扈跸之船临时另行雇募。

关于布城、帐房的预备，武备院奏报：

由军机处奏准内开，次年皇上南巡，至水营皇上驻跸船上，若不带四方帐房，倘有风或有住居不便之处均未可定，请将三丈四方帐房一架、二丈正房圆顶帐房一架、一丈五尺卧房圆顶帐房一架、帐房四架、净房二架带往，至码头大营处支盖应用，于每日清早拆卸先行，赶赴支盖。

顺河集水路所用大城俱令上船运载，但船只难以越皇上所用船只之前，……若只带一份恐致迟误，今黄廷桂既行办理二份船只预备，请将存留黄城及圆顶帐房、帐房内照先奏准数目加添一份，着为二份越站行走支盖，始不致迟误。

乾隆帝批示"著带走二份去"。

（六）沿途台站的安设

在康熙乾隆时期，皇帝行幸各处，一切往来奏报事件俱由台站接递驰送。山东巡抚准泰奏报："明春恭逢圣驾南巡，所有经过地方应设台站。该省拟安正站十五处、腰站十五处，需马二千八百五十匹。"

闽浙总督喀尔吉善、署浙江巡抚永贵奏报：

> 谨查南北情形不同，道路远近各异，自须因地制宜，变通筹办。自江省交界至杭州城内行宫，计程二百七十里，分设杉青闸、石门镇、塘栖镇、杭州城正站四处，王江泾、石门镇、安乐桥、拱宸桥腰站四处，每处相离二十余里至三四十里不等。……今按康熙年间旧例，正站各设马七十匹，腰站各设马三十匹，共设快船四十只。又自杭城渡江由萧山江干至绍兴府城麓湖村大营计程一百里，分设转塘村、麓湖村正站二处，江干、板桥腰站二处，……惟浙江站马有限，通省不过百匹，只敷本处差遣之用，是以贴站马共五百二十匹，皆调营马派值。其余一切乘骑备差之马尚多，亦均于满汉各营拨用。所有沿途一切棚厂、槽栈以及草料、递夫等项久经预为安顿。

根据各省奏报，兵部提出南巡全程设置台站计划："明春皇上巡幸江浙，应设台站业经臣部派员查勘安设正站四十九处，腰站四十九处，除直隶山东俱系旱路，一切本报皆由马上驰递毋用另议外，……伏查江南地方，该督既称马匹短少，此番差务需马繁多，请将台站马匹照康熙四十六年之例，正站安设七十匹，腰站三十匹。至（江南地方）所称安设水站、雇备船只，以备代马之用，并称船只行驶穷日夜之力不过百余里等语，查本报事件关系紧要，向例皆由马上驰送，每一时限行三十里计算，昼夜限行三百六十里，原以杜稽延迟滞之弊。向来各省即有崇山峻岭、冰凝雪滑之地，俱能按时递送……该督所请安设水站，雇备船只之处，毋用议。"乾隆帝批准按这一计划执行。

（七）筹办车辆

兵部侍郎兼顺天府府尹蒋炳等条奏：

兵部以八旗存京驼只及上驷院挑选驼只共一百八十九只，尚不敷六百余只，行令雇车。此项抵驼车辆，请以一车抵驼三只，请令附近之遵化、玉田、丰润、延庆等州县协同办理，并令武备院等处先期核定数目知照。所有脚价、草料银两请于部库支领。车辆每日给银七钱二分，如遇驻跸之日，每车日给草料银五钱二分。

明岁南巡至顺河集（宿迁县境）即登御舟，由江宁、苏、杭、会稽回銮至顺河集，计五十余程，约六十余日，所有车辆若令在彼守候，计需两万余金，糜费无益。查八旗驼只缘自河南回京，不无疲乏，是以雇车抵驼。若喂至明年三月膘力俱可满足。应请于三月中旬空拉缓程至顺河集等候回銮之用，其抵驼车辆无用在彼守候。又江南之王家营、山东之台庄、济宁等处向为车辆聚集之地，就近雇办亦属便易，所有回銮时内务府、銮仪卫需用随营车辆，应请敕交各该抚转饬该州县等届期雇备应用。

蒋炳条奏上呈后，总理行营王大臣和硕庄亲王允禄等遵旨议奏：

查抵驼车辆，原因自豫回京驼只恐有疲乏，不敷明春之用，是以该部行令该府尹等雇车抵算。今查八旗驼共八百八十一只，此次巡幸河南共用驼八百一十八只，明岁用驼之处其数大略相等。再查八旗尚有存京驼六十三只，又有上驷院驼只，途次复经添换，虽自河南回京，其中不无疲乏，计回京后喂养两月，膘力自是满足，尽可敷用。且由京至顺河集不过一千数百里，用以驮载亦不至疲乏，应令仍用驼只，以省雇车糜费。

惟内务府、銮仪卫需用随行车辆，……今若长令守候亦多糜费，需用之时即就近雇办最为妥协。但此车辆向来俱系该府尹等办理，若仅交与该省地方官雇办恐有未谙，以致临时贻误，应请将该府尹等特派一员前往顺河集，会同各该督抚等董率地方官指示稽查，悉心备办。

乾隆十四年十月二十四日奉旨派蒋炳去办理车辆。

（八）随从官兵及需用马匹

总理行营王大臣和硕庄亲王允禄等奏报：

伏查皇上驾幸五台、嵩山等处，曾经奏准派侍卫三班、前锋护军一千名，其各处官员兵丁各就本处差使酌量派往，所需官马由京全数散给，其大营、尖营、道路、桥梁一应预备事宜，交与地方官照例预备。随往之官员兵丁等所需米粮柴草等项，令地方官聚集商贾公平交易在案。明春翠华南巡，遵圣祖时巡之典，慰臣民望幸之心，问俗省方、行庆施惠，一切事宜仍循旧例。但江浙二省自圣祖仁皇帝巡幸以来，历今已数十年未邀万乘宠临，至现在办差及扈从官员人等，俱未躬逢盛典，凡一应预备事宜，若不议定章程，恐致临时有误，臣等公同酌议，三吴两浙带水萦纡，非平原陆路可比。皇上圣驾南巡羽卫固宜严肃，若随从官兵太多，则舳舻相接，纤挽不易，必宜量为酌减方可遄行无滞，除扈从文武大臣等应行中途留住及随往江浙已蒙钦派，此次自京起程时，侍卫仍派三班，其所派三班统于六班中拣选足额，至兵丁应派八旗六百名，健锐营四百名，共一千名。但此次随往兵丁中途应行减派，其江浙一路又俱乘船行走，健锐兵久不操练恐致生疏，应请停其派拨。所有兵丁统于八旗内遴派随往。至江南登身时除差使紧要必应全行随往外，其各处官员人等一概量为酌减。

其前锋护军等兵减派五百名，合之江宁迎驾兵二百名，共有七百名亦足备水营差使之用。

其章京，视兵丁之数，拟派四十员以资管辖。

虎枪侍卫兵丁一百三十七员名内拣选四十员名，以供虎枪差使。

其余侍卫入于三班侍卫数内，兵丁入于前锋护军五百名数内，一体拣派。

其备带银两、缎匹等项，交与户部、内务府具奏备带，上船后祇须酌量敷用。

所有应骑官马人等，按照应给马匹数目仍于京中全数发给。俱先支与两个月路费，途间约计日期再行找给。

至江浙路程往返虽有五千七百余里，而由京至江南登舟旱路不过一千四百五十里，且马匹俱应留住养，尽足歇息，毋用再行更换。

随驾大臣官员应领明年春季俸银，俱于今冬十二月内先行支放，以便料理行装。

至皇太后、皇上旱路扎营所需大城、蒙古包、帐房等项，俱照今秋河南之例带往二份，工部应备黄城、桩橛等项亦令照例带往。所用驼只及茶膳房等处应需驼只、车辆，交与各处照例预备。

皇上至徐家渡过河至直隶厂地方留住旱营一日，阅视高堰堤工所用大城、蒙古包、帐房等项应先期运往扎营等候，至皇上登舟后，照臣等减定之数带往，随行之大臣、官员等驼只马匹等项亦俱不必过河，令与留驻之官兵一体留驻，仍著总管大臣哈达哈等加意管束，……毋许稍有滋扰。至皇上回銮时，总管大臣率领留驻官兵于就近地恭迎圣驾。……

再查徐家渡至直隶厂阅视堤工，自小五台至扬州平山堂、高旻寺等处，由钱家港至江宁府，由苏州至灵岩、邓尉、虎丘等处，由杭州至西湖，由绍兴至禹陵、南镇等处俱系旱路，应需马匹，除皇上所乘御马用船载往，……随从人等所需马匹，康熙年间皆取用于地方，每大臣一员给马五匹，章京、侍卫、官员等每员三匹，护军紧要执事人等每人给马二匹，其余人等每二人给马三匹。现在江南、浙江二省驻防官兵所拴官马共九千八百余匹，绿营六千八百余匹，驿马三千九百余匹，除驿马应酌留一半以供驿递差使外，合计共有一万八千七百余匹。此次随往江浙大臣三十三员，章京、侍卫、官员等六百一十一员，拜堂阿兵丁等二千五百五十九名，合计需马六千六百九十余匹，除自钱家港至江宁，自杭州至西湖，自绍兴至禹陵等处所需马匹均应全数散给，其由徐家渡至直隶厂旱营，由小五台至扬州平山堂、高旻寺，由苏州至灵岩、邓尉、虎丘等处，非紧要差使必须随往者，俱可留于身次，不必全行，此三处所需马匹俱应减备十分之四，约计四千匹即可敷用，应交与江浙督抚及京口将军等于旱路应散马匹之处照数预备，在就近地方散给。其散给马匹时，交与领侍卫内大臣、兵部会同分派。……至（黄廷桂）所称江南无平原空旷及宽展村镇可以喂养数千马匹，及苏州人稠地窄，若安置四千余匹马，拥挤喧嚣，殊多未便，请再为酌减之处，……臣等酌量数目分别定议，于镇江至江宁及杭州至绍兴等处均令全给，其余各减去十分之四，不过仅取无误差使，并无多令准备之处。今黄廷桂既已遵照所定马匹数目如数预备，独因地方狭窄奏请酌减，臣等查照康熙年间旧例，合之现在随从人数，似不便遽行议减，以致临时周章，但黄廷桂既为此奏，亦必实有难于照数预备情节，臣等再三斟酌，应将原议每马十匹之外多备一匹之处，准其量为减省，其余应需马匹令其随处尽数预备，如遇地方实在狭窄不能多备者，或临时将非紧要差使之大臣官员应需马匹每员酌减一二匹，兵丁人等亦分别减给。……

以上奏报，乾隆十五年十一月二十三日乾隆帝批准。

（九）需用船只及船只行走次序

江南总督黄廷桂等奏请：

圣驾南巡随从人等需用船只数目应备若干，并何项人员于御舟前后何处行走之处，请分别定议，预行知会遵照办理。

经总理行营王大臣和硕庄亲王允禄等遵旨会议后奏准：

此次随往江浙官兵人等虽经大加酌减，若所用船只稍令宽裕，犹恐拥挤难行，拟将派出之一品大臣三员、二三品大臣九员及御前、乾清门行走大臣十二员、銮仪卫、武备院堂官四员，或每员给船二只；或给船一只，均按其品级分别给予，其侍卫、官员等或每二三人给船一只；或四五人给船一只；拜唐阿兵丁人等或每八九人给船一只；或每十数人给船一只，皆酌量其差使之缓急、行档之分合、船只之大小分别匀派，除装载物件之便民船二十五只外，统计共需沙飞、马溜船四百四十一只，即可敷用，仍令每船十只之外多备一只，以便临时添补之用。现在该省或有预备多余船只，俱令其各觅生理，不必守候。届期仍请派大臣二三员前往会同兵部及地方官经理其事，……如有不遵定数擅行抢夺者，即行参处。

其各项船只行走先后次序，御前大臣、领侍卫内大臣、军机大臣、御前侍卫、乾清门侍卫，皆系皇上亲近侍从之臣，其船只应在御舟之前。上驷院侍卫官员人等皆有伺候马匹差使，其船只应与装载御马船只一并在前行走。批本奏事军机处、侍卫处、内阁、兵部官员等皆系承办紧要事件之员，亦应令其在前行走。其余大臣、侍卫、官员等船皆照旧例在后行走。若有承办事件必应在前行走之处，俱令临时自行奏请。

再管理御舟及稽查各项人等船只应需专管之人，俟临时奏请于随从之大臣内派出一二员，协同护军统领等专司管理。凡各项船只行走及停泊之时各按派定次序，毋令拥挤。

乾隆批示"依议。钦此"。

（一○）派拨河兵三千名供行舟揽纤

关于纤夫的准备，乾隆帝乾隆十五年十一月初一日的谕旨指示：

从前恭遇皇祖圣祖仁皇帝南巡时，自顺河集以达江口皆系河臣派拨河兵以供舟行揽纤之用。渡江后则由江省地方官雇觅民夫更替。及行至浙、江交界，该省换纤亦另雇觅民夫应差，此旧制也。朕明春巡幸江浙，闻江省督抚、河臣会商拟于渡江后仍用河兵揽纤，以省募夫接替之烦。惟浙江因地属隔省，尚欲遵循昔年雇夫成例。朕思两省本属一水可通，若江省概用河兵，而浙省又别行招募，往来守候，未免纷繁。兵丁向用河标，舟行乃其素习，且在江省经行已久，亦必益就熟娴，若即令其随至浙江，一路就便应用，较之临期鸠集之夫自为有益。况浙省本身有雇夫工价，若即以之加给河兵，在伊等既可获资斧之需，而浙省地方官并得省雇募之役，彼此均觉妥便。著传谕该督抚等令其会同河道总督高斌、张师载就事一体通融筹酌定议奏闻，惟期公务有裨，毋得存此疆彼界之见。

这道谕旨下达后，江浙二省督抚会商后奏报如下：

署浙江巡抚臣永贵会同两江总督臣黄廷桂、闽浙总督臣喀尔吉善、协办总河臣张师载、署江苏巡抚臣雅尔哈善谨奏为覆奏事：臣等伏查辛未年春恭逢翠华南幸，率土欢忭，普天同庆。江浙虽属两省，而臣等筹办诸事无不会同商酌，以期和衷共济，不敢稍有畛域之心，即如运河内恭备御舟，业经臣黄廷桂等会商直送杭州。内廷扈从各船亦由江省雇募，浙省只于给贴水脚，均未另行备办，前已奏闻在案。

惟纤夫一项，因浙省向例系属雇夫，是以酌定河兵仅到交界地方，浙省亦另拟于海塘标兵及属民壮衙役内挑选应用，只以办差公务俱属臣等应尽之职守，未经上渎宸聪，今奉圣恩训谕，复思自江省交界以至杭州计程不过二百余里，所有更换之浙省兵役纤务非所素习，即使勤加教演，终不若河兵在江经行已久，自必益就熟娴，诚有圣明洞鉴，令其随至浙江，彼此均觉妥便。臣等钦遵谕旨会同通融筹酌，查江省原拟于河兵内挑选三千名，分为上下两班供奉御船及内廷各船带纤之用，各兵行坐口粮每兵每日给饭食银五分。自宿迁至瓜州江口，应由河库给发；自镇江至浙江交界，应由苏州藩库给发；其自平望至杭州，应由浙省给发。上班纤兵沿途搭盖棚厂以为造饭住宿之用，下班纤兵并押纤官员人等俱给小船乘坐，其到杭州之后，自应恭候圣驾回銮。所有在杭守候坐粮亦均由浙省给发，以供各兵资斧。惟是长途往返屯聚日久，江省河标之兵必得江省河标之员约束稽查方为妥协，临时拟派河道一员、河标参将一员同行，至杭州会浙员督率拘管，其沿途押纤官弁仍听两省各自派拨。

至西湖、绍河、钱江等处系用水纤，所有桨纤人夫均已久经预备，毋需再用河兵。除一切未尽事宜，臣喀尔吉善、臣永贵与臣黄廷桂等详细会商，总期仰遵圣训，务使公务有裨妥协筹办，断不敢存此疆彼界之见也，所有臣等会商定议事理谨合词缮折奏覆。

对于这一奏报，乾隆帝很满意，乾隆十六年正月十六日朱批："好，知道了"。

（一）南巡中祀典、礼仪等项准备

自古天子巡狩，致祭所经名山大川，怀柔百神，并致祭先贤勋臣名臣忠烈祠墓，这是古代历朝的祀典礼制。此次乾隆帝即将南巡江浙，礼部将"南巡应行祀典"列出条款，提出建议，请旨批示。

一恭查康熙二十三年，圣祖仁皇帝稽古时巡，驾至泰安登山，躬祭岱岳。回銮过鲁，观车服礼器，诣阙里，亲祭先师孔子。遣亲王致祭元圣周公。

臣等伏思乾隆十三年我皇上肇修东巡，先师孔子阙里、东岳岱宗均已躬亲展虔，此次巡历经行便道，似可无烦圣驾亲历，应照常祀例，于明春驾临东省之时，遣官致祭阙里，望秩岱宗，其元圣周公庙近在曲阜，亦请照康熙二十三年例，遣官致祭。

一恭查康熙二十三年，圣祖仁皇帝南巡至苏州虎丘，谕大学士等曰："明太祖一代开创令主，功德并隆，朕巡省方域将及江宁，钟山之麓陵寝斯在，朕优礼前代，况于其君实贤，可遣祀如礼。"

又奉谕："明太祖陵已遣官致祭，但朕既抵江宁，距陵非远，其亲为拜奠。"是年躬诣明太祖陵奠酒。

一又查康熙二十八年，圣祖仁皇帝南巡至浙江会稽，有旨议祭禹陵，经臣部以遣官致祭后，皇帝亲诣奠酒进奏，奉上谕：'尧舜禹汤文武皆前代圣君，遣官致祭后方行亲诣奠酒未为允协，禹陵朕将亲祭之，此祭文内可书朕名。'是年亲祭禹陵。

臣等谨查历代帝王陵寝，凡逢庆典遣官致祭，礼有常经。我圣祖仁皇帝圣德如天，銮舆所届，特于会稽禹陵、江宁明太祖陵亲行奠献，允足以树无前之芳规，昭万世之法守。今兹皇上绍绳祖武，六飞初驾，由江南至浙江，二地陵寝臣等理合奏闻，如蒙谕旨亲祭，一应典礼届期臣部详查奏明，请旨交太常寺照例具仪以进。至陵寝之祭向无载明乐章，乾隆十三年皇上东巡，亲祭少昊金天氏陵亦未用乐，似可无用另议。其礼神祝板香帛以及祭器等项应带往者，由太常寺带往；应备办者，由太常寺如式开列，详叙尺寸，行文该地方官依式敬谨制办，以备应用。

一查黄河自入江南境，经邳、宿而东至小清口，淮水会之。江流经扬、镇二府而东皆圣驾所必经。古者天子巡狩祭所过名山大川，礼也。恭查康熙二十三年圣祖仁皇帝南巡渡河，遣官祀河神……今次皇上南巡由宿迁登舟过淮扬抵江浙，河渎、淮渎、江渎之神并应秩祀。

又会稽山为东南望镇，逢兹百神怀柔之会应一体遣祭如礼。臣等敬拟行文该省督抚饬守土官就圣驾往返临由黄河、江、淮等处所，相度洁净地面敬谨设坛，届期遣官致祭……是否有当，伏候圣明训诲。

至于御道经行三十里内先贤勋臣、名臣忠烈祠墓理应致祭者，臣部节经行催直隶、山东、江南、浙江各督抚详查具报，尚未到齐，应俟咨覆到齐之日，臣等再行另议具奏。

乾隆看到这项奏报后批示：

禹陵、明太祖陵，朕亲诣行礼，余依议。

关于御道三十里内先贤勋臣名臣忠烈祠墓应否致祭，乾隆十五年八月乾隆帝巡幸中州时，已批准几条标准，即："致祭名臣，以从祀帝王庙者为断；先贤以从祀圣（孔）庙者为断；本朝名臣，以入祀贤良祠者为断。其未经列祀典忠义卓越诸人，分别酌议致祭。"此次南巡即按上项标准，分别核定直隶、山东、江南、浙江所报名单，最后经乾隆帝批准。

鸿胪寺又奏请：

查定例，凡遇皇上行幸沿途地方文武官员百里内接送等语，来岁皇上南巡所有沿途地方文武官员几十里以内接送？谨奏，请旨。

乾隆十五年十一月十二日谕："著三十里以内接送"。

（一二）关于皇帝出巡的仪仗执事

总理行营王大臣和硕庄亲王允禄等在奏报中提出："（江浙）各城街道窄狭，难执马上仪驾，且道路不甚远，令校尉等执步下仪驾，章京等令其骑马。"对这条，乾隆十五年十二月二十七日谕旨："仪驾不必带往"。

四、南巡行程和南巡日录

乾隆十六年辛未（一七五一年）南巡江浙，正月十三日出京，五月初四日回京，往返一百一十二日，行程五千八百余里。其主要行程如下：

正月十三日　　　出京。

正月十四日　　　驻跸涿州北大营。

正月十六日　　　驻跸赵北口行宫。

正月十九日　　　驻跸献县红杏园行宫。

正月二十一日　　驻跸景州吴家庄大营。

正月二十二日　　驻跸山东省德州史家庄大营。

正月二十七日　　驻跸泰安府韩家庄大营。

二月初一日　　　驻跸沂州府兰山县黄梅崖大营。

二月初四日　　　经红花埠入江南省，驻跸徐州府宿迁县叶家庄大营。

二月初八日　　　渡黄河，上运河堤，经惠济祠，阅视天妃闸，至直隶厂大营驻跸。

二月初九日　　　至武家墩，阅视高家堰河工，仍回直隶厂大营驻跸。

二月初十日　　　过淮安府城，至平桥镇御舟驻跸。

二月十三日　　　过高邮城，至江都县香阜寺，御舟驻跸。

二月十四日　　　至扬州城，驻跸高旻寺行宫。

二月十六日　　　自瓜州渡长江，驻跸金山江天寺行宫。

二月十七日　　　自金山登舟，游焦山，御舟驻跸丹阳县方渡桥。

二月二十日　　　游无锡寄畅园、惠山寺，御舟驻跸北望亭。

二月二十一日　　至苏州，驻跸苏州府行宫。

二月二十三日　　驻跸苏州灵岩山行宫。

二月二十七日　　至王江泾入浙江省嘉兴府境，御舟驻跸北校场。

二月二十八日　游烟雨楼，御舟驻跸石门镇。

三月初一日　　至杭州，驻跸圣因寺行宫。

三月初七日　　至绍兴，御舟驻跸麓湖村大营。

三月初八日　　往祭大禹庙，游兰亭。御舟驻跸绍兴府西。

三月初九日　　回杭州，驻跸圣因寺行宫，至己酉皆如之。

三月初十日　　阅杭州驻防旗兵。

三月十四日　　御舟沿运河北返，驻跸石门镇。

三月十六日　　驻跸苏州府行宫。

三月二十日　　至无锡，再游寄畅园和惠泉。御舟驻跸武进县叶家村。

三月二十二日　驻跸金山江天寺行宫。

三月二十四日　至江宁，驻跸江宁府行宫。

三月二十五日　祭明太祖陵。大阅江宁驻防八旗满洲汉军和绿营兵。

三月二十九日　至京口，祭大江，驻跸金山江天寺行宫。

三月三十日　　驻跸扬州高旻寺。

四月初四日　　至淮安府清河，御舟驻跸于直隶厂水大营。

四月初六日　　至蒋家坝阅视河工，御舟驻跸高良涧。

四月初七日　　祭河神，渡黄河，御舟驻跸徐家渡。

四月初九日　　入宿迁县境，驻跸顺河集。

四月十五日　　渡沂水，驻跸蒙阴县大营。

四月十九日　　至泰安府岱庙瞻礼，驻跸常家庄大营。

四月二十三日　驻跸德州石家庄大营。

四月二十七日　驻跸河间县太平庄大营。

四月二十九日　驻跸赵北口行宫。

五月初四日　　南巡回京，奉皇太后回畅春园后，回圆明园。

　　为了有助于对《乾隆南巡图》的理解和研究，南巡中乾隆帝每日的行程和主要言行按《清高宗纯皇帝实录》所载，所写诗篇按《南巡盛典·天章》所载，逐日摘要，辑为《南巡日录》。

　　南巡共一百一十二天，乾隆帝写诗五百二十多首，其中许多篇写出了他巡视中的感受，反映了他的思想感情和心理状态，对于理解和研究乾隆南巡与《乾隆南巡图》很重要，故特摘要录入。

南巡日录参照《南巡图》各卷相应里程，分段收入《南巡图》各卷考析之中。

五、徐扬受命"恭绘御制南巡诗意为图十二卷"

《乾隆南巡图》的绘制者是宫廷画家徐扬。但是，全图的创意、总体结构布局和每卷图的主题，均出自清高宗乾隆皇帝。对此，徐扬在全图最后的跋语中已讲清楚。跋语写道："皇上命臣徐扬恭绘御制南巡诗意为图十二卷。"

原文选自《乾隆南巡图研究》，文物出版社 2010 年

《乾隆南巡图研究》（摘选）

杰出的写实主义画家徐扬

一、徐扬其人和百件作品

《乾隆南巡图》的绘制者徐扬，字云亭，吴县人，世居苏州阊门内专诸巷。（图一）擅绘画，工山水、人物、楼宇殿阁、舟车桥梁以及花鸟，并擅绘地图，画风精致清丽，供奉内廷后并吸取了某些西洋绘画技巧。

乾隆八年（一七四三年）至十三年（一七四八年），苏州知府傅椿主持修纂《苏州府志》，徐扬曾参与修纂。该志卷首所刊《苏州府九邑全图》、《苏州府城图》等十幅地图，尾署"候选主簿徐扬绘"。[1]

乾隆十六年（一七五一年），高宗首次南巡驻跸苏州，监生徐扬献画册，被召入宫，充画院供奉。乾隆十八年（一七五三年）钦赐举人，乾隆三十一年（一七六六年）会试后，授以内阁中书，在清宫内供职长达二十六年。[2]在这二十六年中徐扬的作品至少约百件。

《石渠宝笈》[3]著录，乾清宫贮有徐扬《瑞雪图》一卷。

《国朝院画录》[4]引《石渠宝笈》续编、三编，著录徐扬作品分两部分，共四十一件。

（一）"圣制诗文集题院臣画幅"记载如下：

---

[1] 乾隆《苏州府志》。

[2] 聂崇政主编《清代宫廷绘画》，商务印书馆（香港）等一九九九年版，第二四二页。

[3] 《石渠宝笈》乾隆十年张照等编，乾隆四十七年纪昀等纂校。

[4] 《国朝院画录》嘉庆二十五年修秘殿珠林石渠宝笈三编，唐文明鉴总纂，翰林院编修胡敬纂辑。

《御制诗三集》有：

徐扬　芙蓉水阁图；

　　　春游图；

　　　白鹤图；

　　　仿赵伯驹春山图。

《御制文初集》有：

徐扬　伏狮罗汉像。

《御制文二集》有：

徐扬　仿贯休罗汉。

以上六件，《国朝院画录》未计入徐扬名下。

（二）徐扬作品"石渠著录三十五"系从续编、三编所收入。

南巡图十二卷；

圣制见新耕者诗意一卷；

圣制天宁寺小憩诗意一卷；

圣制初登金山诗意一卷；

圣制玉带桥诗意一卷；

圣制雨游支硎诗意一卷；

圣制烟雨楼诗意一卷；

圣制高旻寺行宫即事诗意一轴；

摹黄公望山水一卷　乾隆癸酉（十八年）；

平定回部献俘礼图一卷　乾隆乙亥（二十年）有御制午门受俘诗；

西域舆图一卷　乾隆丙子（二十一年）；

日月合璧五星联珠图一卷　乾隆二十六年；

盛世滋生图一卷　画灵岩至虎丘景　乾隆二十四年；

墨法集要图一卷　画制墨法式

载梅图一轴。

以上续编

图一　苏州阊门内专诸巷徐扬故里

人物一册；

归庄图一卷　乾隆癸酉（十八年）孟春月御题；

庆灯衢乐图一卷；

瑞雪图一卷（与《石渠宝笈》著录乾清宫所贮《瑞雪图》为同一件作品）

涧筑松涛一卷　乾隆壬申（十七年）御题；

换鹅图一卷　乾隆戊寅（二十三年）孟夏元月御题；

梨花双燕一轴　乾隆己卯（二十四年）清和御题；

应真一轴；

花卉一轴。

以上三编

以上第一部分"圣制诗文集题院臣画幅"中有徐扬六件，第二部分'石渠宝笈'续编三编中有三十五件共计四十一件。

一九八三至一九九〇年，国家文物局中国古代书画鉴定组曾对全国二十五个省市自治区、二百〇八个书画收藏单位的古代书画进行巡回鉴定，鉴定结果刊载于《中国古代书画图目》[5]，其中著录徐扬的作品十件：

莲塘消暑图　南通博物苑藏

平定两金川战图　故宫博物院藏

竹石水仙图　天津市艺术博物馆藏

牡丹山鹨图　辽宁省博物馆藏

奇峰竞秀图　沈阳故宫博物馆藏

乾隆南巡图（十二卷）　中国历史博物馆藏

盛世滋生图　中国历史博物馆藏

摹宋人杂画　天津市文物公司藏

补香雪读书图　故宫博物院藏

鸟巢间道图　沈阳故宫博物馆藏

---

[5]　国家文物局中国古代书画鉴定组由谢稚柳、启功、徐邦达、杨仁凯、刘九庵、傅熹年、谢辰生七人组成。鉴定结果，二〇〇一年由文物出版社出版《中国古代书画图目》，徐扬作品见该书《图目索引》第一一九页。

以上《石渠宝笈》、《国朝院画录》和《中国古代书画图目》古今著录除去重复，共四十八件。

一九九九年出版的《故宫博物院藏文物珍品大系·清代宫廷绘画》中发表了徐扬的作品三件：

京师生春诗意图轴；

乾隆南巡图（乾隆三十五年绢本，九、十二两卷）；

乾隆虎神枪图轴。

以上古今著录和公之于世的徐扬的作品共五十一件。

据咨询故宫博物院所藏清宫旧存的徐扬作品未经著录或未发表者尚有：《乾隆游天平山诗意图》、《乾隆泛舟后湖诗意图》、《金山寺图》、《焦山图》、《虎丘寺图》、《观潮图》、《端阳故事册》、《山庄清话图》、《西园雅集图》等和若干幅扇面，大小作品约四十多件，连同古今著录，他在清宫画院二十六年间，作品当约百件。

二、徐扬的艺术成就

徐扬自乾隆十六年（一七五一年）供职于清廷画院，根据有年款可考的作品，其历年完成的主要作品大致如次：

乾隆十七年壬申　涧筑松涛一卷　御题

乾隆十七年壬申　乾隆虎神枪图轴

乾隆十八年癸酉　摹黄公望山水一卷

乾隆十八年癸酉　归庄图一卷　御题

乾隆二十年乙亥　平定回部献俘礼图一卷　有乾隆御制六月二十八日午门受俘诗

乾隆二十一年丙子　西域舆图一卷　御题

乾隆二十三年戊寅　换鹅图　御题

乾隆二十四年己卯　盛世滋生图一卷

乾隆二十四年己卯　梨花双燕一轴　御题

乾隆二十六年辛巳　日月合璧五星联珠图一卷

乾隆三十年己酉　庆灯衢乐图一卷

乾隆三十一年丙戌　京师生春诗意图一轴

乾隆三十五年庚寅　乾隆南巡图（绢本），故宫博物院藏第九、第十二两卷，

石渠宝笈未著录

乾隆四十一年丙申　平定两金川战图册（十六幅）御题

乾隆四十一年丙申　乾隆南巡图十二卷（纸本）

徐扬的作品说明，他是一位具有多方面才能的画家，其画作大多数是乾隆时期重大历史事件和社会风貌的写实作品。

清高宗乾隆皇帝曾说："予临御五十年，凡举两大事，一曰西师，一曰南巡。"[6]对于南巡，徐扬已绘有十二卷巨作予以描绘。"西师"指乾隆二十年（一七五五年）至二十四年（一七五九年）先后平定准噶尔部和回部动乱，统一新疆地区的重大历史事件。徐扬《平定回部献俘礼图》，即描绘这历史事件的写实作品。[7]对于反映这段历史，徐扬重要的贡献还有所绘的《西域舆图》。

徐扬画《西域舆图》，纸本，纵一尺五寸二分，横四丈八尺二寸，设色。画西域山川人物，分段标名曰嘉峪关、曰回回铺、曰赤金硖、曰玉门关、曰达尔图、曰三道沟、曰布隆吉尔、曰小湾、曰安西、曰红柳园、曰白墩子、曰大泉、曰马长流水、曰黄路冈、曰哈密、曰黑帐房、曰南山口、曰羊圈沟、曰柳树塘、曰奎苏、曰尖山子、曰阿克塔斯克什图、曰乌兰乌苏、曰叶尔伯尔和硕、曰木垒、曰奇台、曰东吉尔玛台、曰西吉尔玛台、曰和阗。

此图徐扬的"恭跋"写道："西域平定，嘉峪关外拓地二万余里，凹晴广额、突鼻虬髯之辈，莫不倾心向内，重译来朝。如大宛马，和阗玉及回部所产方物络绎进献，岁以为常。仰见我皇上圣德神威，无远弗届，日月所照者皆为声教所通。昔阎立本际有唐之盛，曾写《王会图》，垂于竹帛，然论版图所及，以今视昔，倍蓰过之。躬遇昌期，拟合绘图恭纪。　臣　徐扬。"钤"臣徐扬"印一。

《国朝院画录》引《石渠宝笈·续编》所录乾隆《御题舆地图诗注》写道："舆地图，自康熙年间皇祖命人乘传诣各部详询精绘而后定，或有不能履其地者，必周咨博访而载之，既成，镌以铜版，垂之永久。上年平定准噶尔，迤西诸部悉入版章，因命都御史何国宗率西洋人由西北两路分道至各鄂拓克，测量星度，占

---

[6]　《乾隆御制南巡记》见《乾隆御制文集》，本书第十三章已引用全文。

[7]　关于平定准噶尔部和回部动乱、统一新疆是重大历史事件，尚有钱维城绘《平定准噶尔图卷》、郎世宁、王致诚等绘《平定伊犁回部战图》铜版画等，徐扬所绘此图系其中之一。

候节气，详询其山川险易，道路远近，绘图一如旧制。"

再题："舆地图叠前韵诗注：乾隆乙亥（乾隆二十年）平定准噶尔各部，既命何国宗分道测量载入舆图，己卯（乾隆二十四年）诸回部悉录版籍，复遣明安图等前往按地以次厘定，上占星朔，下列职方，各绘全图，永垂征信。"

《平定两金川战图册》共十六幅，描绘了乾隆三十六年至四十一年，清廷平定大小金川动乱的战事过程。每幅图画都有乾隆皇帝题写的诗句。平定两金川也是乾隆时期的重大历史事件之一。

至于《见新耕者诗意》、《天宁寺小憩诗意》、《初登金山诗意》、《烟雨楼诗意》……，这些乾隆御制诗意图可以视为《南巡图》之姊妹篇，但也各饶风趣，各具特色。

《京师生春诗意图》和《庆灯衢乐图》都是描绘乾隆时期北京春日的风貌和除夕迎春情景的作品。

前者是乾隆三十二年（一七六七年），徐扬以鸟瞰方式和焦点透视画法描绘北京生春诗意之作。正阳门、五牌楼、紫禁城、景山、北海、中南海、天坛都历历可数，街巷纵横、屋舍栉比，行人络绎，与《南巡图》第一卷启跸京师交相辉映。

《庆灯衢乐图》，徐扬在跋语中写道："甲申（乾隆二十九年，一七七四年）岁除得太平（歌）词四章并图，村童嬉戏，物阜年丰，伏腊迎春之象以纪盛。臣徐扬恭写"

《盛世滋生图》也称《姑苏繁华图》。乾隆时代的苏州，其工商业之繁华兴盛，在全国首屈一指。徐扬在跋中写道："自灵岩山起，由木渎镇东行，过横山，渡石湖，历上方山，从太湖北岸介狮和两山间入姑苏郡城。自胥、盘、胥三门，出阊门外，转山塘桥，至虎丘山止。其间城池之峻险，廨署之森罗，山川之秀丽，以及渔樵上下，耕织纷纭，商贾云屯，市廛鳞列，为东南一都会。至若春樽献寿，尚齿为先；嫁娶朱陈，及时成礼。三条烛焰，或论才于童子之场；万卷书香，或受业于先生之席。耕者歌于野，行者咏于途，熙皞之风，丹青不能尽写。"

徐扬是苏州人，此图如此之真实精妙是容易理解的。

《乾隆虎神枪图》，是一件描绘乾隆行围射猎的巨幅作品。清朝以马上得天下，自皇太极建国就谆谆告诫"不忘骑射"。康熙皇帝更重视"安不忘危"，康熙二十年（一六八一年）建立"木兰围场"，寓"整军习武"于行围射猎之中，并把它作为一种制度，史称"木兰秋狝"。乾隆继承祖制，经常自励自勉："射是朝家夙所长，承平犹豫那宜忘"。这幅《乾隆虎神枪图》正是清代特有的武备制度的反映。

《日月合璧五星联珠图》是一件记录天象变化的罕见作品，也是一幅自然现象的历史画。徐扬在图记中写道："上御极之二十六年正月初一日午初一刻，日月同在元枵宫，躔女宿如合璧；水星附日躔牛宿；木、火、土、金四星同在娵訾宫，躔危室二宿如联珠。群臣奏请宣付史馆，圣德谦让居弗，勤政敕几不言符瑞。然仪像昭然，万目共睹，臣民庆洽，朝野欢腾。臣执事艺苑，谨敬绘图以纪。"

这里徐扬所画的是自然现象，也是人与自然环境的历史、天人相关的历史。

以上这许多重大历史题材和社会景况的优秀巨作，徐扬以自己的画笔，留下了乾隆时代绚丽多彩的社会风情和时代风貌。在中国绘画史上，徐扬堪称是一位乾隆时代杰出的写实主义画家。

原文选自《乾隆南巡图研究》，文物出版社 2010 年

《乾隆南巡图研究》（摘选）

《乾隆南巡图》的艺术特色和历史价值

　　《乾隆南巡图》的跋语中写道："皇上命臣徐扬恭绘御制南巡诗意为图十二卷。"说明此图系"乾隆南巡诗意图"，因此呈现出以诗立题，依诗作画；诗中画意与画外诗情珠联璧合，相得益彰的艺术特色。同时，俊丽的书法和百十方印玺的精美篆刻更增添了隽永的艺术魅力。

一、以诗立题，依诗作画和画稿的发现

　　乾隆首次南巡往返一百一十二天，行程五千八百余里，写诗五百多首，若要依诗将南巡绘制成图，究竟选哪些首诗？画哪些具有代表性地点中的代表性情节？这是颇费思索、推敲的事，最后乾隆从五百多首诗中选定十二首：《恭奉皇太后南巡启跸京师近体言志》、《过德州》、《渡黄河》、《恭依皇祖览黄淮诗韵》、《自金山放船至焦山用苏轼韵》、《驻跸姑苏》、《入浙江境》、《三月朔日车驾至杭州驻跸之作》、《谒大禹庙恭依皇祖元韵》、《阅兵》、《登陆》和《恭奉皇太后南巡回銮之作》，命徐扬按这十二首诗意绘制"南巡图"。经过乾隆这番构思为《南巡图》的绘制已设定了总的章法和各卷的主题。

　　章法是绘画的总体构思和布局，中国画首先讲究章法。晋代顾恺之《论画》称作"置陈布势"，南齐谢赫《六法论》中称作"经营位置"[1]。对于'经营位置'，唐人张彦远认为是"画之总要"。乾隆时著名画家邹一桂也认为："以六法言，当

---

[1]　南齐谢赫《古画品录序》。

文物研究

487

以经营为第一，用笔次之，傅彩又次之。"[2]全图总的章法和十二卷各卷主题既已确定，画家可以开始依诗作画。[3]

苏轼《书摩诘蓝田烟雨图》中写道："味摩诘之诗，诗中有画；观摩诘之画，画中有诗。"他并指出："诗画本一律，天工与清新。"宋人张舜民也说："诗是无形画，画是有形诗。"因为诗与画同属艺术的不同门类，有着艺术共同的规律。写实主义的诗与画都要求塑造典型环境中的典型艺术形象，以抒写作者的感受和激情，以启迪读者的联想和感悟，产生艺术的魅力。但是，诗与画毕竟是两种不同的艺术，诗属于语言艺术，画属于造型艺术。画家依诗作画，首先必须熟读其诗，深刻领会诗的内涵，反复琢磨、准确把握诗的意境，然后，通过画家的构思，从诗的语言的逻辑思维过渡到画的形象思维，把诗的语言艺术转化为画的造型艺术。[4]

《乾隆南巡图》十二卷，各卷有各卷的主题和内容，各卷也有各卷不同的地理的人文的环境，因而也各有不同的章法。画家要逐卷对相应诗篇领会其诗意，参悟其意境，围绕其主题，把握关键内容，"先立宾主之位，次及远近之形，然后穿凿景物、摆布高低"，设定画幅总体形象的构想和笔墨、色彩的处理。画家经过这番立意定景，"九朽一罢"，反复修改画稿然后精心施以笔墨、丹青，才完成图画的一卷。经过相当长的岁月才终于完成了这十二卷、总长一百五十多米的巨作《乾隆南巡图》。

二〇〇二年春，徐扬所绘《乾隆南巡图》第二卷《过德州》和第三卷《渡黄河》两件画稿同时在北京文物市场出现。（图一—图九）、（图一〇—图一八）两件画稿被误认为是《康熙南巡图》的画稿，画稿引首有"水竹邨人"徐世昌题"王石谷画康熙南巡图稿第一"和"王石谷画康熙南巡图稿第三"，画稿拖尾分别有黄宾虹题记"壬申四月获观于大风堂"和"壬申正月"周肇祥、"壬申三月"彭惟梓、吴湖帆等人的题记。壬申为一九三二年，画稿当时为张大千所藏。

---

[2] 唐张彦远《历代名画记》卷一。

[3] 清邹一桂《小山画谱·六法前后》。

[4] 宋李成《山水诀》，这里文中所谈虽指山水画，但对人物故事画也异曲同工。

二〇〇二年夏，两卷画稿由中国历史博物馆购入收藏[5]。如果将乾隆的《过德州》和《渡黄河》两首诗、《南巡图》第二、第三两卷画稿和《乾隆南巡图》两卷原作三者对照研究，将对《乾隆南巡图》"以诗立题"、"依诗作画"和从诗的语言艺术转化为画的造型艺术的过程得到更多的理解。

二、诗中画意与画外诗情珠联璧合，相得益彰

关于画与诗各有擅长，宋人邵雍曾有诗写道：

> 画笔善状物，长于运丹青；
> 丹青入巧思，万物无遁形。
> 诗笔善状物，长于运丹诚；
> 丹诚入秀句，万物无遁情。[6]

通观《乾隆南巡图》（以下简称《南巡图》），细读其诗，细赏其画，可以领会全图十二卷，卷卷都是：画则画出了诗中可以描绘的画意；诗则写出了画外难以画出的寓意和诗情。诗画交辉，情形相映。仅就领会所及，试举数卷如下：

《南巡图》第一卷主题诗的诗题是《恭奉皇太后南巡启跸京师近体言志》：

> 崇坛祈谷届初辛，盥荐柴升秩有伦。
> 所冀瑶编书岁稔，亲扶凤辇举时巡。
> 南人望幸心云慰，西母承欢愿以申。
> 四海一家何德我，三朝厚泽久孚民。
> 省方设教义经重，觐后同衡虞典陈。
> 骀宕和风清始跸，依韦暖律邑青春。
> 历看麦陇勾萌达，拟咏江乡景色新。
> 法祖悦亲廑休助，六龙于迈岂辞频。

---

[5]　《乾隆南巡图》画稿，第二卷《过德州》和第三卷《渡黄河》现藏中国国家博物馆。

[6]　宋邵雍《伊川击壤集》卷十八。

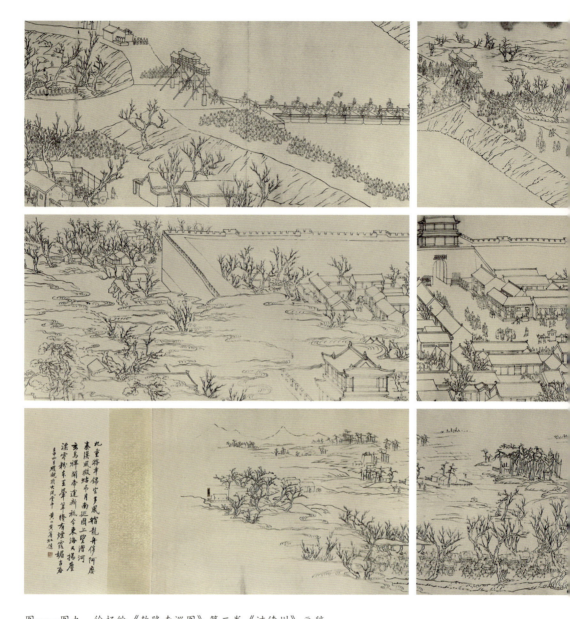

图一——图九　徐扬绘《乾隆南巡图》第二卷《过德州》画稿

　　画家为了把这首诗转化为造型艺术，卷首即从描绘北京雄伟壮丽的正阳门城楼、护城河上雕栏玉砌的汉白玉石桥和金碧辉煌的正阳桥五牌楼开始，接着描绘京师最繁荣的商业街衢，继续描绘宣武门、广宁门，勾画了京师九门内外的情景，接着画出了拱极城、卢沟桥，直到黄新庄行宫，画出了古都的宏伟壮丽。以这样

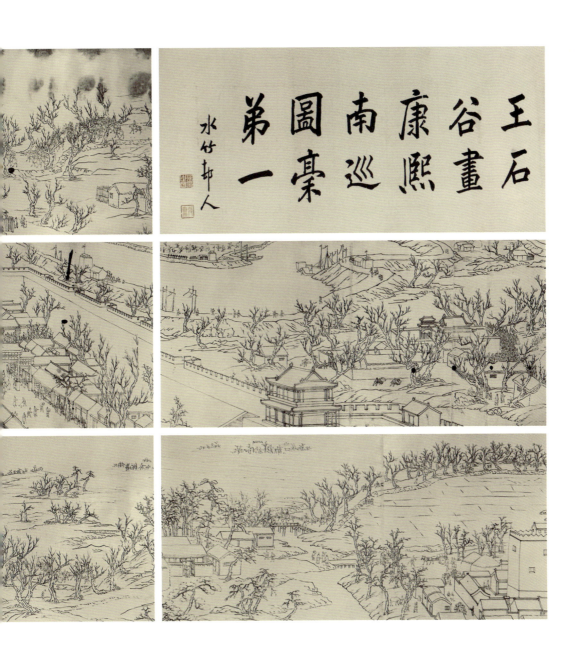

王石谷畫康熙南巡圖棠第一

水竹邨人

的环境背景烘托出繁荣富强的泱泱大国风貌。

画面的中心安排在广宁门外宽阔的大街上，中心的主位刻画乾隆皇帝的形象。他身着常服，骑在白马上，神态平和，气度不凡，动态自然矫健，仪容威而不怒，平易近人。这就是十八世纪中叶的中国皇帝。

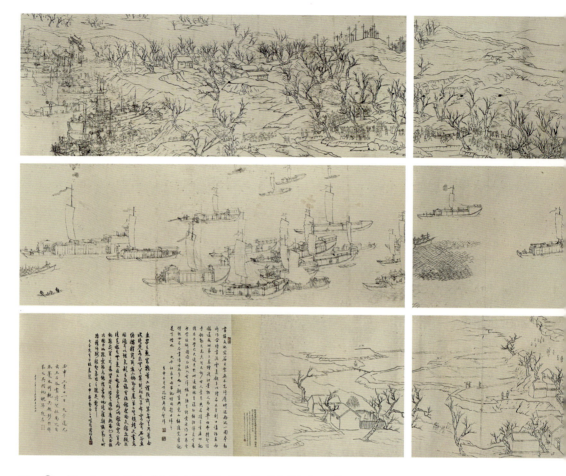

图一〇—图一八　徐扬绘《乾隆南巡图》第三卷《渡黄河》画稿

　　前导后扈的王公大臣，华丽多彩、多种寓意的仪仗卤簿，烘托了皇帝出巡典礼的庄严和隆重，同时也显示了东方文明古国的政务礼仪和政治文化的特色。

　　在乾隆皇帝后边，一顶由十六人抬着的两层穹盖的明黄色皇太后凤舆在前导后扈下缓缓走来，点明了乾隆皇帝"恭奉皇太后南巡启跸京师"主题。这也就是诗中"法祖悦亲"、"亲扶凤辇"的画意。

　　至于立春后第一个辛日祀天祈求五谷丰登、"四海一家"的心愿，《易经》中"观民设教"、《舜典》中"宽容平和"的古训，都由诗句向读者申明，从而诗画合璧，共同展示出乾隆皇帝出巡的理念和盛况。

　　《南巡图》第四卷诗题是《恭依皇祖览黄淮诗韵》，全诗如下：

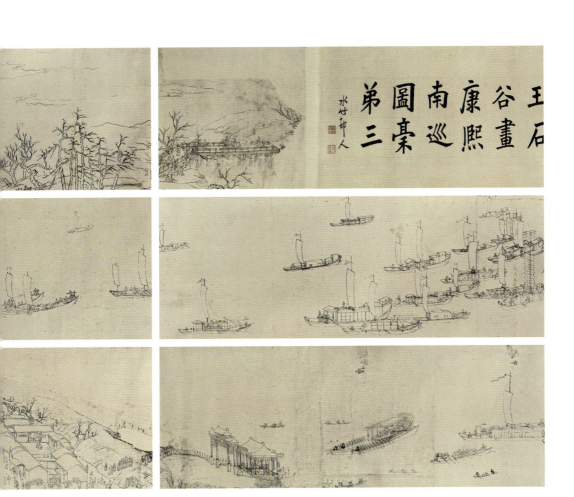

御碑亭畔汇清黄，仰溯涂山疏瀹方。

端拱九重遑自逸，畴咨万姓切如伤。

惟斯继述诚应勖，亦曰流连慎戒荒。

高堰重蒙皇考建，千秋淮郡倚金汤。

　　画面首先描绘出在一座康熙的御碑亭旁淮黄二河奔腾交汇的景况，二水清黄合流波浪滚滚。运河北上，经过惠济等三道雄伟的大闸，由运口倾泻而下汇入淮黄之中，水声轰鸣，势如高屋建瓴。乾隆皇帝立在惠济闸口，在九龙曲柄黄华盖下，向面前的河道总督高斌指授治河机宜。扈从人臣、侍卫在旁边站立，一架轻步舆停放御碑亭前。大堤上迤迤逦逦人影浮动，治河工程正在紧张地进行。远处可以看到巨大石条筑起的高家堰险要工程。大堤外洪泽湖水一望无际，一些船只在水面飘荡。

画家真切生动地画出了诗中的画意。至于乾隆视察黄淮河工的感受，他已抒发在诗句之中："端拱九重遑自逸，畴治万姓切如伤。惟斯继述诚应勖，亦曰流连慎戒荒"。

《南巡图》第五卷诗题是《自金山放船至焦山用苏轼韵》（全诗见第六章）。在画家的笔下巧妙地从长江北岸瓜州古渡的角度，南望金焦二山和浩瀚的长江，把"天下第一江山"一览无余地全部收入画面。同时也真切地刻画了乾隆从金山放舟到焦山的情景。

> 东坡材富大厦耽，钱塘通守遵江南。豪词强韵寄磊落，醉酹江月对影三。……放舟焦山符胜景，长歌快诵心先酣。……

乾隆在这首七言古风中，把怀念诗人苏东坡、歌颂大好江山的浪漫与豪迈的情怀，抒发得淋漓尽致，画意诗情交相辉映，显示出中国画的独具特色。

《南巡图》第六卷主题诗的诗题是《驻跸姑苏》。全诗如下：

> 牙樯春日驻姑苏，为问民风岂自娱。
> 艳舞新歌翻觉闹，老扶幼携喜相趋。
> 周咨岁计云秋有，旋察官方道弊无。
> 入耳信疑还各半，可诚万众庆恬愉。

苏州是画家徐扬的家乡。因而他把这座"人间天堂"的秀美繁荣尽情地加以描绘。画面画出乾隆的御舟沿着大运河一路走来，途经著名的浒墅关、枫桥、虎丘和阊门内外最繁华的街衢河道。再南行，沿外城河过万年桥直到胥门码头，乾隆登岸换马，继续前行。经过道前街、饮马桥，直到带城桥下塘。这时远远望去花木丛中露出了一座太湖石的峰顶。这就是宋代花石纲遗存下来的瑞云峰，而此处园林中的衙署就是乾隆驻跸的苏州府行宫——苏州织造署。

乾隆到此察吏观民的感想："周咨岁计云秋有，旋察官方道弊无。入耳信疑还各半，可诚万众庆恬愉。"这些巡视中"省方问俗"、"察吏安民"半信半疑的感受已有诗句加以点明，从而道出了画外的寓意。

《南巡图》第八卷诗题是《三月朔日车驾至杭州驻跸之作》。全诗如下：

> 今春三度茁初蓂，恰值余杭翠辇停。
>
> 展义省方钦祖烈，承欢祝嘏奉慈宁。
>
> 三朝休养繁滋息，万里提封在户庭。
>
> 览彼就瞻心实切，惭兹怀抱德非馨。
>
> 人文旧地风犹朴，礼乐名邦教易型。
>
> 明圣湖重瞻圣藻，飞来峰已送来青。
>
> 昌昌艳裔差无负，濯濯林泉信有灵。
>
> 即渐风光临上巳，便当觞咏赏兰亭。

画家从涌金门内繁华的市区画起，一出涌金门，美如西子的西湖、近处的断桥、远处的保俶塔和西湖群山已在目前。沿白堤画过"平湖秋月"、圣因寺行宫、孤山、西泠桥以后，便走上西湖十景之首——烟柳六桥的苏堤，最后画出乾隆皇帝和他的扈从队伍正向"花港观鱼"走来。湖中心的"三潭印月"，湖心亭、清波门附近的钱王祠全都真切地出现在画面上。

乾隆来到杭州后，再次强调南巡的目的是"展义省方钦祖烈，承欢祝嘏奉慈宁"，他对浙省的观感是"人文旧地风犹朴，礼乐名邦教易型"，他的雅兴是"即渐风光临上巳，便当觞咏赏兰亭"，乾隆的诗句可以让人们从画外去体会他的情怀雅兴和丰富的诗情。

《南巡图》第九卷诗题是《谒大禹庙恭依皇祖元韵》，全诗如下：

> 展谒来巡际，凭依对越中。
>
> 传心真贯道，底绩莫衡功。
>
> 勤俭鸿称永，仪型圣度崇。
>
> 深惟作民牧，益凛亮天功。

图卷从绍兴府城西南麓湖村水大营画起，一路河港交错、阡陌纵横，一片美丽的江南水乡景色。出了绍兴府东门（稽山门）遥望峰峦叠嶂，已是会稽山麓，前边松柏掩映下殿宇高低错落。一条大路傍山临水，直达一座高大的石拱桥下，这就是大禹庙前的禹宫桥。古木荫中一片规模宏大的殿堂楼台就是大禹庙。这时一对一对御前侍卫和司礼官顺大路两边行进，在一顶九龙曲柄黄华盖下，乾隆皇帝仪态平和、步履从容地向大禹庙走来。数十名文武大臣和豹尾班侍卫扈从其后。

图卷画出了乾隆皇帝亲祭大禹庙隆重肃穆的景况；诗中歌颂了大禹接受尧舜的心传，治平洪水，开发九州的历史功绩，也歌颂了大禹克勤克俭的美德。同时联想到为人君者更当敬畏其职责，以信立天下之功。诗画合璧，既描绘祭大禹庙的情景，也申明了祭大禹庙的意义和乾隆此行的感受。

《南巡图》第十卷诗题是《阅兵》全诗如下：

> 嚅嗢晴午丽光春，暵日晶晶组练陈。
> 天堑长江称地利，省方要务重安民。
> 放牛归马承平久，踞虎蟠龙指顾新。
> 我适孝陵裡谒罢，当时创业想艰辛。

图卷中阅兵场上旌旗招展，满汉官兵分左右两翼列于阅兵台两侧。左翼为满洲镶黄、正白、镶白、正蓝四旗；右翼为满洲正黄、正红、镶红、镶蓝四旗。八旗满洲前边是八旗汉军火器营，也是左翼四旗，右翼四旗。再前边是藤牌兵。也分左右两翼列队，其后是满洲护军火器营，队列最后是绿营兵，其列队形式与八旗兵相同，仅队前的大旗皆为绿色。满汉师旅队列严整、官兵雄武强壮、刀枪盔甲闪闪发光，显示出乾隆时期国力的强盛。

这时鼓角齐鸣，八匹战马前后追逐飞奔在通道上，骑士们弯弓搭箭在比试骑射。高高的阅兵台上，乾隆皇帝头戴凉帽，坐在黄幄正中的红木椅上，正凝视着八旗勇士的骑射演试。画面展示了乾隆时期"安不忘危"、国力强盛的景况。乾隆的诗句又道出了虽然"安不忘危"，但"放牛归马"承平已久，因此，"省方要务"仍是重在安民。

最后一卷主题诗的诗题是《恭奉皇太后南巡回銮之作》。诗中写出乾隆帝"法祖娱亲"、"省方问俗"的愿望都已实现，也写出了他南巡归来的希望、思虑和"百年修和非易致"，只有"勤思保泰"以自勉的感想。

画面依此诗意，以隆重辉煌的回銮仪式结束了南巡盛典。第十二卷回銮正与第一卷启跸相呼应，第一卷展示乾隆时期京城的宏伟繁荣与祥和，第十二卷则展示了紫禁城的壮丽辉煌与庄严。

从以上各卷画与诗在各所擅长的互相结合中，正如宋人吴龙翰所说：

> 画难画之景，以诗凑成；
> 吟难吟之诗，以画补足。[7]

诗画合璧，相得益彰。

三、以中国画独具的艺术特色写出了史家称道的"乾隆时代"

《乾隆南巡图》共十二卷，总长达154.17厘米，是古代绘画中罕见的写实巨作。

《乾隆南巡图》以中国画传统的写实手法和独具的艺术特色，诗书画三结合——乾隆皇帝的诗篇、大学士著名书法家梁国治的书法和杰出画家徐扬的绘画，描绘乾隆下江南，省方问俗、察吏安民、视察河工、检阅师旅、祭祀禹庙和游览湖山名胜的情景，同时描绘了北京城垣之宏伟、市井之繁盛、皇宫之壮丽辉煌，描绘了河北江南的城市乡村和士农工商、官民人等的风情世态，以及黄河、淮河、运河、长江、钱塘江、洪泽湖、西湖、南湖等锦绣江山，是一件真实反映乾隆年间社会景象的历史画杰作。

《乾隆南巡图》的诗书画的三结合，更显示出独特的艺术魅力，不仅画出了有形的社会景象，也写出了无形的人们内心世界。其中既写出了普通百姓期盼"国泰民安"、"人寿年丰"、"安居乐业"的美好生活向往，也写出了乾隆皇帝"敬

---

[7] 宋吴龙翰《野趣有声画序》。

文物研究

497

天斯能爱民，明理斯能体物"[8]、"以孝法祖、以惠安民"[9]的"仁孝治国"的传统理想，从而真实生动地绘出了乾隆时代绚丽多彩的时代风貌。

四、《乾隆南巡图》纸本、绢本的异同和《石渠宝笈》的著录与鉴定

《乾隆南巡图》有纸、绢两种画本。纸本十二卷，第十二卷尾署"南巡图第十二卷臣徐扬恭写"和"乾隆四十一年夏五月臣徐扬敬跋"；绢本第十二卷尾署"乾隆三十五年夏五月臣徐扬敬跋"。

纸本十二卷，原藏北京故宫博物院，一九五九年拨交中国历史博物馆，现藏中国国家博物馆。绢本早已散佚，其中第九卷《谒大禹庙》和第十二卷《恭奉皇太后南巡回銮之作》现藏北京故宫博物院，其余分藏于美国纽约大都会美术馆、法国魁黑市博物馆等处[10]，还有数卷不知下落。

试以纸本第九、第十二两卷与绢本第九、第十二两卷比较，其异同如下：

其一，画面构图，着色基本相同，但都稍有出入。

乾隆南巡图	第九卷	第十二卷
纸本	68.6×1243.1 厘米	68.6×985.8 厘米
绢本	68.9×1050 厘米	68.9×1029.4 厘米

其二，画幅纵尺度基本相同，横尺度有出入。

其三，第九、第十二两卷卷首乾隆"御制诗"，绢本由于敏中"奉敕敬书"；纸本十二卷每卷均由梁国治"奉敕敬书"。

其四，纸本与绢本两种画本的区别可能在所钤收藏印之不同。

《石渠宝笈·凡例》中写道："书画分贮乾清宫、养心殿、重华宫、御书房四处，俱各用鉴藏玺以别之。又石渠宝笈、乾隆御览之宝二玺卷册皆用之，上等者

---

[8] 见《（乾隆）南巡记》"敬天斯能爱民，明理斯能体物"。

[9] 《南巡盛典》卷一〇六，大学士傅恒等奏："惟我皇上以孝法祖，以惠安民"。

[10] 聂崇正主编《清代宫廷绘画》，商务印书馆（香港）等一九九九年出版，第二四八至二五八页。

则益以乾隆鉴赏、三希堂精鉴玺、宜子孙三玺。"[11]

根据《石渠宝笈·凡例》的这项凡例，纸本十二卷每卷除都钤有"五福五代堂古稀天子宝"、"八征耄念之宝"、"太上皇帝之宝"、"石渠宝笈"、"石渠定鉴"、"宝笈重编"和"乾隆御览之宝"以外，还钤有"乾隆鉴赏"、"三希堂精鉴玺"和"宜子孙"三玺。

绢本则除"五福五代堂古稀天子宝"、"八征耄念之宝"和"太上皇帝之宝"和几方小印以外，似未见"石渠宝笈"、"石渠定鉴"、"宝笈重编"，也未见"乾隆鉴赏""三希堂精鉴玺"、"宜子孙"三玺。

从以上所钤收藏印玺，可了解乾隆四十一年五月绘制完成的纸本《乾隆南巡图》十二卷，当属"石渠宝笈"著录中的"上等者"。

原文选自《乾隆南巡图研究》，文物出版社 2010 年

---

[11] 《石渠宝笈》第一册《凡例》，乾隆九至十年张照、梁诗正、董邦达等编，乾隆四十七年纪昀、孙士毅等纂校。

《乾隆南巡图研究》（摘选）

《启跸京师》考析

一、赏析

图卷描绘乾隆十六年（一七五一年）正月十三日清高宗乾隆皇帝弘历奉皇太后钮祜禄氏自乾清门启銮后，出正阳门，右转沿西河沿大街西行，过宣武门前，出广宁（安）门，过宛平县拱极城，至卢沟桥，再过长新（辛）店、塔洼，前往良乡县黄新庄行宫的情景。

图卷纵68.6厘米，横1988.6厘米。

卷首有梁国治书乾隆《恭奉皇太后南巡启跸京师近体言志》诗：

> 崇坛祈谷届初辛，盥荐柴升秩有伦。
>
> 仰冀瑶编书岁稔，亲扶凤辇举时巡。
>
> 南人望幸心云慰，西母承欢愿以申。
>
> 四海一家何德我，三朝厚泽久孚民。
>
> 省方设教義经重，觐后同衡虞典陈。
>
> 骀宕和风清始跸，依韦暖律邑青春。
>
> 历看麦陇勾萌达，拟咏江乡景色新。
>
> 法祖悦亲聊休助，六龙于迈岂辞频。

款署："臣梁国治[1]奉敕敬书"，后钤"臣"、"治"连珠印。

乾隆帝在这首诗的序中写道："兹乾隆辛未建纪之岁，实慈宁六旬大庆之年。奉游豫以祝厘，皇祖聿垂燕翼；省间阎而行庆，苍生普被鸿恩。将见农人红女，呼嵩者绕大安之舆；越水吴山，罨画者邀王母之顾。精禋祓事，王路载登，成律七言，克谐八韵。"

图卷展开，首先赫然入目的是宏伟壮丽的北京正阳门箭楼和城楼。正阳门前护城河上横架着雕栏玉砌的汉白玉石桥。桥前宽阔的大街上，一座朱碧辉煌的牌坊耸立在当中，牌楼的坊额上楷书大字"正阳桥"，这就是前门大街五牌楼。

这时从正阳门中，数十名骑在马上、手擎豹尾枪和腰挎弓矢仪刀的侍卫走了出来，过了护城河，跟随前面的大队沿西河沿大街向西行进。其后两面殿后的黄龙大纛旗，在领侍卫内大臣、司纛侍卫长和建纛亲军的护卫下，正走在正阳门前的石桥上。

五牌楼迤南的大街上，一道蓝布围幛拦街遮断。围幛以外，一些官民人等正在此回避。

南巡的大队人马车辆沿大路西行直到宣武门前，所经过的这一带，街巷纵横，楼舍整洁，店铺林立，百货纷陈，一处处争相招徕过往顾客的招牌匾额，画家着意描绘了当时北京城的繁荣盛况。如："本商自置云贵川广苏杭各省上品杂货发贩"，"本铺定做时式朝靴缎鞋镶袜俱全"，"各色大布、时青大布"，"绉纱手帕"，"苏杭绸缎、包头汗巾"，"各色翠花"，"靴鞋老店"等等，比比皆是。"南酒、海菜、风鱼、皮蛋、海参、燕窝"，"干鲜果品、川广杂货、金华火腿"，"酒坊"，"奶茶"，"奶干"，"龙井、毛尖、雨前、松萝、花香、芥片、雀舌、口眉"，"武夷、六安、洞庭、普儿、春茗、芽茶"，"石塘名烟"，"济宁油丝、福建浦城"，"烧酒牛烛、名烟茶叶"，还有"南纸笺帖、绫绢款扇"，"纯毫名笔"、"精裱名人字画"，一家家招牌幌子相邻相望。"整容、取耳"，"弹染、织补"也

[1] 梁国治（一七二三至一七八六年），字阶平，号瑶峰、丰山，浙江会稽人。乾隆十三年状元，授翰林院修撰，擢国子监司业，出任广东省乡试主考官，乾隆二十六年（一七六一年）特旨擢署都察院左副都御史，先后任湖北、湖南巡抚。乾隆二十八年（一七三三年）入值军机处，兼领户部尚书，协办大学士。官至东阁大学士。乾隆四十五（一七八〇年）、四十九（一七八四年）年两度扈从高宗南巡。擅长书法，能写唐代各家书体。著有《敬思堂集》。

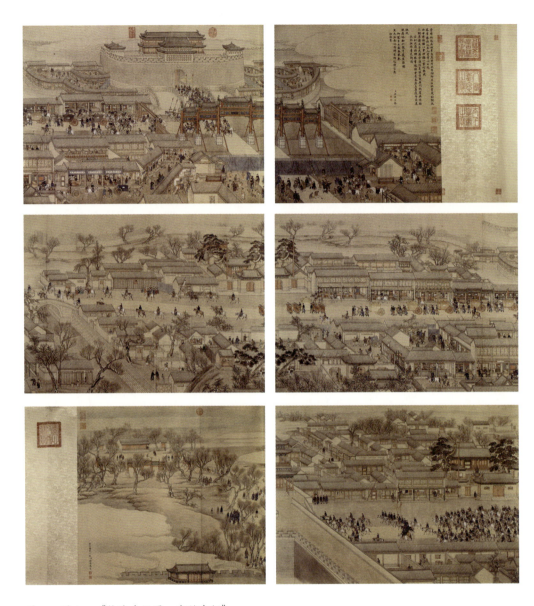

图一—图六　《乾隆南巡图·启跸京师》

夹杂其中。"大年堂川广云贵各省道地药材发贩"、"大年堂依古炮制各种饮片丸散俱全"，"药酒膏药"。"银局"，"国宝源庄"，"堆金"、"积玉"、"聚宝"、"富有"，都分外引人注目。在一处寺庙的左右，"虔造供佛沉檀上品名香"，"虔造各种上品名香"是礼佛用品的市招，店铺的大字匾额写着"万香楼"。一座整齐的寺院门前，两边是一副对联"常霈法雨，广种福田"；"慈云普被，慧日常辉"。

寺庙门额上挂有横幅："祝国佑民"。另一处寺院大门两边的对联是"聿脩厥德，长发其祥"；"法云普护，甘露长滋"。

长长的街巷里，夹杂在店铺之中也有几处住户。几家大门上都贴着对联："和风甘雨，瑞日祥光"；"东皇推出，南极吹来"。"居之安，平为福"；"迎晓日，集新春"；"江山一统，天地同春"。这些春联充分显示了京师新年的节日喜庆气氛。路边一座衙门双门紧闭，上贴"翰林院封"的封条。说明春节期间衙门也封印、封门，欢度新年。过了宣武门前，转过菜市口，大大小小的店铺、商号迤迤逦逦直到广宁门前。

这时乾隆皇帝在前引后扈之中已到达广宁门外。他头戴黑色行冠，身穿石青色行褂、黄色行裳[2]，足着黑色缎靴，骑一匹白色骏马，在九龙曲柄黄华盖下，面色平和，缓缓前进。（图一—图六：《启跸京师》）

在皇帝前面浩浩荡荡的卤簿仪仗已排列到四十里以外的卢沟桥上。卢沟桥横跨在永定河上，两侧栏板望柱上的石狮子历历可见。桥下河面冰凌尚未解冻，一道道裂纹告诉人们仍是早春天气。桥上仪仗最前面排列着《铙歌大乐》等乐曲所用的乐器：大铜角（大铜号）、小铜角（二铜号）、金口角（唢呐）、云锣、龙篴（"笛"古作"篴"。龙篴即龙头装饰的横笛）、平篴、管、笙、铜鼓、金、铜点（形如铜鼓而小）、铜钹、行鼓和蒙古角。每种乐器或二、或四、或十六、或二十四，每件有一名执事人手持吹奏，一直摆列到宛平县城门口，并已进入城内，但是云气缭绕的城垣遮住了人们的视线，按照乾隆十三年改定的卤簿定制，应该依次出现的许多仪仗均未得见。

画面绕过宛平城，仪仗队继续向北展开，黑、白、黄、红、青五色销金龙旗、五色销金龙纛、单龙赤团扇、双龙黄团扇、赤素方伞、紫赤方伞、五色花伞、五色粧缎伞等等，每种仪仗各有四件、八件、十件不等，五光十色，两两相对，沿大路两侧直到一座牌坊之下。过了牌坊，两对长戟、两对长殳（古代木制兵器，无刃）分列大路两边。牌坊前后，十匹白色仗马，鞍辔鲜丽，分两队在大路两侧各由一名侍卫牵着行进。再后边，沿大路两侧，骑马的豹尾班侍

---

[2] 《清史稿》卷一百三，志七十八《舆服》二。中华书局标点本第十一册第三〇三五、三〇三六页。

卫走了过来。他们每三人组成一组，其中一人持豹尾枪；一人带撒袋弓矢；一人带仪刀。大路每侧各有十五组，两侧共三十组，九十人。过了第二处牌坊，大路东西两侧稍远处出现了金辇和玉辇。金辇，金顶金方盖、黄缎做檐，有异者旗尉二三十人在旁侍立。玉辇，金顶蓝方盖，蓝缎做檐，有异者旗尉三四十人在旁侍立。金辇玉辇之后，排列着"皇帝五辂"。"五辂"是木、革、象、金、玉五种皇帝的仪仗车辆。木辂，金顶、黑漆盖板、黑缎檐。革辂，金顶涂银盖、白缎檐。这二辂列于大路西侧。象辂，金顶朱盖、红缎檐。金辂，金顶黄盖、黄缎檐。玉辂，金顶蓝盖、蓝缎檐。这三辂列于大路东侧。五辂之旁各有民尉三四十人侍立。五辂之后出现了装饰华丽的大象。宝象五只，三东两西。都以金装络，饰以杂宝，画草为鞯。每只象背负一只金宝瓶，以示"太平有象"。导象（也称朝象）四只，两东两西，装饰与宝象大致相同，但背上不负金瓶。

图卷展至此处，豹尾班侍卫即将走完，大路中又出现了大铜角、小铜角和金口角（锁呐），这是"前部大乐"的演奏队伍。随后是金瓶、金盥盘、金盂、金盒、金炉、拂尘等仪仗，一对对分列大路两侧。紧跟其后又是一对对戏竹云锣、龙篴（笛）、平篴（笛）、篴管、笙、导迎鼓板等乐器，各有一名合声署署史执持着依次行进。一片笙管鼓吹之声似从画面隐隐传了出来，这是"导迎乐"。

这时，大路两边各有十名顶戴花翎、挎着腰刀、身着黄马褂骑在马上的官员，这是"前引佩刀大臣"。大路中间出现了一名骑马的御前侍卫高举着一顶九龙曲柄黄导盖，左右各有一名骑马的侍卫。这是皇上出巡时走在前面的"导盖"[3]。在导盖引导之下，乾隆皇帝在九龙曲柄黄华盖下，从容地缓辔行进。

这时在大路西边，一二百名顶戴朝服、衣冠整齐的官员跪成两队，恭送皇上车驾南行[4]。

乾隆后面，数十员扈从王公大臣人人身着黄马褂，骑马佩刀，围成弧形，护卫着圣驾前进。后面又是数十名扈从大员戎装佩刀，骑马跟进。再后面，十名豹尾班侍卫肩扛豹尾枪居中，十名佩弓矢侍卫、十名佩仪刀侍卫在两旁，三十名持械武士排成半圆形，骑在马上护卫着圣驾前进。随后又是几名扈从官员从广宁门

---

[3] 乾隆刻本《皇朝礼器图式》卷十《导盖》。

[4] 《（嘉庆）钦定大清会典》卷二十五。

门洞骑着马走出来，有几十名正走在广宁门瓮城之中，还有几十名刚走到城门前，尚未出城。

此时，由两名骑马的亲军高举着两面殿后的黄龙大纛，在一名领侍卫内大臣、两名司纛侍卫长率领下，向广宁门走来。再后面是数十百名官员骑着杂色马匹，成群结队，紧紧跟进。后面还有不少人，也都骑着杂色马匹，或三五成群，或三三两两，断断续续沿着广宁门内大街，直到宣武门前尚未走完。

画面在宣武门前又出现了四道围幛，拦截在各个路口，许多行人车马在围幛外回避。过了宣武门，东西向大街两边，腰佩弓矢、骑马挎刀的侍卫、亲军正两两成对的沿街走来，随后在前引大臣的导引下，一顶两层穹盖的明黄色肩舆由十六人抬着缓缓走来，这是皇太后的凤舆。凤舆后面，三辆明黄色两层穹盖的二轮凤车和两辆仪车，各由一匹大马拉着，跟随凤舆行进。每辆车前面都有数名校尉步行扈从。再后又是马拉的两辆双轮车辆，这些车辆前也都有数名校尉步行护侍。车辆的后面也有数十名扈从官员骑马跟进。这时已到了西河沿东口，几十名骑在马上手执豹尾枪的豹尾班侍卫和身带弓矢、骑马佩刀的亲军，正从正阳门前走来，再后面就是刚从巍峨壮丽的正阳门走出来的两面殿后的黄龙大纛了。

画卷中卢沟桥迤南的大路上，正在清扫街道，有些人扫街，有人抬着水桶，沿街泼洒。卢沟桥头和往南的大路上，不少挎刀的官吏、士兵，或徒步，或骑马，三三两两在大路上巡逻放哨。沿街的店铺不少，店门大开，市招高悬，家家门前都摆着香案，为"圣驾南巡"焚香致礼。不少路人行色匆匆，许多车辆、骡马和骆驼都满载重负，成群结伙地向南走去。另外还有两顶轿子各由四名差役抬着南行。长新（辛）店汛和塔洼汛的衙署门前，也都摆着香案，戎服佩刀的官吏整齐地列队门前，恭候圣驾的到来。塔洼汛以南，画面上出现了一座宝塔和城楼的一角，这大概是良乡县城。城楼前面一座牌坊耸立在大路中间，许多官员、士兵，还有不少民人百姓，或手扶长杖，或牵携儿童，三三五五在牌坊四周向北张望，似乎是在等候瞻仰圣容。几个挑担的小贩夹杂在众人中间，有的放下了担子，停在路边；有的南来北去。顺着大路再向南行，在一片刚吐新芽的树林之中，又出现了一座牌坊。牌坊南面一片房舍俨然，这大概就是良乡县黄新庄行宫了。牌坊和行宫前后，三三两两的官员一面互相交谈，一面向北张望。几名差役仍在大路上和行宫前洒扫。至此，《乾隆南巡图》"启跸京师"的画卷已经结束，但是南巡的情景尚待展开。画卷的左下角楷书"南巡图第一卷 臣徐扬恭写"，下钤"臣徐扬"和"笔霑春雨"两方小印。

本卷钤有乾隆御玺多方："落花满地皆文章"、"天根月窟"、"五福五代堂古稀天子宝"、"八征耄念之宝"、"太上皇帝之宝"、"学镜千古"、"宁寿宫续入石渠宝笈"、"陶怡赖诗篇"、"石渠宝笈"、"石渠定鉴"、"宝笈重编"、"乾隆御览之宝"、"乐寿堂鉴藏宝"、"乾隆鉴赏"、"三希堂精鉴玺"、"宜子孙"；拖尾处钤"养心殿奠藏宝"。

二、考释

《乾隆南巡图》"以御制诗意为图"，每卷卷首先录有乾隆的诗。乾隆写诗喜用典故，其中常有冷僻字，往往艰涩难解。这里试加一些注释，并就理解所及叙其大意。

《恭奉皇太后南巡启跸京师近体言志》诗：

"崇坛祈谷届初辛[5]，盟荐柴升[6]秩有伦。

仰冀瑶编书岁稔，亲扶凤辇举时巡。

南人望幸心云慰，西母承欢愿以申。

四海一家何德我，三朝厚泽久孚民。

省方设教义经重[7]，觐后同衡虞典陈[8]。

---

[5] 乾隆自注："是岁祭于次辛，而立春在正月，则尚为初辛云。"按《清史稿》卷八十三《礼·祈谷》：顺治间，定岁正月上辛祭上帝大飨殿，为民祈谷。十七年……燔柴以为常。雍正十三年正月十日上辛，未立春，帝曰："此非乘阳义也。"命礼臣集议。奏言："《礼·月令》，立春日，天子迎春东郊，乃祈谷上帝。此礼本在立春后，请循例用次辛，或立春后上辛。"从之。

[6] 盟荐柴升：几种祭天神祈求丰年的祭仪。盟，进爵灌地以降神。荐，按时节供时新食物而祭。柴，即燔柴，祈谷时烧柴的祭仪。

[7] 省方设教义义重：省，察看、巡视。《易·观》："先王以省方观民设教。"相传伏羲作八卦，故称《易》为义经。

[8] 觐后同衡虞典陈：觐，古代诸侯朝天子曰觐。《书·舜典》："敬敷五教在宽。"五教即五常，古代五种伦理：父义、母慈、兄友、弟恭、子孝。舜国号为虞，故称《舜典》为虞典。同衡，即"德施普周，五化均衡"之义。

骀宕和风清始哗，依韦暖律鬯^[9]青春。

历看麦陇勾萌达，拟咏江乡景色新。

法祖悦亲庤休助^[10]，六龙于迈岂辞频。"

本诗大意：

当立春后第一个辛日，

在高高的祭坛前，

祈祷五谷丰登。

燃起祭柴，奉上时新供品，

举杯以酒洒地，

祭神礼仪有序地进行。

盼望玉册记录下这丰收之年，

我亲手扶着凤辇起身出巡。

南方官民盼望我去巡视，

使我心中欣慰；

侍奉母后游览江南，

实现了我承欢尽孝的心愿。

江山一统、四海一家，

怎能说是我的功德，

皇祖皇父三朝的恩泽，

黎民百姓早已信服拥戴。

"先王以省方观民设教"，

这是《易经》中的古训；

倡导"五教"宽容平和，

---

[9]　依韦暖律：依韦，协和不相乖离。暖律，指温暖的节候。鬯（Chàng），通"畅"。

[10]　庤助：庤息；助，赈赡。《春秋传》："鲁季氏有嘉树，晋范宣子豫焉，吾王不游，吾何以得见劳苦，蒙休息也。吾王不豫，吾何以得见赈赡，助不足也。王者一游一豫，行恩布德，应法而出，可以为诸侯之法度。"

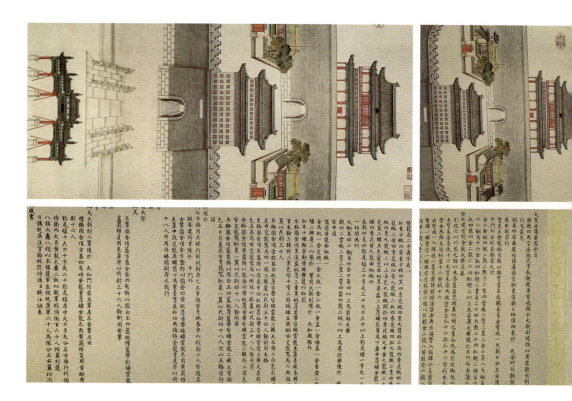

图七—十二　《皇帝大驾卤簿图卷》

这是《书经》中《舜典》的名言。

和风怡荡在南巡的大路上，

温暖协和的节候舒展着大好春光。

一路上看到麦陇中芽苗滋长，

心中吟咏着江乡的新鲜景色。

效法皇祖以巡幸承欢母后，

车驾出行岂能以频繁推辞。

在中国古代，皇帝出巡历来是一件国家和朝廷的大事，各朝都有礼制上的规定。据《（嘉庆）钦定大清会典》卷二十五记载："凡巡幸之礼，皇帝省方观民，特举时巡盛典。既诹吉，王公暨内阁部院、府、寺、监各官均列名具奏，请旨扈跸。先期一日，遣官以巡狩祗告奉先殿。至日，銮仪卫陈骑驾卤簿于銮舆所出禁门外。皇帝御征衣乘舆出宫，领侍卫内大臣、前锋护军统领率禁旅翊卫，扈跸诸

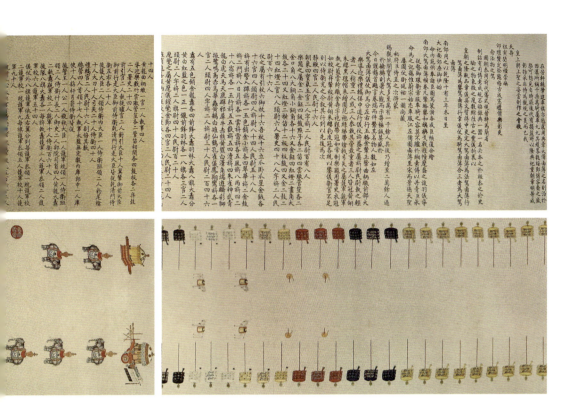

臣皆征衣乘骑，以次随发。王公百官咸采服跪送，……直省将军督抚提镇及所属文武官弁咸朝服，各于所治境外，恭迎道左。绅士耆老随远近跪迎。"

《乾隆南巡图》第一卷反映了以上规定的基本情况，但也有所变通。图中占了很大画幅而又不易辨识的是这套仪仗卤簿。

卤簿是帝王出行时的仪仗队。卤簿之名沿于汉代，所谓："天子出，车驾次第谓之卤簿"（汉应劭《汉官仪》）。唐人封演解释说："卤，大楯，随天子出巡之甲盾，有先后部伍之次，皆著之簿籍，故谓之卤簿。"汉以后，代有增减，其意义在于："隆典祀，重朝章，明等威，彰物彩，非特为观视之美而已。"所以卤簿是我国古代社会中的一种礼仪制度，也是古代的一种社会政治文化。

清朝卤簿，在后金时期已有仪仗之制，但规定御仗数目及官品仪从，自皇太极改元崇德，改国号为大清才开始。顺治进关以后，参稽历代制度，量加增饰。原定皇帝仪卫有大驾卤簿、行驾仪仗、行幸仪仗的分别。乾隆十三年，对原定制度增改厘订，改大驾卤簿为法驾卤簿，行驾仪仗为銮驾卤簿，行幸仪仗为骑驾卤簿。三者合起来称为大驾卤簿。[11]

此图卷中出现了朝象（导象）、宝象和"天子五辂"，这是只有大驾（法驾）卤簿中才有的仪仗，因此可以明了图卷所绘不是骑驾卤簿而是法驾卤簿即皇帝大驾卤簿。但创作中画面中有所变通，有所省略。例如乾隆帝并未"御征衣，乘舆出宫"，而是着常服、乘骑。再如从卢沟桥上到宛平县城西门，这段陈设了《前部大乐》、《导迎乐》各种乐器以后，按《大清会典》规定，在《导迎乐》之后，五色龙旗之前，还应有御仗、吾仗、立瓜、卧瓜、星、钺和各式各样的旗帜、麾、节、旌、幡、幢等几十种仪仗，每种数件、十数件不等。但这些仪仗在画卷中，因为其所处位置被画面上的宛平县城和一片祥云遮掩了。

中国传统文化，自古重视礼乐，所谓"礼乐之邦"。《礼》：

"安上治民，莫善于礼。""移风易俗，莫善于乐。"例如《铙歌大乐》即《巡幸铙歌大乐》，是巡幸典礼所奏的音乐之一。不仅有器乐，还制定了配合这首乐曲的二十八章乐章，试举第一章《大清朝》如下：

"大清朝，景运隆。肇兴俄朵，奄有大东。鹊衔果，神灵首出；壹戎衣，龙起云从。（一解）。雷动奏肤功，举松山，拔杏山，如卷秋蓬。天开长白云，地蹙凌河冻。混车书，山河一统。声灵四讫，万国来修贡。（二解）。皇宅中，垂统瓜瓞唪唪。圣继圣，功德兼隆。升平颂，怙冒如天恩泽浓。（三解）。人寿年丰，时雍风动，荷天之宠。庆宸游，六龙早驾，一朵红云奉。扈宸游，六师从幸，万里欢歌共。（四解）"。[12]

上面乾隆七年（一七四二年）制定的在皇帝出巡时演奏的这篇乐章，对满族兴起和清朝开国时期的武功文治，极力歌颂宣扬。

皇帝大驾卤簿中最隆重的仪仗是导象、宝象和"皇帝五辂"。庞然大物的四头导象和背负宝瓶的五头宝象，在驯象所校尉的驯导下，驯顺地站立在大路两旁。所谓"皇帝五辂"是皇帝乘坐的五种礼仪车辇。清初沿袭明朝的制度，有玉辂、大辂、大马辇、小马辇之制，与香步辇并称五辇。乾隆八年（一七四三年），改

[11] 《（嘉庆）钦定大清会典》卷六十一。

[12] 《清史稿》卷一百，志七十五《乐》七。中华书局标点本第十一册，第二九四三页。

大辂为金辂，大马辇为象辂，小马辇为革辂，步香辇为木辂，玉辂仍旧未改，是为五辂。五辂由銮仪卫掌管。[13]这五辂都是木质朱漆、圆盖方轸，高大庄重，装饰华丽，在銮仪卫校卫守护下，分列大路两旁。朝象、宝象和五辂的出现，充分显示了皇帝出巡时的庄严、尊贵和隆重。

关于清代乾隆十三年更定的卤簿制度，《（嘉庆）钦定大清会典》卷六十六《卤簿》和《清史稿》卷一百五《舆服·卤簿附》都有记载，但各有所精简，而且每件仪仗仅有名称，并无图像。有些仪仗如金口角、星、殳等徒知其名，并不知为何物。乾隆己卯年（二十四年）六月"御制序"的刻本《皇朝礼器图式》虽然完整的绘出了图形，但并无色彩，亦难想见其金碧辉煌、五色缤纷的盛况。只有手绘《皇朝礼器图式》（画册）和《皇帝大驾卤簿图卷》可以反映其全貌。

清代卤簿制度，乾隆十三年（一七四八年）冬进行了一次重要更定。这次更定以后，按照这年冬十月大祀南郊的实况，乾隆帝"命内苑供奉诸臣"绘成《皇帝大驾卤簿图卷》[14]（又称《南郊大驾卤簿图》），最真切地记录了当时大驾卤簿的盛况。（图七一十二）

图卷绘成后，经筵讲官太子太傅工部尚书汪由敦奉命在《皇帝大驾卤簿图卷》的图记中写道：

> 国朝参用前代旧式，视昔特为简省。制诏有司博考成规，丕昭巨典。一器一名必本之于经，参之于史，验之物象，征之度数。综往古之丰仪，折衷以皇朝之隆轨。品章仪具，文质得中，更定大驾卤簿为法驾卤簿，行驾卤簿为銮驾卤簿，行幸仪仗为骑驾卤簿，合三者为大驾卤簿。南郊用之，以乾隆十有三年冬日至大祀南郊乘御伊始，命内苑供奉诸臣图写装潢，各成巨帧，复合绘南郊大驾卤簿横卷。凡辇辂銮和、旗旛戈戟、旌幢麾盖之设，羽仪导从、暬御[15]环卫、章服车骑之容，莫不胪于缃素，传以

---

[13] 《嘉庆钦定大清会典》卷六十六。

[14] 清乾隆时绘《皇帝大驾卤簿图卷》，纸本设色，纵四九·五厘米，横一六九〇厘米。现藏中国国家博物馆。卷首有经筵讲官、太子太傅、工部尚书汪由敦奉敕题记，卷尾有日讲起居注官翰林院侍讲钱汝诚奉敕书《大驾卤簿车器全目》。

[15] 暬御即待御，近待小臣。《诗·小雅雨·无正》："曾我暬御，憯憯日瘁。"

丹青。臣承命为之记。窃惟蔚宗始志车服，江左备图卤簿，至宋而景德、天圣屡图仗卫。延祐一图尚藏秘府，臣侍直之次，得蒙赐观，然开宝大驾多至万有一千余人，其后乃增至二万余人，过于繁缛，则著大观而示尊极，诚莫盛于今日。谨稽首扬言卷端，而件系其名物人数如左。

大驾卤簿仪仗、御马分左右行。五辂、金辇、玉辇、曲柄伞、前部大乐、导迎乐、礼轿俱中道行。仪仗、旗盖之属，旗尉、民尉执之。轻者一人，稍重二人或三人参执其旁，最重者三人，皆冠黄翎朱缨黑毡帽、朱缯圆花袍、绿绨带。枪戟弓矢之属，护军亲军执之，蓝云纻织金寿字袍，鞓带冠如常制。乐器用署史，衣冠如校尉。舁辇校尉黄翎朱缨豹皮冠，各统以銮仪卫官，不足则以侍卫充之。

关于各种仪仗的名称、数目和行列先后次序，汪由敦继续做了详细记载，同时在这件《皇帝大驾卤簿图卷》卷尾还有一篇日讲起居注官翰林院侍讲钱汝诚奉敕书写的《大驾卤簿车器全目》，二者基本相同，但可互为补充，兹按汪钱二人的两篇图记综录如下。

《皇帝大驾卤簿图卷》图记综录：

静鞭四，官二人，民尉十六人。大朝则鸣鞭，以肃众听，出则前行，为最先。

朝象四，安南苏禄诸属国贡驯象，常朝日班值四象于天安门外，朝散乃退，出则前行。宝象五，金装络首，饰以杂宝，画草为鞴，各负金宝瓶一。大朝日分左右陈于午门外，出则在朝象之次。官二人，字旗二人，民尉百有八人。

乐器之属，金二，金钲四，钹二，鼓二，点子二，笛四，云璈二，管二，笙二，金口角八，大铜角十六，小铜角十六，又金钲四，红灯二，画角、大鼓各二十四，又红灯二，横笛十二，板鼓四，又金二，鼓二十四，红灯二。官八人，头尉六人，署史四十八人，字旗二人，民尉百六十六人。以上为卤簿大乐，陈于午门内、卤簿之南。祭祀还宫，则金鼓大乐具奏。

仗之属，有引仗六，以竹为之，饰以朱漆，旧名篦头，盖仍明之旧，今改为引仗。御仗十六，木质朱漆。吾仗十六，木质朱漆，两端涂金。立瓜、卧瓜各十六，皆刻木为瓜，涂金为饰，朱漆柄。星十六，金钺十六。官四人，头尉四人，旗尉八十四人，民尉五十八人。

旗有出警旗一，入跸旗一，旧有肃静旗，按汉仪，乘舆出称警，入称跸。今易肃静为警跸。一绣警字，一绣跸字。黑、白、黄、红、青五色销金小旗各四，皆绘金龙，金浮图顶，朱缨。红旗则缀黑缨，蠹缨仿此。翠华旗二，《汉书·司马相如传》建翠华之旗。今增翠华，以翠缯绣孔雀，朱竿金顶缀以翠羽。金鼓旗二，门旗八，朱缯金绣门字。日旗一，朱缯绣日中金乌。月旗一，白缯绣月中玉兔。五云旗五，蓝缯外缘赤火焰，绘五色祥云。五雷旗，五色缯，赤火焰，销金为雷文。八风旗八，旗按八方之色，东青、南赤、西白、北黑、东北青质黑缘、西北白质黑缘、东南青质朱缘、西南白质朱缘，绣乾坎艮震巽离坤兑八卦，如其方；立金相竿于竿首，可随风转动。甘雨旗四，白缯质黑缘，绘黑云青龙为行雨势。以上风云雷雨四旗，宋仪仗画风伯雨师雷公电母云师，神人状貌诡异。明制，风画箕宿，雨画毕宿，云画云气，雷画雷文。按箕毕已见二十八宿，不当重出，今更定如制。二十八宿旗，角、氐、心、箕、牛、虚、室、奎、胃、毕、觜、鬼、星、翼居左，亢、房、尾、斗、女、危、壁、娄、昴、参、井、柳、张、轸居右，以次而前。五星旗五，木星、火星居左，土星、金星、水星居右。五岳旗五，中岳、南岳、东岳居左，西岳、北岳居右，与五星相配。四渎旗四，江渎、河渎居左，淮渎、济渎居右。青龙旗一，白虎旗一，朱雀旗一，神武旗一，天马旗一，天鹿旗一，辟邪旗一，犀牛旗一，赤熊旗一，黄罴旗一，白泽旗一，甪端旗一，游麟旗一，彩狮旗一，振鹭旗一，鸣鸢旗一，赤乌旗一，华虫旗一，黄鹄旗一，白雉旗一，仙鹤旗一，孔雀旗一，仪凤旗一，翔鸾旗一。以上彩绣禽兽飞走之象，一左一右，相次为所。官二人，头尉四人，字旗二人，旗尉三十人，民尉二百四十六人。

蠹有黑、白、黄、红、青五色销金龙蠹各四。前锋大蠹八，按国朝八旗定制，黄红白蓝四正四镶各大蠹一，镶黄、正白、镶白、正蓝居左；正黄、正红、镶红、镶蓝居右。前锋羽林各一。八旗大纛二十四。八旗分满洲、蒙古、汉军，各设都统，凡二十四，各有大纛列于卤簿，昭国制也。官二人，头尉二人，字旗二人，旗尉四十人，民尉百二十人。

麾氅之属，黄麾四，仪锽氅四，金节四。官二人，民尉二十四人。

旌有进善旌二，按《管子》舜有进善之旌，汉文帝临朝有进善之旌，今仿其制为旌，用五色罗，绣清文汉文于中，如龙头竿幡。纳言旌二，敷文旌二，振武旌二，褒功怀远旌二，行庆施惠旌二，明刑弼教旌二、教孝表节旌二。头尉二人，民尉三十二人。

幡有龙头竿幡四，豹尾幡四，绛引幡四，信幡四。旧有告止、传教二幡，今不用。官二人，民尉三十二人。

幢有羽葆幢四，霓幢四，五色相间紫幢四，长寿幢四（黄罗幢绣篆文寿字）。字旗二人，民尉三十二人。

扇有红鸾凤方扇八，雉扇八，孔雀扇八，红单龙扇八，黄单龙扇八，红双龙扇八，黄双龙扇二十，寿字扇八。官四人，头尉二人，旗尉二十四人，民尉百二十八人。

伞有红素、紫素方伞各四，黑、白、黄、红、青四季花伞各四，九龙伞各二。每色瑞草伞中间以九龙伞。又黄九龙伞二十，紫芝盖、翠华盖各二，九龙曲柄伞四。官六人，头尉六人，字旗二人，旗尉六十人，民尉百三十八人。

枪戟之属，方天戟、殳各四。豹尾枪三十，弓矢三十，大刀三十。以上豹尾枪一，弓矢一，大刀一，相间为列。官十八人，护军六十人，亲军百三十六人。

器物之属有金马杌一，金交椅一，金大瓶一，金小瓶一，金盆一，金唾盂一，金香盒二，金提炉二，拂尘二。以陈于辇前，大朝则陈于太和殿槛外。官二人，旗尉二十六人。

御马十，绣鞍，金勒，黄系䋲，笼以红罽。官二人，护军二十人。

木辂，圆金顶，黑漆盖板，三重黑缎檐，黑带，皆绣云龙。朱帘青缘，朱辕金龙首，朱轮三。驾马六，两服四骖。官二人，头尉二人，民尉三十人。

革辂，圆金顶，涂银盖，白缎檐，白带，皆绣云龙。二辕。驾马四，一服三骖。官二人，字旗二人，民尉三十四人，余制同木辂。

象辂，圆金顶，朱盖，饰以圆象牙四，红缎檐，红带，皆绣云龙。三辕。驾马八，两服六骖。官二人，字旗二人，民尉三十八人，余同前。

金辂，圆金顶，黄盖，饰以圆金四，黄缎檐，黄带，皆绣云龙二辕。驾驯象一。官二人，头尉二人，民尉四十八人，余同前。

玉辂，圆金顶，蓝盖，饰以圆白玉四，蓝缎檐，蓝带，皆绣云龙。二辕。驾驯象一。官二人，头尉二人，民尉四十八人。次以五辂，皆行中道。

诣坛则陈于坛门外，升辂用丹梯，行则校尉舁之。太常旗皆曳地，各舁以校尉二人皆随其后。大朝各建旗，常陈于午门外。五辂皆有舁旗四人，舁丹梯四人，俱在数内。

金辇，圆金顶，金方盖，饰以圆金四，黄缎檐，黄带，彩绣云龙。冬用黄罽帷，夏用朱扇，中设蛟龙座，绣茵下为重台，贯朱杆四，两端饰金龙首尾，舁以旗尉。升用丹梯，旗尉舁之，随行。官二人，字旗二人，旗尉六十二人。

方泽、宗庙、社稷大祭御焉。

玉辇，圆金顶，蓝方盖，金脊四起，饰以圆白玉四，蓝缎檐，蓝带，彩绣云龙。冬用蓝罽帷，夏用朱扇，舁以旗尉三十六人，舁丹梯四人。

圜丘、祈年、大雩御焉。大朝则二辇陈于太和门阶前，玉辇居左，金辇居右。

玉辇前部大乐大铜角四，小铜角、金口角相间各四，署史十四人。

黄龙曲柄伞一。官一人，执事四人。

导迎乐，戏竹、云璈、管、笙各二，管、笛相间各四，鼓、板各二。舁鼓二人，署史二十四人。

前引官二人，执提炉官二人，对引大臣十人，翼辇御前大臣、御前行走大臣、御前侍卫、乾清门行走大臣皆从。乾清门侍卫左右各二十人。

后扈大臣二人，领侍卫内大臣一人，侍卫班领二人，豹尾枪十人，大刀十人，弓矢二十人，侍卫四十人。豹尾枪居中，大刀、弓矢分左右雁行列。领以领侍卫内大臣。

礼轿，圆金顶，方盖，四角峙金龙，重檐，绣金龙。冬用氅帷，夏用黄缎。官二人，舁以民尉十六人。

总管四人，首领十七人，执事太监无定数，内库郎中一人，库使十人，粘杆弓箭侍卫皆从。

后管王一人、公一人、散秩大臣一人，护军统领一人，侍卫班领二人，侍卫什长二人，御史二人，部院司员四人。黄龙大纛二，执纛亲军校二人，亲军十人，侍卫百六十人。

后队八旗大纛各一，每旗执纛护军二人，护军参领二人，护军校六人，护军五十四人。

仪仗外八旗护军依左右翼分列，每护军参领一，统护军校二；护军校一，统护军九。每旗护军参领五人，护军校十人，护军九十人。

统计王、公、大臣、官员、侍卫、亲军校、护军校凡五百六十二人，无定员者不在此数；亲军、护军一千三百九十四人；字旗、头尉、旗尉、民尉一千七百五十六人；署史八十六人，执事四人。

三、南巡日录

正月十三日出京至正月二十一日到直隶景州吴家庄。

正月十三日 辛亥

乾隆帝祈谷于上帝，亲往行礼后，奉皇太后南巡，车驾自乾清门启銮。由大清门出正阳门、广宁（安）门，经卢沟桥、长辛店、房山县董公庵，至良乡县黄新庄行宫驻跸。

启程前，正月初一谕："朕巡行江浙问俗省方，广沛恩膏，聿昭庆典。更念东南贡赋甲于他省，其历年积欠钱粮，虽屡准地方大吏所请，分别缓带，以纾民力，而每年新旧并征，小民终未免拮据。朕宵旰勤劳，如伤在抱。兹当翠华亲莅，倍深轸切，用普均霑之泽，以慰望幸之忱，著将乾隆元年（一七三六年）至乾隆十三年（一七四八年）江苏积欠地丁二百二十八万余两、安徽积欠地丁三十万五千余两悉行蠲免，俾官无违误，民鲜追呼，共享升平之福。夫任土作贡，岁有常经，自应年清欠款，江苏积欠乃至二百二十余万之多，催科不力，有司实不能辞其咎，而疲玩成习，岂民间风俗之浇漓，尚有未尽革欤？朕以初次南巡故特加恩格外，嗣后该地方官务宜谆切劝谕，加意整顿。其在小民亦当湔除旧习，勉效输将，勿谓旷典可希冀屡邀，而惟正之供任其逋欠也。其浙江一省，虽额赋略少于江苏，而节年以来并无积欠。岂犬牙相错之地不齐乃至是欤？此具见浙省官民敬事急公之义，而江苏官民所宜怀惭而效法者也。朕甚嘉焉，著将本年应征地丁钱粮蠲免三十万两，以示鼓励。"

本日谕军机大臣等："朕此次巡幸江浙，闻士民父老念切近光，其阛阓通衢，人烟辐辏之所，瞻仰者既足慰望幸之忱，而朕亦得因以见闾阎风俗之盛，诚恐地方有司因虑道路拥挤，或致先期拦阻，用是特行申谕，如经过村巷，果属湫隘难容，自应量为晓谕，令其散处路旁，毋致喧扰；若道路宽广，清跸所经，无虑拥塞，不得概行禁止，以阻黎庶瞻就之诚。著即传谕各督抚知之。"

乾隆帝写诗数首：

其一，《恭奉皇太后南巡启跸京师近体言志》（从略）

其二，《良乡行宫侍皇太后宴兼陈火戏》

梅信催人未可迟（江南梅花春半即盛，故早起程），祈辛礼罢翠华移。

那无酬节同民乐，且喜称觞是处宜。

风定紫澜迎五夜，春辉银蕊灿千枝。

一家中外嘉宾集（蒙古王公送驾者命随一顿观灯），依约观灯上苑时。

正月十四日 壬子

自黄新庄行宫起行，入良乡北门，出南门，经宏恩寺、窦庄、琉璃河桥、胡良桥，于涿州北大营驻跸。

本日是上元节前夕，行营放烟火。

乾隆帝成诗数首：

其一，《闻山东得雪》

春前甘雪遍青齐，大吏封章火速题。

昔岁灾伤真亟矣，三年休息未遑兮。

间阎到处亲循览，富庶何加此仁徯。

若为乘时揽烟景，济东芳草尚含凄。

此外，尚有《春寒》、《弘恩寺杂咏》、《上元前夕行营观烟火即事》诗三首（从略）。

正月十五日 癸丑

自涿州北大营起程，入涿州北门，出南门，经大树楼桑村、三家店，入新城县北门，出南门，至五里屯大营驻跸。

本日为上元节，赐宴扈从王公大臣及直隶大小官员人等，并谕：

朕南巡江浙，经过畿辅，虽一应供顿俱令动支公项，而安营除道未免有需民力。朕心深为轸念，著将直属所过州县本年应征额赋蠲免十分之三，交该督方观承确查妥办，务俾小民得沾实惠。

是夜明月高悬，行营设鳌山观灯。乾隆帝作《上元即景灯词八首》，并与扈从大臣梁诗正、汪由敦、钱陈群共同写成《上元行幄赐宴观灯即事联句》

青郊行庆共民娱，上苑观灯景略殊。玉毂团圞临广幕（乾隆帝），银花璀灿散平芜。
遥山横雪光添炯，上日占年瑞表符。大地阳和迴北极（梁诗正），中宵景庆映南弧。
琉璃河畔冰犹合，涿鹿城边草未苏。载道人欢瞻罕罼（汪由敦），初宴宾序列氍毹。
御营酬节鳌山设，春酒称觞凤辇扶。继照曦光成不夜（乾隆帝），先春林采竞交柎。
玻璃挂定欹还正，绯佩飘来缀复纤。响入长天回雁阵（钱陈群），烟留遗穗滴莲壶。
千枝艳欲欺张令，几曲词应失石湖。宝界光明皆佛国（梁诗正），蕊宫离蔚自仙都。
为添佳话传燕赵，便阅亨衢达越吴。真是携来三学士（乾隆帝），惊看捧出百骊珠。
七襄锦烂天孙织，万道金流列缺驱。飞卷紫澜腾墨海（汪由敦），点成银乘出丹炉。
盘旋群鹤自来去，曼衍儵鱼乍有无。状喷玑璇题趵突（钱陈群），助欢黑虎召都卢。
倈池火树还翔燕，霹靂冰荷欲隐兔。尚忆贫家一盏对（乾隆帝），合教天上六么输。
云和凤琯吹阳律，法部鸾音协野歈。冰宇雷轰喧枥马（梁诗正），慢城风静立竿乌。

行联万岁宜春字，巧绘群真献寿图。眩目纷披凭斗捷（汪由敦），摩肩攒笋任招呼。

旌门不禁来苍叟，蚕事相迎祀紫姑。讵必广陵夸独盛（乾隆帝），须知于荐赏宁孤。

空中论斗倾红豆，瓶里骈枝绽绿芙。色莹寒芒连五纬（钱陈群），妆翻新样杂三铢。

金绳斜曳催弦矢，彩架高悬转辘轳。香案氤氲垂朵朵（梁诗正），绛衣舞蹈唱喁喁。

风云龙变真神也，顷刻花开有是乎。到处长安太平节（乾隆帝），胜邀蓬岛列仙儒。

闾阎喜气罩三辅，巷陌欢声接九衢。道协赓扬时正泰（汪由敦），爻占宴衍义为需。

要祈南亩书丰谷，不数东都赐大酺。屑饤琅霜凝粔籹（钱陈群），香浮琼液得醍醐。

华裾坐侍衣冠会，嘉夜歌传昭旷途。谩拟鸿文扬豫大，相期鱼直进訏谟（乾隆帝）。

正月十六日　甲寅

自五里屯行营经白沟河，入雄县西门，出南门，入河间府任邱县境，过"燕南赵北"牌坊，至赵北口行宫驻跸。

赵北口在任邱县北五十里，即赵堡口。《后汉书·公孙瓒传》所称"燕南陲、赵北际"即此地。有万柳堤，其桥有十一虹，是南北通衢。西淀（白洋淀）诸水由此东注。

是夕行营内继续观灯。成诗数首：

其一，《赵北口行宫作》（二首之一）

帘卷和风细，窗含嫩日明。

两间供静玩，万汇快新晴。

冻浦凫仍聚，春林鸟不惊。

文床净棐几，书史最怡情。

其二，《命直隶总督方观承加赈去岁被水诸郡县诗以示志》

方春气始和，万物欣荣滋。

翠跸经黄图，施惠期惟时。

途次所历览，闾阎固恬熙。

嗟予未见者，岂无叹向隅。

去岁况多水，悬釜饥难支。

　　沮洳未全涸，播麦复失期。

　　致灾莫讳咎，救灾要善为。

　　亦无别奇方，加赈频畴咨。

　　截漕及散金，屯膏戒有司。

　　国以民为本，舍是其爱谁。

　　民以食为天，祈年夙夜孜。

其三，《上元后夕观灯火》（从略）

正月十七日 乙卯

自赵北口行宫，经广济桥、郑州，至关张铺大营驻跸。

写成《郑州道中》七绝四首：

其一，"虹偃长堤十一桥，垂鞭那觉驿程遥。

两行烟柳春犹浅，万顷冰湖雪未消。"

其二，"开韶风景含明媚，轻尘不惹玲珑辔。

行春指日到江南，先期写出江南意。"

其三，"我爱燕南赵北间，溪村是处碧波环。

若教图入横披画，更合移来几叠山。"

其四，"道左荒颓见土城，昔年莫郡尚存名。

底须旧迹寻残碣，一晌东风千古情。"

正月十八日 丙辰

自关张铺大营经子路庙，入河间县界，进河间府城北门，出南门，驻跸太平
庄大营。

　　是日成诗二首：

　　其一，《河间道中示直隶官》

　　河间古瀛州，文物颇可观。

　　前巡适灾余，室家才苟完。

　　版筑命代赈，雉堞俨崇垣。

　　间阎亦较盛，菆井腾炊烟。

迩来幸屡熟，茧枲粗免寒。

览此心为慰，申命亲民官。

彼献乃列藩，诗书教尚敦。

熙朝际富庶，教之勿畏难。

束湿术宜戒，粉饰习并蠲。

岂弟行以诚，感民亦非艰。

仁待比户封，吾将鼓薰弦。

其二，《再和沈佺期望瀛州南楼韵》（从略）

正月十九日 丁巳

自太平庄大营起程，十里入献县界，过臧家桥，进献县北门，出南门，至红杏园行宫驻跸。

红杏园在献县南三十里，传为汉河间献王日华宫故址。献王好儒术，置客馆三十余处，一时文学之士多从之游。明代为王汪别墅，环植红杏数百株，故名。乾隆辛未在旧有基础上修葺为行宫。

是日微雪，成诗四首：

其一，《微雪》

微雪霏春宇，轻寒峭幰车。

点林全发蕊，著体旋融花。

未苦成泥泞，方欣润麦芽。

晓炊村墅里，缕缕裛烟斜。

其二，《江南意》

毛嫱白台及西子，不必谋面人知美。

吴越山川卷画中，传闻争美亦如此。

吟诗好景说江南，前此何曾一税骖。

观风问俗式旧典，湖光岚色资新探。

朝来小雪千林缀，梅信依稀速邮置，

邓尉孤山似此无，迎入跸路江南意。

其三，《燕九日观灯》

上元余兴觉犹浓，灯事重陈景物融。

日纪邱仙沿俗例，地传毛氏想遗风。

继离腾照千树朗，应节纷悬万树红。

真胜御园听法曲，讴歌乐处与民同。

其四，《红杏园》（从略）

正月二十日 戊午

自红杏园行宫起行，七里入交河县界，又二十四里入阜城县界，至萧家庄（小店）大营驻跸。

是日成诗一首：

《晓行》

夜雪微飘畛叠银，凭舆晓景助清新。

漫辞旅况侵肌冷，且喜田功觇（觅）土匀。

郊郭烟容低远望，间阎气象验前巡。

独怜万骑随清跸，应有衣单怯冻人。

正月二十日 己未

自萧家庄大营起行，入景州界，入景州北门，过开福寺，出景州南门，过北刘智，驻跸吴家庄大营。

是日发出谕旨："朕南巡江浙，道出青齐，该省去腊以来雪泽霈足，麦秋丰稔有望。虽一切安营除道俱由官办，而当兹春融土润，正当有事西畴。朕省方问俗，念切间阎，著将经过山东州县本年额赋蠲除十分之三，交与巡抚准泰详细查明，照例办理，俾得霑实惠，该部遵谕速行。"

又谕："朕此次南巡，所有经过直隶、山东、江南、浙江地方，各营汛兵丁有派差务者，著查明赏给两月钱粮，以昭恩赉。"

是日成诗数首：

其一，《赐山东巡抚准泰》

山左前巡忆洊饥，吾民疾苦日思之。

三年休息今何若，莫饰虚观进颂词。

其二，《路旁秋麦颇少切切有怀因示直隶官》

去岁愁霖未润泥，延缘秋麦误耕犁。

连阡那见青葱满，入夏安期须穗低。

纵复截漕难遍及，敢靳解泽慰群黎。

青郊余润春畬利，好劝乘时举趾齐。

其三，《麦未萌》

昨过畿南，未见麦苗被陇，以为秋潦未尽涸而播种者稀，切切不能去诸怀。进总督方观承而问之，始知去秋乘润种麦者较诸往岁乃倍莚之，至冬例驱马牛践食之，当春萌芽益壮。其尚未青葱者，则今岁遇闰尚非发生时也。问之耕氓亦然，既慰于怀兼成是什。

记我戊辰经畿南，秋牟被垅迎人绿。今来未曾见葱芊，预恐饼饵或不足。进彼大吏共畴咨，谓因遇闰春令迟。正月柳梯今未梯，何独麦萌虞后时。一言中窾吾解颐，询之老农同一词。闻言欣然笑相慰，先事过忧毋乃遽。我久课农意尽知，于今仍有未知处。

其四，《赐河东总河顾琮》

堤遥工简息洪涛，无事常经智不劳。

泉闸湖垱善潴泄，永期转漕济千艘。

其五，《衍圣公孔昭焕来迎诗以赐之》

挈族来迎跸路边，成人见汝忽三年（戊辰至阙里时昭焕尚幼）。

文宣世泽垂千古，克继家声慎勖旃。

其六，《过景州》

城上遥看塔影孤，轻尘不动雪微铺。

三年两度仍经此，今日昔时频感吾。

秃树花如发温卉，青郊寒未茁春芜。

盖藏略具鸡豚息，击壤随民得自娱。

其七，《细雨》

时作雪霏时细雨，浓阴三月物含滋。

旁人曾至江南者，道是依稀景若斯。

原文选自《乾隆南巡图研究》，文物出版社 2010 年

《乾隆南巡图研究》（摘选）

《过德州》考析

一、赏析

乾隆自正月十三日启跸京师，经良乡、涿州、新城、赵北口、任邱、河间、献县、阜城诸州县，于正月二十一日驻跸于景州吴家庄大营。二十二日，自吴家庄起程入山东境，此卷即描绘过德州的情景。

图卷纵68.6厘米，横1244.5厘米。

卷首有乾隆《过德州》诗：

> 运水浮桥蠛蜒悬，重邱城郭富人烟。
>
> 观民喜见千家聚，问岁知逢五熟连。
>
> 调幕多惭休颂我，书禾有庆益祈天。
>
> 十分心始三分慰，次第评量驿路前。

款署："臣梁国治奉敕敬书"，下钤"臣"、"治"连珠印。

展开图卷，在景州至德州的大路上，许多骑马的官员迤迤逦逦向东南走来，过了一座小庙——大概是刘智庙，即进入山东省德州地界，大路上人马逐渐增多。前面不远处一条大河清波粼粼向北流去，这就是贯通南北的京杭大运河。河边渡口的大堤上，树立着一座结彩牌坊，堤下堤上，扈从的大臣、侍卫骑在马上紧张地走向渡口。牌坊左右许多当地官员和一些百姓跪在大堤上。他们都面向渡口"恭迎圣驾"。这时，乾隆皇帝已走上运河的浮桥。

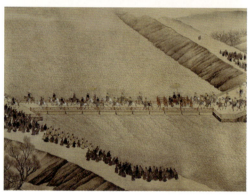

图一—图四　《乾隆南巡图·过德州》

　　运河上的浮桥，是用十多艘大木船并排河中，船上铺着木板，浮桥两边设有护栏。乾隆诗中所写"运水浮桥蝃蝀悬，重邱城郭富人烟"中的运水浮桥，就是这座浮桥。登上浮桥，那座"富人烟"的德州城已遥遥在望了。

　　浮桥之上，在前头开道的十名御前侍卫，身佩腰刀弓矢，一对一对，骑着马在浮桥两边行进，最前边的已走过浮桥，登上东岸大堤，到了第二座结彩牌坊之下。御前侍卫后面是四名前引大臣。再后面，在四名侍卫护持下，一顶九龙曲柄黄导盖由一名骑马的侍卫高高举起，缓缓前进。随后，六名身着黄马褂的御前佩刀前引大臣引导着"圣驾"缓缓走来。乾隆帝头戴玄色行冠，身着石青色行褂，坐在八人抬的轻步舆上，面色平和，正走在浮桥之上。一名御前侍卫高举着九龙曲柄黄华盖，骑在马上，在皇帝身后紧紧跟随。皇帝身后又是几名身穿黄马褂的后扈大臣和几名御前侍卫。再后面，十名豹尾班的侍卫，高举着豹尾枪，排成半圆队形，骑在马上。这时豹尾班刚走过第一座结彩牌坊，正向浮桥走来。

豹尾班后面又是一群御前侍卫和扈从官员向运河渡口走来。他们骑在马上，有的捧着一口黄包袱包裹着御用宝刀，有的捧着用黄包袱包着一张弓或一袋箭，还有几名侍卫身上斜背着黄包袱，包袱里是乾隆在巡幸中用的"御宝"[1]和御用的纸笔书籍。这群侍卫和官员后面，是十几名身着黄马褂或青色袍褂的大臣官员，再后是两面殿后的色彩鲜艳的黄龙大纛，顺着西北风猎猎飘扬。殿后的纛旗过后，是一般扈从官员和随从仆役。

过了运河浮桥，在第二座结彩牌坊左右和通往德州的大路旁边，跪着一群群衣冠整齐的官员，一些乡绅百姓也夹杂其中跪迎"圣驾"，还有一些村民老幼则远远地朝这边张望。

大路旁的村舍中，家家门前设起了香案，几辆过往的骡马货车全停在村舍旁蓝布围幛后面回避。

进了德州城西门（广川门），大路正中搭起一座更高大的结彩牌坊。坊额上金字楷书"恭迎圣驾"四个大字；两边立柱上悬挂着一副对联，上联"御仗拥金舆 冠佩千行星列"，下联"仰□迎玉辇 共球万国云从"。下联第二字被彩带遮掩，难以辨识。

沿街的店铺和住户门前都摆着香案，焚香燃烛，悬灯结彩，以示欢庆。大路上还有几个人正在清扫。

过了"恭迎圣驾"牌坊，大路尽头是一座高大的戏台，悬灯结彩，一片喜庆气氛。台上演员正在做场；一个老僧坐在椅子上讲话，对面一个健壮的头陀躬身倾听，老僧身旁站着一个青年书生。这里演出的应是《西厢记》中的一折：《惠明下书》。头陀是惠明，书生是张生。戏台两边不少官民均在引颈观看。几个儿童也向戏台跑来。不少骑马的官员正沿大路转向南门匆匆走去。

德州城城楼高耸，垣堞整齐，敌楼严整，道路宽敞。转过弯来已望见德州南门。城门两侧的兵器架上，一边是长矛，一边是弓箭，守卫城门的官兵队列整齐，分立两边，在一片欢庆氛围中增加了几分严峻和肃穆。（图一—图四）

出了德州城，许多车马骆驼全都负载着沉重的什物，由不少官员押解着迤逦

---

[1] 《（嘉庆）钦定大清会典》卷二十五："凡巡幸之礼……内阁学士率中书恭奉御宝以从，部院有执事者携行在印备用。"

南行。路旁的田野里几个农夫在举锄劳作，城郭外的村庄里可以看到一处处粮囤，这大概是"观民喜见千家聚，问岁知逢五熟连"的写照吧。

图卷末尾款署"南巡图第二卷 臣徐扬恭写"，下钤"臣徐扬"、"笔霑春雨"二印。

本卷钤有乾隆御玺多方："扇以淳风"、"稽古"、"爱民"、"五福五代堂古稀天子宝"、"八征耄念之宝"、"云霞思"、"宁寿宫续入石渠宝笈"、"慉畬经训"、"石渠宝笈"、"石渠定鉴"、"宝笈重编"、"乾隆御览之宝"、"乐寿堂鉴藏宝"、"乾隆鉴赏"、"三希堂精鉴玺"、"宜子孙"、"养心殿奠藏宝"。

二、考释

乾隆《过德州》诗中原注写道："戊辰（乾隆十三年）山左诸郡县洊饥之后，户鲜盖藏，流离之状悯恻余怀，于是竭力赈恤，更赖天恩，雨旸时若，其秋遂有收。己巳、庚午（乾隆十四、十五年）春秋皆稔，以是间阎景象大觉改观，为之额庆，益凛持盈之恒云。"，蝃蝀原指蜥蚯。此处蝃蝀即彩虹之意。诗的大意是：

运河上的浮桥，

像悬在空中的一道彩虹。

重重丘陵中的城郭，

生息着众多的民人。

巡视中高兴地看到，

几千户人家在这里生聚；

询问年景，喜逢连续三年五次丰收。

说来惭愧，庆贺丰收，

不要颂扬我，应该更多的祈祷上天。

我十分的心思得到了三分欣慰，

在前面的驿路上，再次第评量。

《南巡图》第二卷《过德州》中，德州运河、浮桥和德州城垣是环境描绘的重点，南巡过德州的情景就是在这样的环境中展现。这也体现了乾隆《过德州》诗开头两句的诗意："运水浮桥蝃蝀悬，重邱城郭富人烟。"

对于德州运河和浮桥（图五、图六），乾隆十三年（一七四八年）东巡，他

曾经路过，并写有《过运河》
诗一首：

> 海运便而险，河运艰而平。
> 舍便宁就艰，计划真老成。
> 疏导想前规，转输达帝京。
> 我来渡浮桥，汹涌闻波声。
> 岸傍柳已绿，渚畔禽争鸣。
> 一派江乡景，谋目恰称情。
> 巨艘列河开，截漕罢长征。
> （山东运艘集此以截留漕米，为
> 赈济本省之用，故无事北上云。）
> 酌兹损益道，念彼茕独氓。

德州运河原称卫河。卫水
源出河南省辉县之苏门山，因辉
县春秋时属卫国地，故称卫河。
自元代至元二十六年（一二八九
年）开会通河后，由临清以下
至天津称运河。

德州枕运河为城，北接畿
辅之地，一向是东南水陆要冲。

图五　德州古运河今貌

图六　德州古运河浮桥旧址上修建的运河桥

凡是"兵车之至止，邮传之驰驱，征商戍卒之往还，旅客居民之奔走"以及外国
使者之朝贡，都须问渡运河。据清人《德州浮梁记》记载："城之西旧有浮梁以济
涉，岁久浸废。国家有大征伐，大司马朝发羽书，敕有司建渡，然夕苦不能应告
竣，波流悍急，崩决不常，势必广搜民艇以待济。奸胥市狯又罔念急公，往往藉
之攫利，榜人（船夫）贿脱即沉匿沙洲芦苇中而不可猝得。"在这种情形下，朝
廷派出的军旅到达，只能望河兴叹，咒骂不已。地方官吏则惊惶失措，而民间舟
艇远去藏匿，逍遥不回。于是"河流壅塞，呼号载道，榷税无征，上下交困。"

这种情形持续很久，康熙十八年己未（一六七九年），本州官吏杨、郑二人倡议建浮梁。这一倡议得到地方官和缙绅士庶的赞助，到这年十一月中运河浮梁造成。"计舟一十有三，舟上覆以横木，东西岸立柱石，系铁锁贯浮梁，令相属。舟至则启，舟过则阁，随波升降，安若康衢。"并且"浮梁之西筑厅十二楹，为停骖之署。膳夫役以司启闭；施茶茗以息行旅。"[2]

《南巡图》第二卷中所画的浮桥就是始建于康熙十八年的这道浮桥，到乾隆十六年已经过了七十多年。

按：《清高宗纯皇帝实录》和《南巡盛典·程涂》所载，此次南巡过运河浮桥后，取道八里屯尖营、苏家庄、七里铺、兴隆寺、至史家庄大营驻跸。乾隆帝本人此次并未经过德州城内。但是，德州城垣之严整、街衢市井之整洁富庶与恭迎圣驾之隆重，对照乾隆诗文和有关记载，可以看出图卷描绘得十分真实和生动。这既反映了德州地区三年内五次连续丰收的景象，同时也是几年前德州城经过重修的写照。

在《南巡图》十二卷中，这一卷描绘了北方的一个普通州城，这是当时众多州县城的一例。德州，"考其地，在汉为鬲，隋唐为长河县，宋为将陵县，元为陵州，明清为德州。"洪武初年降陵州为陵县。"洪武七年废陵县徙州治于此，并废安德县入焉。……而于安德二字省去安字，名之曰德州。今德州之称德州始此。"[3]由此可见，德州名称定于洪武七年（一三七四年），德州城也是洪武七年从远离运河的陵县迁到运河边的。洪武二十八年（一三九五年）德州大水坏城垣，三十年（一三九七年）都督张文杰等改建砖城。[4]城门有五，西门曰广川。出广川门即运河。渡运河可通景州。万历四十年（一六一二年）曾重修德州城。清乾隆八年（一七四三年），以工代赈，发帑银十四万多两又重修德州城。城周十里有奇，高三丈七尺，厚三丈，池深二丈，阔五丈，门楼、谯楼各四，瓮城四，敌楼二。惟广川门（西门）无门楼，无瓮城。兴之于乾隆九年，竣工于乾隆十四年，距乾隆十六年第一次南巡仅仅两年。本卷中所绘城垣、城楼严

---

[2] 民国《德州志》卷十四《艺文志》。

[3] 乾隆五十三年王道亨修《德州志》卷一。

[4] 民国《德州志》卷四。

整如新，当为写实之笔。

三、南巡日录

正月二十二日过德州，至二月初七到江南省清河县徐家渡。

正月二十二日 庚申

自吴家庄起程，过南刘智入山东境，过运河浮桥，驻跸于德州史家庄大营。是日发谕旨一道：

朕翠华南幸，所有直隶、山东、江南、浙江等省承办差务之文武官弁，宜一体加恩。著各该督抚查明咨部：凡有罚俸降级之案，俱准其开复；其无此等参罚案件者各加一级。

作诗数首：

其一，《入山东境》

不争十里度平川，民俗全分齐与燕。

稍幸秋粮积囷鹿，更逢春色被原田。

初晴日上笼轻霭，薄冷天低幂晓烟。

运水北流津口近，那堪回首忆前年。

（按：乾隆十三年，东巡曲阜、泰安、济南，回程中，皇后逝于德州，故有'那堪回首'之句）。

其二，《过德州》（见前）

其三，《老黄河》

导河积石至龙门，华阴底柱逮孟津。

播为九河入于海，神禹旧迹堪指论。

后世因循渐南徙，谁能障使归其源。

又闻刷黄利深导，义取其合毋取分。

一河犹时虞淤塞，析而为九流难奔。

居今志古不尽同，卓哉史迁垂名言。

其四，《复雪》

风雪夜交加，严寒切晓车。

纷霏迷玉海，散漫卷银沙。

纵值年余润，虞伤物出芽。

谩云花信迟，农务重看花。

正月二十二日 辛酉

自史家庄大营起行，入济南府平原县境，于崔家庄大营驻跸。

是日写诗数首：

其一，《阅本》

印篆新年卜日开，封章邮置速传来。

宵衣旰食其常耳，勤政亲贤又勉哉。

毋作聪明循旧典，不私耳目示亲裁。

深惭端拱无为治，问俗巡方岁几回。

其二，《闻河南得雪六韵韵》

去岁秋巡豫，恒阳布种稀。

常教千里系，安得寸心违。

甘泽新年沛，佳音驿骑飞。

先春节未过，入夏麦应肥。

霖霖因时降，丰亨为众祈。

齐封更亲见，积玉遍塍圻。

其余为《平原行》、《雪霁》（从略）。

正月二十四日 壬戌

自崔家庄起行，入禹城县境，过徒骇河，入齐河县境，过晏子（婴）祠，驻跸蒋家屯大营。

是日有诗一首《齐河道中作》（从略）。

正月二十五日 癸亥

自蒋家屯大营起行，入长清县境，驻跸开山大营。

是日谕："向例銮舆巡幸，经过地方官员应行接驾，由鸿胪寺具奏里数请旨，临时该寺带领接驾。至驻跸后，复奏闻带领行礼。朕入疆考绩，地方大吏随营行走，不时召见，即州县各官，凡有承办差务者业已于路旁随便跪接，此皆不在带接行礼之列。其带接行礼者，非散员，即武弁、教职充数之人，此何为者，而鸿胪寺官员先期传示，不无滋扰。嗣后凡应行接驾人员，只令鸿胪寺在京奏请里数，得旨行知，其一切繁文及接驾后赴鸿胪寺投递职名，概著停止，以示朕行简务实之意。"

又谕："上年江南安徽所属之绩溪、歙县等州县卫被水被旱，今赈期已毕，麦秋尚远，著再分别灾情加赈两个月或一个月。"

写诗数首：

其一，《过济南杂诗》

曲阜春巡忆戊辰，同扶凤辇侍慈亲。

行宫抱疾催旋銮，犹恐怀归劳众人。

大明湖已是银河，鹊驾桥成不再过。

（戊辰咏鹊华桥有若把鹊桥比灵鹊之句，遂成诗谶云）。

付尔东风两行泪，为添北渚几分波。

（大明湖在行宫之北）。

遍翻彤史若齐贤，五日登舟咏断弦。

（戊辰自济南回銮，五日登舟即遭先皇后大故，故朕作挽诗有朱琴已断弦之句）。

南幸奉亲重设闱，那能遽忘济城边。

清明节故断魂天，华注何堪重忆前。

（戊辰春临是地，正值清明节）。

却是山灵犹解事，连朝为我隐云烟。

其二，《填仓日作》

俗节重填仓，此日宜晴和。

朝来风日佳，所喜占得禾。

青齐经数程，气象异昔过。

转旋赖天佑，赈救知吏宜。

遂使三年间，元气复万家。

烟村昔年芳，灯事今夕罗。

便与占民风，姑弛金吾诃。

戚戚忆昔人，鹊华况嵯峨。

（忆慧贤皇贵妃以乙丑是日薨逝，而孝贤皇后又以戊辰春月东巡至济南抱病仙逝。三年之间两失故侣，触绪伤怀，何能已已）。

寻思事固然，旧绪徒延俄。

达者戒一往，毋为感慨多。

其三，《长清道中作》（四首之二）

雪后余寒恋翠微，春初薄暖爱晴晖。

山村曲折觇民俗，不必匆匆策六辔。

一水萦回出崖口，数桥迤逦度川头。

幸他举火千家足，慰我思人几日愁。

正月二十六日 甲子

自开山大营起行，过灵岩山下，驻跸万德（湾德）大营。途中行围。

是日发出谕旨："朕清跸南巡，道由山左，所有经过州县既沛恩膏，兹揽辔观风，知连岁有秋，视戊辰东巡之时，闾阎大有起色，为之庆慰。尚念该省有缓征带征未完谷石，皆因灾出借之项，虽叠遇有收，而按年催比，民力不无拮据，著将被灾借谷应于庚午年起分作五年带征及邹平等属带征未完谷共九十七万五千余石，概行蠲免，以示格外优恤之至意。"

和硕庄亲王允禄等奏报京师得雪情形，乾隆十分欣悦。

正月二十七日 乙丑

自万德大营起程，过长城铺北沙河、垫庄、南沙河，进泰安县境，驻跸于泰安府城东南韩家庄大营。

派遣官员祭东岳泰山，又遣官至曲阜祭周公、孔子。

写诗数首，其《过泰山恭依皇祖诗韵》、《望岱庙》、《寄汉柏》、《微雪》皆从略。其《玻璃窗》一首系咏新事物，其诗如下：

> 车窗悬玻璃，障尘胜纱帷。
>
> 内外虚洞明，视远无纤遗。
>
> 可避轻风寒，还延暖日曦。
>
> 惟是听受艰，扬言声似卑。
>
> 耳属或不闻，目成乃可知。
>
> 明目信有济，达聪非所宜。
>
> 致用当节取，格物理可推。

正月二十八日 丙寅

自韩家庄大营起程，过汶水，在洪河大营驻跸。

是日写诗数首：

> 其一，《渡汶水》
>
> 汶水虹桥冻合津，纽芽宿麦迟抽新。
>
> 心期邓尉村前景，背指天孙云外皱。

（按：邓尉山在苏州，其村前即以大片梅林著称之香雪海）。

> 往事总堪愁渺渺，无生底必滞尘尘。
>
> 未忘只有勤民念，余概空花付凤因。

其二，《喜晴》

春月希逢是喜晴，喜晴最利在新耕。

（春月北方每虑少雪，雪足始喜晴，故云）

原田遍润应回霁，荸甲辞寒自向荣。

薄凌一湾依日脆，徂云几缕逐风轻。

初韵景色行行近，似为江南马首迎。

其三，《灯窗》

远甸散幕霭，西峰隐落日。

笳吹动幔城，莲檠朗毡室。

群籁寂不闻，景清神亦谧。

命笔欣佩文，读书期务实。

游豫贵有度，宵旰所无逸。

景光足自珍，栖心在专壹。

其四，《策马》

策马平原路不赊，勤民生计问农家。

诘晨遵路消轻雾，薄暖迎人绚早霞。

微觉东风催弱柳，定知南国待春花。

行营驻跸饶清豫，净几诗成日未斜。

正月二十九日 丁卯

自洪河大营起行，过羊流河、黄阴河，驻跸公家庄大营。

是日，赐扈从王公大臣和山东大小官员食。又谕："上年江（苏）安（徽）二省内，有偏灾之宿州、凤阳、泗州、长淮、宿迁、邳州、大河、海州等处，各该（巡）抚业将本年应征新旧漕粮，题请分别蠲缓，所有此项减船军丁苦盖食用之需未免拮据，著加恩于例给折半月粮之外，再赏给二分，以恤丁力。"

写诗数首，《蒙阴积雪恭依皇祖诗韵》、《蒙山》二首从略，其《望蒙山雪色再成》一首如下：

崇峦积雪昔年同，圣祖巡踪景仰中。

奄有海邦为鲁镇，果然山下出泉蒙。

逢年民鲜饥寒色，敦俗户多淳朴风。

百岁熙和九州宴，自惟何以继鸿功。

正月三十日戊辰

自公家庄起行，至保家庄大营驻跸。

是日，准噶尔部人鄂勒济图巴勒图拜来降，命按前例予以安插。

写诗二首：

其一，《正月晦日》

春月九十日，于今孟月过。

知他百花未，奈此一分何。

雪积寒犹峭，日烘景旋和。

江南行已近，诗思发人多。

其二，《过沂州》（按：沂州府即今临沂市）

此州前者灾尤重，地处南游众水归。

纵未目经心倍切，敢忘民务国斯依。

所欣逢岁苏千里，岂冀呼恩拥六飞。

银浦红桥春日嫩，高风遐想浴乎沂。

本月两江总督黄廷桂、江南河道总督高斌会奏："查江南河工清口为黄淮交汇河防第一要区。自乾隆五年试立木龙，北岸停淤，各坝埽工节省。现今南岸旧坝沙滩淤数百丈，北岸陶庄引河已成河身，即不开挑，黄水不致倒灌。惟积土未经刷尽，若木龙停工，南岸涨滩未免刷动，是以尚未竣工。安东设木龙数年，地已停淤，埽工平稳。但溜未南趋亦难停建。王营、烟墩、孟诚庵等处大溜未远移，仍须相机办理。至所用木料年久日增，自宜亟为清理。请自乾隆五年至十五年将旧木、新木并淤沉折损木，分年确核……统限半年内核实销估。"

又：兵部尚书舒赫德、闽浙总督喀尔吉善等奏："会看浙江海塘工程稳固，中小罾畅行无滞，江海安澜，民窑乐业。现在情形可无亲临阅视。况且杭城候潮门外观潮楼地临江海上游，潮汐往来，塘工捍御及沿江滨海情形可得大概。若自杭城过海宁至尖山，往返路长，中途又无立大营处，一应预备处未经举行。"

乾隆帝批示："照所请行"。

二月初一 己巳

自保家庄大营起行，至沂州府兰山县境，于黄梅崖大营驻跸。

是日谕："朕问俗观风，南巡江浙，清跸所至广沛恩膏。更念三吴两浙为人文所萃，皇祖圣祖仁皇帝屡经巡幸嘉惠胶庠，试额频加，覃敷教泽。朕法祖省方，銮舆斯莅，式循茂典，用示渥恩，所有江苏、安徽、浙江三省，本年岁试文童及州县大学著增取五名，中学增取四名，小学增取三名，举行一次。该部传谕各该学政，慎加蒐择，拔取真才，副朕育才造士至意。"

写诗数首：

其一，《沂州览古》之一

临沂闻是昔琅玡，故里仍传王氏家。

泽笔池湮谁汲古，兰亭此去漱芳华。

其二，《即事》

入山觉冷出山暄，历历青郊散晓暾。

所至连村问生计，大都百里异方言。

春寒且迟花夺柳，岁熟兼孳鸡与豚。

排日迎銮群接踵，累年休养此元元。

其三，《雁》

春寒因致雁来迟，行近江南始遇之。

于异类中真有信，胜同尘者但随时。

非蒐矰缴何须畏，于泽栖眠任所宜。

恰似去年清苑路，目穷人字引遐思。

尚有《二月朔日》、《题禹王台》和《忆梅亭》三首（从略）。

二月初二 庚午

自黄梅崖大营起行，进剡城境，在王家庄大营驻跸。沿途所经，见兰山、剡城二县"民气似逊他处"，乾隆帝谕："农事方兴，麦秋尚早"，"著将兰山、剡城二县极次贫民俱加赈一月。其未经过之峄县、平度州、胶州、高密、昌邑五处，被灾稍轻，著将极贫之民加赈一月。令该抚准泰查明办理，务使均霑实惠。"

是日写诗二首：

其一，《示山东巡抚准泰》

所过兰山、剡城，上年略被偏灾之区，见扶携而来者虽无饥寒之色，而室卢盖藏究不逮他邑，亟命加赈，并未经过而亦系偏灾之五州县，令分别加赈焉。

兰剡去秋潦，蠲赈早施惠。

今来阅闾阎，稍幸起凋散。

尚未臻盈宁，终鲜盖藏计。

俗云民所艰，青黄不接际。

念此心忡忡，岂靳沛恩济。

加赈有常经，随宜善措置。

其余五州县，歉收与此类。

虽非目所击，民瘼岂有异。

贫户有等差，布泽应次第。

毋使吏胥侵，向隅或弗逮。

庶冀苍黎苏，安心待逢岁。

其二，《剡城道中》（从略）

二月初三 辛未

自王家庄大营起行，过沂水，经春秋时古剡子国旧址剡子花园、剡子庙，在五里铺大营驻跸。

二月初四 壬申

自五里铺大营起行，经红花埠入江南省徐州府宿迁县境，至叶家庄大营驻跸。

派遣官员祭金龙四大王庙、河渎、淮渎之神。派遣官员祭已故河道总督靳辅、齐苏勒和大学士嵇曾筠。赏赐扈从王公大臣并江南大小官员等食。

初入江南，诗兴甚浓。写诗数首：

其一，《入江南境》

裛裛东风拂面春，乘春鸾辂举时巡。

江南至矣犹江北，我地同分总我民。

只董观方怀保切，岂难解泽惠鲜频。

更欣余事寻文翰，秀丽山河发藻新。

其二，《暖》

才入江南半日程，温暾暖气面前迎。

丝鞭不袅东风软，檐帽轻掀晓日明。

千里征人忘栗烈，一时景物报芳荣。

省方本欲知民事，疾苦应须咨老更。

其三，《宿迁道中作》

观民展义举时巡，泽过非遥路少尘。

毕雨箕风从好恶，小廉大法勖臣邻。

就瞻一任扶携至，出入何须警跸频。

底事初逢如旧识，本吾宵旰系怀人。

其四，《赐两江总督黄廷桂》

迎銮卫警跸，建节久句宣。

体我勤民德，嘉卿率属贤。

何须张锦帐。惟喜阅鳞田。

细验刚柔俗，周咨丰歉年。

咸中方有庆，虚己自无偏。

此地人文盛，还淳尚勉旃。

其五，《麦》

盼从冀兖寒迟苗，看到徐淮绿满田。

第一江山春好处，十分梅柳色徒传。

渐渐他日应藏雉，缕缕于今欲起烟。

此是千家饼饵计，羽林驰骑戒纷填。

其六，《骆马湖》

济运输天庾，防霖安地行。

相机资蓄泄，惟谨度亏盈。

洲渚江乡趣，凫鸥春水情。

六塘东达海，切切念民生。

此外，尚有《恭依皇祖示江南大小诸吏诗韵》、《峒峿山》等，皆从略。

二月初五日 癸酉

自叶家庄起行，过峒峿街，经永济桥，驻跸顺河集大营。顺河集在宿迁县运河东遥堤旁。

是日谕："朕车驾南巡，乘时布泽，蠲除积欠，叠沛恩施。更念江苏之宿迁等州县上年被水稍重，虽经格外加赈，可以接至麦秋，……而清跸所经倍深轸恤，著再加恩，将经过之宿迁、清河、桃源三县被灾贫民上年借出籽种银两，悉行免其征还，以纾民力。该部遵谕速行。"

又谕："朕爱养黎元，惟恐一夫不获，时巡所至叠沛恩膏。前已降旨将江省民赋积欠，悉行豁免，更念两淮竈户偏处海隅，专以煎晒盐斤为业，其生计更窘于农民，殊深轸切，所有乾隆二年至十四年，因灾停缓带征各未完折共银四万二千余两，著加恩照民户例，一体豁免，俾斥卤编氓，咸霑惠泽。该都遵谕速行。"

再谕："此次巡幸，看来沿途颇有倒毙疲乏驼马，盖缘去岁自河南抵京，喂养之日无几，臕未养足所致。此项倒毙驼马，若令照例赔补，情稍可悯。著交兵部，将起程以来，倒毙官驼官马查明数目，施恩概行免其赔补。此次从宽办理，系朕特恩，现在约计回程之期，尚有两月，其间喂养驼马，自应臕足。伊等若谓此次未令赔补，因不加意喂养，仍致沿途倒毙，务令赔偿，著通谕扈从各该处知之。"

本日成诗三首：

其一，《示总督黄廷桂》

所过宿迁、清河、桃源三县，上年被灾之区，虽已加赈，兹经览间阎，益切轸念，亟命再加恩恤，并成是诗。

三县虽加赈，经临倍切情。

恤民宁过厚，咨尔善推行。

贷种休偿责，兴锄莫误耕。

所怜灾歉后，欢忭马前迎。

其二，《阴》

闻道江南春雨多，东风无力奈云何。

旅人纵未愁渐石，已觉浓阴两日过。

麦始勾萌绿色滋，鳞塍含润恰相宜。

若于三日前逢此，正望齐云冀泽时。

宜晴宜雨不轻谈，风气田功未悉谙。

漫道溟蒙碍韶景，不因花柳到江南。

其三，《夜雨》

夜雨入深更，毡庐渐有声。

却因询土俗，知亦利春耕。

地脉应余润，花枝欲向荣。

所嫌泥泞甚，辎重虑艰行。

二月初六日 甲戌

自顺河集大营，经宿迁关旁，入桃源县境，驻跸王家庄大营。

成诗一首：

《见新耕者》

春郊叱犊一声声，雨笠风蓑最惬情。

忆似燕南还早作（去岁保阳见新耕者于二月下旬故云），喜从淮北见新耕。

烟花千里都应让，钰义三秋冀有成。

望杏瞻蒲迎跸路，水田疆畎互纵横。

二月初七日 乙亥

自王家庄大营，经刘家庄尖营、众兴集，进入清河县，在徐家渡大营驻跸。

是日谕："此次随朕南巡人等，虽各有帮银路费、俸饷、官马，但内地不比边外，诸物昂贵，著总理行营大臣等将此次随从大臣、侍卫、官员、拜唐阿及留在顺河集等处人员，如何加恩赏给之处，分别定议具奏。其赏银于两淮盐政库贮内动用。"

总理行营大臣等随即奏报："随从头品以下、三品以上文武大臣等，赏半年俸银；四品堂官、侍卫、銮仪卫、章京等，赏银四十两；五品堂官、监察御史、包衣、护军统领等官，三十两；六品以上文武官，二十两；七品以下及巡捕营守备，十五两；前锋亲军校、蓝翎长、骁骑校、巡捕营千总、把总、库使，六两；前锋亲军、护军，五两；领催食四两钱粮等长、拜唐阿等，四两；食二两、三两钱粮等长、拜唐阿等，三两；各项匠人，二两；总管太监二十两；首领太监、有顶带太监等，十五两；太监四两。留在顺河集等处人员减半赏给。"

乾隆帝谕旨："傅恒著赏银六百两；扎拉丰阿、色布腾、巴勒珠尔，著赏银四百两；旺扎勒、哈达哈、舒赫德、班第、努三、汪由敦，著赏一年俸银。留在顺河集等处人员亦照随从人等赏给整分，余依议。"

写诗一首：

《中河》

驻辇近中河，朱栏俯绿波。

群歌漕运利，永赖圣谟多。

（运口向在仲庄，我皇祖指示命移于杨家庄，号为中河。漕艘及商船利赖无穷云）。

继述夫何有，遵循敢更过。

省方得知要，遑复论其他。

原文选自《乾隆南巡图研究》，文物出版社 2010 年

《乾隆南巡图研究》（摘选）

《乾隆南巡图》第三卷《渡黄河》考析

一、赏析

图卷描绘二月初八日丙子乾隆帝自淮安府清河县徐家渡大营起行，经杨家庄，在孙家码头登舟渡黄河，至对岸彭家码头的情景。

图卷纵68.6厘米，横1363.1厘米。

卷首有乾隆《渡黄河》诗一首：

> 去岁渡孟津，两岸隔五里。今来渡淮安，河惟里许耳。
> 岸宽流则平，河窄流斯驰。南河防塞多，时闻叠浪起。
> 而我时南巡，正逢晴日美。荡桨越溜过，安稳非昨比。
> 天心明锡佑，河伯默相祉。平陵川气黄，纷拥云容紫。
> 蓊匌象实雄，谀荡波偏弥。永念平成功，细度修防理。

下署："臣梁国治奉敕敬书"，下钤"臣"、"治"连珠印。

图卷开始是在一片丘陵起伏中，一座木桥横架小河上。过了木桥，一条大路绕过小丘和农舍直达黄河岸边。许多骑马的官员和扛抬什物的伕役从桥上走来，向河边走去。越接近河边人马越多，中间还夹杂着几顶轿子和载物的二把手独轮车，被长鞭赶着的猪群也正向河边走来。只有一顶前后各有一匹骡马驮着的骡驮轿，在四五个官人护卫下向木桥走去。路旁村舍数家，春树掩映，远处一片汪洋，二三十根船桅从丘陵后面显露出桅顶来，桅竿顶上的小旗迎风飘动。大路尽头的

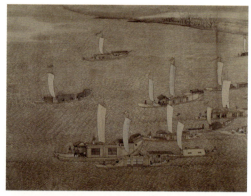

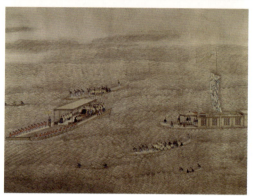

图一—图四　《渡黄河》

村落旁是黄河渡口，渡口的堤岸上一座结彩牌坊迎面矗立。过了牌坊是一座御用的黄布行幄。这就是淮安府清河县黄河边的孙家渡。渡口大路上和两边堤岸上，三五成群的当地官员恭送皇上御舟离岸后，仍在向河心御舟遥望。码头上河岸边还停泊着的二三十艘大小船只，正准备扬帆起航。许多官员已登上船舱，有些官员正牵着马匹登船，许多伕役正往船上搬运箱笼什物，船上船下一片紧张忙碌的景象。

这时虽是枯水季节，但黄河上仍是波涛浩渺，四五十艘大船高扬帆篷乘风前进，当中两艘最大的船都悬挂着黄龙船帆，这大概是皇上和皇太后专用的御舟。大船的甲板上、船舱前后都有几名御前侍卫，船舱的阁楼上还有二三妇女凭窗向外张望。其余船只中的"四执事船"、"佛船"、"清茶船"和"看围船"等御用专职船只，也一同乘风渡河。

走在最前面的是一艘敞篷大船。船舷两边各有十二名水手划桨。他们身穿的号坎上有"河兵"二字。船篷前甲板上，一名侍卫衣冠整齐，双手举着一顶九龙曲柄黄华盖，船舱里乾隆皇帝盘腿端坐在正中，仪态安详，向对岸平视。十名御前大臣分两列跪在皇帝面前。乾隆身后几名官员和十名举着豹尾枪的侍卫，站立在船尾的甲板上。四艘小船各乘三名侍卫，在御乘大船左右护航，还有两艘无桅无篷的大船，各有四名水手划桨，一名掌舵，十名侍卫和数名大臣站立船上，紧跟在御舟后面护卫。

这时，乾隆帝的御舟已经快到对岸。这边渡口上也搭起了黄布行幄，行幄前一顶九龙曲柄导盖由一名侍卫高举着。几名大臣立在黄幄下恭迎皇上和皇太后登岸。黄幄里一架朱漆木质的轻步舆摆在正中，步舆上铺着坐垫，八名舁者侍立左右。五匹御马由五名侍卫牵着伫立黄幄之旁。黄幄之后又是一座结彩牌坊矗立渡口河岸上，坊额上有几个大字："永庆安澜"。结彩牌坊两侧，堤上堤下许多顶戴补服的官员列队跪迎。渡口通往村落的大路上，还有人正在清扫街道。一群老年百姓向渡口走来，一名官员正张臂劝阻。大路远处和村口还有不少男妇百姓和儿童正向码头张望。

渡口河堤下是一座村落，几排茅屋排列在大路两边。有几处屋檐前高悬着的酒旗随风飘扬。店铺和住户家家门前都摆着香案，恭迎乾隆皇帝和皇太后的光临。堤外黄河波涛浩渺，村外稻田片片，三五农人荷锄走在田埂上。溪边树下，渔人正在扳罾捕鱼。远处小桥边，一个牧童骑在大水牛背上，他手中还紧紧拉着线绳在放风筝。这里就是黄河岸边的彭家渡。

卷末书"南巡图第三卷　臣徐扬恭写"，下钤"臣徐扬"、"笔霑春雨"二小印。

卷首卷尾钤有"五福五代堂古稀天子宝"、"八征耄念之宝"、"洗尽尘氛爽气来"、"书史研求遵古训"、"取益在广求"、"太上皇帝之宝"、"宁寿宫续入石渠宝笈"、"石渠宝笈"、"石渠定鉴"、"宝笈重编"、"入眼秋光尽是诗"、"乾隆御览之宝"、"乐寿堂鉴藏宝"、"乾隆鉴赏"、"三希堂精鉴玺"、"宜子孙"、"养心殿奠藏宝"。（图一—图四:《渡黄河》）

二、考释

二月初八日，乾隆帝经杨家庄登舟平安渡过黄河，写有《渡黄河作》诗一首（见前）。这天连日阴雨后天气放晴，他心情愉快，于是写诗一首：

《晴》

入境逢晴和，两日继阴雨。

渡河快晓霁，波平澹容与。

黄河片刻过，欢声腾万户。

人意即天心，益凛无逸所。

经过杨家庄闸时，他缅怀康熙帝治河的功绩，又写诗一首：

《杨庄闸恭依皇祖诗韵》

景仰先猷志有余，御碑亭畔伫徐徐。

守而弗失由来事，前烈毋忘语岂疏。

初晴暖日飏游丝，几里金堤翠葆移。

露冕茅檐频借问，民艰要欲得周知。

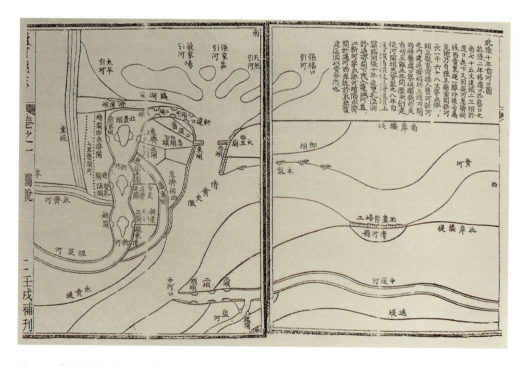

图五　《乾隆十年前河口图》（《清河县志》卷七）

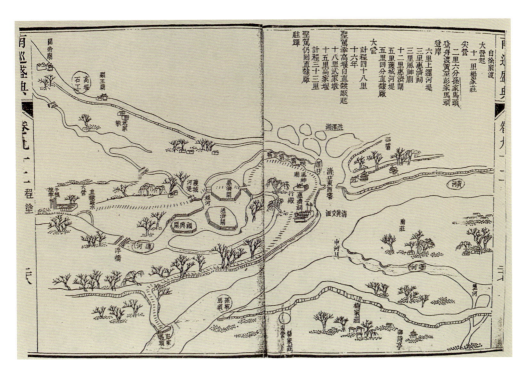

图六　《清黄交汇图》（《南巡盛典》卷九十二）

　　乾隆帝从孙家码头渡过黄河，到达清代治河的关键部位清河县（淮阴县）码头镇清口。清口是淮河出洪泽湖的河口、黄河与淮河交汇处，也是京杭运河与黄河、淮河交汇处，当年南北交通的咽喉。

　　黄河自周秦以来直到宋初均北入渤海。宋熙宁十年（一〇七七年）大决澶州（今濮阳）曹村，黄河开始南北分流。南支合泗水入淮河，北支与济水合流。金明昌五年（南宋绍熙五年，一一九四年）河决阳武（今河南原阳），南支合泗水，经鱼台、徐州、邳县，至淮阴清口（泗口）会淮河，经安东（今涟水），由云梯关入黄海。明隆庆六年（一五七二年）筑茶城长堤（在徐州北），北支绝流，黄河之水全部经开封、归德、徐州，夺淮河河道入黄海。此后直到清咸丰五年（一八五五年）黄河在兰考西北铜瓦厢决口，全河分三股流向东北，穿运河、夺大清河入渤海。至光绪元年（一八七五年）三股决流合并为一，即今日之黄河。

　　淮河源出桐柏山，东至固始，入颍州境，汇入汝、颍诸水。经寿州、怀远、凤阳、临淮，汇入淝、涡、濠等诸水，东北注入洪泽湖，出清口（即古泗水之口，古称泗口），与黄河交汇。清口即清黄交汇之处。

运河又称漕河，最初开凿于春秋，其后陆续开凿，沟通长安、洛阳和汴京，以"漕挽天下"。元朝定都大都，完成了北起北京，南达杭州，沟通海河、黄河、淮河、长江和钱塘江五大水域的南北大运河，但山东境内的会通河苦于岸窄水浅胶舟，不任重载。明成祖迁都北京，命工部尚书宋礼修治已淤三分之一的会通河，又命平江伯陈瑄修治江淮运河，京杭大运河始畅通。万历四年（一五七六年），河决崔镇，清口淤淀，高堰堤大坏，工部尚书潘季驯筑堤修浚，使运河通航南北。明末清初四十多年战乱，河工年久失修，水患不断。康熙六年（一六六七年）七月，康熙帝亲政后十天，河道总督杨茂勋奏报："黄河在桃源南岸烟墩决口，趋入洪泽湖，河堤冲决三百余丈，沿河三十县尽受水患，……乡民淹死数万人。"几天后，御史徐越上疏："漕河以天妃闸为咽喉，而天妃闸口受黄、淮二流，……现在淮水不得东流而黄河水势高运河丈余，黄河泥沙全入运河，河身日淤，两岸增高，水行地上，城廓庐舍如在深谷中。现在，山阳之王家营、桃源之窝口等处已决口，高家堰将倾，而周家桥、翟家坝等处处告危。……至于清江浦，夹于两河之间，漕粮岁经此地，关税、盐税也关系重大。……此处地势，内为运河，外为黄河，相距不足二三丈；其南岸名为遥湾，内为运河，外为淮河，相距也仅数里。稍有疏虞，黄淮合一，即不能保有淮郡。"所以康熙帝亲政之初就把河务、漕运与三藩并列为国朝三件大事，书挂在宫内柱上。康熙九年（一六七〇年）三月，策试全国贡士于太和殿前，康熙帝出的策论试题不源于四书五经、朱子理学，而是"漕运数百万担，取给东南，转输于黄、运两河，何以修浚得宜？俾国收利；民不受其害？尔多士志学已久，当有确见，其各摅凤抱，朕将亲览焉。"

运河过江南来，过扬州北上，经高邮、宝应，至淮阴码头镇，也从南岸流入清口。清口遂成黄、淮、运三河交汇之处，南北交通之咽喉。淮河水清，黄河水黄，故称清黄交汇。（图五、图六）

清口上有洪泽湖，下有宝应、高邮、邵伯诸湖，南通长江，北连黄河，东通大海，河道纵横交错，地形和水系都十分复杂。黄河泛滥，黄水必然逆入清口，倒灌洪泽湖，合淮水、湖水并力东冲运河河堤，造成黄、淮、湖、运连成一片汪洋，里下河一带几十县人民田庐尽被淹没。同时，运河河堤崩溃，运道受阻，漕运中断。所以明清时期，尤其康雍乾时期，治河的形势是：治河（黄河）即所以治淮；治淮莫先于治河。而治河、治淮主要为济运，保证京杭运河上漕运畅通。因此，治河、导淮、济运三种方略都集中在清口一隅之地，而清口河工的关键则是高堰石堤和惠济闸。

康熙帝一生六次南巡，每次必到黄淮交汇处视察，对高家堰尤为重视。康熙二十三年（一六八四年），康熙帝第一次南巡，视察清口天妃闸和高家堰堤工后，曾对河道总督靳辅说："高家堰地势高于高邮、宝应诸水数倍，前人于此筑石堤障水，实为淮扬屏蔽，且使洪泽湖与淮水并力敌黄，冲刷淤沙，关系最重，……须岁岁防护不可轻视。"乾隆帝也深知"经国之务莫重于河与漕，而两者必相资而成。"因此，清口淮黄交汇处的惠济闸和高家堰的河工，是乾隆南巡的首要视察重点。

原文选自《乾隆南巡图研究》，文物出版社 2010 年

《乾隆南巡图研究》（摘选）

《驻跸姑苏》考析

一、赏析

乾隆自二月十七日离金山，行经镇江府城、丹徒、丹阳、常州府城，到无锡县城，游秦氏寄畅园、惠山寺，于二月二十日御舟驻跸无锡县北望亭。二十一日，御舟启行，过通湖桥，进入苏州府长州县界的南望亭镇，本卷即于此开始。

图卷纵68.6厘米，横2171.9厘米。

卷首有乾隆《驻跸姑苏》七言诗一首：

> 牙樯[1]春日驻姑苏，为问民风岂自娱。
>
> 艳舞新歌翻觉闹，老扶幼携喜相趋。
>
> 周咨岁计云秋有，旋察官方道弊无。
>
> 入耳信疑还各半，可诚万众庆恬愉。

款署"臣梁国治奉敕敬书"。下钤"臣"、"治"连珠印。

图卷展开，在一片水乡景色中，江南运河在春树掩映里从中流过。运河中一艘高悬黄龙旗的巨舟缓缓东行，两岸各有一队河兵，在校尉督率下弓背拉纤。巨舟船头有六名护卫侍立，船舱格窗紧闭，后舱楼上有二侍女凭窗眺望。这艘巨舟当是乾隆生母"孝圣宪皇后"所乘的皇太后御舟。御舟后面十来艘大小不等的船

---

[1] 牙樯，用象牙装饰的桅杆。此指装饰华丽的御舟。

只满载官员、侍从人等在后面跟进。

前方不远处是长州县南望亭镇。运河北岸一座结彩的牌坊高矗，牌坊上楷书"万国欢腾"几个大字。牌坊下设有香案，案上香焚烛燃。河南岸设有一座高大的戏台，台上五名装扮成的仙女正翩翩起舞。她们上演的似是"群仙祝寿"。二三十位身着"品服"的"命妇"整齐的跪列河岸，恭迎太后的临幸。许多百姓也跪在岸边恭候，还有些人则立在远处朝这边观望。一道蓝布的帏幕跨过小桥，沿河岸竖立。这是告诉过往的官民人等到此回避。

过了一座高大的单拱石桥，呈现出一片繁荣的市镇，镇内街巷纵横，楼舍栉比，行人南来北往，步行的、骑马的、担担的、坐轿的，熙熙攘攘。沿街店铺各色货物纷陈、市招高悬，名目繁多："本店自制勋（肆）着"、"各色加染袍套布疋一概俱全"、"长春药酒"、"万应灵膏"、"四时鲜果"、"佳造名酒"、"陈年腊糟，冬酿美酒"、"状元红酒"、"兑换钱庄"、"福建名烟"、"造成……铜锡"、"本山作碳发行"、"襄阳豆饼"……沿街向前行，不少招牌显示了地方风味、姑苏特色："香糟鲋鱼"、"青盐橄榄"、"蜜汁香圆"、"法制薄荷"、"进京腐乳"、"上用小菜"、"太史饼"、"状元饼"、"松子饼"、"沙仁糕"、"参贝陈皮"、"人参茶膏"。这时街上来往行人更多，骑马的、坐轿的夹杂其中。沿街两边楼宇精舍大都是铺面，一些行业显示出著名的姑苏工艺，如"首饰老店"、"楠木物件、橱柜俱全"、"精裱册页"、"装订书籍"、"定作锦（匣）"、"纸店"……。左右店铺中顾客出出进进，生意红火。有的招牌上写着"炕席老店"、"细席发客"。这些市招告诉人们这里是有名的浒墅关，因这一带盛产芦苇，乡人多以编席为业，浒墅关所产苇席远近驰名。一路上运河沿岸的店铺和人家也都设起香案，迎接御舟的光临。

过了又一座石桥，北岸又是一座结彩的牌坊，坊额上四个大字"庆集瑶池"。南岸又一座戏台，几个演员正粉墨登场，似是正在上演"王母庆寿"。戏台周围有不少官民老幼在围观。一群骑马的官员正络绎向东走去。（图一—图六）

这里的茶叶店、酒店的幌子引人注目："本山香片、龙井芽茶"、"雨前松萝、花香武夷"、"六安毛尖"、"酒坊零发"、"惠泉三白"。几家店铺之间，"星相卜易"也开设了铺面。

过了一座风雨桥，河边有一处结彩敞厅，敞厅旁八个装扮成仙女的少女似是准备表演，十来个男孩子骑着竹马向桥边跑去。沿河两岸，春树人家，迤迤逦逦，

图一—图六　《乾隆南巡图·驻跸姑苏》

数处亭台掩映在红桃绿柳之中。远处一片片稻田如棋盘，一抹青山如黛，湖水沧茫，水天一色。

　　画卷继续展开，一座高大的单拱石桥横跨在古运河上，这应该就是枫桥了。这座古桥，伴随着寒山寺的钟声早已声名远播，流传千载。

过了枫桥，运河边上出现了一座瞭望台，台高两层，可以缘梯而上，旗杆上面小旗迎风飘动。这里似是铁岭关。

村舍中又有几处亭台，两岸有不少官员，或在交谈；或在游览水乡的景物。一些年老的乡民和幼童，也在岸边朝河中上游观望。沿着运河东行，再过一座石桥，这可能是下津桥，东边一座七级宝塔高高的矗立在山丘之上。这就是虎丘山上的云岩寺宝塔了。

画卷沿着山塘河展开已接近苏州府城，过了渡僧桥，远望城楼耸立，已进入苏州最繁华的阊门闹市区了。阊门内外，外城河畔，街巷纵横，楼舍密布，行人如蚁，店铺林立。"本斋专做宫绢花笺"、"各种纸张简帖雅扇"，"本店自制各色绸缎布疋丝棉茧绸"、"纱缎老店绫罗纱绢"、"斜纹布庄"、"大成广记"、"日升隆记"……"本店自制苏松勰着"、"加染真青鲜明五色"、"各种大布一概俱全"。一家家绸缎布疋争新竞艳。"十锦火锅、徽苏大菜（楼下）"、"河豚大面、加味馄饨（楼上）"、"三鲜大面、五簋大菜"、"包办酒席"、"佳选名酒、惠泉三白"。一处处风味小吃、酒席大菜，高中低档，各显特色。"估衣店"、"靴鞋店"、"磁器"、"铜锡器皿"、"南北杂货"、"京苏杂货"、"棉花行"、"古今书籍"、"书林"、"书画寓"，五行八作，沿街相间。（图七）

这时，阊门前外城河上的吊桥已到眼前。吊桥上来往的官民人等挨肩接踵，不少人立在桥头观赏姑苏的盛况。吊桥之下，大大小小各色船只，首尾相接，并驾争流。明代吴门画家唐寅曾有一首《阊门即事》写道："世间乐土是吴中，内有阊门又擅雄。翠袖三千楼上下，黄金百万水西东。五更市贾何曾绝，四远方言总不同。若使画师描作画，画师应道画难工。"而今乾隆时期的姑苏，其繁华已比明代中叶更大有过之。

画面沿外城河向南延伸，胥江自西南流来汇入外城河，河面渐宽，清波粼粼。一座宽大的长桥高架在外城河上，桥上行人东来西往，叫卖着的小贩，担担的、骑马的夹杂其间。桥头的石坊上写着三个大字："万年桥"。万年桥号称三吴第一桥。是当年热闹繁荣之地。石坊旁边有一座碑亭，四周栅栏中竖立着一通石碑。这应是胥门外的万寿亭。据《苏州府志》引张大纯《采风类记》和顾治禄《虎丘志》记载：康熙二十三年十月，清圣祖首次南巡到达苏州后，曾谕江南总督王新命、巡抚汤斌等："朕向闻江南财赋之地，今观民风土俗似觉充盈，但乡村之饶、

图七　苏州阊门外古运河

民情之朴不及北方，皆因粉饰奢华所致。尔等身为大小有司，当洁己爱民，奉公守法，激浊扬清，体恤民隐，务令敦本尚实，家给人足，以副朕老安少怀至意。"督抚遵奉圣谕于江宁、苏州、安庆三处，书刻立石以示久远。苏州则于胥门外日晖桥南，建万寿亭，树碑其中。[2]

　　过了万年桥就是胥门码头了。外城河边停泊着大大小小的许多船只，其中最大的三艘都挂着黄龙旗。码头上，骑马的官员、接客的轿舆、搬运的伕役、跟班的仆从……一片繁忙。（图八）

　　进了胥门，画卷呈现出一片肃穆的景象。宽阔的大路两边，各有数十名顶带袍服的大员沿街依次跪列。一对对骑马挎刀的御前侍卫在前面引导，九龙曲柄黄华盖下，乾隆皇帝身着石青色行褂，头戴红绒结顶青色行冠，骑在一匹白马上，

[2]　光绪帝：《苏州府志》卷首之一。

图八　苏州胥门外运河码头

后面十几名御前大臣和带刀侍卫簇拥着皇上缓辔行进。豹尾班侍卫还未走进胥门。路旁的衙署和沿街民户门前都设立香案，焚香燃烛。胥门内路边设有结彩戏台，几名演员正在装扮，准备登场。几名带刀的官吏在城门旁侍立。

再往前，直到饮马桥头，长长的道前街两旁跪满了顶戴袍服的官员，高大的结彩牌坊相距不远就有一座，坊额上大字楷书："圣恩浩荡"、"帝治光华"。大街中间，一对对挎刀御前侍卫策马走过，后面一顶黄色九龙曲柄伞，由一名骑马的侍卫高高举着，左右有几名侍卫护持着骑马前进。这是皇上临幸姑苏在前引导的导盖。

沿街店铺比户相连，家家门前都摆着香案，香烟缭绕。路边的几座戏台都已粉墨作场，戏台上的管弦歌声和石板上的马蹄声杂沓喧嚣混成一片，似乎从画面传了出来。几处巷口都设立了蓝布帷障，许多行人骡马被拦在外面回避。桥下清波粼粼，姑苏城春树万家，一片升平欢乐的景象。

过了饮马桥，大路向南折行，依然是衢巷纵横、楼舍栉比，又是几处悬灯结彩的牌坊，前边两座牌坊的坊额上大字楷书："天开寿域"、"世际春台"。几处锣鼓管弦的戏台，遥遥相望。店铺门前挤满了沿街站立的人群，官民老少，还有僧人道士挤在中间，都在恭候一睹皇上的"天颜"。这时几匹快马飞奔东去，似是传报"圣驾"将临。巷口也都设立了帷幕，帷幕外行人三三两两在相互议论，有人还从帷幕缝隙向街心张望。

画面沿大路东转，过了带城桥，转过路口的大戏台，一条长街上气氛肃静下来。跪列道旁的官员、沿街拥挤着的人群都不见了。只见三三两两的官员校尉分布在牌坊左右，沿长街依次竖立的几座牌坊上写着："圣寿齐天"、"壤击衢谣"、"响彻嵩衡"、"康衢□□"……这条长街就是带城桥下塘。长街北面，一片片楼堂厅榭，掩映在绿荫花木之中。仔细看去，在一处殿堂前的绿荫中，那座著名的太湖石——瑞云峰呈现出来。画家巧妙的告诉人们：这里就是乾隆皇帝下榻的苏州织造署行宫了。行宫周围还可以看见远处悬灯结彩的戏台和围在台前的观众。

卷尾楷书"南巡图第六卷　臣徐扬恭写"，下钤"臣徐扬"、"笔霑春雨"二小印。

本卷钤有乾隆御玺："游六艺圃"、"笔花春雨"、"五福五代堂古稀天子宝"、"八征耄念之宝"、"太上皇帝之宝"、"含味经籍"、"宁寿宫续入石渠宝笈"、"石渠宝笈"、"石渠定鉴"、"宝笈重编"、"即事多所欣"、"乾隆御览之宝"、"乐寿堂鉴藏宝"、"乾隆鉴赏"、"三希堂精鉴玺"、"宜子孙"、"养心殿奠藏宝"。

二、考释

苏州历史悠久。苏州城最初建立于春秋时期，其规模是吴王阖闾授命著名的政治家、军事家伍子胥制定的。当时叫作阖闾城，时间约在周敬王六年（前五一四年）。苏州建城已二千五百多年，至今苏州的城门，如阊门、胥门、盘门、娄门、匠门、齐门等，都还用着阖闾城建城时的命名。

秦始皇统一中国，设立会稽郡，郡治设于吴（今苏州）。东汉末年，孙坚、孙策父子割据江东五郡。兴平二年（一九五年）孙策被封为吴侯。孙吴崛起苏州，终于与魏、蜀形成鼎足并立的"三国"。孙坚墓和孙策墓就在苏州南门外青旸地，而苏州城内矗立的著名北寺塔，据传是三国孙吴赤乌年间所始建。

隋文帝开皇九年（五八九年）隋灭陈，结束了南北朝对峙的局面，将吴郡改为州。因城西南有姑苏山定名为苏州。苏州之名，从此诞生。姑苏也就或为苏州的别名。

唐代的苏州已是美丽的水乡名城。唐朝是诗人辈出的时代，"苏州刺史例能诗"。著名诗人韦应物、白居易和刘禹锡，曾先后出任苏州刺史。他们在苏州写下的诗篇，不但在中国文学史上增添了绚丽的瑰宝，也为苏州留下了后世难忘的美好回忆。

> 阊门四望郁苍苍，始觉州雄土俗强。
> 十万夫家供课税，五千子弟守封疆。
> 阖闾城碧铺秋草，乌鹊桥红带夕阳。
> 处处楼前飘管吹，家家门外泊舟航。
> 云埋虎寺山藏色，月耀娃宫水放光。[3]

> 江南春色何处好，燕子双飞故宫道。
> 春城三百七十桥，夹岸朱楼隔柳条。
> 丫头小儿荡划桨，长袂女郎簪翠翘。[4]

这些瑰丽的诗篇，歌咏了水乡名城社会生活的风貌，也反映了唐代苏州经济、文化的繁荣。

张继的《枫桥夜泊》，更是老媪童子皆能成诵。

> 月落乌啼霜满天，江枫渔火对愁眠。
> 姑苏城外寒山寺，夜半钟声到客船。

当人们想到登上枫桥，凭眺古渡旁边的"小桥、流水、人家"，那古寺的钟声，总会悠扬不绝，铿锵地在耳边环绕。

两宋时期，中国社会经济的重心南移。这时民间出现了"天上天堂，地下苏

---

[3] 《白氏长庆集》卷二十四，《登阊门闲望》。
[4] 《刘梦得集·外集》卷二，《乐天寄忆旧游·因作报白君以答》。

杭"和"苏湖熟，天下足"[5]的谚语。同时，以丝织业为主的各种手工业也发达起来。宋人李觏在《富国策第三》论东南地区蚕桑生产说："茧簿山立，缫车之声，边罂相闻。"因此，宋人龚明之在《中吴纪闻》中说，苏州"风物雄丽为东南之冠"。这时，"上有天堂，下有苏杭"的说法，已闻于宇内。

元代的苏州仍然是工商业繁荣的城市。十三世纪来到中国的意大利威尼斯人马可·波罗游历过苏州，《马可波罗行记》中写道：苏州"是一颇名贵的大城"，"恃商工为活，产丝甚饶，以织金锦及其他织物。其城甚大，周围有六十里，人烟稠密。"

明代的苏州已是全国的重要税源地，同时也是东南重镇，在全国居于举足轻重的地位。《明会典》记载，洪武二十六年（一三九三年）苏州府秋粮米实征二百七十四万余石，占全国秋粮米实征数的百分之十一强。这时苏州府的副业生产也发展起来，其中尤以植桑养蚕、缫丝织绸最为普遍。到了明代中叶，许多新兴市镇在苏州府所属的一州（太仓）、七县（吴县、长洲、昆山、常熟、吴江、嘉定、崇明）内纷纷出现。嘉靖《常熟县志》记载，"米市之集"的平望镇有居民千余家。至今保存着明代风貌的同里镇和黎里镇各有二千余家。嘉靖年间，原吴江的青草滩也已发展成为著名的盛泽镇。明末苏州作家冯梦龙在《醒世恒言》卷十中写道："镇上居民稠广，土俗淳朴，俱以蚕桑为业，男女勤谨，络纬机杼之声，通宵彻夜。那市上两岸绸丝牙行约有千百余家。远近村坊织成绸匹，俱到此上市。四方商贾来收买的蜂攒蚁集，挨挤不开，路途无伫足之隙；乃生产锦绣之乡，积聚绫罗之地。"这片江南水乡正如盛泽镇白龙桥上的对联所写："晴翻千层浪，风送万机声。"苏州城内的丝织机房更蓬勃发展起来。嘉靖《吴邑志》写道："东北半城，万户机声，""绫、锦、纻、丝、白纱、罗、绸、绢，皆出郡城机房"，品种达三十多种，产品行销全国，时有"绫布二物，衣被天下"之称。万历二十九年（一六〇一年），江苏巡抚曹时聘写道："吴民生齿最繁，恒产绝少，家杼轴而户纂组。机户出资，机工出力，相依为命久矣。"当时由于税监孙隆的横征暴敛，"染坊罢而染工散者数千人，机房罢而织工散者又数千人。"[6]

---

[5] 范成大：《吴郡志》卷五十。

[6] 《明神宗万历实录》卷三百六十。

这时的苏州府城，"市廛鳞列，商品麕集，集中山海所产之珍奇，外国所通之货贝，四方往来，千里之商贾，骈肩辐辏。"[7]

入清以后，顺治十八年（一六六一年）将江南布政使司分置，右布政使驻苏州。康熙六年（一六六七年）改右布政使为江苏布政司，仍驻于苏州。明末清初经过几十年的战乱，中国社会重又安定下来。从康熙二十年（一六八一年）以后到乾隆时期，社会经济得到了相当迅速的发展。江南地区更超过了前代的最高水平，苏州一府尤为显著。从苏州保存下来的许多碑刻中，可以印证《乾隆南巡图·驻跸姑苏》一卷所描绘的市肆繁华、工商兴旺之盛况。

雍正七年（一七二九年）《岭南会馆文业堂碑记》中记载："姑苏，江左名区也。声名文物，为国朝所推。而阊门外商贾鳞集，货贝辐辏，襟带于山塘间，久成都会。"

乾隆时期，苏州府重要的工商行业不下百种，至于形形色色的行商、摊贩、匠作，尚不在内。根据现存碑刻记载，其中手工业主要有丝织业、刺绣业、金线业、染布业、踹布业、丝经业、冶金业、钢锯业、锡器业、张金业、金银丝抽拔业、包金（首饰）业、造纸业、印刷业、成衣业、粗纸箬叶业、蜡笺纸业、蜡烛业、水木业、漆作业、石作业、红木巧木业、红木梳妆业、硝皮业、牛皮业、织席业、缏强业、茶食业、寿衣业等等；其中商业铺行主要有绸缎行、布行、皮货行、绒领行、洋货行、米行、典当行、线铺行、铁钉行、油麻杂货行、明瓦店行、花行、木行、竹行、香店行、席草行、轿行、估衣行、置器行、猪行、鱼行、肉铺行、酒行、海货行、枣铺行、糖果铺行、粮食行、面铺行、酱坊行、烟号行、药材行、南北杂货行、烛店行、煤炭行、膳食行、酒馆行、炉饼行、剃头行、水竈行、说书行、梨园行等。这些工商行业，同行铺户很多，有的规模很大。例如，康熙年间，苏州城内的布商，已有七十六家，绸缎商铺不少于此。

进入乾隆时期以后，号称"东南一大都会"的苏州，"南达浙闽，北接齐豫，渡江而西，走皖鄂，逾彭蠡，行楚、蜀、岭南，凡弹冠振撖、贸迁有无而来者，类皆设会馆。"从现在尚存的苏州工商会馆石刻粗略计算，其中乾隆时期已经建

---

[7]　《经世文编·补卷》。

立的多达二十余处。试举例如下：

岭南会馆：明万历年间始建，康熙五年（一六六六年）、雍正元年（一七二三年）两次扩建。

三山会馆：明万历年间始建，清道光中洋帮、干果帮、青果帮、丝帮、花帮、紫竹帮捐资重修。

潮州会馆：明朝时创建于南京，清初迁到苏州。

梅园会馆：明朝安徽商人建于苏州府常熟县。

崇德公所：康熙十年（一六七一年）书坊业商人所建。

济宁公馆：康熙十六年（一六七七年）山东兖州府济宁州商人建于苏州府吴江县盛泽镇。

高宝会馆：康熙十七年（一六七八年）海州帮航运商人所建。

东齐会馆：康熙二十年（一六八一年）建立。乾隆年间，山东登州、青州、诸城、胶州商人共二百九十家集资重修。

江西会馆：康熙二十三年（一六八四年）江西商人所建。

汀州会馆：康熙五十七年（一七一八年）福建上杭纸帮所建。

梨园公所：乾隆二年（一七三七年）梨园行共建，亦称"如意会"。

宣州会馆：乾隆初，浙江杭庄所建。

金华会馆：乾隆十七年（一七五二年）浙江金华商人所建。

钱江公会：乾隆二十三年（一七五八年）杭州绸缎商人所建。

陕西会馆：乾隆二十七年（一七六二年）陕西商帮所建。

全晋会馆：乾隆三十年（一七六五年）山西钱业八十一家商人集资所建。

徽郡会馆：乾隆三十五年（一七七〇年）徽州捞油帮、蜜枣帮、皮纸帮集资所建。

光裕公所：乾隆四十年（一七七五年）说书业集资所建。

菜业公所：乾隆四十五年（一七八〇年）酒馆业所建。

宁绍会馆：乾隆年间浙江宁波、绍兴商人建于苏州府常熟县。

花业公所：乾隆年间花业商人集资所建。

江鲁公所：乾隆年间渔业商人集资所建。

集庆公会：乾隆年间炉饼业所建。

从以上这些工商业行会的组织，我们可以对所谓"商贾鳞集"、"百货骈阗"、"中外货币"、"梯航毕至"的姑苏，得到比较具体的了解。

苏州一府，"纵横无过百里，幅员不广"，但工商繁盛，财物殷富，远过他郡。而且，"声名文物"、"人才艺文"一向为"江左名区"，居于全国之先列。明清两代，"苏州画派"蜚声海内。明代的"吴门四家"，文、沈、仇、唐，清初的"四王"，和以他们为首的"虞山派"、"娄东派"，为我们留下了精湛的绘画艺术遗产。昆曲是我国古典戏曲的著名剧种。明代嘉靖、隆庆间，戏曲家魏良辅，据说正是由于久寓苏郡太仓，凭藉他深通律吕的才智，加上提炼了昆山民间旋律，开创了这一优秀的剧种，昆曲现已被公认为世界文化遗产。明清之际，著名剧作家李玉（苏门啸侣）和朱素臣（笙庵），也都是苏州人。他们的传奇名作《一捧雪》和《十五贯》，至今仍活跃在舞台上。

图九　苏州府乾隆行宫（苏州织造署）旧址

图一〇　苏州府乾隆行宫内瑞云峰

至于苏州的湖山名胜和园林艺术更是驰名中外。前人已有"江南园林甲天下，苏州园林甲江南"之誉。乾隆初次驻跸姑苏，对苏州的名胜几乎游赏殆遍，留连不已。

三、南巡日录

二月二十一日乾隆帝到苏州后，驻跸苏州府行宫。这里原是苏州织造官廨。康熙南巡曾驻跸于此。乾隆十五年决定南巡后，进行过一番修缮。其中一块高大的太湖石是宋代花石纲旧物，后世名之为瑞云峰。至今高耸在四围花木之中。此处已改建为苏州的一所中学。（图九、图一〇）

乾隆帝到达苏州当天写《驻跸姑苏作》七言诗一首（见卷首），又应休致礼部侍郎、苏州紫阳书院山长沈德潜的请求，为此书院题写匾额"白鹿遗规"，并写诗一首：

《紫阳书院题句》

樕朴重育贤，菁莪廑即俊。

矧兹文雅都，造士方应慎。

书院号紫阳，义盖由慕蔺。

德潜纵悬车，乡教犹能振。

乞我四字额，更无他语训。

白鹿有芳规，气贵消鄙吝。

学非养贫地，贫乃士之分。

学复不重华，华乃实之衅。

功或亏一篑，山弗成九仞。

诗虽凤所耽，不足示后进。

努力崇实修，佐我休明运。

按：白鹿指白鹿洞书院，在庐山五老峰下，曾是宋代朱熹讲学之所。紫阳是朱熹别号。因其居福建崇安县时，题厅事为"紫阳书室"而得此号。乾隆时，苏州紫阳书院设在苏州府学迤北。

二月二十二日，乾隆帝仍驻跸苏州府行宫。

谕："朕命驾时巡，周览风俗，观民察吏，惟日兢兢，三吴尤素所廑念也。粤自我皇祖仁皇帝巡幸东南，先后六举，历今四十余年，盛典昭垂，衢谣在耳。顷者入境以来，白叟黄童扶携恐后，就瞻爱戴，诚意可嘉。朕已叠沛恩膏，广敷渥泽。惟念大江南北，土沃人稠，重以百年休养，户口益增，习尚所趋，盖藏未裕。纷华靡丽之意多，而朴茂之风转有未逮。夫去奢崇实，固闾阎生计之常经，而因时训俗，以宣风而布化，则官兹土者之责也。其尚励乃实心以行实政，无忝教养斯民之任。凡兹土士庶更宜各敦本业，力屏浮华，以节俭留其有余；以勤劳补其不足。时时思物力之艰难，事事惟侈靡之是戒，将见康阜之盛益臻，父老子弟共享升平之福，朕清跸所至有厚望焉。"

本月二十一、二十二两日，乾隆帝骑马到虎丘、支硎、寒山和华山等姑苏名胜游览，并写诗数首：

《奉皇太后游虎丘即景》
闲登海涌峰，雨洗绿鬖浓。
古迹多留咏，春郊尽力农。
云楼既虚敞，月牖且从容。
最引予心慕，虞歌每每逢。

谁云金宝气，化作虎丘山。
西踞瞻湖墅，东临镇市寰。
岩姿浮刻削，涧响泻潺湲。
听法犹存石，生公归往还。

梅绽三分白，麦抽千亩青。
饮泉思陆羽，卓锡拟支硎。
云庵石常润，风和草亦馨。
智仁山水德，乐寿颂慈宁。

《虎丘寺和苏轼韵》
曾闻沈恭子，论诗虎丘岭。
商周二千年，逸事谈井井。
平原为磨崖，光怪龙蛇耿。

双绝寻无踪，累句纷蛙黾。

汲古得苏诗，兼金固在矿。

硬语出横盘，有似鱼肠猛。

当年图伯人，志气颇驰骋。

倏尔埋颍池，嘱子徒凄哽。

不及槃郢气，化石弹指顷。

行春喜初地，不碍东风冷。

天水目与畅，琴书兴以永。

归骑循兰蹊，江城入雨景。

何当岩半阁，坐弄新蟾影。

去留随所适，奚用山僧请。

　　虎丘号称吴中的第一名胜。在苏州城西北。因"丘如蹲虎"，又传说吴王阖闾葬此后三月"有白虎蹲其上"，故名虎丘。山上北宋重建的云岩寺塔成为苏州的标志。《南巡盛典》记载虎丘："晋司徒王珣别墅，后舍为寺。两崖劈分，剑池在焉。石泉清泠不可测，相传为阖闾试剑处。前为千人石，晋高僧竺道生讲经于此，有说法台、可中亭、点头石诸迹。山后浮图高切云汉，清远道士题诗云'白云翁欲归，青松忽消半'。颜真卿爱之，刻诸石上。"

《游支硎》

马首见支硎，迎人碧秀色。

一迳入松竹，峰秀不可得。

到山始畅然，环秀真奇特。

邻失来时迳，但见绿云幂。

山川聚灵气，变幻曷有极。

回向参世尊，万虑于以息。

石室汲寒泉，一一供游历。

支公鹤不闻，空亭只留迹。

《南巡盛典》记载："支硎山在苏州城西二十五里，晋沙门支遁曾憩游于此。山多平石如硎（磨刀石），故名。今石室、寒泉、放鹤亭皆留有当年支公的足迹。南有三巨石屹立如门，下有观音寺，故亦名观音山。岩石清幽，烟霞映发。刘长卿（禹锡）《游支硎》诗：'林峦非一状，水石有余态。'"

《寒山千尺雪》

支硎一带连寒山，山下出泉为寒泉。

淙淙幽幽赴溪壑，跳珠溅玉多来源。

土人区分称各别，岂能一一征名诠。

兰椒策马寻幽胜，山水与我果有缘。

就中宦光好事者，引泉千尺注之渊。

泉飞千尺雪千尺，小篆三字铭云峦。

名山子孙真不绝（用吴梅村诗意），安在舍宅资福田。

槃陀坐对清万虑，得未曾有诗亦然。

雪香在梅色在水，其声乃在虚无间。

《听雪阁》

千尺雪之上，架白屋三间，冰窗俯畅，砰湃之声满耳，跳激之势谋目。阁素无名，名之曰听雪而系以诗。

雪宜落天上，云胡落涧底。

其源不可极，千尺约略耳。

三间白板阁，占尽林泉美。

珠玉碎复完，琴筑鸣无止。

涧叶冬不凋，岩菡春似喜。

入望窈且深，宜听静方始。

是合忘名言，而复不能已。

寒山在支硎山西，千尺雪在寒山。《南巡盛典》记载：寒山别墅"明赵宦光隐此，筑小宛堂以居，后为僧舍。庭前老梅相传宦光手植。芙蓉泉出其旁，西临清浅池，通千尺雪，名飞鱼峡，东南为空谷，奇石横亘，跨小石如环，名驰烟驿。"又载："千尺雪，在寒山，石壁峭立，明赵宦光凿山引泉，缘石壁而下，飞瀑如雪，不减匡庐。旧有阁未署名，乾隆十六年皇上赐名曰听雪。"

《华山》
问山何以分高下，宜在引人诗兴者。
遥瞻濯濯青芙蓉，南障犹平堪跋马。
登峰造极览全吴，邻步鸟道寻兰若。
左右泉声上下云，间以疏梅秀而野。
历险即夷小憩留，别室数宇致潇洒。
琅玕千个绿云丛，笙筑百道银雪泻。
我游名山亦已多，谓当无过田盘也。
此间松石逊怪奇，梅竹彼应让都雅。
两山何用费较量，梦寐他时总心写。

《恭依皇祖华山诗韵》
观水有其术，入山不厌深。
境无容俗混，林岂受樵侵。
香递英英朵，声喧命命禽。
宸章垂琬琰，胞与识胸襟。

华山，在苏州城西三十里。《南巡盛典》记载："相传晋太康间生千叶石莲花，故名。上有石屋三间，四壁皆凿浮屠像，又有龟巢石、虎跑泉、苍玉洞、洗心泉、秀屏、鸟道诸名胜。南为华山寺，长松夹径最为幽绝。连接三岭；曰涅槃、曰鸡窠、曰贺九。过涅槃即支硎山之南矣。"

二月二十三日，驻跸灵岩山行宫。二十四日，仍于此处驻跸。

灵岩山，在苏州城西约三十里。一名石鼓山，又名砚山。《南巡盛典》："吴王置馆娃宫于此。今灵岩寺其址也。内有响屟廊、琴台、吴王井诸遗迹，顶有月池、砚池、玩华池，虽旱不竭。西南石壁峭拔者为佛日岩。顾然如立、驰然如卧者，为寿星石、醉僧石。又有松啸、迎晖二亭，并据胜地。宋范成大谓下瞰太湖洞庭两山，滴翠丛碧在琉璃世界中，洵奇观也。"

本月二十三、二十四日，游览灵岩山、邓尉山、香雪海、法螺寺等多处名胜，并写诗多首。

《驻跸灵岩》

塔影遥瞻碧汉中，梵王宫侧旧离宫。
观民展义因时切，石栈云林有路通。
竹籁萧萧喧处静，梅花漠漠白边红。
太湖万顷轩窗下，坐辨洞庭西与东。

《灵岩杂咏用沈德潜韵》八首：

《馆娃宫》

琼宫号馆娃，艳歌复丽舞。
欢娱廿三年，凄凉一垒土。
偶来寻旧迹，山径步芳杜。
哲妇能倾城，炯戒垂今古。

《琴台》

白银世界中，石湖言则然。
而我揽奇景，其趣符昔年。
月出山寥寂，风定波溏湲。
琴声静无闻，云扃寄高眠。

《响屧廊》

夹径多长松，度松渐豁敞。
伊昔构曲廊，夷光留屧响。
屧响久不闻，春烟蒙蔓莽。

小草设有知，云见人来往。

《涵空洞》

灵岩三百丈，巇嶭凌虚空。

高阁俯太湖，镜影澄微风。

吐纳阅今古，变化资鱼龙。

清夜净万缘，钟声下梵宫。

《吴王井》

山下宜出泉，云何于其顶。

行云时吐英，古魄几留影。

子胥抱孤忠，不食空垂绠。

徒传艳冶迹，贻羞日月井。

《砚池》

石鼓淙天池，清波澹泠泠。

扶栏成小憩，春藓匝鬈青。

我欲习挥毫，古帖徒纵横。

笔谏有名言，岂事龙蛇惊。

《采香泾》

采香胜采葛，采葛行野露。

欣戚不同伦，谁知绘后素。

倭堕笼春芳，甲煎蒸晓雾。

坐看笠泽边，越师来薄暮。

《玩华池》

山花落春风，贴贴依溪谷。

底怪吴宫人，镇日玩不足。

红颜已尘土，苍岩仍湛渌。

三复德潜诗，吾心一以浴。

二月二十四日，乾隆帝登临邓尉山阅兵，游邓尉山、香雪海，并写诗数首。

此次在邓尉山阅兵，主要阅视太湖营水师。这项阅兵的准备在乾隆十五年正月，当时两江总督黄廷桂奏报："江宁、镇江、苏州等处，应行预备官兵祗候大阅，惟苏州抚标额兵仅只五百余名，不足备阅。查邓尉山下，前傍太湖，此地水势不深，溜亦平恬，帆樯易施，合操水阵，似觉便捷可观。臣谨量调苏松镇标及太湖营船只，于邓尉山预备，恭候皇上驾临邓尉登山阅视。"奏报经批准，"奉旨允行"。

邓尉阅兵以后，乾隆帝游邓尉山、香雪海。在观赏梅花时，一时兴至，坐在花下仿元人王冕笔意作画。

邓尉山在苏州城西约七十里。相传汉代有邓尉隐居于此。因这里地属光福里，亦名光福山。山势绵亘，冈峦起伏。西有铜井，铜青点点浮水上，又有一小山，名为铜坑，左边一岗曰米堆。明顾天叙辟五云洞。山濒湖有阁，曰七十二峰，西南六里曰元墓，传为东晋刺史郁元泰葬处。丹崖飞槛，俨若画屏。东望太湖、洞庭，渔洋掩映几席，被誉为东南名胜之最。（图一一）

图一一　苏州邓尉山香雪海

香雪海是邓尉山的支峰。居民以种树为业，满山梅花，望之如雪，香亘数十里。又有司徒庙，传说汉高密侯邓禹祠在青芝山北，古柏雄奇，树龄约在千年以上。

是日，邓尉观梅，坐花下画梅，并写诗二首：

《游邓尉山观梅坐花下兴至写王冕笔意即题二绝》

香雪旧曾闻，真逢意所欣。

南华篇第二，小大漫区分。

真者在目前，肖貌转难为。

爱他姿特别，记取会心枝。

《邓尉香雪海歌并命沈德潜和韵》

邓尉之名久诏吾，邓尉之奇今见初。

一四天下总在海，都梁嵊山夫岂诬。

天风卉歙波涛泛，春日淡冶涟漪舒。

目谋耳食已绝胜，更惟鼻观难为模。

傑池韵秀复蒏匃，泌濮案衍还萦纡。

坐令甲煎嫌艳腻，远虑葱岭非坦途。

山僧抱月眠初醒，邻赗道左纷相趋。

尔所美者我厌久，我所慕者尔厌余。

乃知两全信难得，何娱一晌供清娱。

北眺虎阜南太湖，南船北马用各殊。

此间无可无不可，满坑满谷酬所需。

林逋毕竟寒俭相，但咏香暗及影疏。

德潜黄山诧云海，咄咄香雪讵可孤。

东皇亦解助韵事，春寒勒待今临吴。

春寒勒待今临吴，平山何有见金夫（平山堂盐商虽种梅，而今岁春寒，到时始绽数英。今正值盛放之时，故戏及之）。

是日节令是春分，又成《春分》、《夜雨》二首：

《春分》

日日行程不计日，偶然问及道春分。

梅教待客常禁冷，山为标灵多出云。

明媚未胜遮莫惜，景光随遇每生欣。

馆娃遗迹何须问，梵塔铃声静夜闻。

《夜雨》

北方此际惟虞少，南国今来邻虑多。

只论游观无不可，重因农务望晴和。

是日，为豁免武进等县抵役田租银事发谕旨如下："朕闻常州府属之武进、阳湖二县，开抵役田租银一项，原系前明时虚田领价，后因本户逃亡，株连亲族各将己产开抵，实非前明原置之田，亦非当日领价之户。小民条粮役租力难并输，以致积年拖欠。朕省方所至，民隐勤求，清问既周，倍深轸念。著将武进、阳湖二县开抵役田，除应办条漕，仍照民田一例完纳外，其新旧租银，概予豁免，以除民累。凡尔百姓，尚其永承乐利，各相勉于孝弟力田，以仰副朕格外加恩之意焉。"

同日，又谕豁免扬州府兴化县积淹荒废田亩钱粮。

二月二十五日

准噶尔使臣额尔钦等入贡，觐见于苏州府行宫。乾隆帝宴准噶尔使臣。并成诗一首：

《宴准噶尔夷使》

渠搜入贡值巡方，后队随行许觐光。

麾去招来遵我约，毡裘帕额适其常。

三巡湛露申欢愉，二月东风正艳阳。

深戒夸耀缠锦树，盈宁略足示来王。

是日游法螺寺，再游支硎、千尺雪，写诗数首：

《法螺寺》

前朝跋山路，法螺近咫尺。

　　郤为游华山，竺庵暂虚掷。

　　灵岩今返辔，取便寻幽适。

　　牝谷才几曲，便觉仙凡隔。

　　石泉常似咽，磴道不嫌窄。

　　别室亦潇洒，松竹有佳色。

　　微辨来时路，下盘绿云隙。

　　法螺寺在寒山山径。盘纡丛修篁中百折而上，势如旋螺，故名法螺寺。径旁涧水潆洄，石梁跨之，名津梁渡。寺中精舍数椽，四山拱翠，庭前树石。《南巡盛典》谓为："位置天成，翛然有出尘之致。"

　　　　　《千尺雪即景杂诗》之一

　　别水淙潭喷雪光，清游两度乐徜徉。

　　范家引业偏幽胜，导我闲吟半刻强。

　　　　　　《再游支硎》

　　两日灵岩岩果灵，更寻光福叩云扃。

　　如斯佳境安能尽，不竭欢情慢久停。

　　旋命归舟指吴会，取便策马憩支硎。

　　一天快霁予心畅，下视方方麦坂青。

　　在苏州数日，乾隆帝观赏了苏州人张宗苍、徐扬所献的绘画和前人陈淳、杨补之和文征明的作品，并题诗多首：

　　《题张宗苍吴山十六景》（其中五首）

　　　　　其一，《寒山晓钟》

　　姑苏城北夜泊船，寒山钟声清晓传。

　　春容断续亦同此，传不以钟以人耳。

　　千秋过客不一况，或听欢欣或凄怆。

在悬待叩总无心，此意画师何以状。

其二，《石湖霁景》

吴中多雨难逢霁，霁则江山益佳丽。

佳丽江山到处同，惟有石湖乃称最。

楞伽山半泮烟轻，行春桥下春波媚。

南宋诗人数范家，孝宗御笔留岩翠。

其三，《邓尉香雪》

几点青螺雪海里，未逢此境谓虚拟。梅花宜瘦亦宜肥，今日于梅叹观止。香气漾漾，香色融融；吟香忘雪，辞难为工。顷在寒山千尺雪，谓香在梅色在水。其声疑在虚无中，乃今悟其言非是。色香声备天为功，老干一枝临窗写。只恐毫端乏炉冶（游邓尉日即花下写梅枝小幅，并题两绝句纪之）。

其四，《光福山桥》

邓尉光福相连延，白银界里青峰攒。

虎山溪亦得名虎，石桥仿佛三啸传。

水光三色淡容与，云帆月舫常留连。

欲寄清吟摅逸兴，飞据高峰塔影边。

其五，《莫厘缥缈》

洞庭相望分东西，西则缥缈东莫厘。

两峰嶻嶫连云水，是一是二谁然疑。

渔舟贾舶浮浦溆，月天琳宇栖嵚崎。

眼前劳逸不可齐，谁欲齐者问画师。

《题陈淳虎丘图》

一峰海涌多奇石，往往清泉出石隙。

龙宫雁塔据霞标，下瞰溪田万顷碧。

我昨登临畅远襟，拈吟曾倚苍岩柏。

道复此卷真传神，墨沈犹分翠微色。

睥尾联吟传石川，无限深情寄今昔。

讵料摩挲尺幅时，早非唱和当年客。

《题杨補之梅花三叠图即用其韵》

一叠忆我三友轩，盆梅清供冬前早。

修枝借得吴质能，剪彩宁逊隋宫巧。

古香楫楫生面证，新月溶溶夜珠照。

情知指日到江南，递来春信先觉好。

无咎此枝写其神，拂拂香风扑清晓。

太璞上人何许人，相投自是诗禅老。

隐名今乃盛名传，毕钵岩前刹竿倒（卷中题咏皆云为太璞上人，而上人自无题识，故云）。

二叠忆我平山堂，淮人解事虞开早。

邓尉春暖愁已零，种树供赏清而巧。

岂知青帝有权衡，江北江南不遗照。

春寒才放数枝花，花稀即有稀中好。

是时蜀岗微雪霁，嫩月轻风山路晓。

疏疏点点时或逢，如在商颜寻四老。

颇多惜未盛开人，但取繁华堪笑倒。

三叠忆我邓尉山，梅花不迟还不早。

友松微嫌太古朴，笑杏直厌邻乖巧。

三冬何足易此心，一枝业已写其照（适在邓尉作梅一枝，命粘壁间）。

不必侈谈香雪海，倚石倚岩无不好。

闻之三弄吹芦管，惜哉声律吾不晓。

此图恰合谱丝竹，至今犹见逃禅老。

渐入佳境叠叠奇，三友平山真压倒。

《题文征明春雨晚烟图即用其韵》
烟重长林水涨汀，善传吴景是征明。
姑苏不到安知此，解使江山气韵生。

二月二十六日，自苏州府行宫起行，至葑门码头登舟前往浙江嘉兴。过宝带桥、莺脰湖和平望镇，写诗数首。

《舟发姑苏》
兰鹢发胥江，风平五两篬。
霁天留晓月，麦刿入篷窗。
行阅溪山画，真称文物邦。
具区空阔里，涌出洞庭双。

《宝带桥》
匪伊垂之玉有条，两湖春水绿如浇。
印公豪敞苏公物，飞作吴中第一桥。

按：宝带桥在苏州城东南澹台湖上，跨湖东口与古运河平行。始建于唐元和元年，桥长千三百二十尺，共五十三孔，是挽舟之路，苏郡之要道，为著名古桥之一。

《莺脰湖词》
极目烟波天四围，莺湖正值早莺飞。
渔人贾客皆欢喜，帆饱还嫌春水肥。
纲丝风信是催漕（吴人名东南风为催漕风），雨后蓑衣晒处高。
棹指垂杨轻傍岸，绿云枝上挂银刀。

春草碧色水绿波，遥看吴岫濯青螺。

此间谁是相宜者，闻道前人有致和。

《平望》

景霁风微湖似镜，轻帆廿里畅人心。

楼台远近称吴望，老幼扶携渐越音。

泽满鱼虾船作市，地多桑柘树成荫。

吾民富矣思藏富，惟有祈年志倍钦。

乾隆帝南巡浙江嘉兴、杭州、绍兴后，回程经苏州，又停留三日。
三月十六日，在葑门码头登岸，驻跸于苏州府行宫，写诗一首：

《回銮至苏州驻跸》

稽山修祀罢，浙水省方回。

道便舟重驻，春深花尽开。

舆情多眷恋，我意亦徘徊。

怀保相关处，兹游亦信哉。

三月十七日
再游华山、灵岩山等名胜，驻跸灵岩山行宫。写诗数首：

《听雪阁再题》

据胜嘉其信美，听雪重此嬉春。

大珠小珠落涧，征招角招鸣钧。

境寂早寒衣袂，景清回谧心神。

新见桃花贴水，邻喜人非避秦。

《灵岩行宫即景杂咏》三首之一

岩扉蔚秀绿云稠，石凳花池贮澹流。

佳处意当留不尽，好教打叠理归舟。

是日，观赏《唐寅西山草堂图》，并题诗：

处士濒湖此结庐，萧然出史乐三余。

姓名不愧称潜德（卷为晋陵人丁潜德作），图画端因倩六如。

依旧有山今马迹，那寻白屋昔云居。

千秋一瞬留佳话，印证当前益起予。

又观赏《倪瓒叶湖别墅图》，并题诗：

野水闲亭写叶湖，烟波杳霭树模糊。

不因揽景来南国，讵信村居有是夫。

此外，尚有《华山翠岩寺》、《和沈德潜山居杂诗十首韵》、《海棠》等（从略）。
是日驻跸灵岩山行宫。
三月十八日

派遣官员祭晋人卞壶祠、宋人曹彬庙、明人徐达墓、常遇春墓、方孝孺祠，
并已故两江总督于成龙、傅腊塔
祠。赐卞壶祠匾额"典午孤忠"；
曹彬庙匾额"仁者有勇"；徐达
墓匾额"元勋伟略"；常遇春墓匾
额"勇动风云"；方孝孺等祠匾额
"浩气同扶"。

对于倡导"先天下之忧而忧，
后天下之乐而乐"的宋人范仲淹，
乾隆十分仰慕。是日至范仲淹祠
赐其园名"高义"，赐其后裔范宏
兴、范圣宗等缎匹、貂皮。写诗
多首：

图一二　苏州天平山范氏高义园

《范文正祠》

文正本苏人（用义田记语），故山祠宇新。

千秋传树业，一节美敦伦。

魏国真知己，夷维转后尘。

天平森翠筱，正色立朝身。

《题高义园》（图一二）

　　天平山之下，范文正之祠在焉。其旁有园一区，子孙世守其业。行跸偶临，因名之曰高义，而赐以诗：（图一三）

纤磴下灵岩，天平秀迎目。

即夷度溪町，菜黄春麦绿。

入松复里许，山庄清且淑。

林泉迥明净，兰茝纷芳馥。

葱蒨入窗户，云烟润琴牍。

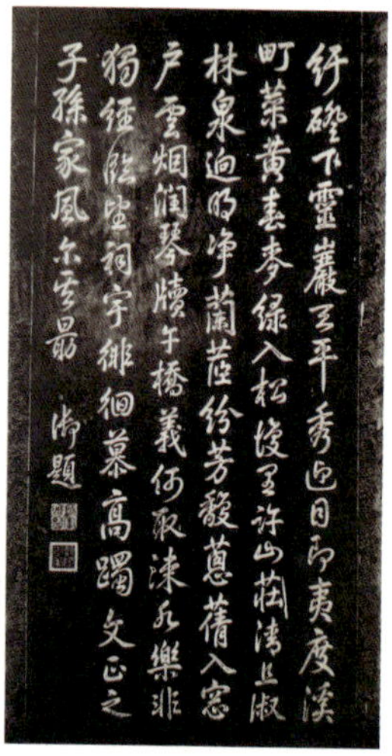

图一三　苏州天平山乾隆辛未《御制题范文正祠诗碑》

图一四　乾隆丁丑御题《游高义园作》墨迹

图一五　乾隆丁丑《御制游天平山十六韵诗碑》

午桥义何取，涑水乐非独。

经临望祠宇，徘徊慕高躅。

文正之子孙，家风尔其勖。

又游天平山白云泉，作诗一首：（图一四、图一五）

《白云泉和白居易韵》

云包白石石包泉，无色声天太古閒。

聊步天平问泉脉，喜逢白傅话云间。

此外，尚有《法螺寺》、《支硎山恭依皇祖诗韵》（从略）。

原文选自《乾隆南巡图研究》，文物出版社 2010 年

《乾隆南巡图研究》（摘选）

《驻跸杭州》考析

一、赏析

乾隆自二月二十八日离嘉兴，经石门、塘栖，三月初一日到达杭州，驻跸于圣因寺行宫。本卷描绘乾隆沿西湖苏堤游览的情景。

图卷纵68.6厘米，横1126.4厘米。

卷首有乾隆《三月朔日车驾至杭州驻跸》七言诗一首：

> 今春三度苗初冪，恰值余杭翠辇停。
>
> 展义省方钦祖烈，承欢祝嘏奉慈宁。
>
> 三朝休养繁滋息，万里提封在户庭。
>
> 觉彼就瞻心实切，惭兹怀保德非馨。
>
> 人文旧地风犹朴，礼乐名邦教易型。
>
> 明圣湖重瞻圣藻，飞来峰已送来青。
>
> 昌昌艳裔差无负，濯濯林泉信有灵。
>
> 即渐风光临上巳，便当觞咏赏兰亭。

款署"臣梁国治奉敕敬书"，下钤朱文"臣"、"治"连珠印。

展开画卷，一片繁华的街市呈现在面前，长街的西端是杭州的西门——涌金门，城楼高耸，城垣严整。城门内两条交叉的宽阔长街，这是涌金门内的十字街。沿街店铺林立，市招高悬："冬夏朝冠"、"大红帽纬"、"大红朝披"、"各色梭布"、"加长大布"、"子净棉花"、"兑换金珠"、"金银首饰"、"兑换银钱"、"便客通商"、

图一—图八　《乾隆南巡图·驻跸杭州》

"南北杂货"、"川广药材"、"四时果品"、"佳制小菜"，中间还有"客寓"、"整容取耳"等行业，争相招揽顾客。十字街中心耸立着一座高大的结彩牌坊。牌坊的横额上大字楷书："凤仪□□"。涌金门内大街两边的衙署和店铺门前都设有香案，燃烛焚香。杭州府行宫就设在这条大路东边的太平坊。街上行人摩肩接踵，南来北往。其中身着官服的人不少，他们大都骑在马上，缓辔而行。街心上还有人正在清扫。横街南面有一座高大的戏台，台上的艺人正在作场。戏台前面和左右两侧围满了观众，其中大都头戴朝冠。几个提篮担担的小贩也夹杂其中，穿行叫卖。

出了涌金门，画卷展现出：碧波潋滟，远山如黛，烟柳画桥，游舸荡漾。白堤、苏堤、葛岭、岳庙，……好一片千古风情，画不尽"水水山山处处明明秀秀"，写不完"晴晴雨雨时时好好奇奇"。（图一—图八）

涌金门外南侧，湖滨有一处舞榭歌台掩映在绿荫之中。舞榭悬灯结彩，台上粉墨登场，后台里几名角色正在装扮，准备上场。舞榭前停泊着几只大船，船头和舱里舱外都站满了观众，还有人站在舱顶上朝戏台伸颈张望。这里就是涌金门和清波门之间的"柳浪闻莺"。在南宋时，这里是皇家的"聚景园"，唐代诗人刘禹锡的诗句："桃红李白皆夸好，须得垂杨相发挥"，即指此处。再往南不远露出来一处殿堂的屋顶，这里旧称表忠观，是祭祀吴越王钱镠及其子孙"三世五王"的钱王祠。

沿湖滨向北望去，为吴越王钱俶祈福的保俶塔，峭立在葛岭前的宝石山巅，秀丽挺拔，宛如仙女伫立，成为西湖的主要标志之一。保俶塔下，前面就是白堤。白堤东端第一座桥就是著名的断桥。断桥又名段桥。康熙南巡时所题"断桥残雪"的御碑，至今仍立在断桥桥堍旁边。这里也就是民间故事中白娘子和许仙相会的断桥。沿白堤西去，过了锦带桥，前边就是"平湖秋月"。此处三面临湖，水面开阔，每当秋夜，皓月当空，湖平似镜，唐代建有望湖亭，康熙南巡时在望湖亭遗址上构筑水轩，并书"平湖秋月"匾额，建亭于其地。这里已是白堤的西端，画卷延伸，在绿荫掩映下的一片殿阁楼台就是乾隆驻跸的西湖行宫了。（图九）

西湖行宫建立在孤山之麓。孤山在里西湖和外西湖之间，东连白堤，西接西泠桥，碧波环绕，孤立湖中，故名孤山。宋代曾在此处建有西太乙宫。康熙时在孤山建立西湖行宫，乾隆首次南巡时重建，因东侧有圣因寺，又称圣因寺行宫。乾隆有诗写道：

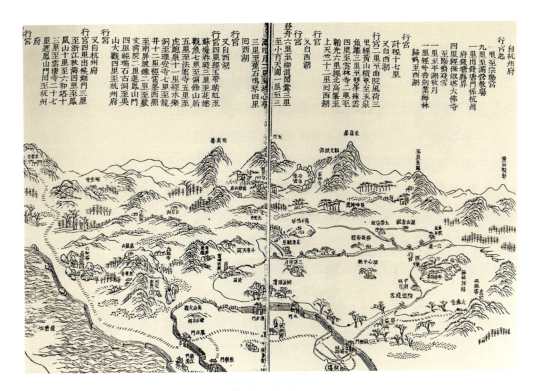

图九　《杭州西湖途程图》（《南巡盛典》卷九十二）

《出钱塘门由段桥至圣因即境近体二律》

胜游清跸出钱塘，明圣标名果异常。

细雨轻风媚湖景，红桃绿柳报春光。

且迟画航一帆正，徐跋烟堤五里强。

即境颇常工属句，笑今搜索总茫茫。

山环水复水环山，月地云居山水间。

寺侧离宫临绝胜，春来驻跸寄几闲。

玉兰却似迎人放，紫燕初看命侣还。

千载拟留白苏句，其他赋咏总应删。

　　孤山之麓，有北宋诗人林逋的放鹤亭。林逋隐居孤山，以"梅妻鹤子"传为佳话。乾隆有诗一首：

《放鹤亭》

谿亭阅古坐斯须，千载孤山信不孤。

岂必鹤归识丁令，恰因梅放缅林逋。

赢将白傅还苏守，留得青山与碧湖。

葛岭当前漫相傲，顽仙未必及潜儒。

孤山西北尽头处，西泠桥横跨在里西湖上。这是孤山到北山的必经之地。桥址原是渡口，称作西林或西陵，古人所谓"西林唤渡处"，"孤山递比六桥东，湖到西泠里外通"即指此地。

过了西泠桥，向北望去是一处壮丽的殿阁，巍峨庄严，这就是岳王祠庙，殿后是岳坟。乾隆写诗一首：

《岳武穆墓》

读史常思忠孝诚，重瞻宰树拱佳城。

莫须有狱何须恨，义所重人死所轻。

梓里秋风还忆昨（去岁巡豫过汤阴乃其故里），石门古月镇如生。

夜台犹切偏安愤，想对余杭气未平。

从圣因寺行宫向西湖平眺，湖中心有一处楼阁，前筑石台，后起舫轩，中建层楼。四周雕栏画槛，花柳掩映，极水光山色之胜。这就是湖心亭。康熙南巡到此曾题"静观万类"和"天然图画"匾额。

画卷继续展开，在新柳如烟、春风骀荡中，一道长堤从左到右占满了全图卷的中心部位，这就是苏堤。苏堤为宋代诗人苏东坡任杭州知州时，开浚西湖，取湖泥葑草筑成，横贯西湖南北。堤上有映波、锁澜、望山、压堤、东浦、跨虹六桥。东坡有诗云："我来钱塘拓湖渌，大堤士女争昌丰。六桥横绝天汉上，北山始与南屏通。""苏堤春晓"为西湖十景之首。乾隆有诗二首：

《苏堤》

白沙堤上昨鸣鞭，潇洒诗情忆乐天。

岂意千秋留姓氏，白公不及大苏传。

一株杨柳一株桃，夹境双湖绿映袍。

蓄眼韶光看不足，北高峰影接南高。

乾隆从圣因寺行宫出游，先经过跨虹桥边的"曲院风荷"。宋代在这里曾设有一处造官酒的麯院，院中种满荷花，盛夏清香四溢，故名"麯院荷风"，宋人杨万里诗云："毕竟西湖六月中，风光不与四时同。接天莲叶无穷碧，映日荷花别样红。"后年久废毁，康熙时重修扩建，改名为"曲院风荷"。乾隆到此也乘兴写诗一首：

《曲院风荷》

九里松旁曲院风，荷花开处照波红。

莫惊笔误传新榜，恶旨崇情大禹同。（九里松旁有宋时麯院，地多荷花，遂有"麯院荷风"之名。康熙三十八年构亭垒石，为盘麯之势，御书匾额易麯院为曲院，荷风为风荷）。

走上苏堤，过了跨虹桥、东浦桥，画面上三三两两的官员络绎不绝，中间还有洒扫的伕役。过了压堤桥，骑马的官员侍卫结队成群，大队人马过了望山桥，直到"花港观鱼"门前。

"花港观鱼"是西湖胜景之一，宋代曾在这里建园，旧曾有一条小溪，从花家山流经此地注入西湖，故称"花港"。南宋画院宫廷画师马远等创意"西湖十景"即列有"花港观鱼"。清康熙间重建，并书"花港观鱼"立碑于此。乾隆此次南巡杭州，这里是游览的重点之一。

"花港观鱼"在西湖西南角，在苏堤映波桥与锁澜桥之间，是介于小南湖和西里湖之间的绿洲。绿洲上一片楼阁亭榭，掩映在绿柳红桃之中。这时门前十分热闹，苏堤两边停泊着十几艘大小船只，船头都摆着香案，焚香燃烛，船上跪满了人。最北边的船上人人手执乐器，似是吹奏手；苏堤东面停泊的船上似是迎接"圣驾"的浙江地方官员。苏堤西面停泊的船上似是扈从南巡的京中大员。堤边还有四五十名僧人，双掌合十，面向北方，也在"恭迎圣驾"。

这时，十名骑马的御前侍卫，腰挎弓矢仪刀，分左右两队在前面开路；几名御前大臣前导，乾隆皇帝骑着白色骏马缓缓走来。身后一名侍卫高举九龙曲柄黄华盖紧随其后。几十名御前大臣、领侍卫内大臣等马蹄杂沓，扈从跟进。再后面，十名豹尾班侍卫肩荷豹尾枪，骑在马上，排成弧形，在后面警卫。豹尾班过后，又是几十名扈从官员成群结队骑马前行，再后边两面殿后的黄龙大纛旗向望山桥走了过来。黄龙大纛旗后边还有几十名骑马官员，迤迤逦逦，刚走过压堤桥。

"花港观鱼"往南的亭桥是映波桥。从映波桥向湖中望去，在一片亭台之前，三座小石塔其形如瓶，浮漾水面。相传"湖中有潭，深不可测，故建浮屠以镇之。"这就是"三塔亭亭引碧流"的"三潭印月"。

苏堤南端山峦起伏，南屏山、凤凰山、育王山绵延不断。"南屏晚钟"、"雷峰夕照"、净慈寺、敷文书院……不少西湖名胜半隐半现在山林飞瀑之中。再往西南一峰突兀，就是"吴山大观"了。

图卷末尾有绘者楷书小字一行："南巡图第八卷　臣徐扬恭写"，下钤篆书"臣徐扬"、"笔霑春雨"小印二方。

本卷钤有收藏印十七方："众花胜处松千尺"、"乐意寓静观"、"五福五代堂古稀天子宝"、"八征耄念之宝"、"太上皇帝之宝"、"笔端造化"、"宁寿宫续入石渠宝笈"、"石渠宝笈"、"石渠定鉴"、"宝笈重编"、"读书依竹静"、"乾隆御览之宝"、"乐寿堂鉴藏宝"、"乾隆鉴赏"、"三希堂精鉴玺"、"宜子孙"、"养心殿奠藏宝"。

二、考释

卷首乾隆《三月朔日车驾至杭州驻跸》七言诗的大意如下：

今春三月，

瑞草蒉莱刚露新芽，

适逢我的车驾停驻在杭州。

巡视江南，察吏安民，效法皇祖的先例；

陪同远游、举国祝寿，

孝奉母后的欢心。

三朝休养，与民生息，

万里江山在宫廷治理。

感受到人们瞻仰之情，

他们的内心实在热切；

惭愧的是，

抚育子民的仁德，

还没有美誉远播。

人文旧地，

民风仍然淳朴；

礼乐名邦，

教化易成典范。

西湖之滨，

再次瞻仰皇祖的御笔；

飞来峰上，

已送来一片菁葱。

昌盛的后代子孙，

不辜负先贤的风范；

明丽的泉林，

呈现出人杰而地灵。

大好春光，将到节日"上巳"，

应当饮酒赋诗，

去游赏会稽山阴之兰亭。

杭州地处钱塘江口，春秋时先后属吴、越。战国时属楚。秦统一中国，于吴越旧地置会稽郡，在灵隐山下置钱塘县，为会稽郡属二十六县之一，是为杭州见于史籍的最早记载。其时，今杭州市区和西湖还是浅海滩，与钱塘江连成一片汪洋。西汉时，江沙潮沙日积，钱塘江逐渐南移，今杭州市区才开始成陆。东汉时，钱塘县从灵隐山下东移至宝石山以东。但古代钱塘县除西湖群山以外，均属大片沼泽平原，潮汐出没，土地斥卤。随着人口增长和社会发展，改变"县境逼近江流"、防御潮汐直薄为患，已成为民生国计所必需。是时，功曹华信，创议在今云居山麓至钱塘江之间，修建大塘以防海水。这道海塘建成后，杭城平陆日渐扩大，而西湖也从此开始形成，对以后杭州和西湖的发展产生了深远影响。论者或称华信为"杭之第一功臣"。

隋开皇九年（五八九年）废钱塘郡，设置杭州，是为杭州州名之始。隋炀帝修成沟通南北的大运河，以杭州为南端的起讫点，为杭州日后的发展、繁荣创造了十分优越的条件。

> 杭州以湖山胜，苏州以市肆胜，扬州以园林胜，三者鼎峙。[1]

这是清人刘大观在游览江南诸城名胜后给予的评价。在《乾隆南巡图》中，画家徐扬对苏州着重描绘了"市肆之胜"，对杭州几乎全部描绘了"湖山之胜"。这也正反映了当时人们对苏杭的一种看法。

据《西湖游览志》记载：对于西湖"六朝以前，史籍莫考。虽《水经》有明圣之号，天竺有灵运之亭，飞来有慧理之塔，孤山有天嘉之桧，然华艳之迹，题咏之篇，寥落莫睹。逮于中唐，而经理渐著，代宗时，李泌刺史杭州，悯市民苦江水之卤恶也，开六井，凿阴窦，引湖水以灌之，民赖其利。"[2]

刺史李泌在钱塘门和涌金门之间开凿六井，实为用瓦管和竹筒分别引入西湖水而修建的六处贮水池。西湖淡水引入城区，水质得以改善，民赖其利，而生聚日繁，杭州城区也逐渐由钱塘江滨向西湖发展。

长庆二年（八二二年），著名诗人白居易出任杭州刺史，他是一位关心民间疾苦的诗人和循吏。当时西湖中已出现数十顷长满菰蒋（茭白）的葑田，必须疏浚，西湖才能增加蓄水，湖水才得以蓄泄，否则西湖将成死水一潭。于是"白乐天重修六井，甃函、笕以蓄泄湖水，溉沿河之田"。[3]

据白居易《钱塘湖石函记》："（西湖）北有石函，南有笕（笕即引水长竹管），凡放水溉田，每减一寸，可溉田十五顷。"每泄水一昼夜可溉田五十余顷。只要及时蓄泄，沿湖一千多顷农田将不虞干旱。他治理西湖，疏浚湖水和六井、河道、

---

[1] 李斗：《扬州画舫录》卷六。

[2] 田汝城：《西湖游览志》卷一。

[3] 同 [2]。

筑堤建闸，促进了农业、交通和城市的发展。横亘在西湖东西的湖面上，原有一道白沙堤。白居易常来这里散步，有诗云："最爱湖东行不足，绿杨荫里白沙堤。"后人为纪念这位曾经造福一方的诗人，就把这座白沙堤称为白堤。白居易临调离杭州时，仍然念念不忘西湖，有两首诗写道：

湖上春来似画图，乱蜂围绕水平铺。

未能抛得杭州去，一半勾留是此湖。

税重多贫户，农饥是旱田。

惟留一湖水，与汝救荒年。

五代十国时期，原唐镇海军节度使钱镠建立了吴越国。当时杭州受潮汐冲击，民人深以为患。其中最严重的地方是从候潮门到通江门之间。钱镠采用夹板筑塘的方法，在沿江一百多里，打下六层木桩，中实以竹笼巨石，在此基础上修筑起"捍海塘"，保护了杭州近郊和城邑。同时，在凤凰山下修筑子城，作为国治。子城外还修了罗城。这时的西湖又出现葑田数十顷，葑草蔓合，湖面缩小、蓄水减少，影响了灌溉和城市居民用水。于是，钱镠组建了一千人的"撩湖兵"，疏浚西湖。在吴越国时期，对西湖风景区的整修也很注意。除对东晋创建的灵隐寺加以扩建外，又新建了昭庆寺、净慈寺两处大规模寺院，还建有九溪的理安寺、灵峰寺，西栖寺，以及六通寺、法喜寺、开化寺等，此外还建造了雷峰塔、六和塔、白塔和保俶塔四座宝塔，为湖山增添了无限风光。

北宋时期，对杭州和西湖的建设、发展贡献最大的当是苏东坡。熙宁二年（一〇六九年），他来杭州任通判，三年后离杭。元祐元年（一〇八六年）第二次来杭州任知州。在这十几年中，西湖的情况每况愈下，他在《乞开杭州西湖状》中说："杭州之有西湖，如人之有眉目也。自唐以来，代有浚治，国初遂成膏腴，熙宁中，臣通判杭州，（西湖）葑合才十二三，到今十六七年，又塞其半"。他组织民工二十万，撤废了湖中豪门和寺院私围的葑田，开掘葑滩，用挖出的葑泥在湖上筑起了一条横贯南北的长堤，堤上又修建了六座石桥，以流通湖水，全堤遍植芙蓉、杨柳。于是六桥烟柳，为西湖平添无限风光，后人就称这道长堤为苏堤。

苏堤春晓千百年来，一直成为引人入胜的西湖佳处。

在今湖心亭一带是全湖最深之处，东坡又建立了三座石塔，禁止在石塔范围内养植菱藕，以防淤淀，这就是三潭印月。

苏轼还组织人力修浚六井和城内河道，西湖甘冽之水，几遍全城。苏轼和白居易一样，也留下了许多赞美西湖的诗篇。最为脍炙人口的千古绝唱就是：

水光潋滟晴方好，山色空蒙雨亦奇。

欲把西湖比西子，淡妆浓抹总相宜。

北宋的杭州已是东南第一州了。北宋词人柳永的一首《望海潮》唱出了当年钱塘的繁盛和西湖的无比秀色：

东南形胜，江吴都会，钱塘自古繁华。烟柳画桥，风帘翠幕，参差十万人家。云树绕堤沙，怒涛卷霜雪，天堑无涯。市列珠玑，户盈罗绮，兢豪奢。重湖叠巘清嘉。有三秋桂子，十里荷花。……

宋室南渡以后，升杭州为临安府，后又定临安为行都。宋高宗大兴土木，修建了南跨吴山、北到武林门、东南临钱塘江、西濒西湖的宏伟都城。宫城之内，布满了雕梁画栋、金碧辉煌的宫殿楼阁。南宋君臣还在西湖周围修建了许多处行宫御园、水阁别馆，如德寿宫、聚景园、真珠园、南屏园、集芳园、延祥园、半闲堂……等等。真如南宋人林升《题临安邸》所写：

山外青山楼外楼，西湖歌舞几时休。

暖风薰得游人醉，直把杭州作汴州。

元代改临安府为杭州路。明清两代置杭州府。

清乾隆《杭州府志·西湖图说》记载："按西湖之名，惟杭州为最著。方广三十里，南西北三面环山，而会城适障东南之缺。水自武林山溪涧缕注下，有渊泉百道，汇而成湖，引水入城，分流上下两塘之河。钱塘、仁和、海宁之民，仰溉田亩，盐漕商贾诸艘，赖以转运，固非他州所及矣。中亘旧堤四，曰白沙堤、苏公堤、赵公堤、杨公堤；新堤一，曰金沙堤。跨苏公堤为外六桥，跨杨公堤为里六桥，跨金沙堤为玉带桥，跨白沙堤为断桥、为锦带桥。孤山以东为外湖，苏堤以内为里湖，孤山以北为后湖。其间名人之庐，仙梵之宫，与夫忠臣义士及功德之在民者祠宇相望，洵胜地也。圣祖仁皇帝省方问俗，清跸频临，我皇上法祖亲民，翠华叠驻，奎文睿藻，辉映山川，近复于行宫之左建阁储藏四库全书，赐名文澜，东壁光昭与西泠渊映，永资津逮于靡涯矣。"

乾隆帝此次南巡，省方问俗、察吏安民、视察河工、阅武试文之外，一路上祭祀山川、先贤，除绍兴大禹庙和江宁明太祖陵亲往致祭以外，其余一一分别派遣文武大臣官员致祭。此次驻跸杭州遣官致祭吴越王钱镠、宋代岳飞和明代于谦，其祭文如下：

乾隆十六年三月遣大理寺卿七达色到钱王祠，致祭唐臣钱镠文：

　　惟尔钟灵天日，表异余杭。石鉴潜踪，光气早占牛斗；金戈转战，声灵远震江淮。毳马锦袍，贡篚而志存王室；水犀强弩，射潮而患御生民。歌三节以还乡，父老相忘于兵革；历五朝而归命，子孙永保其宗祊。功德懋昭，馨香是贲。兹以时巡吴越，驻跸湖山，营传衣锦之名，英风未泯；观著表忠之号，遗庙如新。特遣专官，用将祀事，灵其歆格，鉴此苾芬。

同年三月，遣副都统多尔济到岳庙，致祭宋臣岳飞文：

　　惟尔灵锺川岳，忠贯日星。奇质挺生，早裕韬钤之略；英才间出，允扬黑虎之威。身百战以推锋，军称难撼；规两河而却敌，志切长驱。天鉴丹忠，知精诚之未邀；神楼碧落，凛浩气之长存。朕时迈南邦，巡行浙水。映阶草色，曾观旧庙于汤阴；绕径松风，更抚遗阡于湖峤。爰修秩祀，用遣专官，灵如有知，尚其歆格。

同年三月，遣副都统多尔济到湖西三台山麓于谦祠，致祭明臣于谦文：

惟尔才优经济，志笃忠贞。著节乌台，已树伟人之望；宣猷宪府，早征命世之才。运会遭乎艰难，心存宗社；时事当夫抢攘，身系安危。东市朝衣，完全归之浩气；西泠片碣，垂不朽之鸿名。朕清跸武林，缅怀余烈。丹心炳烺，偕日月以争光；遗庙巍峨，与湖山而并峙。爰修秩祀，用荐蘋蘩，灵如有知，尚其歆格。

西湖自形成以来，历经几度沧桑、几度兴衰。但千百年来，始终遮掩不住她那美好秀丽的风韵。她这永远令人向往的风韵，是大自然的钟灵毓秀，也凝聚着多少前贤志士的心力和才华、豪迈与悲壮！乾隆进士钱塘袁子才有诗写得好：

江山也要伟人扶，神化丹青即画图。

赖有岳于双少保，人间始觉重西湖。

三、南巡日录

乾隆三月初一到达杭州，驻跸西湖圣因寺行宫，初二、初三、初四、初五在杭州游览。三月初六、七、八三日去绍兴祭大禹庙，三月九日回杭州，仍驻跸圣因寺行宫，至十四日才离杭北返，两次在杭州停留九天，为此次南巡驻留最久的地方。（图一〇、图一一）

三月初一日 戊戌

自塘栖镇大营起行，经安桥、王家庄、汙泾渡、十里亭、拱宸桥、北新关，至江涨桥新码头登岸，经宝庆桥、左家桥，进杭州府城武林门，出钱塘门，经昭庆寺，至圣因寺行宫驻跸。至三月初五日壬寅均驻跸于圣因寺行宫。

圣因寺行宫在孤山南麓，群山环拱，倚山面湖，可览西湖之胜，又称西湖行宫。

是日，颁赐江浙各书院殿板经史。谕："经史，学之根柢也。会城书院聚黉庠之秀而砥砺之，尤宜系之正学，朕时巡所至，有若江宁之锺山书院、苏州之紫阳书院、杭州之敷文书院，各赐武英殿新刊十三经、二十二史一部，资髦士稽古之学。"

图一〇　西湖行宫（圣因寺行宫）旧址

图一一　西湖文澜阁

赐扈从王公大臣并浙江大小官员等食。

在籍翰林院侍讲刘振起年一百零三岁，自粤东来浙迎驾，赐御制诗章，并御书匾额："词垣耆瑞"。

免浙江淳安县水灾地亩漕项，并月粮改折银两。

蠲缓宁古塔、吉林水灾额赋有差，并豁除水冲沙压地七千四十三亩。

是日写诗数首：

其一，《三月朔日车驾至杭州驻跸》（从略）

其二，《巡幸杭州恭依皇祖诗韵》

铜龙不异日询安，披辇吴山赏大观。

烟火万家来问俗，春风三月暂游銮。

承颜悦志期无忝，咨吏安民要在宽。

秀丽湖光岂无助，每成佳句亦增欢。

三月初二日 己亥

是日，游览杭州名胜，成诗多首：

其一，《恭依皇祖吴山诗韵》

崇巘襟江复带湖，俯临万井乐亨衢。

百年休养三朝泽，继述予怀凛永图。

其二，《吴山大观歌》

我游名山亦已多，吴山大观今作歌。

兴安大岭及长白，嵩泰台麓田盘窝。

诸山未兼江海胜，此间旷览俱遮罗。

南北高峰走龙脉，蜿蜒入郡城嵯峨。

琳宫梵宇许居下，不许墙宇盘尖螺。

平列坎石镇火患，风从其俗无烦诃。

第一峰头纵遐瞩，壮哉所见真无加。

左江右湖互环抱，海气蓊匐含羲娥。

维水有四三巳具，故富鱼族蛟鼋鼍。

天吴阳候时出没，列缺丰隆相荡摩。

吴颠越踬阅兴废，宋迁元伐纷谞讹。

只賸吴山青不磨，吴山大观今作歌。

其三，《出钱塘门由段（断）桥至圣因即景近体二律》（从略）

其四，《圣因行宫即景》

离宫当日咏卷阿，春暮巡方此重过。

遥岫开云飞翠微，丛兰经雨送馨多。

平陵塔矗玲珑影，俯瞰舟回潋滟波。

陶冶性灵欣始遇，远风何处递笙歌。

檀栾修竹涧岩纤，极顶轩亭俯碧湖。

真副其名非谬也，不孤我咏则然乎。

请看春物因时畅，能使神心与静俱。

承志宫中养天下，千秋万岁奉慈娱。

其五，《泛舟西湖》

雨霁明湖泛彩舟，漪流霭霭惠风柔。

评情淡且文于画，拟色绿还清胜油。

图画四围天与开，沿堤绿柳间红梅。

湖心忽讶青莲涌，却是北高峰影来。

何处轻舟不泛湖，今朝领略迥然殊。

漫云西子无多子，兴会随人自取夫。

佳丽山光接水光，都参画鹢镜中央。

乱头粗服犹唐突，正是唐宫闹扫妆。

其六，《西湖晴泛》

卷画烟丝忆昨辰，一天霁景晓来新。

为标山色宜晴雨，毕献湖姿作主宾。

风递管弦声细细，波添罗縠皱鳞鳞。

轻移画舫长堤去。白芷青蒲刺水湝。

其七，《苏堤》（从略）

其八，《题小有天园》

佳处居然小有天，南屏北渚秀无边。

如依妙鬘云中住，便是超尘劫外仙。

几曲涧泉才过雨，一园梅柳欲生烟。

坐来拈句浑难得，不落空还不落诠。

其九，《净慈寺》（图一二、图一三）

沿缘苏氏堤，霁景断烟低。

遂造白禅所，闲寻碧篆题。

堂围曲屏嶂，地是古招提。

翠竹笼僧户，芳兰引客蹊。

岩扉如有约，井木或无稽（相传建寺时，木取之井中，此附会语也）。

策马因还去，钟声隔岭西。

三月初三日 庚子

是日，乾隆视察敷文书院。书院在凤凰山之万松岭，旧为万松书院。康熙五十五年（一七一六年），清圣祖赐"浙水敷文"匾额，因而改为此名。雍正十一年（一七三三年），清世宗特赐帑金，以资膏火，延聘掌教讲学其中，集通省士

图一二　乾隆辛未《御制净慈寺诗碑》　　　　图一三　乾隆庚子《御制净慈寺诗碑》

人之俊秀朝夕研习。视察后，题诗一首：

《题敷文书院》

松冈回首望只园，讲舍层阶喜得门。

气助湖山钟远秀，道传孔孟有真源。

清游祇欲心无逸，名教何非乐所存。

嘉尔青衿真济济，嗣音实行勉相敦。

又至候潮门外观潮楼观潮，作《钱塘观潮歌》：

向闻钱塘潮最奇，江楼凭机今观之。更闻秋壮春弗壮，弗壮已非夷所思。两山夹江凫与赭，叠束长流逼东泻。海潮应月向西来，恰与江波风牛马。江流毕竟让海波，回澜退舍如求和。洪潮拗怒犹未已，却数百里时无何。于今信识海无敌，苞乾括坤浴渊魄。何处无潮此处雄，雄在奔腾旋荡激。蓂苗三叶及落三，皆最胜日期无淹。我来正值上巳节，晴明遥见尖山尖。须臾黯黯云容作，似是丰隆助海若。天水遥连色暗昏，倏见空际横练索。旁人道是潮应来，一弹指间堆银堆。疾于风樯白于雪，寒似冰山响胜雷。砰磅礌硠礴磅礚，统统哼哼吼哆哆。流漓顿挫无不兼，回斡旁喷极滂沛。地维天轴震撼掀，天吴阳候挟飞廉。蛟龙鼓势鱼蠏避，长鲸昂道嘘其鬐。榜人弄潮偏得意，金支翠旗箫鼓沸。忽出忽入安其危，但过潮头寂无事。因悟万理在人为，持志不定颠惠随。迟疑避祸反招祸，几不见笑于舟师。

是日有《题西湖十景》十首，兹录数首：

《苏堤春晓》

通守钱塘记大苏，取之无尽适逢吾。

长堤万古传名姓，肯让夷光擅此湖。

《柳浪闻莺》

那论清波及涌金（柳浪桥宋时在清波门外聚景园中。康熙三十八年于涌金门南创建亭榭，圣祖仁皇帝御书赐今额名），春来树树绿荫深。

间关几啭供清听，还似年时步上林（圆明园四十八景中亦有是名）。

《花港观鱼》

花家山下流花港，花著鱼身鱼嗫花。

最是春光萃西子，底须秋水悟南华。

《双峰插云》

高不畏风双鬓垂，天衣几缕称身披。

画师若与开生面，想见淡妆浓抹时。

《雷峰夕照》

何处高峰无夕照，斜阳此地独标名。

钱王遗迹犹堪指，爱是山头塔影横。

《三潭印月》

湛净空潭印满轮，分明三塔是三身。

禅宗漫许添公案，万劫优坛现圣因。

《平湖秋月》

春水初生绿似油，新蛾泻影镜光柔。

待予重命行秋棹，饱弄金波万顷流。

《南屏晚钟》

净慈掩映对南屏，断续蒲牢入夜声。

却忆姑苏城外泊，寒山听得正三更。

《断桥残雪》

想像银塘积素余，湖光山色又何如。

近从赵北桥边过，一例风光入翠舆。

《上巳日》（是日三月三，古为上巳节）

浮岚暖翠暮春时，明净波光座上披。

此日此湖难适遇，或晴或雨信皆宜。

山阴禊事兴思近，灵隐钟声入听迟。

烟柳六桥无尽意，兰桡祗惜向前移。

三月初四日 辛丑

派遣官员祭钱塘江神庙，御书匾额："云依素练"。派遣官员祭绍兴南镇之神，祭明人王守仁祠，赐王守仁祠匾额："名世真才"。派遣官员祭贤良祠。

三月初五日 壬寅

是日继续游览西湖名胜。初四、初五两日写诗多首，游云栖寺并画幽兰一幅。

其诗如下：

《岳武穆墓》（见前）

《竹素园》

纵目湖山景，游心竹素园。

社过春正丽（园在湖山春社西邻），物与道俱存。

黛重云根古，淙鸣水乐喧。

沉思堪致远，得句异常言。

《和苏轼游西湖三首韵》

久闻西湖清且幽，省方幸值无事秋。桃红柳绿纷匝岸，芷浪蒲风环绕洲。黄头发歌荡兰楫，春水船如天上浮。湖山美景讵宜恋，聊为民情三日留。君不见晏子陈夏谚，补不足，助不给，吾王不游何以休。

惜哉子瞻幽思幽，禄仕恰值熙宁秋。钱塘通守岂行志，偶然寄兴游汀洲。蒿目新法救不得，无已与世为沉浮。柏堂竹阁每题句，亦知此邦不久留。君不见往来入州牧，或岭南，或冀北，昨年曾记吟浮休（丙寅秋巡幸五台，经曲阳，山坡石上勒苏轼"浮休"二大字，曾作诗记之）。

竭览那尽山扁幽，一时得意足千秋。生香绕树雪迷路，芳蘋贴水春满洲。风光如此不领略，溪山毋乃嗤粗浮。东坡佳作恰对面，吟情更令一晌留。君不见冯唐对汉帝，岂无颇，岂无牧，坡也至今恐弃休。

《赐浙江学政协铉》

衡文慎辨伪分真，两浙湖山近八闽。

为汝便因养老母，即斯推可教都人。

晷膏良苦毋骄贵，藜藿曾甘莫忘贫。

仁见宾兴皆硕彦，近名宜戒致谆谆。

《翰林院侍讲刘起振年一百三岁自粤东来浙迎驾诗以赐之》

台背耸隆肩，来瞻跸路边。

成名后梁灏（向闻起振老于场屋，乾隆元年彼巳八十七岁矣，因特恩赐以进士，仍命选馆，至十三年寿跻百岁，督抚以闻故特赐今职），得寿拟彭籛。

人瑞今犹古，经传后继前。

越都无虑远，应是地行仙。

《理安寺》

路尽九溪十八涧，境奇三竺两高峰。

香台听讲来驯鸽，静室安禅制毒龙。

法雨淙常空色相，岩花放不论春冬。

归鞭却恐留清恋，倩取白云一片封。

《丁家山》（又名蕉石鸣琴）

绿蕉白石足天然，胜李羞桃斗丽妍。

三日春光两日雨，一溪明水半溪田。

凭高恰喜逢初霁，望远何妨泮晓烟。

鸟语泉声问喧静，丝桐不鼓亦成连。

《虎跑泉》

溯涧寻源忽得泉，淡如君子洁如仙。

余杭第一传佳品，便拾松枝烹雨前。

象教开兹泉眼开，共传跑得藉牛哀。

感通亦是寻常耳，记得前身曾伏来。

《云栖寺小憩写幽兰横卷即题一绝》

本色西来意，云栖静且安。

林泉徐待写，先写数丛兰。

《登六和塔作歌》

我游西湖率三日，乐矣虑非凛无逸。会稽南望举精禋，宣命明当发清跸。穹塔镇江久所闻，到此不登孤良因。振衣拾级陟其顶，耳饫天籁衣湿云。海眼龙宫寂寥锁，江边雁堵香花妥。"之"字长流写向东，月峰朝霭揽于左。壮观至是真空前，那更息心安四禅。杜甫添忧我添喜，境移所遇理所然。

此外，尚有《飞来峰歌》、《韬光》、《水乐洞用苏轼韵》、《题泠泉亭子》等多首（从略）。

乾隆于三月初六至初九日去绍兴祭大禹庙，初十至十三日回程复驻跸杭州。（图一四）

三月初十日 丁未

是日清明节，派遣官员祭关外三陵和北京东陵、西陵。

阅杭州驻防旗兵。

赐扈从王公大臣并浙江大小官员等食。

予禹陵奉祀官谕："朕时巡至杭州，禹陵在望，缅惟平成之德，万世永赖。皇祖圣祖仁皇帝曾亲祀焉。爰东渡浙江，陟会稽，式遵皇祖旧典，躬荐馨于宇下。厥有姒氏子姓世居陵侧，应世予八品官奉祀。该督抚择其有品行者一人充之，昭崇德报功至意。"

写诗约十首：

图一四　杭州乾隆丁丑《御制阅武诗碑》

其一，《阅杭州旗兵》

承平世恐官容驰，文物邦应武备明。

已向会稽陟禹迹，便教浙水诘戎兵。

羽林旧武今谁是（皇祖驻跸杭州阅武诗有"羽林旧将分防重"之句），七萃材官古典衡。

四十年重逢盛典，行间踊跃倍常情。

其二，《清明》
纤云净敛碧山横，园镜中央崖柳萦。
不独韶妍诏游兴，所欣近远利春耕。
芳蘋波面偏增点，娇鸟枝头惯会鸣。
一晌闲情观节物，兹来差未负清明。

其三，《陆宣公祠》
策马孤山脚，崇祠陆氏传。
去留关治乱，事业付云烟。
房相希前躅，苏公表旧编。
德宗事苛察，胡独昧知贤。

其四，《登北高峰极顶》
南北两高峰，北胜南姑舍。
适际天气佳，峰顶一驻马。
琅霄拂仙籁，吴山皆在下。
江海一杯水，向我眼前泻。
涤尽万虑尘，何有闲愁惹。
巡檐古作无，曲高和者寡。

其五，《天竺》
天竺近云林，便途因再至。
溪溯源更清，竹当春益翠。
秀润挹明湖，澹泊标初地。

冷然磬鱼声，飒尔烟霞意。

此外，尚有《西溪》、《杏酪》、《再至韬光题壁》、《自韬光度竹径至云林寺》、《云林寺二十韵》等数首（从略）。

三月十一日 戊申

谕："朕问俗省方，翠华所至，黄耇台背策杖欢迎，虽已于途次各加恩赐，而优恤高年推恩宜渥，著各该督抚查明经过州县内男妇七十以上者，照从前恩诏之例，分别赏赉。"

此次南巡，浙江省进献诗文士子，遵旨经学政雷铉接看，分别去取后，在杭州省城考试。钦命试题三道：

赋得披沙拣金（得真字五言八韵）

明通公溥论

无逸图赋

钦命阅卷大臣：

协办大学士吏部尚书 梁诗正

兵部右侍郎 汪由敦

钦取召试第一等第一名嘉善县贡生谢墉

钦取召试第一等第二名仁和县生员陈鸿宝

钦取召试第一等第三名秀水县贡生王又曾

谕："此次考中之谢墉、陈鸿宝、王又曾皆取其最精者，且人数亦不多，著加恩特赐举人，授为内阁中书，学习行走，令其与考取候补人员一体补用，仍准其会试。"

总理行营大臣大学士公傅恒等遵旨议准山东巡抚准泰奏称："随驾之拜唐阿兵丁等所骑官马，留东喂养，收点后即倒毙百余匹，余多疮瘸羸瘠，回銮在即，请将东省标营驿站马匹通融，共抽拨马四千五十五匹换补。将还存疲乏官马抵还各营驿；倒毙无抵者按营驿均摊，动支存留马价买补，造报。"乾隆帝同意所奏。

是日继续游览西湖胜景，写诗多首：

其一，《湖心亭》

无地楼台镜影空，仙居蓬阆许舟通。

四围景物蜃窗外，三面山光雉堞东。

俯槛闲看鱼画水，卷帘低引燕裁风。

坐游省识无边乐，奚必幽遐一一穷。

其二，《湖月》

江月妙在流，湖月妙在渟。

纤阿如驻御，跌荡窥澄泓。

轩辕铸明镜，万古铜晕青。

于中金一点，沉光夺斗星。

文漪漾不去，素彩寒欲生。

未秋景已佳，坐看汉影横。

其三，《开化寺再作》

春事日以佳，春游兴无斁。

苏堤桃李芳，所玩近几席。

度岭寻梵宫，略取幽趣适。

穷塔镇吴江，隔岸越山碧。

顾步挹清芬，骋怀寄寥寂。

境亦安能穷，乐亦胡可极。

明当整归辔，留诗勒苍壁。

其四，《重访云栖即景杂诗》十首之二

山寺虽多此寺幽，特教清跸重来游。

洗心亭别仙凡界，万骑纷阗合著留。

净士香光慧业薰，弆藏法宝玩颜筋（是日观寺中所藏董其昌书金刚经真迹）。

兰亭昨过相衡较，真迹何如王右军。

其五，《即事》

水态山光结揽中，便途城郭一观风。

笙歌正闹武林社（时清明次日俗为武林社之游），梅石空传德寿宫。

柳色含烟蘸波绿，桃花过雨艳春红。

吾民乐处吾同乐，尚虑余三有未充。

此外，尚有《观采茶作歌》、《寄题琴台》、《戏题钱氏铁券三首》（从略）。

三月十二日 己酉

工部议准"河东河道总督顾琮疏称山东汶上汛十里袁口二闸年久倾颓，应拆修。"乾隆帝同意所议。

是日继续游西湖胜景并写诗多首：

其一，《题德寿宫梅石碑》

临安半壁苟支撑，遗迹披寻感慨生。

梅石尚能传德寿，茗华又见说兰英（宋时苔梅久萎，兰英画梅镌于石）。

一拳雨后犹余润，老干春来不再荣。

五国风沙埋二帝，议和嬉乐独何情。

其二，《西湖嬉春词六首》之三

三日轻阴三日晴，游观在在称人情。

鸣春山鸟真韶濩，热闹翻嫌鼓吹声。

桃花红罩菜花黄，遇闰蚕时未届忙。

谁道吴中歌舞地，于今都识重农桑。

富丽临安迹已陈，六桥烟柳又从新。

祇今惟有平湖月，阅尽千秋游赏人。

其三，《留别西湖之作》

明当清跸启归程，诚恐江乡误力耕。

设谓西湖姑舍是，此言却不近人情。

其四，《西湖行宫八景》

诗题如下：

《四照亭》、《竹凉处》、《绿云径》、《瞰碧楼》、《贮月泉》、《鹭香亭》、《领要阁》、《玉兰馆》。每首各有序及诗文，皆从略。尚有《韩幹人马图歌》一首，亦从略。

三月十三日 庚戌

是日，再阅兵。谕："此次杭州驻防之满洲官兵沿途坐台、随营当差及晾兵人等，著俱加恩分别赏赉。其城内之官兵人等亦各黾勉当差，著加恩照依赏给晾兵人等之数减半赏给。"

又谕："朕省方观民，茂求上理。前因浙省士庶谊切急公，正供概无宿逋，颁谕嘉奖，诞布特恩。顷翠苤止，周览风土，虽与三吴绣壤相错，而闾阎趋尚较吴稍朴。但浮竞之习举所不免，其盖藏之未裕均也，凡尔封疆大吏暨监司守令俱有教养斯民之责，当以移风易俗为己任，讵惟簿书期会为克尽乃职。其在小民则宜崇实去奢，雍睦敦让，相勉于孝弟力田，以臻仁寿之俗，行见化行俗美，有进而日上者，兹当旋跸，用申训谕，其善承朕意毋怠。"

是日回銮，御舟沿运河北返，于塘栖驻跸。

舟中展玩西湖画册，并作《题董邦达西湖画册十四幅》，其序云："邦达曾为西湖各景图以献，兹临明圣游览畅观，信足娱志，以境证画，允擅传神。旧有十景及灵隐、云栖诸胜，久羶苧人间者无不究妙吟奇，所作即书邦达册端以志雅兴。而一溪一壑，或以路便偶经未有专诗；或以地处幽遐不及领要，则在全图中尚余十四景，船窗展玩，南望情驰，各体不拘，聊云补空。"

十四景各诗皆从略，仅录其题于下：

《昭庆寺》、《来风亭》、《初阳台》、《西泠桥》、《紫云洞》、《金鼓洞》、《玉带桥》、《九里松》、《慈云岭》、《石屋洞》、《积庆寺》、《烟霞洞》、《万松岭》、《紫阳洞》。

原文选自《乾隆南巡图研究》，文物出版社 2010 年

《乾隆南巡图研究》（摘选）

全图考析结语

通读《乾隆南巡图》第十二卷卷首乾隆的七言律诗《回銮之作》，可以视为他此次巡狩江南的总结。此前三月二十九日，临渡江回京时，乾隆所写《恭奉皇太后驾临金山记》，对此次南巡的目的和巡视江浙的感受作了概述，可视为一篇"乾隆首次南巡记"。清高宗弘历在乾隆十六年辛未（一七五一年）第一次南巡以后，乾隆二十二年丁丑（一七五七年）、二十七年壬午（一七六二年）、三十年乙酉（一七六五年）、四十五年庚子（一七八〇年）和四十九年甲辰（一七八四年）又曾南巡江浙。三十多年间他前后六次南巡。乾隆五十年，弘历回顾六次南巡，写成一篇《南巡记》以"敬告后人，以明予志"。这是他六次南巡的反思和总结。第十二卷卷尾绘者徐扬的长篇跋语则是他奉命"恭绘御制南巡诗意为图十二卷"的创作总结报告。以上乾隆帝的三篇诗文和徐扬的一篇跋语，可视为全图考析结语。

一、《恭奉皇太后南巡回銮之作》（见前）其大意如下：

　　清和温暖的天气，

　　季节已从春到夏；

　　此次南巡的里程，

　　往返将近六千。

　　法祖娱亲的殷切心愿，

　　已经实现；

　　省方问俗的期望，

　　也已施惠于臣民。

我希望的是，

神州丰衣足食；

让我很思虑的是，

江南的民风，

华丽有余而淳朴不足。

我朝百年升平，

皇祖皇考诚非容易；

想到常保民安国泰，

更令我衷心景仰。

二、《恭奉皇太后驾临金山记》

朕惟省方观民，先王所重。时巡之典，虞夏以来尚已。我皇祖圣祖仁皇帝抚御九有，匪居匪康，以江浙地远京畿，其民文而慧。文则知礼义，导之善，可以为天下倡；慧则鲜坚持，入于恶，亦可以为天下倡。而且财富所出，国家藏富之地也。是以涉河渡江，不惮屡勤清跸。问风俗，咨疾苦，湛恩汪濊，江乡父老至于今讴思弗谖。朕临御以来十有六年于兹，早作窹思，宵衣旰食，兢兢惧一夫之不获，罔敢稍自暇逸。谒盛京，幸三晋，巡齐鲁，游河洛，所在周察民隐，广敷解泽，而东南士民尚未得邀清问而佈恺惠，良用殷然。岁辛未恭遇皇太后六帙万寿，朕将合亿兆望幸之欢心以祝无疆。爰敬循皇祖旧典，躬奉慈舆，届春南幸。上元前二日发自京师，渡济、漯、汶、沂，至黄河周览堤工，遂泛舟逾淮以达于江，采民谣，询土俗，祗承慈训，屡沛殊恩。维时远迩欣愉，殊音同声。秀眉黄发，扶杖而观者，耄期之叟也；抠衣束带，望清尘而忭舞者，官吏迎而缙绅谒也；掞华摛藻，陈诗而献颂者，士蔼吉而民秀良也；携童稚，挈壶飧，骈肩接踵于辇路之旁者，田夫野老村媪里媪之杂遝而笑语也。盖江国之望朕来已久，而欢欣鼓舞，愿为圣母称万年之觞者，其积忱非一日矣。二月之望，舟过大江，顾瞻金山，上凌太虚，下瞰洪流，为江南诸胜之最，遂奉皇太后一登览焉。迨巡浙回舟以及江宁旋跸，先后凡三登焉。侍辇周历，敬仰圣祖宸翰，榜首诗篇，贞珉相映，其丰碑屹立于中泠之右者，则康熙三十六年奉宁寿皇太后驻跸兹山所为御制记也。瞻诵之余，穆然见当日忭喜之情，慈爱之意，与夫士民庆豫之忱，仿佛长在江声山色间。以今日观之，虽不敢云后先一辙，传有之曰：丰水有芑，数世之仁也。洪惟我圣祖诒谋至深且远，与斯民休养生息，涵育煦妪于无穷者，如膏之沃，浃而弥融；如水之润，濡而弥广。酝酿酿厚，蒸为太和。用使奕禩子孙臣民，蔼然亲爱，于山川清晏之余，即金山一行宫而绕属车环宫扇者，数十年以前于皇祖见之，数十年以后又于朕奉圣母皇太后见之，岂非重熙累洽，纯佑命于日引月长，有以得此屿？皇太后圣慈覃被，福德并茂，母仪天下，享尊养之隆，与宁寿前后辉耀，仰见我朝圣母嗣徽驾祐，其为宫廷之盛美，寰宇之鸿庥，繄皇古以来所未有。则是举也，实有足绍美于前徽者焉。若夫江天之浩荡，风烟云树之郁苍，与夫鳞昆甲族之神奇而变化，虽寓目赏心偶一寄兴，然朕之所以俯仰而忻惬者，固不在此也。

三、乾隆皇帝弘历《南巡记》

举大事者，有宜速而莫迟，有宜迟而莫速。于宜速而迟，必昧机以无成；于宜迟而速，必草就以不达。能合其宜者，其惟敬与明乎。敬者敬天，明者明理。敬天斯能爱民，明理斯能体物，千古不易之理也。予临御五十年，凡举二大事，一曰西师，一曰南巡。西师之事，所为宜速而莫迟者，幸赖天恩有成，二十余年疆宇安晏，兹不絮言。若夫南巡之事，则所为宜迟而莫速者。我皇祖六度南巡，予葳躬敬以法之，兹六度之典幸成，亦不可以无言。我皇祖荡荡难名，予葳躬瞠乎景仰，述且弗能，作于何有。然而宜迟莫速之义，则不可不明示予意也。（图一）

盖南巡之典，始于十六年辛未，是即迟也。南巡之事莫大于河工，而辛未（十六

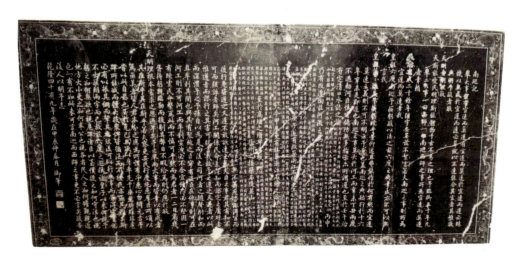

图一　扬州天宁寺内《南巡记》碑

年）、丁丑（二十二年）两度，不过勅河臣慎守修防，无多指示，亦所谓迟也。

至于壬午（二十七年），始有定清口水志之谕。（向来河臣皆靳折清，恐于多费工料之议。洪湖盛涨，则开下河，下河一带无岁不被遍灾。自壬午年三次南巡，始定高堰五坝水志高一尺，清口即放十丈为准。俟秋汛后，洪湖水势既定，仍如常接镇口门。嗣是河臣恪守此法，数十年来下河免受水患，田庐并资保护。）

丙申（四十一年）乃有改迁陶庄河流之为。（向来清口每虑黄水倒漾，康熙己卯春皇祖南巡，亲莅河干，阅视形势，命于清口迤西隔岸挑陶庄引河，导黄使北，因河臣董安国开放过早，旋即淤垫，其后庚辰、辛巳、壬辰、甲午以及雍正庚戌历命大臣会同河臣筹勘挑办，功迄未就，嗣以黄水倒灌，命开陶庄引河，更无善策。丙申（四十一年）春，谕令河臣萨载详细悉履勘，绘图贴说，往返指示，于是年秋兴工，至丁酉（四十二年）仲春藏事，开放新河，大溜畅达，既免黄流倒漾之虞，兼收清水刷沙之益，因命建河神庙以答神祐，详见《御制碑记》。）

庚子（四十五年）遂有改筑浙江石塘之工。（浙江石塘，自戴字桥迤西皆柴塘，不足资巩护。庚子南巡，亲临阅视，因饬该督抚于老盐仓一带改建鱼鳞石塘，仍谕令存留旧有柴塘，以为重门保障。辛丑、壬寅等年陆续采办石料，勘估建筑，至癸卯（四十八年）八月，该督抚富勒浑、福崧等奏报石塘三千九百四十丈全行告竣。）

今甲辰（四十九年）更有接筑浙江石塘之谕。（浙江海塘，老盐仓一带，鱼鳞石塘虽已全竣，而章家菴以西，惟藉范公塘土堤一道卫护，形势单薄，不足以资捍御，因先期传谕该督抚，详晰筹划、采石鸠工。兹甲辰南巡，亲临指示，不惜百余万帑金，降旨一律接筑石堤，俾滨海黔黎永资乐利。）

至于高堰之增卑易砖（庚子南巡，阅视高家堰，据萨载请将三堡、六堡等卑矮砖工加高，余以砖工究不若石工之经久，因命毋惜帑费，一律改建石工，分年修葺，以冀永远巩固。）徐州之接筑石堤并山。（丁丑、壬午、乙酉三次南巡，均至徐城阅视河工形势，次第筹办，添葺石堤，俱用石十七层以资巩固，其旧有石工三段长九百七十余丈，较之丁丑新建石堤短少二三层，于庚子南巡时，命嵇璜、萨载会勘，一律加高十七层。又自韩山至奎山一带，向止土堰，兹亦一律接筑石堤四百五十丈，直连山脚，俾滨河永保安居。）无不筹划，咨诹得宜而后行，是皆迟之又迟，不敢欲速之为。

夫臣之事君，其有知不可而强诤者鲜矣。河工关系民命，未深知而谬定之，庸碌者惟遵旨而谬行之，其害可胜言哉。故予之迟之又迟者，以此而深惧予之子孙自以为是，而后之司河者之随声附和，而且牟利其间也。与其有聚敛之臣，宁有盗臣，在他事则可，在河工则不可。河工而牟利，宣泄必不合宜，修防必不坚固，一有疏虞，民命系焉。此而不慎可乎。然而为君者一日二日万几胥待躬亲临勘，而后剔其弊，日不暇给焉。则仍应于敬天明理根本处求之，思过半矣。予之举两大事而皆幸以有成者，其在斯乎！其在斯乎！

若夫察吏安民、行庆施惠，群臣所颂以为巫美者，皆人君本分之应为，所谓"有孚惠心，勿向无吉"，予尝以此自勖也。至于克己无欲，以身率先，千乘万骑，虽非厮卒所能减，而体大役众，俾皆循法而不扰民，亦极其难矣。斯必有以提其纲而挈其要，而后可以行无事，而胥得其宜矣，实总不出敬明两字而已。故兹六度之巡，携诸皇子以来，俾视予躬之如何无欲也，视厮卒诸臣以至仆役之如何守法也，视地方大小吏之如何奉公也，视各省民人之如何瞻觐亲近也，有不如此，未可言南巡，而西师之事更不必言矣。敬告后人以明予志。

四、徐扬《乾隆南巡图跋》

皇上命臣徐扬恭绘御制南巡诗意为图十二卷，既成，臣谨拜手稽首而缀言曰："窃闻省方观民[1]教垂大易；道河周岳，事列声诗[2]。惟笃恭之懋[3]于宸衷，斯游豫[4]之式为侯度[5]。我皇上秉生安之哲[6]，成雍动之休[7]。大地嵩呼，敷天衮对[8]；三农阜泽[9]，久殷云日之瞻；六御时行，爰广风雷之益。岁维辛未，序属阳春。旧典载稽，

---

[1] 省方观民，教垂大易；《易·击辞》："观民设教。"

[2] 道河周岳，事列声诗：《礼·王制》："命大师陈诗以观风。"注："陈诗，谓采其诗百视之。"

[3] 笃恭之懋：笃，笃厚、真诚。懋，勉励。《书·舜典》："汝平水土，惟时懋哉。"

[4] 游豫：游乐。

[5] 侯度：侯，美丽。《诗·郑风·羔裘》："羔裘如濡，洵直且侯。"侯度：美好的法度。

[6] 生安之哲：生，《易·击辞》："天地之大德曰生。"安，《书·皋陶谟》："安民则惠，黎民怀之。"

[7] 雍动之休：和谐之意。《书·舜典》："百姓昭明，协和万邦，黎民于变时雍。"

[8] 敷天衮对：敷，遍。衮，众。《诗·周颂·般》："敷天之下，裒时之对，时周之命。"意为遍天之下，众山川之神皆如是配而祭之。

[9] 三农阜泽：《周礼·天官·太宰》："一曰三农，生九谷。"注，"郑司农曰：三农，平地、山、泽也。"三农又指春、夏、秋三农时。《文选·张衡〈东京赋〉》："三农之隙，曜威中原。"

新纶叠沛。成南郊荐禋[10]之礼，奉慈宁启跸之仪。法祖尊亲，巡方问俗。路经山左，亿万民之歌舞填街；壤接江南，三千里之欢呼载道。泛龙舟而沛泽，翔凤辇以舒春。沉璧河宗[11]，用告安澜之绩；秉圭屋社，聿修展谒之诚。迪往哲以无忝，饬祠官而成秩。逋赋则全蠲蔀屋，眚[12]灾则肆赦圜扉[13]。樗栎[14]含荣，喜瑕瑜之不掩；藻芹生色，乐葑菲[15]之无遗。献赋则量以升庸[16]，扶犁得邀乎金帛。桑麻影里，迓青旗紫盖之交辉；蒲荐丛中，合白叟黄童而称庆。云凝五色，同瞻仙仗亲临；彩焕重霄，共仰如来普现。圣主展孝思于圣母，万灵祝寿考于万年。国庆频呈，天颜有喜。随时得句，留仙藻于吴山越水之间；因地制形，绘真机于凤舞麟游之世。臣恭承帝命，敬读宸章。浩荡恩波，知随万乘千骑而俱至；清宁法象[17]，愧非管窥蠡测所能名。勉竭微忱，绘成长卷，恭呈黼座[18]，无任悚惶。"

乾隆四十一年夏五月。臣徐扬敬跋。

下钤"臣徐扬"、"笔霑春雨"二印。

原文选自《乾隆南巡图研究》，文物出版社 2010 年

---

[10] 荐禋，升烟以祭天，《周礼·春官·大宗伯》："以禋祀昊天上帝。"注："燔燎而升烟。"

[11] 河宗，河神。《穆天子传》："甲辰，天子猎于渗泽，……以祭河宗。"

[12] 眚：灾异，疾苦。《易·复》："有灾眚青。"《释文》："《子夏传》云：伤害曰灾，妖祥曰眚。"《文选·汉·张平子〈东京赋〉》："勤恤民隐，而除其眚。"

[13] 圜扉：圜，圆木。狱户以圆木为扉，故称圜扉。唐·刘长卿《刘随州集》九："误因微禄滞南昌，幽系圜扉昼夜长。"

[14] 樗栎：不成材之木。

[15] 葑菲：葑菲，菜名，即蔓菁。《诗·邶风·谷风》："采葑采菲，无以下体。"

[16] 升庸：升，量器。庸，功劳。《国语·晋七》："无功庸者不敢居高位。"注："国功曰功，民功曰庸。"

[17] 法象：《易·系辞》："是故法象莫大乎天地，变通莫大乎四时。"

[18] 黼座：皇帝之位，黼，古礼服上花纹。《周礼·考工记·画缋》："白与黑谓之黼。""黼座，皇帝座，后设黼扆（屏风），故名。"

三 博物馆学

博物馆科学管理研究刍议

博物馆的科学管理，是博物馆学的一个重要组成部分，也是一个分支学科。对这个问题的重视程度如何，直接关系到一个博物馆乃至整个博物馆事业的发展，特别是在我国目前全面改革的浪潮中，更是如此。博物馆学界对博物馆科学管理的理论、方法等方面的积极、广泛的探讨具有十分重要意义和迫切性。这项研究工作应当更加速地进行，以便更有力地推动我国博物馆事业的发展。

博物馆学界经过反复讨论，现已初步明确了这一学科的主要研究内容和指导思想。有些看法很精辟，例如把博物馆科学管理的主要内容归纳为四个字，即：人（才）、财（务）、（文）物、制（度）。关于博物馆科学管理学研究的主要任务，是否可以归纳概括如下：研究如何合理地组织博物馆管理工作，使一个博物馆，乃至整个博物馆事业全部活动科学地有效地进行，以充分发挥全体博物馆工作人员的主动性、积极性和创造性，从而更好地发挥博物馆社会教育的职能，为我国社会主义物质文明和精神文明建设服务。我以为这就是研究博物馆科学管理学的主要任务，也就是研究博物馆科学管理学的出发点和归宿。

目前，我国博物馆科学管理学的探讨取得了一定的成果，但这种成果，应该说还是初步的，今后应该如何推动这一学科的研究，本文试就其研究方法和途径谈几点设想。

一、博物馆科学管理的研究，既应当进行宏观的研究，也应重视微观的研究。所谓宏观的研究就是对整个博物馆事业如何科学管理进行研究，它包括一系列的、大量的、多方面的、多层次的研究工作；所谓微观的研究是对各种类型的、不同层次的博物馆，也就是具体到一个馆如何进行科学管理以及在一个馆之内不同部门、不同管理层次进行科学管理的研究。只有把宏观研究和微观研究结合起来才有可能探讨出博物馆科学管理的普遍规律，从而建立起博物馆科学管理学的基础。

二、应注意博物馆科学管理中多层次与多类型的研究。在谈到宏观与微观研究时，已经涉及到多层次研究的问题，然而就多层次研究本身来说，也还有更广泛的对象和内容，包括全国的博物馆事业如何管理，一个省的博物馆应如何管理，一个市、县的博物馆应如何管理；在一个馆内，馆长如何进行管理，各部主任如何进行管理，组长甚至于某一具体的工作应如何管理等等。此外，还应注意对各种不同类型博物馆的研究工作。历史的、艺术的、科学的、军事的、民族的等许多不同性质、不同类型的博物馆，各自都有其特殊性，如果我们不把它们分别加以探讨，将其特殊性区别开来，共同性概括出来，就会把个别当作一般，把特有的东西当作共同的规律，使我们的研究工作出现片面性，从而缺乏指导实践的意义。因此，作为博物馆科学管理学的研究，更重要的是如何在这多层次、多类型的博物馆管理工作中区别其特殊性，找出它们的共性，从而形成博物馆科学管理的共同内容。

三、要注意博物馆的多重性和研究中间与多学科的结合。一个博物馆，不论其规模大小，麻雀虽小，五脏俱全。就其管理工作而言，包括有行政性的管理工作、学术性的管理工作、博物馆业务性的管理工作、艺术性的管理工作和技术性的管理工作，同时还有思想政治工作等等，这些不同性质的管理工作，都属于博物馆的管理范畴。然而作为一个博物馆负责人的管理方法是不应该一刀切的，需要加以区分，把整个管理工作加以分解，按其工作所属的性质，运用行政、学术、艺术、业务、技术及思想政治工作的不同方法分别进行管理。对于学术性的问题，必须按照学术讨论、研究的规律，解决学术管理问题。例如历史类博物馆，在解决一些重大陈列学术问题时，就要按解决历史科学问题的方法去研究、探讨；自然性的博物馆，就要按自然科学的规律办事；属于艺术性的工作就按推动不同风格，不同流派百花齐放的艺术规律去管理；属于技术性的工作，只能用适合于解决技术性问题的管理方法去进行管理。如果馆长不按其各自的规律进行组织管理，就无法达到预期的效果，也就必然造成管理工作陷入盲目。此外，博物馆的科学管理还必然涉及到统计学、人才学等诸多学科。因此，我认为，博物馆的科学管理，不仅仅限于保管、陈列、群众工作等一般博物馆学的内容，总要涉及到更广泛的内容。这样就必须从博物馆管理工作的实际出发，把不同性质的管理工作加以分解，并广泛地借助于其他学科的研究成果，形成一个边缘的、多学科交叉的博物馆科学管理学，也只有这样才有可能逐步实现博物馆管理的科学化、现代化。

四、在博物馆科学管理研究中，我认为最根本的仍然是一切从实际出发，从中国博物馆事业当前的实际出发，而不是从概念出发，要的是发现新情况，研究新问题。在八十年代，就要研究八十年代的问题，不同的博物馆就要研究本馆当前出现的新问题。只有这样我们的研究才能跟上我国博物馆事业的发展步伐。使我们的研究具有指导实践的作用。从实际出发还有两个含义，第一个含义是在研究当前新情况、新问题的同时，要尊重我们的历史经验，因为历史是不能隔断的。人类创造历史，而人类的创造只能在现有的基础上进行。虽然时代前进了，过去的经验不一定完全适用于今天，但它毕竟有许多宝贵的东西值得借鉴，问题在于如何根据当前工作的需要，去总结历史经验，选择和提炼有利于今天的历史精华。从实际出发的另一个含义是要密切注意我们正在兴起的全国的改革浪潮，要注意世界面临的第三次浪潮的冲击和新科学技术的挑战。这样，我们就可以立足于今天，提炼历史的经验，同时展望未来，迎头赶上全国以至全世界博物馆事业发展的步伐，加速博物馆科学管理学的研究，并在研究中取得更大的成效。

（本文系根据作者在中国博物馆学会博物馆科学管理学术讨论会上的总结发言整理而成）

原文刊于《中国博物馆》1985 年第 2 期

试论博物馆学研究的对象、内容和方法

一、什么是博物馆学

作为社会文化教育事业的博物馆，是人类社会经济和文化发展到一定历史阶段才出现的。随着社会对博物馆需求的日益迫切和博物馆事业自身发展的要求，才从博物馆事业的实践中产生了博物馆学。因此，在讨论什么是博物馆学之前，有必要首先了解一些博物馆学产生和发展的历史。

博物馆学的历史发展

在人类社会发展史上，博物馆的起源很早，最初，在相当长的时间里，博物馆只是供皇室或少数富人观赏的奇珍异物收藏室，一般公众不可能涉足其间。这种雏形的博物馆未能引起人们对它更多的关注。十八世纪末，西欧一些国家博物馆踵相建立，并向社会公众开放，博物馆的社会功能有了新的发展。人们对博物馆的认识也发生了变化。

初期的博物馆学同其它学科一样，是从对个别研究对象的记述开始的。早在十六至十八世纪，西欧国家就出现了一些这样的著作。有的是对某个博物馆发展情况的记录，有的是对藏品的描述，也有的提出建立一个完美的博物馆的设想。随后有些著作陆续涉及到博物馆藏品的分类、博物馆陈列等问题，如1565年荷兰人昆齐贝提出：藏品应系统的分类，然后始可进行室内展出。1727年德国人尼克里阿斯出版《博物馆实务》一书，详细阐述了藏品与气候的关系以及展品陈列的原则。1880年英国博物馆学者鲁金斯发表了《博物馆之功能》，强调博物馆要成为一般公众受教育的场所。后来，美国博物馆学者顾迪发挥了鲁金斯的观点，在

《将来的博物馆》和《博物馆行政管理的原则》两篇专论中，进一步强调博物馆必须致力于革新教育，开展积极的活动，使之不仅是专家学者从事研究的场所，而且要成为教育机构的补充设施，校外教学的园地。1904年美国人德华特·马莱编写的《博物馆——它的历史和利用》一书，除了阐述博物馆的社会作用外，还对博物馆进行历史考察，第一次系统地研究了博物馆的历史。以后，日本高山林次郎编写了《博物馆论》。美国博物馆协会成立后，出版了《博物馆的目的与方法》。这些博物馆学著述的出版，对当时的博物馆工作和事业建设有一定的指导作用。

二十世纪三十年代以后，博物馆学研究有了新的发展。研究视野逐渐扩大，研究成果也日渐增多。1930年日本著名博物馆学家棚桥源太郎写了《诉诸眼的教育机关》一书，对博物馆的特征和职能等问题进行了论述。1934年博物馆国际事务局出版了《博物馆学》。该书很快被译成多种文本，成为各国博物馆工作者学习的教材。1939年华盛顿出版了美国博物馆协会主席考尔曼三卷本的《美国的博物馆：批判的研究》。1944年日本博物馆协会编印《本邦博物馆发展的历史》。这些著作从不同角度论述了博物馆的工作和特点。一般说来，这个时期博物馆学研究主要还是描述性的，经验的叙述多于理论的探讨。当时，各国学术界对博物馆学这门学科的认识也比较简单。以著名的英国《韦氏字典》（1934年版）为例，它认为博物馆学"主要是解决博物馆对实物的系统的收藏、陈列、保管等一系列问题"。

二十世纪五十年代，博物馆学研究开始进入新的阶段。第二次世界大战以后，各国博物馆事业的恢复和发展，科学的迅猛前进，推动了博物馆学的研究。1950年，棚桥源太郎出版《博物馆学纲要》。全书分为九章：

（1）博物馆发展历史；

（2）博物馆的类型；

（3）博物馆的职能；

（4）博物馆资料的搜集、整理、保管；

（5）陈列工作；

（6）各类博物馆的设备和经营；

（7）博物馆的教育和研究工作；

（8）博物馆的管理；

（9）博物馆的建筑。

这本书的出版，初步建立了日本博物馆学的基本体系，在日本博物馆学界引起很大反响，对博物馆学的一些基本理论展开广泛讨论，涌现出一批博物馆学论著。五十年代博物馆学研究的另一重要成果，是1955年《苏联博物馆学基础》的出版。该书由苏联博物馆科学工作研究所编写，莫斯科博物馆、列宁格勒博物馆以及许多地方博物馆工作者参加了讨论，它比较系统地阐明了苏联博物馆学理论和实践的基本问题，总结了苏联近四十年的博物馆经验，对博物馆工作者，特别是众多的地志博物馆工作者给予很大的实际帮助。《苏联博物馆学基础》是第一部试图用马克思主义理论对博物馆进行系统研究的论著。它的出版对苏联以及许多社会主义国家的博物馆产生了广泛影响。

七十年代以来，世界博物馆事业发展很快，博物馆数量有很大增长，博物馆社会功能日益广泛，博物馆学的研究，成了迫切的现实问题。1971年在巴黎和格勒布尔召开的国际博物馆协会大会上，博物馆学首次从世界博物馆的角度，探讨了博物馆的文化教育作用，和博物馆与人类未来的关系，推动了各国博物馆学研究的开展。据不完全统计，世界各国出版的博物馆学杂志超过150种，主要有：国际博物馆协会出版的《博物馆》（1947年创刊），德意志民主共和国的《新博物馆学》，美国的《博物馆新闻》，英国的《博物馆杂志》，法国的《法国博物馆》，日本的《博物馆研究》等。苏联、保加利亚、波兰、罗马尼亚、捷克斯洛伐克也都出版了有关博物馆学杂志。有关博物馆学的研究机构，如苏联的文化研究所博物馆学部、德意志民主共和国的博物馆研究所、捷克斯洛伐克的布拉格大学博物馆学系、德意志联邦共和国柏林博物馆学研究所、匈牙利博物馆研究所等先后建立。

七十年代以来，博物馆学研究表现出许多新的特点。

首先，博物馆学更加重视学科体系的研究和基础理论的建设，博物馆学家们提出了一个又一个学科体系的设想。很长时期以来，博物馆学的研究，过于侧重具体工作的总结和纯属技术性问题，对学科基础理论的探讨重视不足。这有碍于博物馆学更快达到现代科学的水平。日本博物馆学家仓田公裕曾经指出："博物馆学必须在理论上构成博物馆的概念"，"博物馆学不单是技术，是不折不扣的科学"。在社会主义国家，更有不少博物馆学者努力用辩证唯物论和历史唯物论观点解释博物馆现象，推动了学科基础理论的发展。捷克斯洛伐克博物馆学者3.斯特兰斯基认为："一切科学学科所需要的准则是，客观社会需要和科学的认识事物的内在规律的准则。从现代科学的角度来看，才能确定博物馆学的科学性"。他详细地研究了博物馆从产生到现在的发展史，分析了大量博物馆学专著（文艺复兴时期学者的首批著作到现代博物馆学专家的编著），探索了博物馆学研究机构（科学研究所、大学的博物馆学教研组）的形成过程，最后得出结论：博物馆学是一门独立的科学学科。[1]第二，无论博物馆学研究领域或者研究方法，都有了明显发展，产生了许多变化：从片面性到整体性；从封闭性到开放性；从盲目性到预见性；从定性分析到某些方面的定量分析；从本体研究到关系研究。许多博物馆学研究者不仅着眼于内部规律的研究，而且努力进行博物馆外部联系的探讨。博物馆与社会、博物馆与教育、博物馆与人类未来等等，成了研究者们极感兴趣的课题。如国际博物馆协会几次都把博物馆如何适应当代社会的发展，作为其年会的中心议题进行研究和讨论。第三，博物馆学研究与其它科学的联系愈来愈密切，逐步分化出许多分支学科，如博物馆管理学、藏品保管学、博物馆教育学、陈列学等。七八十年代的博物馆学研究，正在从侧重于解决实际应用问题，向同时注重理论研究的方向发展，从而把这门学科推向更系统、更健全的阶段。

中国博物馆学发展的回顾

中国古代没有博物馆学这个名称。中国的博物馆学开始于什么时候，尚在讨论之中。归纳起来，目前大致有三种看法：

（1）宋代已经有了博物馆学，金石学就是博物馆学的前身。

（2）博物馆学产生于二十世纪初，南通博物苑创办人张謇是中国博物馆学奠基人。

（3）二十世纪二十年代博物馆学已有较为完整的体系，蔡元培是其代表。认为蔡元培对博物馆的认识已不是一鳞半爪，或单纯的概念，而是把握住博物馆的本质，概括出博物馆的一般规律。有理论基础，有发展的过程，成为一个较为完

---

[1] 〔捷〕3.斯特兰斯基《博物馆学是一门科学》，见苏联《博物馆学与文物保护，博物馆珍品的修复与保管》杂志，1983 年第 7 期。

博物馆学

62

整的体系。

科学学指出，科学是随着社会的发展而发展的。任何一门科学都是实践在先，学科的建立在后。博物馆学的产生也不例外。只有对博物馆事业中积累起来的实践经验进行系统化研究，才能上升为理论，从而建立起这一学科的基础。

我国二十年代前后，关于博物馆的认识和研究，还没有形成一个完整的知识结构。那时确有一些人提出一些关于博物馆的工作原则，尽管与后来形成的博物馆学的某些原则基本一致，但还不能认为就已形成了完整的博物馆学体系。正如恩格斯在《反杜林论》中谈到政治经济学时所指出的，政治经济学是在十六至十八世纪工场手工业时期才成为一门独立科学的，它"事实上不外是对资本主义产生时期的经济的科学理解，所以，与此有关的原则和定理，也只能在例如古希腊社会的著作家那里见到，这只是因为一定的现象，如商品生产、贸易、货币、生息资本等等，是两个社会共有的"[2]。由此可以理解，中国博物馆学的某些知识形成很早。文物收藏室以及近代初期博物馆的活动，为我国博物馆学的形成积累了必不可少的经验和材料，成为我国博物馆学发展的渊源。只是到二十世纪三十年代，在我国才基本上形成了博物馆学这个概念，作为一种知识的名称才开始使用，并初步有所探讨。

在我国最早明确提出以研究博物馆学为宗旨的，是1935年成立的中国博物馆协会。该会设立专门委员会，分管博物馆学术，评审有关博物馆学论著。协会成立不久就出版了"会报"，编印《博物馆学书目》，有组织地倡导博物馆学的研究，对我国的博物馆学是一个有力的促进。此后，陆续出版一些博物馆学著作，如陈端志的《博物馆学通论》，费畊雨、费鸿年的《博物馆学概论》，胡肇椿的《征集品之修复与保存》，以及陈端志的《地方博物馆实施法》等。到了四十年代，又有曾昭燏、李济编著的《博物馆》和荆三林的《博物馆学大纲》（油印）问世。中国博物馆协会成立之后短短几年时间，有了这样一批成果，这是我国博物馆学研究史上的重要的一页，为博物馆学在我国的发展打下了基础。

1942年国立社会教育学院设立图书馆博物馆学系，开设博物馆学课程。1948

---

[2] 《反杜林论》，《马克思恩格斯选集》，第3卷，第465页，1972年人民出版社。

年北京大学设立博物馆学专修科，由前国立北京历史博物馆馆长韩寿萱兼任主任，斐文中、唐兰、沈从文、陈梦家、张政烺等知名学者兼任教授。主要招收其他学科的大学毕业生和一些符合条件的高中毕业生，授以博物馆学的课程。博物馆学逐渐为更多的人所了解。

这一时期的博物馆学发展，不可避免的存在着不少弱点和不足，主要是：在观点上，大多是转引外国博物馆学著作的现成结论；在论述内容方面，当时出版的几本博物馆学著作，也往往偏重于博物馆具体工作的说明和外国博物馆情况的介绍，而缺乏对博物馆基本规律的揭示和本国经验的科学概括。

新中国成立以后，博物馆事业发生了崭新的变化，为博物馆学的新发展提供了有利条件。人们开始试图用马克思主义的立场、观点和方法来揭示博物馆的客观规律。五十年代涌现出数百篇关于博物馆工作的文章，编印近40种介绍博物馆学理论和工作方法的书籍，如傅振伦的《博物馆学概论》（商务印书馆1957年出版）、文化部文化学院的《博物馆工作概论》（1961年内部铅印）等，所有这些，都为建立具有中国特点的博物馆学，作出了有意义的探索和努力。

进入社会主义现代化建设的新时期以后，对建国以来博物馆三十多年的经验，迫切需要进行系统研究和概括。博物馆学的研究工作无论在深度或广度上都有了进一步的发展。1982年中国博物馆学会成立，编辑出版了一些博物馆学论著。《中国博物馆》、《博物馆研究》、《文博》等博物馆学刊物公开发行，多次召开全国和地区性博物馆学学术讨论会。国家在南开大学、杭州大学、上海大学、复旦大学、武汉大学和吉林大学等学校开办博物馆学专业，培养博物馆专门人才。同时，国家学位委员会批准设立博物馆学硕士学位，招收研究生。博物馆学作为一门学科，逐渐为社会所重视。

什么是博物馆学

博物馆学的研究对象是什么？博物馆是不是一门独立的科学学科？什么是博物馆学？这是本文讨论的主要问题

1.博物馆学的研究对象

科学史的形成和发展告诉我们，科学是反映自然、社会和思维的客观规律的知识体系。科学又分为各个学科。每一个学科只是研究客观世界发展过程中的某个阶段或某一领域的运动形式及其内在规律。科学研究的区分，就是根据科学研究对象所具有的特殊运动形式及其内在规律。因此，某一现象领域所特有的运动形式和内在规律，就构成某一学科的研究对象。博物馆作为一种特殊的社会文化事业实体，其本质在于，不断地揭示、保存藏品自身价值和最大可能地实现藏品社会价值的过程。这一全部过程及其规律，就是博物馆学的研究对象。如果笼统说博物馆是博物馆学的研究对象，这并没有说明事物的本质。

随着社会的发展，人们愈来愈清楚地看到，博物馆学的研究，是十分必要的。这不仅是博物馆工作和博物馆事业发展的客观反应，也是社会公众日益增长的科学文化要求的表现，是我国社会主义精神文明建设的需要。可以说，博物馆学的产生和发展，是倾听博物馆实践和社会呼声的结果。

博物馆学是一门实践性很强的科学。它不能脱离博物馆的实际和社会对博物馆不断提出新的要求。它的理论既来源于实践，接受实践的检验，同时又指导博物馆具体工作，为博物馆事业的发展提供理论根据。所以，博物馆学不能是纯粹理论性研究的学科，而是与博物馆实际密切联系的应用学科。

博物馆学又是一门比较年轻的学科。它产生的时间不长，基本理论体系还不完备。博物馆学自己学科的方法论也有待于探索。这些都是这门年轻学科不可避免的缺陷，也是目前博物馆学研究的重要课题。但是，那种据此否认一门正在发展的学科，否认博物馆学是一门科学的观点，是失之偏颇的。

2.博物馆学的定义

在西方文字中，"博物馆学"一词，英文是 Museology，法文是 Museology，德文是 Museologe（或 Museumskunde），俄文是 МузеВеДеНИЯ。很长时间，人们对博物馆学的认识很简单，往往把它看作是对博物馆内容的描述。著名的英国《牛津字典》解释博物馆学是"设置博物馆的科学"（1934年）。这不过是从语义角度出发来定义博物馆学的概念的。一般说来，完整的定义应该是科学的抽象，即用最简明的语言对本质特征进行科学的概括和说明。但是，这一点无论外国或者我国，迄今都没有一致的表述。

日本《大百科事典》关于博物馆学的定义是："博物馆学是明确博物馆本质，科学地研究博物馆的真正目的及实现的方法，使得博物馆正确发展的学问"。

美国《图书情报学百科全书》关于博物馆学的定义是："以研究博物馆的目的

和博物馆组织结构的一门分支科学"。

现在，许多博物馆学者越来越不满意于静止的孤立的博物馆学定义。苏、捷、民主德国以及其它一些国家的研究者，都在试图对博物馆学作出新解释。《苏联大百科全书》（1974年第三版）认为，"博物馆学是研究博物馆产生，研究它的社会职能，以及研究博物馆事业的理论和工作方法问题的学科"。有的论著认为，"博物馆学是关于搜集、保存、开发、研究和展出的复杂过程的科学。"[3] 荷兰博物馆学者彼得·曼什等人主张更为广泛的博物馆学定义，提出"博物馆学是包括关于管理和使用文化和自然遗产在内的理论和实践的完整复合体。"美国爱达荷大学博物馆学研究室主任艾利斯·G·博尔考教授认为，"博物馆学是有关博物馆制度、历史、演进，现在的地位和将来发展，以及博物馆对社会的独特责任的研究。"

上述表明，强调对博物馆社会职能的研究，已经成为博物馆学非常关注的问题。这不仅反应了博物馆学研究的深入，同时也说明博物馆与当代社会的关系愈加密切。博物馆如何满足社会生活多方面的要求，已经成了急待解决的问题。

目前我国博物馆界对博物馆学定义的认识也不一致，主要有四种意见：

（1）博物馆学是研究博物馆事业的基础理论和工作方法的学问。

（2）博物馆学是研究博物馆工作方法、技术及理论的一门科学。

（3）博物馆学是以辩证唯物主义与历史唯物主义为指导，研究博物馆及其事业一般理论与实践的一门综合性科学。

（4）博物馆学是研究博物馆特殊矛盾的学问。

以上四种意见，前三种基本相同；第四种是从矛盾的特殊性出发来寻求和解答博物馆学的研究对象的。但是，这方面的论述还不多，到底何为博物馆的特殊矛盾，还有待进一步深入探讨。

关于博物馆学定义的不同认识以及不同表述方法，是一些新兴学科通常都有的现象，这并不妨碍博物馆学的发展。因为，任何一门科学都是从实际出发，而不是从定义出发的。

我们认为，博物馆学是研究博物馆的历史发展、基本理论、组织管理和工作

---

[3] 施莱纳，《博物馆学绪论》，纽勃伦登堡，1982年。

原则及其科学方法的一门科学。它的基本任务是，依据博物馆的实践，从理论上认识博物馆的特殊运动形式和内在的规律，以指导博物馆的具体工作。

3.博物馆学是一门什么性质的学科？

不少博物馆学者认为，它是一门新型的、综合性和交叉性很强的科学。也有的认为属于社会科学。

博物馆的学科性质，取决于它的研究对象所涉及的领域和进行研究所运用的方法。博物馆作为客观存在的社会现象，属于上层建筑的范畴，是社会科学研究的领域。它所运用的知识范围，虽然也包括或涉及某些自然科学学科的知识，但主要还是哲学、政治经济学、教育学、心理学、社会学以及管理学等社会科学知识。其方法论也主要采用社会科学的研究方法。因此，博物馆学基本上是一门社会科学，而且是社会科学类中更偏重于应用方面的学科。

二、博物馆学研究内容

博物馆学的研究内容

博物馆学的研究内容是由它的研究对象决定的。博物馆有着十分丰富的业务活动；博物馆事业涉及社会生活的许多方面。因此，博物馆学包含着广泛的研究内容。

一般地说，博物馆学研究内容主要有两个方面：一是研究博物馆和社会公众，以及社会经济、政治、文化教育、科学技术发展的关系，这种关系可称为博物馆的外部联系；二是研究博物馆各项工作之间的关系，博物馆事业建设各个方面以及各级各类博物馆之间的关系等，这种关系可称为博物馆的内部联系。只有既从博物馆的外部联系，又从博物馆的内部联系；既从博物馆的历史演进，又从其未来的发展趋向；全面地历史地探讨其客观规律性，才能形成比较完整的博物馆学体系。

具体地说，博物馆学研究内容主要包括以下几方面：

1.博物馆学基础理论

博物馆学的基础理论是当前博物馆学研究中急待加强的基本问题。加强这方面的研究工作，才能推动整个学科的发展，同时应用研究也才能推向更高的阶段。不能把博物馆学看作单纯的技术科学，也不能因为博物馆学实践性强，而忽视基础理论研究。

博物馆学基础理论研究，主要是：

（1）博物馆学研究对象、学科性质及其与相关学科的关系，博物馆学的体系结构，博物学说史；

（2）博物馆学方法论；

（3）博物馆的基本特征及其职能。博物馆观众，博物馆在社会中的地位与作用及其未来的发展等。

（4）博物馆管理。

2.博物馆发展历史，包括中外博物馆史。

3.博物馆学应用研究，包括博物馆的工作原则及其科学方法。

4.博物馆事业建设研究，包括事业建设的方针、政策，管理体制和方法，各类型博物馆及博物馆网的建立等。

从以上几方面可以看出，博物馆学研究内容很广泛，单就其中一部分来说，也包括相当复杂的内容。正因为这样，西方博物馆学家着眼于不同的研究角度，把博物馆学划分为：

普通博物馆学（General Museology）

理论博物馆学（Theoretical Museology）

历史博物馆学（Historical Museology）

专门博物馆学（Special Museology）

应用博物馆学（Applied Museology）

普通博物馆学主要是从宏观上研究博物馆的一般规律，阐述博物馆学的基础知识。

理论博物馆学主要研究博物馆学的基本理论，从哲学等不同角度探讨博物馆的本质和特征，阐明它与其它社会现象和社会因素的关系，从而对整个博物馆事业的总体和趋势作出表述和评价。

历史博物馆学主要是对博物馆进行历史的考察，揭示博物馆历史发展的统一性和不同国家博物馆历史发展的多样性，弄清其发展规律。

专门博物馆学主要是研究各种类型博物馆的特殊规律和不同的工作原则，管理理论及其不同的管理方法。

应用博物馆学，或称博物馆管理学（Museography）。它是博物馆应用技术的研究，包括博物馆管理、藏品搜集、登记、科学保护和博物馆教育的方式、方法等。

当然，博物馆事业在不断发展，博物馆学研究也在不断深入，新的研究领域还会开拓，新的分支学科也会出现。例如，比较博物馆学就很需要加强研究。比较博物馆学是运用比较分析的方法，以当代博物馆问题为中心，对两个或两个以上国家的博物馆理论或博物馆实践进行对比，从而找出它们的优点和缺点，共同点和不同点，普遍规律和特殊规律。开展比较博物馆学的研究，对于正确借鉴外国博物馆的经验，促进各国博物馆学研究成果的交流，完善和发展博物馆学体系，都是十分必要的。

当前我国博物馆学研究的主要任务

为了加速建立具有中国特色的博物馆学体系，我国博物馆学的研究，无论基础理论或实际应用都需要不断加强。

如何针对当前我国社会主义博物馆事业在新形势下面临的主要问题，开展研究工作，从理论的高度，总结我国博物馆的丰富经验，同时认真研究和汲取国际博物馆学理论研究与工作实践的有益成果，促进博物馆事业的发展，推动理论建设，进一步确立博物馆学的科学地位。这应是当前我国博物馆学研究的主要任务。

三、博物馆学的研究方法

博物馆学与其它学科的联系

博物馆学不是一个孤立的科学领域。它与许多门学科有着多方面的密切联系。这是博物馆学的又一特点。特别是科学技术发展综合化趋势的加强，各门学科互相渗透，互相包含，日益开拓了自然科学与人文、社会科学的协作领域，使人文、社会科学的一些学科的研究内容得到极大丰富，从而也使博物馆学与其它学科的联系愈加密切。

西方博物馆学者认为，博物馆学与人文科学、社会科学、技术科学、自然科学的许多学科都有关系，具有很强的交叉性。

右图所列，只是示意性说明博物馆学与有关学科相联系的大致情况。一般看来，博物馆学与其中的教育学、心理学、管理学等学科的关系更为密切。毫无疑问，随着各种不同类型博物馆的发展，以及新的学科的出现，这种关系将会更进一步发展。

1. 博物馆学与教育学

教育学是研究教育现象，揭示教育规律的科学。博物馆是社会文化教育机构，向广大观众进行科学文化知识教育，进行思想道德教育，是博物馆的主要任务之一。为了卓有成效地开展教育工作，就必须研究博物馆教育的内容、方法，组织形式，教育工作者的训练与培养，以及教育与人的关系。而这种研究则要依据教育学的理论与方法。这样博物馆学与教育学就发生了联系。在许多问题上，两门学科都要进行研究，只是研究的角度和侧重点不同。随着博物馆社会教育作用的加强，博物馆学与教育学的关系将愈来愈紧密。

2. 博物馆学与心理学

心理学是一门研究人的心理规律的科学。心理学既研究人们的感觉、想象、动机、意志（支配行动的内心活动）等心理过程，也研究诸如兴趣、习惯、能力、气质、性格等个性心理特征。博物馆学研究博物馆的观众，根本说来就是要解决如何以自己独特的方式、方法吸引观众，感染观众的问题。这就需要用心理学的理论与方法分析各种不同观众的心理状态，剖析观众的心理特征和实质，探讨影响观众的心理性因素，以便使博物馆工作更加符合观众心理活动的客观规律，最大限度地收到理想的社会效果。不同地区、不同类型的博物馆，观众状况也不同，工作方式也会有所区别。儿童心理学、教育心理学、艺术心理学等等，都可以在博物馆学观众研究工作上作为借鉴，逐步建立博物馆观众心

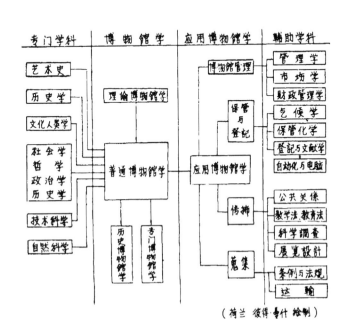

（荷兰 彼得·事什 绘制）

理学。

3.博物馆学与社会学

社会学研究的范围很广。它研究社会现象和人们社会行为的规律。从社会学角度研究博物馆，其中主要应研究人们是什么思想支配下来参观博物馆的，这种思想是怎样产生的，与其本人的其它社会行为有什么内在的必然联系等等。而博物馆学研究博物馆的社会职能，其中一个主要方面，就是要研究博物馆这种社会现象，是怎样对人们发生作用的，它的社会地位如何。这样，博物馆学与社会学就有了一个交接点，由此也就产生了一个新的研究领域——博物馆社会学。日本有的博物馆学家就主张把博物馆社会学列为博物馆学重要的分支学科之一。

4.博物馆学与目录学

目录学是研究目录形成和发展一般规律的科学。篇帙浩繁的图书文献，只有通过编制目录的工作，进行鉴别、著录、介绍和评论，才能将有关文献的信息揭示并传递给读者。这一程序与博物馆藏品的科学研究工作，在一定意义上是相同的。博物馆的藏品编目，与图书编目基本原理一样。因此，博物馆学应该不断吸取目录学的研究成果，使博物馆藏品编目工作更加科学化。

5.博物馆学与管理学

管理学是研究管理活动的理论、方法和规律的一门科学。社会系统的各部门为了发挥最高的效率，必须讲究管理科学，博物馆也不例外。博物馆学要研究博物馆的管理体制、组织机构，人员组成、职责及其活动方式、研究博物馆的管理目标、管理过程、原则和方法，就要运用管理学的知识和理论。博物馆管理学也可说是博物馆学与管理科学之间的边缘性的分支学科。

6.博物馆学与人才学

人才学是研究人才成长和人才培养规律的一门科学。它既研究人才成长的内在因素和规律，又研究人才辈出的社会因素和规律。博物馆担负着促进社会培养人才成长的任务，同时博物馆本身也需要大批不同类型、不同层次的专门人才。如何扩大和加强博物馆人员队伍的建设，如何任用、考核、管理在职博物馆工作者，这些都是博物馆学应该深入具体研究的课题。这方面需要引入人才学的理论和方法，而博物馆学的研究成果也可以直接丰富人才学的内容。

除了以上相关学科外，博物馆学与经济学、未来学、情报学、美学、装潢设计学也有关系，与数学、物理学、化学、微生物学、光学、电子学、环境保护学和建筑学等自然科学也有关系。特别是某些自然科学学科对认识和解决藏品保存、保护中的某些技术问题有着重要作用。随着科学技术的飞速发展，先进的科学技术被日益广泛地引进博物馆各项工作中来，更使博物馆学与自然科学的关系日趋密切。

不难理解，博物馆学不是孤立的封闭领域，而是整个科学体系中的一个组成部分，它与其它学科相联系。它需要不断吸收其它学科的知识和成果，促进自己的发展，同时也以自己的研究成果，在某些方面给予其它学科以启示，并向其它学科提出新的课题。博物馆学与其它学科的相互依存，相互作用，互为补充的关系，为丰富和发展博物馆学创造了有利条件。

博物馆学的研究方法

一门科学的方法论，是对本学科具有普遍指导意义的研究方法。方法论的科学化和成熟化程度，决定着学科发展方向和成果的多寡。任何一门科学的每一重大进步，都是在其理论和方法论有了重大突破的前提下取得的。研究博物馆学，不能不重视方法论的研究。

1.辩证唯物主义和历史唯物主义

我国的博物馆学研究，是以马克思主义哲学为指导的。辩证唯物主义和历史唯物主义是最卓越的科学认识方法。这种方法使我们能够正确对待现象，认识那些支配现象发展的客观内在规律。这一科学的认识论是博物馆学方法论的基础。但是，用辩证唯物主义和历史唯物主义指导博物馆学研究，决不是用哲学的一般结论来代替具体的博物馆学研究过程和从中引出的应有结论。

2.一般社会科学方法

由于博物馆学尚在形成和发展之中，到目前为止，它还没有在把握了本门科学的基本规律之后，总结出一套对于本学科具有普遍性的研究方法。现在，无论外国或我国，博物馆学运用比较多的基本上是社会科学的方法，如分析与综合法、历史法、调查法、比较法等。

（1）分析与综合法

分析与综合是人类认识的重要手段，是各门科学广泛采用的研究方法。分析是把认识对象加以分解，进行探索；综合是把客观事物或现象的各个属性、方面结合为一个整体或统一体，加以认识。分析与综合是统一的。没有分析就没有综合。综合必须在分析的基础上进行；分析又要进行综合才能得到全面的认识。考察博物馆的基本特征，研究博物馆发展的基本规律，都离不开这种方法。

（2）历史法

通过分析文献史料，对过去的史实加以研究，找出基本的历史联系，从而还原历史本来面目。这种方法也是博物馆学的重要研究方法。博物馆是一个历史概念，有它产生和发展的过程。研究博物馆历史，对前人博物馆理论进行评价，分析外国博物馆发展情况，都离不开历史的考察。

（3）调查法

调查法是通过访问、民意测验、发问卷、社会统计、抽样等方式，搜集客观事物某一方面的实际情况，并进行研究。博物馆学对观众的研究、对社会效果的检验，往往采用调查法。

（4）比较法

比较，是研究事物之间的差异性和共同性的逻辑方法。认识博物馆特性，研究博物馆学不同流派，分析不同时期或不同区域博物馆事业建设的得失，往往采用比较的方法。

3.跨学科研究

所谓跨学科研究，是指运用其它学科的理论、研究方法或技术分析博物馆学研究课题的一种综合研究方法。现代科学的发展呈现出两个显著的趋势：一是学科分支越来越多，越来越细。目前，全部科学已经形成一个包括二千多个学科门类的体系。美国国家研究委员会和联合国教科文组织的统计表明，当代的基础科学已有500个以上的主要专业，技术科学则有412种专门研究领域；二是学科之间相互交叉又相互渗透的现象越来越明显。科学研究中广泛借鉴和采用其它学科的研究方法越来越被人们重视。苏联学者认为，"采用一门或几门学科的方法来研究其它学科的现象，是各门学科相互受益的一种重要方法。"在博物馆学研究中，重视相关学科、边缘学科、邻近学科研究方法的采用，有助于对博物馆进行多角度、多侧面、多层次、多线索的研究，这样不仅有益于系统、全面、深入地揭示博物馆特有的规律，而且会开拓博物馆学研究领域，产生更多的博物馆学分支学科。

4.系统论、信息论、控制论

研究博物馆学还要注意学习现代自然科学的知识和方法论。如系统论、信息论和控制论，就是直接从自然科学研究中总结出来的具有一般意义的原理和方法。系统论要求对对象进行整体的、有机的研究，不仅要注意整体与局部的关系，还要看到各个局部之间的相互关系以及整体与其它事物（即周围环境）之间的种种联系。这些关系或者联系都不是静止的、不变的，而是辩证地运动着的。信息论的方法则是把系统的运动过程当作信息传递和信息转换的过程，通过对信息流程的分析和处理，达到对对象即复杂系统过程的规律的认识。控制论指的是事物或对象内部不同系统、构结、环节之间的自动调节规律，其特点是它能在特定条件下把本来是两套不同类型的信息加工控制系统，构成一个统一的控制系统。系统论、信息论和控制论虽是三种不同的方法，但它们之间又是相互渗透、互为表里的。这些方法的恰当运用，达到对具体的对象进行整体的、多侧面的、多角度、多层次的综合考察。现在越来越多的事实表明，这些方法不仅适用于自然科学、技术科学，同时也在相当大的范围内影响着人文科学、社会科学。系统论、信息论和控制论作为现代科学的研究方法，无疑也将给博物馆学的对象、范围、内容、结构、范畴和体系带来某些变化。对此，我们应当以严肃的科学态度给予足够的重视和探讨。研究方法单一化，不利于博物馆学的发展。只有积极更新和开拓研究方法，才能丰富、充实、深化和推进博物馆学。

原文刊于《中国博物馆》1986年第3期

王宏钧／梁吉生

中国博物馆管理研讨

——法制管理和科学管理

博物馆管理是博物馆实践和理论中十分重要的问题。管理水平如何，在很大程度上决定着博物馆社会功能的发挥和事业发展的前景。许多事例证明：一个博物馆虽然藏品、人员、建筑设备和经费等条件比较好，如果管理不善，也会死气沉沉，很难做出应有的贡献；与此相反，如果善于管理，勇于开拓进取，尽管原有条件较差，也可以在努力扩大社会效益的过程中，不断增强自身的活力，改善各方面的条件，使事业得到发展。因此可以说，科学、有效的管理是博物馆事业发展的关键。

博物馆管理由宏观管理和微观管理两部分组成。宏观管理是指国家对博物馆事业全局性、综合性的管理，主要是制定和实施国家建设博物馆事业的方针、政策和发展规划，制定和实施博物馆的法规和管理体制，推动博物馆事业的发展。微观管理是指一个博物馆的管理。对一个博物馆全部工作和各项活动有目标地进行计划、组织、实施和检查，使博物馆全部机构协调有效地运营，博物馆社会功能的实际效益不断提高。

我国是发展中国家，博物馆事业的原有基础很薄弱。1949年仅有21个博物馆，1956年有67个，1976年有263个，改革开放以来迅速发展。1979年达344个，1983年467个，1985年711个；1989年967个；1990年突破了1000个大关，达到1013个；到1993年底的不完全统计，已达1500个。对于这么多博物馆宏观上怎样加强管理？对于各个类型不同、规模不等的博物馆，微观上怎样改进管理？这是范围很广泛的课题，以下仅对当前有待改革的两个迫切问题进行研讨。一个是加速博物馆立法，加强法制管理。这主要是宏观管理方面的。一个是运用系统理论，提高科学管理水平，这主要是微观管理方面的。

一、加强博物馆立法，加强法制管理

管理是各项社会共同劳动中不可缺少的重要社会职能。科学地立法，依法管理，实行"法治"，这是现代社会各项管理的普遍要求。沿袭"人治"，人存政举，因人而异，仅凭主要领导人个人的认识和经验去管理，这是不科学的古老的管理方式。如果搞得不好，还可能出现坚持己见，随心所欲，胡乱指挥，不务正业，扯皮内耗，纪律松弛，不正之风滋生，人心浮动离散等种种弊端，使管理陷于混乱。

在当前改革的洪流中，博物馆管理和经济等各项事业管理一样，需要以科学的态度，按照这项事业的客观规律去管理。科学地建立博物馆立法，完备博物馆法规，依法进行管理，这是实现现代化管理，提高宏观管理水平的首要问题。

1982年12月4日第五届全国人大第五次会议通过的《中华人民共和国宪法》第二十二条规定：国家发展为人民服务、为社会服务的博物馆等文化事业。1986年9月中共十二届六中全会通过的《中共中央关于社会主义精神文明建设指导方针的决议》进一步指出："教育、科学、文学艺术、新闻出版、广播影视、卫生、体育、文物、图书馆、博物馆等各项文化事业，都有各自的重要作用。要从我国地域辽阔、经济文化发展不平衡的实际出发，争取使这些事业获得一个大的发展。"

《宪法》的规定和中共中央的《决议》，使全社会提高了发展博物馆事业的重要性的认识，推动着近十几年来我国博物馆事业迅速的发展。

国家主管博物馆事业的部门——国家文物局（或文化部）也制定和颁布了若干法规：

1979年6月国家文物局颁发的《省、市、自治区博物馆工作条例》是指导博物馆全面工作的法规性文件。《条例》第二十二条规定，其它各种类型和规模的博物馆"可根据实际情况参照执行。"因此，对全国博物馆都具有指导意义。

《条例》明确了博物馆"是文物和标本的主要收藏机构，宣传教育机构和科学研究机构"，"博物馆通过征集收藏文物标本，进行科学研究，举办陈列展览，传播历史和科学文化知识，对人民群众进行爱国主义和社会主义教育，为提高全民族的科学文化水平，为我国社会主义现代化建设作出贡献。"

《条例》对博物馆的藏品、陈列、群众工作、科学研究、组织机构、人员队伍等方面也做出了规定。

1984年12月文化部颁发的《革命纪念馆工作试行条例》是指导革命纪念性博物馆的法规性文件。《条例》规定"各类革命纪念馆是纪念近代革命史上重大事件或杰出人物并依托有关革命遗址、纪念建筑而建立的纪念性博物馆。"《条例》对革命纪念馆的各项工作以及领导体制、工作人员、经费等也作出了规定。

为了加强博物馆和藏品的安全，1985年1月文化部和公安部联合颁发了《博物馆安全工作规定》。

根据《中华人民共和国文物保护法》的有关条款，1986年6月和1987年2月，文化部相继颁发了《博物馆藏品管理办法》和《文物藏品定级标准》。《藏品管理办法》对博物馆藏品的接收、鉴定、登帐、编目、建档、库房管理、藏品的保护、修复、复制、提用、注销规定了具体办法。《定级标准》规定了一、二、三级文物的定级标准，并规定凡属一、二级文物均为珍贵文物。

以上各项法规是根据我国国情、我国博物馆实际状况和发展前景所作出的法制性规定。它明确规定了博物馆的性质、任务、社会职能、各项工作的基本原则和发展方向，是博物馆管理的基本法令依据，推动着博物馆事业的发展。

在对现有博物馆管理法规给予应有的肯定与评价的同时，还必须看到：随着各项社会事业的迅速改革和发展，社会结构在各方面都迅速转变，人们的思想、世界观、价值观、情趣和对博物馆的要求也在迅速变化，因此在博物馆事业中已出现许多新情况和新问题。作为博物馆管理主要依据的现有各项法规已不能完全适应这种迅速发展的状况。其局限性已日渐明显地暴露出来。因此急需把博物馆立法的研究提上日程，促进《中华人民共和国博物馆法》的早日制定和实施，以建立全国博物馆的法制管理，推动博物馆事业的健康发展。1984年中国博物馆学会常务理事、已故的南京博物院副院长王英同志曾经对博物馆立法提出过很详细的书面建议，送到中国博物馆学会。当时我主持学会的工作，已把这份建议书转送全国人大法制委员会。但是全国各项事业急待立法的很多很多。看来博物馆立法在近期内还很不容易实现。需要我们多做准备，并着手进行研究。更希望我们博物馆、文物界、文化界的全国人大代表为此做出贡献。

在全国人大通过《中华人民共和国博物馆法》以前，急需制定、颁发一项管理全国所有博物馆的全国性行政法规。这项法规应由国务院颁发。这项法规至少需要考虑包括以下的内容，以适应全国博物馆发展中的新情况，指导解决出现的新问题。

1.以建设具有中国特色的社会主义理论为指导，从我国地域辽阔，民族众多，经济文化发展不平衡的实际出发，以建设具有中国特色的博物馆体系，更好地为人民服务，为社会主义服务为目的。

2.管理对象应涵盖全国各类型的博物馆，包括文化部门及其以外的各个政府部门和系统的、军队系统的博物馆、集体企事业单位办的和社会团体、社会人士办的博物馆。对于外国资助办的博物馆（如北京大学赛克勒考古艺术博物馆）和外国对现有博物馆的资助（如上海博物馆的新馆建设）也应制定相应的管理原则。

3.明确规定管理体制，明确规定主管全国博物馆的机关，规定中央各部委和地方各级政府分工管理本部门本系统和本地区博物馆的职责和权力。以往社会各界认为国家文物局是主管全国博物馆的机关，但实际上若明若暗，现在应该在立法中明确规定下来；立法以前，首先应该在行政法规中明文规定由国务院授权国家文物局主管全国博物馆，以便明确职权，理顺管理体制，加强依法管理。

4.随着社会主义市场经济的发展和国家对博物馆财政拨款的改革，可明确规定：博物馆应在努力提高社会效益的同时，不断提高经济效益，以补充经费之不足。

5.明确规定：每个博物馆应根据本法规结合自己的实际情况制定自己的管理条例或管理办法，报请上一级主管部门批准后实施。

关于这一点，《国际博物馆协会博物馆职业道德准则》中有一条值得我们借鉴。该准则第二条规定："每个博物馆均依据本国有关法律制定自己的法规"。每个博物馆制定这样一种自己的法规是十分必要的。因为只有这样才能使全国性的博物馆管理法规更有效地得到贯彻执行，每个博物馆才可顺利地依法进行管理。

二、运用当代新的理论，提高科学管理水平

1.系统论、信息论、控制论和系统工程。

在我们生活的20世纪中期以来，出现了一股改变着整个世界面貌，推动着整

个人类历史进程的巨大浪潮。这就是以原子能、电子计算机、空间技术和生物工程的发明和应用为主要标志的第三次科学技术革命。伴随着这些当代科学技术的发展，出现了一些新的研究理论和研究方法。这就是以系统论、信息论和控制论为主要内容的系统理论。这种理论从自然科学、应用科学的领域兴起，形成了一门新兴的边缘科学。现在，这种理论已被运用到世界许多领域的管理工作之中。这就是新兴的组织管理方法——系统工程。

为了研讨如何运用系统理论，提高博物馆管理科学水平，下面我根据自己的理解，简单地介绍一下这个理论的主要内容。我简单介绍的目的仅仅是希望引起大家的注意，以便进行研究，把它运用到博物馆管理中去，并不是讲述这些理论。

系统论的基本原理首先是把研究或管理的对象作为一个系统结构的整体。它认为客观事物都是由各个部分按一定的层次、一定的形式，在一定的环境下组织的系统结构。整体中的每一个部分又是由许多因素组成的小系统，即子系统。在这个系统结构整体中，各个部分、各个要素之间是互相联系、互相作用的。这个系统结构整体和周围环境之间也是多方面的互相联系、互相作用的。

系统论要求对研究或管理的对象进行整体的、有机的研究，不仅应注意整体与局部的关系，还要注意各个局部之间的关系以及这个整体与周围环境之间的多方面关系。而且这些联系都不是静止的、不变的，而是辩证地运动着的。因此为了保持系统结构自身的稳定和正常运行，需要对各个部分、各个环节进行不断地调谐；同时对与周围环境的关系也需要不断地进行调谐。系统论的核心是在复杂的事物中强调整体的观点。系统论在管理上的应用，目的是追求整体效益。

这个新的理论——系统论，就是唯物辩证法关于事物普遍联系、互相制约、互相渗透等原理的具有化和深化。

信息论的方法主要是把系统的运动过程看作是信息传递和信息转换的过程。通过信息流程的分析和处理，达到对系统结构运动过程规律的认识。

信息论的原理已被广泛地运用于许多领域，所以现在有一种说法把当今的时代叫做信息时代。在博物馆学中也把文物标本叫做信息的载体。我们常说"注意新情况，研究新问题"，这个"新情况，新问题"就是信息。研究信息，处理信息，就是研究新情况，解决新问题，以推动事业的发展。

控制论主要讲通过信息的传递和处理，调谐一个系统结构内部的关系和与周围环境的关系，控制这个系统正常的运转，以达到预期的整体效益。

系统论、信息论和控制论虽是三种不同的理论和方法，但它们之间是互相联系、互相渗透、互为表里的。这些理论或方法恰当地运用于研究，可以对研究对象进行整体的、多侧面的，多角度的、多层次的综合考察。系统理论运用于管理，这就是新兴的组织管理方法——系统工程。

2. 博物馆管理是具有自己特点的系统工程。

如果用上面所谈的系统理论去研究博物馆管理，首先我们可以看出：这是一个多样性的系统工程。

从宏观管理来看，我国博物馆是具有多层次和多样性的。我国有国家博物馆、省市自治区博物馆、市县博物馆，有些还有所属的相当于国外社区的博物馆。因此可以形成系统结构。从类型上看，有历史的、艺术的、自然历史的、农业的、科学技术的、民族的、军事的等等。历史类的又有中国通史的、地方史的、考古的、革命史的、历史事件和历史人物纪念性的；科学技术类的又有天文的、地质的、海洋的、纺织的、丝绸的、陶瓷的、煤炭的、交通的、邮电的、航空的等等；军事的又有海军的、炮兵的……。因此，我国的博物馆管理是多样性的系统工程。

从微观上看，任何一个博物馆，不论规模大小，其管理工作是多层次、多样性的。有的博物馆规模虽小，但"麻雀虽小，五脏俱全"。它也许只有几个人，组织形式比较简单，但是管理工作的内容仍然是多层次、多样性的。以一般市县博物馆为例，从馆长到部组，在业务方面，例如文物保管工作的管理，从征集、鉴定、登账、编目和建档，再到提用、退库、注销和统计，是多层次的。陈列展览的举办、群众工作和社会服务的开展、人事的管理、财务管理，可以说，每一项工作分析起来无不各有自己的工序流程，无不是多层次的。所以无不形成系统结构。从各项工作的性质看，如文物的时代鉴定，历史价值、科学价值和艺术价值的鉴定；文物的分类、编目和建档都是学术研究性工作；一项历史陈列主题的确定、内容的设计和组织、陈列方案的制定是历史科学、考古学的研究性工作；地质博物馆、自然历史博物馆陈列的组织是自然科学的研究性工作；中国科技馆的陈列组织，既有自然科学，也有应用科学（技术科学）的研究性工作。各博物馆的陈列形式的设计全是艺术性或工艺美术性的工作。文物的修复保养中，科学手段的检测、鉴定、定量定性分析、金相分析和电子计算机在各项工作中的应用都是科学技术性的工作。绘画、图表的装裱、一般青铜器的修复是传统技术性的工作。陈列讲解、专题讲座的组织是社会教育性的工作。所以，每一个博物馆的管理工作又都是多样性的。

一个博物馆是一个完整的整体。这个整体一般由二、三、四个层次组成一个管理系统。在这个系统中的保管、陈列、群众工作等部门，各自又形成一个小系统，或者叫子系统。在这个大系统及其子系统的各项工作中，又分别具有许多不同的专业性质。因此，我们说：博物馆的管理是多样性系统工程。

这里还需要指出，我们说博物馆管理中的多样性有两层含义：一是指我国博物馆的"三性"，即博物馆是珍贵文物和标本的主要收藏机构，宣传教育机构和科学研究机构。二是指管理工作中包含有多种不同的性质的工作，即社会科学研究性的或自然科学研究性的、艺术创作性、现代技术科学应用性、传统工艺技术性的、教育学研究性的各种不同性质的工作，也还有一些几种学科交叉性的和边缘科学性的工作。如博物馆与周围环境关系（公共关系）的处理就是多种性质互相交叉的工作。系统理论运用于博物馆管理，这是边缘科学性的工作。在这种不同性质的工作中，主要是学术研究性（包括社会学和自然科学）、艺术创作性（主要是实用艺术性或工艺美术性，也有艺术创作性）、社会教育性和行政管理性的综合运用。这种综合运用就是博物馆管理作为一项多样性系统工程中的具体的多样性。这种多样性就规定了博物馆管理的特殊性。至于博物馆管理中的系统性、多层级性则是与其它行政、企业、事业等管理结构所共同具有的共性。博物馆管理既要按照自己的特殊性，对多样性的工作，区别对待，采用不同的管理原则，要把系统工程的一般原理和自己特殊性的管理原则结合起来，才能不流于一般化的浮泛管理。使管理切实有效，从整体上取得综合管理的最佳整体效益。

3．系统理论运用在博物馆管理中的几个重要环节。

(1) 确定管理目标

基本管理目标　　当一个博物馆决定建立或建立起来以后，首先应该确定自己的性质、方针、任务、人员编制、组织机构和经费来源，制定自己的工作章程。这种章程的制定应该把法制管理和科学管理结合起来，根据国家颁发的有关法规（如《省、市、自治区博物馆工作条例》等）结合自己的特点和条件，制定本馆的《工作条例》。本馆工作条例经上级机关批准后实施，也具有法规性质，而成为本馆管理的基本目标。

阶段性管理目标　根据基本管理目标应制定三年或五年的阶段性管理目标。这就是博物馆的中期规划。阶段性管理目标（中期规划）应和馆长任期目标责任制结合起来。这项中期目标就是这任馆长任期内的管理目标。按照中期目标即可以制定博物馆年度工作计划。年度工作计划即年度的管理目标。

(2) 理顺管理机制

当一个博物馆的整体管理目标确定和馆长任期责任制建立以后，应确定每个部门和每个层次的功能和责任人的职责与权力，确定每个工作岗位的功能和每个工作人员的岗位责任制，建立精神和物质的奖惩制度，以鼓励全体工作人员各尽其责，发挥积极性和创造性，使整个系统结构正常运转，增强活力。

(3) 管理的多样性分解与整体性综合

前面我们已经探讨了博物馆管理是一项多样性系统工程。在管理中需要把系统工程的一般原理和自己特殊性的管理原则结合起来。这种特殊性的管理原则就是对多样性的工作区别对待，把整体的管理职能进行分解，分别采取不同的管理原则和方法：同时，必须注意各项管理工作的整体性综合协调，以取得最佳的整体管理效益。这些不同的管理原则和方法一般主要有：对于学术研究性工作要按照百家争鸣、自由讨论的学术研究规律去管理；对于艺术设计、艺术创作性的工作要按照不同流派、不同风格的百花齐放的艺术规律去管理，对于科学技术性工作只能按自然科学和技术科学本专业的规律去管理。还需注意，在百家争鸣、百花齐放的自由讨论中，最后要民主集中，选择最佳方案，以利工作的进行。避免议而不决，莫衷一是。对于其他人事工作、财务工作等行政管理工作也必须按照有关政策和制度去管理。总之，这些专业性很强的工作，必须按照不同的专业性质加以分解，各按其自身规律或有关政策、制度去管理。如果，不理解区别对待、分别管理的必要性，眉毛胡子一把抓，必然使管理陷入主观、盲目状态，给工作带来不应有的损失。

(4) 密切与社会的联系，及时调谐对社会的适应

任何系统工程都不是完全封闭，与世隔绝的。博物馆作为社会文化机构，其

存在的价值就在于为广大人民服务，为社会和社会发展服务。它与社会环境之间有着十分密切的联系和多方面的互相作用。因此博物馆管理必须不断加强与社会联系，随时注意社会的有关动向和对博物馆要求的变化，及时调谐自己与社会的关系，增强对社会的适应性。这是增强自身生存活力和发展活力的不可忽视的重要问题。

(5)时刻注意理论与实际相结合

在博物馆管理中，最重要的一条仍然是一切从实际出发，从我国博物馆的实际出发。从当前出现的新情况、新问题出发。这样说决不意味着忽视博物馆管理理论研究。而且，应该把博物馆管理理论的深入研究，创造性的研究，看做是提高科学管理水平的必不可少的重要途径。但是，任何博物馆管理的先进理论，只有与自己博物馆的实际相结合，才能找到最佳的管理方式和方法，才能取得管理的最佳整体效果；而且只有这样，先进的管理理论才能发挥出指导实践的作用。

以上我们对博物馆的法制管理和科学管理进行了一些探讨，在结束这次探讨之前，我想有必要补充一点，这就是：加强管理的根本问题在于人，在于人的责任感和事业心！

博物馆管理尤如一架电子计算机。建筑、设备、文物藏品好比是硬件，管理法规、制度、机构设置、管理体制、管理机制等好比是软件。硬件和软件有了，并不能运转。为什么？没有电。电，就是动力；动力就是人。有了电也不一定能正常地很好地运转。为什么？电压不够！电力不足！所以博物馆管理，宏观也好，微观也好，归根结底在于人，在于人的积极性、创造性，在于人的工作责任感和强烈的事业心。而这种责任感和事业心，只能来源于为人民服务，为社会服务，为祖国服务的勇于开拓、积极进取的人生价值观。

原文刊于《中国博物馆》1994 年第 3 期

博物馆与社区历史文化

兼论世界最早的博物馆和博物馆起源

博物馆与社区、博物馆与各自社会的关系是什么？这是本届年会讨论的问题之一，也是国际博协1995年大会的主题。这个论题将涉及许多方面，本文仅从中国博物馆的发展进程、博物馆与社区历史文化的关系进行一些探讨。

博物馆作为一种文化现象是社会发展到一定阶段的产物，其历史渊源可以追溯到公元前若干世纪。现代意义的博物馆首先出现于18世纪的欧洲，19世纪在世界普遍发展。

中国是一个发展中国家，博物馆事业起步较晚。中国又是一个有着辉煌历史文化的文明古国，现代博物馆这种传播文化的形式，一经传入中国就逐渐与中国历史文化相结合，从而被赋予了中国的内容和特色。

19世纪60—70年代中国开始出现了两个外国人开办的博物馆。这就是法国耶稣会士开办的上海"徐家汇博物院"（Museum of Natural History，1868）和英国皇家亚洲文会北中国支会开办的上海博物院（1874）。本世纪初（1904），在天津，法国传教士开办了华北博物院；在济南，英国浸礼会教士开办了广智院。

中国第一个博物馆创办于1905年。这就是著名实业家、教育家张謇创办的南通博物苑。博物苑收藏、陈列着外国的自然标本和中国的历史文物，体现了当时这个博物馆"纵之千载，远之外国"、"古今咸备，纵人观览"的宗旨。这时博物馆已开始与中国历史文化相结合。此后，随着更多博物馆的建立，这种结合已成为普遍现象。到1993年底，根据不完全的统计中国已有1500多个博物馆。这1500多个博物馆中除几十个国家博物馆和省、市、自治区博物馆以外，都是市、县或区博物馆。这些博物馆中现代科学技术类和现代艺术类的较少，大多是历史类的博物馆，其中包括古代史和近现代史的许多类型。这些博物馆与各自所在地区历史文化的关系是什么？通过大量考察可以看到：这些博物馆都是以本地区的历史文化为基本内容并依托其物质遗存（遗物或遗迹）建立起来的，而该地区的历史文化及其物质遗存由于博物馆的建立则得到了集中的保存、研究和广泛的传播。

这些博物馆与所在地区历史文化相结合大体有以下几种状况：

1. 以当地重要考古发现建立的博物馆

北京周口店以北京猿人遗址建立的陈列馆、浙江余姚以河姆渡史前村落遗址建立的博物馆、西安以半坡村史前村落遗址建立的博物馆、西安临潼秦始皇陵兵马俑博物馆、广州西汉南越王墓博物馆、长沙以马王堆汉墓出土文物建立的陈列馆、湖北黄石市以春秋时期（前8—前5世纪）铜矿遗址建立的博物馆……都属于这一类。这类以出土文物或流传下来的重要文物为主要陈列内容的博物馆遍布各省、市、自治区，数量最多。

2. 以著名历史人物的故居、历史事件旧址建立的纪念性博物馆

中国历史文化的一个显著特点是具有重视人文（humanities）的传统。各地都有一些著名历史人物、事件的遗物或旧址。许多市、县或区博物馆就是以最值得纪念的历史人物的故居或历史事件旧址建立起来的。

今年5月我有机会和荷兰莱茵瓦尔德博物馆学院的学者拜尔·豪斯先生和扬·萨斯博士一起参观了山东省的几个博物馆，其中给我们印象最深刻的是曲阜孔庙和淄博市蒲家庄蒲松龄纪念馆。

孔子（前551—前479）是中国古代著名的思想家、教育家和儒学创始人。他比古希腊哲人柏拉图（前427—前347）和亚里士多德（前384—前322）早出生一个多世纪。孔子死后的第二年（前478）鲁国君主鲁哀公为了纪念他的业绩和传播他的思想，特命把孔子在曲阜阙里所居的三间房屋作为纪念孔子的庙堂，室内陈列着孔子的衣、冠、琴、书和所乘的车，每年按一定时间举行纪念仪式。[1]公元前1世纪汉代著名历史学家司马迁曾参观过孔子故居和陈列的衣冠、礼器和车辆，瞻仰了孔子的遗风。后来，司马迁把这次参观写入了他的史学巨著《史记》中的《太史公自叙》一篇[2]。以孔子故居建立的孔子庙堂后世不断扩建，到宋代

---

[1] 汉司马迁：《史记》卷17，《孔子世家》第17，中华书局，第1947页。

[2] 汉司马迁：《史记》卷130，《太史公自序》第70，中华书局，第3293页。

"大中祥符"五年（1012年）已成为保存至今的规模宏大的古建筑群。孔子故居的一段墙壁（"鲁壁"）、孔子家用的水井和孔子家门的遗址至今仍保存在孔庙之内，每年都有几十万中国和外国的观众来此参观。公元前478年以孔子故居、遗物建立的孔子庙堂，我认为就是中国最早的纪念性博物馆。

蒲松龄（1640—1715）是清代著名的短篇小说家。他的名著《聊斋志异》，以谈狐说鬼的方式，描写和讽刺了当时的世态人情。这部名著已被译成英、法、德、意、俄、日等许多种文字，出版流行于世界各地。他长期在家乡做儿童的启蒙教师。他在蒲家庄的故居和书房"聊斋"已建成蒲松龄纪念馆。博物馆中陈列着他的画像、著作和各种外国文字译本以及他的砚台、印章等遗物。他的11世孙蒲章俊现任这个博物馆的副馆长。

这类以历史人物的故居或重大历史事件旧址建立的博物馆现有300多个。四川成都武侯祠是三国时期开明的政治家、军事家诸葛亮的纪念馆，杜甫草堂是唐代大诗人杜甫纪念馆、四川江油和安徽马鞍山的太白楼建有唐代大诗人李白纪念馆、杭州西湖有宋代大诗人苏轼纪念馆、山东济南有宋代女词人李清照纪念馆。广东中山县翠亨村有以中国民主革命伟大先驱孙中山的故居建立的纪念馆、湖南湘潭韶山冲和延安枣园有以毛泽东故居建立的纪念馆、江苏淮安和天津南开学校旧址有以周恩来故居和学习过的地方建立的纪念馆。在北京八达岭长城口外的火车站有中国近代科学与工程技术的先驱、著名铁路工程师詹天佑纪念馆、在北京还有以戏剧大师梅兰芳、绘画大师徐悲鸿、著名作家茅盾等人的故居分别建立的纪念馆。在河北平原的中心石家庄建立了为支援中华民族解放事业而献身的加拿大医生白求恩和印度医生柯棣华的纪念馆。最近在安徽省绩溪县的胡适博士故居已经修复并对外开放。

中国历史上，尤其是19世纪中叶以来发生过许多影响中国历史进程和人民命运的重大事件。这些重大事件的教训和经验可以启迪并激励人们增强保卫和发展自己国家的意识，以鼓舞人们更自觉地为社会和社会发展服务。在广东虎门1839年林则徐焚烧鸦片的旧址建立了鸦片战争纪念馆、在武昌建立了辛亥革命武昌起义纪念馆、在上海建立了中国共产党第一次代表大会会址纪念馆、在南昌建立了"八一"起义纪念馆、在北京卢沟桥畔的宛平县旧城建立了中国人民抗日战争纪念馆……

3. 以当地各族人民的历史文化和风俗习惯建立的博物馆

中国是一个有着56个民族的大家庭，各个民族都有自己的历史文化，在缔造这个多民族国家的历史进程中都作出了自己的贡献。中国国土辽阔，东西南北中各地的生活方式、风俗习惯各有特点。在各个地区以当地民族的历史文化和风俗习惯为主要内容也建立了许多民族博物馆和民俗博物馆。这种类型的博物馆如：内蒙古自治区博物馆、新疆维吾尔自治区博物馆、四川凉山彝族自治州博物馆、海南陵水黎族自治县博物馆，拉萨的西藏自治区博物馆正在筹建之中。各地的民俗博物馆也已建立了不少，如苏州民俗博物馆、天津民俗博物馆、江西南昌豫章民俗博物馆、山西祁县乔家大院民俗博物馆，等等。

4. 以古代科学技术的重大成就在代表性地区建立的博物馆

丝绸的发明是中国对人类生活的重大贡献。丝绸之路的开通更促进了古代亚欧大陆的经济文化交流。中国古代丝绸产地遍及南北，近1000多年丝绸织造的中心则是苏州和杭州。1989年在苏州创立了第一个丝绸博物馆，1992年杭州的丝绸博物馆也建立起来。精美的瓷器是中国古代的一项重大成就。江西景德镇是1000多年来著名的制瓷中心，在这里建立了景德镇陶瓷博物馆。陕西耀县是著名的"耀州窑"遗址所在地，杭州是著名"南宋官窑"遗址所在地。在这两处遗址上分别建立了陶瓷博物馆。茶叶作为饮料是中国古代的一大发明，也是对人类生活的一大贡献。在驰名中外的杭州龙井建立了第一个茶叶博物馆。福建泉州（刺桐城）是宋元时代（10—14世纪）中国和东方最繁荣的海港城市和海上贸易中心，当时许多阿拉伯人、印度人和著名旅行家马可·波罗等欧州人到过这里。在这里以有关的碑刻和海滩出土的宋代海船等遗物，建立了泉州海外交通博物馆。四川省自贡市的井盐有悠久的历史，1835年开凿的盐井已深达1001.2米，在世界钻井史上是率先突破1000米深度的重要实例。这里已建成自贡市盐业历史博物馆。……

通过以上的探讨，对于博物馆与社区历史文化的关系，可以得出如下的结论：

1.博物馆作为一种传播文化的组织形式，可以与本地区历史文化及其物质遗存相结合而建立；社区历史文化及其物质遗存由于博物馆的建立得到集中的保存、研究和广泛的传播。

这样的博物馆可以帮助公众理解自己的历史文化、弘扬自己的历史文化，从而更好地为本社区和地区发展服务。

2. 一个地区的历史文化及其物质遗存，如果具有世界性的重要意义，以此为依托建立的博物馆都是人类共同的珍贵文化遗产。它可以为促进各国人民的互相了解和友谊，为促进世界和平和发展发挥独特的作用。

曲阜孔庙、雅典考古博物馆、庞贝古城遗址博物馆、米兰的达·芬奇科技博物馆、纽约州以乔治·华盛顿的司令部旧址建立的哈斯布朗克博物馆等等，都是这种具有世界意义的博物馆。

3. 公元前478年以孔子阙里故居和遗物建立的孔子庙堂是中国最早的纪念性博物馆。它比公元前290年左右托勒密·索托建立的亚历山大城博物馆早188年左右。因此，曲阜孔子庙堂是迄今所知的世界最早的博物馆。

4. 古代利用有关的遗物、遗迹传播某种社会业绩、思想和文化信息应该是博物馆的起源。

长期以来我曾接受博物馆历史学中的一种见解，即：古希腊、罗马时代对珍贵物品的收藏是博物馆的起源。经过对中国博物馆古代渊源的探索，引起我新的思考。正如英国教授杰弗里·刘易斯所说："博物馆一词与缪斯神庙和凝视沉思之间的传统联系，以及博物馆只注重'高档次'艺术品和异国文物的搜集、保存、展示而忽视本民族具有代表性文化遗存的收藏与陈列之倾向，对公众认知博物馆及博物馆在社会中的作用影响很大。"[3]我认为：古希腊、罗马时代对珍贵物品的收藏仅有一种可能是为博物馆起源准备了必不可少的藏品条件，并不是所有这种收藏都转化为博物馆藏品。但是，仅有藏品并不能成为博物馆的起源，只有到了利用藏品传播它所载有的文化信息的时候，才形成了最初的博物馆。因此，我认为：古代利用有关的遗物、遗迹传播文化信息是博物馆的起源，至少是起源之一。

以上请与会专家指正。我很希望各国博物馆学者去山东省曲阜孔子庙堂进行考察，以便对世界最早的博物馆和博物馆起源作出新的科学结论。

原文刊于《中国博物馆》1994年第4期

---

[3] 〔英〕杰弗里·刘易斯：《藏品、收藏家和博物馆》载于《中国博物馆》1993年第1期第73页，苑克健节译自英国博物馆协会1984年出版《博物馆管理人员手册》第1部分 P.7。

世界上最早的博物馆在哪里

博物馆这种文化现象是社会发展到一定阶段的产物，其起源可以追溯到公元前若干世纪。现代意义的博物馆则首先出现在18世纪的欧洲，19世纪在世界普遍发展。

世界最早的博物馆，目前西方公认是始建于公元前290年左右的亚历山大博物馆。早在公元前4世纪，马其顿的亚历山大大帝在建立地跨欧亚非大帝国的军事行动中，把搜集和掠夺的许多珍贵艺术品和稀有古物交给他的教师亚里士多德整理、研究。亚里士多德曾利用这些文化遗产传播知识，发展教育。亚历山大逝世以后，他的部将托勒密·索托在埃及、腓尼基和巴勒斯坦建立新的王朝，继续传播和发展希腊文化。公元前290年左右，托勒密·索托在亚里士多德的影响下，在亚历山大里亚城创建了当时最大的学术和艺术中心，其中有图书馆、动植物园、研究所，还有专门收藏文化珍品的缪斯神庙。缪斯是古希腊传说中主管文化艺术的女神。西方博物馆一词"MUSEUM"即起源于缪斯神庙。因此托勒密王朝的这座缪斯神庙后来也被称为亚历山大博物馆。这座博物馆存在了几个世纪，后来毁于3世纪末的战火中。这就是以往西方学者公认的世界最早的博物馆。

我国是发展中国家，现代博物馆事业起步较晚。中国第一个博物馆创办于清朝末年。这就是1905年著名实业家、教育家张謇创办的南通博物苑。民国元年（1912）在教育总长蔡元培主持下开始筹办第一个国家博物馆。这就是今天的中国历史博物馆。但是中国又是有着悠久历史的文明古国，如果考察博物馆现象的历史渊源，则可以追溯到公元前5世纪的孔子庙堂。

孔子（公元前551—前479）是中国古代著名的思想家、教育家和儒学创始人。他比古希腊哲人柏拉图（公元前427—前347）和亚里士多德（公元前384—前322）早出生一个多世纪。孔子死后的第二年（公元前478），鲁国君主鲁哀公为了纪念孔子的业绩、传播他的思想，特命将曲阜阙里孔子故居中的三间住房作为孔子庙堂，室内陈列着孔子的衣冠琴书和他所坐的车，每年按一定时间举行纪念活动，让人们参观瞻仰[1]。公元前1世纪汉代著名历史学家司马迁曾参观过孔子故居和陈列的衣冠、礼器和书籍、车辆，瞻仰孔子的遗风。他还看到一些学生按时来孔子庙堂研习《礼》[2]。司马迁把他的这些见闻都已写入《史记》的《孔子世家》和《太史公自序》之中。

孔子庙堂的出现并非偶然，它渊源于华夏民族在远古形成的祖先崇拜与祭祀。春秋时期从祖先崇拜与祭祀中，已分化出对社会有卓越贡献人物的崇拜与祭祀。《国语·鲁语》记载："夫先王之制祀也，法施于民则祀之，以死勤事则祀之，以劳定国则祀之，能御大灾则祀之，能捍大患则祀之。"[3]这就是鲁哀公创建孔子庙堂的历史背景。

孔子庙堂经历代不断维修和扩建，到宋代已基本扩建成具有今日规模的古建筑群。孔子故居的水井和大门的遗址至今还保存在孔庙之中。据《汉书·艺文志》记载，秦始皇焚书时，孔子九世孙孔鲋曾把《论语》、《尚书》、《孝经》等儒家经典藏在孔子故居的墙壁中，到汉武帝时鲁恭王扩建宫室拆除了孔子故居的一些房屋，这些经典才重见天日。因为这些经书全用先秦文字写成，与汉初伏生口传下来的儒家经典有出入，被称为古文经。此后还形成了专门研究古文经的古文经学派。为了纪念古文经的发现，在原处又重建了一段"鲁壁"。这段"鲁壁"至今还保存在曲阜孔庙诗礼堂后面供人参观。

考察起来，公元前478年以孔子故居创建的孔子庙堂就是中国最早的纪念性博物馆。它比托勒密·索托创建的亚历山大博物馆早188年左右，所以，我认为曲阜孔庙是保存至今的世界最早的博物馆。

---

[1] 孔子死后，第二年（公元前478）鲁哀公命祭祀孔子"即孔子所居之堂为庙，屋三间，……藏孔子衣冠琴书……岁时奉祀"。见汉司马迁《史记》卷四七《孔子世家》，中华书局标点本，第1947页。

[2] 司马迁"适鲁，观仲尼庙堂车服礼器"，"观孔子之遗风"。"诸生以时习礼其家，余祗回留之不能去云。"《史记》卷一三〇《太史公自序》，中华书局标点本，第3293页。

[3] 影印宋明道二年本《国语》卷四《鲁语》。

　　＊本文原是笔者在国际博物馆协会（ICOM）国际博物馆学委员会（ICOFOM）1994年年会上所宣读的论文中的一部分。原题目是《中国博物馆与社区历史文化——兼论世界最早的博物馆和博物馆起源》。这里将原文的兼论部分补充改写，发表于《中国青年报》1995年6月3日《长河》专栏，题目是《世界最早的博物馆在哪里》。

　　原文刊于《中国青年报》1995年6月3日"长河"专栏。选自《秋海棠叶集》，中国社会科学出版社1998年

博物馆的动态陈列和高新科技运用

一、动态陈列的出现和发展

动态陈列是相对于静态陈列的一种陈列方式。动态陈列的明显特点是展品在运动中向观众演示某种自然现象、自然规律或某种功能，而不是在静态中让人参观、静止地传播某种信息。动态陈列在演示中大都需要观众参与进来，自己触摸，自己操作，亲身实验。

初期博物馆的陈列都是静态的。动态陈列开始出现于19世纪中叶的英国伦敦科学博物馆。这个博物馆是在1851年伦敦万国博览会的基础上建立起来的，也称为科学与工业博物馆。在这个博物馆中陈列的科学仪器和工业设备，有许多都可以进行动态的演示，因此受到观众的极大欢迎，大大增强了博物馆对公众的吸引力。此后，有不少科学与工业博物馆都仿效这种办法，举办了各种演示，从而开创了博物馆的早期动态陈列。

20世纪初，动态陈列有了发展，1925年英国为庆祝火车发明一百周年，在约克市举办了铁路博览会。后来在这个博览会的基础上，建立了英国铁路博物馆。在这个博物馆的陈列大厅内，迎面屹立着火车头的发明者斯蒂芬逊的塑像和他发明的第一台火车头，还陈列着这位发明家自己驾驶过的、时速24公里的"旅行号"机车，并依次展示了各种机车，一直到世界最先进的蒸气机车，还有各种现代化的内燃机车和电气机车。以上这些车辆都能运转演示，参观者可以看到机车的运转情况。有的轨道上设有地槽，观众可以走下地槽，抬头观察火车底部的结构。在大厅中还陈列着瓦特发明的第一台高大的蒸气机。

德国慕尼黑市的德意志科学技术博物馆，是目前欧洲最大的科技博物馆，它已有九十多年的历史，展出面积5万平方米，参观路线长达16公里，展出内容十分丰富。这个博物馆鉴于现在科学技术发展的趋势，各门科学互相渗透，社会需要培养人们特别是青少年具有广博的知识基础，今后才有可能在新的科学技术领域有所开拓，有所前进。因此，这个博物馆致力于办成一个展示严密科学技术的社会文化教育机构。

这个博物馆的内容，各学科门类齐全，而且展示了各学科从萌芽状态到成熟的发展过程。例如：在动力方面，从原始人力、畜力机械，风力、水力机械，到蒸气机、水轮机、发电机、内燃机和汽轮机，等等。在加工机械方面，由原始手工工具、人推马拉工具和天轴皮带工具，一直陈列到自动机床、新式数控机床和现代化自动联合生产线。航空工具从模仿飞鸟的风筝开始，依次展出气球、滑翔机、飞艇，一直到螺旋桨飞机和最新式的喷气式飞机。这个博物馆不但陈列了许多可以运转的实物，还陈列着当时劳动者工作者的塑像和工作的景观，运用艺术手法，再现了不同历史时期的科学技术和生产力水平的本来面貌，使观众犹如读了一部生动形象的科学技术发展史。

法国巴黎的发现宫，由于观众在那里可以直接参加各种科技实验活动，引起了人们浓厚的兴趣而名闻世界。

巴黎发现宫在1937年举办的工艺与技术博览会的基础上，由诺贝尔奖金获得者物理学家让·伯林主持创办。近一二十年来已发展成以基础科学理论为重点的科学技术博物馆，它的展教区面积1.8万平方米。设有数学、物理、化学、地质、天文、生物、医学和空间技术8个部分，有专业活动厅58间。每天进行各种科学实验的演示，很多仪器、设备供观众动手操作，亲身体验。观众可以根据说明卡片上的指引，自己对各种科学定律进行简单实验。遇有疑难问题，还可以向工作人员咨询或讨论。设备从做简单力学实验的滑轮和转椅，一直到复杂的喷气飞机和电子计算机。十四、五岁的学生听了关于电子计算机的原理和使用方法的讲解后，可以自己动手试着编制计算机程序。在航空活动厅里，观众可以坐进最新的协和式飞机的驾驶舱里，亲自作驾驶实验，并且可以从舱外机场沙盘上模型飞机的模拟动作，判断自己起飞和降落的动作是否做得正确。

发现宫在陈列中运用了大量自动幻灯、电影机、电视机和集成电路仪表等音像和教学设备，使博物馆成了一个引人入胜的学习科学技术的校外大课堂。

动态陈列和当代电化教育设备的设计和应用，改变了观众与博物馆的关系，观众不再是陈列的旁观者，而是参与进来的共同实验者。

二、我国博物馆的动态陈列和高新科技的运用

动态陈列一般多用于科学技术类博物馆或自然历史类博物馆。社会历史类或艺术类博物馆的藏品，一般均适宜静态陈列，但也不是绝对如此。

在故宫博物院钟表陈列馆中，那些十八九世纪的钟表仍在不停地运转，不时地发出声响报时，告诉观众现在是几时几刻。有些钟表还附带有供人娱乐的装置，有的可以跳出一个小鸟，并发出悦耳的歌声；有的走出一个小西洋人，可以手执中国毛笔，在安置好的白纸上写出"永庆升平"之类的吉祥语。

中国历史博物馆的中国通史陈列中，也有动态陈列。例如东汉冶铁水排(复原模型)，它利用水的冲力，通过一组杠杆、轮轴带动皮囊，可以为炼铁炉鼓风。指南车是三国时期马钧创制的指示方向的仪器，它利用齿轮传动系统和离合装置来指示南北。在基本平坦的大路上，车子转向时，车上木人的手臂仍保持指南。这些古代科技复原模型，在讲解员用手操纵下，都可以向观众进行动态演示。北宋发明的指南针具有重大世界意义。水浮法指南针是其中的一种。它是将几段灯草横穿在带磁性的钢针上，放在盛水的瓷碗中，灯草连同磁针浮在水面，磁针即指示南北。这种指南针实用性强，最先应用于航海。元代陈列中的铜壶滴漏是古代一种计时仪器。这件浮箭式漏壶、由日壶、月壶、星壶和受水壶组成。水从日壶中依次下滴，流入月壶、星壶，最后流入受水壶。受水壶中水位上升，壶中木箭(标尺)随之上浮，看木箭的刻度，即知几时几刻。这是利用水流的不停运动为动力的计时装置。

苏州丝绸博物馆的动态陈列很有自己的特色。这个博物馆在陈列了许多古丝绸珍品，以说明丝绸的起源和历代丝绸科技的发展之外，还有几处动态陈列。在一处模拟江南农家养蚕育桑的展室——"蚕桑居"中，陈列着一层层蚕匾，蚕匾上千百个"蚕宝宝"在吃桑叶。窗外的小桑园中则是一片枝叶繁茂的桑林。蚕室中还不时现出一位专门研究蚕桑的科技人员，给蚕儿添桑叶，察看蚕儿的生长状况。隔壁展室几个缫丝、染色的妇女正在操作。在高大的"织造坊"大厅中，

并排陈列着斜织机、宋锦机、云锦机、花楼机、漳缎机、天鹅绒机等，有几台机上"工匠"们正在织造，提花的女孩正在高高的花楼上提花。旁边木架上的老师傅正用双脚滚动"元宝石"，进行成匹丝绸的后期加工——轧光。在"织造坊"所陈列的不应视作是简单的物和人，而是特定的生产工具、原料和具有特定技能的劳动者三者相互结合的运作。这里展出的是古代丝绸生产的生产力，是一种宝贵的历史文化财富。

至于"蚕桑居"所陈列的蚕（动物）、桑（植物）、蚕桑科技人员，三者都在运动中互相结合。这里所展示的也是一种生产力，是中国特有的丝绸文化。这是一组生气勃勃的动态陈列，也是生态陈列。

我国第一个运用现代高新科技的博物馆是北京中国科学技术馆。它的基本任务是向公众普及科学技术知识，传播科学思想和科学方法，提高公众的科学文化素质，培养创新精神。1988年9月一期工程建成并向社会开放。一期工程（20000㎡）中设置了"现代科学技术"和"中国古代科学技术"两部分常设展览和用于普及科学技术的世界一流的最大穹幕影厅。

"现代科学技术"部分有：电磁、力、热、机械、声学、光学、信息技术等展区。展品设计注重科学性、知识性、趣味性相结合，用形象生动的手段反映科学原理和应用，鼓励观众亲自动手，在参与中学习和探索，激发创造精神。

在电磁世界中，展出了互感传声，满磁流效应、人体电池、高压放电、法拉第笼和范德格拉夫电球等。通过这组展品，把电磁的奇妙现象和原理展现在观众面前。有的展品当手一靠近就发出美妙的声音；有的展品当手一接触就激发出彩色的光辉。高压放电以八万至六十万伏的高压演示了雷击、沿边放电、电弧放电等令人惊心动魄的景象。法拉第笼可以让勇敢的观众进入并加压至五万伏而安全无恙。范德格拉夫电球可以使参与者头发直立，令人大笑不止。在惊奇和欢笑中，使青少年了解了电磁知识并启发他们热爱科学。

力热展区共约有三十个展品。这些展品把看不见的力和热，用形象直观的动态形式演示出来。其中的气浮平台能完整地演示牛顿三大定律，平台精度达零度。科学家认为，这件科技产品，堪称国宝。

机械展区有十多项展品。有趣的机械传动、谐波齿轮减速器、汽车解剖、航空活塞发动机、航空涡轮喷气发动机等，把复杂的机械系统和工作原理形象地展示出来，让观众一目了然。

声学展区共有十余项展品。如：声音在空中的传播速度、音强、音调和音色、人是怎样听到声音的、沙摆、横波、驻波、声焦聚、双耳效应等。观众一走进这个展区，就走入了音乐世界。

光学展区共有约三十项展品。如：光学元件演示、眼球和成像、动画原理、扫描显示原理、光纤传像、立体电视、立体图像发生器、立体视觉检查、激光全息、白光全息、360度全息演示等。这组展品，从中学物理光学折反射原理，演示到神妙的360度全息照片，一张照片即可看到活动的歌舞演唱形象，让观众领略到光学的广泛用途。

信息技术展区有二十多项展品，如：二进制演示器、会说话的打字机、电脑顾问、计算机作曲、计算机照像、声音数字化、彩色电视教学板、卫星通讯、光纤可视电话和计算机多媒体技术等。这个展区不仅展示信息高技术，并且有成套微处理机和多媒体计算机，使文化较低的观众和儿童都能上机操作，许多中小学生在这台计算机前留连忘返。

中国科技馆的陈列，除以上可供操作的展项以外，每月定时举行演示项目，如：有关液体氮、记忆合金、超导等，使观众在演示中与博物馆工作人员融为一体。

现在中国科技馆二期工程(20000m²)已于1998年开工，完工后将新设10个展区：力学和制造技术展区，材料展区，交通展区，声、光和信息展区，教学知识点滴展区，能源技术和电磁知识展区，生命科学展区，环境科学展区。

中国航空航天学会北京航空馆的陈列分三个部分，实体飞机展览：有战斗机、轰炸机、歼击机、侦察机、教练机、旅客机、农业机、轻型机及超轻型飞机等，包括前苏联、美国、英国等世界著名的飞机共30架；航空史展览：内容包括世界航空史和新中国航空事业成就展览，通过200架飞机模型和180幅珍贵照片，展示了人类征服天空所付出的艰苦努力，飞机发展的过去、现在和未来；中国航空工业展览：陈列了近50年来我国自行设计的近30种飞机的模型和照片。这个展览是我国航空工业的缩影。

在北京航空馆的陈列中，还演示了飞行原理的系列设备，各种风洞模型，各种发动机实体及模型，演示了相对运动及机翼上的升力产生装置。这个航空博物馆的陈列动静结合，并以多种动态演示，将航空的基本知识直观、生动地展示出来。

中华航空博物馆建立在北京中国运载火箭技术研究院内。这是全面展示中国航天巨大成就的博物馆，1993 年 8 月开始公开预展。

进入 20 世纪以来，航天工业的发达程度，已成为衡量一个国家科学技术、国防建设和国民经济现代化水平的重要标志之一。航天科技集中了众多基础科学和当代许多工程技术的最新成就。数学、物理、化学、力学、空气动力学、天文、天体物理、气象、地理、电子、机械、工艺、材料、生物、医学、管理科学等基础科学，航天技术无一不涉及；自动控制、遥感遥测、计算机、微电子、无线电、真空、密封、高低温、精密加工、特种工艺、特种试验等最新技术，航天产品无一不采用。航天不断提出的新要求，又反过来推动了这些高新科技的不断发展。

在陈列大厅中首先并排矗立着"长征一号"、"长征二号"和"长征三号"运载火箭，真像三把倚天宝剑刺向长空。

大厅西部依次排列着运载火箭的发动机系列。有固体火箭发动机，也有液体火箭发动机；有常规燃料的火箭发动机，也有世界上只有少数国家才能研制的液氢、液氧高性能燃料火箭发动机。

我国自行研制的"长征"系列火箭，已经具备了发射近地轨道、太阳同步轨道、地球静止轨道卫星的能力，其航天技术和性能已处于世界公认的领先地位。大厅中陈列的一个显示"长征三号"运载火箭结构及其工作原理的活动模型，透过解剖的模型动作，可以让观众清楚地了解运载火箭的结构组成、工作原理和工作过程。

大厅里还陈列着我国第一颗乘火箭上天遨游后又重返人间的卫星，我国气象卫星拍摄的第一张地面照片，经历了重返大气层摩擦而外部烧成焦糊状，最后在四川某地软着陆的卫星回收舱。我国自行研制的各种卫星，如"风云一号"、"东方红一号"、"东方红三号"、"实践一号"、"资源一号"等通讯、通讯广播、科学试验、地球资源、气象等卫星和返回式卫星回收舱的实物和解剖式模型，也展示在陈列大厅之中。

除上述科学技术类博物馆以外，自然历史类的动态陈列也有新的进展，例如天津自然博物馆。这个博物馆始建于 1914 年，是集动物、植物、古生物、地质等多学科的综合性博物馆。1998年为迎接新馆落成，他们树立精品意识，锐意创新，在原北疆博物院雄厚藏品的基础上，借鉴八十年代以来国际博物馆界流行的主题单元展示法，改变了多年沿用的系统分类和生物进化的主线，在《地球与生命》的主题下，分十个展厅(序厅、古生物一厅、古生物二厅、水生生物厅、两栖爬行动物厅、动物生态厅、昆虫厅、海洋贝类厅、热带植物厅、电教厅)，集中地表现了物种的多样性、生态的多样性，生物与周围环境的统一，人与自然的和谐。运用高新科技手段，采用三维空间立体设计，营造各展厅立体环境与展品协调的特色气氛。高大的球形大厅中，高9米，体长16米，目前世界上最高大的鸭嘴恐龙和体长22米的蜥脚类恐龙化石，首先引人瞩目以外，该馆设计了40多项多媒体、机械、触摸、连线问答等参与项目，生态景观15个，仿真动植物模型165件。陈列中动静结合，增强趣味性和观赏性，调动青少年和广大观众的参与意识和视觉、听觉、触觉等感官，深入浅出地传播科学信息，启发观察与思考，学到课堂上、书刊上学不到的知识。展厅中观众如潮，洋溢着一片探索和惊喜的气氛。

目前，我国已有自然科学类的各种博物馆、科技馆三百多处。这些博物馆在举办动态陈列和运用当代高新科技中已取得很大进展。

三、动态陈列的理论和设计思想

博物馆的动态陈列，从19世纪50年代出现以来，到20世纪80年代，随着高科技的迅猛发展，也进入了一个崭新的阶段。对于现代动态陈列理论和设计思想的探讨，从美国旧金山探索宫的创办宗旨和实践中，我们可以了解其概貌。

探索宫于1969年在旧金山市美术宫的一个8000多平方米的场地上开始建立，这座美术宫原来是1915年为纪念巴拿马运河竣工而举办的巴拿马——太平洋国际博览会的会址。关于建立这座探索宫的理论与实践，1989年美国芝加哥科学工业博物馆名誉董事长维克托·丹尼洛夫(Victor J DaNiLov)在联合国教科文组织主办的《博物馆》杂志上作了较详细的介绍。

探索宫的创始人是已故美国物理学家和教育家弗兰克·奥本海默(Frank Oppenheimer)。他在1968年发表的《科学博物馆的基础理论》(《A Rationale for a Science Museum》Curator Vol.11, No.3)中写道：

"目前日益需要增进公众对科学和技术的了解。科学成果和技术产品继续塑造着我们的社会，并影响着世界大势。然而，许多人的日常生活经历与复杂的科学技术之间的鸿沟却在扩大。"他认为，尽管试图用书籍、杂志、电视节目和普通科学课程来弥合这一鸿沟，但收效甚微。他认为"这些努力虽然很有价值，但因缺乏辅助设备而难以奏效，需要有一些人们可以观看和操作的器械，让器械展示人们能够任意控制和改变的现象。在没有辅助设备的情况下解释科学和技术，无异于教人游泳却不让人下水。"

奥本海默以陈列展览进行教育的思想，其核心是尊重人，尊重人的创造精神。他坚信任何人都有创造能力，关键是怎样创造一种最好的学习环境。在这种环境中，人们可以充分自主地从自己的爱好和兴趣，甚至从娱乐和消遣中学到知识，使观众的主动性和创造性得以发挥。在这样的展示环境中，观众自己决定如何学习，而不受展示过程、方式、展品的设计思想以及展品结构等的限制。

他强调在探索宫中，培养观众探求知识的兴趣，通过自己的观察、思维和亲自动手学习知识，从而树立自信心，这是头等重要的事。至于学到了什么，则是第二位的事。

奥本海默认为，在这种展示环境中，每件展品的设计本身就是一种创造性的劳动。一件展品首先要让创造者感到兴趣，这样才能引起观众的兴趣。一件展品设计、制作完成后，要广泛听取观众意见，集思广益后进行修改。热心的观众还可以提出展品的设计方案，并且可以参与制作。

奥本海默设想探索宫是探索自然的场所。向公众揭示自然界中纷杂事物之间存在着统一性一直是科学家追求的目标。探索宫应体现出自然界的这一统一性。他希望到探索宫的观众能认识到这种内在的联系。探索宫把全部展品放在一起有助于这种愿望的实现。

他认为：一个博物馆，就象一首音乐作品，尽管观众可能不懂得一部交响乐曲整个的结构，但他们都感到它的存在，因为作曲者严格遵循一条原则是努力使其作品首尾连贯，保持前后的一致性。一个博物馆要达到最佳境地也要求遵循类似的原则。他希望博物馆的设计者应该牢记这一点。

使艺术与科学相结合也是奥本海默陈列展览教育思想的一项重要内容。他认为：艺术家和科学家都在观察自然，艺术家是表现自然，而科学家通过观察、实验去发现自然的本质。两者从一个出发点揭示自然界的统一、和谐和美，使人们了解自然，热爱自然。因此，二者可以结合也应该结合。

这正如李政道博士曾说："艺术和科学是一个硬币的两面。"在艺术与科学的关系上，两位科学家的看法是一致的。

奥本海默认为，当今的世界，愈来愈需要创造一种环境，让人们可以"通过控制和观察实验室仪器和机械的运作，逐渐熟悉科学和技术的细节，并开始对科学和技术有所了解，这样一个环境可以激发人们潜在的好奇心，并至少可以提供部分答案。"他呼吁建立一个博物馆型的科学中心，其展品和演示"除了教育目的以外，还应具有艺术魅力，要让科学道理更清楚更易懂，而不要助长蒙昧主义和科学幻想。"

1969年9月，奥本海默在旧金山基金会资助下开办了他的"可实际操作"的博物馆兼科学中心，取名为探索宫。基于奥本海默这种设想和理论，旧金山探索宫展示了多种动态陈列。这座探索宫并不是美国第一座科学技术博物馆，也不是最先采用观众可以触摸展品动手操作和演示技术的地方。芝加哥的科学和工业博物馆，费城的富兰克林学院科学博物馆等此前已经采取了这种展示办法。但这些博物馆实际上倾向于简单化和固定化，不注重实验的作用，因此，这座探索宫提供了课堂、书本和电视节目不能提供或难于提供的学习实验机会。探索宫无意取代其他的学习手段，而是提供一种其他场所没有的、寓教于乐的博物馆工作方式。这种方式有助于各级传统教育。

奥本海默创立了一种广泛应用互相作用的实验技术，和在跨学科、多学科的学习环境中集科学、技术和艺术于一身的新型博物馆。他自己设计和制造了大多数展品，其中每一件都能解释某种概念或功能，他认为展览材料"应使参观者有机会同它们实现互动，能探索和操纵他们。各个展品——必须具有不同层次的价值，从比较高的表面观赏性，直到给人以广泛和深入的启迪。展品必须提供多层次的互相连结的脉络和通道，以供参观者选择。"

对于探索宫展示的项目，奥本海默提出了研究制作的十条原则：

·基本研究——指围绕提高展示项目的趣味性对其进行修改、调整——这是展示项目研制过程中的核心步骤。探索宫每项展品的成本中，研究设计费约占五分之四，制作费仅占五分之一。

·展项均由对这项演示感兴趣的人设计制造。通常由同一个人（或同一些人）

来进行一个展项的构思、设计和制造的全部工作。

·从某种意义来说，所有展项都是协作的产物。许多人都来出主意。我们发现，包括艺术家、教师以及科学家和工程师在内的各界人士参与展项的研制颇为重要。

·设计展示项目的第一步是制作一个实际尺寸的展项样板。通过对样板的各方反映再加以修改和完善。展品的特性和尺寸是由它本身的功能和展示的现象要求而定。

·展项制造者，听取观众和博物馆工作人员的意见，在研制过程中进行阶段试验，并根据反映完善展品。同时，展品制造者亦应力图使展品能激发自己的兴趣，从而制出可与他人交流的展品。

·展品制造者十分注重展品的美学观点上的种种细微差别，注意如何使展品有趣味性、更美观和富于启发性。每件展品无论从视觉上、质感上和科学性上来看，都有美学特点。

·一般说来，展品的制造者应力图做到不使观众的选择范围受限制。展品不仅仅演示一个内容，而要为观众提供几种可供选择的内容，使观众能进行多种实验和操作。

·要使观众能看到展品内部的情况，看到展品如何工作。展品通常在结构上都制作得比较简单，以便观众在家中也可制作。

·通常用廉价的废旧物资制作展品。这样就不必花很多费用，也利于更新。

·探索宫所有的展品几乎都在馆内制作。这样，便于馆内工作人员与制造者就展品的各方面问题进行磋商，易于将展品置于展厅内进行试验。这也是展品制作过程中的一个关键阶段。

以上仅是一些指导性的原则，并非硬性规定。总之，要力求既能使观众满意亦能使自己感到满意。

维克托·丹尼洛夫介绍说：奥本海默还主张尽量减少传统博物馆那种收集、保藏和解释工艺品和标本的作用。正是由于这一原因，使得一些博物馆专业人员怀疑探索宫实际上是否属于博物馆之列。可是，在随后的年代中，"博物馆"的定义扩大了，既包括了艺术和科学中心，又包括其它只有很少或者根本没有藏品的机构。

1969年探索宫开馆时，只有一些奥本海默和他的少数工作人员在博物馆车间内制作的，可供参观者使用的展品。到1972年，展品已增加到200件左右。到1980年，展品超过了400件。到1989年，探索宫已有大约750件涉及物理学、认知过程、神经生理学、技术艺术及其相关领域的可操作展品和一系列动态陈列。

探索宫几乎没有玻璃柜，没有警卫人员，也没有"请勿动手"的标牌。参观者可以随意行走或漫步于光、声、视觉、听觉、电气、运动、数学、图形、神经、肌肉和动植物的展品之间。在一个很像飞机库的大厅内，随意触摸展品、操作展品都受到鼓励。

探索宫的展品以引人入胜的方式展示一些主要的自然现象，为艺术与科学的相互联系提供了基础，并做到寓教于乐。这些展品对儿童和成人、非专业人员和专家、偶然前来的游客和认真的参观者，都有同样的吸引力。正如奥本海默所曾指出，探索宫"既是一个观光场所，也是一个供人漫游的自然现象之林。"人们置身其中，可以穿过高高低低结构多样的十三个展厅，还可以蹬自行车来产生能量；转动一个机械装置来积聚动量；测量心搏；用电磁波中的电使灯泡发光；利用计算机技术，以4000种颜色用手指作画；用各种光源配成彩虹；倾听一个100英尺长的回音管内反射的声音；收听鱼类用以定向和互通信息的讯号；操纵血液循环系统模型观察血液的流动等等。

探索宫的成功激励了世界各地许多新建的科学博物馆和科学中心，影响了美国和其他许多国家一些历史悠久的博物馆在展品和项目方面的变革。除纽约和巴黎以外，巴塞罗纳、斯德哥尔摩、多伦多、香港、大阪、北京、新加坡等许多地方，都受到了探索宫的影响。

奥本海默有关探索宫的理论和梦想已经基本实现。《科学美国人》月刊称探索宫为"全世界最好的博物馆"。意大利的《欧洲人》月刊指出："对于国际科学界来说，世界上最好的博物馆不是卢浮宫，不是大英博物院，也不是大都会艺术博物馆，而是旧金山金门桥附近一个叫作探索宫的博物馆。"

四、动态陈列的优越性与局限性

从近年来动态陈列和高新科技运用的发展及其理论的探讨，可以概括出几点认识：

（一）二十世纪七八十年代以来，以加拿大安大略科学博物馆、美国旧金山探索宫和法国巴黎发现宫为代表的动态陈列，是博物馆陈列设计与现代高新科技相结合的新成果。

恩格斯曾经指出："自然科学的辩证法：对象是运动着的实物。实物本身的各种不同的形式和种类又只有通过运动才能认识。物体的属性只有在运动中才显示出来。因此，运动着的物体的性质是从运动的形式得出来的。"

这种与高新科技相结合的动态陈列，实现了博物馆展示方法的一种创新、变革和发展，为博物馆陈列展览开辟了一条新的途径，也大为丰富了博物馆学的内涵。

（二）动态陈列的展品，有些是无法搜集到的非现成文物或标本，而是为了向人们展示某种自然现象、自然规律或某种功能，运用科学技术并结合艺术，所设计、创制的一种新展品——仪器或机械。这种新创制的展品也是人类社会物质文明和精神文明的见证物，经过一定时间的沉淀也将转化为文物。

（三）在《中国博物馆学基础》中，我曾提出："博物馆陈列是在一定空间内，以文物标本为基础，配合适当辅助展品，按照一定的主题，序列和艺术形式组合成的，进行直观教育和传播信息的展品群体。"荷兰博物馆学者冯·门施更认为"博物馆属于信息科学。博物馆的物是信息的载体。"从信息论的观点看来，陈列中的展品是信息源；观众是信息接受者，博物馆陈列是联结展品和观众的信息通道。通过这条通道把展品所负载的信息传递给观众。

在静态陈列中，观众接受信息依靠自己的视觉；在动态陈列中，博物馆已不仅仅如几十年前日本博物馆学者棚桥所说是："诉诸眼睛的教育机关"。动态陈列中展品所负载的信息，需要观众触摸展品、操纵展品，参与到动态陈列中来，实现与展品互动，通过视觉、听觉、触觉等感官，在展品运动中接受所传递的信息。展品传递信息的通道，在动态陈列中大大拓宽了，传递信息的功效大大增强了。

（四）在动态陈列中，观众不再是客观的旁观者，而是陈列的主动参与者。

"贵在参与"，是人们自主意识的体现。旧金山探索宫的创始人弗兰克·奥本海默曾经指出：动态展示的核心是尊重人，尊重人的创造精神。他认为任何人都有创造能力，关键在于如何创造一个能够使参观者充分发挥其主动性和创造性的环境。在动态陈列中参观者被吸引进来，成为参与者。参与者的主动性、爱好和兴趣被调动起来，由他们自行决定了解哪些奥秘，接受哪些知识和接受多少。

在动态陈列中，物（展品）和人（观众）的关系，博物馆和公众的关系发生了深刻的变化。

（五）动态陈列和静态陈列，是两种博物馆的陈列方式。动态陈列和静态陈列一样，有自己的优越性，也有自己的局限性。

在科学技术、自然历史以及社会历史等类的陈列中，那些宜于在运动中展示的内容，动态陈列可以生动、直观和深刻地展示其内涵，发挥其优越性，取得更好的展出效果。对于珍贵艺术品、珍贵历史文物等静物，则仍以静态，陈列更适于观察、鉴赏和研究。

总之，博物馆的陈列应根据不同的内容和观众不同的需要，各选所宜，或动态、或静态，动静结合，相得益彰，更好地发挥博物馆陈列传播知识、启迪智慧和培养创造能力的功用。

原文刊于《中国博物馆》1999 年第 3 期

展望 21 世纪博物馆和博物馆学的发展趋向

——修订《中国博物馆学基础》的主要指导思想

　　《中国博物馆学基础》出版于 1990 年，今已数次重印发行。本书出版十多年来，中国博物馆事业和博物馆学研究都有很大进展。全国博物馆已从不足一千所发展到两千多所。博物馆学研究方面，近十年中已发表了几百万字的论著，其中有《中国大百科全书·文物博物馆卷》、《中国博物馆志》、《博物馆陈列艺术》、《博物馆的沉思》等三四十种专著、论文集和译著。博物馆学的国际交流也日益活跃，不仅引进了许多国外的研究成果和信息，同时也以我国的研究成果在国际进行双向交流。十年来我国博物馆学教育发展很快，北京大学、复旦大学、南开大学、浙江大学、吉林大学、武汉大学、四川大学、西北大学等十余所高等学校成立了文博学院或博物馆专业，博物馆学已列为国家高等教育的正规学科。近几年来，博物馆的科学化管理水平有很大的提高。随着电脑技术的应用日渐普遍，一些博物馆已试行藏品数字化管理，如河南博物院、故宫博物院等都已自行开发计算机文物管理系统，上海博物馆在新馆建成的同时，已建成先进的智能化建筑管理系统。目前全国已有六七十所博物馆在互联网上设立了自己的站点。

　　时代在迅速前进，事业在迅速发展。十年前编著的《中国博物馆学基础》一书，已难适应今天的需求。为此，我们征求了博物馆实际工作者和专家的意见，访问了高等学校从事博物馆学教学工作的学者，考虑了在我国经济转型时期博物馆筹集资金急待开发的实际情况，也估量了进入 21 世纪后我国博物馆事业和信息化的前景。这一切都使我们深感枝枝节节的修补已不能适应今后博物馆干部培训和高等学校博物馆学教学、参考的需要。因此，我们不能不全面考虑，进行大量新内容的增补和改写。

近两年来，在修订此书的过程中，我拜读了国内国外的一些有关论著，我感到十几、二十年来，随着现代社会的迅速发展，博物馆所处的社会环境也迅速变化，公众对博物馆功能也不断提出新的要求，因而博物馆学的研究内容不断扩展，对博物馆学的总体认识也不断深化，出现了许多新的研究趋向。以下三点，我认为最为重要，我们就以这三种发展趋向作为此次修订的主要指导思想。

"以人为本"为宗旨，"人与物相结合"，以"有助于人的发展和愉悦"为重要任务，参与社会，服务社会

这是21世纪——至少21世纪初期博物馆和博物馆学重要的发展趋向。这也是2001年7月1日将在西班牙巴塞罗那举行的第20届国际博协全体大会讨论的重要内容。大会讨论的主题则是"管理变革：博物馆面临着经济与社会挑战。"

国际博协主席雅克·佩罗特（Jacques Perot）指出："当代的经济和社会问题影响着每个博物馆和博物馆工作人员。近年来，博物馆已越来越快地触及这些新的问题，新的财政政策，新的管理手段，对信息使用、网页和电子商务的新认识，都已成为许多博物馆每天必须注意的问题"。

"博物馆在长期发展过程中，其组织形式和管理体制已发生了变化，博物馆所处的社会也发生了变化，国际博协成员都应认识到，博物馆必须置身于变化和多元的世界中，同时也应保持自身特性。"

当今世界，经济全球化、政治多极化、文化多元化已成为发展的大趋势。各国都非常重视教育和文化对人类生存的重要作用。因此，博物馆应以"以人为本"为宗旨，应将有助于人的发展和愉悦作为主要任务，坚持为社会和社会发展服务，适应这些新变化，利用科学和技术的新成果。

关于以"以人为本"作为博物馆的办馆指导思想，20世纪70年代以来，有些博物馆学家已不断提出并逐步深化，日益引起普遍的关注。

20世纪80年代初期，国际博协前执行委员、国际博物馆学委员会主席、日本学者鹤田总一郎就致力于提倡人（社会公众）与物（博物馆藏品）结合的研究。他认为："以往博物馆的学术研究太重视物了，所以我把人与物结合的研究作为重要问题提出。博物馆必须把对人的研究提到与物平等的水平上才能成为真正的博物馆学研究。博物馆学本应是研究人如何利用物。"他认为"21世纪的博物馆学

主要是这个问题。"

90 年代中期国际博物馆学委员会前主席、瑞士学者马丁·施尔也认为："应该致力于研究人和物的关系，这点是最重要的。"他强调：博物馆是为社会服务的机构，博物馆收藏实物是为了服务于社会。因此，博物馆应该致力于研究人和物的关系。博物馆的物是一种文化遗产，博物馆收藏它不是强调其实用性，而是强调其意义。人类有一部分东西留下来，是因为有意义而不是实用。"博物馆的物是物化的观念，物的博物馆化过程就是赋予物以意义的过程。博物馆的本质是社会需要的、由博物馆机构反映出来的人与物的结合"。

1997 年至 1998 年，英国博物馆协会讨论了在博物馆定义中应当反映出博物馆的社会参与性，进一步强调博物馆是为公众、为社会服务的。当时英国使用的博物馆定义是："博物馆是为公共利益而搜集、记录、保护、陈列和阐释物质证据及相关信息的机关。"对这个定义，英国博物馆协会认为："这只考虑到工作的过程，是从管理者角度看待博物馆事业。"1998 年修改后的新定义是这样："博物馆使公众为激励、学习和欣赏而利用收藏。博物馆是搜集、保护和利用由其承担社会信托责任的文物和标本的机构。"

英国博物馆协会修改博物馆新定义的观念基础反映着博物馆对当前社会和政治问题的关注。博物馆如果要承担其社会责任，就必须同样关注这些社会和政治问题。

展望 21 世纪的博物馆学研究和博物馆事业，可以看到："以人为本"、"人与物相结合"、"有助于人的发展和愉悦"将是重要的发展趋向。与此同时必须重视，自从英国已故博物馆学家赫德森着手撰写《80 年代的博物馆》以来，经费短缺已日益成为世界博物馆的普遍性问题。因此，博物馆必须改革经费管理，争取社会公众支持，增加资金投入，否则难以为继。必须明确：博物馆这种不以赢利为目的的社会公益性文化教育事业，既是为了服务社会和社会发展而兴办，又需要依靠社会支持才能办下去。这种社会支持，既有社会各界公众的资助，也必须有来自纳税人的国家财政收入。当然，博物馆也必须在锐意改革以争取更大社会效益的同时，努力扩大经济效益，以谋求自身的生存和发展。

二、博物馆信息化的发展与博物馆学形成问世

随着电子技术的发展和在信息传播中的应用，早在 20 世纪 50 年代，信息论

美学已率先在法国出现。70年代以来，信息社会学、信息经济学相继出现于欧美和日本。80年代以来，博物馆信息化的进程已日益发展起来。

博物馆信息化，是指博物馆工作的各个部门和各项职能都能够利用电脑作为日常工具，并且构成一个以藏品信息数据库为核心的网络平台。博物馆信息化应该涵盖保管、研究、陈列、教育和行政管理等博物馆工作的各个方面。从信息技术的角度看，至少包含信息管理、自动化系统和知识工程等三大门类。

博物馆信息管理就是数据库和通用网络平台的建设，这是博物馆信息化的基本内容。博物馆的自动化系统既包括一般的文物安全保护系统和博物馆建筑的智能化管理，也包括一批专门研制的、适应博物馆研究需要的专用自动化系统。知识工程是博物馆信息的攻坚项目，它包括了博物馆各专业研究的专家系统的试验、标准化、研究等基础性软课题，例如甲骨文数字化研究、瓷窑自动化控制测量系统等。此外，博物馆信息化还应包括相应的电子化出版工作。最后，在上述博物馆信息化和网络技术的基础上，升华为一个全方位的以虚拟现实技术为核心的数字化博物馆，也称虚拟博物馆（Virtual museum）。

博物馆信息化并不是单纯的技术组合，更不是新设备的添置。它同时牵动管理观念、管理模式的转变，工作体系、管理机制和规章制度的改革，当然更不可缺少博物馆信息技术人才的培养和信息化知识的普及。

博物馆信息化是与博物馆现代化互为表里的一个渐进的乃至无限的进程。

国际博物馆学委员会前主席、荷兰学者冯·门施在1994年已提出："博物馆学属于信息科学。"他认为博物馆学的最主要之点在于信息，应该保护哪些信息，保存哪些信息，以及为谁收集这些信息，如何使用这些信息等等"这些就是博物馆学最根本之点。"

现在，我国"国民经济与社会信息化"也已庄严地列入"十五计划"，即将有步骤的全面启动，博物馆信息化也将相应发展。因此，可以预见，随着各国博物馆信息化的发展，一门全新的博物馆学分支学科——信息博物馆学将在进入21世纪后不太远的年代形成，信息博物馆学的形成又将进一步推动博物馆信息化的发展。

三、生态博物馆和新博物馆学运动继续在探索中前进

生态博物馆是博物馆中的一个新的类型。它是在人类社会现代环境意识与现

代生态意识不断觉醒的背景下产生的。1971年国际博协第9次大会在法国举行期间，国际博协领导人乔治·亨利·里维埃谈到博物馆发展的新趋向时，第一次使用了"生态博物馆"（E-comuseum）这个名词。他对生态博物馆所下的定义中，阐述了对博物馆的一种新的思维。他强调生态博物馆在空间上、时间上、人与自然的关系上、管理人员上都与以往一般的博物馆不同。生态博物馆初期倡导者之一——法国的希微贺给生态博物馆也曾下了如下的定义："生态博物馆是由地方当局和居民共同筹划、建造和运作的设施。地方当局负责提供专家、设备和资金，而当地人民则依靠他们自己的意愿、知识和个人力量推动工作。所以生态博物馆是地方人民关注自己的一面镜子，以寻求把他们祖祖辈辈在各个生态领域获得的成就作出解释。它也是当地居民让参观者拿着的一面镜子，以便其更好地了解当地的产业、生活习惯和共同崇敬的事物。"1993年美国博物馆学者亚克钦印第安社区生态博物馆计划董事会成员南茜·福勒对什么是生态博物馆的解释则是："生态博物馆是管理教育、文化和机能变化的机构，有时称邻里博物馆或街区博物馆。它既是考察文化机构性质与结构的框架，又是使其民主化的过程。""博物馆和社区应与生活的各方面联系起来，这是生态博物馆的基本信念。"

生态博物馆出现以来其文化内涵和其特性始终在不断变化发展之中。

1999年，据博物馆学家彼德·戴维斯统计，全球共有生态博物馆163座，分布于26个国家，以法国和加拿大数量最多。

对于生态博物馆，在世界博物馆学界一直存在不同看法。瑞士博物馆学家马丁·施尔认为："生态博物馆的理论是美妙的，不要博物馆专业人员，而让公众自己建立自己的博物馆，要把物归还到人文环境和自然环境中去，照这样推演下去只能发展成为一种文化活动，而博物馆没有了。由于少数人搞起来的生态博物馆，虽然说是公众自己办的博物馆，实际上是少数人在搞试验。"荷兰博物馆学家冯·门施认为："不管我们承认不承认存在生态博物馆，这种试验是存在的。""在法国并没有真正的所谓生态博物馆，如果说有的话，那也是在加拿大、葡萄牙。生态博物馆的功能很有限，离开特定的地区就不行了。它是在非常特殊的条件下存在的，并没有博物馆的广泛定义。"

生态博物馆是博物馆学研究和博物馆事业发展中一种具有勇于创新意识的实践和试验。但是，一个社区、一个村寨在社会迅速发展、居民生活环境不断更新之中，怎样能使其生活方式和文化"定格"，停止在一种状态？看来是困难的。如果社区、村寨和它的居民生活不断迅速更新，另一方面原有的生活方式和传统文化照原来样子展示，这就会出现现实生态与原有生态的分离，而这个生态博物馆的展出和演示方式将不得不回到一般的或"传统"博物馆的基本模式中去。如果不把原有生态分离出来另行展示，那么，原有生活方式和传统文化将在社会发展的洪流中不停地演变，直到被淹没而消失。这时生态博物馆将不复存在。所以生态博物馆将向何处去？似仍处在试验之中。我们希望它能找到可行的道路，以便继续前进。

"新博物馆学"运动是博物馆学中的一个学派。这个学派于1972年在智利首都圣地亚哥宣布成立，经过10多年的努力，其学术思想和社会实践逐渐充实。1984年"新博物馆学"运动在加拿大发表了《魁北克宣言》，公布了它的思想原则和组织原则。它的思想内容主要有：扩大博物馆功能，协调人类与自然环境的生态关系；深入社会为社区和特定的群体服务，社区居民是博物馆的主人；把历史与未来衔接起来，使博物馆能反映社会的演变。与此同时国际上反对文化一体化、弘扬民族文化的呼声汇合成文化多元化的潮流。一些国家在这个学派的影响下，促进了生态博物馆、社区博物馆、邻里博物馆、民族地区博物馆的出现。新博物馆学运动的思想原则也丰富了生态博物馆的思想和实践，推动了生态博物馆社区化和大众化进程。1989年《新博物馆学》一书的主编彼德·弗格（Peter Vergo）在该书序言中指出："《新博物馆学》是一种对旧博物馆学、博物馆内部与外部专业普遍而广泛的不满的表述……，旧博物馆学的疏失在于太过重视博物馆的方法（Methods），而忽略了它的目的（Purposes）。博物馆学在过去很少被提及或受到重视……除非彻底地对博物馆在社会中扮演的角色予以重新检验……否则博物馆将会发现自己只是众人眼中的'活化石'罢了"。1993年博物馆学家哈里森（J·D·Harrisoh）发表的《90年代博物馆观念》一文中指出：新博物馆学的观念是相对传统博物馆学的观念而言。新博物馆学出现后，国际博物馆协会（ICOM）成立了"国际新博物馆学运动"组织（MINOM）。

国际博物馆学界对"新博物馆学"运动也有不同看法。瑞士学者马丁·施尔认为："新博物馆学是研究博物馆一种现象的理论，这种新现象只是博物馆现象中的一部分，怎么能取代博物馆学而称新博物馆学呢？他们所说的新现象用生态博物馆这个词倒是恰当的。"荷兰冯·门施教授认为："新博物馆学运动是以法国的几位专家为核心，在法国以物为中心的土壤中，掀起的对博物馆的新思考。新博物馆学运动主要是针对法国的，而不是针对英国或美国的。我个人同意新博物馆学运动把博物馆的物置于社会广泛的联系之中，但是新博物馆学否定传统的功能我就不同意了。实际上新博物馆学最有市场的是在地区性博物馆，至于艺术博物馆，新博物馆学运动就找不到办法了。"

生态博物馆和新博物馆学运动都是20世纪最后二三十年出现的富有创新精神的实践。这种实践也带有试验的性质。在新的世纪中它将继续在探索、试验中前进。

以上述三种发展趋向为主要指导思想，我们对原书进行了大量新内容的增补和多处改写、删节。这样修改后，全书体系结构和章节内容改动很大，虽曰修订，实同新编。

新版体系结构和内容新增、修改的主要之处如下：

一、全书体系结构的更新和扩展

由原书的十二章增补扩展为一、二、三、四编共二十四章：

第一编 博物馆学基本理论和博物馆历史，共分六章；

第二编 博物馆专业工作，共分九章；

第三编 博物馆管理，共分四章；

第四编 博物馆信息化，共分五章；

二、各编内容新增和改写的主要部分：

1. 关于博物馆学基本理论：主要增加"21世纪博物馆和博物馆学的发展趋向"一节，介绍上述三点内容。

2. 关于博物馆的历史演进：我国近代博物馆起步较晚，但历史渊源很早。根据《史记》记载和曲阜孔庙的遗迹，孔子去世后第二年（前478年）以孔子故居建立的孔子庙堂是至今尚存的中国最早的纪念类博物馆，也是世界上最早的博物馆之一。

3. 关于博物馆专业工作

（1）关于藏品：

①介绍了国际博物馆学界关于藏品研究的新见解和新趋向。

②增加藏品计算机管理一章。

（2）关于陈列：

①对于组织陈列的基本原则，强调了力求体现我国当代先进文化的前进方向，体现鲜明的时代特点、勇于创新的精神和增强精品意识，努力创作陈列精品。

②增加了动态陈列和高新科技运用一章。

（3）关于观众和社会教育与服务，主要强调加强观众调查研究，熟悉不同观众群的特点和需求是改进博物馆陈列展览和一切教育与服务工作的基础。

（4）关于博物馆科学研究，充实了此项工作的特点和组织管理。

4．关于博物馆管理，主要增加

（1）当代新的管理理论和方法即系统工程的内容。

（2）关于博物馆如何开辟财源的问题，新增加了一章，主要介绍欧美博物馆在市场经济体制中自筹资金的途径和方法。

（3）关于博物馆建筑，主要增加了博物馆建筑的特色一节。

5．关于博物馆信息化

为了有助于我国博物馆实现信息化新增加了这一编。鉴于信息技术发展太快，在写成教材或教科书时很难处理技术更新和设备更新的问题，因此，从博物馆的信息化概念入手，主要讨论博物馆信息化的含义、特点、思路和技术要点，除本书第二编有一章初步介绍藏品计算机管理以外，本编分五章，内容如下：

（1）数据库建设和通用网络平台，共四节

（2）标准化和文物知识工程，共二节

（3）博物馆建筑智能化，共三节

（4）数字化博物馆，共三节

（5）博物馆信息化系统工作观念，共四节

本书此次修订，基本上由原来几位执笔者承担。新增博物馆信息化一编五章，特请上海博物馆信息中心主任、国家文物局中国博物馆藏品信息规范编写组组长、国家建设部建筑智能化系统工程设计专家工作委员会委员祝敬国同志撰写。

增订后的新版，我们期望在培训和教学中比较切合实用，我们也希望在创建有中国特色的博物馆体系中贡献一些微薄的力量。但是，尽管我们做了很大努力，限于我们的水平，其中疏漏不妥之处，势难避免，请同志们多予批评指正。

原文刊于《北京博物馆学会第三届学术会议文集》2000 年 12 月

人物类博物馆、纪念馆现状与发展
前瞻学术研讨会总结

一、这是一次继往开来的研讨会

在新世纪的开始，我们从南北各地和西部地区汇聚到上海，参加这次开创性的学术研讨会。三天来，围绕人物类博物馆、纪念馆的现状与发展前景，进行了热烈的讨论，并且实地考察了上海鲁迅纪念馆、龙华烈士陵园、孙中山故居、宋庆龄故居和多伦路文化名人一条街。现在，盛会即将闭幕，我们怎样估量这次研讨会呢？我想大家都已感受到：对于我国人物类博物馆、纪念馆事业在新世纪的发展，应该说，这是一次继往开来的富有成效的学术研讨会；同时，对于各地社会主义精神文明建设，也是一次适时的促进会。因为我们纪念历史上涌现的这许许多多杰出人物，目的是为了弘扬他们所体现的辉煌的历史文化传统和光荣的革命传统。这些民族传统正是当前进行改革开放，建设现代化国家和社会主义精神文明的宝贵精神动力和智力支持。因此，我们这次研讨会不仅具有重要学术意义，同时也是具有很强的社会现实意义的研讨会。

由于主办单位的热情奉献、精心策划、充分准备和各兄弟单位的热心支持、积极参与，我们研讨会的圆满成功至少体现在这样一些方面：

（一）选定了一个便于总结过去、展望未来，促进我国纪念馆事业发展的研讨主题。这一主题具有比较普遍的重要意义，这就有利于动员大家的经验和智慧，共同研讨。

（二）有全国人物类博物馆、纪念馆的七八十位代表参加研讨。这些与会代表来自各种类型的人物类博物馆、纪念馆，这就有利于从各具特色的个性中共同探讨面临的共性问题。

（三）代表们向大会提交了四十多篇从丰富的实践中提炼出来的、理论与实际密切联系的论文。这些论文各具特色，质量都比较高，这就为研讨会的成功奠定了基础。这些论文有宏观的论述，也有专就某一方面的微观探讨。例如：有的论述了半个多世纪以来我国人物类博物馆、纪念馆的发展历程和已经取得的成就，以及曾经出现的个人崇拜的偏向；同时也展望了在21世纪中的发展前景：纪念人物的类型将广泛拓展，古今文化名人、科技精英、爱国民主人士等人物的纪念馆、故居将较快增加，各种类型更协调地发展，形成更合理的格局，以适应现代人文精神的培养，为社会主义精神文明建设作出新的贡献。有的论文将上海这类博物馆、纪念馆的发展，融入新世纪社会变革的大背景中，探讨了持续发展的基点和动力，论证了做好人才、文物和理论三方面准备的重要意义。有的论文根据杭州名人纪念馆在困境中求发展的体会，列举了面临的十个问题和锐意创新的四项尝试，论证了创新意识对可持续发展的重要性。还有些论文对这类博物馆、纪念馆的功能定位、等级区分等问题提出了自己的看法。更多的论文各从不同方面、不同角度进行专门的探讨。例如：有的论文专门论述了人物生平陈列从编年体革新为专题化的优越性、重要性和成功的经验；有的探讨了陈列设计中如何体现民族特色和时代精神的问题；有的探讨了新形势下社会教育功能的拓展和实现形式；有的探讨了资料建设和社会功能的发展；有的探讨了藏品信息的数字化管理和大众化检索；有的探讨了如何发挥自己优势，丰富社区文化生活。对于人物类博物馆、纪念馆学术研究工作的特点、地位和作用也有专文进行论述。日本文学家吉川英治纪念馆城冢先生的论文向大会介绍了日本人物博物馆的"特性"，丰富了研讨的内容。大会论文丰富多彩，在此基础上又经过大会交流、共同讨论，以宏观论述为经、以多方面的微观论述为纬，我们已经勾画出我国人物类博物馆、纪念馆的现状，勾画出其发展前景，达到了研讨总结过去、展望未来，交流探讨、共同提高的预期目的。因此，我们的研讨会应该说是一次有实效的成功的研讨会。

二、关于历史人物的研究

文物（藏品）是博物馆（纪念馆）进行工作的物质基础。科学研究是博物馆（纪念馆）开展各种活动的工作基础。博物馆开展一切活动都必须在科学研究的基础上进行。这些都是多年来博物馆界形成的共识。博物馆研究工作的内容主要有两个方面：一是博物馆学方面的研究，一是有关专业学科的研究，如历史、艺术、自然历史……的研究。对于我们这类博物馆，则主要是所纪念人物的研究，也就是历史人物的研究。

关于所纪念的历史人物的研究最主要的是以历史唯物主义为指导，实事求是地研究其生平史实、主要贡献、历史地位、历史作用，以及其功过得失的客观评价。

作为社会的人（不是自然的人），其本质是"社会关系的总和"。因此，对人物的研究总是相当复杂。根据近年来有关的研究情况，我认为有几点值得我们注意：

（一）我们必须坚持历史唯物主义的基本观点和研究方法。对历史人物的研究，首先必须放到一定的历史条件和环境中去研究，要详细占有资料，实事求是地体察其所言所行、所作所为，客观地评价其功过得失，既不脱离历史条件去苛求古人，也不能采取实用主义的态度，任意打扮古人，"改造"古人，借古喻今，为己所用。

（二）人的一生经历往往是复杂的、不断变化的，其所遭遇的各种制约和碰到的各种机遇是多方面的，一些杰出人物的成就、业绩也往往是多方面的。在研究其历史地位和作用，进行陈列设计时，就需要结合时代背景、历史条件，分清主次，突出最本质的"亮点"，合理地予以展示。在此方面，上海陈云故居纪念馆为我们提供了很好的经验。

（三）历史人物功过是非的评价需要经过历史的沉淀。唐代大诗人白居易曾有诗道："周公恐惧流言日，王莽谦恭未篡时，向使当初身便死，一生真伪有谁知？"平型关战役中的林彪是功勋卓著的抗日英雄、革命将领；"九一三"时的林彪已沦为国家的罪人。昔日的革命功臣转化为今日的罪魁祸首。"九一八"放弃东三省的"不抵抗将军"张少帅，到了"双十二"发动西安兵谏，迫使蒋介石联共抗日，终于转化为民族功臣。古人说"盖棺论定"。有时"盖棺"未必"论定"。随着时代的变化，定论也将不断变化、"更新"。历史上这样的事例是不少的。

（四）研究历史人物要有时代意识

鲁迅曾经说过："历史上写着中国的灵魂，指示着将来的命运。"西方现代史学的代表兰克也有一句名言："历史向来把为了将来的利益而评论过去、教导现在作为它的任务。"所以我们研究历史人物、评论历史人物、展示历史人物的思想和业绩，必须具有时代意识。所谓时代意识就是要求我们：为了当代社会的发展、进步，立足于时代大潮之中，去研究、评说历史人物，弘扬我国优良的历史文化传统和光荣的革命传统，从而实现启迪公众的社会教育的功能。

（五）坚持历史唯物主义，坚持批判继承

历史唯物主义认为，任何对历史事件、历史人物的认识，总是特定时代的认识，无法摆脱时代的局限和烙印。随着时代的前进、历史的演变，人们需要进行新的评说和阐释。改革开放以前，尤其极左盛行的年代，曾经出现过以虚无主义和非历史唯物主义对待我国传统文化和历史人物的现象，对待外来文化也出现过拒绝排斥的现象。近20年来，在纠正上述偏向的过程中，对以往持否定态度的一些历史人物重新给予评价是必要的、正当的。对某些有关历史遗址采取新的处置也是可行的，甚至是必要的。例如：安徽省合肥的李鸿章故居经修缮后已开辟为"李氏故居"民俗博物馆，绩溪县的胡适故居也已修缮开放。陈独秀墓前几年也已整修。最近又听说河南省项城的"袁陵"（"洪宪皇帝"袁世凯的坟墓）也有人提议开放。这是否可行，尚有不同意见，有待进一步研究。但是，这些问题提醒我们：在纠正对待传统文化和历史人物虚无主义偏向的同时，应该坚持历史唯物主义的态度，认真分析、实事求是地批判继承，避免纠正一种倾向，带来另一种倾向，导致无批判地兼收并蓄现象的滋长。

三、关于纪念文化的历史传统和前进方向

在这次学术研讨会上，瞿秋白纪念馆馆长赵庚林同志论证了纪念文化的内容本质特征和社会价值。他提出："纪念文化的本质特征是继承和发扬被纪念者的思想、人格和精神。"同时，他又提出：当前"纪念文化面临着市场经济和外来文化的冲击，纪念文化的理论创新和实践有待我们去探索。"赵庚林同志的这篇论文，我认为是对纪念馆为主的各种纪念设施、纪念活动的高度概括，是这种文化现象的理论升华。我赞同他的论点，也愿意对我国纪念文化的历史传统和发展方向，谈一些个人的看法。

我国纪念文化的历史传统源远流长。它渊源于华夏民族在远古形成的祖先

崇拜与祭祀。那时这种崇拜与祭祀是国家的头等大事。所谓"国之大事，惟祀与戎"。春秋时期，从祖先的崇拜与祭祀中，已分化出对国家、社会有卓越贡献人物的崇拜与祭祀。《国语·鲁语》记载："夫先王之制祀也，法施于民则祀之，以死勤事则祀之，以劳定国则祀之，能御大灾则祀之，能捍大患则祀之。"正是在这种历史背景下，所以在孔子逝世后的第二年（公元前478），鲁国君主为了纪念孔子的品德、业绩、传播他的思想，特命将孔子曲阜阙里故居中的三间住房作为孔子庙堂，室内陈列孔子的衣冠琴书和他所乘的车，每年一定时间举行纪念活动，让人们参观瞻仰。公元前1世纪汉代著名历史学家司马迁曾参观过孔子故居和陈列的衣冠、书籍和礼器、车辆，瞻仰孔子的遗风。他还看到一些学生按时来孔子庙堂研习《礼》。考察起来，至晚春秋时期，我国的纪念文化已经形成了明确的内涵和比较成熟的纪念方式，具备了社会教育的功能。而当时筹建的孔子庙堂也就是现在已知的最早的纪念馆、博物馆。它比西方最早的博物馆——亚历山大博物馆早建成一个多世纪。[1]

继曲阜孔子庙堂之后，在中国历史上以不同形式、不同名称建立的古代人物类纪念馆绵延不断。西汉时期，长安未央宫中建有麒麟阁，汉宣帝曾把十一个著名功臣的画像悬挂其上，"图画其人"、"法其形貌"，各署官阶、姓名，以表彰他们的功勋。东汉时期，汉明帝建云台，把中兴功臣二十八人的肖像悬挂云台上，史称"云台二十八将"。著名哲人、蜀汉丞相诸葛亮逝世后，后世在成都、襄阳、南阳、白帝城等地建立了"诸葛武侯祠"。唐太宗建立凌烟阁，命著名画家阎立本在阁上画开国功臣二十八人的肖像，唐太宗亲自为每人的像作赞词。南宋绍兴三十二年（1162年），抗金名将岳飞昭雪后，在杭州建立了岳王庙和岳坟，其碑廊中还陈列有岳飞奏札的刻石。明洪武九年（1376年）在北京顺天府学之侧文天祥战败被俘后囚禁的地方，建立了文丞相祠，祠内有文天祥石刻画像和他所作《正气歌》的刻石。明末抗清名将史可法战死于扬州，后来当地人士于乾隆三十七年（1772年）在广储门外梅花岭建立了"史公祠"。清朝初年，台湾人士在台南

---

[1] 王宏钧：《中国博物馆与社区历史文化　兼论世界最早的博物馆和博物馆起源》（在1994年国际博协（ICOM）国际博物馆学委员会（ICOFOM）上宣读的论文），刊于《中国博物馆》1994年第4期。

修建了"开台圣王庙"。这就是纪念第一位抗击西方殖民主义者的民族英雄郑成功祠。鸦片战争以后，为纪念查禁鸦片、抗击英国入侵的民族英雄林则徐，澳门人士在林则徐曾来澳门视察的地方建立了"林文忠公祠"……历代这类纪念设施各地都有。

可以看出：早在春秋时期《国语·鲁语》的文献和孔子庙堂的建立，已开创了我国纪念文化的先河。此后具有中国民族特色的纪念文化不断发展，具有中国民族特色的古代纪念馆和各种纪念设施连绵不绝。这种文化特色直到今天仍在延续，形成了从春秋时期的孔子庙堂，中经历代纪念设施，直到广东翠亨村中山故居、湖南湘潭韶山毛泽东故居、淮安周恩来故居的一条中国纪念文化和纪念馆的发展轨迹。

纪念文化是各种文化中的一种，是文化整体中的一个重要组成部分。我们不能"数典忘祖"，应该尊重自己的文化传统。但是，我们必须以科学态度对待文化传统。任何条件下不能忽视：文化——作为观念形态的文化，总是一定社会条件下的产物，总是一定社会政治、经济在观念形态上的反映。任何文化都无不带有特定时代的烙印，摆脱不了时代的局限。陈毅元帅曾有一句名言："局限性人皆有之。"因此，我们必须以批判继承的态度对待纪念文化的传统，不能不加分析的一概接受。

四十多年前，我在松江城内看到有一座"华都督祠"，进去一看原来是清朝政府为纪念被太平军击毙的外国雇佣军头目华尔所建立的祠庙。这类纪念物早已理所当然的被废弃了。更能说明问题的是北京中山公园内的一座汉白玉蓝瓦顶的石牌楼。清光绪二十六年（1900年）义和团运动兴起，在北京东单东总布胡同西口打死了德国驻华公使克林德男爵。事后清廷被迫在出事地点建立了这座纪奠克林德的石牌坊。第一次世界大战，德国战败，民国八年（1919年）将这座牌坊迁到中山公园南门内，改名为"公理战胜"牌坊。中华人民共和国建立以后，1952年亚洲及太平洋地区和平会议，确定将其改为"保卫和平"牌坊，并由郭沫若题写，至今高悬在牌楼的额枋上。一处纪念建筑，经历了三个时代，展示了三种不同的文化内涵，反映了三种不同的社会政治、经济和世界局势。因此，我们必须善于有分析地科学地对待纪念文化的历史传统，坚持立足当代，批判地继承，取其精华，去其糟粕，以发展当代的纪念文化，办好我们的人物类纪念馆、博物馆。

对于纪念文化面临着市场经济和外来文化的冲击，我想这与我国各项事业所面临的形势一样：既是挑战，又是机遇。对其消极影响，要设法规避、限制和抵制；对其积极影响，要善于利用，发展自己，善于吸取，丰富自己。不论形势怎样复杂多变，我们都必须坚持以马克思主义为指导，以培育"有理想、有道德、有文化、有纪律"的公民为目标，面向现代化、面向世界、面向未来，努力发展我国民族的科学的大众的社会主义文化。我们纪念馆、博物馆所应努力坚持的这一发展方向，也就是当代中国先进文化的前进方向。

原文刊于《人物类博物馆、纪念馆现状与发展前瞻学术研讨会论文集》2001 年 1 月

《中国博物馆学基础》（摘选）

博物馆历史

一、世界最早的博物馆——亚历山大城缪斯神庙和山东曲阜孔子庙堂

博物馆是近代兴起的社会文化事业，但它有着悠久的历史渊源。它的起源，无论在西方或东方，都可以追溯到公元前几世纪。

博物馆现象最初萌发于人们的收藏意识和纪念意识，由此产生了对珍稀物品的收藏和对具有纪念意义的遗址遗物的保存和利用。公元前3世纪埃及亚历山大里亚港口城市建立的亚历山大博学园中的缪斯（Muses）神庙是西方最早的博物馆。公元前5世纪在山东曲阜的阙里孔子故居建立的孔子庙堂是中国最早的纪念类博物馆。[1]这个庙堂历经二千多年，几经维修扩建至今仍是中外人士参观游览的名胜之地。

在西方4000多年以前，埃及和美索不达米亚的统治者就注意寻找宝藏珍品奇物。公元前5世纪古希腊特非尔·奥林帕斯神殿就有保存战利品和雕塑等古物的收藏室。

但是，收藏可以用于各种不同的目的。如果用于财富的储存，用于炫耀富贵，或作为商品交换而不是用于教育、研究的目的，并不能由此萌生最初的博物馆。

世界最早的博物馆，目前西方公认是始建于公元前290年左右的亚历山大博物馆。早在公元前4世纪，马其顿的亚历山大大帝在建立地跨欧亚非大帝国的军

---

[1] 王宏钧：《中国博物馆与社区历史文化　兼论世界最早的博物馆和博物馆起源》（国际博物馆学委员会 ICOFOM1994 年会论文）载于《中国博物馆》1994 年第 4 期。《世界最早的博物馆在中国曲阜——孔子阙里故居和孔庙的再认识》载于王宏钧著《秋海棠叶集·博物馆与文史论丛》中国社会科学出版社 1998 年版第 535—537 页。

事行动中，把搜集和掠夺的许多珍贵艺术品和稀有古物交给他的教师亚里士多德整理、研究。亚里士多德曾利用这些文化遗产进行教学，传播知识。亚历山大逝世以后，他的部将托勒密·索托在埃及、腓尼基和巴勒斯坦建立新的王朝，继续传播和发展希腊文化。公元前290年左右，托勒密·索托在亚历山大里亚城创建了当时最大的学术和艺术中心——亚历山大博学园，其中有图书馆、动植物园、研究所，还有专门收藏文化珍品的缪斯神庙。缪斯（Muses）是古希腊传说中主管文化艺术的九位女神。西方博物馆一词"MUSEUM"即起源于缪斯神庙。因此托勒密王朝的这座缪斯神庙后来也被称为亚历山大博物馆。

这个博物馆设有专门的大厅、研究室，陈列有关天文学、医学和文化艺术的藏品。各地的学者、作家聚集在这里，从事研究工作。大批来自各地的青年跟随他们学习。亚历山大里亚博物馆是世界当时最大的科学和艺术中心。著名数学家欧几里德、物理学家阿基米德都曾在这里进行研究和工作。这个博物馆存在了几个世纪，后来毁于战火中。

公元前1世纪，罗马征服希腊。罗马人接受了希腊的文化成果，也注意搜求文化艺术作品，把数以千计的铜像、大理石雕像，运回罗马城，建造寺院，陈设其中。罗马贵族豪富的别墅也摆设起宝石、战利品、艺术珍品。正如有人所说："尽管当时罗马没有博物馆，然而，整个罗马城就是一座博物馆。"在罗马有著名的万神庙，也称潘提翁神庙，是西方最早的人物纪念馆。至今欧洲仍以"潘提翁"泛指人物纪念馆。

欧洲进入中世纪以后，处在封建制度和教会统治的时代。僧侣垄断了文化和教育，科学成了神学的附庸。教堂、修道院和教会学校是收藏古物和宗教文物的主要场所。宫廷、贵族府邸、领主庄园是世俗文物的聚集之处。基督教文物最大的收藏地是教皇所在的梵蒂冈。在那里收藏着最重要的基督教历史文物、艺术珍品和历代教徒供奉的珍贵礼品。此外，意大利的圣·马可教堂、德国的哈雷修道院，瑞士的圣·莫里斯教堂等都是著名的宗教文物收藏地。利用教会文物收藏宣传宗教的教义，扩大宗教的影响。直到欧洲文艺复兴才发生新的变化。

中国古代没有博物馆这一概念。但是，保存和研究文化遗物，在我国有着悠久的历史。从商代起，王室和贵族已重视文物的搜集和保存。殷商的文物多集中于宗庙。周代文物珍品收藏之处，名曰"天府"、"玉府"，并有专职官员负责管理。汉朝的珍贵文物、图书收藏在有名的"天禄"、"石渠"、"兰台"。以后，历朝宫廷都有文物的正式集藏之所。宋朝崇尚古物之风更盛，宣和年间，皇室收藏的古物多达万余件，此外，官僚、士大夫中也涌现出一大批名重一时的收藏家，他们不单是摩玩遣兴，而且鉴定、研究、编纂文物图录。但是，这些著名的历代收藏并没有导致博物馆的出现。如果考察我国博物馆现象的历史渊源，则应追溯到公元前5世纪的孔子庙堂。

孔子（前551—前479年）是中国古代著名的思想家、教育家和儒学创始人。他比古希腊哲人柏拉图（前427—前347年）和亚里士多德（前384—前322年）早出生一个多世纪。孔子死后的第二年（前478年），鲁国君主哀公为了纪念孔子的业绩、传播他的思想，特命将曲阜阙里孔子故居中的三间住房作为孔子庙堂，室内陈列孔子的衣冠琴书和他所坐的车，每年按一定时间举行纪念活动，让人们参观瞻仰。公元前1世纪汉代著名历史学家司马迁曾参观过孔子故居和陈列的衣冠、礼器、书籍、车辆，瞻仰孔子的遗风。他还看到一些学生按时来孔子庙堂研习《礼》。司马迁把他的这些见闻都已写入《史记》的《孔子世家》和《太史公自序》之中。

孔子庙堂的出现并非偶然，它渊源于华夏民族在远古形成的祖先崇拜与祭祀。春秋时期从祖先崇拜与祭祀中，已分化出对社会有卓越贡献人物的崇拜与祭祀。《国语·鲁语》记载："夫先王之制祀也，法施于民则祀之，以死勤事则祀之，以劳定国则祀之，能御大灾则祀之，能捍大患则祀之。"这就是鲁哀公创建孔子庙堂的历史背景。

孔子庙堂经历代不断维修和扩建，到宋代已基本扩建成具有今日规模的古建筑群。孔子故居的水井和大门的遗址至今还保存在孔庙之中。

考察起来，公元前478年以孔子故居创建的孔子庙堂就是中国最早的纪念性博物馆。它与古希腊特非尔·奥林帕斯神殿收藏室同时出现。它比托勒密·索托创建的亚历山大博物馆早188年左右，所以，可以认为曲阜孔庙是保存至今的世界最早的博物馆之一。

继曲阜孔子庙堂之后，在中国历史上这类以不同形式、不同名称建立的古代纪念馆绵延不断。西汉时期在长安未央宫中建有麒麟阁，甘露三年（前51年），汉宣帝把十一个著名功臣的画像悬挂阁上，"图画其人"，"法其形貌"，各署官阶、姓名，以表彰他们的功勋。东汉永平三年（60年），汉明帝建云台，把东汉中兴功臣二十八人的肖像悬挂云台上，史称"云台二十八将"。著名的哲人、蜀汉丞相诸葛亮逝世后，后世相继在成都、襄阳、白帝城南阳等地建立了"诸葛武侯祠"。唐贞观十七年（643年），唐太宗建凌烟阁，由著名画家阎立本在阁上画了开国功臣二十四人的肖像，唐太宗亲自为功臣像作赞词，由著名书法家褚遂良题写。南宋绍兴三十二年（1162年）抗金名将岳飞昭雪后，在杭州建立了岳王庙和岳坟，其碑廊中还陈列有岳飞奏折、诗词手迹的刻石。明洪武九年（1376年）在北京顺天府学之侧文天祥抗元被俘后囚禁的地方，建立了文丞相祠，祠内陈列有文天祥石刻画像，庭院中至今还保留一株相传文天祥手植的古枣树。明末抗清名将史可法战死于扬州，当地人士于乾隆三十七年（1772年）在广储门外梅花岭建立了"史公祠"。清初台湾地区人士在台南修建的郑成功祠，又称"开台圣王庙"，后改称延平郡王祠。这是纪念第一位抗击西方殖民主义者的民族英雄纪念馆。祠中的一株古梅，相传是郑成功手植。鸦片战争以后，为纪念查禁鸦片、抗击英国入侵的民族英雄林则徐，澳门人士在林则徐曾来这里视察过的地方修建了林文忠公祠。

可以认为：从曲阜孔子庙堂到诸葛武侯祠，到李白故里、杜甫草堂、岳飞祠、文丞相祠，直到郑成功祠、林则徐祠等等，这就是具有中国特色的古代纪念类博物馆。这种文化特色直到今天仍在当代博物馆事业中延续发展，形成从山东曲阜到广东中山县翠亨村到湖南湘潭市韶山冲的一条有中国特色的纪念性博物馆发展轨迹。

如果进一步考察，从东西方最早博物馆的异同中，也可窥见中西传统文化的一致性与差异性。保存和利用文物及遗址、遗迹、遗物，进行社会文化教育活动，这是东西方共同的一致性。利用保藏进行各种学术研究，尤其是自然科学的研究，这是亚历山大博物馆的特点。数学家欧几里德和物理学家阿基米德在这个博物馆的研究工作可以说明西方传统文化中重视自然科学的这一特点。对于为社会做出突出贡献的人物，依托其有关遗址，展示其遗物，建立庙堂，纪念他们的业绩，宣扬他的品德和思想，这是孔子故居纪念性博物馆的特点。而这一特点，也正是中国传统文化中重视"慎终追远"、追念前贤、尊崇人文精神的具体体现。

二、近代博物馆在欧洲产生和在世界各地发展

14至16世纪的欧洲文艺复兴是"西方文明史上的一个新时代，被看作中世

纪与近代的分界"（《不列颠百科全书·文艺复兴》）。恩格斯称之为"人类从来没有经历过的最伟大的、进步的变革"。文艺复兴运动引发了人们对希腊、罗马时代古典文化的向往。因为在希腊、罗马的古籍中，找到了有利于反对封建宗教统治的思想武器。

"拜占廷灭亡时抢救出来的手抄本，罗马废墟中发掘出来的古代雕像，在惊讶的西方面前展示了一个新世界——希腊的古代；在它的光辉的形象面前，中世纪的幽灵消逝了"。[2]希腊、罗马的古典著作、古代遗物受到了空前的重视，许多欧洲国家先后出现了探访古迹，搜集古钱、古书、化石和金属纪念品等古物的热潮。在意大利，人们访查罗马古城遗迹，甚至到爱琴海中的岛屿，到亚洲、非洲的一些地方，带回碑文和图略。这种对古物的收集研究，随着15世纪末环球新航线的开辟和美洲新大陆的发现，更加高涨。航海事业的发展，使得从遥远的地方搜集奇珍异物成为可能。欧洲的探险家、商人来到东方，满载中国、印度的文物驶回。荷兰阿姆斯特丹城一时形成世界艺术品贸易中心。这就进一步激发了学者的研究兴趣和收集者的热情。近代博物馆产生的思想条件和物质条件渐趋成熟了。

首先是藏品的增长。无论皇家藏品，或者私人收藏都有了很大增长，如西班牙王室的藏品、马德里附近埃斯科里亚尔的藏品、法国布尔戈尼公爵和凡尔赛宫藏品、意大利佛罗伦萨及梵蒂冈的藏品等等。它们为后来一些大博物馆的诞生奠定了藏品基础。其次是收藏范围的扩大，从古物到自然标本，人们都有很大的兴趣，在收藏中注意了审美的和科学的价值。这时，涌现出一批私人收藏家，如意大利的保罗乔瓦·梅第奇家族，英国的约翰·崔生，荷兰的昆齐贝等。梅第奇家族的收藏有"文艺复兴艺术宝库"之称，后来转化为闻名于世的乌菲齐博物馆的藏品基础，其中有波提切利的《春》、《维纳斯的诞生》、提香的《花神弗洛拉》、达·芬奇的《东方三博士的膜拜》等举世闻名的艺术珍品。

17世纪80年代，出现了世界博物馆史上第一个具有近代博物馆特征的博物馆，这就是1682年向公众开放的英国阿什莫林艺术和考古博物馆。这一年英国贵族阿什莫林将其收藏的货币、徽章、武器、服饰、美术品、考古出土文物、民族

---

[2] 《自然辩证法》导言，《马克思恩格斯选集》第三卷，人民出版社1972年版，第445页。

民俗文物和各种动植矿物标本全部捐献给牛津大学，建立了向公众和学者公开开放的博物馆。阿什莫林开创了将私人收藏公之于世、建立近代博物馆的先河。

18世纪，博物馆事业迈出了重要的前进步伐。这个世纪80年代蒸汽机的发明和采用，引起了工业革命。同时，以法国百科全书派为代表的欧洲资产阶级民主文化运动兴起，所有这些都给予博物馆事业的发展以重大的影响。在欧洲，出现了一批重要的博物馆，如爱尔兰国家博物馆（1731年）、维也纳自然历史博物馆（1748年）、伦敦不列颠博物馆（1753年）、威尼斯艺术学院美术馆（1755年）、哥本哈根国立美术馆（1760年），俄国爱尔米塔什艺术馆（1764年）、西班牙国立博物馆（1771年）等相继建立。

在上述博物馆中，不列颠博物馆有较大影响。不列颠博物馆是在私人收藏的基础上建立起来的。它的奠基人是著名医生汉司·斯隆。斯隆生于爱尔兰，从小喜欢收集爱好的物品。1683年在奥兰奇大学攻读医学。毕业后当医生，到过牙买加，当过医药学院院长。医生的职业并没有妨碍他的收藏爱好。1696年，他把收集的植物标本编成植物名录。到他晚年收藏文物已达79，575件，另有许多植物标本和藏有四万件手稿的私人图书馆。文物总值达8万英镑，斯隆为了使自己终身收藏的文物公诸于众，他在遗嘱中要求以2万英镑促请英国国会购买。1753年英国国会拨用专款接受这批文化宝藏。1759年1月15日不列颠博物馆在一座17世纪的法国城堡式建筑开幕。该馆最初分为印刷出版部、手稿部（包括钱币、绘画等）、自然和人工制品部。19世纪前期又先后成立古物部、绘画部，并且不断充实东西方文物珍品，成为当时世界上最大的博物馆。最初，博物馆每周只开放三天，而且每小时只允许十人入馆。星期五是特别参观团参观日，每团15人，由导游陪同介绍。

18世纪中叶以后北美洲的博物馆也有了初步发展。北美洲最早的博物馆是1750年美国哈佛大学的珍品收藏室，其主要收藏化石，专供教学使用，不公开开放。

美国第一个公共博物馆是1773年在南卡罗莱纳的查尔斯顿城建立的。这个博物馆由该城图书馆学会提议创办，其陈列文物主要介绍南卡罗莱纳州的自然历史。

18世纪末推动博物馆事业发展的重要社会因素，是法国资产阶级革命。1789—1794年的法国大革命震撼了欧洲封建体系，促进了资本主义的发展。

1792年法国公共教育委员会向国民议会提出的"关于普遍建立公共教育的报告及法律草案"中，明确提出"更加完善的图书馆，拥有更加广泛资料的博物标本室，更大规模的植物园、药园等等，也都是教育手段"，宣布包括博物馆在内的"国民教育为国家权利的当然义务"，并且规定了开放博物馆和植物园的任务。

1793年7月27日，法国政府决定：巴黎卢浮宫改建为共和国艺术博物馆，组成专门委员会管理。同年8月10日向公众开放。卢浮宫在巴黎市中心塞纳河畔。12世纪末，这里是一座城堡。法兰西斯一世时，1527年和1546年两次拆除旧建筑，按文艺复兴时期的形制修建成王宫，并开始收藏绘画、雕刻等艺术珍品。达·芬奇的名画蒙娜丽莎就是这时入藏的。路易十四时，艺术藏品的总数从200件增到2000件。早在1753年就有人呼吁开放卢浮宫，代表了法国广大民众的呼声。后来，法国百科全书派还特地在"卢浮宫"这个词条中写入了"应该开放"的字句，但没有得以实现。法国大革命终于打开了卢浮宫的大门。

卢浮宫的开放，标志着世界博物馆的发展开始了一个新的时代。现在卢浮宫有藏品40多万件。被誉为世界艺术三宝的爱神维纳斯雕像，达·芬奇的名画蒙娜丽莎和萨莫色雷斯胜利女神像都珍藏在这里。

卢浮宫的开放，对世界各国影响很大。许多大博物馆在它推动下得以开放，一些王宫殿堂如西班牙的普拉多宫，罗马的梵蒂冈也都开放了，一些皇家私人庭园也形成动植物园或水族馆。一些国家由此还兴起了许多地方博物馆。私人收藏室也相继成为博物馆。

法国大革命开创了博物馆社会化的起点。过去仅供宫廷和封建贵族赏悦的珍藏室，转化成为社会公众服务的博物馆。博物馆工作逐渐成为一种独立的社会职业，博物馆事业成为国家文化教育事业的一个组成部分。

19世纪，在文化史上被称为"科学世纪"。进化论、细胞论和能量守恒定律，都是在19世纪建立的。这个世纪自然科学的重大发明和发现比前三个世纪的总和还多一倍。许多新的科学部门建立起来。现代工业大生产的需要和科学技术的发展，促使人们学习科学技术知识的要求日益迫切。社会公众的需要，为博物馆的发展提出了新的课题。1851年英国为了展示工业革命的成果，在伦敦举办万国博览会（水晶宫展览）。英国维多利亚女王的丈夫阿尔伯特亲自主持筹办博览会。博览会特别强调"展示工业革命的成果，显示把科学技术应用于生产的未来"。这是世界第一次大型博览会，欧洲各国先进的织染、窑业等工业产品和优美的工艺美术品都集中到那里展出。博览会的举办为英国奠定了两个博物馆藏品的基础：一是1852年成立的维多利亚和阿尔伯特博物馆；一是1853年成立的坎星顿科学技术博物馆。此后，欧美各国竞相效法。1855年在法国巴黎、1873年在维也纳、1876年在美国费城都先后举办了博览会。美国费城的纪念美国建国百年的博览会，中国亦参加了，并有专馆。

美国费城博览会的工业展品后来送到华盛顿史密松学院，成为建立美国工业博物馆的基础。1880年在美国洛杉矶建立了加利福尼亚科学与工业博物馆。

日本在亚洲是建立博物馆较早的国家。明治维新以后，1871年日本建立了国立科学博物馆。

这一时期，东欧、南欧的许多国家也先后建立了工业博物馆：1872年俄国建立了莫斯科科技博物馆；1903年慕尼黑建立了德意志自然科学和技术博物馆；1918年维也纳建立了工业博物馆。

19世纪博物馆事业发展的另一个重要方面，是一些大型博物馆的兴建，其中美国史密松学院和纽约大都会艺术博物馆，可以作为代表。

美国是一个新建立的国家。博物馆事业最初开始于18世纪末。19世纪中叶，美国的博物馆开始进入发展阶段。史密松学院建立于美国首都华盛顿，是一个很大的博物馆复合体。它的最初发起人是一位英国的化学家、矿物学家詹姆斯·史密松（1765－1829年）。这位从未到过美国的英国科学家在意大利临终的时候留下遗嘱，将他手中的十万金镑捐赠美国，要求以促进人类增长与传播知识为目的在华盛顿建立史密松学院。美英两国经过七、八年的洽商，1838年由美国国会完成接受捐赠的手续，将十万金镑运到美国，1840年美国政府组成一个评议委员会来管理这笔捐款，并以此建立史密松学院。

史密松学院发展到今天，已经成为世界最大的博物馆群和重要的科学研究中心。它包括13个博物馆、17个研究中心。现在正在筹建第14个博物馆。这13个博物馆是：弗利尔美术馆、美国历史博物馆、国家自然历史博物馆、美国国家艺术博物馆、国家肖像画廊、航天博物馆、赫什霍恩博物馆、艺术和工业大楼、兰维克美术博物馆、非洲艺术馆、国家动物园、安娜考斯提亚邻里博物馆、国家美术馆。

美国纽约大都会艺术博物馆建立于1870年，是继史密松学院成立后美国建立的又一大型博物馆。现在这个馆藏品已超过155万件，其中埃及藏品最多，其次为中近东、希腊、罗马以及现代艺术品，工作人员1200多人，共分18个部，观众每年达五、六百万人次。

纽约大都会艺术博物馆的建立，标志了美国大型艺术博物馆的出现。此后，美国陆续建立了一批艺术博物馆。

这一时期，各种规模大小不同的博物馆发展很快。德国、奥地利、俄国、西班牙、丹麦等国，都有一些博物馆建立起来。英国1800年公共博物馆10个左右，1850年60个左右，1887年240个左右。俄国十月革命前180个。美国1910年600个。德国仅1900年—1920年就新建博物馆179所。

这一时期，博物馆专业化的发展趋向逐渐明显，考古的、艺术的、自然历史的、科学的、教育的等各种博物馆都建立起来了。一些综合性的、藏品非常庞杂的博物馆开始分化，如1886年不列颠博物馆就在坎星顿建立分馆，专门收藏陈列自然标本，以后便发展成伦敦自然历史博物馆。

19世纪是给予全人类以文明和文化的世纪，同时也是西方殖民主义加紧对亚洲、非洲、拉丁美洲各国各民族掠夺的世纪。随着自由资本主义向垄断资本主义阶段的过渡，帝国主义的文化侵略也更加严重。19世纪中叶以后，法国、德国、英国、俄国、美国等国向埃及、中东、小亚细亚等地派出一个又一个考古队，搜集了大量古代雕刻、楔形文字泥板、古代文书和木乃伊等珍贵历史文物；他们向全世界派出的探险队，获取了大批珍贵的自然科学标本。这些文物标本大大充实了欧美许多博物馆的藏品，但却使亚非各国人民失去许多本民族历史文化的重要瑰宝。与此同时，武力的掠夺也愈加肆无忌惮。这方面，中国受害尤深。1860年英法联军焚掠北京清朝皇室收藏历代珍品的荟萃之地——被誉为"世界园中之园"的圆明园和畅春园、清漪园、静宜园、静明园。1900年俄、英、美、日、德、法、意、奥等八国联军野蛮抢掠皇宫、禁苑、坛庙、王公府第甚至民居店肆，使中国历史文化珍藏遭到了空前的浩劫。这是中国历史文化和博物馆事业的重大损失，也是人类文化史上的灾难。至今，许多被劫掠的中国珍贵文物仍然收存在一些西方国家的博物馆中。

在西方殖民主义者掠夺亚非拉美各族文化遗产的同时，在西方博物馆影响下，在这些地区也陆续建立了一些博物馆，如印度加尔哥答博物馆（1796－1814年建立），南非博物馆（1825年建立），巴西博物馆（1818年建立），埃及开罗博物馆（建于1835年）。19世纪中叶以后，外国人在中国也建立了几个博物馆。

19世纪博物馆事业上的重要发展是博物馆科学水平的提高和社会教育职能的加强。

很长时期以来博物馆工作水平较低。藏品库和陈列室合二而一，不讲究陈列体系和方法，藏品陈列拥挤，层次不清，甚至到1786年人们参观不列颠博物馆时还抱怨："除了一些鱼类被分类处理外，一切都无秩序，没有适当的分类陈列，文物杂处，如同一间大杂院。"随着科学的进步和人们审美观念的变化，博物馆工作的科学水平得到新的提高。哥本哈根博物馆的汤姆逊按照石器时代、青铜器时代、铁器时代三个历史时期划分藏品，并把博物馆的陈列，更科学地组织起来。1836年《汤姆逊分类法》一书出版，不少国家竞相采用。1852年德国纽伦堡日耳曼博物馆建立，把藏品分别编入史前时代、罗马时代、德国时代三大系统中，而每一系统又按"法治生活"、"教会生活"、"教育生活"、"农业"、"美术"、"手工业"、"科学"等项目加以分类。在博物馆陈列中采用了复原陈列法，例如表现古代教会、僧院或住宅一角，就按那个时代的原样制成天棚、墙壁，布置有关家俱，把有关的文物陈列在适当位置，并辅以穿着当时服装的、与人等高的人形。这种组合的复原陈列方法，更便于人们了解展品的内涵。因此，复原陈列法很快在历史博物馆、工艺美术馆推广，也在自然历史博物馆陈列中得到应用，进行"生态复原"。陈列方法的改革，扩大了博物馆的影响，使博物馆更加社会化、群众化。它的社会教育职能也进一步加强。

19世纪中叶以后，博物馆和博物馆学者们日益认识到博物馆社会教育的重要性。1873年英国皇家艺术学会曾经提出："使所有的公共博物馆，皆具有教育及科学的目标。"1880年英国博物馆学者鲁金斯所著的《博物馆之功能》一书中强调了博物馆应成为一般人的教育场所的观点。美国的纽约大都会艺术博物馆、布鲁克林博物馆都公开申明其博物馆的宗旨是"推行全面性的教育与休闲活动"。1906年美国博物馆协会提出"博物馆应成为民众的大学"。这些有关博物馆社会教育的思想和主张，给予博物馆很大推动。

一些博物馆还与学校建立了更紧密的联系。如1892年美国波士顿美术博物馆开设学术讲演课程，学生和教师可以享受免费参观，并在1906年创办辅导参观制度。圣路易博物馆与学校的联系更为具体。1903年他们实行文物标本出借制度。从其馆藏中挑选一万件文物标本，置入各种不同规格的箱子，每个箱子上附有详细说明。学校教师可以依照博物馆目录向博物馆选借文物。同时这个博物馆还开放四间展室，展出世界各地历史、气象、民俗与自然历史方面的文物标本和有关资料，供学校辅助教学，深受学校师生的欢迎。

19世纪末到20世纪初各国的和国际的博物馆专业组织相继建立。

博物馆事业的发展，博物馆社会职能的扩大，以及博物馆人员构成的变化，促进了博物馆专业意识的形成和加强。博物馆工作人员迫切要求成立自己的组织。

世界最早的博物馆专业组织成立于1889年的英国博物馆协会。1903年，欧洲各国在德国的满海姆召开第一次博物馆会议。1906年，美国博物馆协会成立，并且明确规定协会的任务是出版年刊、会刊、以帮助了解世界博物馆情况，不断探讨工作中的问题，以利改进工作。1915年斯堪底纳维亚博物馆协会成立，以后丹麦、芬兰、瑞典成立博物馆分会，隶属于斯堪底纳维亚协会。1917年建立德意志博物馆联盟，1921年成立法兰西斯博物馆协会。1926年国际联盟在巴黎成立了国际博物馆事务局。

这些博物馆组织的建立，促进了博物馆事业和博物馆学研究的开展。

在世界博物馆的历史上还不应遗忘20世纪前苏联社会主义博物馆的建设。

1917年11月7日，建立了世界上第一个社会主义国家——苏联。苏维埃政权刚刚诞生不久，就在教育人民委员部之下，设立了"博物馆事业与艺术纪念碑及古代文物保管委员会"。这个委员会的博物馆局具体领导全国的博物馆工作。与此同时，苏联确立了改造旧的博物馆、建立新型博物馆的方向和任务。列宁以人民委员会主席名义签署一系列命令和决议，把十月革命前的180个博物馆收归国有，加以改造。政府还没收了贵族地主收藏的有价值的历史文物和艺术品，经过整理，丰富旧有的博物馆。

十月革命后，苏联立即着手筹建新型博物馆。1919年11月，在列宁格勒建成了第一个革命博物馆，1924年又在莫斯科筹建苏联革命博物馆，并在苏联各加盟共和国、各州建立地志性博物馆。这些博物馆的陈列内容一般展示当地的自然概貌、历史发展、社会主义革命和社会主义建设的成果。此外，各地的工厂和集体农庄也纷纷筹建博物馆。到1923年苏联全国博物馆网初步形成，博物馆总数达

430个，比十月革命前增加1.5倍，三十年代博物馆发展到700多个，80年代中发展到1800多个，在社会主义文化建设中曾经发挥了重要作用。

三、近代中国的博物馆

博物馆在中国有悠久的历史渊源，但是近代博物馆和新型学校一样，都是在中国社会逐步近代化的过程中产生。1848年西方的博物馆作为一种新事物开始介绍到中国。1898年维新运动期间，中国建立博物馆的条件已经基本成熟。1905年，在江苏南通建立了第一个公共博物馆。

（一）对近代博物馆的初期认识

我国首先注意到近代博物馆的人是徐继畬。1848年他辑著的《瀛环志略》一书，介绍了各国地理、历史以及风土人情。在卷五、卷七的"普鲁士国"、"西班牙国"和"葡萄牙国"各条，都提到那里有"军工厂"、"古物库"等就是指这些国家的军事博物馆和历史文物馆。1847年通晓英语，素喜商务的林鍼到达美国，1849年写成《西海纪游草》，对美国博物馆做了较详实的记载。

以后，随着中国和西方往来的日渐频繁，到欧、美和日本出使或留学的日益增多。他们通过实地参观，对各国博物馆有了亲身的感受。1866年，清政府第一次正式派出官员访问欧洲，以三品顶戴"总理各国事务衙门副总办官"斌椿为首，率领懂外语的同文馆学生张德彝、凤仪、彦慧等人，行经法国、英国、比利时、荷兰、丹麦、瑞典、芬兰、俄国、普鲁士等国，了解欧洲社会各方面情况，也参观了博物馆。他们用"公所"、"行馆"、"万种园"、"画阁"、"军器楼"、"集宝楼"、"积宝院"、"集奇馆"、"积骨楼"、"禽骨馆"等不同名称，描述了参观过的各种类型的博物馆。斌椿考察后所写的《乘槎笔记》中记述的博物馆约十五个。张德彝所写的《航海述奇》中记载博物馆二十个。在他们的笔下，大都绘形绘色地描述了一百多年前欧洲博物馆的概貌。

以后，王韬的《漫游随录》、志刚的《初使泰西记》、李圭的《环游地球新录》、郭嵩焘的《使西记程》、黎庶昌的《西洋杂志》、黄遵宪的《日本杂事诗》、陈兰彬的《使美纪略》、徐建寅的《欧游杂录》、黄楙材的《印度札记》等，都记载了不少参观博物馆的印象。近代爱国诗人、维新运动活动家黄遵宪从光绪三年（1877年）12月任清朝驻日使馆参赞。他在日本四年多时间，多方研究、介绍日本，在其所著《日本杂事诗》中报道了日本许多博物馆，还对在日本九州博物馆见到的"汉倭奴国王"金印，参照《后汉书》加以考证，并且赋诗一首：

博物千间广厦开，纵观如到宝山回。

摩挲铜狄惊奇事，亲见倭奴汉印来。

除了前述《环游地球新录》以外，还有陈兰彬的《使美纪略》。陈兰彬是中国第一位驻美使臣。他在该书中记述了美国首都华盛顿市西数里外一所美国第一任总统华盛顿纪念馆，最先向国内报道了关于外国人物纪念馆的信息。

（二）中国第一个博物馆——南通博物苑

19世纪末叶，中国兴起了维新运动。到1898年各地组织起来的学会、学堂、报馆已有五十六处。维新派人士康有为、梁启超等在鼓吹废科举、办学堂、设报馆、广译书的同时，也提出了建立博物馆的主张。戊戌变法失败以后，张謇在江苏南通建立了中国第一座公共博物馆。随后，1906年至1910年在京师以及天津、山东等地陆续开办了几个博物馆和一批陈列馆或陈列所。

1898年康有为在《大同书》中提出了理想社会"太平世"。在"太平世"的全国三级行政组织中，主张都要建立博物馆的设施。在他的大同世界里，博物馆、美术馆、动物园、音乐院将成为"美妙博异"、"奇精新妙"的社会新事物。梁启超在论学会的文章中，提出学会应办十六项事，其中第十二项就是，"大陈各种仪器，开博物院，以助试验"。[3]上海强学会章程定为"最重要四事"，即译印图书、刊布报纸、开大书藏、开博物院，并且提出了办博物馆的设想："凡古今中外，兵农工商各种新器，如新式铁舰、轮车、水雷、火器，及各种电学、化学、光学、重学、天学、地学、物学、医学诸图器，各种矿质及动植类，皆为备购，博览兼收，以为益智集思之助"。[4]地方学会章程中也有创立博物馆的规定。《湘学报》第二十八册上登载的湖南《郴州舆算学会禀》所附章程，其中第三条说："兹拟议立博物院一所，即借公所庙宇，先行陈列中国土产，凡花卉、草木、虫鱼、泥沙有关考究者，无不可入。"

---

[3] 《戊戌变法》（四），中国史学会编，第376页。

[4] 同注[3]，第391页。

"百日维新"期间，维新人士关于建立博物馆的主张，曾经得到光绪帝的支持。康有为为了"劝厉工艺，奖募创新"，曾上奏"请厉工艺奖创新折"。光绪帝批准了他的奏议，1898年7月5日谕令总理衙门详定奖励章程。总理衙门立即起草章程十二款，其中规定奖励民办博物馆的办法：

"第七款如有独捐巨款，兴办藏书楼、博物院，其款至二十万两以外者，请特恩赏给世职。十万两以外者，请赏给世职或郎中实职。五万两以外者，请赏给主事实职，并给匾额，如学堂之例。"

"第八款捐集款项，奏办学堂、藏书楼、博物院等事，仅及万金以上者，亦请加恩，奖以小京官虚衔。"

在清政府内部，还有一部分官员也积极赞成建立博物馆如工部尚书孙家鼐、刑部侍郎李端棻等。1898年江南道监察御使李盛铎关于京师大学堂的奏折中，也明确提出："藏书楼、博物院皆为考定之资，自当陆续设立。"

由于"百日维新"的失败，上述主张未能实现。但是，博物馆在中国产生的社会条件已经成熟。1905年，张謇创办我国第一个公共博物馆——南通博物苑，从此开始了中国近代博物馆的新篇章。

张謇（1853－1926年），字季直，号啬庵，科举状元出身，立宪派政治活动家和民族资产阶级实业家。张謇把实业和教育视为"富强之大本"，主张"欲国之强，当先办教育"，而"欲兴教育"，则"先兴实业"。1896年他在家乡南通创办大生纱厂。这是我国近代纺织史上最早的一家规模较大的工厂。以后，他又陆续开办通海垦牧公司、大达轮船公司、资生铁冶公司、淮海实业银行等企业，并以这些企业的利润兴办教育和文化事业。1902年他创办了我国第一所师范学校——南通师范学校。1903年张謇赴日本考察实业与教育，参观日本的博物馆和博览会，深受启发。回国后，他积极倡导创办博物馆，向清政府递交《上南皮相国（张之洞）请京师建设帝国博览馆议》、《上学部请设博览馆议》。他建议在京师建立国家博物馆，然后"可渐推行于各行省，而府而州而县"。他大声疾呼，"揆诸时局"，此举"诚不可缓"。但是，他的吁请没有得清政府重视。张謇认为，"图地方人民知识之增进，亦必先有实现之处所"，于是率先从其家乡做起，以其个人的财力在南通师范学校以西，购民房29家，迁移荒冢三千余座，平土筑垣，兴建包括博物馆、植物园和动物园的博物苑。张謇广泛搜集中外动植矿物标本、乡里金石文物、先贤遗文，并亲自制图设计陈列柜架，历十年苦心经营，终于粗具规模，藏品达二千九百多号，计二万多件，分为自然、历史、美术等部。

南通博物苑的建立，在中国博物馆史上开风气之先，对中国博物馆的发展作出了卓越的贡献。

张謇是博物馆事业的热心倡导者，也是我国早期博物馆学理论家。他的《上南皮相国请京师建设帝国博览馆议》、《上学部请设博览馆议》等著述，对博物馆一系列问题：从文物标本的征集、收藏、保管、陈列到博物馆管理；从国家博物馆的筹建到地方博物馆的规划，以及馆址选择、设备制作等，他都进行了研究，提出了自己的见解。

作为博物馆的创建人，张謇非常关注祖国文物的安全。他尖锐地提出保护文物的重要性，尖锐地批评祖国文物大量流失的严重弊端。他说："今则绀发碧瞳之客，蜻州虾岛之儒，环我国门，搜求古物；我之落魄士大夫醉心金帛，不惜为之耳目，稗贩驰驱。设不及时保存，护兹国粹，恐北而热河，东而辽沈，昔日分藏之物，皆将不翼而飞。"[5]在那国家危亡、列强环伺的年代，张謇对祖国文物表现了鲜明的爱国精神。

他十分重视博物馆的社会作用，认为博物馆"高阁广场，罗列物品，古今咸备，纵人观览"、"使承学之彦，有所参考，有所实验，得以综合古今，搜讨而研论之"。这说明博物馆是重要的社会教育机构，国家重要学术部门和学校教育的有力助手。

对于文物的收藏。张謇认为，目的在于"留存往迹，启发后来"。文物征集的途径，一是"国家尽出其历代内府所藏，以公于国人"：二是鼓励"收藏故家出其所珍，与众共守"，但"此事不在官方之强迫，而在众愿之赞成"，而且要防止"吏胥藉端征索"，对于捐赠文物既多、价值巨大的，"自应破格奖励，不惜爵赏"。

至于征集范围，他主张"纵之千载，远之外国"，古今中外都要广事收罗，"外而欧、美、澳、阿，内而荐绅父老，或购或乞，期备百一"。张謇正是这样实践的。南通博物苑的自然标本搜罗遍及五大洲许多国家，如日本的三叶虫、货币

---

[5]　《国家博物院·图书馆规画条议》，《张季子九录·教育录》

虫化石，南洋群岛的猩猩，印度的鳄鱼，俄罗斯的斑鼠，美洲的蜂鸟，非洲的鸵鸟，爪哇的孔雀，朝鲜的笔贝等等。历史文物包括金、玉石、陶瓷、拓本、土木、乐器、画像、卜筮、军器、刑具、狱具等。美术品包括书画、雕刻、漆塑、织绣、缂丝、编物，文具等类。

对于征集而来的所有物品，张謇强调妥善保管，按藏品性质分为自然、历史、美术等部分，"分别部居，不相杂厕"。每件物品都要"条举件系，立表编号"，作好鉴定、著录工作。张謇亲自为本苑藏品考证源渊，鉴定真伪，评论价值，并请专家参与此事。这对后来建立的博物馆在文物登记、编目工作上提供了很好的借鉴。

关于博物馆的陈列展览，他认为既不同于商业展览会，又比图书馆工作困难。他提出博物馆陈列要"参研学理，确有规则"，而"陈设支配"，则要区分不同情况：自然标本可以按地区为次序，历史、美术则按时代先后。这样的布陈，"觇古今之变迁，验文明之进退，秉微知巨，亦可见矣"。

张謇认为，博物馆的管理工作十分重要。"经理之事，关乎学识"。他强调管理人才的重要性，不是任何人都可以胜任博物馆工作，其次，博物馆的管理还必须有严格的制度，"严管钥，禁非常，及其他种种之有妨碍者，均当专定章程期限遵守"。

张謇的博物馆理论，虽然多是从南通博物苑出发，但他结合了中国实际情况，又吸取了外国博物馆的有益经验。因此，对我国初期博物馆的建设有一定指导意义。他的开创性经验是中国博物馆学的可贵财富。

南通博物苑的出现，促进了中国博物馆事业的初步建立。1905年，学部侍郎严修在其家乡天津的城隍庙，开办教育品陈列室，"陈列理化仪器，博物标本多种，纵人观览"。[6]1906年京师乐善园（今北京动物园）辟为农商部农事试验所，陈列自然标本，1908年开放。同年，泰安创设教育博物馆，"自日本购到教育品多种，一一陈列，任人观览"。[7]两江总督端方也以个人收藏在北京琉璃厂海王村创办陶斋博物馆。

在此期间，清朝政府对博物馆事业的行政领导和监督，已经纳入政府教育行

---

[6] 《东方杂志》二卷 3 号，1905 年。

[7] 同注 [6]，四卷 7 号，1907 年。

政管理的职责范围。光绪三十二年（1906），学部奏定官制，分设五司一厅。专门司下设专门教务科、专门庶务科。专门庶务科，掌保护奖励各种学术技艺、学位及学堂与地方行政财政之关系，凡关于图书馆、博物馆、天文台、气象台等均归办理。会计司下设度支科、建筑科。建筑科，掌学部直辖各学堂、图书馆、博物馆之建造营缮，并考核全国学堂、图书馆、博物馆之经营建造是否合度，聘请技师等事。地方官制方面，根据学部奏定的《各省学务详细官制及办事权限章程》，各省学务公所分设六课（后改称科），其中图书课职掌译审本省教科书、参考书、并管理图书馆、博物馆事宜。

四、中华民国时期（1911—1949 年）的博物馆

1911 年孙中山领导的辛亥革命，推翻了清朝政府。两千多年封建皇帝统治的结束，中华民国的建立，是中国社会的一大变革。近代学校在全国各地逐步建立，社会文化教育活动也陆续有所兴办。1912 年在北京筹建国立历史博物馆，1914 年建立古物陈列所。1919 年爆发了五四反帝反封建的爱国运动，这是一次文化革命运动，"科学"、"民主"的热潮，推动了新文化运动的发展，也促进了博物馆事业的前进。1925 年明清两代的皇宫终于向社会公众开放，建成了闻名于世的故宫博物院。1933 年国民政府在南京筹建中央博物院，到 1936 年全国已建成博物馆 77 处。这是旧中国博物馆事业的重要发展时期。此后，抗日战争、解放战争前后延续十二年之久，中国博物馆事业因之遭到很大损失，到 1949 年新中国建立前夕，中国的博物馆事业已处于十分困难的半停顿状态。

（一）1912—1937 年中国博物馆事业的初步发展

从 1912 年至 1937 年抗日战争爆发，为时 26 年，中国的博物馆事业得到较大的发展。

1. 第一个国立博物馆——国立历史博物馆

中华民国成立后的第一个博物馆，是 1912 年由教育总长蔡元培主持在北京国子监旧址筹建的国立历史博物馆，任命胡玉缙为主任。开始仅以太学礼器百余件为基本陈列品。1917 年教育部决定该馆迁往故宫午门。午门城楼及两翼亭楼作为陈列室，门下东西朝房作为办公室，两廊朝房和端门城楼作为储藏室。

筹备期间，主要进行文物征集和考古调查工作。陆续入藏清代国学所存文

物，明清内阁大库的诏令、题奏、起居注和实录稿本、清代方略馆所存太平天国玉玺、清代太医院所存明正统四年制针灸腧穴铜人、清初摄政王多尔衮所用盔甲、明代西洋传教士利玛窦所绘《坤舆万国全图》、南怀仁所铸铜炮等各类文物，到1926年该馆藏品已达215200余件。

1921年，发掘河北钜鹿宋代古城，出土宋代瓷器、钱币、桌椅等200余件。1924年，发掘河南信阳游河镇王坟洼和擂鼓台汉墓3座，出土文物200余件。1925年，调查华北文物古迹，并曾提出修整山西大同云岗等处石窟造像的方案。

在此期间，曾举办信阳汉墓和钜鹿故城出土文物、明清档案等展览。

经多年筹备，1926年10月10日正式开始在午门城楼及东西雁翅楼开辟了金玉、刻石、明清档案、国子监文物、针灸铜人、兵刑器、明器、考古发掘品、国际纪念品等十个专题陈列，公开接待观众。

开馆后，相继编辑出版了《国立历史博物馆丛刊》（共三册）、《国立历史博物馆讲演会讲演录》（共二辑），还编印了《国立历史博物馆陈列物品目录》、《国立历史博物馆存储物品目录》，编写了《国立历史博物馆概略》、《钜鹿宋代故城发掘记略》、《信阳发掘古物记略》等。

1927年，教育部制定《教育部历史博物馆规程》规定：国立历史博物馆是为"搜集历代文物，增进社会教育"而设，由教育部总长聘任馆长一人，主持馆务。

1928年6月，南京国民政府改北京为北平，国立历史博物馆改属大学院，第二年，大学院改制，历史博物馆又归属教育部。同年8月，划归国立中央研究院历史语言研究所，改名"国立中央研究院历史博物馆筹备处"。1933年4月，历史博物馆划归在南京新成立的国立中央博物馆筹备处，改名国立中央博物院筹备处北平历史博物馆。时日军已侵占东北、大举进犯华北，历史博物馆将部分重要文物南运南京、上海保存。

继历史博物馆之后，1913年交通大学北京铁道管理学院博物馆在府右街成立。该馆属于教学实习性博物馆。1915年该馆制备的各种大桥涵洞模型曾在巴拿马太平洋博览会上荣获大奖章。

2. 古物陈列所

1914年内务部在故宫文华殿和武英殿成立古物陈列所，首任所长治格。古物陈列所是一个主要保藏陈列清廷辽宁、热河两个行宫文物的机构。民国成立以后，内务部开始着手接收沈阳清宫和承德行宫的古文物。承德的文物起运始于1913年末，先将行宫及各园林陈设物品集中，由滦河水路运到滦州，再转赴火车运京，经七次运完。

辽宁清宫的文物1914年1月开始起运，共分六次运完。

两地二十多万件珍贵文物运到北京后，除在武英殿、文华殿开辟展室外，还用美国退还庚款二十万元在武英殿以西的咸安宫旧基，建筑宝蕴楼库房，用来保存文物。

1926年设鉴定委员会，分书画、金石、陶瓷、杂品四组，由各委员分任鉴定。

为了吸引观众，规定各殿陈列物品每周都进行更换，稀世珍品随时更易，不作长时间陈展，以便慎重保护。普通展品"或旬月一换，或逢令节纪念等日减价期间，分别选择更易"。另外，还在东、西华门外置一大公告木牌，书写陈列物品门类，以期观众预为知晓。古物陈列所代表了我国20世纪20年代博物馆的水平，也受到观众欢迎。据不完全统计，从1928年7月中旬到1934年，六年间该所共接待观众42万2千人次，最多一月（1932年10月）观众达17457人次。（1948年3月，古物陈列所与故宫博物院合并。）

1915年在南京明故宫旧址，建立南京古物保存所，陈列明故宫遗物。

3. 科学教育博物馆

中华民国成立后，一些社会团体和著名人士就呼吁建立科学和教育博物馆。1916年10月，中国科学社成立，其社章明确提出采译各国科学书籍，设立图书馆、博物馆、研究所，解决实业科学上的疑难问题。1917年5日，蔡元培、马良、严修、伍廷芳、张元济、黄炎培等教育界、实业界四十余人联名发起成立中华职业教育社，也规定该社要设职业学校和教育博物馆。

1916年，经章鸿钊、丁文江、翁文灏等人努力，农商部地质调查所在北京西城兵马司胡同成立，同时在兵马司胡同南面的丰盛胡同3号设置地质陈列馆，陈列标本917件。这是我国第一个以地质矿产为内容的专门博物馆。这一年，瑞典地质学家安特生来华任北洋政府农商部顾问，其主要工作就是为协助地质调查所训练干部和扩大地质陈列馆。

1916年，保定各学校和教育机关联合成立保定教育博物院。1918年，直隶省教育科及天津劝业所联合各级学校建立天津博物院（1928年改名为河北第一博物院）。同年9月，江西教育厅筹设的省立教育博物馆正式开馆。1919年10月，山西省成立教育图书博物馆。翌年，教育部在北京筹办教育博物馆。

中华民国成立后短短十年，博物馆事业已经有了初步发展。据《第一次中国教育年鉴》载，1921年全国已有13所博物馆：

北京二所；

河北二所；

山东二所（一为公立，山东金石保存所附设山东图书馆内）；

山西二所（一为青年会设立）；

江苏二所（一为私立）；

湖北一所（附设图书馆内）；

广东一所（附设图书馆内）；

云南一所（附设图书馆内）。

4. 故宫博物院的建立

中国博物馆事业发展中的一件大事，是故宫博物院的建立。

故宫，旧称紫禁城，是明清两代的皇宫。辛亥革命推翻清朝后，根据中华民国政府对清皇室优待条件，逊帝溥仪仍然居住在紫禁城内后三宫。1924年10月，冯玉祥将军率部回师北京，举行政变，囚禁贿选总统曹锟，成立临时政府。11月初，临时政府决定逐溥仪出宫，着警卫司令鹿钟麟，警察总监张璧与国民代表李煜瀛会同办理。11月20日成立"办理清室善后委员会"，负责清理清室财产和处理善后事宜。1925年9月29日善后委员会通过"故宫博物院临时组织大纲"，推选蔡元培、熊希龄、张学良、黄郛、于右任等21人为董事；李煜瀛、易培基、陈垣、张继、马衡等九人为理事，李煜瀛任理事长，于10月10日在乾清门广场举行盛大成立大会，故宫博物院正式成立。

故宫博物院成立后，负责"掌理故宫及所属各处之建筑物、古物、图书、档案之保管、开放及传播事宜"。该院除设秘书、总务二处外，主要有古物馆和图书馆（后又分为图书、文献两馆）。1928—1931年，除各宫殿原有陈设保持原状部分开放参观外，该院新布置的专门陈列室有37个，如宋元画陈列室、明画陈列室、清画陈列室、玉器陈列室、铜器陈列室等。出版影印字画、图书文献二百余种，定期刊物有七、八种。1934年观众52776人次。

故宫博物院是一所以历史性建筑及宫廷原有珍藏为中心的综合性古代文化艺术博物馆。它以宏伟壮丽的宫殿建筑、丰富珍贵的文物收藏而举世闻名。故宫博物院的成立对我国博物馆事业是一个推动。

此后，短短几年，又有一批省、市博物馆建立，如：

河南省博物馆筹委会（1927年成立，第二年改为河南民族博物院，1930年改为河南省博物馆），湖南地质矿产陈列馆（1927年），南京市立历史博物馆（1928年），兰州市立博物馆（1928年），中央研究院自然历史博物馆（1928年），浙江省西湖博物馆（1929年）等。到1929年全国总计共有博物馆34所。

20世纪30年代博物馆的发展，表现出类型多样化趋向，同时大型综合性博物馆也开始筹建。

1931年北平静生生物调查所设立生物通俗博物馆，辟7个动植物标本陈列室。1934年国剧陈列馆扩充筹建中国戏剧音乐博物馆。金宝善、董守义筹办卫生体育博物馆。以后，上海中华医学会在国务大楼筹设中医医史博物馆，1938年对外开放。

5.前中央博物院的筹建

1933年4月，中央博物院筹备处在南京成立，筹备处主任傅斯年（后李济继任）。该院是一所大型综合性博物馆。其宗旨是："汇集数千年先民遗留之文物及灌输现代知识之资料，为系之陈列，永久之保存，借以为提倡科学研究，辅助民众教育。"其任务为："系统的调查、采集、保管、陈列，并说明一切自然科学、人文科学及现代工艺之材料与标本。"按照既定计划，该院分为自然、人文、工艺三馆。南京国民政府教育部所拟《中央博物院设立意见书》有关分设三馆工作计划提出："自然馆中，求能系统的扼要的表示自然知识之进展，并求其利用中国材料。人文馆中，求能系统的表示世界文化之演进，中国民族之演进。工艺馆中，表示物质文化之精要，尤其是关于实业及国防者，用以激励国人。"[8]三馆分别由翁文灏、李济、周仁负责筹备工作。择定南京中山门内土地159亩为院址，并由英国退还庚款项下拨补建设费150万元。1936年4月15日成立理事会，推蔡

---

[8] 《中华博物院组织大纲》，中国第二历史档案馆藏。

元培为理事长，决定院务方针，力谋与研究机关合作。6月，按建筑师徐敬直设计的建筑图案，第一期工程兴工，开始建造人文馆及大厅与各办公室。1937年8月，因日本军队的进攻被迫停工，第一期工程仅完成百分之七十五。筹备处遂迁往四川。

旧中国的博物馆事业，在20世纪30年代中期发展到高涨时期。据1936年统计，博物馆达到77所。

全国博物馆统计表（1928—1946年）

年别	博物馆数	职员数
1928	10	48
1929	34	160
1930	27	182
1931	34	192
1932	53	209
1933	68	220
1934	74	249
1935	62	168
1936	77	421
1937	42	318
1938	37	128
1939	37	110
1940	23	109
1941	31	131
1942	20	96
1943	18	96
1944	8	76
1945	12	294
1946	17	202

6. 20世纪20、30年代以蔡元培为代表的我国博物馆思想

20世纪20、30年代，博物馆理论也有了进一步发展，集中表现在蔡元培有关博物馆的论述方面。

蔡元培（1868—1940年）字鹤卿，号子民，浙江绍兴人。中国民主革命家、

教育家、科学家。五四运动以后，他辞去北京大学校长职务，赴欧美考察教育。在此期间，他特别留意西方的博物馆建设，写了不少文章（讲演），论述博物馆的有关问题。他是继张謇之后，从理论上阐扬博物馆社会价值的第一人。

博物馆是重要的社会教育机构。蔡元培在《何谓文化》、《市民对于教育之义务》等文章中说，教育并不专在学校。学校以外，还有许多机关，博物馆就是其中之一。各式博物馆或者给人生物进化教育，或者使之了解本族历史的发展，或者"提起普通人优美高尚的兴趣"。他希望研究通俗教育者，"设法提倡此种有益之举，则获益尤非浅鲜也。"

博物馆是进行美育教育的重要手段。蔡元培指出，对于社会上的人，"不能不给他以一种美育的机会"，这就要依赖一些专设的机关。他分别列举了美术馆、美术展览会、历史博物馆、古物学陈列所、人类学博物馆、博物学陈列所，以及动物园、植物园在社会美育方面的作用。他说，经常到博物馆去鉴赏，对自己大有益处。它能鼓舞创造精神。博物馆可以使人得到积极的休息、高尚的消遣；"美术馆、博物院、展览会、科学器械陈列所等，均足以增进普通人之智德"。

蔡元培的这些论述，不仅扩大了博物馆的社会影响，而且丰富了博物馆的理论。

7.中国博物馆协会的成立

从1912年到1936年，中国博物馆事业不断发展。博物馆数量有了大幅度增加，博物馆的各项社会教育活动也逐步开展。国际文化交流也开始进行。1935年故宫博物院、古物陈列所、河南博物馆和安徽图书馆所藏铜器、玉器、瓷器、书画等，曾赴英国伦敦参加中国艺术国际展览会。中国历史文物首次在西方公开展出，中华民族灿烂的古代文明在西方引起了广泛的影响。

这个时期，还制定了有关文物博物馆法规，如《名胜古迹古物保存条例》（1928年）、《监督寺庙条例》（1929年）、《古物保存法》（1930年）、《鉴定禁运古籍须知》（1930年）、《暂定古物之范围及种类大纲》（1935年）、《古物出口护照规则》（1935年）等。

博物馆学的研究活动也初步开展，出版了《博物馆学通论》、《博物馆学概论》、《中国博物馆一览》等论著和资料。《东方杂志》等也译介了有关外国博物馆介绍。

博物馆事业的活跃，为博物馆团体的建立创造了条件。1935年4月，中国博物馆协会在北京成立。协会"以研究博物馆学术，发展博物馆事业，并谋博物馆之互助为宗旨"，推举马衡为会长，袁同礼、朱启钤、叶恭绰、沈兼士、丁文江、李济、翁文灏等十五人为执行委员。协会会员分为机关会员、个人会员、永久会员、名誉会员四种。当时加入中国博物馆协会的机关会员30多个，个人会员120多名。协会下设专门委员会，分工研究博物馆学术及与博物馆相关的各项学术，设计博物馆建筑、陈列或设备上种种改进事项，并负责审查博物馆学的书籍、专门论文，举办学术讲演会等。协会还编印有关博物馆丛书。同年4月，刊行《中国博物馆协会会报》，两月一期，由傅振伦等负责编辑。1936年7月，在青岛召开中国博物馆协会、中华图书馆协会联合年会。大会由袁同礼主持。与会代表一致指出，博物馆极应设立，以补充学校教育，保存文化，提高学术。同时强调"欲建设现代式之国家，必须利用先进各国之经验，取人之长，补己之短。因之搜集现代科学资料，以供国人参考，诚为当务之急，而吾先民之经验，无论哲、理、文、史之学，及科学、工艺之造诣，有湮而不彰者。因之搜集保存往昔图籍，进而考订研究，制成各种模型、图表，阐幽表微，以复昌国故，尤不容忽视。为今之计，现代博物馆之收藏，应包罗万象，无论中外新旧，无论科学工艺、标本实物，以及历史文化之古物、图书，均应博搜广求，考订说明，以供民众之观摩"。[9] 会上，李煜瀛发表演说，刘节作《中国博物馆事业之前途》的报告，胡肇椿作《博物馆标签之改良》的报告，庄尚严作《在欧洲所见之中国古物》的报告。与会代表还就"设立博物馆人员训练所"、"教育部指定国立大学若干所添设博物馆学系，造就专门人才"、"审定博物馆学名词"等问题提出23项议案。

中国博物馆协会的成立，促进了博物馆学的研究和博物馆事业的发展。

（二）抗日战争及解放战争时期的博物馆事业

这个时期，从1937年到1949年。在这十二年间，由于日本帝国主义的侵华战争和国民党反动派发动内战，使中国广大城乡基本上是在战争中度过。战争和动乱使社会经济、文化教育，包括博物馆事业遭到很大的破坏。

---

[9]　《对于中华图书馆协会、中国博物馆协会联合年会的希望》，《青岛时报》，1936年7月21日。

1.抗日战争时期的博物馆事业

抗日战争期间，中国博物馆事业遭到很大破坏。有的博物馆毁于日军炮火；有的沦陷后受到敌伪劫掠，文物散佚；更多的博物馆被迫关闭或内迁，在辗转迁徙途中文物也遭到损失，或者遭敌机空袭而被毁。据统计，抗日战争期间中国博物馆从1936年的77所，逐步减少。1937年减少到42所，1938年减少到37所，1942年减少到20所，到1944年还剩8所。是时在西南四川等省又新建了几个博物馆，到1945年抗日战争结束仅有12所。

关于日本帝国主义侵略所造成的中国文物、博物馆损失，很难有一个全面的、精确统计。仅据1938年10月出版的《时事月报》所载《抗战以来我国教育文化之损失》一文所谈已相当严重。文中报道：此次战役在沦陷区域及战区中之图书馆二千一百一十八所，民众教育馆八百三十五所，博物馆四十二所，古物保存所五十四所，"以北平故宫博物院而论，古物损失二百一十四箱，文献馆一千七百三十七箱，前秘书处八百二十六箱，颐和园八十八箱，共计二千九百八十四箱，若以财产损失而论，估计损失就可知者，中央博物院五十五万元"。[10]抗日战争结束不久，1945年10月国民党"战时文物保存委员会"曾举办全国公私文物损失登记，根据调查所得的材料，分类分省编成《战时文物损失目录》，计列书籍、字画、碑帖、古迹、仪器、标本、地图、艺术品等八项，文物损失总共3607074件，又1870箱，741处古迹。

战争虽然给博物馆事业带来严重的灾难，但在中国内地也新建立了少数博物馆。1941年3月，在成都建立四川博物馆。1943年12月在重庆建立中国西部博物馆等。

中国西部博物馆初名中国西部科学博物馆，是一所自然科学性质的博物馆，馆址在重庆北碚，由中央研究院动植物研究所、气象研究所、经济部中央地质调查所、中央工业试验所、矿冶研究所、农林部中央农业实验所、中央林业实验所、中央畜牧实验所、中国科学社生物研究所、国立江苏医学院、中国地理研究所及中国西部科学院等共同筹备。翁文灏、卢作孚为筹备委员会正副主任，1944年12

---

[10]　顾毓秀：《抗战以来我国教育文化之损失》，《时事月报》十九卷五期，1938年10月出版。

月25日正式成立（1945年7月更名北碚科学博物馆，1946年10月1日改为中国西部博物馆）。该馆成立后得到各方面支持，许多科学家如尹赞勋、杨仲健、伍献文、黄汲清、赵九章、任鸿隽等都为该馆贡献过力量。该馆共分工矿、农林、生物、地质、医药卫生、气象地理六馆，陈列室28间，展出科学标本106077件，模型397件，图表、绘画700多张。据统计，从1944年12月底到1947年8月，共计开放827天，观众共达16万多人次。

2.解放战争时期的博物馆

1945年8月抗日战争胜利以后，故宫博物院、中央博物院、河南博物馆等都陆续复员，各地博物馆也陆续恢复活动。

1946年7月，国民党反动派发动全面内战，博物馆事业再次陷入困境。1948年冬，中国人民解放战争胜利在望，国民党政府各机关纷纷逃往台湾地区。文物、图书、档案亦在劫运之列。国民党当局指令北方一些大博物馆将文物南运，同时决定将存留南京的故宫博物院文物、中央研究院历史语言研究所和中央博物院等处文物以军舰分批迁送台湾地区。第一批由海军中鼎号运输舰，第二批由招商局海沪轮，第三批由海军昆仑运输舰，共运走故宫博物院文物2920箱，231910件，包括了故宫收藏的文物精萃。

故宫博物院运台文物统计简表

批次	数量	（件、册、捆、包）	运抵日期	合计
第一批	320箱		1948.12.21—12.26	2920箱
第二批	1680箱		1949.1.6—1.9	
第三批	920箱		1949.1.29	

前中央博物院运台文物八百五十二箱，11729件。蒋复聪、庄尚严等九人受命押送文物图书去台湾。这些文物图书到台湾后，先存于台中郊外雾峰乡吉峰村。1949年1月成立所谓"国立中央博物图书院馆联合管理处"，1955年改为"国立故宫中央博物院联合管理处"。1965年在台北士林外双溪建筑新馆，对外开放展出。与此同时，台湾省还陆续建立了二三十所各种类型的博物馆，如历史博物馆、台湾艺术馆、国父纪念馆、胡适纪念馆、台湾省立博物馆、台湾科学教育馆、台南市立历史馆、阿里山高山植物馆、成功大学历史系文物馆、台湾大学农学院陈列馆、台湾省林业陈列馆、私立鹿港民俗文物馆、私立中国文

化大学华冈博物馆等。

（三）中国人民革命根据地的博物馆建设

旧中国是帝国主义、封建主义和官僚资本主义统治的中国。1921年中国共产党诞生以后，领导中国人民进行武装革命。在艰苦卓绝的斗争中，建立了中国人民革命根据地。从井冈山到各苏区，从延安到各个解放区，这些广大的地区，虽然经常处于战争环境中和十分困难的条件下，却也开始博物馆事业的建设。革命根据地的博物馆无疑条件很差，也难以巩固下来，但这是一种崭新性质的博物馆。它清除了半殖民地半封建的性质，成为宣扬革命精神、传播民族的、科学的、大众的新文化的阵地，也为新中国博物馆事业提供了有益经验。

1. 中央革命根据地的博物馆

中央革命根据地的博物馆事业是在中国共产党直接领导下进行的。1931年11月，中华苏维埃临时中央政府成立之后，革命文物的征集和革命博物馆的建立提到议事日程上来。

在第一次全国苏维埃大会决议的"中国工农红军优待条例"第16条中，明确提到博物馆一事："死亡战士之遗物应由红军机关或政府收集，在革命历史博物馆中陈列，以示纪念。"[11]

1932年9月，中华苏维埃共和国临时中央政府发布文告《人民委员会对于赤卫军及政府工作人员勇敢参战受伤残废及死亡的抚恤问题的决议案》，其中第四条写道："凡赤卫军及政府工作人员，因作战而死亡者，……但有革命意义的物品，应保存于革命陈列馆。"[12]

1933年，中央教育部决定建立革命博物馆，馆址设在瑞金县叶坪村。为了建立中央革命博物馆，中央教育部发出了征集陈列启事，向各机关、各群众团体及个人征集革命文件、革命文物及私人纪念物品等。

当时中央革命根据地，还举办过一些展览会，如三次反围剿战利品的展览等，兴国县还设立了农产品陈列所，推广先进技术和改良品种。

---

[11]　《红色中华》第五期，1932年1月23日。

[12]　同注[11]（瑞金版），1932年9月13日。

2. 延安等地区的博物馆建设

抗日战争时期，延安等革命根据地的文化教育事业在十分艰苦的条件下得到发展。

为了开展革命宣传工作，延安和各抗日根据地还广泛利用了民众教育馆、展览馆、庙会举办展览，向人民群众进行反侵略爱国教育、科学文化教育。如1940年秋，八路军司令部野战政治部一二九师，为了配合边区各界庆祝百团大战胜利，追悼死亡烈士大会，举办了"军民死难烈士遗物展览会"，展出了烈士们的血衣、照片、遗物、图籍等，介绍了烈士们的英雄事迹。从1943年开始，延安每年都要举行一次大规模的、包括有关解放区工农业生产、军事、财政、司法、文教卫生等内容的综合性展览。据不完全统计，抗日战争期间，延安等地举办的文教、美术、生产、卫生等重要展览会不下一百个。[13]一些陈列馆、博物馆也因陋就简着手筹建。如延安鲁迅艺术文学院就设有陈列馆，它和图书馆同属该院秘书处领导，陕北公学在教务处属下也设有陈列室。在纪念博物馆方面，1940年7月，毛泽东发起公祭成吉思汗的同时，设在杨家湾的成吉思汗纪念堂和蒙古文化陈列馆也落成开放；1946年西北党校设立了"四八"烈士纪念室，陈列有烈士遗作、译著、纪念文章等。[14]

博物馆的活动也深入到学校中去。延安八路军抗属子弟学校竟创办了一个小博物馆。这个博物馆完全由学生会筹建和管理。他们用黄泥做成各种形状的标本盒子。小小博物馆设在窑洞里，两列长桌陈列着各种标本，成为孩子们喜爱的课外知识乐园。[15]

边区政府为建立博物馆曾经做过很大努力。1941年1月陕甘宁边区政府教育厅决定在延安建立博物馆。当时的报道说："边区教育厅为了开展社会教育，特在边府附近建立俱乐部、大礼堂、运动场、博物馆各一所，同时将原有的鲁迅图书馆扩大，所需经费得政府批准，一切均在进行中。"[16]1941年11月，在陕甘宁边

---

[13]　根据王凌云，梁大为等《解放区展览会介绍》统计，载中国革命博物馆《博物馆工作》。

[14]　《解放日报》，1946年5月4日。

[15]　程今吾《延安一学校》，东北书店印行。

[16]　《新中华报》延安版，1941年1月23日。

区第二届参议会上，曾提出筹设历史博物馆案。1946年4月，陕甘宁边区第三届参议会上，又提出建革命烈士纪念堂、革命史迹博物馆等议案。

1945年8月，八路军配合苏联红军解放承德后，立即成立离宫管理处，接管日伪的热河宝物馆，并着手筹备承德民教古物馆。在东北解放区，1947年东北行政委员会在哈尔滨市筹建"东北抗日暨爱国自卫战争牺牲烈士纪念堂"（后改名东北烈士纪念馆），翌年10月10日正式开馆。

五、外国人在中国开办的博物馆

19世纪70年代到20世纪初年，随着西方列强在华势力的增强，法国人、英国人和美国人在上海、天津、济南、成都等地先后开办了一些博物馆。在当时的历史条件下，这些博物馆对中国博物馆的建立有一定启迪作用。但是，这些外国人办的博物馆，是中国半殖民地化过程中的产物，是帝国主义在政治上经济上侵入中国的一种文化上的反映。

1895年甲午战争以后，日本侵占了我国的台湾。1905年日俄战争以后，日本又侵占了我国的旅顺、大连。1931年以后，又侵占了我国东北。这些地区在日本占领时期陆续建了一些博物馆。这些博物馆则明显的具有殖民地文化的性质，可以说，完全是帝国主义侵略中国、奴役中国人民的文化工具。

（一）法、英等外国人在中国建的博物馆

1.震旦博物院

震旦博物院是1868年由法国天主教耶稣会士韩伯禄（又名韩德）创建的。地址在上海徐家汇，属于法国耶稣会在上海举办的文化事业。1883年在徐家汇耶稣会总院之南建筑院舍，主要收藏动植物自然标本。每日午后准人参观，不收费，也无入场券。入门后须投名片，即有人招待导观。这所博物院在徐家汇时代，中文名称是"徐家汇博物院"，西文名称是"Museum of Natural History"。1930年由于旧院舍不敷应用，在震旦大学内另建新院舍，并由学院管理。其名称改为法文"Musée Heude"，以纪念创办人韩德。中文为"震旦博物院"。该院藏品也历年增加。除原有的动植物标本外，又增设古物部，包括铜器、兵器、货币、玉器、陶器等，共三千五百件。另有研究室、试验室、图书室、摄影室、植物园。震旦博物院于1933年冬正式开幕，每星期日、一、三、四、五、六下午开放，门票为国币二十分，另有标本供学者研究。每年来院研究的各国科学家很多。该院还经常选择标本中有特色者，分寄世界各处，以供专家考定。

2．上海博物院

上海博物院是由亚洲文会北中国支会1874年创立的。皇家亚洲文会总会设在英国伦敦。文会北中国支会1857年在上海成立。其目的是调查中国与其邻近国家的情况，创立博物院就是实现其目的的计划之一。该院成立后，得到租界市政当局的支持，自1877年始，按年捐款对博物院给予补助。这个博物院藏品主要有鸟类、兽类、爬虫类等生物标本，也包括一部分古物和美术品。该院管理上起先采用名誉监院制，1933年以后改用名誉院长，并下设管理委员会，分别负责植物学管理、鸟类学管理、考古学管理和货币学管理。"观者每日早九时起至晚五时止，星期六则下午二时起至四时止，任人入览，不取游资。所置物品，均有玻璃罩，观者不得擅动"。[17]

3．华北博物院

该院1904年由法国传教士创办，地址在天津法租界海大道新学中学内，是这所教会学校的附属博物馆，标榜"化鄙陋为文明，起衰颓为强盛"。博物院藏品主要是地质及矿产标本，也有海南岛的一些民族学资料，展室四间，实习室一间。

4．济南广智院

1904年英国浸礼会教士惠特兰特·约翰·萨瑟兰（汉名怀恩光）在济南开办。怀恩光1881年来华，在山东青州（今益都县）传教，六年后建博古堂。1904年他调往济南，即在济南南关筹建。1905年12月第一期工程完工，正式命名为广智院，怀恩光出任第一任院长。陈列品主要是动物、鸟类、地理、人文风俗、科技模型、历史文物等，藏品历年有所增加。该院对外开放，1912年观众23万人次。

广智院初期一度归属齐鲁大学社会教育科，该校教育系和神学院学生在此实习。

---

[17]　《上海指南》，卷四，1909年出版。

5.北疆博物院

北疆博物院1914年筹建于天津。院长黎桑·埃米尔（汉名桑志华），法国耶稣会士，曾获法国科学院博士学位。1914年3月31日来华。该院最初称为黄河——白河博物院（Museum Huanghe Paihe），我国黄河流域、海河流域广大地区的人文、地理、地质、气象和动植物资料，都是这个博物院的收集对象。桑志华本人一到中国立即着手标本资料的收集工作。其足迹遍及山东、河北、山西、陕西、河南、甘肃、内蒙、东北南部和西藏东部地区，行程达四、五万公里，采集了大量的动物、植物、化石、矿石等标本，以及有关考古学、民俗学资料。仅高等植物标本就采集 8000 多号，另有2500个制好的鸟类标本和2000具以上的人类学资料。他利用这些有价值的资料出版两部书：《1914—1923年黄河流域勘察报告》（四卷，1924年出版）和《1923—1933年黄河流域十一年勘察报告》（四卷，1935—1936年出版），附有两本地图，两部书内共有4500幅照片插图。

桑志华搜集的我国这些标本资料许多都是运往外国的，其中只有一部分是为交换国外标本资料的。他自己记载，1922年将4100种植物标本送往巴黎自然历史博物馆，同年又一次将数量极为可观的菌类标本送往巴黎自然历史博物馆。1923—1924年主要送走第四纪古生物化石，仅1924年一次就发出100箱化石标本，送往巴黎的博物馆。1927年又将1926年和1927年两年考察所得标本与化石送走。同年又分别送给巴黎各博物馆、伦敦自然历史博物馆和英国皇家新花园一组植物标本，给美国送蝗虫科标本。

北疆博物院是一所综合性博物馆，收藏相当庞杂，但以自然标本为主，对外公开开放。该院一直延续到1947年才停止工作。1949年1月天津解放时尚有藏品二十二万件标本。1952年7月成立以李霁野教授为主任的天津市人民科学馆筹委会，在萧采瑜、朱宪彝、吴大任等专家参加下，对北疆博物院进行了接收。

6.华西协和大学博物馆

这是美国在成都设立的博物馆，包括古物博物馆、自然历史博物馆、医牙科博物馆。古物博物馆成立最早，1919年就开始征集工作。当时的负责人是美国传教士戴谦和。到20世纪30年代藏品多达15885件，有旧石器、新石器时代的石器，商周青铜器，古今玉器、瓷器，汉代陶俑以及清代的服饰和刺绣品。另外还有西南各少数民族的文物和西藏宗教神像及物品。自然历史博物馆设在大学的生物室，主要配合生物教学。标本主要来自我国西南地区，多是昆虫、鸟类、哺乳类、鳞翅类标本。医牙科博物馆设在大学的医牙科教室和牙科教室，其标本一部分由欧洲、美国和加拿大运来，大部分是在成都本地制造或搜集，以供大学医牙科及制药系学生研究参考。

（二）日本在中国办的博物馆

日本在中国建的博物馆集中在台湾地区和东北。

1915 年在台湾台北市建立"台湾总督府民政部殖产局附属纪念博物馆"，陈列品分历史、高山族、南洋、地质矿物、动物、植物、杂部等。据台北市志载，抗日战争以前该馆约有 13000 余件藏品。抗战胜利后，接收 8834 件，成立台湾省立博物馆。

1916 年日本关东总督府在旅顺建立满蒙博物馆。1918 年改称关东都督府博物馆。藏品有动物标本 22952 件，植物标本 1314 件，矿产标本 249 件，水产标本 945 件，考古品 18579 件。

1924 年在日本满洲铁路地质调查所陈列室的基础上成立"满蒙物资参考馆"，有岩矿、古生物标本、林产、畜产、农产等陈列室。1926 年改称"满蒙资源馆"。到 1929 年全部陈列品达二万件，该馆陈列分为：矿产、满蒙地质标本、矿产参考品、农产、农产参考品、畜产、林产、水产、中药、考古学参考品、图表等十部分。30、40 年代该馆加强活动，为加紧掠夺我国资源，积极搜集科技情报，培训业余采集标本的骨干，编辑出版各种刊物，为日本在东京、大阪筹建的满蒙资源馆提供成套标本，并以标本与各国交换。

1926 年日本还设立中长铁路博物馆，藏品多为东北的地理、历史、物产等资料。

在日本帝国主义侵占我国东北时期，博物馆事业完全成了殖民地文化教育的一部分。在日方操纵下，1932 年 3 月成立伪"满洲国"后，立即通过"满日文化协会"插手文物博物馆事业。1935 年 6 月建立了所谓"国立博物馆"，1939 年改称"国立中央博物馆奉天分馆"。藏品资料有 37832 件，大部分是张学良、汤玉麟的家藏，也有罗振玉、"满日文化协会"主任杉村勇造的"赠送"。在这些藏品中，有辽金时代 300 件完整的陶瓷器，有原来收藏于热河行宫的乾隆工艺品，其中以缂丝制无量寿佛净土曼陀罗为第一珍宝。大量书画多是张学良家的收藏。

伪"满洲国"的"国立中央博物馆"于1939年1月在长春成立，是一个综合性博物馆。为加强殖民主义宣传，谎称"同文同种"、"共存共荣"等思想，从一开始就大搞"没有展厅的博物馆"，深入街头，举办讲演、音乐、电影。1940年以后，它们着重搜集东北动物、地理、矿物、地质等方面资料，进行整理和展出，特别强调"对满蒙群众的启蒙作用"，实际是制造永远把东北从中国分裂出去的殖民主义舆论。

伪"满洲国"的第三个博物馆是热河宝物馆。1933年3月日军攻占承德后，就把行宫作为师团司令部，并将山庄内的长湖、半月湖填平，充作靶场。1935年2月，在"正宫"西侧建立热河宝物馆，第二年八月开始陈列，陈列品分13类展出。日本占领承德后，"满日文化协会"就委托日本特务机关清理承德文物。他们在外八庙设监视员，不断将搜集的文物劫送日本，包括大小金铜佛，各种镀金、镀银佛，各庙的丹珠经、甘珠经等。1944年又将雕刻精美、制作奇巧、装卸自如的珠源寺铜殿——宗镜阁劫运日本。

此外，伪"满洲国"还曾建立哈尔滨博物馆和长春南湖畔的民俗展览馆。

伪"满洲国"的这些博物馆，是日本在我国东北殖民统治的产物，是日本帝国主义掠夺我国文物资料，实行奴化教育的工具。

原文选自《中国博物馆学基础》，上海古籍出版社2001年

《中国博物馆学基础》（摘选）

陈列研究与设计

一、陈列和展览

博物馆陈列是在一定空间内，以文物标本为基础，配合适当辅助展品，按照一定的主题、序列和艺术形式组合成的，进行直观教育、传播文化科学信息和提供审美欣赏的展品群体。

陈列是博物馆实现其社会功能的主要方式。陈列是博物馆特有的语言。

1991年国际博物馆协会博物馆学委员会（ICOFOM）瑞士年会的中心议题就是"陈列的语言"。在这次会议上，陈列语言被定义为："博物馆工作人员与博物馆观众之间进行交流的方法和途径。"这种语言是博物馆传递信息的最富有特色的媒介。

博物馆有长期展出、比较稳定的陈列，也有短期展出、经常更换的陈列。在我国博物馆界，一般习惯上将前者叫做陈列，将后者叫做展览，或称临时展览。但实质上，陈列和展览二者并没有根本的差异。

我国博物馆大都有体现该馆性质和任务的主要陈列。这种陈列由比较稳定的主题、内容、展品（主要是馆藏文物标本）和较完美的艺术形式构成为陈列体系，我们通常称之为基本陈列。例如，中国历史博物馆的中国通史陈列、中国革命博物馆的中国革命史陈列、故宫博物院的宫殿复原陈列和历代艺术陈列、北京鲁迅博物馆的鲁迅生平与纪念陈列、北京自然博物馆的植物、动物、古动物、古人类陈列等。除了基本陈列以外，各博物馆大都还有其它长期展出的陈列，如某种馆藏文物的陈列。

临时展览一般小型多样，经常更换，展品的选择较为自由，可以较多的利用模型、复制品和照片等，有时甚至可以照片或美术作品为主，陈列内容结构和艺术形式也比较灵活。博物馆举办的流动展览、出国或外国来华的展览、博物馆之间联合举办的展览，都属于这种临时展览。

经常举办临时展览，是活跃博物馆工作的一种有效方法。这样，可以满足不同观众的多方面需求，有利于促进馆际之间的互助合作和交流经验，也为培养和锻炼业务干部提供更多的实践机会。对于某些博物馆来说，临时展览又可以是组织基本陈列的先期基础工作。当组织基本陈列的条件尚不具备时，可以先举办临时展览作为准备。通过举办临时展览，逐步积累文物标本的资料，有计划地充实提高陈列内容，最后组成基本陈列。

临时展览是博物馆基本陈列之外的十分重要的业务活动。各博物馆应该发挥本身的优势，结合自己的特点，经常举办多种多样、丰富多彩的临时展览，使社会公众在博物馆可以得到更多的科学知识和文化艺术享受，更大限度的实现社会效益和经济效益。

二、各类陈列的特点

不同性质的博物馆有不同的陈列。我国陈列的类别主要按陈列内容来区分。此外，也可以按其它的标准来区分。

按陈列内容来区分，我国博物馆的陈列主要有以下几类：

1.社会历史类陈列；

2.自然历史类陈列；

3.艺术类陈列；

4.科学技术类陈列。

英国博物馆学者帕特里克·波依兰（PATRICK POY — LAN）主编的《博物馆规划手册》（MANUAL OF MUSEUM PLANING）中，将陈列展览分为固定的和临时的两大类，综合这两大类又分为六种类型：

1.审美性陈列，主要指艺术类博物馆中的造型艺术的绘画、雕塑陈列；

2.主题性陈列，主要用于社会历史类和科学类的博物馆陈列；

3.模拟性陈列，这种陈列模式常用于自然历史类博物馆中，它可以营造令人可信的环境和背景，营造出真实的效果；

4.原状性陈列，在社会历史类或社区的博物馆中比较常见，主要是在历史建筑中按原状陈列。这种陈列类似我国纪念馆的复原陈列；

5.体系性陈列，这类陈列也常见于自然科学博物馆，主要是将同一类别的展品，按一定的体系序列依次排列展出；

6.开放库房式陈列，按库房保管的现状，将藏品向参观者开放展出。这种陈列方法在我国博物馆中几乎没有。

我国博物馆陈列的每一大类中还可以进一步细分为若干类。

社会历史类陈列中，可分为中国通史陈列、中国断代史陈列（如秦汉史陈列、隋唐史陈列等）、中国革命史陈列、专题史陈列（如中国货币史陈列、戏剧史陈列）、地方史陈列、民族史陈列等。民族学陈列和民俗学陈列，也属于社会历史类陈列。考古学陈列和文物陈列，都归入社会历史类陈列。

自然历史类陈列，包括自然史陈列，人类学陈列和单科的专门史陈列（如地质陈列、天文陈列、动物陈列、植物陈列、古生物陈列、陨石陈列等）。

艺术类陈列，包括艺术史陈列，各种造型艺术和各种流派的陈列。如雕刻艺术陈列、佛教艺术陈列、明清绘画陈列、张大千绘画陈列、毕加索作品陈列，以及民间艺术陈列、工艺品陈列等。

以上各类陈列，各自有着不同的特点。

1. 社会历史陈列的特点

社会历史陈列，主要是系统地展示全国或一个地区历史发展的主要过程和基本线索。或者某一历史时期某一地区的历史发展概貌。这就是通史陈列，或断代史、地方史陈列的基本内容。如中国历史博物馆是以中国通史为陈列内容。陕西博物馆则以周、秦、汉、唐等时期历史为陈列内容的侧重。还有以某一历史专题或一历史事件为陈列内容，如泉州海外交通史博物馆、自贡市盐业历史博物馆、南京太平天国纪念馆的陈列。历史陈列以文物为主，通过陈列组合来表达历史内容，进行直观教育。文物是人类物质文化和精神文化遗存，是历史上人们社会实践的产物，本身就是历史的见证，具有雄辩的说服力。历史陈列将这些物证逻辑地组合在一定主题之中，形象地展示在观众面前，使观众通过视觉直观地感受历史信息。在历史陈列中，一定的辅助展品是必要的。因为文物本身具有一定的局限性，不是任何历史问题或历史现象都有恰当的文物来表现。同时，文物载有的历史信息往往不能直接展示出来，需要适当的辅助展品才能使观众一目了然。所以，历史陈列只有将文物和必要的辅助展品很好地结合起来，才易于反映历史内容，再现历史面貌。

革命纪念陈列是社会历史类陈列中的重要部分，也有自己的特点。

我国革命纪念馆大都是在纪念对象活动的旧址建立的。陈列一般包括两部分，即原状复原陈列和辅助陈列。前者是主体，后者是利用旧址的非主体部分（或盖一新建筑物）以纪念对象事迹为内容，是对原状复原陈列的补充。复原陈列要求是保持原貌。不仅旧址要恢复原样，整旧如旧，陈列的展品也必须与纪念对象的活动紧密地联系，使观众在这典型环境中感受到当年的历史气息。辅助陈列要集中介绍纪念对象的活动事迹。作为革命纪念陈列，要紧密地与革命事件联系起来，反映纪念对象在革命事业中的贡献和作用，而不要泛泛地一般介绍。在陈列中还可展出有关党和人民对纪念对象的评价和纪念材料。

2. 自然历史陈列的特点

自然历史陈列是展示自然界某一部门的基本内容，揭示其发展变化规律的。陈列内容包括动物、植物、人种、古生物、地质、土壤等的形态、生态、分类、遗传、进化等等。自然陈列的基本展品都是自然界本身的天然产物标本，展品的布置主要依据自然科学各专门学科的体系依次陈列。近年以来，这种教科书式的陈列，大多为主题陈列所代替。主题陈列不仅要展示物种及其自然环境资料，还要着重突出人类对自然的保护和利用。通过某一地区自然变化和人类活动关系的揭示，进行科学知识和保护环境的教育。建立自然陈列通常使用的有分类陈列法、生态陈列法和景观陈列法，并且大量运用科学技术手段，将光、色、声、形（标本）、景结合起来，再现自然环境和生物群的生活动态，揭示出自然的多姿多态和生物对自然的适应性，从而给人以如临其境的真实感受。

3. 艺术类陈列的特点

艺术类陈列主要通过造型艺术作品，反映人类的艺术实践和审美意识的发展，揭示美的本质，给人以美的感受和教育。表现艺术陈列的实物范围很广，包括绘画（中国画、油画、水彩、壁画、工艺绘画）、雕刻（金属、石、木、牙、竹、泥塑、立雕、浮雕、线刻）、版画、木版水印、招贴、插图等，以及其他艺术品种。这些艺术实物又包括了古代、现代、外国的作品。艺术陈列的内容可以是综合性的，也可以是反映某一时期或某一流派、某一艺术家的。展品一般全是原件，通常不用复制品，对展出条件的照明、温度、湿度要求也比较高。

4. 科学技术类陈列的特点

科学技术类博物馆是我国近年兴起的十分重要的博物馆类型。这类博物馆的陈列，有多学科综合性的，如北京中国科学技术馆和台北自然科学博物馆。北京的中国地质博物馆、北京天文馆、中国农业博物馆、中国航空博物馆、中华航天博物馆、山西太原的中国煤炭博物馆、苏州丝绸博物馆、江西景德镇陶瓷博物馆、杭州茶叶博物馆等，则是某个门类的专业科学技术类博物馆。现在我国的科学技术类博物馆已有三百多座，其陈列的主要特点是演示性的动态陈列比较多，普遍实现了陈列的动静结合，而现代多种高新科技在陈列中的运用，可以说，已为我国博物馆陈列的现代化开了先河。

博物馆陈列除上述按内容来区分以外，还可以按其他标准来区分。

（1）按陈列场所区分，可以分为室内陈列和室外陈列两种。一般博物馆主要是在室内进行陈列。室外陈列，也称露天陈列。露天陈列通常专指露天博物馆的陈列，如瑞典斯德哥尔摩斯坎辛露天博物馆、罗马尼亚布加勒斯特乡村博物馆等。室外陈列还包括一些原状保存型的陈列，如国家历史公园、民俗村、路旁博物馆等，有些展品由于体积、重量原因而难以在室内展出的陈列，也属于室外陈列，如日本国立科学博物馆的火箭陈列、蒸汽机车陈列等。

（2）陈列还可分为固定陈列与流动陈列。一般博物馆的陈列展出地点多固定不变。有些博物馆为了更广泛地传播科学文化知识，扩大博物馆的社会作用，在固定陈列之外，还常常采取"走出去，送上门"的办法，举办流动展览，巡回于农村、工厂、部队。流动陈列的展品选择、陈列设计都有不同于固定陈列之处。它要求内容简明、展品轻便。在国外不少博物馆都极重视采用流动陈列的方式，有专门的流动展览汽车、船只，特别强调到偏僻的农村、学校巡回展出。

（3）按观众对象区分，如专供儿童参观的儿童陈列、专供盲人参观的盲人陈列等。还有按展出的时间分为日间陈列和夜间陈列等。

（4）有形陈列与无形陈列的区别。所谓"有形"陈列，指的是博物馆传统的陈列，即以突出实物为主，配合一些辅助手段。而所谓"无形"陈列，则是博物馆的一种新发展。它采用现代信息技术成就，充分发挥视听技术的作用，代替具体的实物。这种陈列展出的不是实物，而是形象和动态的形象。主要用来表达一些不能用具体实物来表现的内容。如民族传统艺术，民族传统工艺、技术，民间文艺以及自然现象等。博物馆利用现代虚拟技术和视听技术的成就，如录音、录相、电影幻灯，将这些视听形象复合成可以保存并通过一定的器材可以再现的某种人类社会现象或自然现象，这种陈列完全不同于传统意义上的陈列。它是博物馆的一种新型陈列手段。所谓"无形"，不是没有形象，而是没有可触摸的实物，有形象可视，有声音可听，甚至有味道可嗅，只是没有形体可触摸而已。这种陈列形式可以表现火山爆发、地震、海啸、森林大火等自然现象，也可以表现战争、婚俗等社会现象，以及戏曲、音乐等文艺生活。它与其它陈列形式相配合，能够更好地烘托陈列主题，增强陈列效果。这是现代高新科技运用于博物馆工作手段的新发展。

三、组织陈列的基本原则和基本程序

陈列是我国博物馆进行社会教育、传播信息、提供审美欣赏和为科学研究提供参考服务的主要工作方式，也是博物馆向社会提供的特殊精神产品。为了办好每一个陈列展览，首先需要注意以下几个主要原则。

（一）先进的思想性和鲜明的时代特点

所谓先进的思想性就是力求体现先进文化的前进方向。当代中国先进文化的前进方向，就是建设有中国特色的社会主义文化，就是以马克思主义为指导，发展面向现代化、面向世界、面向未来的，民族的科学的大众的社会主义文化。这种有中国特色的社会主义文化，源于五千年的中华民族的文明史，植根于有中国特色社会主义实践，具有鲜明的时代特点，是凝聚和激励全国各族人民的重要力量，对我国的社会主义现代化建设具有巨大的促进作用。

（二）先进的科学性和勇于创新的精神

科学是人类长期积累起来的关于自然、社会和思维的各种知识的总结。科学的目的就是揭示各种现象的客观规律和解释各种现象的本质，并用这些客观规律启发从事实践的社会人群，为社会和社会发展服务。科学的本质就是创新。在进入知识经济和信息社会的21世纪，对中国来说，大力推进科技创新，实现技术发展的跨越极为重要。同时，随着时代的前进，人们的生产生活方式、思想观念、价值取向、文化消费观念等等都不断发生新的变化，博物馆应当发挥勇于创新的精神，以适应变化着的社会情况和公众需求，有所革兴，不断前进，组成丰富多彩的，适合各种观众群体的陈列、展览。

（三）艺术性和普及性

博物馆陈列作为具有一定艺术形式的展品群体，不仅需要体现先进的思想性和科学性，而且必须重视它的艺术性，努力做到广大观众喜见乐闻，雅俗共赏。

艺术的特点在于以艺术的、感觉得到的形象来反映现实。艺术和科学一样，具有巨大的认识力量和能动力量。健康的艺术具有正确地认识现实、教育人民、鼓舞人民，促进社会前进的作用，并且可以多方面满足人民的审美需要。

（四）增强精品意识，创作陈列精品

高水平的陈列精品，应当是时代特点、创新精神和雅俗共赏相统一的陈列，也就是先进思想性、先进科学性和先进艺术性统一和谐的陈列。博物馆举办每一个陈列、展览都应该精心策划，精心设计，精心制作，精心组织，实施我国博物馆陈列展览的精品战略。

博物馆筹办陈列要有主要原则，也需要有一定的基本程序，要通过一系列复杂的研究、设计和多方面、多工种的协作过程。

首先要研究并确定陈列的主题、基本内容和预期达到的目的；第二，要选择、征集必要的文物标本和辅助展品；第三，要深入地进行陈列内容、展品研究，拟定陈列大纲和计划，研究文物组合；第四，要进行陈列艺术形式研究和设计；第五，要进行辅助展品和必要设备的设计和制作；第六，要进行现场安装和布置；第七，在筹办陈列展览的以上每一个工作阶段，都需要听取馆内、馆外、专家、观众代表等各方面的意见，进行必要的评估和进行必要的修改，这是办好陈列展览必不可缺的重要环节，切不可忽视。

在这一系列工作过程中，要随时注意解决可能出现的思想性问题、科学性问

题、艺术性问题，以及其它业务工作问题，还需要解决专业力量的组织、陈列场地、经费和设备物资等问题。所以，筹办陈列或展览，无论规模大小，条件如何，实际上都是博物馆的一项复杂的系统工程。

一般说来，筹办陈列的工作程序，至少要经过这样几个阶段：

1.总体研究与设计；

2.内容研究与设计；

3.艺术形式研究与设计；

4.辅助展品和设备的设计与制作；

5.陈列的现场安装与布置；

6.陈列开放前现场的评估和开放准备；

7.每个工作阶段的评估和展出后的总结。

四、总体研究与设计

（一）陈列选题的研究与确定

一个博物馆应该筹办什么样的基本陈列？每年应该举办哪些临时展览？首先要研究与确定选题。这是博物馆实现其主要社会功能的基本前提，是总体研究与设计工作的第一项任务。犹如出版社在决定出版图书之前，必须审慎拟定最佳选题方案一样。博物馆总体研究设计，必须高度重视陈列选题的确定。

各个博物馆有着不同的性质与任务，有着不同的办馆方针。不同城市、地区的博物馆有着不同的社会环境，有着不尽相同的基本群众构成及其不同需求。因此，筹办什么样的基本陈列，才能符合当前的需要并能在一定时期内相对稳定？博物馆需要充分考虑各种因素，进行综合研究，要有多种设想，以便从中选定可行性最佳的方案。博物馆每年举办临时展览的计划，也应进行认真研究，确定最适宜的选题。

基本陈列选题的确定，关系到一个博物馆长远的基本建设，是博物馆带有战略决策性的重大问题。这不仅需要博物馆自己研究，而且需要广泛征询社会上各方面专家和群众的意见，同时主管机关也应充分重视，审慎研究与批准。

这个问题，新筹建的博物馆固然重要。对于一些建设多年的博物馆，随着时间的推移，原有基本陈列的主题和内容，也往往需要重新研究。例如，中国历史博物馆的基本陈列——中国通史陈列，其下限应该到1840年鸦片战争前夕结束，还是应该到1911年清朝灭亡结束，或是1919年五四运动时结束？究竟应该办成历史陈列，还是应该办成考古文物陈列？中国革命博物馆的基本陈列应该是中国革命史陈列？还是中国共产党党史陈列？还是《近代中国》和《当代中国》的陈列？再如，故宫博物院的基本陈列，究竟应该以宫廷复原陈列为主？还是以历代艺术陈列为主？或者二者并重？这些都是博物馆界和社会上有关学术界曾经提出的问题。因此，一个博物馆的基本陈列的主题，既应该充分研究，审慎决定，办成以后，不可轻易改变。但是也不可能"一劳永逸"。如果经过多年的展出，随着时代的发展和科学研究水平的提高，原来的基本陈列的主题需要做必要的调整或修改时，则应该深入研究，充分准备，进行修改，以便更适合社会和群众的需要。

至于临时展览，虽然是短期展出，博物馆也应给予同样的重视与精心策划、周密考虑，多听取博物馆内外的意见，再安排展览的计划。

陈列选题的研究确定，除了确定陈列主题，提出陈列的基本内容和陈列艺术风格的设想与要求外，还需要考虑筹办的必要条件。这主要是本馆藏品状况能否提供足够的或基本的所需展品、专业力量、展出场地条件、所需经费、所需时间等因素。如果这些条件具备或虽有困难但有切实可行的解决办法，博物馆才可以决定举办这一主题的陈列或展览。

（二）总体研究设计的主要任务

总体研究设计主要解决陈列全局性的重大问题，如果说，内容研究设计的任务主要是逻辑思维：艺术形式研究设计的任务是形象思维，而总体研究设计的主要任务则是逻辑思维和形象思维的综合和统一。总体研究设计工作，可以根据各博物馆的不同情况，组成专门小组（委员会）来负责进行。总体研究设计组（委员会）应由馆长或主管业务的副馆长、陈列部门主要负责人和有关从事内容和艺术形式研究的专家共同组成，总体研究设计组（委员会）的主要任务是：

1. 研究并确定陈列的主题，提出基本内容和陈列艺术风格的基本设想和要求；

2. 审定陈列大纲和陈列内容设计方案；

3. 审定陈列艺术形式设计方案和平面设计图、立面设计图；

4. 研究并确定陈列重点场面的文物组合和陈列艺术；

5. 确定陈列整体布局和艺术风格；

6.解决陈列内容和形式的总体统一平衡和协调问题;

7.审定辅助陈列的造型艺术项目,创作设计方案和作品;

8.审定重点的文字说明;

9.协调内容设计、形式设计、制作、布置等工作以及各业务部门的配合;

10.陈列布置完毕以后组织评估和审查,并决定必要的调整和修改,直到最后馆长或上级领导机关批准开幕。

五、内容研究与设计

陈列内容研究与设计的任务,主要是根据陈列主题进行陈列内容的研究,制定陈列内容设计方案。

所谓陈列内容包含两个方面:一是陈列主题所要表现的有关学科内容,一是表现陈列主题所需要的文物、标本以及其它展品。陈列主题有关的学科内容,如历史学的、人类学的、民族学的、考古学的、动物学的、植物学的、地质学的、民俗学的、艺术史的、各门科学技术史的等等。表现陈列主题所需要的文物标本和其它辅助展品的研究任务,则包括所需文物标本的鉴选,有待征集项目的拟定,所需辅助展品项目及其要求的拟定等。

以上两个方面的研究是进行陈列内容设计和制定陈列内容设计方案的基础。这两方面的研究是否深入和充分,是决定能否制定成功的设计方案的前提或关键。通常所说,科学研究是博物馆一切业务活动的工作基础,这从陈列工作的实践中完全可以得到验证。博物馆的各级领导人员和工作人员对此应当有足够的认识。否则,难以迅速提高博物馆的科学水平和人员的专业素质。

对陈列内容的两个主要方面进行必要的研究以后,就可以着手进行陈列内容设计方案的制定。

所谓陈列内容设计方案,就是陈列大纲和陈列计划,可以根据需要先拟制比较简略的陈列大纲,再经进一步研究、充实,制定详细的陈列计划。总之,陈列方案的制定应该根据陈列工作的需要,因事制宜。各馆的工作经验不同,每个陈列的情况和需要不同,进行陈列设计的方法和步骤,不可能也不需要强求划一。

下面按先拟定陈列大纲,再制定陈列计划的程序,对陈列方案举例说明。

（一）陈列大纲

陈列大纲，就是陈列主题框架。简言之，即陈列纲目，其编写格式大致如下：

《中国青铜器的铸造技术》陈列大纲

主题思想（从略）

第一组 陶范法铸造技术

1.铜矿的开采

2.铸造青铜器的燃料和器材

3.商周采用陶范法铸造青铜器

4.春秋战国之际陶范铸造技术的更新改进

第二组 铸造青铜器的合金比例

1.商代青铜器合金比例

2.商到西周兵器合金比例的变化

3.东周兵器合金比例的变化

4.汉唐青铜镜的合金比例

第三组 青铜器铸造技术的新发展

1.不同硬度的青铜嵌铸兵器

2.铜铁合铸兵器

以上陈列大纲经过总体研究设计组（委员会）审议通过以后，即可进一步拟定陈列方案。

（二）陈列方案

陈列方案，即陈列的具体计划，是陈列大纲的具体化。陈列方案要列出全部的陈列品，包括文物标本和辅助展品。

在陈列大纲中，单元是基本环节。单元下可分若干组，必要时下面还可再分小组。一般可有二至三个层次，最多不超过四个层次。由若干单元组成完整的陈列体系。

编制陈列大纲的核心是如何充分揭示陈列主题，这必须有一个扎实的科学研究过程。陈列大纲不能一蹴而就，要深入研究文献资料，了解学术动态，征询有关方面意见，往往要反复推敲、修改，几易其稿。拟定陈列大纲前，还必须对藏品进行充分的调查研究，考虑展品表现的可能性，精心进行陈列品的组合。这种组合是陈列方案制定的关键。

陈列品的组合，首先在于陈列品的选择是否准确得当。在制定方案前，必须认真了解馆藏文物的现状，选择最能揭示主题的文物和与表现主题有关的文物，以及可起旁证作用的备用文物。同时，还要掌握文物出土的新消息，了解需要补充的文物有无征集可能，然后再考虑必要的辅助展品，提出辅助展品制作项目。在此基础上进行综合研究，把有关的陈列品组合在一起，成为一组一组地表达主题思想的群体。中国革命史陈列中，表现刘胡兰英勇就义的一组陈列品组合，就是一个成功的设计例证。这个组合只有三件展品，一件是表现刘胡兰就义时英勇不屈形象的雕像，一件是杀害她的凶器——铡刀，一件是毛泽东题词——"生的伟大，死的光荣"。三者有机地组合在一起，表现了刘胡兰为革命不怕牺牲的伟大精神，增强了感染力，使观众得到深刻印象。由此可见，陈列品经过精心设计的组合之后，所产生的客观效果，是一件件单个陈列品的升华和飞跃。正是由一个个具体陈列品成组、成单元的精心组合，以至全部陈列先后有序、起伏得宜的总体组合，才能够按一定主题、内容和艺术风格组成内容与形式统一的完整陈列体系，从而更好地发挥博物馆的教育功能，争取更大的社会效益。

（三）辅助展品

陈列内容的研究设计工作，还应提出陈列辅助展品的项目和要求，并写好各类说明。

博物馆陈列以文物标本为基础，同时也需要有一定的辅助材料，称为辅助展品。陈列的辅助材料大致有以下几种：

1.科学性的辅助材料：包括地图、图表、照片、拓片、模型、沙盘等。

2.艺术性的辅助材料：主要是根据陈列内容的需要而创作的造型艺术、绘画、雕塑、布景箱、半景画、全景画等景观设施等。它主要是艺术品，但又受到科学性较大的约束，不同与一般的艺术创作。它要求艺术构思有科学依据，并且与陈列风格相调和，所以说它是科学和艺术的综合体。

3.文字说明。陈列的文字说明分为三类：

一是大小标题（单元标题、组标题、有时还需要有小组标题等）；二是单元说明、组说明，有时还需要小组说明（或展品组合说明）；三是展品说明。展品说明大体上也有三类：第一类是展品科学性的简要说明，这是大量的。其内容包括展品名称、时代、出土或采集的时间、地点或来源。如果是借展品或调拨、赠送品，还应注明原藏单位。格式如下例：

三彩釉陶女俑（名称）

唐开元十一年（723年）（时代）

1957年陕西西安鲜于庭诲墓出土

中国社会科学院考古研究所藏品

第二类是知识性说明，主要是给观众以展品的有关知识，例：

龙虎尊

商代

1957年安徽阜南出土

盛酒的器具。分层用合范铸成。造型优美，龙虎人物形象生动，具有很高的艺术水平。

安徽省博物馆藏品

第三类是揭示性说明，主要是揭示出展品内涵的社会属性，以及它与主题的联系。例如，为了反映东汉时期地主经济的状况，往往展出"盐场"画像砖。

"盐场"画像砖

东汉

1954年四川成都扬子山出土

图系制造井盐的盐场全景。盐场后有山泽川林以供渔猎。反映了东汉地主"家有盐铁之利，户有青山之材"的情形。

重庆市博物馆藏品

博物馆陈列的文字说明对于帮助观众理解陈列主题，满足求知欲的要求是不可少的。它也起着传达与补充信息的作用。恰当的文字说明并不妨碍观众对展品的观赏，而在某种程度上由于借助文字说明，加深了观众对展品的理解。但文字说明的编写要求简明准确，通俗易懂，切忌冗长枯燥。尽量减少文字说明是广大观众和博物馆的共同希望。

原文选自《中国博物馆学基础》，上海古籍出版社2001年

王宏钧 / 陈瑞德

加强科学复制，有效保护古丝绸文物

回顾百年以来，特别是近五十年来的我国文物保护，我感到：一是成绩很大，经验很多，世界共睹；二是遗憾不少，亟待加强，任重道远。

与会的各位同志已从文物保护的许多方面谈了很多远见卓识。这都是宝贵的经验之谈。对促进、推动今后文物保护事业将有十分重要的借鉴意义。我仅想对我国古代丝绸文物的保护谈几点看法。大家都知道，我不是研究古丝绸的专家，只是从八十年代中到九十年代中，我曾经负责组织中国历史博物馆和苏州丝绸博物馆联合复制了两批古代丝绸文物珍品。复制完成以后，我又先后在1989年和1994年受国家文物局委托，先后两次组织、主持了苏杭、沪宁、北京、新疆、湘鄂、青海等地的古丝绸专家进行鉴定。这两批复制的文物珍品有：江陵马山一号墓出土的战国"舞人动物纹锦"、"塔形纹锦"、长沙马王堆出土的西汉"绀地绛红鹿纹锦"、新疆民丰出土的东汉"延年益寿大宜子孙锦"、青海都兰热水出土的和新疆吐鲁番等地出土的南北朝和唐代多种织锦，此外根据商代遗址出土的铜铲上的丝织物残片印痕，还复制了商代的素帛。经过两次专家鉴定会鉴定均获通过，并给予了很高评价。后来又先后获得科技进步三等奖和一等奖。通过这几年的复制工作，我有这样几点体会：

我国是世界文明发达最早的国家之一，曾以"丝国"闻名于世，丝绸是中华文明中的一颗明珠。丝绸的发明是对人类文明的重要贡献，对经济发展、科技进步、美化生活、文化交流，产生了深远的影响。

进入20世纪以来，尤其是近五十年来考古工作者不断发现古代丝绸织绣文物。从新石器时代的文化遗存中，从商周、秦汉、南北朝、隋唐、宋辽金元，以及明代的古遗址、古墓葬中已出土了大量的丝绸文物珍品。但是，丝绸是动物纤维织品，易受腐蚀、发霉损毁，或者褪色、变色，碳化发脆，以至触手即碎。因此，出土之后必须采取控制温湿度、防止曝光等科学的措施以延缓古代丝绸文物的自然变质、延长文物的寿命。为了使丝绸文物的长久保存，实践证明，更有效的办法是"科学复原"，即严格意义上的复制，而不是通常所见的仿制。这种"科学复原"性的复制，实际是一项科学研究和实验的过程。首先要从鉴定分析丝绸文物原件开始，包括丝纤维粗细、捻度捻向、织物的经纬方向、经纬密度、织物组织、纹样色彩等方面进行详细实测。对已经变色的古丝绸的色彩复原往往在某处夹缝的单丝中可以找到变色前色相的残迹。经过认真细致的科学分析，取得准确的数据，并绘制织物组织图、纹样复原图、色线色标之后，再进入第二阶段。从蚕茧选择入手，用传统的手工工艺缫丝、染丝，所染的丝线经试制之后，往往出现的色彩与预期效果差距很大。这是由于几种不同颜色的丝线交织与绸面光反射条件不同所导致。这时就需要重新分析、重新调整丝线染色的配方。因此，复制成一件古丝绸，需要反复与文物原件对照修改，才能使复制件不但与文物原件形似，而且神似。这种"科学复原"的古丝绸文物复制件，不但可以代替文物原件展览陈列，以更好的保存原物，而且可以长久保存古丝绸珍品所负载的各种数据和必要信息，为远至千百年后复原古丝绸文物提供可靠的科学依据。

我们不可忽视，这种古丝绸的复制过程是一项我国古代丝绸织造科学技术的研究、发掘的过程，既可保护有形的古代丝绸文物珍品，同时也是研究、发掘和保护我国传统丝绸织造工艺这种"无形文化财"的过程。保护有形的古丝绸文物、发掘研究"无形"的传统丝绸工艺，这二者同是弘扬我国灿烂的古代丝绸文化的重要课题，都是保护我国文化遗产的主要内容。

原文刊于《中国文物学会通讯》2001、2002 年合订本

国家所有权与博物馆合理利用权必须分清

——对馆藏文物有偿转让的意见

近日,《中国文物报》报道了全国人大常委会继续审议文物保护法的修改,全国人大常委会法律委员会提出了原则性意见的消息(见本报2002年1月2日1、2版)。其中,馆藏文物能否有偿转让,引起我的思虑。全国人大法律委员会在"原则性意见"中指出:"如果允许文物有偿转让会引起许多复杂问题,法律不宜笼统规定馆藏文物可以有偿转让。"实可谓"一语破的",指出了关键,也指出了解决困扰的方向。

我国的文物,除不可移动的古建筑、古墓葬、古文化遗址和地下水下的遗存以外,够品级的文物绝大部分收藏在各级各类国有博物馆。我国《文物保护法》明确规定,这些馆藏文物"属于国家所有"。那么博物馆与馆藏文物是一种什么法权关系呢?根据我多年的体会认为,"有效保护加强管理"是博物馆负有的责任。"合理利用"以取得社会效益、经济效益是它享有的权利(如果从博物馆的社会职能来讲,这种权利也就是职责)。

博物馆为了扩大合理利用,以取得更大的社会经济效益,引进市场运作形式的"有偿转让"也是可取的。关键在于分清国家所有权和博物馆的合理利用权,二者绝不可混淆。记得二十年前某省因为建设新博物馆缺乏资金,曾有位好心的省委书记竟提出:"可以卖一件金缕玉衣么?"此语一时传为"佳话"。直到几年前,某省博物馆还曾以几百万元的代价,把几十件出土的古代玉器"有偿转让"给某大博物馆。有鉴于这些事例,多年来我有两句话一直"如鲠在喉",这就是:一、馆藏文物的国家所有权不可变相出卖;二、博物馆的合理利用权可以"有限期"地有偿转让,而且转让的文物级别应当放宽。

我提出第一点的理由，《中国文物报》的报道《馆藏文物能否有偿转让？民间收藏文物怎样流通？》（详见 2002 年 1 月 2 日第二版）中已介绍相当充分。我想再补充的一点是：笼统地规定馆藏文物可以有偿转让，尽管加了几条限制，但仍然无法与"变相出售"区别开来，划清界限。因此就必然与《文物保护法》总则第四条和馆藏文物第二十三条产生冲突。既然无法规避这种抵触，因而在法理上难以成立。如果一定要加进这一条，就必须对《文物保护法》第四、第二十三条等条款进行伤筋动骨的实质性修改。权衡其轻重、利弊，实无此必要。

　　关于第二点，我建议在《文物保护法》第四章《馆藏文物》中可以考虑增加如下三点内容。大意是：

　　1.馆藏文物是收藏于国有博物馆、图书馆和其他单位的国有文物，其所有权属于国家，不准出卖或变相出卖。

　　2.对于馆藏文物，博物馆等收藏单位负有有效保护、加强管理的责任，同时享有合理利用的权利。

　　3.馆藏文物的合理使用权，经文物行政主管部门批准，可以在馆际间有期限地有偿转让。转让期限最长不得超过五年。其中一级文物的有偿转让须报经国家文物行政主管部门批准，二级以下文物（含二级）须经省（市、自治区）文物行政主管部门批准，并报国家文物行政主管部门备案。珍贵文物转让期间，必要时应进行安全保险。有偿转让所得应用于补充新的文物或必要的事业费。

　　上项建议中所以提出扩大转让文物的级别，因为考虑到仅以"一般文物中较多的重复品"进行转让，接受转让的博物馆展陈中增色不多，出让的博物馆所得补偿很少，因而难以取得预期的实际效果。再者，许多珍贵文物都可以出国展览，国内馆际间有期限的转让利用权理应许可。

原文刊于《中国文物报》2002 年 1 月 18 日

中国博物馆事业的创始和民国时期的初步发展

　　博物馆是近代社会文化教育事业，17、18世纪兴起于欧洲，但它有悠久的历史渊源。其起源无论在西方或东方，都可以追溯到公元前几个世纪。公元前290年左右，在埃及亚历山大里亚港口城市建立的亚历山大博学园中收藏、陈列古物和艺术品的缪斯（Muses）神庙是公认的西方最早的博物馆。MUSEUM（博物馆）一词即起源于此。公元前478年，在山东曲阜城阙里孔子故居中设立的孔子庙堂，陈列孔子的衣冠琴书和生前所乘车辆，可以说是中国最早的纪念性博物馆。

　　中国近代博物馆产生于中国社会近代化的初期。1848年，博物馆作为一种新事物开始被介绍到中国。外国人在华建立了一些以自然历史为主要内容的博物馆，其中比较早的应该是19世纪六七十年代，法国人和英国人在上海租界地开办的徐家汇博物院（后改名为震旦博物院）亚洲文会博物院。（图一）19世纪末叶，当时的维新志士康有为、梁启超等在倡导"废科举、办学堂、设报馆、广译书"的同时，也主张建立博物馆。1905年，张謇在江苏南通创办了中国第一所博物馆——南通博物苑。（图二）

　　张謇（1853—1926年），字季直，清代科举状元出身，维新派人士，著名的民族实业家和教育家，主张实业和教育是"富强之大本"。1896年，他在家乡南通创办了中国最早的规模较大的近代企业——大生纱厂，之后又陆续办起了垦牧公司、轮船公司、铁冶公司和淮海实业银行，并以这些企业的利润兴办教育文化事业。1902年，创办了中国最早的女子师范学校。1903年，张謇去日本考察实业和教育，参观了日本的博物馆和博览会，深受启发。回国后积极倡导建立博物馆，先后呈递《上南皮相国（张之洞）请京师建设帝国博览馆议》和《上学部请设博

图一　1868 年法国耶稣会士 P. 厄德（汉名韩德，又名韩伯禄）在上海创办徐家汇博物院，藏品主要是中国长江中下游的动植物标本。1930 年以后划归同属耶稣会的震旦大学，改名为震旦博物院。

览馆议 》，但都无结果。1905 年，张謇率先以个人财力，在家乡陆续购民房 29 家，迁荒冢三千余座，平地筑垣，创建了南通博物苑。张謇多方搜求中外动植物标本、金石文物、先贤遗文，历十年苦心经营，藏品达二万余件，"纵之千载，远之外国"，"古今咸备，纵人观览"。张謇创办南通博物苑对中国博物馆和社会文化教育事业做出了卓越贡献。

同年，清学部侍郎严修在其家乡天津城隍庙开办了教育品陈列馆，"陈列理化仪器、博物标本，纵人观览"。1906 年，京师乐善园（故址在今北京动物园）开设了农商部农事试验所，陈列自然标本。1908 年，山东泰安"自日本购到教育品多种，一一陈列，任人观览"。两江总督端方也以个人收藏在北京琉璃厂海王村开办了陶斋博物馆。

1911 年，孙中山领导辛亥革命推翻了清朝，建立中华民国，是中国社会的一大变革。1912 年，在教育总长蔡元培主持下，经周树人（鲁迅）等奔走运作，在北京元明清三代的太学——国子监筹建国立历史博物馆，其宗旨为"搜集历代文物，增进社会教育"。1917 年，教育部决定将该馆迁往故宫午门，以午门城楼和东西亭楼为陈列室，东西朝房和端门城楼为文物库房，其中部分西朝房为办公室。陆续入藏文物 215，200 件。国立历史博物馆除接收社会捐献和政府移交文物外，还主动派员赴各地收购、采集、发掘出土文物。1921 年，发掘河北钜鹿宋代

图二　今日的南通博物苑

古城；1924年，发掘河南信阳擂鼓台等汉墓。1925年，调查华北文物古迹，并曾提出修缮山西大同云岗石窟造像的方案。经多年筹备，国立历史博物馆于1926年10月10日正式开放，接待公众。开馆后，陆续编辑出版了《国立历史博物馆丛刊》、《国立历史博物馆讲演会讲演录》，编印了《国立历史博物馆陈列品目录》等。国立历史博物馆是中国第一个国家创办的博物馆，酝酿于清朝末年维新运动期间，始建于清帝退位、民国初建的年代，在率先推进中国社会文化教育事业中产生了广泛影响。虽然草创伊始，因陋就简，但它高踞昔日封建王朝的午门之上，向世人宣告两千多年封建帝制的终结和多民族共和国的肇始。

在国立历史博物馆筹建期间，交通大学北京铁道管理学院于1913年在北京府右街建立了教学实习性博物馆。1915年，该馆制作的多种大桥涵洞模型，在巴拿马太平洋博览会上荣获大奖章。

1913年，内务部开始将沈阳故宫和热河行宫的文物共20多万件，陆续运到北京，在故宫文华殿和武英殿成立古物陈列所，1914年10月11日前后，正式对外开放。随着古物陈列所的开放面积和陈列的文物数量逐渐增加，影响也日益扩大。为了便于公众参观，古物陈列所规定陈列文物要经常更换，一般展品"或旬月一换；或逢令节纪念等日减价期间，分别选择更易"。据不完全统计，从1928

图三　建于1916年的地质矿产陈列馆，是今地质博物馆的前身，以农商部地质调查所标本陈列室为基础建立。

年7月中旬到1934年，共接待观众422,000人次，最多一个月（1932年10月）的观众达17,457人次。1948年3月，古物陈列所与故宫博物院合并。

1915年，在南京明故宫旧址建立南京古物保管所，陈列明故宫文物。

民国建立以后，一些著名人士和社会团体曾呼吁建立科学和教育博物馆。1916年，经章鸿钊、丁文江、翁文灏等人的努力，在北京成立了农商部地质调查所，同时在丰盛胡同建立地质陈列馆，陈列标本917件。这是我国第一个以地质矿产为内容的专门博物馆。瑞典地质学家安特生任农商部顾问期间，曾协助地质调查所培训工作人员和指导地质陈列馆的工作。（图三、图四）

从1916年到1919年，保定教育博物馆、天津博物院（1928年改名河北第一博物院）、江西教育博物馆、山西教育图书博物馆相继成立。1920年教育部在北京筹办教育博物馆。（图五）

中华民国成立后的十年中，中国的博物馆已初步建立，据《第一次中国教育

农商部地质调查所图书馆陈列馆开幕典礼摄影

图四　农商部地质调查所图书馆陈列馆开幕典礼摄影

年鉴》刊载，1921年全国博物馆已有13所。

　　1925年故宫博物院的成立是中国博物馆事业发展中的一件大事。辛亥革命后，根据中华民国政府对清皇室优待条件，紫禁城内后三宫仍由逊帝溥仪居住。1924年10月，冯玉祥将军率部回京，举行政变，囚禁贿选总统曹锟。11月组建临时政府，决定驱逐溥仪出宫，并成立了"办理清室善后委员会"。1925年10月10日，宣告故宫博物院成立，负责"掌理故宫及所属各处之建筑物、古物、图书、档案之保管及传播事宜"，设古物馆和图书馆，后图书馆又分为图书、文献两馆。1928年至1931年，除部分宫殿保持陈设原状开放参观以外，新开辟了宋元画、明清画、玉器、铜器等专门陈列室37个，出版影印书画和图书、文献二百多种，定期刊物数种。1934年，观众达52，776人次。故宫博物院的成立，以宏伟壮丽的古代宫殿建筑群和丰富珍贵的文物收藏而为世界瞩目，推动我国博物馆事业的发展进入了一个新的阶段。

图五　建于 20 世纪初期的天津博物院

　　此后的几年中又有一批省、市立博物馆相继建立，主要有 1927 年开始筹备的河南省博物馆（1928 年改为河南民族博物院，1930 年改为河南省博物馆），1927年成立的湖南地质矿产陈列馆，1928 年成立的南京市立历史博物馆，1929 年成立的浙江西湖博物馆等。1905 年到 1929 年，全国共建立博物馆 34 所。

　　20 世纪三十年代，博物馆事业发展很快，据 1936 年统计，全国博物馆已达77 所。一些各具特色的博物馆也在这一时期建立起来。1931 年，北平静生生物调查所开办了生物通俗博物馆，设立了 7 个动植物标本陈列室。1934 年，北京筹建中国戏剧音乐博物馆和卫生体育博物馆，上海中华医学会筹办了中医医史博物馆。（图六）

　　20 世纪三十年代中国博物馆事业的重要发展是南京中央博物院的筹办。早在1924 年，颜惠庆、顾维钧、章士钊等就曾提出筹建综合性中华博物院的方案，"以搜掘陈列并研究关于自然科学及工业的、美术的、历史的各种物品为范围"，但这个计划并未实现。1933 年 4 月，中央博物院筹备处在南京成立，筹备处主任傅

图六　北平故宫博物院与南京中央博物院举办联合展览，摄于1948年

斯年（后李济继任）。南京国民政府教育部《中央博物院设立意见书》关于分设自然、人文、工艺三馆工作计划中提出："自然馆中，求能系统的扼要的表示自然知识之进展，并求其利用中国材料；人文馆中，求能系统的表示世界文化之演进，中国民族之演进；工艺馆中，表示物质文化之精要，尤其是关于实业及国防者，用以激励国人。"三馆分别由翁文灏、李济、周仁负责筹备工作，院址选定在中山门内。1936年4月成立理事会，推举蔡元培为理事长。6月开始建造人文馆及大厅与各办公室，总面积13，000平方公尺。1937年8月，因日本侵略军的进犯被迫停工，第一期工程仅完成四分之三。筹备处随即迁往四川，直到1946年才迁回南京。解放后，1950年定名为南京博物院。

　　20世纪三十年代，中国博物馆事业不断发展，各项社会教育活动也逐步开展，国际文化交流也开始进行。1935年英国伦敦举办"中国艺术国际展览会"，故宫博物院、古物陈列所、河南省博物馆和安徽省图书馆以所藏青铜器、玉器、瓷器、绘画、书法等珍贵文物参加了此次国际展览会。中国悠久的历史、灿烂的古代文

图七　三十年代的上海市博物馆

明在西方引起了惊异和广泛影响。

1935年4月，中国博物馆协会在北平成立。协会的宗旨是："研究博物馆学术，发展博物馆事业，并谋博物馆之互助"。推举马衡为会长，袁同礼、朱启钤、丁文江、李济、翁文灏等15人为执行委员。1936年7月，在青岛召开中国博物馆协会和中国图书馆协会联合年会。会上发表了几项学术报告，有刘节《中国博物馆事业之前途》、庄尚严《在欧洲所见之中国古物》和胡肇椿《博物馆标签之改良》。会上还提出"设立博物馆人员训练所"、"建议教育部指定国立大学若干所设博物馆学系，造就专门人才"和"审定博物馆学名词"等多项提案。中国博物馆协会的成立，促进了博物馆学研究和博物馆事业的发展。（图七）

1937年至1945年抗日战争时期，中国博物馆事业遭到很大损失。虽然在抗日战争爆发前，国民党政府为了保护文物，将部分重要博物馆迁往内地，但仍有一些博物馆遭到日寇炮火，有的博物馆文物遭到敌伪劫掠，许多博物馆被迫关

图八　东北烈士纪念馆

闭或内迁。据统计，中国博物馆从1936年的77所，逐步减少到1937年的42所，1942年减少到20所，到1944年仅剩8所。这时在西南四川等省又新建了几个博物馆，到1945年抗日战争胜利有12所。

对于日本帝国主义侵华战争造成的中国文物的损失，很难有完整、精确的统计。1945年10月国民政府"战时文物保存委员会"曾对公私文物损失进行登记，根据调查，分类分省编成《战时文物损失目录》，分列书籍、字画、碑帖、地图、艺术品、仪器、标本、古迹等八类，文物损失总计3，607，074件，又1870箱，古迹741处。

抗战时期在内地新建的博物馆，主要有1941年3月在成都建立的四川省博物馆和1943年12月在重庆建立的中国西部博物馆。

中国西部博物馆是一所自然科学性质的博物馆，馆地在重庆北碚。共设有工矿、农林、生物、地质、医药卫生、气象地理六个陈列馆，展出科学标本106，

077件，模型397件，图表、绘画700多幅。据统计，1944年12月底到1947年8月共开放827天，观众达16万多人次。

第二次国内革命战争、抗日战争和解放战争时期，在中国共产党领导的革命根据地，也很重视文化教育事业，并且曾为建立博物馆做出多方努力。1933年，中华苏维埃共和国临时中央政府教育部为建立中央革命博物馆曾发出征集陈列品的启事。中央革命博物馆设立在瑞金附近的叶坪。因为战争环境，征集到的革命文物很少。为了争取在1934年1月第二次全苏维埃大会之前开馆，1933年11月，苏区中央教育部代部长徐特立、副部长沙可夫署名又发出《革命博物馆启事》："请各政府机关、各红色部队、各级党部、各群众团体，帮助本博物馆搜集革命纪念物品，早日送来本馆，以便按期开幕。"在革命根据地，很注意保护文物，考虑建立博物馆，但都未能实现。惟一建立起来并巩固下来的博物馆是1947年东北解放区东北行政委员会在哈尔滨市筹建的"东北抗日暨爱国自卫战争牺牲烈士纪念堂"，于1948年10月10日正式开放，后改为东北烈士纪念馆。（图八）

回顾中国博物馆事业，从1905年到1949年近半个世纪中，从南通博物苑开始，发展到全国70多个博物馆，为中国博物馆事业建立了初步基础。1937年至1945年日本帝国主义的侵华战争，曾使这个初步基础遭到严重破坏，经过新中国建立后的恢复、整顿，才使中国博物馆事业得到新的发展。

原文刊于《中国文化遗产》2005年第4期

学术交流的平台与人才成长的园地

——百年国博的百期《馆刊》

中国国家博物馆的建立，从1912年（民国元年）筹建国立历史博物馆算起，至今已将百年。辛亥革命胜利后，在民国政府教育总长蔡元培和社会教育司签事周树人的努力下，筹建了我国第一座由国家建立的博物馆，当时命名为国立历史博物馆。1926年10月，正式对外开放。1928年10月，因"国府南迁"，国立历史博物馆改名北平历史博物馆。1949年中华人民共和国成立后，北平历史博物馆改名为北京历史博物馆。同时，还设立了中央革命博物馆筹备处。1959年10月，在天安门前建立中国革命博物馆与中国历史博物馆。中国历史博物馆的前身即为北京历史博物馆，而中国革命博物馆成立后，中央革命博物馆筹备处也就撤销了。1968年，中国历史博物馆与中国革命博物馆合并，名为中国革命历史博物馆。到了1983年，两馆又恢复原建制。进入新世纪，在新的历史条件下，2003年，在中国历史博物馆与中国革命博物馆的基础上，扩建而成中国国家博物馆。由此，明年即将迎来国博的百年华诞。

作为博物馆学术研究成果的载体，国立历史博物馆为"谋学术之研究，智识之攻错"，"商量旧学，启迪新智"，曾编印过《国立历史博物馆丛刊》共三册，发表了《馆藏周代彝器记》、《太平天国玉玺考略》、《模制考工记车制记》、《巨鹿宋代故城发掘记》、《信阳汉冢发掘记》、《海外所存敦煌经籍分类目录》等文章，并辟有"考古译丛"栏目，发表有《有史时代以前之人类》、《古代航海者及文化之传播》和日本考古学家滨田耕作著《考古学通论》。中国革命博物馆也曾创办过《党史研究资料》（月刊、内部刊物）、《博物馆工作》（季刊、内部刊物）和《近代中国与文物》（季刊）。但作为公开发行的、连续性的定期出版物《中国国家博物馆馆刊》则肇始于1979年创刊的《中国历史博物馆馆刊》（总1期）。《中国历史博物馆馆刊》出版周期由年刊发展为半年刊，从1979年到2000年共刊出35期，发表文章近600篇。2002年，《馆刊》改版，易名为《中国历史文物》（英译名仍为《中国历史博物馆馆刊》），出版周期改为双月刊，至2010年底，共刊出54期（总89期），发表文章约600多篇。2011年，《中国历史文物》和《近代中国与文物》合并，再度改版，正名为《中国国家博物馆馆刊》，出版周期也改为月刊。刊出至本期正好是总100期。在国博百年的前夕迎来百期《馆刊》，可谓双喜！

作为中国历史博物馆学术交流的平台，《中国历史博物馆馆刊》刊发有任继愈、周一良、阴法鲁、季羡林、贾兰坡、徐苹芳、安志敏、阎文儒、李学勤等著名学者、教授的论作，以及部分外稿。同时，着重组织馆内的研究成果参与研讨和交流，在史学方面，有关于夏文化的《关于探讨夏文化的若干问题》（李先登）、《析〈偃师商城与夏文化分界〉的研究脉络》（董琦）等；有关于对古代阶级斗争认识的《也谈阶级社会历史发展的动力问题》（洪廷彦）等；有关于中国资本主义萌芽的《广东佛山资本主义萌芽的几点探讨》（王宏钧、刘如仲）等；也有反思中国由先进到落后的《11—19世纪中叶的中国与世界》（王宏钧）；在断代史方面，关于史前史，有《早期中国的四大联盟集团》（俞伟超）、《试谈原始社会早期的分期》（杜耀西、黎家芳）、《中国史前的女神信仰》（宋兆麟）、《我国史前的动物形艺术品》（安家瑗）等；关于先秦史的，有《商周奴隶主贵族的政治思想》（巩绍英）、《关于西周奴隶殉葬问题的探讨》（郭仁）、《西周春秋时期的"国人"》（任长泰、石光明）、《析"德"》（王冠英）、《说"田"》（罗伯健）等；关于秦汉史的，有《"滇王印"与"汉委奴国王"印的论证》（张振新）、《"甘露二年逐验外人简"考释中的一些问题》（许青松）等；关于魏晋南北朝史的，有《曹魏"才性四本论"析释》（邵小萌）等；关于隋唐史的，有《唐代前期的土地租佃关系——吐鲁番文书研究》、《吐鲁番文书中的"常田"与"部田"》（孔祥星），《唐代的变造》（朱睿根）等；关于宋元史的，有《〈辽史〉中"涞流河"记述之质疑》（李作智）、《宋代的"生子不举"》（黄燕生）；关于明清史的，有《蔡毓荣南征图卷》（刘如仲）、《从乾隆〈御题棉花图〉看棉花种植在北方的推广》（王芳）、《咸丰帝"避战求和"质疑》（苏生文）等；还有关于历史人物评介的，有《清朝目录学家章学诚》（傅振伦）、《李密的一生及其功过》（陈瑞德）等；另外，有关古代科技及其他的，有《葛洪〈抱朴子〉中飞车的复原》（王振铎）、《从文物资料看中国古代造船技术的发展》（王冠倬）、《福建建安派木刻版画》（李之檀）、《辽代的雕版印刷品》（毕素娟）、《北魏幽州光林寺考》（史树青）、《中国佛教的早期图像》（孙国璋）、《关于中国早期高层佛塔造型的渊源问题》（孙机）、《中国茶文化与日本茶道》（孙机）等；在考古与文物研究方面，有《京山屈家岭遗址第三次发掘遗存的制陶工艺和年代问题》（李文杰）、《商代前期垣曲盆地的政治中心——垣曲商城》（佟伟华）、《东周时期泥塑铸造的新成就》（张万钟）、《辽宁绥中元代沉船调查述要》（张威）、《关于秘色瓷的几个问题》（李知宴）、《浅析唐代北方陶瓷工艺成就》（于文荣）等；在馆藏文物、资料研介方面，有《馆藏战国七玺考》（石志廉）、《潘季驯〈河防一览图〉考》、《李天宠散馆试卷》（周铮）、《〈聊斋图说〉考》（吕长生）、《牙雕佛传造像的释读及其他》（梁丰）、《顾炎武〈书西岳华山庙碑后〉墨迹》（蒋文光）、《馆藏部分玻璃制品的研究——兼论玻璃史的若干问题》（范世民、周宝中）、《明代黄册的发现与考略》（赵金敏）、《孙中山当选临时大总统时所收电文（73通）》（杜永镇辑）等。这里有老一辈的博物馆专家，也有中年的学人，还有年青的一代。

进入新世纪，在新的形势下，改版后的《中国历史文物》，内容以考古与文物研究为主，并加大了外稿的比重，从而，多有名家之作。如刊发有朱凤瀚《士山盘铭文初释》、李学勤《论子龙大鼎及有关问题》、杨泓《中国隋唐时期佛教舍利容器》、杨伯达《勐拱翡翠流传沿革考》、南炳文《中国国家博物馆藏明太祖、太宗两朝实录的版本价值》、孙机《大通银壶考》、俞伟超《关于夏商周断代工程的一封信》、张忠培《关于二里头文化和夏代考古学遗存的几点认识》、李伯谦《中国文明起源与形成研究需要注意的几个问题》、吴荣曾《"五朱"和汉晋墓葬断代》、饶宗颐《由明代"二酉山房"谈秦人藏书处与里耶秦简》、冯尔康《中国国家博物馆馆藏〈雍正四年五月十七日上谕〉解读》等等。

2011年，中国国家博物馆大楼扩建完成，《复兴之路》陈列与《古代中国》陈列以及相关的专题陈列相继公开展出，国博也定位为"历史与艺术并重的综合性博物馆"。《馆刊》作为国博对外学术交流的平台，其办刊方针当然也要和本馆的定位相适应。新《馆刊》面世以来，其内容与形式焕然一新，丰富多彩，预示着更美好的前景。

从国立历史博物馆的《丛刊》到今天中国国家博物馆的《馆刊》，多少年来，一代又一代的学者、专家，在这一博物馆的学术平台上，展开争鸣与交流，促进学术的进展；一代又一代的博物馆人，在这一博物馆学术园地的启迪与激励中，敬业好学，自励成才。《馆刊》在本馆科研队伍的成长上，也起了一定的促进作用。《馆刊》随着时代的前进，也不断反映着学术风尚的演进和学术热点的不断转移，与时俱进。《馆刊》的宗旨，尽管历次阐述有所差异，侧重有所不同，其核心内涵却一贯坚持以学术交流和培育人才、以促进博物馆事业的发展为自己的历史使命。

现在，经过百年的艰苦创业，宏伟的中国国家博物馆已展示在世人面前，《馆刊》也必将朝着先进文化的方向，贯彻"人才立馆、藏品立馆、业务立馆、学术立馆"的办馆方针，为中国国家博物馆的事业做出新的贡献。

原文刊于《中国国家博物馆馆刊》2011 年第 11 期

王宏钧／陈瑞德

博物馆理念的经验与实证——王宏钧访谈录

一、新旧变革　思想碰撞

在我们人类学理论里面，有一个"个人生命史"的访谈方法，首先谈一下个人的一些人生经历，在传统的访谈里，一般不涉及这些问题，所以我们想先请您讲讲您的早年经历。

我生于1926年初，原籍是安徽泾县，就是皖南。那时中国还处于新旧变革比较剧烈的时期——北洋政府时代。1931年秋，我在北京上小学，我进小学后的两个星期，就发生了"九一八"事变。到了1937年，我上小学六年级的时候，发生了卢沟桥事变，日本侵占了北京，当年我11岁。我上完小学之后，考进了北京四中。中学时期，大多数同学偏重理科，"学好数理化，走遍天下都不怕"，我也认真学数理化。但是，我对历史、政治的兴趣更大。最后我报考了政治学系，学政治经济学。

您大学的时候，思想比较活跃，听说您在大学一年级时就加入了中国共产党，可以谈谈您的大学学习生活吗？

我是在大学一年级暑假期间加入中国共产党的。当时抱负就是，能够参加挽救中国的运动。之后我转学到了清华。在抗日战争中，我参加了地下党，领导了一些工作，主要是做社会刊物《学生群刊》。在1945年12月，参加学校里的学生运动，被国民党关押，后来在学校、地下党的营救下获释。1946年4月，我第一次进入解放区，到晋察冀边区的首府张家口，在那里参加学习，也见到一些领导，他们给我们做报告，学习了毛主席的《新民主主义论》。1946年的12月底，沈崇事件引发了第一次反美运动，我在清华大学参加了这次运动。转到来年，内战也爆发了。当时，学习环境就很不稳定。学校里，好多先生的思想都是很进步的，他们也支持学生运动，当然也有不支持的，但是进步的老师占大多数。像吴晗、费孝通这样的老师，清华是很多的。我当时学的是政治学系的课，但也可以去听其他专业的课。我那时候对各种社会思想很感兴趣，听过潘光旦的世界社会思想史，当时他是社会学系主任，讲授政治经济学、社会学和社会思想史。当时听得多的是张奚若的课程，张奚若讲西方政治思想史。还有中国政治思想史，当时这个课没开出来，就由冯友兰讲解中国哲学思想史的相关内容。后来冯先生到美国访学一年，该课程就由张岱年来代讲。当时我读到了吕振羽的《中国政治思想史》。历史主要是吴晗先生在讲，还有一些知名的老教授。但是当时我们注意的是新史学，翦伯赞的《中国史纲》是主要的参考书。费孝通开的科目是农村社会学，以他的江村调查为基础来讲。

1948年底的时候，形势变化，我那时也离开学校了，参加了华北军区野战部队第十七旅，它的政治部在北京。后来转业，被分配到中央人民政府文化部（以下简称文化部）。

所以这些训练对您后来参与策划"中国通史陈列"帮助也挺大的？我们感觉您做的大多不是具体历史考证的研究，而是构建比较宏观的历史叙事。

对，我的学术研究主要是和工作联系在一起的，大致说来我主要从事明清史和博物馆学的研究，我在明清历史中更关注城市经济发展、资本主义萌芽以及农民战争、边疆史地等方面，对这些领域的研究也会从一般社会科学的角度提出问题和思考。

1949年，文化部刚成立，我在其下属的单位文物局做文物保护、图书馆管理工作，也关注一些博物馆的工作。1951年10月27日文化部部长沈雁冰发布《中央人民政府文化部指示：对地方博物馆的方针、任务、性质及发展方向的意见》，明确提出："博物馆事业的总任务是进行革命的爱国主义教育。通过博物馆使人民大众正确地认识历史、认识自然、热爱祖国、提高政治觉悟与生产热情。"并且进一步强调，"博物馆事业仍应以改造原有的为主，仅在个别有条件地区得筹建新的博物馆"。1952年以后，按社会主义新文化的方针，改造旧的文化事业，有步骤地慎重地开展了博物馆改造工作。当时我在文化部做秘书，业务秘书要深入了解业务情况。参与最多的是文化部大型调查研究，第一次大规模的调查是1952年的夏天到秋天，我们文物局有个小组，到华东区[1]去考察。这次考察中学习了好多，看了许多博物馆，如山东省的一些博物馆、南京博物院，以及教会在上海兴建的和国民政府在此处遗留的博物馆等。看到一个博物馆是怎么样建立的，博物馆的机构和建制如何设置，历史类的展览陈列如何搞，一个一个去了解。1953年，我们又组织了一次中南区的调查。1954年春节期间又做了一次文化活动的调查，当时关于博物馆的书还没有。1954年9月，中央人民政府文化部改为中华人民共和国文化部，博物馆的工作仍然在文物局。

您是最早参与中国历史博物馆、中国革命博物馆筹建的一批人吧？

1958年我被下放，下放回来后，适逢中央召开北戴河会议，决定在天安门广场东侧修建中国历史博物馆（以下简称历博）和中国革命博物馆（以下简称革博）新馆[2]，我那时就调到了历博。我从事博物馆的工作也是从那时开始的。我经历了历博的建馆过程，也做了比较深入的学习。我先在文物组工作，主要负责文物征集和管理，后来在联合办公室工作，参与了整个建馆过程中一次次大规模的讨论会，听到许多高见。在"中国通史陈列"的筹备中，我也参与了一些关于陈列大纲的讨论。当时的情况是：中央大力支持历博和革博的建立，调集了全国各大高校和研究部门的专家，有来自北京大学、山东大学、中山大学、中国科学院哲学社会科学学部等许多单位的知名学者。当时讲中国史，还没有一个很好的范本，主要用新的历史观来讲中国历史，这是一个很大的学习和研究过程。一些老的马克思主义史学家，像翦伯赞、吴晗、邓拓、侯外庐、邓广铭，以及考古学家夏鼐等，都参与了这些讨论。我当时边听边重新学习历史。最后陈列方案出来，已经是讨论出的第九稿。我的主要工作是布置陈列，负责明清史这一段。1960年，我到了陈列部担任内容研究设计组组长。这个组

---

[1] 华东区：中华人民共和国成立初期，全国划分了六大一级行政区，于1954年撤销。华东区包括现在的上海、江苏、浙江、安徽、福建、山东、台湾等地。江西先属中南区，后划归华东区。

[2] 新馆建成初期定名为北京历史博物馆与中央革命博物馆，1960年8月分别更名为中国历史博物馆与中国革命博物馆。

很大，陈列结构分为原始社会、奴隶社会、封建社会三个单元，包含史前、夏商周至春秋、战国、秦汉、三国两晋南北朝（简称六朝）、隋唐、宋元和明清，共计八个段，每个段对应一个小组。组中大部分的人是1958年、1959年大学毕业的同学，以历史学、考古学专业为主，有少量的、早来的1956年、1957年毕业的同学。有北京大学、四川大学、复旦大学的，大家一起学习来讨论。陈列开放以后，一方面展览，一方面听大家的意见，然后进行修改。我们的工作就是，每年根据大家的意见进行修改。1963年开始，我就轮番地去参加社会主义教育和农村的四清。1969年，历博和革博合并，我个人也在"文化大革命"期间被下放到湖北咸宁干校去参加劳动。

"文化大革命"结束，1978年，我担任了研究室主任。在我的建议下，1979年创办了《中国历史博物馆馆刊》，就是现在的《中国国家博物馆馆刊》。1983年，国务院决定恢复中国历史博物馆和中国革命博物馆两馆建制[3]，我们有三个同志参加了馆的领导工作。一个是胡德平，一个是沈庆林，另外一个就是我。当时成立一个恢复建制的领导小组，我做组长，沈庆林做副组长。当时我们让历博和革博各成立三个工作小组，共同商量人员怎么分、建筑怎么分、财务怎么分，两边再合成一个小组，商量出一个方案后，经领导小组讨论同意，上报国家文物局，上面批回来，就按照这个方案执行了，再有意见以后再说。此后，我又做了几年历博的党委书记。那时候连故宫博物院也没有任命院长，我是以党委书记、副馆长的身份来主持历博的工作。

我们看历博的历年大事记时发现，馆长职位长期处于空缺状态，为什么会这样呢？

故宫、革博、历博这三大馆，过去的级别很高，包括馆长、副馆长都是由国务院直接任命和下聘书，签章是国务院总理周恩来。想找德高望重的人担任馆长，但是找不着，找到了几个又觉得不合适，想让我们做，又觉得好像还不够分量。怎么办呢，只能由我们，也就是党委书记兼第一副馆长来主持工作。有的单位党

---

[3] 中华人民共和国国务院. 国务院关于恢复"中国历史博物馆"、"中国革命博物馆"建制的批复 [R]. 1983-01-31.

委书记不兼任副馆长，不是一个人兼任。故宫、革博、历博就是这个情况。我是1982年担任历博领导工作的，1983年开始直接负责，到1987年离休，退到二线了。离休以后，馆里又继续延聘，主要是还要继续修改陈列，我就作为陈列总体组的顾问，参与陈列修改的讨论。我离休以后也一直在馆里从事研究，学术工作没有停止，被返聘为学术委员会委员。

二、心怀天下　研究经验谈

您在历博工作三十多年，取得了相当多的研究成果，您对做学问有什么心得呢？

我自己所做的学术研究，主要是两个方面：一个是中国古代史，特别是明清史的研究。因为这个和我过去所学接近一点。到了历博以后，我的一个研究原则是结合自己的实际工作做深入研究。因为我是通史陈列内容设计组的组长，虽然我个人主要承担的是明清历史这一段的陈列内容，可是我也得学"通史"，至少大的通史脉络我得了解，要不然无法承担工作。历史脉络弄清楚了，要想想拿什么表现，哪件文物可以说明这个问题。在博物馆，历史的研究必须与文物结合。而且还不止这两样，还有一个是博物馆学的研究，你毕竟不能把它（文物）搁这儿就完事了，怎么组合它才好呢，如何写说明文字呢，等等，这就需要博物馆学的知识。博物馆学研究也是我个人学术研究的另一方面。

博物馆学知识，特别是陈列，第一应该有文物知识。从文物拣选、征集，到进库房，都需要文物知识。进了库房首先得看目录，看看博物馆都有些什么东西，从原始社会到清代，你都得逐步熟悉。而且有些学术期刊，你也得看：了解新出土有些什么文物，它反映什么问题，能说明什么问题，哪个博物馆收藏了这些文物等。所以你不但要了解本馆藏品，还要了解新发现的文物。在博物馆工作，需要研究历史，需要研究文物，也需要博物馆学，所以博物馆的人才，是一个复合型的。

历史的研究呢，我自己的学法是在整个历史范畴中，选定了一个重点范围，是明朝和清朝，大体上是14世纪到20世纪。在"文化大革命"前，我的研究重点一直在早年困扰我的问题上：中国为什么会落后？在蒙古国没有独立以前，我们中国的地图就是"秋海棠叶",为什么"秋海棠叶"周边会被蚕食？我就开始将目光放在明朝、清朝来考虑这个问题。我的一个重点是把土地制度和社会经济的发展结合考虑这些问题。中国封建经济，特别是资本主义萌芽，是从哪些行业开始的？为什么没有发展起来？总之，我这几十年做的工作里面，一个是花了很多力量研究中国历史，特别是封建社会的阶级关系、农民战争对整个社会的影响；一个是研究社会经济的发展，资本主义萌芽的发展状况；还有一个是明清边疆民族问题，我重点研究厄鲁特蒙古和准噶尔问题。后来有个同志与我合写了一本书《准噶尔的历史与文物》[4]。我后面还写了一篇论文《明清西北边疆与准噶尔问题》[5]。对资本主义萌芽问题的研究，我的研究方法是文献与实地调查相结合。我去苏州调研丝绸业，去湖州调研蚕桑业，去景德镇调研陶瓷业，去佛山调查陶瓷业和冶铁业，后来写了一篇《广东佛山资本主义萌芽的几点探讨》[6]。概括起来，我的研究是从工作需要出发；我的研究方法是在历史的研究上，文献与实地调查或相关文物的结合。所以，这样的研究也只有博物馆里的学者才擅长，也是博物馆工作所需要的。

到了1992年，历博建馆80周年，我写出论文《11到19世纪中叶的中国与世界——三论中国从先进到落后的三百年》[7]，这篇着重对原因做了探讨。2012年收入《百年国博纪念学术文集》，改名为《走向复兴的反思：11到19世纪中叶的中国与世界——三论中国从先进到落后的三百年》。从最初研究资本主义萌芽问题，到最后写成的这些文章，这是真正核心思想形成的过程。而我写的这个东西呢，也得益于我在大学时候上的是政治学系，学的社会科学，是这些东西，帮助我做的这些研究。如果我光看古代史，没有这方面的知识，我就难做这方面的研究。

您谈到中国历史三百年大趋势，让人印象深刻，在您的提法里面，类似西方

[4] 王宏钧，刘如仲.准噶尔的历史与文物 [M].西宁：青海人民出版社，1984.

[5] 王宏钧.明清西北边疆与准噶尔问题 [M]// 王宏钧.秋海棠叶集.北京：中国社会科学出版社，1998.

[6] 王宏钧，刘如仲.广东佛山资本主义萌芽的几点探讨 [J].中国历史博物馆刊，1980:68-79.

[7] 王宏钧.11到19世纪中叶的中国与世界——三论中国从先进到落后的三百年 [M]// 王宏钧.秋海棠叶集.北京：中国社会科学出版社，1998.

的"全球史"话语，您应该比西方学者早了很多年。新全球史是什么呢，他们认为 15 世纪以来，这个世界实际上已经是一个"地球村"了，就是贸易扮演了重要的角色，16 世纪中期以后进入一个全球贸易交往的时代。中国史应该放到全球史里面来看，您比西方学者们提出的全球史视野在时间上更早。您要是写了英文版，这些文章肯定会引起更广泛的讨论。中国也有一些学者，像田汝康先生也写过文章，比如研究胡椒在全球史里面的作用[8]。

三、博物馆学定位：实证科学

除了历史方面，还有您刚才说的博物馆学研究，也跟您的工作分不开。您主持编写的《中国博物馆学基础》[9]不仅具有理论前瞻性，还有极大的现实指导意义。您是如何进行博物馆学研究的呢？

博物馆学的研究，这么说吧，我原来并没有专门研究它，而是在工作中实践。1982 年成立中国博物馆学会的时候，我做副理事长，到 1984 年的时候，理事长是国家文物局孙轶青局长，因他调到全国政协当副秘书长去了，所以我代做中国博物馆学会理事长。在我做代理事长期间，文物局分配了一个任务，要编文博教材，其中就有一个博物馆学，我责无旁贷。因为当时有兴趣研究博物馆学的人不多，真正有兴趣研究的人，老一代里有宋伯胤，苏东海同志也研究，他是后期才开始研究博物馆学的。我以前也没有写过博物馆的东西，但是我有看法。当时有两个因素刺激我编出这本《中国博物馆学基础》。一是好多人不承认博物馆学是一个独立的学科。但我觉得如果博物馆是一个独立的社会现象，就可以构成研究对象。而如果你确实从事对它的研究，并要探讨它的客观运动形式和规律，按照辩证法来说，就可以建立这个学科。所以，当时我和梁吉生写了一篇关于博物馆学的文章。国家文物局让我来主编这个教材，我找了几个人，有南开大学的梁吉生，我分给他一部分；陈列、藏品还有几部分是我亲自写的；请历博美术组的同志写的美术部分；请工程师写了建筑部分。这样经过一年多写成了初稿，1990 年

[8] 田汝康.郑和海外航行与胡椒运销 [M]// 田汝康.中国帆船贸易与对外关系史论集.杭州：浙江人民出版社，1987.

[9] 王宏钧.中国博物馆学基础 [M].上海：上海古籍出版社，1990.

出版。出版以后，找我们要书的人挺多的。这本书也成为大学文博专业的主要教材，陆续印刷了很多次。从1986年到2000年，全国的博物馆从800多个，发展到2000多个了，我大致统计了一下，十多个大学有博物馆学专业，南开大学、北京大学、中央民族大学、复旦大学、河南大学、四川大学、浙江大学（原杭州大学）等。后来，国家文物局提出来让我们做一些修订，到1999年，又花了一年多的时间，请大家认真修订，做了一些更改，原来是十二章，这次修改变成四编二十四章，把它丰富起来，特别加一些信息化等方面的新的内容（具体内容的变化，如表1所示）。

在博物馆研究的过程中，我就做了两件事。一个就是总结我们自己的经验，另一个是吸收了外国的成果。

我在研究中提出了一个中国博物馆起源的问题。从前看书，西方认为最早的博物馆产生于公元前3世纪，后来我去孔府参观，回来一翻《史记》，上面说孔子死后第二年，就以孔子的故居做孔子庙堂，还有许多学生在那里学礼，在东汉时期，更是流行春、秋两季来此祭拜，实际上这是我们最早的纪念馆，也就是纪念馆类型的博物馆。所以我觉得，虽然近代博物馆是西方传入的，但是博物馆的渊源，西方追溯到公元前3世纪，中国可以追溯到公元前5世纪。1994年国际博协的国际博物馆学专业委员会在北京开了一次年会，讨论的内容就是博物馆实物资料、社区博物馆的建设等问题，当时我们中国没有社区这个提法，我就提出了一个观点，认为孔庙就是中国社区博物馆的渊源。在会议上，各国代表听了也没法提出异议。

另外，在借鉴国际的博物馆经验方面，博物馆管理上的做法，西方流行理事会制度，大部分博物馆都不是政府举办，而是利用社会各方面的资源，这是和中国不一样，我们也学习人家。在修订版里，专门增加了一章有关资金筹措的内容，这是我们以前都不太提到的。在博物馆科技与信息化方面，这次新增了一编的内容，共五章，应该说增幅不小了。这部分内容是全新的。

表1《中国博物馆学基础》内容变化

	第四编　博物馆信息化 第二十章　数据库建设和通用网络平台 第二十一章　标准化和文物知识工程 第二十二章　博物馆建筑智能化 第二十三章　数值化博物馆 第二十四章　博物馆信息化系统工程观念
附录一　博物馆法规	附录一　博物馆法规
附录二　学习参考书目	附录二　学习参考书目
附录三　中国博物馆事略 (1868—1985 年)	附录三　中国博物馆事略 (1868-1999 年)

您提到，博物馆学是否是一个独立学科的问题，以及您如何论证它是否是一个独立学科，这些思路是非常有启发性的。博物馆是不是一个社会现象？如果是一个独立的社会现象，那就需要一个独立的学科来研究。这些看法与涂尔干以来的实证主义科学是一致的。实证主义思想和理论是社会理论的基石。我不知您有没有读过涂尔干的著作，在博物馆学研究中，我觉得您的这个学术认识与学术自觉是非常重要的。

四、思想火花：博物馆理念升华

《中国博物馆学基础》已经成了中国博物馆学领域最重要的著作之一，上次修订距今已十余载了，您是否有再版的计划呢？

如果有可能，我有个想法和提议，就是以修订版为基础，做《中国博物馆学基础》的第三次修订。要落实这个想法，我碰到好多困难，我的时间已经不多，年龄不饶人，我的精力已经不行了，我和梁吉生先生也商量过几次，当时他的事情也挺多，很多时候也是力不从心了。所以，我倒希望你们年轻人来做，如果愿意的话，我和梁先生商量一下，就抓紧启动。

您今天说出这样的想法，我们很钦佩，也很感动。对我们而言，有机会为第三次修订做哪怕一点点辅助性的工作都是无上的荣誉。

各大学都把它作为教材，继续修订，甚至另外起一个书名都没有关系，把它再进一步丰富。一方面，修订版是2000年完成，2001年出版的，到现在已经20年了；另一方面，世界博物馆和博物馆学的发展，有几个很重要的议题，应该把它补充进来。一个是博物馆的职能的调整，2007年在国际博物馆协会维也纳会议上，修订了《国际博物馆协会章程》，把研究、教育、欣赏的次序换了一下，改成了教育、研究和欣赏，把教育放到了第一位；另一个是非物质文化遗产已经被提上国际博物馆的议事日程，成为国际共识。从博物馆学角度讲，我们应该支持这一举措还是进一步限制它？非物质文化遗产的内容太广泛了。有些工艺的保护完全可行，丝绸、陶瓷、制茶，我们都有博物馆，这个没问题；但你现在要把天福号酱肉（制作技艺）变成非物质文化遗产，让他开个博物馆去？他一定有困难，有商业秘密，烹饪配方他不愿意传播出去，即使传播出去，观众怎么欣赏呢？这不是视觉和听觉能够解决的问题，这得用舌头去品尝啊。如何在博物馆的参观过程中加入品尝这一项呢？而且，这个所谓代表性的非物质文化遗产，究竟应该怎么划分，有没有其他条件的限制？什么项目可以列入，什么项目可以建成博物馆，还得研究。

有了非物质文化遗产的加入，博物馆会进一步发展，甚至会突破现在博物馆的模式，使现有博物馆发生新的突破和转型。因为把非物质文化遗产包括到博物馆里面，按现在博物馆的形式有困难；而且现在定的非物质文化遗产项目，独立建办博物馆也有困难。我到土耳其去参观，土耳其的博物馆经常办音乐会；我去看过意大利的斯卡拉大剧院，它有一个戏曲博物馆，它是博物馆和剧院结合的，博物馆在剧院里面，把意大利的歌剧的发展融入进去，过去都有些什么剧目，有些什么著名的演员，那些歌剧的歌词、五线谱，都记录下来，更早的历史没有五线谱，就从三线谱、四线谱开始保留下来。如果按照这个发展形势，那未来某个非物质文化遗产博物馆还应该带着一个剧院呢。舞蹈展出也是，得有个剧场，得有个舞台。现在昆曲是中国的第一个世界非物质文化遗产，我就建议在博物馆展示中弄个录像，弄个大屏幕，把其代表作《牡丹亭》"演"出来，为什么不可以呢？既然都已经成为世界文化遗产了；还有古琴，这个我主张，在展示春秋文化的时候把它放进来，春秋战国时期有古琴，你可以弹《高山流水》嘛，到明代的时候，就放《牡丹亭》。所以在教育、研究、欣赏这三个词中，品尝能不能算欣赏呢？这些问题，都是博物馆应该考虑的问题，如果这方面发展了，博物馆就会突破现在这个外壳，比如中国电影博物馆，就附带六个影厅。所以博物馆概念，随着"非物质文化遗产"概念的纳入，会引起变革，这可能是博物馆有史以来未曾有过的大变革。它不是以往熟知的那个"物"，所以现在不叫"物"，叫"遗产"，将来"文物"局就概括不了了。而这个变革，按照我们这个翻译，博"物"馆，"物"字就难概括了，可按人家的"museum"就不难了，供奉艺术之神的殿堂，那就是文化艺术之宫啊。所以"博物馆"在以后事业的发展和理论上、概念上、实践上，还有许多新的问题探讨。但是突破了这个"物"，博物馆就大大地拓展了它的领地和范围。

您对当下以及未来博物馆发展方向等前沿问题思考得太深刻了，为我们年轻一代树立了典范。与时俱进，学无止境。

关于博物馆学我还有一个看法，是前一个月，《中国文物报》上登了一篇关于"文化遗产学"的基本理论问题。我们博物馆学界、文物考古学界、历史学界也都跟国家文物局讨论过，就是学科的基本理论问题有哪些。这个非常重要，今天仍然没有解决，需要更深入讨论。从我写《中国博物馆学基础》这本书开始，就一直在思考这样一个问题：博物馆学以及相关的各个学科都应该有自己独立的理论，那么博物馆学的基本理论问题应该是什么？前两年，我翻阅欧洲的思想史，我发现了一个社会理论线索即实证主义理论和方法。中国过去没有这个提法，后来我想这个实证主义，是用实际的例证，去解释一些具有一般意义的现象，这个学说就叫实证主义。实证主义和我们博物馆有什么关系呢？博物馆理论和实证主义有什么关系？1974年国际博物馆协会给博物馆所下的定义中博物馆的功能是收集、研究、展示，围绕的核心就是"物"证，"物"是博物馆工作的重点和核心，用物证去说明问题，它的理论当然就是实证主义。博物馆凭借的就是人类和客观世界互动形成的种种物证，也就是文化遗产，用文化遗产来进行教育，进行研究，实证主义就是博物馆的思想工具、逻辑工具。我们向博物馆学界提出新的问题，这就是实证主义。我的这些思考成果只有一部分反映在了《中国博物馆学基础》一书中，主要的部分需要单独成文。

关于实证主义理论与博物馆学的基本理论问题，的确太重要了。感谢您毫

无保留地分享这些重要的学术发现和理论思考，这次访谈让我们受益匪浅，非常惊喜。

由于时间的关系，我们也害怕这种"刨根问底式"的访谈，给您带来过度的疲劳。今天的访谈先进行到这里，我们还意犹未尽，很多问题还没有来得及与您展开深入探讨，但您对博物馆工作的理解、博物馆学的理解，思想之深入、超前使我们赞叹，谢谢您。

原文刊于《博物院》2021 年第 6 期

受访嘉宾：王宏钧／访谈者：潘宇永　覃琛　王思怡

王宏钧学术著作要目

一、著作

1. 《准噶尔的历史与文物》，王宏钧、刘如仲，青海人民出版社，1984 年。

2. 《秋海棠叶集》，中国社会科学出版社，1998 年。

3. 《清朝开国皇帝皇太极传》，紫禁城出版社，2008 年。

二、主编

1. 《中国博物馆学基础》，上海古籍出版社，2001 年。

2. 《乾隆南巡图研究》，文物出版社，2010 年。

三、参与编著

1. 《中国大百科全书·中国历史·清史卷》，副主编，中国大百科全书出版社，1992 年。

2. 《中国历史大辞典》清史部分副主编，上海辞书出版社，1992 年。

3. 《中国大百科全书·文物博物馆卷》，博物馆学部分主编，中国大百科全书出版社，1993 年。

四、论文

1. 《图书馆如何宣传和帮助人民学习宪法草案》，《文物参考资料》1954 年第 8 期。

2. 《古旧图书不应再任令损毁》，《光明日报》社论 1956 年 10 月 25 日。

3. 《谁说"今不如昔"?——我国图书馆事业概述》，韩承铎、王宏钧，《图书馆学通讯》1957 年 Z1 期。

4. 《李自成永昌元年"工政府屯田清吏司契"的发现与初步考证》，王宏钧、石志廉、赵桐蓁，《文物》1959 年第 9 期。

5. 《试谈蒲松龄词手稿》，《文物》1961 年第 3 期。

6. 《李自成"均田"的实质和历史意义》，《北京日报》1961 年 6 月 8 日。

7. 《反映明代社会生活的〈皇都积胜图〉》，《历史教学》，1962 年第 7 期。

8. 《清代平定准噶尔贵族叛乱的历史画卷》，王宏钧、刘如仲，《文物》1976 年第 12 期。

9. 《明代后期南京城市经济的繁荣和社会生活的变化——明人〈南都繁会图卷〉研究》，王宏钧、刘如仲，《中国历史博物馆馆刊》1979 年第 1 期。

10. 《在中国封建社会中"生产力怎样和阶级对抗同时发展"——兼论封建统治者的让步政策》，《中国历史博物馆馆刊》1979 年第 1 期。

11. 《中国从先进到落后的三百年》，《中国史研究》1980 年第 1 期。

12. 《广东佛山资本主义萌芽的几点探讨》，王宏钧、刘如仲，《中国历史博物馆馆刊》1980 年总 2 期。

13. 《"但愿苍生俱饱暖，不辞辛苦出山林"——于谦的诗篇和为人》，《文史知识》1982 年第 3 期。

14. 《明代北京的社会风貌——读明人〈皇都积胜图卷〉》，《文史知识》1982 年第 10 期。

15. 隋唐笔记小说《古镜记》传奇探微，《中华文史论丛》1985 年第 1 辑。

16. 《博物馆科学管理研究刍议》，《中国博物馆》1985 年第 2 期。

17. 《从若干历史档案看〈红楼梦〉的历史背景》，王宏钧、刘如仲，《红楼梦研究集刊》（第十二辑）1985 年。

18. 《试论博物馆学研究的对象、内容和方法》，王宏钧、梁吉生，《中国博物馆》1986 年第 3 期。

19. 《寻觅历史的足迹——〈图说中华五千年〉序》，《图说中华五千年》，三联书店（香港）有限公司、天津人民美术出版社联合出版，1988 年

20. 《嘉庆道光年间人情世态的笔记——〈客窗闲话〉〈续客窗闲话〉校注本前言》，《客窗闲话·续客窗闲话》校注本，文化艺术出版社，1988 年。

21. 《弘扬丝绸文化 促进丝绸事业的开拓发展——祝贺苏州丝绸博物馆建成》，《江苏丝绸》1991 年第 S1 期。

22. 《从先进到落后的转变及其原因》，汝信总主编《中国马克思主义研究丛书》之一，王戎笙主编《马克思主义历史观与中华文明》，重庆出版社，1991 年。

23. 《一个对近代中国具有重大历史影响的人物——读〈乾隆皇帝大传〉》，《中国图书评论》1991 年第 5 期。

24. 《放眼世界、展望未来、继续开拓前进》，《中国博物馆》1992 年第 1 期。

25. 《康熙皇帝的晚年》，《中国历史博物馆馆刊》1993 年第 1 期。

26. 《秦昭襄王始作黄河第一桥——蒲津渡蒲津关蒲津桥和遗址的保护》，《中国文物报》1993 年 4 月 11 日。

27. 《历史的绘画与绘画的历史——谈古代历史画的研究与鉴赏》，《中国历史博物馆馆刊》1994 年第 2 期。

28. 《中国博物馆管理研讨——法制管理和科学管理》，《中国博物馆》1994 年第 3 期。

29. 《博物馆与社区历史文化 兼论世界最早的博物馆和博物馆起源》，《中国博物馆》1994 年第 4 期。

30. 《世界最早的博物馆在哪里》，《中国青年报》1995 年 6 月 3 日。

31. 《博物馆的动态陈列和高新科技运用》，《中国博物馆》1999 年第 3 期。

32. 《展望 21 世纪博物馆和博物馆学的发展趋向——修订〈中国博物馆学基础〉的主要指导思想》，《北京博物馆学会第三届学术会议文集》2000 年 12 月。

33. 《人物类博物馆、纪念馆现状与发展前瞻学术研讨会总结》，《人物类博物馆、纪念馆现状与发展前瞻学术研讨会论文集》2001 年 1 月。

34. 《国家所有权与博物馆合理利用权必须分清——对馆藏文物有偿转让的意见》，《中国文物学会通讯》2001、2002 年合订本。

35. 《加强科学复制 有效保护古丝绸文物》，《中国文物学会通讯》2001、2002 年合订本。

36. 《中国博物馆事业的创始和民国时期的初步发展》，《中国文化遗产》2005 年第 4 期。

37. 《中国历史博物馆》，《中国文化遗产》2005 年第 4 期。

38.《于谦与于公祠》，杨遇泰主编，北京市文史研究馆编《京都忆往北京文史集萃》2006 年。

39.《〈清太宗实录〉初纂稿本 (残卷) 和"擅改国史案"——兼谈"二次改正"〈清世祖实录〉稿本》，《中国历史文物》2007 年第 1 期。

40.《学术交流的平台与人才成长的园地——百年国博的百期〈馆刊〉》，王宏钧、陈瑞德，《中国国家博物馆馆刊》2011 年第 11 期。

41.《博物馆理念的经验与实证——王宏钧访谈录》，王宏钧、潘守永、覃琛、王思怡，《博物院》2021 年第 6 期。

后 记

王宏钧先生认为，在博物馆工作，既需要研究历史，又需要研究文物，也需要具备博物馆学知识，博物馆的人才是复合型人才。基于此，王宏钧先生治学范围广泛，其研究领域涉及史学研究、文物研究和博物馆学等。

为了尽可能全面展现王宏钧先生在学术研究方面取得的非凡成就，本书收录的文章除王宏钧先生历年刊发的具有代表性的学术文章外，还在《〈乾隆南巡图〉研究》《准噶尔历史与文物》《中国博物馆学基础》《秋海棠叶集》《清朝开国皇帝皇太极传》等书中摘录了多篇文章，共计收录文章58篇，约60万字，分学研究、文物研究、博物馆学三个篇章，其中史学研究20篇，文物研究23篇，博物馆学研究15篇。

本书的编纂得到了王宏钧先生本人及其家人的大力支持，王宏钧先生亲自审定目录并对篇章的选定提出了很多宝贵的建议，先生之女王薇女士对本书文章的收集、编校提供很多帮助。

由于编辑水平和时间所限，本书难免存在疏漏及错讹之处，诚祈读者批评指正。

编　者

2022年9月

图书在版编目（CIP）数据

国博名家丛书. 王宏钧卷 / 王宏钧著；王春法主编. — 北京：北京时代华文书局，2022.11

ISBN 978-7-5699-4676-5

Ⅰ.①国… Ⅱ.①王… ②王… Ⅲ.①博物馆学—文集②史学—文集③文物—中国—文集 Ⅳ.①G260-53②K0-53③K870.4-53

中国版本图书馆CIP数据核字(2022)第210580号

项目统筹

余 玲

责任编辑

薛 芊

装帧设计

郭 青

国博名家丛书

王宏钧卷

GUOBO MINGJIA CONGSHU
WANG HONGJUN JUAN

主 编：王春法
出版人：陈 涛
出版发行：北京时代华文书局 (http://www.bjsdsj.com.cn)
地址：北京市东城区安定门外大街138号皇城国际A座8层
邮编：100011
发行部：010－64267120 010－64267397
印制：北京雅昌艺术印刷有限公司 010－80451188
开本：787 mm×1092 mm 1/16 印张：47.75 字数：741千字
版次：2022年11月第1版 印次：2022年11月第1次印刷
书号：ISBN 978－7－5699－4676－5
定价：428.00元（全二册）